KB070549

의사소통장애아 교육 ^{3판}

고은 저

Education for Children
with Communicative
Disorders (3rd ed.)

학지사

3판 서문

2012년 처음 『의사소통장애아 교육』이 세상에 선을 보였고, 2014년에 2판이 나왔다. 그리고 어느새 코로나19와 함께 2020년이 지나갔다. 3판이 나오고도 충분했을 시간 동안 나는 무엇을 했을까? 그러나 내가 게을렀다는 자책은 하지 않겠다. 인생이란 죽도록 달리면서 살아야만 하는 것도 아니고, 고작 벚꽃이 피고 지는 그 짧디 짧은 사월의 시간과도 같지 않은가? 그저 나에게는 책을 쓰는 작업보다 훨씬 중요하고, 행복하고, 의미 있는 일이 많았을 뿐이리라.

작업을 시작하고 보니, 내 책 곳곳에 엉성하고 부족한 부분이 마치 막걸리 한 사발만큼이나 많았다. 나는 무슨 배짱으로 이 책을 세상에 내놓고 발 뻗고 잘 수 있었을까 하는 자책에 얼굴이 붉어진다. 그렇다고 지금의 개정판이 어찌 완벽할 수 있겠는가마는, 그럼에도 나는 나에게 조금 관대해지려고 한다.

이번 3판은 기본 틀은 그대로 유지한다는 원칙하에서 다음과 같은 부분에 초점을 두었다. 첫째, 중의적 해석이 가능한 부분은 문맥을 수정하거나 명확한 표현으로 바꾼다. 둘째, 다소 지엽적인 내용이라고 판단되는 내용은 과감히 삭제한다. 셋째, 중요한 내용임에도 불구하고 암기 중심으로 공부하는 경향이 있는 부분에 대해서는 사례를 충분히 제시하여 이해를 돕도록 한다.

작업을 하는 데에 꼼꼼히 조언을 해 주신 경인교육대학교 강남욱 교수님, PPT 작업을 도와준 박사과정 이종호 선생님, 책 출간을 허락해 주신 학지사 김진환 사장님과 개정을 제안해 주신 정승철 상무님, 그리고 편집부 유가현 과장님에게 지면을 빌려 감사의 인사를 드린다. 우리는 톱니바퀴 같은 관계 속에서만 살아갈 수 있다. 내가 만나는 '나의 사람들'이 있어 지금의 내가 있음에 감사하며, 어떤 수식어도 달 수 없을 만큼 사랑하고 또 사랑하는 전일현과 꽃송이 전하진, 나의 두 아이에게 이 책을 바친다. 아파서 청춘인 것은 결코 아니겠지만, 청춘은 아픔도 이길 수 있다. 그리고 살아 있는 한 우리는 모두 '청춘'이다.

2021년 고은

2판 서문

이 책의 초판이 2012년 7월에 출판된 이후 일 년 만에 개정판을 준비하게 된 것은 아마도 전공 학생들과 연구자들이 이 책을 많이 사랑해 주었던 덕분이라고 생각한다. 무한한 감사의 마음으로 개정판 작업을 서둘렀지만 그 걸음은 참으로 더디기만 했다. 한 해 두 해 또 그렇게 시간이 갔다.

Harley가 정의하는 바와 같이 언어는 어떤 형태로든지 우리의 사회적 인지적 활동을 지배하고 있기 때문에 그것이 없는 우리의 삶은 상상조차 하기 어렵다. 언어와 인지 그리고 삶은 마치 보이지도 만져지지도 않는 신기루 같은 마술적 주제로서, 이 세 가지는 상호연관성을 가진 채 생동하는 존재의 문제이기도 하다. 우리는 인간을 가장 인간답게 하는 것이 바로 '언어'라고 말한다. 물론 그에 앞서 '가장 인간답게'가 무엇인지에 대해 답을 하라고 한다면, 솔직히 인정하건대, 나는 모른다. 그저 살아오면서 느낀 것은 언어가 사용자의 이미지를 결정하고 사람들과의 관계를 형성하는 가장 객관적이고 가장 전달력이 강한 수단이어서, 언어가 없이 살아가는 것은 지금 내가 살고 있는 세상과의 차단을 의미할 것이라는 막연한 두려움이다. 어떤 사람의 긍정적인 특성 하나가 그 사람 전체를 평가하는 데에 결정적인 영향을 미치는 현상을 우리는 후광효과(halo effect)라고 하는데, 그 사람이 사용하는 언어의 내용이나 형식 그리고 태도 등이 그것을 결정하는 중요한 요소임에는 분명하다. 그럼에도 불구하고 표면적으로 볼 때 언어는 거의 대부분의 사람들이 큰 문제없이 무의식적으로 습득하는 기계적 발달과정의 하나이기 때문에 일종의 경고 사인이 오기 전까지는 그 중요성을 잘 깨닫지 못한다. 그래서일까? 역설적으로 들릴지도 모르지만 아마도 우리는 그 자체의 희귀성에 무감각해져 있는지도 모른다.

초판의 집필은 특수교육 내에서 의사소통장애가 교육 영역으로서 명확하게 확립되지 못하고 있는 것에 대한 문제인식으로부터 시작되었다. 크게 두 가지 점에 중점을 두고 싶었다. 첫째는 치료적 활동보다는 교사가 현장에서 접근할 수 있는 교육활동에 가까운 내용을 담고 싶었는데, 많은 노력을 기울였음에도 불구하고 그 부분은 늘 나를 허기지게 만들었다. 둘째는 늘 우리 학생들이 어렵다고 투덜대는 의사소통장애를 좀 더 쉽게 설명해 주고 싶었고, 여기서 더 욕심을 내자면 단지 임용고사 준비용이 아닌 교사가 장애학생을 가르치는 데에 도움이 될 수 있는 작은 지침이 되었으면 했다. 나름 노력했음에도 불구하고 울림이 없는 풍금 건반 같다는 생각에 늘 속이 상했다. 초판이 나오고 나서 나의 정수리는 뜨겁지 않은 적이 없었다. 마치 내 정수리에 작은 개미 한 마리가 기어 다니는 것 같아서 나 자신과의 용서와 화해를 계속해야만 했다. 이것이 독자들의 사랑에도 불구하고 재판(再版)이 아닌 개정판을 준비하게 된 이유일 것이다. 이 작업이 끝나면 나는 드디어 '오늘은 맑음' 상태가 될 수 있을까?

이 개정판을 준비하는 과정에서는 초판의 체제를 그대로 유지하면서 몇 가지의 내용을 수정하고 새롭게 보완하는 데 주력하였다. 불필요한 부분은 과감히 삭제하고 이중해석이 가능한 부분에 대해서는 출처와 함께 각주 처리를 하였다. 그림과 표 등이 추가되었지만, 실제 내용이 크게 확대되었다기보다는 정리되었다는 표현이 맞을 것이다. 초판 작업에 이어 개정판 작업에서도 큰 수고를 해 준 제자 김록현에게도 감사한다. 개정판 작업에 박차를 가해 주신 학지사 김진환 사장님 그리고 늘 꼼꼼하게 원고를 다듬어 주시는 학지사 편집부 선생님들에게도 깊은 감사를 드린다.

탈고를 앞둔 4월 16일 거대한 여객선 한 척이 침몰했다. 피지도 못한 꽃 같은 아이들 수백 명을 우리는 그렇게 잃었다. 엄마들은 지켜 주지 못해서 미안하다고 울었고, 장관이나 국회의원 자식으로 태어나게 해 주지 못해서 미안하다고 또 울었다. 내가 살고 있던 2014년 대한민국은 어처구니없게도 그랬다. 부모만이 미안하다고 속죄하고 또 속죄했다. 한 엄마의 마지막 말이 귓전을 맴돈다. "제가 30대 때 삼풍백화점이 무너졌습니다. 많이 울었는데 그 뒤로 제가 한 일이 없습니다. 그리고 지금 제가 똑같은 일을 겪었습니다." 내가 모르는 일이라고, 나는 거기에 있지도 않았다고 우리는 모두 외면하고 침묵했던 것은 아닐까? 결국 단 한 명의 생환자도 나오지 않았다. "내 아이를 먼저 찾아서 죄송합니다." 시신을 받아 든 부모의 서글픈 한마디가 참으로 죄스럽다. 수없이 많은 밤과 또 수없이 많은 아침을 맞으며, 나는 오늘도 '진공묘유(眞空妙有)'를 꿈꾼다. '무거움'이 아니라 '가벼워짐'으로 살아가고 싶다.

2014년 7월
고은

1판 서문

개론서를 쓰기로 했다. 강단에 선 지 8년째. 이제는 개론서를 써 나가면서 뒤죽박죽된 나의 지식을 정리해도 될 것 같다. 그래서 '무모한'이라는 전제를 달고 시작한다. 하나씩 하나씩, 한 해 한 해를 정리하는 마음으로 써 내려가려고 한다. 황금돼지 뱃속에서 동전이 쏟아져 나오는 대작(大作)을 만들기에는 아직 나의 연륜과 지식이 턱없이 짧지만, 겨울의 문턱에 서면 겨울의 끝이 보인다고 하지 않았던가? 이제까지 좋은 책들을 만나 오면서 진 빚을 갚아 간다는 마음으로 이 작업을 조심스럽게 시작한다.

의사소통장애 분야는 '치료'와 '교육'의 딜레마 속에서 너무 오랫동안 치료적 측면만 강조되어 왔다. 언어치료학이 제도적으로 자리를 잡아 가면서 치료적 활동이 강조되고, 일정 부분에서는 특수교육 내에서 의사소통장애아 교육의 내용이 명확하게 확립되지 못했던 것도 사실이다. 언어장애아 교육, 언어병리학, 언어치료학 등이 비슷한 용어로 사용되면서 의사소통장애아 교육이 아직까지도 교육의 독자성을 찾지 못하고 있는 것은 매우 안타까운 일이다.

'치료'와 '교육'은 서로 배타적인 관계가 되어서는 안 되지만, 서로 다른 학문적 배경과 차별적 과제를 가지고 있다는 사실은 주지되어야 한다. 치료가 '손상된 기능의 재활'에 초점을 두고 있다면, 교육은 보다 '전인적 측면'을 강조한다. 교육은 나타나는 외현적 행동뿐만 아니라 눈에 보이지 않는 내면적인 행동과 철학을 바탕으로 한다. 치료와 교육에 대한 차별성은 '음악치료/음악교육' 또는 '미술치료/미술교육'에서도 자주 언급되는 부분이지만, 이들 분야는 서로의 정체성을 적절히(?) 찾아가고 있다.

그러나 특수교육에서 '치료'와 '교육'의 논쟁은 전혀 다른 결과를 가져왔다. 세계에 유래 없이 우리나라에만 존재하던 '치료교육'에 대한 문제점이 제기된 것은 바로 '치료교사'의 정체성과 전문성 때문이었다. 물론 치료교사라는 명칭이 갖는 애매함이 혼란을 가중시킨 면도 있다.

모든 개혁과 변화의 궁극적인 목적이 '발전'이라는 점에서 볼 때 특수교육은 커다란 과제를 새롭게 끌어안고 있다. 무엇보다도 치료교사에게 들이대었던 전문성에 대한 잣대를 우리에게도 적용시켜야 한다. 특수교사는 얼마만큼의 교수법적 고민을 하고 있으며, 장애아동의 교육권과 학습권을 보장하고 있는가 하는 점이다. 이제는 의사소통장애가 더 이상 치료교사가 전담하던 '치료적 행위'가 아닌 '교육적 행위'로 인식되어야 한다.

「장애인 등에 대한 특수교육법」의 개정으로 기존의 언어장애가 의사소통장애로 명칭이 변경된 것은, 올바른 구어 사용을 목적으로 한 치료보다는 실질적인 의사소통능력을 강조하는 패러다임을 반영하는 것이라 볼 수 있으며, 따라서 언어치료실이 아닌 수업현장에서의 교사 역할이 더욱 강조되고 있다. 특수교육을 전공하는 학생이나 교육현장에서 장애학생을 지도하는 특수교사 또는 통합교사는 구어를 올바르게 사용하지 못하는 장애아동을 대상으로 어떻게 수업하고 교육할 것인가, 더 나아가 어떻게 그들과 소통할 것인가에 대한 고민을 하여야 한다. 따라서 저자는 의사소통장애를 가급적 교육적 관점에서 해석하고자 노력했고, 그것이 가장 어렵고 힘든 작업이었음을 그리고 아직도 미진한 시작에 불과함을 고백한다.

이 책은 크게 세 단원으로 구성되어 있다. 제1부는 의사소통장애의 기초적 이해 부분으로서 역사와 개념, 생리학과 언어학적 이해 그리고 언어발달 과정과 진단을 다룬다. 제2부에서는 의사소통장애의 유형으로서 단순언어장애와 조음음운장애, 유창성장애 그리고 기능적 음성장애를 알아본다. 각각의 유형은 정의, 원인, 특성 그리고 지도방법을 중심으로 고찰된다. 제3부에서는 장애아동의 의사소통지도가 다루어진다. 언어발달지체를 동반하고 있는 정신지체, 자폐, 뇌성마비 아동의 언어적 특성과 지도방법을 살펴보는 한편, 부모교육 및 언어중재방법을 기술하였으며, 마지막 장에서는 최근 급증하는 다문화가정 아동의 언어교육을 다루고자 하였다. 사실 다른 영역도 마찬가지지만, 청각장애 아동의 언어지도는 하나의 장으로 다루기에는 범위가 너무 넓고 자칫 핵심이 지나치게 요약되어 전달될 수 있다는 판단에 따라, 이 책에서는 과감히 영역에서 제외하였다.

의사소통장애는 교육현장에서 가장 쉽게 접하게 되는 장애다. 따라서 특수교사뿐만 아니라 일반교사들도 의사소통장애에 대한 지식과 장애아동의 언어적 특성을 알고 있어야 한다. 그럼에도 불구하고 이제까지 이 부분은 상당 부분 치료사의 역할로 미루고 교사는 수동적 협력자로 머물러 있는 현실이었다. 현장은 이론과 실제가 함께 만나는 곳이다. 교육현장에서 직접 아동을 가르치는 교사는 교실 수업에서 활용할 수 있는 의사소통의 전반적인 지식이 필요하다. 이번 집필작업은 특수교육을 전공하는 예비교사와 현장교사를 위한 의사소통장애 교재가 필요하다는 생각에서 시작되었다. 대부분의 작업이 끝난 지금, 모든 내용을 담아내지 못한 것에 대한 아쉬움이 크다. 그러나 이 시간들이 나에게는 참으로 행복했음을 고백한다. 마치 출발점을 떠나 저쪽에 꽂혀 있는 깃발을 향해 달려가는 기분이었다. 봄도 있었고, 여름도, 가을도 그리고 겨울도 있었다.

이 책의 출판을 기꺼이 맡아 주신 학지사 김진환 사장님, 늘 나의 기쁨조이자 연구를 보조해 준 전남대학교 대학원 최진숙, 목홍숙, 박진영 선생님에게 감사한다. 그리고 사람을 귀하게 대할 줄 아는 착한 우리 아들 일현이, 마음결이 곱고 따뜻한 우리 딸 하진이, 이십 년을 함께해 준 우리 남편, 이 책이 나오게 되면 가장 기뻐하실 모친 '박정숙' 여사님께 이 작은 작품을 바친다.

2012년 7월
고은

차례

제**1**부

의사소통장애의 기초적 이해

인간이 인간다울 수 있는 것은 바로 '언어'가 있기 때문이다. 언어는 단지 의사소통의 수단일 뿐만 아니라 자신의 내면과 세상을 인식하는 중요한 도구다. 언어를 통해 우리는 정보를 얻고, 주변과 상호작용을 하며, 언어를 통해 '인간다운 인간'인 나를 표현한다. 결국 언어는 우리의 삶에 필수적인 요소다. 많은 동물도 소리를 내고 정보를 전달한다. 그러나 우리는 이를 언어라고 말하지 않는다. 제1부에서는 의사소통장애를 이해하기 위한 기초로서 다음과 같은 내용을 살펴보고자 한다.

- **의사소통장애의 역사적 배경 및 개념**: 인간의 언어 탐구는 먼 고대로부터 시작된다. 의사소통장애아 교육이 특수교육의 한 분과학문으로서 자리 잡아 가는 역사적 전개를 살펴보고, 말과 언어 그리고 의사소통의 개념적 차이를 알아보고자 한다. 그리고 의사소통장애의 법적 정의를 「장애인 등에 대한 특수교육법」과 「장애인복지법」을 중심으로 살펴본다.

- **언어기관의 생리학적 이해**: 의사소통장애를 이해하기 위해서는 생리학적 기초지식이 전제되어야 한다. 호흡기관, 발성기관, 조음기관 및 공명기관, 신경기관, 청각기관으로 나누어 말과 언어의 산출과정, 그리고 의사소통장애의 원인에 대한 개괄적인 틀을 제공한다.

- **언어의 구조**: 언어는 매우 복잡하고 추상적인 것으로서 음운론, 형태론, 의미론, 구문론 그리고 화용론으로 구성된 각각의 언어영역들이 체계적으로 구조화되어 구축될 때 비로소 완전한 언어가 된다. 언어학의 기초적인 내용을 알아본다.

- **언어발달과 언어발달검사**: 언어는 발달 속에서 자연스럽게 이루어지는 활동이면서, 아동의 발달을 이끌어 내는 매개체이기도 하다. 영아 초기에서 유아기로 이어지는 언어발달과정에서 나타나는 특징들과 표준화 및 자발화 검사에 대해 알아본다.

의사소통장애의
역사적 배경 및 개념

이 장에서는 고대로부터 현대에 이르는 의사소통장애아 교육의 역사적 발전을 간명하게 제시하고, 무엇보다도 특수교육의 한 분과학문으로서 언어학, 의학, 심리학 그리고 교육학 등 인접학문과의 관계를 알아보고자 한다. 그리고 침팬지를 대상으로 한 언어학습능력 실험을 통해 언어가 인간의 고유한 특성이라는 촘스키(A. N. Chomsky)의 주장을 살펴본다. 마지막으로, 말과 언어 그리고 의사소통의 개념을 정립하고, 신ㆍ구 「특수교육법」을 중심으로 한 '의사소통장애'의 개념을 다룬다.

1. 역사적 배경

그리스 역사가인 헤로도토스(Herodotos)에 따르면, 기원전 7세기 이집트의 왕이었던 프사메티코스 1세(Psammetichus I)는 언어의 기원을 찾기 위한 실험을 하였다. 그는 두 명의 신생아를 인간세상과 철저하게 차단된 염소 우리로 추정되는 곳에 버려두도록 명하였다. 환경의 영향을 전혀 받지 않은 상태에서 아이가 스스로 말을 하게 된다면 그들이 사용하는 말이 바로 언어의 기원이라고 생각한 것이다. 그로부터 2년 후 그들을 다시 데려와서 관찰한 결과 아이들이 'bek bek'이라는 말소리를 반복한다는 것을 발견하고, 그 단어에 어떤 의미가 있는지를 주목하였다. 결국 프리지아어로 빵이 'bekos'라는 것을 알아냈고, 그들은 프리지아어가 인간언어의 시초이며, 프리지아인이 지구상에서 가장 오래된 민족이라고 믿었다. 물론 고대 이집트시대에 시행된 이러한 초기 연구방법은 매우 원시적이고 비윤리적이지만, 이미 그 당시에 언어의 기원을 찾고자 하였다는 것은 매우 흥미로운 사실이다(Kuckenburg, 1996).

언어장애에 대한 최초의 문헌적 보고는 기원전 1300년경 히타이트의 왕 무르실리(Mursili)가 운동실어증과 운동구어장애를 가지고 있었다고 하는 자료에서 찾을 수 있다(Grohnfeldt, 2001). 당시 그리스의 유명한 웅변가였던 데모스테네스(Demosthenes, 기원전 384~322)도 말더듬과 조음장애를 가지고 있었는데, 그는 스스로 말더듬을 고치기 위하여 해변에 있는 작은 돌멩이들을 입에 물고 연설을 하였다고 전해지고 있다. 그 뿐만 아니라 고대 그리스와 로마시대부터 사람들은 이미 언어장애에 관심을 갖고 외과적 수술 형태의 치료방법을 모색하였다. 히포크라테스(Hippokrates, 기원전 460~377)는 그의 저서에서 후두가 발성에 중요한 기관이라고 보았으며, 로마의 정치지도자이자 유명한 웅변가였던 키케로(Cicero, 기원전 106~43)는 음성의 남용을 예방하고 좋은 음성을 유지하기 위해서는 음도를 자주 바꾸어 주는 것이 최상이며, 쉬지 않고 힘을 소모하는 것이 가장 나쁘다고 하였다. 음성학의 창시자라고 할 수 있는 갈레노스(Galenos, 129~199)는 돼지의 발성기관을 해부하여 음성의 실체를 밝히는 데 주력하였다(Mathelitsch & Friedrich, 1995).

이처럼 언어장애에 대해서는 고대 그리스와 로마시대에서부터 상당 부분 과학적인 접근이 이루어졌으나 중세시대에 이르러서는 암흑기에 접어들었다. 언어장애를 포함한 기타 모든 장애를 악마나 귀신의 침투로 간주하였기 때문에 당시 의사들의 해부학적이고 치료적인 접근은 교회의 권위에 대한 도전으로 받아들여졌다.

5세기에서 15세기에 걸친 중세의 암흑기가 끝나고 르네상스시대와 근대에 접어들면서 의학과 생리학 분야에서는 놀라운 과학적 발전이 있었다. 무엇보다도 언어기원에 대한 합리적인 설명을 찾고자 하는 움직임이 18세기에 접어들면서 본격화되었다. 1772년에 헤르더(Herder, 1744~1803)는 『언어의 기원에 대하여(Über den Ursprung der Sprache)』에서 언어는 인간이 자연의 소리를 모방함으로써 만들어졌다고 주장하였다. 이제까지 언어가 모든 민족과 시간을 초월한 신의 직접적인 선물이라고 보았던 견해가 도전받기 시작한 것이다(Herder, 1772). 인간이 언어를 스스로 고안했다고 하는 헤르더의 '자연모방설'은 훗날 많은 비판을 받기도 하였지만, 언어의 기원을 보다 합리적인 방법으로 해명하려는 시도였다는 점에서 가치를 찾을 수 있다. 헤르더의 가설은 다윈(Darwin, 1809~1882)의 진화론으로 일부 계승되었다. 잘 알려진 바와 같이 다윈은 인간을 진화라는 역사 속에 포함시켰다. 즉, 현재의 인간

헤르더

다윈

은 옛날 형태로부터 계승된 점진적인 변형체에 불과하다는 것이다. 인간은 더 단순한 하등동물의 형태에서 발전되었으며, 동시에 인간언어도 동물의 단순한 의사소통 형태로부터 유래하였다고 주장하였다(Darwin, 1872). 이러한 진화론적 관점은 인간언어의 생물학적 관련 요인을 찾는 데 기여하였다.

1855년에는 가르시아(Manuel Patricio Garcia, 1805~1906)에 의해 후두경이 발명되었다. 가르시아는 당시 촉망받는 성악가였으나 성대남용으로 20대에 성악가의 꿈을 접고 음성치료 분야의 교수가 되었다. 그는 작은 거울과 햇빛을 이용하여 후두를 관찰할 수 있는 기구를 발명하였는데 그것이 바로 후두경이다(Mathelitisch & Friedrich, 1995). 후두경이 임상에 사용되면서, 음성장애에 관한 연구는 놀라운 발전을 하게 되었다. 또한 비엔나의 외과 의사이자 해부학자였던 갈(Franz Josef Gall, 1758~1828)은 인간의 다양한 기능이 뇌의 각 영역의 어디에 위치하고 있는지를 밝혀내기 위한 연구에 주력하면서 뇌기능의 국재론(localization)[1]을 주창하였다. 국재론이란 대뇌피질의 특정 영역

갈

브로카

베르니케

레페

이 특정 기능을 담당한다고 보는 이론이다. 프랑스의 의사였던 닥스(Marc Dax, 1770~1837)는 1836년 좌반구의 손상이 언어능력과 밀접한 관계가 있으며, 환자들에게 우측 편마비를 가져온다는 사실을 임상을 통해 증명해 보였다. 이어 1861년 프랑스의 외과 의사인 브로카(Paul Broca, 1824~1880)는 언어를 산출하는 데 있어서 결정적인 역할을 하는 좌측 전두엽의 한 영역을 발견했다. 외관상으로는 정상이며 인지능력도 문제가 없어 보이지만, 'tan'이라는 단어밖에 산출할 수 없는 한 환자(총알이 좌측 뇌를 관통함)를 만나고 그 후 그와 유사한 8명의 환자들을 계속적으로 임상한 결과 인간이 말을 하는 데 좌측 전두엽이 필수적인 역할을 한다고 발표하였다. 몇 년 후 1874년에는 독일의 신경학자이자 정신과 의사인 베르니케(Karl Wernicke, 1848~1905)가 좌측 측두엽의 특정 영역의 손상이 말이나 글의 이해 그리고 생성능력의 결함을 가져온다고 발표했다(Schöler & Grötzbach, 2002). 베르니케의 연구결과는 당시 뇌에는 언어를 담당하는 영역이 한 곳이 아니라 두 개 이상일 수도 있다는 가능성을 열어 주었다. 훗날 사람들은 대뇌피질을 52개의 영역으로 구분한 브로드만(Korbinian Brodmann, 1868~1918)의 도식에서 전두엽의 44번 영역을 브로카 영역으로, 측두엽의 41번과 42번 영역을 베르니케 영역으로 부르게 되었다.

해부생리학적인 접근이 의학계에서 꾸준히 이루어지는 동안 말·언어장애에 대한 교육적 접근도 서서히 시도되기 시작하였다. 1770년 프랑스의 레페(Charle Michel de L'epee, 1712~1789)는 수화법을 중심으로 농아동의 교육에 꽃을 피우기 시작하였다. 비슷한 시기에 하이니케(Samuel Heinicke, 1727~1790)는 1778년 독일 라이프치히에 최초의 농학교를 설립하고 농아동의 구화교육에 주력하였다. 레페와 하이니케는 동시대를 살면서 농학생들에 대한 공교육을 시도하였으며, 특히 하이니케는 농아동

---

1 국재론과 반대되는 대뇌기능 이론으로는 연결론(connectionism)과 전체론(holistic)을 들 수 있다. 연결론은 뇌의 특정 기능들이 상호 연결되면서 작용한다는 이론이며, 전체론은 뇌의 모든 영역이 동일한 등위적 능력을 가지고 기능한다는 관점이다.

에게 미각을 활용하여 모음을 산출하는 방법을 시도하였다(Leonhardt, 1999). 1830년 슐테스(Rodolf Schulthess, 1802~1833)는 『발음장애와 말더듬』에서 말더듬과 조음장애의 개념을 최초로 명확하게 구분하였다. 실문법증(agrammatism)이라는 용어를 처음 만든 내과 의사 쿠스마울(Adolf Kussmaul, 1822~1902)에 의해 1877년 「언어장애-언어의 병리적 접근」이라는 논문이 발표되었으며, 1879년 구츠만(Albert Gutzmann)은 말더듬에 관한 책을 발간하였다. 이렇듯 19세기에 접어들면서 비록 의사들이 중심이긴 하지만 학문적 관심이 해부·생리에서 천천히 교육으로 접근하고 있다는 것을 알 수 있다(Grohnfeldt, 2001).

하이니케

20세기는 아동 언어발달 연구가 급격히 이루어진 시기다. 언어란 무엇인가에 대한 집중적인 질문은 소쉬르(Ferdinand De Saussure)의 구조언어학[2]을 탄생시켰으며, MIT의 젊은 언어학자였던 촘스키(A. N. Chomsky)는 변형생성문법(transformational generative grammar)을 창시함으로써 언어혁명이라고 할 수 있을 만큼 언어발달과 언어학에 많은 영향을 미쳤다. 촘스키(1928~   )는 당시 구조주의와 행동주의가 지배하고 있었던 언어학계에 일대 혁명을 가져왔다. 그는 모든 언어는 인간의 마음에 주어진 보편적인 생득적 능력의 결과라고 말하고 그것을 밝히는 데에 주력하였다. 당시 구조주의 언어학은 발화된 언어를 분석한 데 중점을 두었던 반하여 그는 언어를 심층구조와 표층구조로 양분하고, 심층구조에서 표층구조로 도출되는 변형생성문법을 주창하였다. 그리고 이러한 생성능력이 매우 짧은 시간에 획득된다는 점에서 인간은 태어날 때 LAD를 가지고 나온다는 보편문법을 주장하였다(김명광, 2011).

1950년대 이후부터는 피아제(J. Piaget)와 비고츠키(L. S. Vygotsky)와 같은 아동발달 연구자들을 중심으로 언어습득과 발달이론에 관한 연구가 집중적으로 이루어졌다. 그들은 심리학계와 교육계에 막대한 영향을 미친 학자들로서 피아제는 『아동기의 언어와 사고(Language and Thought of the Child)』, 비고츠키는 『사고와 언어(Language und Thought)』라는 저서를 통해 언어습득의 본질을 밝히는 데에 주력하였다. '언어치료' 개념은 독일어권의 경우 1924년에 처음 프뢰셀스(Fröschels)에 의해 도입되었는데, 그가

---

2 언어 자체를 연구의 대상 영역으로 설정하고, 언어를 하나의 구조로서 기술한다. 구조언어학의 목표는 한 언어의 문법, 즉 언어의 내부구조를 파악하는 것에 있다.

『언어치료학개론』 초판의 서언에서 기술하고 있는 내용은 매우 흥미롭다(Grohnfeldt, 2001).

> "많은 독자의 항의가 있을 것이라고 짐작하지만, 나는 의도적으로 '언어환자(sprachkranke)'라는 단어를 계속 사용하고자 한다. 왜냐하면 언어장애는 하나의 질병이기 때문이다."

여기에서 묘사되고 있는 '언어환자'는 심장병환자 또는 피부병환자와 같이 의학적인 원인에 의해 생겨나고, 의학적인 힘으로 치료되는 대상을 의미하고 있다. 1925년에는 미국언어청각협회(American Speech-Language-Hearing Association: ASHA)가 설립되었고, 독일어권에서는 1961년에 처음으로 오스트리아에, 그리고 이어 1962년에는 독일 베를린에 석사(Diplom)과정의 언어치료사 양성과정이 만들어졌다. 뉴욕에서는 1969년 굴드(Wilbur James Gould)에 의해 음성협회(Voice Foundation)가 설립되었다(Böhme, 2003). 이러한 역사를 종합해 보면, 20세기 이전에는 의학 중심으로 연구가 이루어졌으나 점차 다양한 학문에서 중요한 연구주제로 다루어지기 시작하였다는 것을 알 수 있다. 대표적인 인접학문으로는 언어학, 의학, 심리학 그리고 교육학 등을 들 수 있다.

1) 언어학적 접근

의사소통장애아 교육의 핵심은 어떻게 하면 모국어를 정상적으로 습득하고 올바르게 사용할 것인가에 있다. 따라서 언어를 연구의 주 대상으로 하는 언어학은 의사소통장애아 교육에서 매우 중요하다. 언어학은 음운론, 형태론, 구문론, 의미론, 화용론으로 이루어진 언어의 구성 영역을 다루며, 최근에는 언어심리학(psycholinguistic)과 언어병리학(language pathology) 등이 응용언어학의 한 영역으로서 의사소통장애에 관련된 연구를 담당하고 있다.

2) 의학적 접근

의학은 각각 개별적으로 가지고 있는 의사소통장애의 기질적·구조적 결함을 이해하는 데 필수적이다. 조기진단 및 적절한 치료지원을 위해, 그리고 무엇보다도 장애의 원인을 이해하기 위한 배경지식을 제공한다. 특히 신경언어장애와 음성장애는 의학과 매우 밀접한 관계가 있다.

3) 심리학적 접근

언어가 개인과 환경 간의 상호작용을 통해 이루어지는 역동적 과정이라고 할 때, 심리학은 매우 중요하다. 언어의 과학적 탐구는 뇌의 기능과 체계를 밝히고자 하는 연구자들로부터 출발하였으며, 최근 신경심리학과 인지신경심리학 등은 심리학의 독자적인 한 영역으로서 신경생물학적 요인과 인지적 요인 그리고 심리활동과 언어를 집중적으로 연구하고 있다. 언어정보 처리과정, 언어습득 그리고 언어발달에 이르기까지 심리학은 의사소통장애아 교육의 중요한 학문적 배경이 되고 있다.

4) 교육적 접근

의사소통장애아 교육은 특수교육의 한 영역으로서, 아동을 지도하기 위해서는 일반아동과 장애아동의 발달특성을 이해하여야 하며 교수방법 등에 대한 지식을 갖추어야 한다. 즉, 교수와 학습의 측면을 연구하는 교육학은 의사소통장애아동의 교육적 성과

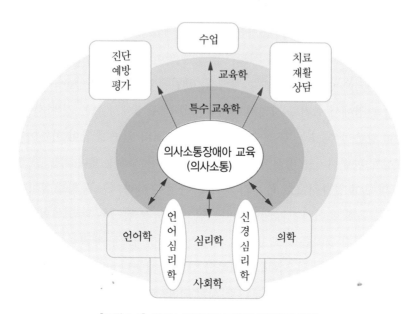

[그림 1-1] 의사소통장애아 교육의 다학문적 접근

를 위해 반드시 함께 가야 할 핵심 학문이다. 의사소통장애아 교육은 그 어떤 장애영역보다도 다학문적 성격이 강하고 특히 의학과의 밀접한 관계는 오랫동안 교육학적 접근을 어렵게 하는 요인으로 작용하였다. 최근에는 의사소통장애아 교육을 과거 치료적 성격에서 벗어나 특수교육의 독립된 교육영역으로서 확립하려는 노력이 강조되고 있다(Bleidick & Eller-Rüttgardt, 2008). 의사소통장애아 교육의 '정체성'은 특수교육의 정체성과도 맞물리는 부분이다. 무엇보다도 이제까지 분리된 장소에서 별도의 치료목표를 가지고 치료사 전담으로 이루어졌던 치료 서비스가 이제는 교과와 접목하여 수업 안에서 제공되는 형태로 바뀌고 있다. 이러한 교실 내 언어치료는 의사소통기술을 학업내용과 통합하기 쉬우며, 습득한 언어기술을 자연스러운 환경에서 쉽게 일반화할 수 있다는 장점을 갖는다. 의사소통장애아 교육의 목표가 학생의 교육적 성취를 최대화하는 데 있다는 점에서 교육학은 의사소통장애아 교육의 주요 핵심 학문이다.

이처럼 의사소통장애는 여러 학문이 각자의 관심영역을 달리하면서 함께 발전해 왔다. 최근 지식기반 사회에서는 학제 간 연구가 활발히 진행되고 교육에서도 융합적 접근의 필요성이 강조되고 있다(김정효, 2012). 의사소통장애아 교육 영역 또한 개별 학문 간의 통합적 접근이 필요하다. 일반적으로 통합의 분류방식은 다학문적(multidisciplinary) 통합, 간학문적(interdisciplinary) 통합 그리고 탈학문적(transdisciplinary) 통합으로 구분할 수 있다(Drake, 1993, 이창현, 2011에서 재인용). 이를 통합교육과정에 적용한다면, 다학문적 통합은 하나의 주제를 개별 학문의 측면에서 다룸으로써 한 주제에 대한 통합적 접근을 시도하는 것을 의미한다. 즉, 독립 교과 영역 안에서 타 교과와 관련되는 주제를 고려하는 형태다. 반면에 간학문적 통합은, 예를 들면 역사를 사회학적 관점에서 보거나 지리적 현상을 문화적 관점에서 보는 것과 같이 두 개 이상의 학문이 같은 방식 또는 같은 수준에서 새롭고 의미 있는 종합이 이루어지도록 결합하거나 상호 관련시키는 방식이다. 탈학문적 통합은 사회문제나 기능 등 학문 외적인 주제를 다루며 결과적으로 학문의 경계가 완전히 사라지는 통합방식이다(김정효, 2012).『특수교육학 용어사전』(2009)에 따르면 다학문적 접근은 각 영역의 전문가들이 아동에 대해 독립적 평가를 하고 필요한 서비스를 개별적으로 제공하는 것이다. 즉, 공통적인 목표는 있으나 지원은 개별적이라는 한계를 갖는다. 반면, 간학문적 접근이란 아동을 평가한 후 중재를 위한 프로그램 계획 단계에서 서로 정보를 교환하고 상호작용이 이루어지는 형태다. 그러나 평가 및 서비스는 여전히 개별적으로 이루어진다.

의사소통장애아 교육이라고 하는 학문 영역이 이제까지 다학문적 접근에 그쳤다면, 앞으로는 여러 영역의 전문가들이 협업하면서 간학문적 접근을 위해 노력해야 할 시점이다.

국내의 경우 1961년 한국사회사업대학(현 대구대학교)에 최초로 특수교육과가 설치되었으며, 장애영역별로 교사를 양성하기 시작하였다. 1960년대의 초기 연구활동은 주로 맹교육과 농교육 중심으로 행해졌으며, 언어장애 분야의 최초 학술논문으로는 1968년에 서석달 교수가 발표한 「아동의 언어장애를 초래하는 정신위생상의 제문제에 관하여」를 들 수 있다. 언어장애 출현에 대한 최초의 실태조사는 1966년 한국구화학교에서 제출한 보고서에서 찾을 수 있는데, 당시 언어장애의 비율은 0.1%로 제시되고 있다(김병하, 2009).

2. 말·언어 그리고 의사소통

1) 동물과 인간의 언어[3]

20세기 중반에 들어와서 많은 학자들은 언어가 인간만의 고유능력이라고 하는 정설(定說)과도 같은 믿음에 의문을 제기하기 시작하였다. 인간만이 유일하게 언어를 습득할 수 있다는 촘스키의 가설에 반기를 든 학자들은 생물학적으로 인간과 가장 유사한 포유동물이며 비교적 우수한 지능을 가지고 있는 침팬지를 대상으로 언어학습능력을 알아보는 연구에 착수하였다. 대표적인 실험들은 다음과 같다.

(1) 윌리엄 켈로그와 로나 켈로그

윌리엄 켈로그와 로나 켈로그 부부(William Kellogg & Lorna Kellogg, 1933)는 가우(Gau)라고 하는 어린 침팬지를 자신의 아이들과 함께 자라도록 하였다. 침팬지를 아주

---

3 고은(2002a)의 논문에서 일부 발췌함.

이른 시기부터 인간 사회에서 아이들과 똑같이 자라게 한다면 말하는 것을 학습할 수 있을 것이라는 가설에 따라, 켈로그 부부는 가우에게 음성언어를 가르치기 시작했다. 가우는 인간행동 양식을 따라 할 수 있었으며, 몇 가지 구두 지시를 이해하고, 손으로 의사를 전달할 수 있었다. 12개월까지는 옹알이 형태의 언어발성이 가능하였으나, 최종적으로 켈로그 부부는 가우가 말하는 것을 습득하지 못하였다고 보고하였다.

(2) 앨런 가드너와 베아트릭스 가드너

앨런 가드너와 베아트릭스 가드너 부부(Allen Gardner & Beatrix Gardner, 1969)는 한 살 된 와쇼(Washoe)라는 침팬지에게 농인이 사용하는 미국의 수화법인 ASL(American Sign Language)을 의사소통 수단으로 가르쳤다. 와쇼가 옆에 있을 때에는 사람들끼리도 수화로 의사소통을 하였다. 켈로그 부부의 연구 이후 침팬지의 발성기관은 해부학적인 구조상 인간이 산출하는 음성의 스펙트럼을 만들어 낼 수 없다는 주장이 제기되었고, 이에 가드너 부부는 침팬지가 음성언어는 산출하지 못한다 할지라도 언어기능은 보유하고 있다는 가능성을 증명하고자 하였다. 예를 들면, 양팔을 펼치는 것은 '열다(열리다)', 손을 머리에 얹으면 '모자', 손등을 서로 문지르면 '충분하다' 혹은 '끝나다'를 의미하는 수화를 가르치기 시작하였다. 그로부터 4년 후에 와쇼는 160개 정도의 어휘를 획득하였으며 대상물을 정확히 명명하고 필요한 물건을 요구하는 단계로까지 발전하였다. 물론 '개'를 말하려고 할 때 '고양이'로 표현하는 등의 혼돈을 보였으나, "You me go out, please.(제발 나를 데리고 나가 주세요.)"라고 표현할 만큼 수화를 통한 와쇼의 의사소통능력은 가히 놀라웠다고 당시 학자들은 평가하였다. 가드너 부부의 연구결과는 많은 사람에게 침팬지도 인간언어를 학습할 수 있다는 믿음을 갖게 해 주었다. 그러나 와쇼의 수화실력은 유감스럽게도 가장 초보적인 수준을 벗어나지 못하였다.

(3) 프리맥

프리맥(D. Premack, 1976)은 사라(Sarah)라는 침팬지를 다양한 형태와 색으로 만들어진 120개의 플라스틱 칩을 가지고 훈련시켰다. 처음에는 대상물에 해당하는 칩을 골라내는 방법을 훈련시키고, 그다음에는 문장 형식으로 배열하도록 가르쳤다. 그 결과 사라는, 예를 들어 장미빛깔의 정사각형이 바나나를 의미한다는 것을 배웠다면, 다음에는 다양한 동사를 배워서 "바나나 줘."라든지 "바나나 맛있어." 등의 결합된 문장을 학습했다. 당시 사라의 언어수준은 기대 이상으로 우수했으며, 프리맥의 실험은 침팬지가 아주 간단한 기호를 이용하여 인간과 의사소통할 수 있다는 것이 증명된 연구였다.

(4) 럼바우와 길

럼바우와 길(Rumbaugh & Gill, 1977)은 '라나 프로젝트'를 통해 키보드를 가지고 라나(Lana)라는 침팬지와 대화를 시도하였다. 그림 키보드에는 9개의 조립 기본 요소와 9개의 기본 색상이 들어 있었으며, 이것을 가지고 1,800개의 조합(렉시그램, lexigram)이 가능하도록 제작되었다([그림 1-2] 참조). 우선 라나는 메시지를 키보드에 입력하는 법을 배우고, 다음에는 각각의 상징들을 학습해 나가면서 평서문, 의문문, 명령문 그리고 부정문 등을 학습해 나갔다. 가끔 발생하는 오류들은 타자를 잘못 쳐서 생긴 실수이거나 주의가 산만하여 생긴 것이 대부분이었다. 결국 연구팀은 키보드를 통해 침팬지와 대화하는 데 성공했고, 침팬지 스스로 대화를 시작하고 일상적인 담화를 할 수 있음을 증명했다.

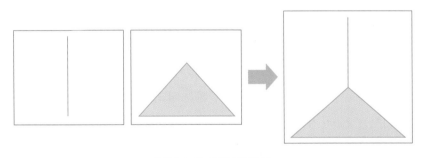

[그림 1-2] 렉시그램의 예

(5) 테라스

미국의 심리학자인 테라스와 그의 연구팀(H. Terrace et al., 1979)은 가드너의 연구에 큰 감명을 받고, 님(Nim)이라고 하는 어린 침팬지에게 ASL을 가르쳤다. 1974년부터 1977년까지 훈련한 결과 님은 처음 2년간은 수화 단어 수가 급증하고 단어 간의 연결도 증가하는 것으로 보였으나, 자발적 발화와 평균발화길이 등은 정체된 모습을 보였다. 결국 삼어문(三語文)의 형식이라 할지라도 매우 초보적인 수준에 머물렀으며, 유아가 사용하는 언어활동에 비하면 매우 수동적이고 비문법적이며 창의성 면에서도 뒤떨어졌다. 테라스 연구팀은 얼마 후 그들의 프로젝트를 중단하고 침팬지의 언어적 능력에 대해 부정적인 결론을 내렸다. 테라스는 님과 유아를 비교한 결과, 아무리 침팬지와 같은 지능적인 동물들이 훈련을 받는다 하여도 2세 유아의 언어능력을 능가할 수 없다고 하였다. 테라스는 님이 두 단어 문장(예: "과자 먹어." "아가 피곤해." 등)을 표현할 수 있었으나 단어들 간의 연결은 그렇게 부드럽지 않았다고 보고하면서, 님과 다른 침팬지들이 보인 언어는 결코 자발적인 의사소통이 아니라 대부분 단지 트레이너의 질문에 대한 반응이거나 먹이를 얻기 위한 행위에 불과하였다고 보았다. 그에 대해 일부 비판가들은 당시 테라스의 실험절차상의 문제를 지적하였다. 님은 방에 갇혀 하루 3~5시간 동안 수백 명의 교육담당자들에게 집중 훈련을 받았기 때문에 자연스러운 의사소통을 할 수 있는 환경이 제공되지 않았다는 것이다.

(6) 새비지-럼바우

미국 심리학자인 새비지-럼바우(Savege-Rumbaugh)는 인간과의 유전자 구성 일치도가 침팬지보다 더 높은 보노보를 대상으로 실험을 하였다. 일반적으로 보노보는 야생에서 서로 소리를 내면서 몸짓언어로 끊임없이 의사소통하는 모습이 관찰되기도 하였는데(박수철, 유수아 역, 2011), 그는 칸지(Kanzi)라고 하는 보노보를 실험실이 아닌 가능한 한 자연스러운 분위기 속에서 놀이나 자연을 돌아다니게 하면서 플라스틱 기호물이나 몸짓 등을 통해 인간과 의사소통하는 법을 가르쳤다. 특히 주어진 상황에서 정해진 대답을 하도록 길들여진 여타의 침팬지들과는 달리 칸지는 자발적이고 창의적인 상징기호, 여기서는 256가지의 기하학 상징기호로 이루어진 렉시그램을 이용하였다. 실험 결과에 따르면, 칸지의 어휘력과 문법이해 능력은 2세 반 정도의 수준까지 향상되었다. 예를 들면, "Gehe zum Kuhlschrank und hol eine Orange hers.(냉장고에 가서 오렌지를 꺼내 오거라)."와 "Tue die Orange in den Kuhlschrank.(오렌지를 냉장고 안에 넣어라)."라는 문장을 구별할 수 있었다(Mechsner, 1998). 세비지 럼바우의 실험 결과에 많은 전문가들은 만족해하였다(박수철, 유수아 역, 2011).

이와 같은 연구들은 매우 흥미롭고, 실제로 인간이 침팬지에게 기대했던 것 이상의 능력을 증명해 보인 결과라고 할 수 있다. 그럼에도 불구하고 침팬지가 인간의 언어를 학습할 수 있다는 것을 증명한 것이라고 보기에는 무리가 있다. 과연 언어는 인간을 다른 동물과 구별 짓는 고유한 특성일까? 촘스키는 인간은 태어나면서부터 언어를 습득할 수 있는 신체적인 구조와 능력을 가지고 태어났으며, 침팬지에게 언어능력이 없음을 증명하는 것은 날개 없는 새를 사람이 가르쳐서 날 수 있도록 하는 것과 같다고 주장하였다. 바꾸어 말하면, 우리가 아무리 훈련을 해도 자연계의 어떤 동물이 가지고 있는 특정 능력을 능가하지 못하는 것과도 같다.

물론 여기에 대한 논란은 여전히 남아 있다. 오스트리아의 철학자인 루드비히 비트겐 슈타인(Ludwig Wittgenstein, 1889~1951)의 말처럼, 사자가 말을 할 수 있더라도 우리가 알아듣지 못하는 것일 수 있다. 그러므로 인간이 만들어 놓은 상징기호를 매개수단으로 한 실험의 결과만을 바탕으로 인간이 언어를 사용하는 유일한 종이라고 단언하는 것은 재고할 필요가 있다. 어쩌면 일부 과학자들이 주장하는 것처럼 침팬지가 몇 세대를 거쳐 계속적인 언어훈련을 받고 여러 가지 요인을 변화시키거나, 혹은 유전자 변이가 일어난다면 인간과 유사한 언어조직을 취득할 수 있을지도 모른다. 게다가 언어능력을 결정짓는 유전자로 알려진 인간의 FOXP2 유전자를 동물에게 주입하여 동화집에 나오는 이야기처럼 사람과 동물이 함께 대화하며 살아갈 수 있는 날을 한번쯤 꿈꾸어 볼 수도 있다. 물론 그것은 하나의 섣부른 가정(假定)이라는 의견이 대세이긴 하지만 말이다.

─동물이 언어를 습득하지 못했다고 보는 이유─

• 침팬지가 습득한 어휘는 동일한 연령의 아동과 비교하여 기대할 수 있는 양에 훨씬 미치지 못하는 수준이다.
• 대부분의 반응은 반복과 강화를 통해 학습된 조련사나 파트너의 동작 모방에 의존하였다.
• 침팬지의 언어발달은 일정한 시점까지만 가능하며, 그 이상의 발전을 보이지 않았다.
• 아동의 언어습득과정에서 관찰되는 일반적인 특성은 학습되지 않았다.
• 자발적 의사소통이 아니라, 대부분 조련사가 주는 강화에 대한 한정된 반응에 불과하였다.

2) 말 · 언어 그리고 의사소통의 차이

의사소통장애에 대한 정의를 내리기 위해서는 말 · 언어 그리고 의사소통의 개념적 차이를 먼저 살펴보아야 한다. 왜냐하면 그것들은 서로 혼용되어 사용되고 있으나 실제로는 각기 다른 개념을 가지고 있기 때문이다. 의사소통은 지식, 아이디어, 의견 및 감정을 전달하고 수용하는 것으로서 말과 언어는 의사소통의 형식적인 방법 가운데 하나다. 의사소통은 형식적인 방법과 비형식적인 방법을 모두 포함한다. 음성언어와 문

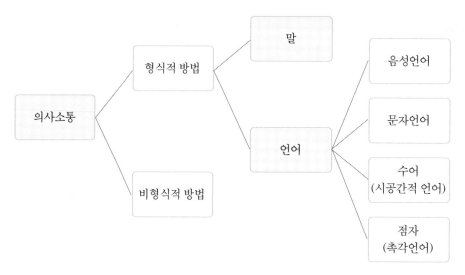

[그림 1-3] **말 · 언어 · 의사소통**

자언어 그리고 수어는 형식적인 방법에 해당하며, 제스처나 눈빛 등의 방법을 통해 상대방에게 자신의 의사를 전달한다면 그것은 비형식적인 방법을 통한 의사소통이다.

말과 언어는 서로 독립적이다. 언어는 음성언어인 '말'에만 의존하지 않으므로, 스티븐 호킹 박사처럼 루게릭병(LouGehrig's disease)으로 알려진 근위축성 축삭경화증(Amyotrophic Lateral Sclerosis: ALS)으로 인하여 말을 거의 사용하지 못하지만 보완대체의사소통(Augmentative and Alternative Communication: AAC)을 이용하여 의사소통을 하는 경우에는 언어적 능력이 보존되어 있다고 할 수 있다. 또는 후두적출자의 경우에도 발성을 하지 못하기 때문에 음성언어 사용이 거의 제한적이지만, 필담을 통한 의사소통이 가능하기 때문에 언어능력을 보유하고 있다. 반대로 말소리를 산출하는 데는 문제가 없으나, 의사소통의 의미를 해석하고 전달하는 데 어려움을 보이는 경우도 있다. 예를 들면, 모국어의 문법체계에 맞는 언어를 사용하지 못하거나 연령에 요구되는 어휘력의 수준에 도달하지 못하는 경우를 말한다. 대표적으로는 실어증, 언어발달지체와 단순언어장애가 해당한다.

(1) 말

말(speech)이란 발성기관의 움직임에 의해 만들어지는 독특한 소리로서 의미를 전달하기 위한 의사소통수단 가운데 가장 보편적인 것이다. 말은 의사소통을 위해 정교한 신경근육 협응이 요구되는 근육활동이며, 언어학적인 기호를 조음과 음향학적으로 산출하는 것을 의미한다. 말은 호흡 · 발성 · 조음기관을 통해 산출되는 소리이면서 거기에는 전달하고자 하는 의미가 포함되어 있어야 한다. 만약 의미가 없다면 그것은 일련의 소리에 불과하다.

> 말장애: 말소리를 산출하기 위해 필요한 근육활동에 문제가 있어서 모국어의 말소리를 정상적으로 산출하지 못함으로 인하여 의사소통에 문제를 보이는 경우를 말한다.

(2) 언어

사전적 의미에 따르면, 언어(language)란 생각과 정보를 전달하기 위한 상징의 조직적 체계다. 즉, 음성이나 문자를 통하여 생각과 감정을 표현하는 체계적 수단이다. 말을 형식으로 한다면 음성언어가 되며, 글을 형식으로 한다면 문자언어가 된다. 그리고 수화를 형식으로 한다면 시공간적 언어, 점자를 형식으로 한다면 촉각언어가 된다. 따라서 언어는 말을 통해서 전달할 수 있지만 말이 반드시 언어의 필수조건이라고 볼 수는 없다. 그리고 언어는 형식(form)과 내용(content) 그리고 사용(use)을 갖추어야 하며, 그것을 우리는 음운론, 형태론, 구문론, 의미론 그리고 화용론으로 설명하고 있다. 따라서 '언어를 안다.'는 것은 그 나라의 언어를 구성하고 있는 특정 규칙을 알고 그 규칙 체계에 맞추어 사용하는 능력이 있다는 것을 말한다.

> 언어장애: 모국어에서 사용되는 언어규칙을 제대로 사용하지 못하여 의사소통에 문제를 보이는 경우를 말한다.

[그림 1-4] **말과 언어의 차이**

① 언어의 기능

언어는 의사소통의 수단이라는 차원을 넘어서 다양한 기능을 가지고 있다. 예를 들면, 목이 마를 때 "물 주세요!"라고 말함으로써 자신이 원하는 물을 얻는 것과 같이, 언어를 통해 정보를 얻고 전달하는 기능들은 도구적 수단으로서의 언어다. 반면, 사람들과 관계를 맺고 지속하는 수단으로서의 언어는 사회적 기능이라고 할 수 있다. 우리가 사용하는 언어기능은 사용적 맥락에 따라 다르게 분류된다. 예를 들어, "지금 몇 시야?"라는 말을 교사가 수업시간에 늦게 출석한 학생에게 한다면 다시 늦지 말라는 경고성의 통제적 기능을 의미하지만, 길을 가던 친구에게 물어본다면 현재 시간을 알려 달라는 정보적 기능이다.

언어의 기능을 분류하는 방식은 학자들에 따라 다르다. 우리에게 잘 알려져 있는 할리데이(Halliday, 1973)는 말을 일곱 가지 기능으로 분류하였는데, 자신의 욕구를 충족시키기 위한 수단으로 사용하는 도구적 기능, 언어를 통해 자신과 타인의 행동을 통제하는 통제적 기능, 사회적 관계 형성을 위한 상호작용적 기능, 자신의 감정이나 생각을 표현하는 개인적 기능, 정보를 찾고 주위를 탐색하기 위한 발견적 기능, 상상의 세계와 창의적 활동을 위한 상상적 기능 그리고 다른 사람에게 생각이나 정보를 전달하는 정보적 기능 등이다. 2009와 2015 개정 국어과 교육과정에서 정의하는 언어의 기능은 다음과 같다(김윤신, 2016).

- 지시적(정보적)[4] 기능: 언어가 갖는 가장 기본적인 기능으로서, 기호나 상징과 같은 언어적 표현을 통해 정보가 전달되는 것을 말한다. 즉, 말하는 이가 듣는 이에게 관련 내용을 알려 주는 것이다. "엄마, 나 시험 30점 맞았어요." "같이 게임할래?" "간디는 세계를 움직였던 인물이야."와 같이 존재하는 사물이나 사건에 대해 전달하는 기능이다.
- 정서적 기능: 언어를 통해 어떤 문제나 현상에 대해 말하는 이의 판단 또는 섬세한 감정 같은 것이 드러날 때를 말한다. 예를 들면, "비가 오니까 마음이 헛헛해."라든지 "진눈깨비지, 사랑은." 등이 해당한다.

---

4 학자에 따라서는 지시적 기능과 정보적 기능을 구별하기도 하나, 두 개념 간의 관계 파악이 어렵기 때문에 하나의 언어기능으로 묶는 것이 더 일반적이다(김윤신, 2016).

- **명령적 기능**: 통제적 기능에 해당하는 것으로 말하는 이가 듣는 이에게 특정 반응이나 행동을 요구할 때의 기능을 말한다. "나한테 다시는 그러지 마!" "당신에게 징역 3년을 구형한다."와 같은 법적 판결문도 이에 해당한다. 명령적 기능은 때로는 나 아닌 다른 타인을 대상으로 하기도 하고 독백과 같이 자신의 행동을 규제하기도 한다.

- **친교적 기능**: 상호작용적 기능에 해당하는 것으로서 정보전달이라기보다는 사람과의 관계를 유지시키는 기능을 말한다. 흔히 사람을 만났을 때, "좋아 보이시네요?" "식사하셨어요?"와 같은 인사말은 정말로 상대방이 식사를 했는지의 여부보다는 화자와 청자 간의 유대감과 친밀감을 만들어 주는 목적을 가지고 있다.

그 밖에도 언어는 사회를 유지하는 데 기여하며, 지식을 전달하는 사회·문화적 기능, 인간의 인지 성장과 발달을 돕는 발달적 기능, 관어적 기능 또는 미적 기능 등이 있다.

② 언어의 특성

국어과 교육과정에서 언급되는 언어의 특성은 다음과 같이 요약될 수 있다(김윤신, 2016).

- **자의성**: 우리는 수많은 사물에 명칭을 붙여 사용하지만, 실제로 낱말과 대상 간에는 직접적인 관계가 없다. 특정한 문화권에서만 의미를 갖는 것은 임의적으로 사물의 명칭을 선택하여 사용하기 때문이다. 예를 들어, '배꼽' '사람' '꽃' 등 우리가 지칭하는 낱말들은 참조물과 직접적인 관련성이 없다. 이처럼 언어의 내용과 형식에는 필연성이 없다는 특성이 바로 언어의 자의성이다.

- **사회성**: 언어기호란 같은 언어사회 내에서 특정한 의미를 특정한 말소리로 나타내자는 자의적인 약속이다. 언어의 자의성에도 불구하고 언어공동체가 유지되는 것은 바로 언어에는 사회적 약속이 전제되기 때문이다.

- **역사성**: 언어는 시간이 흐름에 따라 단어의 소리와 의미가 변하거나 문법요소에 변화가 생기기도 한다. 과거에 존재하던 자음과 모음이 사라지고, 단어의 의미가 바뀌기도 하며, 시대에 따라 신조어가 만들어진다. 인터넷, 역세권, 혼밥 등이 해당한다.

- **추상성**: 언어의 추상성이란 많은 구체적인 대상으로부터 공통의 속성만을 추출하는 추상화 과정을 통하여 하나의 개념을 형성하는 것과 관련이 있다. 예를 들면,

장미, 코스모스, 개나리 등과 같은 대상으로부터 중요한 특징만을 뽑아내는 과정을 통해 '꽃'의 개념이 만들어진다.

- 창조성: 인간은 한정된 음운이나 어휘를 가지고 무한한 문장을 만들 수 있다. 한정된 음운이 결합하여 무한한 음절이 생성되고 형태소의 결합으로 무한한 단어가 생성되며, 문장이 만들어지고, 상황에 따라 무한히 많은 말을 사용할 수 있는 특성을 말한다.

- 분절성: 언어의 분절성은 두 가지 측면에서 볼 수 있다. 첫째, 분절할 수 없는 자연현상을 언어로써 분절하여 표현하는 것이다. 예를 들면, 무지개가 실제로는 연속된 스펙트럼이지만 '빨·주·노·초·파·남·보'로 구별하거나 '봄·여름·가을·겨울'로 연속되어 있는 세계를 분절하는 것을 말한다. 둘째, 경계가 뚜렷하지 않고 연속적으로 발음되는 물리적인 소리를 음소나 음절로 나누어 인식하는 언어구조의 분절성이다. 예를 들어, "머리가 아프다."라는 문장은 /머리/, /가/, /아프다/와 같은 단위로 분절이 가능하며, '머리'는 다시 /m-ə-r-i/로 분절된다.

(3) 의사소통

의사소통은 영어로 communication으로 라틴어 '공유' 또는 '공통'이라는 뜻에서 유래되었다. 송신자와 수신자가 지식, 정보, 신념, 감정 등을 공유하는 행동으로서(박재승, 2010) 두 사람 혹은 그 이상의 사람들 사이의 정보교환을 의미한다. 의사소통이라는 개념 안에는 화자가 전달하고자 하는 '의도'와 화자가 전달하고자 하는 '파트너(수용자)' 그리고 전달하는 '메시지의 형태'가 포함된다. 말과 언어는 혼자서도 가능하지만, 의사소통은 최소한 2인 이상이 상호관계를 맺어야 한다. 의사소통은 기본적으로 정보전달의 목적을 가지고 있는 것처럼 보이나, 실제로 의사소통이란 행위 전체 또는 관계맺음을 의미한다. 그러한 맥락에서 바츠라빅(Watzlawick, 1974)은 "인간이 의사소통을 하지 않는 것은 가능하지 않다."라고 하였으며, 루만(Luhmann, 1988)은 "의사소통 없이는 어떠한 사회적 시스템도 형성할 수 없다."라고 하였다. 의사소통이란 관계맺음의 출발이면서 그 자체이기도 하다. 따라서 상대방의 의도를 전혀 파악하지 못하는 것처럼 보이거나 혹은 의사소통의 욕구와 반응을 전혀 보이지 않는 중도·중복장애 아동을 포함한 모든 인간은 의사소통의 파트너다. 의사소통에 어려움을 보이는 사람은 있지만, 의사소통이 불가능한 사람은 없다.

[그림 1-3]에서 보여 주는 바와 같이, 의사소통은 말과 같은 음성언어와 문자언어뿐

만 아니라 몸짓, 표정과 같은 비형식적인 방법을 포함한다. 몸짓은 의사소통의 최초 형
태로서, 실제로 의사소통에서 몸짓언어가 말보다 더 많이 사용되며, 말과 몸짓언어가
모순될 경우에는 몸짓언어를 더 신뢰하는 경향이 있다(강옥미, 2009). 이렇듯 인간관계
에서 비형식적 의사소통이 차지하는 비율은 매우 높다. 우리는 표정과 몸짓만으로도
그 사람의 반응을 확인할 수도 있지만, 때로는 실제로 의미하려고 하는 것과 다르게 전
달되기도 한다. 어떤 사람을 뚫어져라 쳐다보는 것은 관심을 표현하는 데 사용되기도
하지만 불만으로 받아들여지기도 하며, "괜찮아?"라는 말에 그냥 고개를 끄덕임으로써
구어를 대체하기도 한다. 눈짓, 몸짓, 얼굴표정과 같은 비구어적인 방법이 중요한 의사
소통의 행위가 되는 것이다. 앞서 설명한 바와 같이, 동물은 언어를 사용하는 것이 아
니라 그들만의 의사소통기능을 가지고 있다.[5]

예를 들면, 꿀벌들은 상호 간의 통신방법으로서 춤을 춘다. 원형 춤은 100m 이내
의 단거리에 꿀이 있을 경우 추는 춤이다. 8자형 춤은 100m에서 6Km 정도의 원거
리에 꿀이 있는 지점이 있을 때 이 춤으로 정보를 전달한다. 8자형 춤은 꿀이 있는
지점의 방향에 대한 정보까지도 전달할 수 있다. 꿀이 있는 위치가 태양과 같은 방향
일 때는 벌집을 향하여 몸통을 수직으로 세워 춤을 추고, 좌측의 방향일 때는 그것에
상응하는 만큼 좌측으로 기울여 춤을 춘다(오주영, 박종갑, 1995).

> 의사소통: 말과 언어 그리고 비형식적 의사소통체계를 모두 포함한 개념으로서 정보
> 를 전달하고 자신의 감정이나 요구를 전달하는 행위 전체를 말한다.

성공적인 의사소통이 이루어지기 위해서는 말과 언어와 같은 언어적 요소와 준언어
적 · 비구어적(비언어적) 그리고 초언어적 요소를 이해하고 사용하는 능력을 갖추어야
한다. 준언어적(paralinguistic) 요소란 억양, 강세, 속도, 일시적인 침묵 등과 같이 말에

---

5 최근에 이루어지는 생물음향학 연구에 따르면 곤충들은 초음파를 사용한 발성을 하고, 어류들도 산란시기
   동안 전형적인 '복잡한 소리'를 내며, 대부분의 포유동물들은 소리를 통한 의사소통을 한다. 개미는 몸 밖
   으로 분비하는 페로몬이라고 하는 화학물질을 통해 서로 소통하는 것으로 알려져 있다(박수철, 유수아 역,
   2011).

첨가하여 메시지를 전달하는 것을 말하며, 비구어적(nonverbal) 요소는 몸짓, 자세, 표정 등과 같이 말이나 언어에 의존하지 않고 메시지를 전달하는 것을 말한다. 그리고 초언어적(metalinguistic) 요소란 언어 자체를 사고의 대상으로 하여 언어의 구조나 특질을 인식하는 능력이다.

메타 음운론적 능력: 단어를 만드는 소리에 대한 이해력으로 음소를 인식하고 의도적으로 정확하게 사용하는 것을 말한다.

메타 의미론적 능력: 단어 구조와 단어 의미에 대한 능력으로서 주어진 문맥에 적합한 어휘를 선택하는 것을 말한다.

메타 통사론적 능력: 통사적 구조를 의식적으로 추론하고 문법 사용 등을 의도적으로 통제하는 것을 말한다.

메타 화용론적 능력: 사회적 맥락에서 언어를 적절히 사용하는 것을 말한다.

말과 언어를 구별하는 것보다 언어와 의사소통의 개념을 구별 짓는 것은 더 어렵다. 우리는 의사소통발달과 언어발달을 굳이 구분하여 사용하지도 않고, 실제 언어 체계 사용에 관한 문법적 능력은 의사소통의 중요한 구성요소이기 때문이다. 의사소통능력(communicative competence)이란 용어는 촘스키가 주장한 언어능력이 너무나 제한적인 개념이라고 여겼던 사회언어학자 하임즈(Dell Hymes, 1967)가 만든 용어로서 '인간이 특정 상황에서 메시지를 전달하고 해석하며, 인간 상호 간에 의미를 해석하고, 인간 상호 간에 의미를 타협하게 해 주는 능력'이라고 보았다(박재승, 2010). 따라서 언어와 비교하여 의사소통은 개인들 간의 상호작용적 측면, 즉 맥락이 강조된 형태라고 할 수 있다.

3. 의사소통장애의 법적 정의

1) 「장애인 등에 대한 특수교육법」상의 정의

「장애인 등에 대한 특수교육법」(이하 「장특법」)이 2007년에 제정되면서 특수교육에서는 '언어장애'라는 용어가 '의사소통장애'로 변경되었다. 또한 특수교육 대상자 선정기준에 관련된 시행령에서도 기존의 「특수교육진흥법」과 비교하여 선정의 틀이 상당 부분 변경되었다. 구법(「특수교육진흥법」)에서 구분하고 있는 '언어장애'는 엄밀히 말하여 '말장애'와 구분되는 개념을 가지고 있다는 점에서 혼란의 여지가 있었다. 또한 신법(「장특법」)에서 '언어장애'라는 용어를 '의사소통장애'로 변경한 것은 교육에서 최우선적인 목표를 올바른 언어 사용이 아니라 일상생활에서의 의사소통능력 증진에 두고자 하는 신념을 반영하고 있다고 볼 수 있다. 언어의 기능성을 중요시하고 구어뿐만 아니라 비구어적 의사소통체계를 적극적으로 사용하여 의사소통능력을 최대한으로 끌어올리는 데 중점을 두고자 하는 점도 내포되어 있다. 그것은 구어사용에 심한 제한이 있거나 거의 불가능한 수준에 있는 중도·중복장애 아동까지를 '의사소통'이라고 하는 보다 광범위한 틀 속에서 지원하고자 하는 의도로도 해석할 수 있다. 의사소통장애는 다음과 같이 정의할 수 있다.

> "의사소통장애란 화자와 청자가 상호작용하는 과정에서 자신의 의사를 상대방에게 전달하기 위해 사용하는 구어적 단서 또는 비구어적 단서 사용에서 어려움을 보임으로써 정보에 담긴 의미를 파악하고 표현하는 데 결함을 보이는 경우를 말한다."

의사소통장애 특수교육 대상자 선정기준은 「장특법」 시행령 제10조에 의거하여 다음과 같이 규정되고 있다.

- 언어의 수용 '및' 표현능력이 인지능력에 비하여 현저하게 부족한 사람: 신법(장특법)에서 새롭게 추가된 항목으로 '및'이라는 단어는 국어사전에 따르면 부사로서 '그리고'와 '그 밖에'라는 두 가지 의미를 가진다. 이처럼 두 가지 의미로 풀이되는 단어의 경우 명확성이 요구되는 법률 문장에 쓸 때에는 보다 신중해야 한다는 지적을 피하기 어렵다(법률신문, 2010. 11. 23.). 만약 여기서 '및'을 국어학적 해석에 따라 'and'의 의미로 본다면, 수용언어와 표현언어에 모두 결함이 있어야 한다. 예를 들면, 단순언어장애의 경우에도 표현언어에만 결함이 있을 때에는 이 범주에 포함시키기 어렵다. 그러나 현장에서는 특수교육 서비스 제공 차원에서 '및'을 'or'의 의미로 해석할 수 있는 가능성도 완전히 배제하기는 어렵다. 또한 신법에서는 언어능력과 인지능력 간의 '현저한 차이'를 조건으로 명시하고 있으나, 그 기준이 모호

〈표 1-1〉 의사소통장애의 법적 정의

「특수교육진흥법」(구법)	「장특법」(신법)
조음장애, 유창성장애, 음성장애, 기호장애 등으로 인하여 의사소통이 곤란하고 학습에 어려움이 있는 자를 말한다.	다음 각 항목의 어느 하나에 해당하여 특별한 교육적 조치가 필요한 사람 　가. 언어의 수용 및 표현능력이 인지능력에 비하여 현저하게 부족한 사람 　나. 조음능력이 현저히 부족하여 의사소통이 어려운 사람 　다. 말 유창성이 현저히 부족하여 의사소통이 어려운 사람 　라. 기능적 음성장애가 있어 의사소통이 어려운 사람

하여 경도의 지적 결함을 가지고 있는 아동의 언어발달지체나 뇌손상으로 인한 후천적 언어장애인 소아실어증의 경우에는 유동적인 해석이 요구된다.

- 조음장애: 구법(특수교육진흥법)에서는 '조음장애'라는 명칭을 사용하였으나 신법에서는 '조음능력이 현저히 부족하여'로 기술하고 있다. 엄밀히 말하면 조음장애와 음운장애가 다른 개념을 가지고 있기 때문에 최근에는 조음장애보다는 조음·음운장애라는 용어가 더 많이 사용되고 있다. 그런 측면에서 "조음능력이 현저히 부족하다."는 내용 안에는 음운장애로 인한 조음문제를 포괄적으로 포함하고 있다고 볼 수 있다.

- 유창성장애: 유창성장애는 구법과 신법에서 변경 사항 없이 그대로 사용되고 있다.

- 기능적 음성장애: 구법에서 사용된 명칭 '음성장애'는 기능적 음성장애와 기질적 음성장애로 분류된다. 신법에서 기능적 음성장애만으로 국한하여 명시한 것은 발성기관의 구조적 손상이나 질병에 기인한 기질적 음성장애를 실질적으로 특수교육 대상에서 제외시킨 것으로 해석할 수 있다.

- 기호장애의 삭제: 구법에서 기호장애는 구어를 이해하거나 표현하는 대뇌기능의 결함으로 인한 장애로서, 실어증과 언어발달지체 그리고 단순언어장애를 포함하는 장애유형으로 분류되어 왔다(권도하 역, 2001). 그러나 신법의 제정으로 기호장애가 사라지고, 인지능력의 결함으로 인한 언어발달지체나 심한 인지결함을 동반한 신경언어장애 등은 의사소통장애 대상에서 제외되었다.

2) 의사소통장애 진단 · 평가 검사도구

의사소통장애 진단 · 평가 영역은 「장특법 시행규칙」 제2조 제1항에 의거하여 구문검사, 음운검사, 언어발달검사이며, 진단 · 평가 검사도구 체계의 예시는 다음과 같다.

〈표 1-2〉 의사소통장애 진단·평가 검사도구

영역	검사도구	대상
언어검사 (두 가지 이상 검사 실시)	수용 · 표현어휘력검사(REVT)	2세 6개월~16세 이상의 성인
	취학 전 아동의 수용언어 및 표현언어 발달 척도(PRES)	2~6세
	우리말 조음 · 음운평가(U-TAP)	2~12세
	구문의미이해력검사	4~9세(장애학생 초3까지)
	언어문제해결력검사	5~12세
	그림어휘력검사(PPVT)	2~8세 11개월
기초학습 기능검사	기초학력검사(KISE-BAAT)	5~14세
지능검사	한국 웩슬러 아동 지능검사(K-WISC-IV)	6~16세 11개월
	국립특수교육원 한국형 개인 지능검사 (KISE-KIT)	5~17세
	한국 카우프만 아동 지능검사(K-ABC)	3~18세
사회성 적응행동검사	국립특수교육원 적응행동검사(KISE-SAB)	5~14세

출처: 전라북도교육청(2017).

3) 「장애인복지법」상의 정의[6]

「장애인복지법」에서는 언어장애라는 용어를 사용한다. 2019년 7월 장애등급제가 폐지되면서 장애인은 장애의 정도에 따라 '장애의 정도가 심한 장애인'과 '장애의 정도가 심하지 않은 장애인'으로 구분된다(시행령 안 제2조, 시행규칙 안 제2조 및 별표1 등). 이러

---

6 이 내용은 「장애인복지법 시행규칙」에 근거함. [시행 2020. 10. 30.] [보건복지부령 제758호, 2020. 10. 30.,
   일부개정]

한 「장애인복지법」 개정의 가장 큰 골자는 장애등급이 장애정도로 변경되었다는 것이다. 과거에는 장애유형에 따라 세분화된 등급을 부여받았던 반면에 이제는 장애의 정도가 심한 장애인(종전 1~3급)과 장애의 정도가 심하지 않은 장애인종전(4~6급)으로 단순하게 구분된다.

과거 장애등급제는 의학적 상태에 따라 1급부터 6급까지 세분화된 등급을 부여하고, 이를 각종 서비스의 절대적 기준으로 활용해 왔기 때문에 개인의 서비스 필요도와 서비스의 목적이 불일치하는 문제가 끊임없이 지적되었다. 그러나 앞으로는 장애인의 구분은 장애정도가 심한 경우와 그렇지 않은 경우로 단순화하여 서비스를 지원할 때 참고자료로만 활용하고, 주요 서비스의 수급자격은 별도의 자격심사를 통해 결정함으로써 꼭 필요한 장애인이 지원받을 수 있도록 한다는 것이 법 개정의 취지라 할 수 있다.

언어장애도 마찬가지로 기존 3급과 4급의 장애등급에서 탈피하여 '장애의 정도가 심한 장애인'과 '장애의 정도가 심하지 않은 장애인'으로 구분하고 있다. 즉, 「장애인복지법」에서의 언어장애는 음성장애, 구어장애, 발달기에 나타나는 발달성 언어장애, 뇌질환 또는 뇌손상에 의한 언어중추의 손상에 따른 실어증을 포함한다. 음성장애는 단순

〈표 1-3〉 「장애인복지법」에서의 언어장애 장애정도 기준

장애정도	장애상태
장애의 정도가 심한 장애인	1. 발성이 불가능하거나 특수한 방법(식도발성, 인공후두기)으로 간단한 대화가 가능한 음성장애 2. 말의 흐름에 심한 방해를 받는 말더듬(SSI 97%ile 이상, P-FA 91%ile 이상) 3. 자음정확도가 30% 미만인 조음장애 4. 의미 있는 말을 거의 못하는 표현언어지수가 25 미만인 경우로서 지적장애 또는 자폐성장애로 판정되지 아니하는 경우 5. 간단한 말이나 질문도 거의 이해하지 못하는 수용언어지수가 25 미만인 경우로서 지적장애 또는 자폐성장애로 판정되지 아니하는 경우
장애의 정도가 심하지 않은 장애인	1. 발성(음도, 강도, 음질)이 부분적으로 가능한 음성장애 2. 말의 흐름이 방해받는 말더듬(SSI: 아동 41~96%ile, 성인 24~96%ile, P-FA 41~90%ile) 3. 자음정확도가 30~75% 정도의 부정확한 말을 사용하는 조음장애 4. 매우 제한된 표현만을 할 수 있는 표현언어지수가 25~65인 경우로서 지적장애 또는 자폐성장애로 판정되지 아니하는 경우 5. 간단한 말이나 질문도 거의 이해하지 못하는 수용언어지수가 25~65인 경우로서 지적장애 또는 자폐성장애로 판정되지 아니하는 경우

한 음성장애와 발성장애를 포함하며, 구어장애는 발음 또는 조음장애와 유창성장애(말더듬)를 포함한다.

언어장애 진단기관 및 전문의는 의료기관의 재활의학과 전문의 또는 언어재활사가 배치되어 있는 의료기관의 이비인후과 · 정신건강의학과 · 신경과 전문의가 되며, 다만 음성장애는 언어재활사가 없는 의료기관의 이비인후과 전문의를 포함한다. 장애진단을 하는 전문의는 원인 질환 등에 대한 6개월 이상의 충분한 치료 후에도 장애가 고착되었음을 진단서, 소견서, 진료기록 등으로 확인해야 한다. 수술 또는 치료 등 의료적 조치로 기능이 회복될 수 있다고 판단되는 경우에는 장애판정을 처치 후로 유보하여야 하며, 장애정도의 변화가 예상되는 경우에는 반드시 재판정을 받도록 하여야 한다.

소아청소년은 적절한 언어발달이 이루어진 이후에 판정하며 원인질환 등에 관하여 6개월 이상 충분히 치료하였음에도 불구하고 장애가 인정되는 경우 만 3세 이상에서 진단할 수 있다. 만 6세 미만에서 장애판정을 받은 경우 만 6세 이상~만 12세 미만에서 재판정을 실시하여야 한다. 만 6세 이상~만 12세 미만에 최초 장애판정 또는 재판정을 받은 경우 향후 장애상태의 변화가 예상되는 경우에는 만 12세 이상~만 18세 미만 사이에 재판정을 받아야 한다. 언어장애를 진단함에 있어서 사용되는 진단도구는 다음과 같다.

〈표 1-4〉 언어장애 진단도구

언어장애 유형	진단도구
유창성장애(말더듬)	파라다이스 유창성검사(P-FA)를 기본검사로 하며, 필요시 말더듬 심도 검사(SSI) 등을 고려하여 판정할 수 있다.
조음장애	표준화가 이루어져 있는 아동용 발음평가(APAC)와 우리말 조음 · 음운평가(U-TAP)를 사용하는 것을 권장하며, 부득이한 경우에는 그림자음검사를 사용할 수 있다.
발달성 언어장애	취학 전 아동의 수용언어 및 표현언어 발달척도(PRES)를 주로 사용하도록 권장하며, 언어발달지연이 너무 심한 경우에 대해서는 영유아언어발달검사(SELSI)를 참고할 수 있다.
실어증	한국판 웨스턴 실어증 검사(PK-WAB-R 또는 K-WAB)를 사용한다. 정확한 판정을 위해 필요한 경우 진료기록지와 언어치료 경과지, 다른 표준화된 실어증 관련 평가인 한국판 보스턴이름대기검사(K-BNT), 표준화된 실어증 선별검사(K-FAST 또는 STAND 등)를 참고자료로 활용할 수 있다.
음성장애	진료기록지 및 임상적 소견 등을 기준으로 판정하며 음성검사(MDVP, 닥터 스피치 등)를 참고자료로 활용할 수 있다.

중복장애의 판정기준에 있어서는 2종류 이상의 장애정도가 심하지 않은 장애가 중복되어 있는 경우 주된 장애(장애정도가 가장 높은 장애)와 차상위 장애를 합산하는 것이 원칙이다. 그러나 지적장애, 자폐성장애, 정신장애와 그에 따른 증상의 일환으로 나타나는 언어장애는 각각을 개별적인 장애로 판단하지 않아 중복장애로 합산하지 않는다.

4. 의사소통장애 아동의 언어지원 서비스

우리나라에서는 언어장애가 장애의 한 영역으로는 분류되지만, 별도의 특수학교를 가지고 있지는 않다. 이는 일본이나 미국의 경우도 마찬가지다. 그러나 독일은 일찍부터 언어장애 특수학교가 별도로 분리되어 있는 국가 중 하나다. 통계에 따르면, 1955년부터 1980년 사이에 독일의 언어장애 특수학교의 수는 11개에서 약 70개로 증가하였고, 이 숫자는 당시 서베를린을 포함한 서독에만 국한된 수치다(Becker & Braun, 2000). 그러나 1980년 이후 통합교육이 하나의 교육철학으로 대두되면서 언어장애 아동의 분리교육은 독일 내에서도 비판적으로 논의되기 시작하였다. 현재 언어장애 특수학교는 유치원과 초등학교 과정까지만 운영되고 그 이후는 일반학교로 통합 배치되는 것이 일반적인 추세다. 이와 같이 언어장애는 국내뿐만 아니라 뿌리 깊은 분리교육의 역사를 가지고 있는 독일의 경우에도 더 이상 분리교육의 대상이 아니다. 그러나 여전히 유·초등학교 과정에서 분리교육의 형태가 유지되고 있는 것은 이 시기에 보다 전문적인 특수교육 서비스를 받게 함으로써 중등교육과정에서 성공적인 통합을 이루는 것이 바람직하다는 인식이 바탕이 되고 있기 때문이다.

이처럼 통합교육은 하나의 세계적인 패러다임으로 자리잡아 가고 있다. 그러나 특수교육 대상자의 약 70% 이상이 통합교육을 받고 있는 국내 현실과 맞물려서 가장 중요한 것은 물리적 통합 자체가 교육평등권을 보장하지 않는다는 인식이다. 'inclusion'은 더 이상 철학적 관점에 머무르지 않아야 한다(이종호, 고은, 2020). 일반학교에서 일반교사가 지도할 수 없는 학생들을 위해 특수교육이 있다는 믿음처럼(Weisser, 2017), 언어치료는 분리된 언어치료실에서 이루어진다는 사고에 갇힐 때 최적의 교육효과를 기대할 수 없다. 그런 맥락에서 최근에는 아동의 의사소통 중재를 위한 교실 내 특수교사의 역량과 pull-in 형태의 언어치료가 강조되고 있다.

2007년 「장특법」이 제정되면서 기존의 치료교육이 폐지되었다. 이로써 기존 치료교사가 사라지고 대신 전문적인 자격을 가진 치료사가 특수교육 관련 서비스 영역 안에서 치료지원을 하는 시스템으로 변화되었다. 보다 전문적인 치료 서비스를 제공하기 위한 목적이었으며, 특수교사와 치료 서비스 제공자와의 협력이 보다 용이해지는 효과를 기대하였다. 그러나 실제 특수교육 현장에서 이루어지는 치료지원의 대부분은 학교 밖의 언어치료 서비스 기관에서 바우처(voucher)[7] 형태로 제공되고 있다. 이 경우 장시간 일관된 중재가 가능하다는 장점은 있으나(이지연, 2018), 교사와의 교류가 쉽지 않고 교육 제도 밖에서 이루어지는 치료지원이라는 한계를 갖는다. 현재 모든 특수학교에서는 학교 내 전문 치료사에 의해 치료지원이 이루어지고 있으며, 일반학급에 배치된 학생에게는 순회교육의 형태로 지원하고 있다. 언어치료 서비스 형태는 크게 세 가지로 구분된다(김수진 외, 2006).

- 개별치료(pull-out system): 언어재활사[8]를 중심으로 구조화된 환경에서 실시되는 언어치료 형태이다.
- 간접치료(collaborative consultation system): 교실에서 교사가 지도할 수 있도록 언어재활사의 자문을 통해 협력하는 형태이다.
- 직접치료(pull-in system): 언어재활사가 교사와 함께 교실 상황에 참여하여 의사소통에 어려움이 있는 학생에게 적절한 치료 서비스를 직접 제공하는 방법이다.

언어재활사의 간접지원이나 pull-in 형태의 모델은 일반화가 용이하다는 장점에도 불구하고, 실제 통합교육을 받고 있는 학생의 경우에는 다음과 같은 제한점을 가지고 있다. 원칙적으로는 특수교육지원센터의 지원을 받아 순회교육 형태의 서비스 제공은 가능하나, 실제 신청자의 수만큼 인력공급이 원활하지 않는 부분이 존재한다. 또한 신청제가 아닌 선정제로 운영되기 때문에 일부 학생들은 외부 치료시설을 이용하게 되는데, 이 경우에는 특수교사와 언어재활사 간의 협력이 어려울 수밖에 없다. pull-in 시스템은 단순히 의사소통장애로 선정되지 않은 학생일지라도 위험군 아동이나 경제적인

---

7 정부가 수요자에게 쿠폰을 지급하여 원하는 공급자를 선택하도록 하고, 공급자가 수요자로부터 받은 쿠폰을 제시하면 정부가 재정을 지원하는 방식을 말함.

8 과거 언어치료사에서 바뀐 이름임.

이유로 언어치료 혜택을 받지 못하는 아동들도 서비스 대상에 포함될 수 있는 장점이 있다(박소현, 2007). 학교 내의 언어지원 서비스 체계의 확립은 성공적인 통합교육을 위해 고민해야 할 과제 중 하나다.

언어기관의 생리학적 이해

말소리 산출은 복잡하면서도 가장 과학적으로 만들어지는 현상 가운데 하나다. 이 장에서는 언어기관을 호흡, 발성, 조음 및 공명, 청각기관 그리고 신경기관으로 구분하여 그 기능을 살펴보고자 한다. 각 기관의 메커니즘을 아는 것은 의사소통장애를 이해하는 데에 기초적인 지식에 해당한다.

1. 호흡기관

폐(허파)의 일차적 기능은 혈액에 산소를 공급하고 이산화탄소를 방출하는 것이다. 폐는 탄력성이 강한 두 개의 풍선 모양으로 되어 있으며 횡격막 위에 나란히 위치하고 있다. 공기가 들어갈 폐 공간은 거꾸로 세워 놓은 나무와 비슷하다. 나무줄기는 기관 (氣管), 나뭇가지는 기관지 또는 모세기관지, 나뭇잎은 폐포다. 가슴이 확장되면서 공기는 기관으로 들어가고 기관지를 경유하여 마침내 폐포라 불리는 작은 공기 주머니에 이르게 된다(김석엽, 1987).

호흡근육으로서 가장 큰 역할을 하는 횡격막은 두 개의 허파 밑을 받쳐 주듯이 놓여 있다. 횡격막을 경계로 윗부분은 가슴, 아래는 소화기관이 위치한 배로 구분된다. 우리는 호흡을 통해 생존에 필요한 산소를 공급받고 생명을 유지한다. 폐의 일차적 기능이 생명 유지를 위한 호흡이라면, 이차적 기능은 발성을 위한 호흡이다. 발성을 하기 위해서는 공기라는 에너지가 필요하고 폐는 바로 그러한 공기를 제공해 준다.

호흡운동의 원리는 다음과 같다. 폐는 근육이 없어서 스스로 움직이지 못한다. 따라서 늑골(갈비뼈, ribs)과 횡격막(diaphragm)의 수축과 이완 운동에 의해서만 움직일 수가 있다. 호흡과정은 자동화된 과정으로서 흉곽(흉골과 늑골을 포함)과 횡격막이 만들어 내는 일련의 메커니즘에 의해 공기가 전달된다.

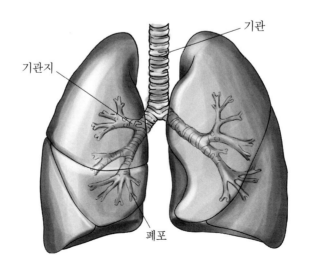

[그림 2-1] **폐**

공기를 허파 안으로 빨아들이는 호흡작용을 흡기(inspiration), 허파 밖으로 빠져나가는 것을 호기(expiration)라고 한다. 흡기는 호흡의 능동적인 작용으로, 숨을 들이마시면 횡격막은 하강하고 흉곽은 위로 그리고 바깥쪽으로 이동하여 폐의 공간을 확장시켜 준다. 반면에 호기는 수동적 작용으로, 횡격막은 제 위치로 돌아오게 되고 흉곽은 아래로 그리고 안쪽으로 이동한다. 이때 폐의 부피와 압력은 반비례한다. 즉, 폐가 확장되면 압력은 낮아지면서 외부 공기가 유입된다. 반대로 횡격막이 원상태로 되돌아가고 흉곽이 안쪽으로 움직이면 폐의 탄성으로 인해 공기를 밖으로 밀어낸다.

〈표 2-1〉 **흡기와 호기의 메커니즘**

구분	횡격막	흉곽	폐의 용적	압력
흡기	아래로	위로	커짐	감소
호기	위로	아래로	작아짐	증가

성인의 경우 1분에 10~14회 정도, 아동은 20~25회 정도, 신생아는 40~70회 정도의 호흡을 한다(김양호 외, 2009). 우리는 한 번 호흡할 때마다 일반적으로 500ml 정도의 공기를 들이마시고 내뱉는데, 이것을 주기적인 호흡량이라고 한다. 흔히 말하는 폐활량이란 최대의 흡기 후에 최대로 내쉴 수 있는 공기의 양을 말하는데, 일반적으로 성인 남성의 경우 4,500ml, 성인 여성은 3,000ml 정도다. 지속적으로 호흡이 끊기지 않고 말을 유창하게 할 수 있는 것은 평균 폐활량이 충분히 안정적일 때 가능하다. 폐활량은 나이가 들어 감에 따라 다소 감소하기 때문에 연령이 높은 사람은 젊은 사람이 말을 하는 것보다 호흡이 더 자주 끊기게 된다(고도흥, 2004).

편안한 상태에서는 흡기와 호기의 시간적 비율은 4 대 6 정도이지만, 발화를 할 때는 1대 9 정도로 호기 시간이 길어진다. 따라서 연속해서 자연스럽게 말하는 것이 가능하다. 허파의 공기량은 말소리 에너지의 근원이 되는데, 예를 들면 큰 소리로 말하거나 오랫동안 말을 할 때에는 평상시보다 더 많은 에너지가 필요하기 때문에 공기를 더 많이 흡입해야 한다. 그렇기 때문에 폐활량이 부족한 사람의 경우에는 에너지 넘치는 발성보다는 작은 소리, 자꾸 끊어지는 발성을 하게 된다.

호흡운동은 자율적으로 조절된다. 예를 들면, 심한 운동 등으로 혈액 속에 이산화탄소의 양이 증가하면 이것이 호흡중추인 연수를 자극하여 호흡이 빨라지게 되며, 이와 반대로 이산화탄소의 양이 감소하면 호흡운동이 억제된다(김양호 외, 2009). 이렇듯 호흡은 무의식적 · 자동적 과정이므로 특별히 발성을 하기 위하여 호흡을 의도적으로 조절하지는 않는다. 그러나 뇌성마비, 심한 말더듬 또는 기도압력을 충분히 생성시키지 못한 사람의 경우에는 그러한 메커니즘이 깨어지게 된다. 이때 비로소 우리는 정상적인 호흡이 발성과 말의 유창성에 얼마나 중요한 영향을 미치는지를 알게 된다. 무엇보다도 호흡운동은 심장박동처럼 저절로 일어나는 현상이지만, 어느 정도는 수의적 조절이 가능하다는 특성을 갖는다. 예를 들면, 액체를 빨대로 천천히 마실 수도 있고, 강하게 빨아들일 수도 있고, 때로는 뱉을 수도 있는 것처럼, 우리는 호흡 훈련을 통해 그 양을 일정 부분 조절해 갈 수 있다.

2. 발성기관

발성이라는 것은 폐에서 생성된 공기를 기도압력을 이용하여 목소리로 전환하는 것을 말한다. 그 기능은 후두가 담당한다. 후두의 일차적인 기능은 기도를 보호하는 것이다. 즉, 생명유지의 기능이다. 후두에 있는 나뭇잎 모양의 후두개는 음식물 입자가 기도를 통해 폐로 들어가는 것을 막아 준다. [그림 2-2]는 음식물이 기도로 넘어가는 것을 막기 위해 후두개가 닫히는 것을 보여 주고 있다.

후두의 이차적인 기능은 발성이다. 폐에서 만들어진 공기는 폐의 폐포에서 기관지를 통해 기도를 타고 올라와 후두를 지나게 된다. 후두를 지나는 공기는 성대에 부딪히게

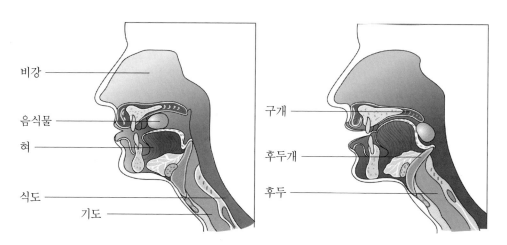

[그림 2-2] **후두개의 닫힘 현상**

되는데, 이때 성대가 진동하게 되고 이 진동이 바로 목소리가 된다(정옥란, 2003). 후두는 발성기관에서 가장 중요한 부분이며 목소리의 심장부라고 표현한다. 왜냐하면 후두 안에 성대가 자리하고 있으며, 후두의 움직임이 성대의 움직임을 결정하기 때문이다. 발성기관의 이상은 말장애의 하나인 음성장애를 유발한다.

1) 후두연골의 구조

후두는 튜브처럼 생긴 기관이며 크게 4개의 연골로 이루어져 있다. 갑상연골, 윤상연골, 한 쌍의 피열연골 그리고 후두개다([그림 2-3] 참조).

(1) 갑상연골

아담의 사과라고 불리는 갑상연골은 후두를 구성하는 연골 중에서 가장 크다. 침이나 음식물을 삼켰을 때 위로 상향했다가 가라앉는 부분이 후두이며, 우리가 손으로 만져서 느끼는 후두 부위의 대부분이 갑상연골이다(정옥란, 2003). 갑상연골은 윤상연골과 서로 연결되어 있으며 앞쪽으로는 삼각형을 이루면서 두 갑상연골 판이 만나고 뒤쪽은 열린 상태다. 갑상연골은 남성의 경우 거의 80~90°로 만나고, 여성의 경우 그 각도가 120~130°에 이른다(Wirth, 1991). 그래서 남성의 경우에는 목 부위가 돌출되어 보이는 것이다.

(2) 윤상연골

윤상연골은 갑상연골 바로 밑에 위치하고 있으며 후두 아랫부분의 공간을 형성하고 있다. 전방에서 볼 때 윤상연골과 갑상연골 사이는 겹쳐져 있지 않고 반지 모양의 형태를 하고 있으며, 그 사이는 빈 공간이다. 그러나 윤상연골의 뒤쪽은 넓고 높은 형태를 하고 있다.

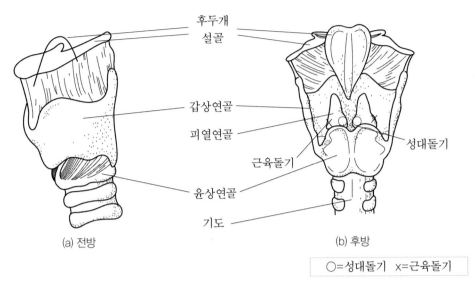

[그림 2-3] **후두연골**

(3) 피열연골

피열연골은 한 쌍으로 이루어져 있으며 피라미드 형태를 하고 있다. 피열연골에는 성대돌기와 근육돌기가 위치하고 있다. 성대돌기는 말 그대로 성대인대와 성대근육이 부착되어 있고 전방에서 보았을 때 안쪽에 위치하고 있다. 반대로 근육돌기는 외측과 후방을 향하고 있다([그림 2-3] 참조). 피열연골의 움직임은 발성에 가장 큰 영향을 미치는데, 그 이유는 성대가 피열연골의 성대돌기에 붙어 있기 때문이다. 근육돌기에 붙어 있는 후두근육들이 수축하면, 근육돌기는 전외측(前外側)으로 움직이고 성대돌기를 중앙으로 끌어들이면서 붙어 있는 성대를 내전(內轉)시킨다. 반대로 근육돌기가 후방으로 당겨지면, 피열연골을 회전시키면서 성대돌기와 붙어 있는 성대가 외전(外轉)된다 (고도흥, 2004). 즉, 피열연골의 움직임에 따라 성대가 열리고 닫히게 되는 것이다.

(4) 후두개

후두개는 나뭇잎 모양으로 된 연골로서 갑상연골의 안쪽에 위치한다. 후두개는 공기 통로를 보호하는 문지기 역할을 한다. 기도와 식도는 서로 나란히 붙어 있기 때문에 자칫하면 음식물이 기도로 넘어갈 수도 있다. 이것을 막아 주기 위하여 음식물이나 이물질이 들어오면 피열후두개주름은 음식물을 삼킬 때 괄약근 수축 현상을 보이면서 후두의 출구를 닫아 주는 기능을 한다(정옥란, 2003).

2) 후두의 근육

후두의 근육은 크게 외부근육과 내부근육으로 나뉜다. 외부근육은 후두가 고정되도록 지탱해 주고 후두의 위치를 올리고 내려 주는 기능을 한다. 반면, 내부근육은 성대의 개폐와 성대의 움직임에 관여한다(정옥란, 2003).

〈표 2-2〉 **후두의 내부근육**

근육		기능
긴장근	윤상갑상근	성대를 긴장시켜 고음을 산출한다.
이완근	갑상피열근	성대를 이완시켜 저음을 산출한다.
내전근	측윤상피열근	근육이 수축하면서 성대를 내전시킨다.
	사위피열근	
	횡피열근	
외전근	후윤상피열근	피열연골을 회전시킴으로써 성대를 외전시킨다.

3) 성대

성대의 주기적인 개폐운동은 소리를 만든다. 성대는 후두 내에 위치해 있는 한 쌍의 근육으로 성대의 길이는 신생아는 3mm, 성인 여성은 17~20mm 그리고 성인 남성의 경우 20~25mm 정도다. 일반적으로 정상 성대는 진주색 빛을 띠며, 남성의 성대는 길고 두껍기 때문에 여성보다 기본주파수[1]가 낮다(Mathelitsch & Friedrich, 1995). 반대로 여성의 짧고 가는 성대는 높은 주파수를 갖게 된다. 성대의 진동 수는 성대의 질량과 길이에 반비례하고 긴장도에 비례하기 때문이다. 내전에 관여하는 근육과 외전에 관여하는 근육에 의해서 성대는 서로 접근하여 성문이 좁아지기도 하고 열리기도 한다.

(1) 성대의 외전과 내전
외전이란 성대가 열리는 것을 말하며, 반대로 내전이란 중심선으로 서로 접근하는

---

1 기본주파수(Fundamental frequency: F_0)는 성대에서 모음을 지속적으로 발성할 때 나타나는 초당 진동 횟수를 말한다.

것을 말한다. 발성을 하기 위해서는 성대가 진동하여야 하므로 양쪽의 성대는 최대한 가깝게 붙어야 한다. 호흡을 할 때나 성대가 떨리지 않는 무성음의 경우에는 성문이 넓게 열려 있어서 공기가 장애를 받지 않고 통과한다(김광해 외, 2009). 그러나 유성음을 내기 위해서는 성대가 내전되어 충분히 가깝게 모아져야 한다. 모아진 좁은 틈으로 공기가 통과하면서 성대가 떨리게 되고 그것이 소리가 된다.

(2) 발성의 원리

성대의 운동은 근탄성 공기역학 이론으로 설명할 수 있다. 성대는 직접 진동할 수 없는 진동체이다. 성대는 성대 자체가 가지고 있는 탄성과 공기역학적 원리에 의해 진동한다. 근탄성이란 근육 자체가 가지고 있는 탄성을 말한다. 즉, 되돌아가려는 근육의 힘이다. 공기역학 이론은 베르누이 효과로 설명할 수 있는데, 스위스의 물리학자인 베르누이(Daniel Bernoulli)는 유체의 속력이 증가하면 압력이 감소한다는 원리를 밝혀 냈다(이상림, 2019). 예를 들면, 두 개의 빈 음료수 캔을 약간의 간격을 두고 나란히 세운 후 입으로 바람을 불어 주면, 두 개의 캔이 서로 붙는 현상을 볼 수 있다. 이는 캔 사이의 공기가 바깥쪽 공기보다 빠르게 움직임으로써 압력이 낮아지고, 공기 압력이 높은 바깥 공기가 두 캔을 안쪽으로 밂으로써 간격이 좁아지는 것이다. 그렇다면 성대의 진동 원리로 되돌아가 보자.

두 종이 사이로 공기가 지나가면 두 장의 종이가 붙게 되는 것처럼 폐에서 나온 공기가 빠른 속도로 성문을 지나게 되면 그 주위의 기압이 낮아지고, 이로 인해 성대주름이 빨려 들어가듯이 서로 붙게 된다. 이때 성대가 가지고 있는 특성인 제자리로 돌아가려는 탄성 현상이 덧붙여지면서 성대는 여닫는 것을 반복한다.

폐에서 올라오는 공기는 닫혀 있는 성문 아래에서 압력을 형성한다. 폐쇄된 성대점막을 뚫고 나오는 하기도의 압력을 성문하압이라고 한다. 성문하압은 음의 강도와 정비례하는데 목소리가 커지면 성문하압도 증가한다.

[그림 2-4]의 (a)는 발성하지 않을 때의 성대의 모습이며, (b)는 발성 시의 모습이다. 성대가 진동하기 위해서는 다음과 같은 전제조건들이 있어야 한다. 첫째, 진동하는 두

성대 사이의 거리가 일정 정도 이상 가까워야 한다. 둘째, 성대의 상태가 유연해야 한다. 셋째, 성문 위와 성문 아래에 충분한 압력 차이가 있어야 한다(고도홍, 2004).

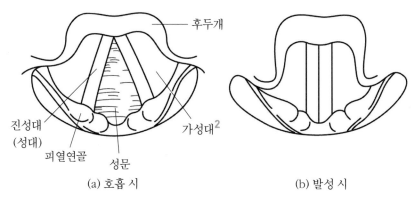

(a) 호흡 시   (b) 발성 시

[그림 2-4] **성대의 개폐**

성대 접촉이 불충분할 경우에는 속삭이는 음성이 산출될 수 있으며, 반대로 지나치게 단단하게 접촉될 때에는 쥐어짜는 억압된 음성이 산출된다. 그리고 무엇보다도 건강한 발성을 하기 위해서는 반드시 성문 아래의 압력이 성문 위의 압력보다 높아야 한다. 성문하압은 후두를 움직이는 실질적인 힘(power)이기 때문이다. 만약 성대가 제대로 움직이지 못하거나 성대 표면에 결절이나 폴립 등이 생기면 정상적인 음성을 만들어 내지 못하게 된다.

3. 조음 및 공명 기관

조음이란 구강 안에서 모음과 자음들을 만드는 과정을 말한다. 폐에서 나온 기류가 성문을 통과할 때 진동이 생기지만 그 자체로 소리가 만들어지는 것은 아니다. 소리는 성문에서부터 인두, 연구개, 경구개, 치조, 치아, 입술로 이어지는 성도(vocal tract)라 부르는 상기도를 지나면서 혀와 연구개의 위치, 턱의 움직임, 기관의 좁힘점, 기류의 압력

---

2 가성대가 진성대의 발성을 방해하여 생기는 가성대 발성장애의 경우에는 낮은 음도와 단음도가 특징적이다.

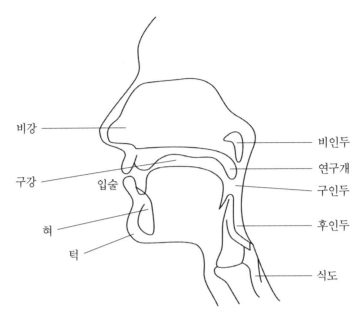

[그림 2-5] **조음 및 공명 기관**

등에 따라 만들어지는 것이다. 이러한 과정을 조음(articulation)이라 한다(고도흥, 2004).

조음기관은 혀와 입술 등과 같은 동적 구조와 인두와 같은 정적 구조를 모두 포함한다. 위치가 고정되어 있는 윗입술, 윗니, 치조, 구개, 인두 등은 고정부라고 하고, 아랫입술, 아랫니 그리고 혀 등은 능동부라 한다. 일반적으로 성도는 구강, 비강 그리고 인두강을 포함하며 서로 연결된 관으로 이루어져 있다. 구강은 성대에서 입술까지를, 비강은 목젖에서 콧구멍 끝까지를, 그리고 인두강은 성대에서부터 목젖 뒤 부분에 위치한 곳까지를 말한다. 인두강은 다시 비인두, 구인두, 후인두로 나뉜다. 조음기관의 구조와 기능의 이상은 조음장애와 같은 말장애를 유발한다.

1) 조음기관

(1) 혀

혀는 음식물의 씹기와 삼킴 그리고 맛을 감별하는 미각기관이면서 조음명료도에 가장 큰 영향을 미치는 조음기관이다. 혀끝(설첨)은 /t/, /d/, /n/, /s/, /z/, /l/, /θ/와 같은 말소리를 산출하는 데 관여한다. 무엇보다도 모음을 형성하는 데 있어서 혀의 운동성은 매우 중요한 영향을 미친다.

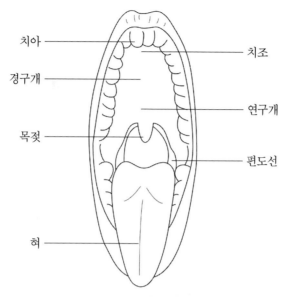

치아

경구개

목젖

혀

치조

연구개

편도선

[그림 2-6] **구강 내 조음기관**

(2) 입술

입술은 조음자의 가장 앞쪽에 있는 기관으로서 양 입술로 내는 양순음과 아랫입술과 윗니를 접촉시켜 내는 순치음 등의 산출에 관여한다. 예를 들어 /m/, /b/, /p/와 같은 말소리나, 영어의 /f/, /v/음이 이에 해당한다.

(3) 치아

치아는 일차적으로 씹기 기능을 하지만, 말 산출에 있어서는 입술과 혀의 접촉점 역할을 한다. 치아의 정상 교합은 /s/음과 같은 소리에서 정확한 조음을 산출하는 데 영향을 미친다.

(4) 치조

치조는 흔히 잇몸이라고 불리는 영역으로서 혀끝을 위 앞니 바로 뒤에 대면 느낄 수 있다. 흔히 혀끝소리 또는 치조음인 /t/, /d/, /s/, /l/, /n/음을 산출하는 데 중요한 접촉점이다.

(5) 구개

구개는 경구개와 연구개로 나눌 수 있는데, 경구개는 구강의 약 3/4을 차지하며 둥근

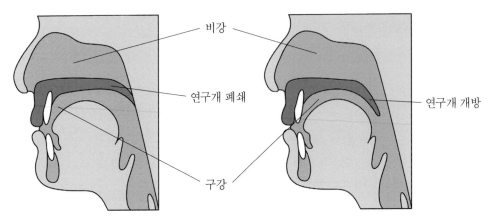

비강

연구개 폐쇄

연구개 개방

구강

[그림 2-7] 연인두폐쇄기능

아치형을 이루고 있다. 앞쪽의 딱딱한 부위인 경구개는 뼈로 구성되어 딱딱하다. 반면에 연구개는 대부분 뼈가 없이 점막으로만 이루어져 있다. 경구개는 '자동차'의 /ㅈ/ 또는 /ㅊ/ 소리 등을 산출할 때 중요한 접촉점이 된다.

반면에 후설이 연구개에 접촉하게 되면 '가'에서 /ㄱ/, '방'에서 /ㅇ/ 소리가 나온다. 숨을 쉬는 동안에는 일반적으로 연구개의 위치가 후인두벽으로부터 떨어져 있어서 공기가 비강과 인두 사이를 이동하도록 한다. 그러나 연구개의 위치가 상승되면 후인두를 폐쇄시켜서 구강과 인두강 사이를 막게 되는데, 그로 인하여 비음인 /m/, /n/, /ŋ/ 음을 제외한 소리를 산출할 경우 기류가 비강으로 새어 나가는 것을 막아 준다. 이것을 연인두폐쇄라고 한다. 비음을 산출할 경우에는 연구개가 다시 낮아지면서 비강으로도 공기가 방출된다. 만약에 구개파열로 인하여 연인두폐쇄기능이 적절하게 이루어지지 않으면 과대비음[3]이 발생한다.

2) 공명기관

주기적 에너지원의 진동 횟수가 같거나 비슷해지면 자연적으로 강도의 증가 현상이 나타나는데, 이를 공명이라고 한다(고도흥, 2004). 공명의 기본적인 성질은 소리를 내는

---

3 과도한 비강공명으로 콧김 방출이 자주 관찰된다.

악기로 설명할 수 있다. 악기가 가지고 있는 기본적인 요소는 소리의 원천이 되는 진동기, 진동기의 동작을 정하는 생성기 그리고 진동을 증폭시키고 강화하는 공명기 등 세 가지다. 예를 들면, 팀파니의 경우 북의 가죽 표면은 진동기이며, 북채는 생성기 그리고 몸체는 공명기가 된다(송주병, 2010). 소리의 진동을 확대시키고 음색을 좋게 하는 공명기는 음료수 병을 이용하여 설명할 수도 있다. 작은 병과 큰 병에서의 공명의 크기가 다르며, 같은 크기라 할지라도 담겨 있는 액체의 양에 따라 공명도의 크기가 달라진다. 이렇듯 공명기관의 공간 크기와 면적 등은 공명의 성질을 결정한다. 성대에서 산출된 소리는 성도 내의 공명강을 통과하면서 변화한다. 공명강에는 구강, 비강, 인두강이 있으며, 이들은 소리 생성이 아닌 소리의 특성에 영향을 준다. 앞서 말한 조음이 조음기관의 움직임에 따라 결정되었다면, 공명은 공명강의 용적과 형태에 의해 서로 다른 울림으로 생성된다. 원래 성대의 진동으로 만들어진 소리는 크기도 작고 음색도 우리가 귀로 듣는 것과는 다르다. 이것이 공명강을 지나면서 소리도 커지고 배음이 발생하면서 아름다워지는 것이다. 이러한 공명이 발생하기 위해서는 앞서 설명한 악기나 병의 경우처럼 진동할 수 있는 빈 공간이 필요하다. 따라서 하품을 할 때처럼 입천장이 둥글게 되고 후두가 내려가고 연구개가 들리면 입안의 공간이 넓어지는데, 이때 생기는 공간으로 인해 공명강이 형성된다.

4. 신경기관

뇌는 호두 모양을 한 말랑말랑하고 쭈글쭈글한 조직으로 대략 천억 개의 신경세포로 구성되어 있으며, 그 무게는 약 1.3~1.4kg으로 체중의 2.2%에 불과하다. 그러나 전체 혈액의 20% 그리고 산소의 약 25%를 소모한다. 혈액과 산소 공급의 중단은 곧 뇌세포의 손상을 가져오며, 뇌세포는 재생이 불가능하다. 뇌는 사람의 몸과 마음을 움직인다. 우리는 뇌로 숨을 쉬고, 사물을 느끼고, 꿈을 꾸고, 이해하고, 분노하고, 사랑에 빠지기 때문이다. 신경기관은 중추신경계(Central Nervous System: CNS)와 말초신경계(Peripheral Nervous System: PNS)로 구분되며, 중추신경계는 다시 뇌(brain)와 척수(spinal cord)[4]로

---

4 척수는 척추에 위치한 중추신경계 부분으로 말초신경계의 감각섬유에서 뇌로 신호를 전달하고, 또 뇌에서 보낸 신호를 말초신경계의 운동섬유로 전달하는 기능을 한다(조신웅 역, 2001).

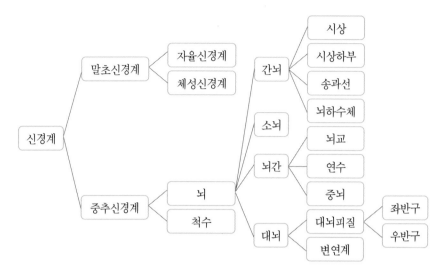

[그림 2-8] **신경계의 구성**

구분된다. 뇌는 연수, 뇌교, 소뇌, 중뇌, 간뇌, 대뇌 등으로 나눌 수 있다.

인간의 뇌는 다른 동물들과 비교하여 특히 크고 무겁다. 침팬지의 경우 뇌의 무게가 평균 0.45kg인 반면에 인간의 뇌는 1.35kg에 달한다. 자바인(Javanese)의 뇌는 0.85kg이었으며 북경원인(Peking Man)은 약 1.1kg이었다는 것을 보면 진화과정에서 뇌가 점점 무거워졌다는 것을 알 수 있다. 신생아의 경우에는 뇌의 무게가 0.4kg, 11개월에는 0.85kg, 3세의 경우에는 1.1kg 그리고 성인은 1.45kg에 달하다가, 약 75세가 되면 0.1kg 정도 감소한다는 점을 근거로 하여 일부 학자들은 뇌의 크기 증가와 언어습득에는 어떤 관계가 있을 것이라고 주장하기도 하였다(Kolb & Whishaw, 1993). 물론 그러한 주장은 학문적으로 크게 주목받지는 못하였다.

중추신경계는 신경반사의 통합중추 역할을 하고, 말초신경계는 구심성 신경을 통해 감각정보를 중추신경계로 전달하거나, 중추신경계로부터 내려오는 정보를 원심성 뉴런을 통해 각 기관에 전달하는 기능을 한다. 구심성 신경(afferent neuron)은 외부의 자극이나 정보를 말초를 거쳐 중추와 뇌로 전달하며, 원심성 신경(efferent neuron)은 중추의 명령을 말단에 전달하는 기능을 한다. 척수는 뇌와 몸의 피부, 관절, 근육 사이를 왕래하는 정보의 주요 경로로서 척수가 절단되면 감각을 상실하게 되고 자발적인 근육조절능력이 상실되는 마비증상을 보인다.

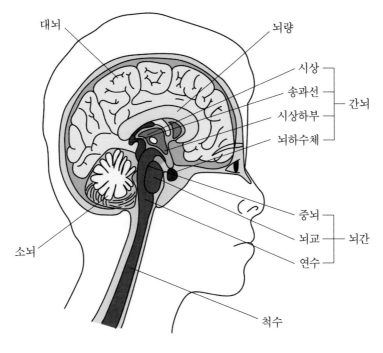

대뇌

뇌량

시상

송과선

시상하부

뇌하수체

간뇌

소뇌

중뇌

뇌교

연수

뇌간

척수

[그림 2-9] **뇌**

1) 뇌간

뇌의 가장 깊은 곳에 위치한 영역은 뇌간이다. 뇌간은 두뇌에서 가장 오래된 부분이며 자동적인 생존기능을 담당한다. 두개골로 진입하는 위치에서 척수가 시작되며, 약간 솟아 있는 부분이 바로 연수다. 연수(medulla)는 심장박동과 호흡을 담당한다. 연수 바로 위에 있는 뇌교(pons)는 소뇌와 대뇌 사이의 정보전달 장소다. 중뇌(midbrain)는 뇌간과 간뇌 사이의 비교적 작은 지역으로 주로 안구 운동과 홍채 조절의 역할을 한다. 중뇌는 상구와 하구로 나눌 수 있는데, 상구는 주로 시각에 관여하는 부분이다. 눈에 빛이 들어왔을 때 동공을 수축하거나 수정체의 두께를 조절하여 초점을 맞추는 작용 등을 담당한다. 하구는 주로 청각에 관여하여, 귀에서 들어온 신호는 여기를 한 번 거쳐 대뇌로 넘어가게 된다(김석엽, 1987; Kolb & Whisaw, 1993).

2) 간뇌

간뇌는 대뇌와 뇌간 사이에 위치하고 있다. 간뇌는 시상과 시상하부, 송과선(송과샘) 그리고 뇌하수체로 구성된다. 시상(thalamus)은 뇌간의 바로 위에 위치하며 두뇌의 감각 스위치 역할을 담당한다. 왜냐하면 감각기관으로부터 정보를 받아들인 다음 해당하는 대뇌피질의 감각 영역으로 그 정보를 전달하기 때문이다. 시상 바로 밑에 위치한 시상하부(hypothalamus)는 뇌 전체 부피의 1% 이하의 작은 크기를 갖고 있지만 배고픔이나 갈증, 행동조절을 담당하고 쾌감을 느끼는 기능을 한다. 송과선(pineal gland)은 간뇌의 뒤쪽에 위치하고 있으며 멜라토닌을 분비하는 작은 기관이다. 뇌하수체(pituitary gland)는 송과선과 마찬가지로 간뇌에 있는 내분비구조로서 호르몬을 분비하는 역할을 한다(Schmidt, 1993).

3) 소뇌

뇌간의 뒤쪽에는 소뇌(cerebellum)가 위치하고 있다. 소뇌는 말 그대로 '작은 두뇌'라는 의미이며 운동기능의 조절과 균형 그리고 협응 등의 기능을 담당한다. 소뇌는 조류와 인간에게 잘 발달되어 있다(김석엽, 1987).

4) 대뇌

대뇌(cerebrum)는 변연계와 대뇌피질로 나눌 수 있다. 변연계(limbic system)는 뇌간과 대뇌반구 사이에 있는 도넛 모양의 신경구조다. 변연계의 주요 구조로는 기억과 관련된 해마, 감정과 기억을 연결하는 편도체 그리고 띠이랑이 포함된다. 해마(hippocampus)는 기억과 관련되어 만약 해마를 상실하게 되면 새로운 사실이나 사건에 대한 기억처리를 하지 못하는 현상을 보이게 된다. 편도체(amygdala)는 난폭성이나 공격성 등과 같은 정서와 정서기억 형성을 담당한다. 띠이랑(대상회전, cingulate gyrus)은 감정조절에 관여한다(민경환 외 역, 2011; Kolb & Whisaw, 1993).

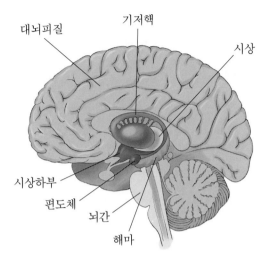

[그림 2-10] **변연계**

출처: 민경환 외 역(2011).

(1) 대뇌피질

대뇌피질(cerebral cortex)은 진화과정에서 가장 늦게 만들어진 뇌 바깥쪽의 껍데기층이라고 할 수 있다. 어류의 뇌에는 대뇌피질이 존재하지 않는다. 그리고 설사 파충류나 조류 그리고 포유류가 대뇌피질을 가지고 있다 할지라도, 전체 뇌에서 대뇌피질이 차지하는 부위는 인간의 것과 비교하였을 때 매우 빈약하다. 대뇌피질은 뇌의 반구를 덮고 있는 뉴런들의 얇은 막이다. 특히 인간의 대뇌피질에서 가장 넓은 영역을 차지하고

대뇌피질은 기능적인 관점에 따라 크게 세 부분으로 나눌 수 있다.

- 감각 영역(sensory area): 감각신호를 지각신호로 바꾸어 준다.
- 운동 영역(motor area): 직접 골격근을 움직인다.
- 연합 영역(association area): 감각 영역과 운동 영역으로부터 들어온 정보를 통합하고 자발적 행동을 지시한다.

즉, 감각기관에서 받아들인 자극은 감각 영역에 있는 감각피질로 전달된다. 분석된 결과는 연합 영역으로 보내져서 정보가 분석되고 종합되어 몸의 어느 부분을 움직이라는 명령을 운동 영역에 전달한다. 운동피질은 운동신경으로 전해져서 골격근을 움직이게 한다.

고도의 정신활동을 하는 것으로 알려진 연합 영역은 인간을 동물과 구별 짓는 가장 뚜렷한 뇌의 구조로 주목받고 있다. 사람의 두개골을 열어 보면 마치 호두 껍데기처럼 주름 잡힌 조직을 보게 되는데, 그것이 바로 대뇌피질이다. 전체 두뇌 무게의 약 80%를 대뇌피질이 차지하고 있다(Kolb & Whisaw, 1993).

(2) 대뇌피질의 양반구

인간의 고등행동이라 할 수 있는 학습, 인지, 기억, 언어 등을 포함한 기능을 담당하는 대뇌피질은 좌우 양측의 대뇌반구로 분리할 수 있다. 우측을 우반구(right hemisphere), 좌측을 좌반구(left hemisphere)라 한다. 두 반구는 해부학적으로는 거의 거울을 비추듯이 비슷하고 크기와 무게 면에서도 거의 대칭관계를 이루고 있다. 그리고 기능적으로도 많은 부분은 대칭으로 이루어져 있다. 양쪽 반구의 안쪽은 뇌량(corpus callosum)으로 연결되어 있다. 뇌량은 두 대뇌반구 간의 신호전달과 상호작용을 담당한다. 일반적으로 좌반구는 언어뇌 또는 우성반구라 하여 오랫동안 그 기능이 강조되어 왔다. 좌반구가 이제까지 언어구사능력, 문자와 숫자의 이해, 분석적·논리적·합리적 사고능력을 통제하는 것으로 알려졌다면, 우뇌는 시간적·공간적·직관적·형태적·종합적·비언어적 자극에 반응하며 오랫동안 열성반구로 불렸다. 그러나 최근에는 양 반구의 독립적 활동보다는 통합적 측면이 강조되고 있다. 양 반구는 기능상의 비대칭, 즉 한쪽의 반구만 특정 기능을 담당하는 '기능적 편재화'가 있는데, 대표적인 것이 바로 언어기능이다(김명선 외 역, 2010; 민경환 외 역, 2011; Springer & Deutsch, 1998; Schöler & Grötzbach, 2002).

(3) 네 개의 엽

각 반구는 골짜기처럼 만들어진 열(fissure)을 기준으로 네 개의 엽(전두엽, 측두엽, 두정엽, 후두엽)으로 나뉜다. 전두엽(frontal lobe)은 이마의 안쪽 부분에 위치하고, 두정엽(parietal lobe)은 머리 위쪽에서부터 뒤쪽까지, 후두엽(occipital lobe)은 머리 뒷부분, 측두엽(temporal lobe)은 양쪽 귀 바로 위쪽에 위치한다. 두뇌의 표면이 볼록한 부분은 회전(gyrus)이라고 하고, 오목하게 들어간 부분은 구(sulcus)라고 한다(Springer & Deutsch, 1998).

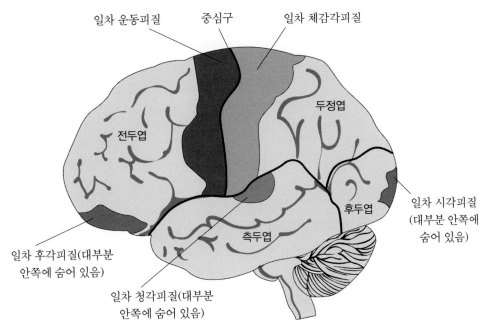

[그림 2-11] **네 개의 엽**

출처: 김명선 외 역(2010).

📚 〈표 2-3〉 **네 개의 엽의 기능**

명칭	기능
전두엽	일차 운동 영역으로서 발성기관의 움직임을 조절하며, 말의 산출과정에 있어서 중요한 영역이다. 운동성 말 산출을 계획하고 수행한다. 브로카 영역을 포함하고 있다.
두정엽	감각정보를 인식한다. 감각피질에 해당하며, 촉감, 압력의 지각, 신체의 좌우 위치 등을 조절한다.
측두엽	청각피질이 위치하며, 말의 청각적인 인식에 관여한다. 특히 측두엽이 손상되면 수용언어의 이해가 어려워지게 된다. 베르니케 영역을 포함하고 있다.
후두엽	시각피질이 위치하며, 후두엽의 손상은 인쇄된 글자를 인식하는 능력의 손상을 가져온다.

(4) 실어증

카프카의 작품 『변신(Verwandlung)』은 주인공인 그레고르라는 남자가 잠에서 깨어 보니 이상한 벌레로 변해 있는 장면으로 시작된다. 어느 날 갑자기 몸은 벌레의 형상이 되고 목소리까지 벌레로 변해 버린 그는 자신이 더 이상 이제까지의 언어로 말을 하지 못하고, 남들이 자신의 말을 이해하지 못한다는 것을 깨닫는다. 실어증 환자는 이처럼 하루아침에 사회적 언어를 잃어버리면서 이제까지의 세상과 단절된다. 뇌졸중은 최근 3대 사망원인 가운데 하나로서 뇌졸중의 약 20~38%는 실어증을 동반하는 것으로 보고되고 있다(Jaecks & Hielscher-Fastabend, 2010).

> **실어증**: 후천적 언어장애로서 언어습득 후 좌뇌 손상으로 발생되는 의사소통장애다.

뇌혈관질환이나 외상으로 인한 대뇌 언어영역의 손상은 실어증을 가져온다. 실어증은 언어능력을 담당하는 좌뇌 손상으로 인하여 언어기능을 상실하는 경우로서 모든 언어양식(언어표현, 언어이해, 읽기, 쓰기)에서 문제를 보인다. 여기서 좌뇌 손상이라고 국한하는 이유는, 좌반구가 언어를 담당하기 때문이다. 일반적으로 우뇌 손상 환자는 언어적인 결함을 크게 보이지 않는다고 알려져 있다. 그러나 언어는 일련의 내적 활동으로 만들어지는 과정이며, 뇌의 특정 영역의 독립된 기능이 아니라 복잡한 인지처리 과정이라고 본다면 우뇌 또한 어느 정도의 언어기능을 함께 담당하고 있을 것이라고 유추할 수 있다(고은, 2003). 그럼에도 불구하고 언어는 좌뇌에서 처리하는 대표적인 기능이라는 사실은 분명하다.

실어증은 언어기능뿐만 아니라 심한 경우에는 몸짓과 상징물을 통한 의사전달도 어렵게 한다. 신호등의 빨간불을 '멈추시오'로 인식하지 못하거나, 남·여 화장실의 표지를 구별하지 못하기도 한다(Cohen & Kelter, 1979; Bilda, 2001). 실어증은 뇌의 손상 영역에 따라 다양한 증후군이 나타난다. 실어증의 대표적인 네 가지 증후군은 브로카 실어증, 베르니케 실어증, 전반실어증, 명칭실어증이다.

• 브로카 실어증(Broca aphasia): 전두엽 영역의 손상을 야기하는 브로카 실어증은 말의 산출에 특히 어려움을 보이며 실문법증 현상이 많이 나타난다. 실문법증 (agrammatism)이란 전보식 문장과 같이 발화가 짧고 문법형태소와 같은 기능어를 생략하거나 과소 사용하는 것이 특징이다. 단순화된 통사구조를 사용하며, 문장에서 꼭 필요한 내용어만 열거하는 식의 발화를 말한다.

• 베르니케 실어증(Wernicke aphasia): 측두엽 영역의 손상과 관련된 베르니케 실어증이 있을 경우 상대방의 말을 이해하는 데에 특히 어려움을 보이며 탈문법증 현상

이 많이 나타난다. 탈(착)문법증(paragrammatism)이란 기능어를 사용하기는 하나, 문장 내에서 단어배열이 제대로 되지 않으며 불필요하게 문장이 길어지거나 단어나 문장이 중첩되는 식의 발화를 말한다.

- 전반실어증(Global aphasia): 뇌의 광범위한 손상으로 인하여 브로카와 베르니케 실어증이 결합된 가장 심한 형태의 실어증 유형이다. 일반적으로 구어적·비구어적 의사소통이 거의 이루어지기 어렵다.

- 명칭실어증(Anomic aphasia): 가장 경미한 형태로서 이름대기에 어려움을 갖는다. 예를 들면, "나 어제 그거 그거 먹었는데… 그게 뭐더라… 맞다! 삼겹살!"과 같이 대화상에서 특정 단어가 떠오르지 않는 경우다.

선생님: (학생이 가방을 메고 학교에 가는 그림을 보여 주며) 이 그림은 무슨 그림이죠?

- 브로카 실어증: 아이 (쉼) 가 (쉼) 아이 학교….
- 베르니케 실어증: 뭐가라 되지… 날이가 새고 그지뭐….
- 명칭실어증: 음… 학생이 가방을 들고 가네. 거기… 거기… 뭐더라….

후버 등(Huber et al., 1983, 1989)은 앞서 언급한 네 가지 유형을 표준 증후군이라고 하고, 다음 네 가지 유형은 비표준 증후군으로 분류하였다. 비표준 증후군은 진단과정에서 다른 증후군과 비교할 때 따라 말하기 능력이 상대적으로 우수한지 여부를 가지고 진단한다(Tesak, 2005).

- 초피질 운동 실어증(연결피질 운동 실어증, transcortical motor aphasia): 브로카 실어증과 비슷하지만 따라 말하기 과제에 어려움이 없는 경우다.
- 초피질 감각 실어증(연결피질 감각 실어증, transcortical sensory aphasia): 베르니케 실어증과 비슷하지만 따라 말하기 과제에 큰 어려움이 없는 경우다.
- 전도 실어증(conduction aphasia): 브로카와 베르니케 영역 사이를 이어 주는 영역에서의 병변을 가지고 있다. 베르니케 실어증처럼 말소리는 유창하지만 따라 말하기에 심한 어려움을 갖는다.
- 혼합 초피질 실어증(혼합 연결피질 실어증, mixed transcortical aphasia): 브로카와 베르

⊟ 〈표 2-4〉 **실어증의 유형 및 관련 증상**

실어증 유형	말하기	알아듣기	따라 말하기	이름대기
비유창성				
브로카	중단됨 실문법증	비표준문장구조 에서 어려움	어려움	어려움
연결피질운동	중단됨 실문법증	비표준문장구조 에서 어려움	손상되지 않음	어려움
전반	심각하게 손상됨	심각하게 손상됨	심각하게 손상됨	심각하게 손상됨
혼합초피질	심각하게 손상됨	심각하게 손상됨	손상되지 않음	심각하게 손상됨
유창성				
명칭	단어찾기 어려움 에두르기 유창함	손상되지 않음	손상되지 않음	어려움
베르니케	유창함 착어증 탈문법증	어려움	어려움	어려움
연결피질감각	유창함 착어증 탈문법증	어려움	손상되지 않음	어려움
전도	유창함	손상되지 않음	어려움	손상되지 않음

출처: 이미숙, 김수련 역(2020)에서 수정 · 보완함.

니케 실어증의 특성을 모두 가지고 있는 심한 상태이면서도, 따라 말하기는 가능한 경우다.

다음은 실어증에서 자주 나타나는 언어적 특성이다.

- 신조어: 환자가 순전히 새롭게 단어를 만들어 냄.
- 착어증: 목표단어 대신 비슷하게 들리는 단어를 말하거나(음소착어증), 의미적으로 유사한 단어를 산출함(의미착어증).
- 자곤(jargon): 명료하지 못한 태도로 무의미한 말을 웅얼거리는 듯하게 하며, 내용 없는 발화가 연속적으로 나타남.
- 언어상동증: 마치 자동구어처럼 비슷한 문구만을 되풀이하여 말함.

- 이름대기장애(=낱말찾기장애): 말하고자 하는 단어가 떠오르지 않아 에둘러 말하거나 적절한 낱말을 사용하지 못함.
- 실서증(agraphia): 신경쓰기장애로서 쓰기능력이 상실되는 경우를 말함.
- 실독증(alexia): 신경읽기장애로서 읽기능력이 상실되는 경우를 말함.
- 보속증(perseveration): 바로 앞에서 발음된 말소리나 단어를 비의도적으로 반복하여 말함.
- 대용어 대치: '이, 그, 저' 등으로 단어를 대치함. 예를 들면, "아, 이것을 하려고 했는데, 저것도 나쁘진 않고…."

그러나 실제로 실어증 환자들은 읽기, 쓰기, 말하기, 듣기 그리고 상징물 이해 영역에서 모두 어느 정도의 결함을 동반한다. 브로카 실어증은 말 산출의 문제로 분류되지만, 일반인만큼의 언어이해력을 가지고 있다는 것을 의미하지는 않는다. 베르니케 실어증에서도 '유창하다'는 표현은 자칫 일반인이 말하는 말의 유창성과 혼돈될 수 있는데, 베르니케 실어증은 상대방의 말에 대해 대부분 의미 없는 발화를 하는 특성을 갖는다.

뇌의 특정 영역이 특정 기능의 손상을 더 뚜렷하게 가져오는 것은 사실이지만, 뇌의 언어정보처리과정은 훨씬 다면적이고 복합적으로 좌뇌와 우뇌가 상호관계 속에서 이루어진다는 의견이 최근 들어 많은 지지를 받고 있다(고은, 2003; Bilda, 2001; Bindel, 1998; Tasak, 2005). 또한 실어증을 '상징자료를 처리하는 능력의 장애', 즉 전반적인 인지과정의 손상이라는 맥락에서 볼 것인가에 대해서도 아직 이견이 많다(Brookshire, 1983; Tesak, 2005). 그러나 임상에서 볼 때 명칭실어증을 제외한 많은 환자의 경우에서는 인지능력의 결함이 나타나는데, 결국 언어활동에 있어서 인지과정의 개입은 자동적이며 필수적이라는 점과 언어 또한 상징과 기호로 구성되어 있다는 점에서 절대적 관계이든, 소극적 관계이든 그 연계성을 무시하기는 어렵다는 입장이 지배적이다.[5]

실어증은 언어습득 후에 발생하는 뇌손상으로 인한 후천성 언어장애라는 점에서, 심리적 충격으로 인한 실성증이나 함묵증 또는 알츠하이머성 치매와 같은 뇌의 퇴행성 질환과는 전혀 다르다(Tesak, 2005). 다음은 실어증에 대해 잘못 인식하고 있는 예다.

---

5 "실어증 환자는 음운, 단어범주 또는 구문구조를 잃어버린 것이 아니다. 예를 들면, 베르니케 실어증의 경우 말 이해능력의 결함은 문법구조를 파악하지 못해서가 아니라 인지처리과정에서 나타나는 과잉적재 현상과도 같다(Bindel, 1998)."

- 부상 학생과 교사들 가운데 상당수가 사고 당시 정신적 충격으로 실어증과 정신불안증세를 보여 정신과 치료를 받고 있다.
- ○○대학교병원 입원이 장기화되고 있는 가운데 △△ 씨가 실어증 증세까지 보이고 있어 관계 배후 수사를 앞둔 검찰을 곤혹스럽게 하고 있다.
- 시어머니 영선(한혜숙)이 친어머니라는 사실을 알고 실어증을 앓았던 자경(윤정희)은 아기를 보고 말문을 열었고, 남편 왕모(이태곤)와 행복을 다짐하며 이야기가 끝났다.

5) 말초신경계

말초신경계는 뇌나 척수로부터의 정보를 신체 외부와 연결하는 신경세포들로 구성되며, 감각정보를 받아들이거나 근육으로 운동명령을 전달한다(신현정, 김비아 역, 2008).

호흡기관, 발성기관, 조음기관이 정상적인 기능을 하기 위해서는 말초신경계의 자극이 필요하다. 뇌의 기저부에서는 12쌍의 뇌신경이 나온다. 그 가운데 연수에 위치하고 있는 10번 미주신경은 머리, 얼굴, 목 위쪽을 지배하는 신경으로서 발성과 연하작용 그리고 공명 등에 관여한다. 그리고 후두 안에 있는 되돌이 후두신경은 성문을 열고 닫는 근육을 지배한다. 또한 혀의 내부 근육을 지배하는 것으로 알려져 있는 12번 설하신경이 손상되면 마비성 조음장애나 혀의 마비를 가져올 수 있다(이승복 외 역, 2011).

5. 청각기관

청각기관이란 소리를 뇌로 전달하는 과정에 관여하는 기관들을 의미한다. 귀의 구조는 외이, 중이, 그리고 소리인식에 가장 핵심적인 역할을 하는 달팽이관(cochlea)이 위치하고 있는 내이로 구분된다.

1) 해부생리

(1) 외이

외이(outer ear)는 이개와 외이도로 이루어져 있다. 외이의 가장 큰 역할은 공기를 매질로 하여 전달된 음파를 모아 고막으로 전달하는 것이다. 이개는 우리가 눈으로 볼 수 있는 귀의 가장 바깥쪽 구조로서, 소리를 모아 주는 집음기능을 한다. 이개강에서는 공명효과로 인하여 4,000~5,000Hz에 해당하는 주파수의 소리가 약 5dB 정도 증폭되는 현상이 나타난다. 외이도는 이개에 모인 소리를 고막으로 전달하는 통로로(Kompis, 2009), 성인의 경우 'S'자 형태의 터널 모양으로 굽어 있으며 길이는 약 25mm 정도다. 외이 자체만의 결함으로는 고도난청 정도의 청력손실을 가져오지는 않는다.

(2) 중이

중이(middle ear)는 고막과 이소골로 구성되어 있다. 중이의 가장 큰 역할은 외이에서 전해진 소리를 효율적으로 내이로 전달하는 것이다. 여기서 '효율적'이라고 하는 이유는 기체를 통해 전달된 소리의 압력은 액체를 만나게 되면 높은 임피던스(저항)로 인하

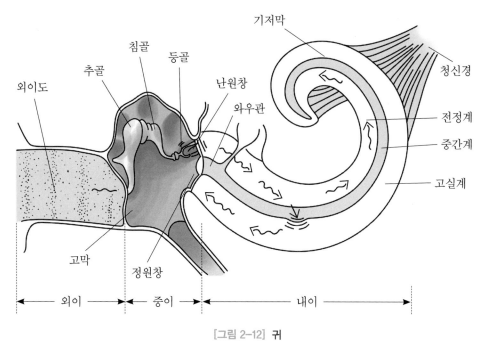

[그림 2-12] 귀

출처: 대한청각학회(2008).

여 대부분의 에너지가 반사되고 아주 적은 양의 압력만이 액체로 전달되기 때문이다. 따라서 이소골을 통한 매질변화와 함께 중이는 림프액으로 가득 차 있는 내이로 소리를 전달하는 과정에서 최대한 에너지를 증폭시켜 줄 필요가 있다. 중이에서는 외이에서 전해진 소리를 약 34배 정도 증폭시켜 준다. 증폭의 원리는 다음과 같다. 일차적으로 고막과 등골족판의 넓이의 비에 의해 약 17배의 증폭효과가 생긴다. 두 번째로 이소골을 형성하고 있는 3개의 뼈 가운데 추골과 침골의 길이 비율의 차이로 인해 약 1.3배 정도의 증폭이 발생한다. 이를 지렛대 효과라고도 한다. 세 번째는 고막이 추골병에 부착되어 있는 부채꼴 형태의 외형을 들 수 있다. 이때 생기는 증폭효과는 약 2배다.

- 고막(tympanic membrane): 고막은 외이와 중이를 나누는 경계이며 안쪽으로 함몰된 형태를 하고 있다. 고막은 두께가 약 0.1mm 정도인 얇은 막으로서 타원형이며, 건강한 고막은 반투명의 진주양회백색(형광등에서 볼 때)이나 담홍색(백열등에서 볼 때)을 띠고 있다. 고막은 100~110mmhg의 압력까지는 견딜 수 있지만 그 이상의 압력이 주어지면 파열될 수 있다. 외이에서 들어온 소리는 고막을 진동시키고, 이 진동은 중이의 이소골로 전달된다(이규식, 석동일, 1996).
- 이소골(ossicles): 이소골은 추골(malleus), 침골(incus) 그리고 등골(stapes)의 3개의 뼈로 서로 연결되어 구성되어 있다. 추골은 7.5~8mm로 이소골 중에서는 가장 큰 뼈이며 고막과 침골을 연결하고 있다(이승복 외 역, 2011). 침골은 추골과 등골을 연결하며, 세 개의 뼈 중에서 가장 작은 등골은 내이의 난원창에 연결되어 있다.
- 이관(유스타키오관, eustachian tube): 인두와 연결되어 있으며 공기로 채워져 있다. 보통 때에는 이관의 연골부가 폐쇄되어 중이를 막고 있다(대한청각학회, 2008). 그러나 하품을 하거나 입을 벌리면 이관이 열려서 공기가 밖으로 나가게 해 준다. 마찬가지로 비행기를 타거나 높은 지대에 올라가게 되면 중이 압력과 대기 압력의 평형이 깨지게 된다.[6] 이런 경우에도 이관개방을 통해 압력을 맞추어 준다. 이관은 공기통로의 기능을 할 뿐 직접적인 소리전달의 기능은 가지고 있지 않다.

---

6 중이의 공기압력이 신체를 둘러싼 공기압력보다 적어지면 갑자기 이관이 열려 공기가 입에서 중이로 들어간다(이승복 외 역, 2011).

(3) 내이

내이(internal ear)는 평형기관과 청각기관으로 나뉘며 세반고리관과 전정은 평형기관에 속한다. 내이는 형태와 구조가 너무나 복잡해서 미로라고 불린다. 내이는 막미로와 이것을 둘러싼 골미로(세반고리관, 전정, 와우)로 구분된다(대한청각학회, 2008; Keilmann, 2000). 즉, 골미로의 내부에 막미로가 위치하고 있다.

① 골미로의 구성
- 세반고리관: 3개의 반원으로 구성되어 있어서 반규관이라고도 하며 신체의 평형감각기능을 조절한다.
- 전정: 세반고리관과 와우 사이에 위치한 입구를 말한다.
- 와우: 달팽이 모양을 하고 있어서 달팽이관이라고도 하며, 두 바퀴 반 회전 형태를 보인다. 와우를 단면으로 펼쳐 놓으면 골미로의 와우에는 두 개의 관이 있는데, 제일 윗부분의 관을 전정계라고 하고 제일 아랫부분의 관을 고실계라고 한다. 두 관 안에는 외림프액이 채워져 있다.

② 막미로의 구성
- 코르티 기관(corti): 와우를 단면으로 펼쳐 놓았을 때 가운데 부분이 바로 중간계이

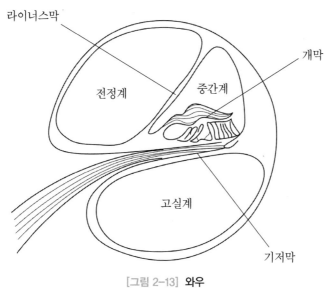

[그림 2-13] **와우**

출처: Kiessling et al. (1997).

며, 중간계는 기저막과 라이스너막 사이의 통로다. 여기에는 내림프액이 채워져 있고, 바로 코르티 기관이 자리하고 있다. 코르티 기관이 소리를 감지하는 가장 핵심 조직이자 내이의 꽃인 이유는 바로 코르티 기관 안에 유모세포들이 있기 때문이다.

- 유모세포(hair cell): 유모세포는 달팽이관의 표면을 덮고 있는 청각세포다. 중간계의 림프액 파동은 기저막을 진동시키면서 기저막 위에 늘어서 있는 20,000개 이상의 유모세포들을 자극한다. 유모세포에는 한 줄로 배열된 내유모세포(inner hair cell)와 3~4열로 된 외유모세포(outer hair cell)가 있다. 외유모세포는 내유모세포에 비해 길이도 2배 정도 길고 양도 3배 정도 많다. 내유모세포는 숫자는 적지만 구심성신경의 약 90%를 차지할 만큼 중요한 기능을 한다. 유모세포들이 림프액의 파동으로 인해 음파에 반응하게 되면 양이온과 음이온의 탈분극 현상으로 인해 감각뉴런에 신호를 보내게 된다. 청각유모세포들은 다른 세포들과 달리 재생능력이 없다. 따라서 내유모세포가 사멸되거나 제 기능을 하지 못할 경우에는 감각뉴런 신호전달이 잘 이루어질 수 없다. 소리감각이 발생하기 위해서는 유모세포들이 활발히 움직여서 신경전달물질의 분비를 촉진시켜 주어야 한다. 칼륨이온(K^+)과 칼슘이온(Ca^{++})의 증가는 신경전달물질의 분비를 촉진시켜서 뇌로 향하는 구심성신경섬유에 청각정보를 전달하게 된다.

- 기저막(basilar membrane): 기저막은 질긴 섬유층으로 이루어져 있다. [그림 2-14]에서 보는 바와 같이, 와우저(base)에서 와우첨(apex) 쪽으로 갈수록 폭이 넓어지고 헐거운 특성을 갖는다. 소리에너지의 주파수에 따라 기저막의 각기 다른 부분이 진동한다는 기저막의 고유 진동원리는 베케시(G. Békésy)의 위치 이론으로 잘 알려져 있다. 쉽게 말하자면, 기저막에는 각각을 담당하는 주파수 대역이 정해져 있어서 입력되는 소리 주파수에 따라 기저막이 선택적으로 진동한다는 것이다. 고주파수대의 음을 주면 기저막의 입구인 기저부(와우저) 쪽에서 반응을 하고, 반대로 저주파수대의 음은 안쪽 첨단부(와우첨) 쪽에서 신호를 받는다. 그래서 와우저 부분에서는 고주파수가, 와우첨 영역에서는 저주파수가 민감하게 반응하는 특성을 갖는다(허승덕, 유영상, 2004; 대한청각학회, 2008; 이승복 외 역, 2011; Brunner & Nöldecke, 2001; Kompis, 2009).

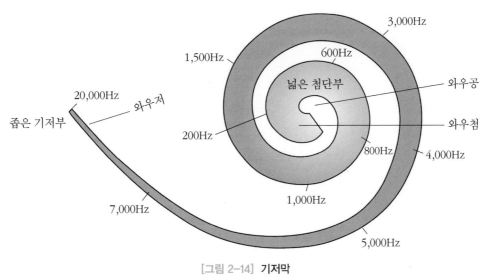

[그림 2-14] **기저막**

출처: 고도흥(2004).

2) 소리전달 경로

공기를 매질로 하여 만들어진 음파를 우리는 귀와 중추신경계를 통해서 '소리'라고 지각한다. 그러나 인간의 귀가 모든 소리를 들을 수 있는 것은 아니다. 인간이 들을 수 있는 가청음역은 20~20,000Hz이며, 이를 벗어난 주파수는 물리적으로는 측정이 가능할지라도 우리에게 소리로 인식되지는 않는다. 이때 20Hz 이하는 아음파, 20,000Hz 이상은 초음파라고 한다. 인간의 청각은 대부분의 다른 동물보다 민감하지 않은 것으로 알려져 있다. 소리는 다음과 같이 전달된다.

외이에서 중이, 내이 그리고 청신경으로 소리가 전달되면서 소리 에너지는 몇 차례의 변환과정을 거친다. 처음에 외이로 들어오는 공기 에너지(기체 에너지)는 고막을 진동시키고 이소골을 지나면서 기계 에너지(고체 에너지)로 전환된다. 이것이 첫 번째 전환이다. 등골과 난원창의 얇은 조직이 진동하면서 곧 와우의 림프액 파동, 즉 유체 에너지로 전환된다. 두 번째 전환이 이루어진 것이다. 림프액의 파동은 코르티 기관의 유모세포를 구부러지게 하고 이러한 운동은 화학적 신호로 바뀌어 신경전달물질을 방출하게 한다. 즉, 전기 에너지로 전환된다. 이렇게 신호화된 정보는 8번 뇌신경과 뇌로 보내지게 된다. 소리는 공기의 기체진동과 고막과 이소골의 고체진동 그리고 와우 내 림프액의 유체진동의 세 과정을 거쳐서 소리로 지각되는 것이다.

−소리 전달 과정−

① 이개에서 모아진 소리는 외이도를 통하여 고막을 진동한다.

② 소리 에너지는 이소골에서 약 34배 정도 증폭된다.

③ 등골에 부착된 난원창이 함께 진동되면서 내이의 림프액 파동을 일으킨다.

④ 림프액의 파동은 코르티 기관 내에 있는 유모세포를 활성화시킨다.

⑤ 활성화된 유모세포는 신경전달물질을 감각뉴런에 방출한다.

⑥ 감각뉴런은 청신경을 통해 청각중추로 정보를 전달한다.

언어의 구조

언어는 크게 다섯 가지의 구성요소, 즉 음운론, 형태론, 구문론, 의미론 그리고 화용론을 가지고 있다. 음운론·형태론·구문론은 언어의 형식을, 의미론은 언어의 내용을, 화용론은 언어 사용을 다룬다. 이 다섯 가지는 언어능력을 결정짓는 핵심 요소이며, 의사소통장애를 이해하기 위해서는 언어학에 관한 일반적인 기초지식이 선행되어야 한다. 이 장에서는 각 구성요소에 대해 알아보고자 한다.

지구상에는 수천 개의 언어가 사용되고 있으며 모든 언어에는 체계적인 규칙이 있다. 즉, 하나의 구조원리가 언어를 통제하고 있는 것이다. 각 언어는 기본음, 즉 음소를 가지고 말소리를 배분하고 연결한다. 의미를 수반하는 최소한의 언어단위인 형태소는 단일형태소 또는 복합형태소의 방식으로 단어를 구성하고, 형성된 단어는 결합하여 구절을 이루며, 구절은 문장을 형성한다. 언어는 음운론, 형태론, 구문론, 의미론, 화용론의 다섯 가지 요소를 포함한다. 이론상으로는 형태(form), 내용(content) 그리고 사용(use)이라는 세 가지 측면으로 나눌 수 있으나, 실제로 우리가 말을 하는 데 있어서는 다섯 가지의 요소가 동시에 적용되며, 모든 영역이 정상적인 발달 범위 안에 있을 때 비로소 언어의 기능이 수행된다.

[그림 3-1] 언어의 다섯 가지 구성요소

1. 음운론

음운론이란 한 언어 내에서 사용되는 말소리의 기능과 체계를 과학적으로 연구하는 학문이다. 음운론은 음성학(phonetics)과 음운론(phonology)으로 나뉜다. 음성학과 음운론은 언어음(speech sound)에 대한 연구라는 점에서는 같지만 음성학은 말소리에 대한 과학적인 기술과 분류를, 음운론은 말소리의 체계와 기능을 연구한다는 점에서 차이를 갖는다. 즉, 음성학에서는 의미와 상관없이 소리가 어디에서 어떻게 산출되는가에 대한 특성을 다루는 반면에, 음운론에서는 소리가 어떤 체계와 기능을 갖느냐를 다룬다(구희산 외 역, 1998). 음성학은 사람의 입에서 만들어지는 물리적인 말소리, 즉 '음성'을 기본단위로 하며 음성기호인 [   ]을 사용한다. 반면에 음운론의 기본단위는 '음운(또는 음소)'이다. 음운은 단어의 뜻을 구별하게 해 주는 소리의 최소단위라고 정의되며, 음운은 음소와 운소로 구분된다. 음소는 분절 음운으로서 자음과 모음을 말하며 운소는 장단, 억양, 강세 등과 같은 비분절 음운을 가리킨다. 엄밀히 말하면 음운은 음소의 상위개념에 해당하며, 언어학에서는 음운론의 기본단위를 '음소'로 보기도 한다. 음소는 / /으로 표기한다.

1) 자음의 분류

말소리란 인간의 발성기관을 통해 만들어지고 실제 말에 쓰이는 구체적인 소리를 말한다. 반대로 자연의 소리는 음향(sound)이라고 한다. 음향은 음성과 달리 비분절적이다.

- 말소리는 가장 기본적으로 자음과 모음으로 분류한다. 자음(consonant)은 기류가 나올 때 구강이나 비강의 어느 곳에서든 차단되거나 방해를 받아서 산출되는 말소리를 말하며, 모음(vowel)은 아무런 장애도 받지 않고 공명으로 산출되는 말소리다. 국어는 19개의 자음과 10개의 단모음을 포함한 21개의 모음으로 이루어져 있다.

- ㄱ(기역) ㄴ(니은) ㄷ(디귿) ㄹ(리을) ㅁ(미음) ㅂ(비읍) ㅅ(시옷) ㅇ(이응) ㅈ(지읒) ㅊ(치읓) ㅋ(키읔) ㅌ(티읕) ㅍ(피읖) ㅎ(히읗)
- ㅏ(아) ㅑ(야) ㅓ(어) ㅕ(여) ㅗ(오) ㅛ(요) ㅜ(우) ㅠ(유) ㅡ(으) ㅣ(이)
- 위의 자모로써 적을 수 없는 소리는 두 개 이상의 자모를 어울러서 적되, 그 순서와 이름은 다음과 같이 정한다.
  - ㄲ(쌍기역) ㄸ(쌍디귿) ㅃ(쌍비읍) ㅆ(쌍시옷) ㅉ(쌍지읒)
  - ㅐ(애) ㅒ(얘) ㅔ(에) ㅖ(예) ㅘ(와) ㅙ(왜) ㅚ(외) ㅝ(워) ㅞ(웨) ㅟ(위) ㅢ(의)

출처: 한글 맞춤법[시행 2017. 3. 28.] 문화체육관광부 고시 제2017-12호(2017. 3.)

- 국어의 자모는 성대 진동의 유무에 따라 유성음과 무성음으로 분류한다. 유성음(voiced)은 성대진동을 동반하는 소리로서 국어의 모든 모음이 유성음에 해당한다. 자음 중에서는 /ㅁ/, /ㄴ/, /ㅇ/, /ㄹ/ 등이 대표적인 유성음이다. 반면에

무성음(voiceless)[1]은 성대를 진동시키지 않고 내는 소리로서 국어에서는 'ㄱ''ㄷ' 'ㅂ''ㅅ''ㅈ''ㅊ''ㅋ''ㅌ''ㅍ''ㅎ''ㄲ''ㄸ''ㅃ''ㅆ''ㅉ'다(국립국어원, www. korean. go.kr). 그러나 이는 초성이 발성될 때의 조건이고, 단어로 구성되면서 생기는 음운법칙에 따라 예를 들면, 모음과 모음 사이에 있는 /ㅂ/은 유성음이 된다.

• 말소리를 산출할 때 기류가 코로 나오는지 입으로 나오는지에 따라 구강음과 비강음으로 구분된다. 연구개는 연인두폐쇄기능에 따라 말소리를 산출할 때 인두벽으로 붙어서 비강으로 가는 기류를 차단한다. 그로 인하여 대부분의 말소리는 구강쪽에서 기류가 나오는 구강음이다. 반대로 /ㅁ/, /ㄴ/, /ㅇ/ 음의 경우에는 기류를 비강 쪽으로 보내 준다. 따라서 비강에서 공명하여 소리를 산출하게 되는데, 이것이 바로 비강음이다.

• 말소리를 산출할 때 기류가 완전히 차단되었다가 나오는 소리를 비지속음이라 하며, /p/, /t/, /k/ 등과 같은 폐쇄음이나 [tʃ], [dʒ]과 같은 파찰음이 이에 해당한다. 반면에 모음처럼 전혀 차단되지 않거나 마찰음이나 유음과 같이 부분적으로 차단되어 내는 소리를 지속음이라 한다.

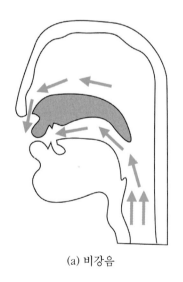
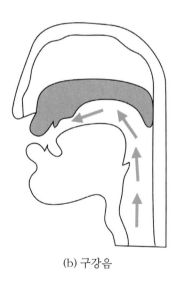

(a) 비강음   (b) 구강음

[그림 3-2] **비강음(a)과 구강음(b)의 산출**

---

1 단어 '바보'의 경우 음성학적으로 앞의 /ㅂ/은 무성음으로, 뒤의 /ㅂ/은 유성음으로 산출된다. 일반적으로 [p]의 경우 입술이 떨어지기 전까지 성대의 진동이 없다는 점에서 무성음이지만 [b]는 유성음으로 음성자질이 구별된다.

〈표 3-1〉 위치에 따른 자음의 분류

양순음	두 입술에서 내는 소리다. 즉, ㅁ, ㅂ, ㅍ, ㅃ처럼 아랫입술과 윗입술이 닿았다가 떨어지면서 소리가 난다.
순치음	아랫입술을 윗니에 대고 내는 소리다. 영어의 v, f 등이 이에 해당한다.
치간음	혀끝을 윗니에 대고 내는 소리다. 영어의 thing[θiŋ]에서 나는 [θ]이 이에 해당한다.
치조음	치조에 혀끝을 대고 내거나 가까워지면서 내는 소리다. ㄷ, ㅌ, ㄸ, ㅅ, ㅆ, ㄴ, ㄹ 등의 소리가 산출된다.
권설음	혀를 입천장 쪽으로 말아 올려서 내는 소리다. 영어 단어 air, rain 등에서 나는 [r] 발음이 권설음이다.
경구개음	설면을 경구개에 대거나 가깝게 접근시켜 내는 소리로서 ㅈ, ㅊ, ㅉ 등이 이에 해당한다.
연구개음	연구개에 대거나 가깝게 접근시켜 내는 소리를 말한다. ㄱ, ㅋ, ㄲ, ㅇ 소리가 해당한다.
성문음	무거운 물건을 들어올릴 때 나오는 듯한 ㅎ처럼 성대가 닫히거나 접근한 상태에서 조음하는 소리다.
후설음	후설을 목젖에 대고 조음하는 소리다.
인두음	인두를 수축해서 나오는 소리다.

- 분절음이 모음처럼 하나의 음절을 이루는 것을 성절음이라고 하고, 자음처럼 음절을 이루지 못하는 분절음을 비성절음이라고 한다. 성절성(syllabic)이란 단독으로 음절을 이룰 수 있는지의 여부를 말한다.

- 조음 시 기식성의 유무에 따라 유기음과 무기음으로 구분할 수 있다. 표준국어대사전에 따르면 유기음은 숨이 거세게 나오는 파열음이고(국어의 'ㅊ' 'ㅋ' 'ㅌ' 'ㅍ' 따위) 무기음은 기(氣)를 수반하지 않고 조음되는 소리로 'ㄱ' 'ㄷ' 'ㅂ' 'ㅈ' 'ㄲ' 'ㄸ' 'ㅃ' 'ㅉ' 등이 해당한다. 한편, 성대 긴장 여부에 따라 평음, 경음 그리고 격음(기음) 등으로 구분되며, '경음'은 'ㄲ' 'ㄸ' 'ㅃ' 'ㅆ' 'ㅉ' 따위의 소리이고 '격음'은 국어의 'ㅊ' 'ㅋ' 'ㅌ' 'ㅍ' 등이 해당한다.

- 자음은 말소리가 산출되는 위치에 따라 〈표 3-1〉과 같이 분류할 수 있다.

- 성대에서 나오는 기류가 어떻게 장애를 받아서 나오느냐에 따라 서로 다른 소리가 만들어진다. 조음방법에 따른 분류는 〈표 3-2〉와 같다.

- 〈표 3-3〉은 국어의 자음을 두 가지 분류방법에 따라 정리한 것이다.

〈표 3-2〉 조음방법에 따른 자음의 분류

폐쇄음(파열음)	기류를 완전히 차단함으로써 산출되는 소리를 말한다. 어떤 부위에서 공기가 막혔다가 갑자기 터지는 듯한 소리로서 /ㄱ/, /ㄷ/, /ㅂ/ 계열 등이 이에 해당한다.	
마찰음	막힌 통로에서 조음기관 사이로 기류가 통과하면서 산출되는 소리를 말한다. /ㅅ/, /ㅆ/, /ㅎ/, 영어의 [f], [v], [ʃ], [θ] 등이 여기에 속한다.	
파찰음	공기의 흐름을 차단했다가 마찰상태를 늦춤으로써 산출되는 소리를 말한다. 파찰음은 폐쇄음과 마찰음이 합쳐진 소리라고 볼 수 있다. /ㅈ/, /ㅊ/, /ㅉ/ 등이 이에 해당한다.	
비음	기류가 비강에서 공명되어 산출되는 소리를 말한다. 대표적인 비음은 /ㅁ/, /ㄴ/, /ㅇ/ 등이 있다.	
유음	설측음	혀의 측면으로 기류가 빠져나가면서 조음되는 /ㄹ/이 이에 해당한다. 예를 들면, '달'을 발음할 때, 받침 [l]처럼 중앙 통로는 막혀 있지만 양 옆으로 공기가 나가게 하면서 소리가 나는 경우다.
	설전음	혀끝이나 목젖을 떨거나 굴려서 내는 소리를 말한다. 국어에서도 혀끝을 굴려 /ㄹ/을 발음하게 되는 경우가 있다. 예를 들면, '라면'에서 /ㄹ/은 영어의 'radio'를 발음할 때처럼 굴림이 있다.

〈표 3-3〉 국어의 자음분류표

조음방법		조음위치	양순음	치조음	경구개음	연구개음	후음
장애음	폐쇄음 (파열음)	평음	ㅂ	ㄷ		ㄱ	
		유기음	ㅍ	ㅌ		ㅋ	
		경음	ㅃ	ㄸ		ㄲ	
	파찰음	평음			ㅈ		
		유기음			ㅊ		
		경음			ㅉ		
	마찰음	평음		ㅅ			
		유기음					ㅎ
		경음		ㅆ			
공명음	비음	평음	ㅁ	ㄴ		ㅇ	
	유음	평음		ㄹ			

출처: 민현식 외(2010).

- 조음점은 칸을 나누듯이 구획된 것은 아니고 발화가 될 때 음운환경에 따라 이동한다. 단어 '나비'에서의 /ㄴ/은 치조에서 조음이 만들어지지만 '어머니'의 /ㄴ/은 혀를 경구개에 대거나 접근시켜 소리가 난다. 단어 '달력'을 산출할 때의 /ㄹ/도 그러한 예이다.

2) 모음의 분류

모음을 만드는 데 가장 중요한 역할을 하는 조음기관은 혀와 입술이다. 모음은 혀의 위치(높낮이와 전/후)와 입술의 모양 등에 따라 분류할 수 있다.

(1) 혀의 높낮이에 따른 분류

혀끝이 입천장에서 멀리 떨어지고 입을 크게 열어서 조음하는 모음을 개모음이라고 한다. 따라서 /ㅏ/는 개모음이다. 또한 혀의 위치가 아래쪽에 있으므로 저(低)모음으로 분류된다. 반대로 혀끝이 입천장에 가깝게 하고 입을 좁게 열어서 조음되는 모음을 폐모음이라고 한다. /ㅣ/, /ㅡ/, /ㅜ/ 등이 여기에 속한다. 혀의 위치가 위쪽에 있으므로 고(高)모음으로 분류된다.

(2) 혀의 전후위치에 따른 분류

혀의 전후위치에 따라 전설모음과 후설모음으로 나눈다. 혀의 최고점의 위치가 앞쪽에 있으면 전설모음(front vowel), 후방에 있으면 후설모음(back vowel) 그리고 중앙에 있으면 중설모음(central vowel)이 된다. 예를 들어, 모음 /ㅣ/와 /ㅡ/를 발음해 보면

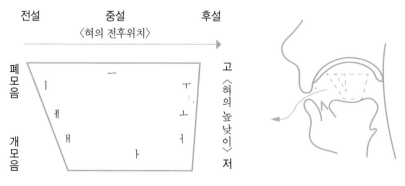

[그림 3-3] **모음사각도**

출처: 이철수 외(2004)에서 재구성.

/ㅡ/는 혀의 뒷부분에서 만들어지는 것을 느낄 수 있을 것이다. 전설모음은 /ㅣ/, /ㅔ/, /ㅐ/ 등과 같이 중앙부가 구강의 앞쪽에서 나오는 소리를 말하며, /ㅜ/, /ㅗ/, /ㅓ/처럼 혀가 연구개를 향하여 작용하는 모음을 후설모음이라고 한다. 국어의 모음을 모음사각도 위에 나타내면 [그림 3-3]과 같다.

(3) 입술의 원순상태에 따른 분류

입술을 둥글게 오므려서 내는 모음을 원순모음(rounded vowel), 입술을 펴서 내는 모음을 평순모음(unrounded vowel)이라고 한다. 원순모음에는 /ㅗ/, /ㅜ/, /ㅚ/, /ㅟ/가 있으며, 평순모음에는 /ㅣ/, /ㅔ/, /ㅐ/, /ㅡ/, /ㅓ/, /ㅏ/[2]가 있다.

(4) 조음위치에 따른 분류

모음은 조음위치의 변화 여부에 의해 단모음과 이중모음으로 구분된다. 단모음은 음소를 발음할 때 입이나 혀의 위치가 변하지 않는 반면, 이중모음은 두 모음이 서로 가까이 붙어서 처음과 나중의 조음위치가 변한다. 단모음에는 [그림 3-3]에 있는 8개의 모음과 /ㅟ/, /ㅚ/ 등 총 10개가 있다. 이중모음이란 입술모양이나 혀의 위치를 처음과 나중을 서로 달라지게 하여 내는 모음으로 /ㅠ/, /ㅑ/, /ㅕ/, /ㅛ/, /ㅒ/, /ㅖ/, /ㅘ/, /ㅝ/, /ㅞ/, /ㅙ/, /ㅢ/ 총 11개가 있다(강범모, 2006).

3) 음소

음운론의 기본단위는 음소다. 음소는 말을 하거나 듣는 사람에게 소리의 차이를 일으키게 하는 자음과 모음으로 구성된 최소의 음성단위를 말한다. 예를 들면, '책'과 '색'은 첫 음소인 /ㅊ/과 /ㅅ/으로 인해서 다르게 들린다. '상'과 '산'도 끝 음소인 /ㅇ/과 /ㄴ/이 다르기 때문에 마찬가지로 별도의 음소다. 그러나 말(馬)과 말(言)은 서로 의미가 다르지만 동일한 [mall]의 음성기호를 갖기 때문에 동일한 음소다.

---

2 입술모양으로만 보면 /ㅏ/의 경우에는 원순모음으로 분류해야 하나, 원순과 평순모음을 분류하는 데 있어서는 '의도성'의 기준이 적용된다. 의도적으로 입 모양을 둥글게 하려는 노력이 필요하지 않다는 점에서 /ㅏ/는 평순모음으로 분류된다(박시균, 2012).

음소는 문화권에 따라서도 다르다. 영어권에서 /r/과 /l/은 다른 음소로 구별되지만, 우리말에서는 동일한 음소다. 예를 들면, 영어에서 'ling'과 'ring'이라고 하는 두 단어는 [l]과 [r]의 소리의 차이를 갖는다. '달'과 '달이'라고 발음할 때, 영어권에서는 앞의 /ㄹ/ 은 [l]이고 뒤의 /ㄹ/은 [r]로 구별을 하지만, 우리나라 사람에게는 소리의 차이를 일으키지 못한다. 마찬가지로 한국어 '바보'의 경우 음성기호로 표시하면 [pabo]다. /ㅂ/은 음성학적으로 무성음 [p]와 유성음 [b]로 달리 발음되지만, 소리의 차이를 거의 느끼지 못한다. 한국어 사용자는 이 두 소리의 차이를 의식하지 못하기 때문에 우리에게는 동일한 음소다. 한국어 '감기'의 경우도 마찬가지다(이철수 외, 2004).

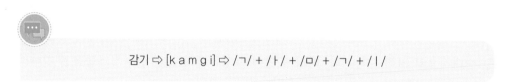

감기 ⇨ [kamgi] ⇨ /ㄱ/ + /ㅏ/ + /ㅁ/ + /ㄱ/ + /ㅣ/

이 경우에서 보는 바와 같이 소리의 차이는 인지하지 못하지만 음성학적으로는 서로 다른 음가를 갖는, 바꾸어 말하면 음운학적 표기는 같으나 음성학적으로 다른 소리를 변이음이라 한다. 예를 들어, /ㄱ/ 음소에 속하는 [k]와 [g]를 변이음이라고 하며, 하나의 음소로 묶이게 되는 경우를 상보적 분포라고 한다. '물'과 '바람'에서처럼 전자 /ㄹ/ 은 설측음에, 후자는 설전음에 해당하는 [l]과 [r]도 음소 /ㄹ/에 속하는 변이음이다.

/p/　　(음운)

pin[pʰ]　　spin[p]　　nip[p˺]　(변이음)

출처: 신지영(2014)에서 재구성.

반면에 말소리 하나를 교체함으로써 의미의 변별이 생기는 음절이나 단어의 쌍을 최소대립쌍이라고 한다(김광해 외, 2009). 예를 들면, '강'과 '방'은 /ㄱ/과 /ㅂ/ 때문에 뜻이 달라진다. 또는 '불'과 '발'도 한 음소에서만 차이가 나는 최소대립어 또는 최소대립쌍을 이루고 있다고 말한다. 그러나, 예를 들면 '오리'와 '고리'는 분절음의 수가 같지 않기 때문에 최소대립쌍을 이루지 못한다. 따라서 두 단어가 최소대립쌍을 이루려면 단어를 구성하고 있는 분절음의 수가 같아야 하며 같은 위치에 있는 단 하나의 분절음만이 차이를 보여야 한다(신지영, 2014).

4) 음운발달

일반적으로 3~4세경이 되면 특정 음소를 제외하고는 음운발달이 거의 이루어진다. 특정 음소들을 산출하기 어려운 경우에는 숙달된 다른 음소로 대치해 나가다가, 유아는 점차적으로 성인과 유사하게 명료한 말을 산출하게 된다. 우선 유아의 음운발달은 모국어의 영향을 많이 받는다. 따라서 모국어에서 자주 사용되는 단어 속에 있는 음소는 상대적으로 일찍 습득된다. 따라서 영어권 영유아의 음성 연구결과들을 우리나라 영유아에게 그대로 적용하는 것은 문제가 있다. 물론 음운발달에는 어느 정도의 보편성은 존재하지만, 모든 언어권 아동들이 동일한 음운발달 순서를 보이는 것은 아니다. 그리고 영유아의 언어발달은 개인적인 차이가 크다는 점도 주목할 필요가 있다. 1940년대까지는 주로 연구자의 자녀를 대상으로 하는 일기식 연구(diary studies)가 주류를 이루었으며, 최근까지도 연구대상자의 수는 매우 제한적이라 할 수 있다. 그래서 각 연구자들마다 제시하는 음운발달 순서는 차이가 있다. 그럼에도 불구하고 몇 가지의 유사점을 찾을 수 있는데, 예를 들어 유아는 자주 사용하는 단어에 포함된 음소일수록 그리고 조음의 복잡성이 낮을수록 일찍 습득하는 경향을 보인다. 일반적인 음운발달 특성을 구체적으로 살펴보면 다음과 같다(정동빈, 1986; 강성화, 김경회, 2001; 하길종, 2001; 배재연, 2010).

- 모음은 자음보다 먼저 습득된다.
- 자음의 경우에는 양순음이 가장 먼저 습득되고 마찰음과 파찰음이 가장 늦게 습득된다.
- 유성음이 무성음보다 먼저 습득된다. 예를 들면, 파열음 계열 산출 시 무성음 [k]보다는 유성음 [g]를, [p]보다는 [b]를 먼저 발음하는 경우가 많다.
- 그 문화권에서 자주 사용하는 말소리는 빨리 습득된다. 예를 들면, 독일어의 'ich' [Iç]는 '나'라는 의미로서, [ç] 발음은 일반적으로 습득이 어려움에도 불구하고 빨리 발음하는 것을 볼 수 있다.

- 분절음보다 초분절음(억양과 강세 등)을 먼저 습득한다.
- 음절이나 어절 내의 자음위치에 따라 발달양상이 다를 수 있다.
- 반복 현상으로 음절 습득 초기에는 '마마' '꿀꿀' '까까' 등과 같이 일정한 음운을 반복해서 발성하는 경향을 보인다.
- 축약 현상은 발성할 때 끝음절을 생략하고 말하는 것으로서 복잡한 음운의 경우에는 단순화시켜서 습득하는 경향을 보인다. 예를 들면, '할머니'는 '함니'로, '할아버지'는 '하찌'로 생략하여 발음한다. 이는 의도적인 것이 아니라 조음하기 어려운 음운을 생략하거나 축약하여 말하는 것이라고 볼 수 있다.
- 대치 현상은 발음하기 어려운 특정한 음을 다른 음으로 바꾸어 발음하는 것으로서, 조음기관이 제대로 발달하지 못한 상태에서 나타난다. '노래'가 '노내'로, '과자'가 '가자'로 발음되는 경우다.
- 언어 습득기에 나타나는 경음화 현상[3]은 평음에 강세를 넣어 발성하는 것이다. '고기'가 '꼬기'로, '밥'이 '빱'으로 발음된다.
- 일반적으로 4~6세에 모국어의 모든 말소리를 결함 없이 산출할 수 있다.

2. 형태론

형태론이란 한 언어에서 형태소들이 결합하여 낱말을 형성하는 체계 또는 규칙을 말한다. 즉, 단어를 형성하는 규칙이다. 그리고 형태소 기호는 일반적으로 { } 안에 넣어서 표기한다(이철수 외, 2004). 형태론의 기본단위인 형태소는 더 이상 쪼갤 수 없는 의미의 최소단위로서, '차(車)'와 '차(茶)'는 어형은 같지만 다른 의미를 가지고 있기 때문에 동일한 형태소가 아니다. 모든 단어는 최소한 한 개 이상의 형태소로 이루어진다. '옷' '강' '벌'과 같은 단어들은 한 개의 형태소이자 한 개의 음절 그리고 한 단어로 이루어져 있다. 물론 '삶'과 같은 단어처럼 어말음 {ㅁ}은 음절의 일부로 구성된 형태소인 경우도 있다. 두 음절로 된 한 개의 형태소는, 예를 들면 나비를 '나'와 '비'로 쪼개면 그 의미가 없어져

---

3 국어학적 관점에서는, 예를 들어 받침소리 7개(ㄱ, ㄷ, ㅂ, ㄴ, ㄹ, ㅁ, ㅇ) 가운데 받침소리 'ㄱ, ㄷ, ㅂ' 뒤에 오는 'ㄱ, ㄷ, ㅂ, ㅅ, ㅈ'이 [ㄲ, ㄸ, ㅃ, ㅆ, ㅉ]으로 발음되는 현상(책방[책빵], 깃발[긷빨]) 등을 말하나, 언어발달상에 나타나는 경음화 현상은 목표음이 비정상적으로 경음화되는 것을 말한다.

버리기 때문에 '나비'는 단일형태소다. 따라서 '나비' '코끼리' '고슴도치' 등은 하나의 형태소로 만들어진 단어다. 그러나 많은 단어들은 두 개 이상의 형태소가 모여서 만들어지는데, 예를 들어 '꿀벌'이라는 단어는 '꿀'과 '벌'이라는 두 개의 형태소로 이루어진 단어다. 이렇게 독자적으로 존재하는 형태소도 있지만, 반드시 다른 형태소와 결합되어야만 하는 형태소들도 있다. 예를 들면, '청소부들'이라는 복합단어에서 {-부}와 {-들}은 독립적으로 의미를 가질 수 없다. '나는 오늘 첫눈을 보았다.'는 문장은 {나}, {는}, {오늘}, {첫}, {눈}, {을}, {보-}, {-았-}, {-다}로 형태소가 분류되어 9개의 형태소를 갖는다.

1) 형태소의 종류

- 형태소가 가지고 있는 의미 유무에 따라 어휘적 의미를 가지고 있는 실질형태소(어휘형태소)와 문법적 의미를 가지고 있는 형식형태소(문법형태소)로 나눌 수 있다. '돼지들'의 {돼지}는 어휘적 의미를 가지고 있는 실질형태소, {-들}은 접미사로서 형식형태소에 속한다. 형식형태소는 독립적으로 쓰이지 못하고 반드시 실질형태소에 결합하여서만 쓰인다. 그러나 모든 실질형태소가 독립적으로 쓰이는 것은 아니다. 예를 들면, '먹었어'의 {먹}과 같은 동사의 어근은 의미를 가지고 있는 실질형태소이지만, 접사 없이 홀로 쓰이지는 못한다. '새하얀'의 {새-}의 경우에는 실질적인 의미를 더해 주고 있다는 의미에서 실질형태소로 보는 관점(김광해 외, 2009)과 {새-}를 접사로서 어미나 조사와 함께 형식형태소로 보는 관점이 있다.
- 자립성에 따라 형태소가 문장에서 독립된 단어로 사용할 수 있는 자립형태소와 다른 형태소에 부착되어야만 쓰일 수 있는 의존형태소로 나눌 수 있다. 예를 들면, '맏형'이라는 단어에서 {형}은 자유롭게 독립적으로 사용될 수 있으므로 자립형태소라 하고, {맏}은 다른 형태소와 결합하지 않으면 안 되기 때문에 의존형태소라 한다. '하얀'은 '하얗다'의 어간 {하얗}에 어미 {-ㄴ}이 붙은 형태로서 {하얗}은 실질적인 의미는 가지고 있지만 홀로 쓰일 수 없다는 점에서 의존형태소로 분류된다(김광해 외, 2009).
- 복합어는 파생어와 합성어로 분류된다. 파생어는 어근에 접사가 결합되는 형태로서, 어근은 단어의 중심 의미를 나타내는 부분이고, 접사는 단어의 부착적인 의미를 나타내는 부분이다. 예를 들어, '외할머니'는 {할머니}가 어근이 되고, {외}는 접사가 된다. '공손히'는 {공손}이 어근, {히}가 접사다. 접사는 다시 접두사와 접미사

로 나뉘는데, 어근의 앞에 놓일 때는 접두사이며 뒤에 놓일 때는 접미사가 된다. 반면에 합성어는 두 개의 어휘형태소가 결합하여 새로운 단어를 이루되, 형성방식이 두 개 이상의 어근으로 만들어진다. 예를 들면, '들짐승' '처남댁' '그만두다' 등이 있다. 즉, 파생어는 하나의 어근에 하나 이상의 접사가 결합하여 새로운 단어를 만드는 방법이고, 합성어는 '창밖' '새가슴' 등과 같이 두 개 이상의 어근이 결합하여 새로운 단어를 만드는 방법이다.[4]

- 접두사: 얕보다, 휘젓다, 막가다, 처먹다, 풋고추
- 접미사: 선생님, 여태껏, 달리기, 연애사, 지우개

• 형식형태소의 형태는 다르지만 같은 의미를 가지고 있는 경우를 이형태(異形態)라고 한다. 주격조사 '이'와 '가'는 앞 음운이 자음일 경우에는 '이'를, 모음일 때는 '가'를 사용한다. 예를 들면, '사랑'은 자음으로 끝나기 때문에 주격조사 '이'가 붙으며, '경수'는 모음으로 끝나기 때문에 '가'가 붙는다. 다른 예로는 목적격 조사 '을'과 '를', 부사격 조사 '으로'와 '로' 또는 과거를 나타내는 {았}의 이형태로는 '았' '었' 등이 있다(강범모, 2010).

—형태론적 이형태—

그 순간 나는 어린 아이처럼 깔깔 웃었다.
그 순간 나는 훨훨 날아오를 것만 같았다.
그 순간 나는 세상을 얻은 것처럼 좋았다.

* 규칙: 어간의 모음이 'ㅏ' 'ㅗ'인 경우, 뒤에는 '-았-'이 온다.

---

4 표준국어대사전에 따르면, 파생어는 실질형태소에 접사가 결합하여 하나의 단어가 된 것이며, 합성어는 둘 이상의 실질형태소가 결합한 것이다.

2) 형태소의 발달

유아는 언어를 습득하는 과정에서 어근을 중심으로 뜻을 더해 가기도 하고 자립형
태소에 의존형태소를 결합시키기도 하며, 두 개의 자립형태소를 한 단어로 결합시키는
능력을 갖게 되는데, 예를 들면 '우유+통' '강아지+집' 등 합성어를 생성해 낸다. 혹은
'토끼+들' '나의 신발' '먹었다' '달리다-달리기' 등 어근을 중심으로 거기에 뜻을 더하
거나 시제나 품사를 바꾸는 접사 등을 사용하기도 한다. 아동의 초기 형태소 발달과정
을 보면, 기능어를 생략하고 일반적으로 내용어만을 가지고 연결하는 전보식 문장 형
태를 보이다가, 점차적으로 형식형태소(문법형태소)가 출현하게 되는데, 이때부터 문법
성을 갖춘 문장을 형성하게 된다.

형태론적 발달에 문제를 보이는 아동은 동사시제를 정확하게 사용하지 못하거나 또
는 파생접사를 사용하여 어근의 품사를 바꾸는, 예를 들면 '꿈꾸다'라는 동사를 '꿈꾸기'
라고 변화시키거나, '불(不)'이라는 접두사를 이용하여 '불일치' '불가능' 또는 '불허가'
등의 파생어를 생성하는 데 어려움을 갖는다.

〈표 3-4〉 **형태소의 발달단계**

단계	습득 내용
첫 어휘 단계	자립형태소 중심으로 첫 단어 산출 예) 엄마, 코, 빵빵, 맘마
새 어휘 첨가 단계	새로운 단어를 결합하여 산출 예) 안 줘, 엄마 밥, 아빠 가
초기 의존형태소 출현 단계	복수형, 소유격, 동사시제 줄현 예) 토끼들, 엄마의 옷, -다, -까?, -요
복합어 형성 단계	두 개 이상의 형태소 결합 예) 과일가게, 사촌누나, 식탁의자
후기 의존형태소 출현 단계	비교급, 최상급, 파생어 예) 더 많이, 가장 빨리, 앉혀 줘

출처: 정동빈(1990).

형태소 발달에는 일정한 순서가 있다. 조명한(1982)을 비롯한 학자들(이순형, 2000; 이희란 외, 2008)의 연구를 종합해 보면 다음과 같은 경향성을 찾을 수 있다.

- 문법형태소는 실질형태소보다 늦게 습득된다.
- 어휘량이 늘어나고 낱말이 조합되면서 문법형태소가 나타나기 시작한다.
- 대명사의 경우 일인칭, 이인칭, 삼인칭의 순서로 획득한다.
- 부정부사의 경우 '아니(안)'가 '못'보다 일찍 습득된다.
- 동사의 어미는 서술형(다, 라, 자: 하자), 과거형(ㄴ, 았, 었: 했었어), 미래형(ㄹ: 할 거야) 순으로 습득된다. 국어에서의 진행형 형태소(-ㄴ, -ㄴ다)는 영어와 달리 가장 늦게 습득된다.
- 장소격 문법형태소는 목적격이나 도구격보다 일찍 출현한다.[5]

〈표 3-5〉 **문법형태소의 출현 순위**

연구자	출현 순위
조명한(1982)	접속조사(○○랑, ○○하고, ○○같이) → 공존의 의미 보조사(○○도) → 처소격조사(○○에, ○○로, ○○한테) → 주격조사(○○가) → 보조사(○○는) → 목적격조사(○○을/를) → 도구격조사(○○로)
배소영(1997)	○○가/○○이/○○는 → ○○를 → ○○도
Lee(2001)	보조사(○○는)/보조사(○○도) → 주격조사(○○가) → 처소격조사(○○에) → 목적격조사(○○을)

〈표 3-5〉에서 나타난 바와 같이, 문법형태소의 출현 순위에 대한 견해는 연구자들마다 차이가 있다. 따라서 특정 연구결과가 보편적인 발달지표라고 볼 수 없다. 국어의 고유한 특성이 반영되지 않은 타 언어권 연구자료나 소수 아동을 대상으로 한 연구자료 등은 언어획득의 개인차를 충분히 고려하지 못한다는 점에서 일반화의 한계를 가지고 있다.

5　영어 사용 아동이 제일 먼저 산출하는 전치사는 'in'과 'on'이며, 한국어처럼 장소격 형태소가 후치사로 쓰이는 헝가리어나 터키어에서도 제일 먼저 출현하는 것을 보아 모든 언어에서 장소격 기능어가 일찍 출현하는 것은 보편적인 현상이다(조명한, 이승복, 1981).

3. 의미론

　의미론이란 언어의 의미를 연구하는 언어학의 한 분야로서 말의 이해 및 해석에 관한 영역이다. 의미론의 주성분은 단어다. 그렇다면 단어란 무엇인가? 단어는 '자립할 수 있는 최소단위'라고 보는 것이 일반적이다. 명사, 동사, 형용사, 부사, 관형사와 같은 내용어는 자립성과 독립성을 충족하고 있다. 그러나 조사나 어미와 같은 기능어는 어떻게 볼 것인가? 그에 대한 논의는 계속되고 있다. 표준국어대사전에서는 '단어란 분리하여 자립적으로 쓸 수 있는 말이나 이에 준하는 말, 또는 그 말의 뒤에 붙어서 문법적 기능을 나타내는 말'로 정의하고 있다.

1) 여러 가지 의미 유형

　단어는 분류 기준에 따라 다양하게 구분할 수 있다. 한국어를 사용하는 일반적인 사람들은 자연계의 '태양'이라는 단어를 알고 나면 점차 "당신은 나의 태양입니다."라는 말을 이해하고 사용한다. 전자가 중심적 의미라면, 후자는 전이적 의미이다. 단어는 '밥'과 같이 한 개의 구성요소를 갖는 단일어가 있고, '밥통'처럼 두 개의 구성요소가 모인 복합어로 구분되기도 한다. 혹은 단어의 길이에 따라 단음절과 다음절 등으로도 구분된다.

- 단어는 중심적 의미와 전이적 의미(주변적 의미)로 구분된다. 중심적 의미는 단어의 가장 핵심적인 의미로서 언어습득상에서 가장 먼저 배우게 되며 사전에서도 제일 먼저 제시되는 의미다. 예를 들면, 머리의 중심적 의미는 신체구조상 머리(頭)의 의미다. 반면에 전이적 의미란 이를 제외한 다른 의미로서 지능, 시작, 우두머리, 항목, 두발 등과 같이 특정한 문맥에서 그 의미가 이루어지는 경우에는 전이적 의미라 한다. 전이적 의미는 흔히 은유법이라고도 하는, 예를 들면 '그 아이는 머리가 없어.'라든지, '그 녀석 머리가 커졌군.' 등의 표현이 그 예다.

A: 네 손 좀 빌리자.

B: 뭐? 내 손을 달라고?

- 단어에는 직접적인 특정 의미를 갖는 외연적 의미와 암시적 의미(내포적 의미)가 있다. 외연적 의미란 그 단어가 제시하는 보편성을 가진 사물의 특정한 의미다. 즉, '거인'이라고 할 때 외연적 의미는 보통 사람보다 몸이 유난히 큰 사람을 의미하고, '천국'이라고 할 때는 천상에 있다는 이상적인 세계를 뜻한다. 그러나 암시적 의미는 시대와 사회, 성 또는 개인의 경험 등의 차이에 따라 다르게 연상되는 의미를 말한다. 예를 들면, '어머니' '첫사랑'과 같은 단어들도 객관적으로 검증이 가능한 외연적 의미는 같지만, 암시적인 의미로는 개인마다 상이하게 나타날 수 있을 것이다.

- 단어는 단의어, 다의어 그리고 동음어로 구분된다. 단의어는 예를 들어 진돗개, 공책 등과 같이 한 개의 단어에 하나의 의미가 관련된 단어인 반면, 다의어는 사전에서 같은 단어로 취급하지만 하나의 단어가 의미적으로 관련된 여러 가지 의미를 가지고 있을 때 그 단어를 지칭하는 용어다. 예를 들어, '개'라는 단어는 '갯과에 딸린 집짐승'의 의미뿐만 아니라 '성질이나 언행이 막돼먹은 사람'을 욕하는 말 또는 '남의 앞잡이 노릇하는 사람'을 비유하는 다의 관계를 가진 다의어다(김광해 외, 2009). 동음어란 단어가 가지고 있는 의미의 연관성이 떨어지고 어원이 동일하지 않아 별개의 단어에 해당한다. 예를 들면, '반'의 경우 '두 사람이 반(半)씩 가지다' '우리 반(班)의 반장' '반(反)민주적'이 이에 해당한다.

- 유의어는 형태가 다른 별개의 단어들이 서로 비슷한 뜻을 가지고 있는 단어로서, 예를 들면 '밥상-식탁' '얼굴-안면' '바보-멍텅구리-멍청이' 등이 있다. 반면에 반의어는 단어들이 서로 반대되는 의미를 가지는 경우를 뜻한다. 반의어로 존재하는 단어로는 '남자-여자' '낮-밤' '있다-없다' 등이 있다.

- 단어는 단일어와 복합어로 구분되는데, 단일어는 하나의 어근이 단어가 되는 것을 말하며, 복합어는 파생어와 합성어를 포함한다. 예를 들면, '산', '나무', '바다' 등은 단일어이며, '꽃나무', '파도소리', '깎아먹다' 등은 복합어다.

의미론의 주성분인 단어에 대한 견해는 문법론적으로 다음과 같이 크게 세 가지로 나누어 볼 수 있다.

예: 철수가 동화를 읽었다.

ⓐ 철수/ 가/ 동화/ 를/ 읽/ 었다.

ⓑ 철수/ 가/ 동화/를/ 읽었다.

ⓒ 철수가/ 동화를/ 읽었다.

ⓐ은 주시경을 중심으로 한 초기 문법가들의 입장이며, ⓑ은 조사는 단어로 인정하나 어미는 단어로 인정하지 않는 견해로서 최현배를 중심으로 한 1930~1940년대에 유행했던 입장이다. ⓒ은 조사와 어미를 모두 단어로 보지 않는 견해. 단어의 개념을 '독립할 수 있는 최소의 형식', 즉 자립성에 초점을 둔 견해. 실제 단어의 정의에 따르면, '일정한 뜻과 기능을 가지며 홀로 쓰일 수 있는 가장 작은 말의 단위'라는 점에서 볼 때에는 ⓒ의 견해가 가장 적합하다고 할 수 있으나, 한국어가 가지고 있는 조사의 특이성을 반영하지 못한다는 한계도 가지고 있다. 북한의 학자들은 종합적 체계라 불리는 ⓒ의 견해를 따르고 있지만, 우리나라 학교문법에서는 조사도 하나의 단어로 인정하고 있다.

출처: 남기심, 고영근(2009); 이봉원(2015).

2) 의미론적 발달

일반적으로 아이들은 생후 12개월 전후로 첫 낱말을 산출한다. 이렇게 시작된 어휘는 약 1세 6개월 정도가 되면 50~100개 정도의 단어를 표현할 수 있으며(강옥경, 김명순 역, 2005), 생후 2년이 지나면서 어휘폭발기에 접어든다. 어휘폭발기가 시작되면 하루에 거의 3~4개 정도의 새로운 어휘를 습득하면서 36개월경이 되면 거의 500개의 표현어휘량을 갖는다(장유경, 2004). 우리는 단어의 의미를 평생 동안 배워 나간다고 할 수 있다. 끊임없이 신조어, 외래어 또는 은어 등이 생겨나고, 경험의 장이 바뀔 때마다 새로운 어휘들을 배워 나가기 때문이다.

어휘습득과정에서 나타나는 일반적인 특성은 다음과 같다(장유경, 2004; 이희란 외, 2009; 한유미 외, 2010).

- 보통명사를 고유명사보다 먼저 습득한다. 보통명사란 어떤 종류 전체를 나타내는 명사로서, 꽃 또는 산 등이 해당한다. 반면에 고유명사는 하나뿐인 특정한 사람이

나 사물의 이름으로서, 예를 들면 개나리꽃, 영취산 등이 해당한다.

- 일상생활에서 자주 사용되는 단어를 먼저 습득한다.
- 추상적인 개념을 표현하는 단어(예: 생각하다, 느끼다)보다는 구체적인 행위(예: 간다, 먹다)를 표현하는 단어를 먼저 습득한다.
- '고양이'나 '자동차'라는 이름보다는 '야옹' '빵빵'이라는 의성어를 먼저 습득한다.
- 동사보다 명사를 먼저 습득한다.
- 24개월경부터 동사 산출이 급격히 증가한다.
- 36개월경이 되면 그리고, 그래서, 그런데 등의 접속사가 출현하기 시작한다.
- 수용언어가 표현언어보다 먼저 발달한다.

유아 초기 단계에서 자주 나타나는 두 단어 의미조합 형식은 〈표 3-6〉과 같다.

〈표 3-6〉 **초기 두 단어의 의미관계**

의미관계	예시	특성
행위자-행위	엄마 어부바, 아빠 줘	• 행위자는 거의 생명체를 지칭함.
대상-행위	빵 줘, 쉬 해	• 대상은 행위의 목적이라는 개념으로 해석됨.
행위자-대상	엄마 밥, 아가 똥	• 장소는 행위가 일어나는 공간으로서 행위 또는 행위자와 함께 조합됨.
장소-행위	오토바이(에) 타, 여기 놔	• 행위자는 문장의 가장 앞에 놓임.
행위자-장소	오빠 학교, 엄마 일루	
장소-실체	저기 새, 방 까까	
소유자-대상	오빠 책, 내 뿡뿡이	• 실체는 존재사인 '있다'가 생략된 것임.
수식-실체	큰 책, 예쁜 고모	

출처: 이승복(1997)에서 재구성.

　　두 단어 조합 단계에서는 일관적인 순서 없이, 예를 들면 "먹어 밥" 등으로 말하기도 하지만, 대부분은 의미론 범주에 근거한 규칙이 반영된다. 때로는 두 단어 수준에서는 독립된 발화 하나만 가지고는 수식관계를 설명하기는 어렵다. 아이가 하는 말만으로는 의미를 해석하는 것이 어려울 수 있기 때문에 맥락과 비언어적 단서를 사용하여 해석해야 한다(이승복, 이희란 역, 2005). 의미관계에 대한 분석체계는 연구자들마다 다르다. 앞의 〈표 3-6〉에서 보여 주는 바와 같이 분석할 수도 있지만, 그 밖에도 다음과 같은 의미관계도 자주 관찰된다.

문장요소 중 체언에는 행위자(○○가+행위), 경험자,[6] 소유자(○○의), 공존자(○○
랑), 수혜자(○○한테), 대상(○○을), 실체[7] 등이 올 수 있다. 예를 들면, "엄마는 달렸
다."라는 문장은 '행위자+행위'로 의미 분석이 되지만, "엄마는 웃었다."라는 문장은 '경
험자+행위'로 분석된다. 용언은 문장 속에서 행위나 서술의 역할을 하는데, 행위는 움
직임이나 활동에 해당한다(김영태, 2014). 이때 '예쁘다' '좋아' 등과 같은 마음이나 느낌

성질이 비슷한 단어끼리 모아 분류한 것을 품사라 하며, 학교문법에서는 의미에 따라 분류한 9품사
체계를 다룬다. 형태 변화 여부에 따라 가변어와 불변어로 구분되며, 문장에서 어떤 기능을 하느냐
에 따라 용어, 체언, 수식언, 관계언 그리고 독립언으로 나눈다. 그리고 어떤 의미인가에 따라 다시
구분된다.

형태적 기준	기능적 기준	의미적 기준
가변	용언: 동사는 문장에서 사물이나 사람의 움직임을 설명하며, 형용사는 상태, 성질 등을 설명하는 단어	동사(예: 걷다, 먹다)
		형용사(예: 예쁘다, 착하다)
불변	체언: 문장의 중심이 되는 단어	명사(예: 하늘, 딸)
		대명사(예: 나, 이것)
		수사(예: 하나, 첫째)
	수식언: 관형사는 체언 앞에 놓여 그 내용을 꾸며 주고, 부사는 용언 또는 다른 말 앞에 놓여 그 내용을 꾸며 주며, 수식언은 조사와 결합할 수 없음	관형사(예: 큰, 모든)
		부사(예: 매우, 겨우)
	관계언: 문장에 쓰인 단어들의 관계를 나타내는 단어로서 체언 뒤에 붙어서 다른 말과의 문법적 관계를 나타내거나 뜻을 더해 주는 말	조사(예: 는, 을)
	독립언: 문장에서 다른 말과 상관없이 독립적으로 사용되는 단어로서 말하는 이의 본능적인 놀람이나 느낌, 부름, 응답 따위를 나타내는 감탄사 등의 부류	감탄사(예: 네, 아)

출처: 민현식 외(2010).

---

6 경험자는 어떠한 경험이나 상태나 상황을 겪는 사람으로 동작보다는 감정이나 상태의 주어역할을 한다(김영태, 2002).
7 실체는 행위 없이 명명된 사물이나 소유물, 또는 '○○이다'와 같은 서술의 대상이 되는 경우이다(김영태, 2002).

의 상태는 상태서술에 해당하며, '~이다'가 성립되는 경우에는 실체서술로 분류한다. 예를 들면 "아가 이뻐."라는 두 단어 발화는 '경험자+상태서술'이며, "이거 모자야."는 '실체+실체서술'에 해당한다.

4. 구문론

구문론이란 낱말의 배열에 의하여 구, 절, 문장을 형성하는 체계 또는 규칙을 말한다. 이때 구(句)란 두 개 이상의 어절이 모여 하나의 문장성분(명사구, 동사구, 형용사구, 부사구, 관형사구)을 이루지만 자체 내에 주어와 서술어 관계를 형성하지 못한 것을 말한다. 반면에 절(節)이란 주어와 서술어 관계를 가지고 있지만 독립적으로 사용하지 못한다는 점에서 문장과 구별된다. 구문론의 주 성분은 문장이며, 문장은 단어들이 일정한 규칙에 의해서 연결되고 조직된 형태를 말한다. 문장 내 단어의 배열은 정해진 규칙에 따라야 하며, 문장은 서술, 명령, 의문 등 문장의 기능에 따라 다르게 구성되어야 한다. 형태소나 단어들은 문장 내에서 일정한 순서에 맞게 이루어져야만 의미가 전달된다.

a) 웃기는 아이들이 학교에 많이 있다.
b) 웃기는 학교에 아이들이 많이 있다.

이 두 문장은 문장을 구성하는 단어들은 같으나 순서가 다르고, 따라서 다른 의미를 갖게 된다. 일반적으로 구문산출능력은 만 5~6세경이 되면 어느 정도 완성되지만, 실제로 한 언어의 '문법 시스템'은 아주 복잡하고 어려운 지식에 해당한다. 그럼에도 불구하고 우리는 모국어의 문법을 책을 통해 배우지 않고도 학령기 이전에 대부분의 아동이 문장의 구성원리에 대한 지식을 획득한다. 이러한 현상을 촘스키는 '언어습득장치(Language Acquisition Device: LAD)'로 설명하고 있다.

─문장을 구성하는 문법 단위─

• 어절: 문장성분의 최소 단위로서 (대부분) 띄어쓰기의 단위가 된다.

　저기/ 친구가/ 있다.

• 구: 하나 이상의 단어가 모여 하나의 동등한 기능을 하는 문법 단위다.

　저기 예쁜 친구가 있다.

• 절: 구와 비슷하지만 주어와 서술어 관계를 갖는다.

　친구가 맛있는 빵집이 생겼다고 말해 주었다.

1) 구성요소

(1) 발화길이

　1세 반이 넘고 2세 가까이 되어 가면서 아이들은 두 개의 낱말을 이어서 문장으로 말을 하기 시작한다. 처음에는 "엄마 밥." "이모 아우아." 등의 두 단어 연결문을 산출하다가, 곧 세 단어를 묶어서 말하기 시작한다. "하진이 밥 싫어." "빨리 집에 가." 등의 서술어를 포함한 문장이 나온다. 6세 정도가 되면 대부분의 아이들은 성인과 비슷한 길이의 발화를 산출한다.

　아동이 사용하는 문장의 길이는 구문발달의 지표가 될 수 있으며, 실제로 평균발화길이(Mean Length of Utterance: MLU)는 언어발달과 밀접한 관계가 있다. 그러나 평균발화길이가 4.0 이상이 되면 언어발달의 예측도가 떨어진다(김영태, 2002).

〈표 3-7〉 브라운(Brown, 1973)의 연령에 따른 평균발화길이

단계	평균발화길이	추정 생활연령(개월)
I	1.0~2.0	12~26
II	2.0~2.5	27~30
III	2.5~3.0	31~34
IV	3.0~3.75	35~40
V	3.75~4.5	41~46
V+	4.5+	47+

출처: 황보명, 김경신(2010)에서 재인용.

(2) 문장양식(문장종결방식)

문장은 학교문법에 따르면 의미상으로는 완결된 내용을 갖추고 형식상으로는 문장이 끝났음을 나타내는 표지가 있는 것을 말한다(신지영, 2014). 문장은 서술, 부정, 의문 등 사용해야 할 문장의 기능에 따라 그 구성을 달리한다. 처음에 아이들은 '주어+서술어'의 문장을 사용하다가, 점차 '주어+목적어+서술어' 등의 문장을 산출하는 능력을 갖추게 된다. 그리고 점차적으로 의문문을 사용하고 문장의 형태도 단문에서 복문으로, 여러 가지 양식의 문장들을 산출하기 시작한다.

① 서술문

무엇인가를 진술 또는 풀이하는 문장이다. "이것은 토끼야." "나는 학교에 가고 싶어." 등 서술문에는 반드시 문장의 끝에 '온점(.)'이 있다. 그러나 서술문에서 항상 문장을 종결시키는 종결어미가 있는 것은 아니다. 예를 들면, "나는 밥 먹기 싫은데"라든지 "나도 밥 잘 먹거든"과 같은 문장에서는 종결어미가 나타나지 않음에도 문장이 종결된 것을 알 수 있다.

② 의문문

화자가 청자에게 질문을 던짐으로써 해답을 요구하는 문장유형이다. 한국어는 영어와 달리 어순의 변동이 없이 의문 억양만 있으면 의문문이 된다. "밥 먹었니?" "안녕하세요?" 등으로 문장의 끝에는 '물음표(?)'가 있고 억양을 올려 준다. 의문문의 초기 단계에서는 "엄마 밥?↑" 또는 "고모?↑"와 같이 문장의 끝 단어를 올려서 의문문을 표현한다. 국어에는 '누구, 무엇, 언제, 어디, 어떻게, 왜'가 가장 일반적으로 사용된다. '누가'와 '무엇'은 주격과 목적격으로 나누어 사용될 수 있으며, 의문사 '왜'는 "왜, 그러면 안돼?"와 같은 인과에 관련된 개념이다. 초기에는 "이게 뭐야?" 형태의 의문사를 사용하다가, 점차 "언제 올 거야?" 등의 시간과 관련된 의문사를 사용하게 된다.

③ 감탄문

"정말 행복해!" "날씨가 너무 좋다!" 등으로 문장의 끝에는 '느낌표(!)'가 있다. 주로 감정을 표현할 때 쓰이는 문장이다. 감탄문은 "아이고!"에서부터 "정말 맛있겠다!" 등 실제 감탄의 표현들도 있지만, "차렷!" 또는 "너 오늘까지야!"와 같이 감탄의 의미보다는 발화의 기능상 요구의 의미를 갖는 문장도 있다.

④ 명령문

주어를 생략하고 '-해라' 또는 '-하지 마라'의 뜻을 전달하는 문장이다. "밥 먹어라." "하지 마라." 등 누군가에게 요구하고 시키는 문장이다. 명령문의 주어는 나타나지 않는 것이 일반적이며, 서술어로는 동사만 올 수 있다(이봉원, 2015). '-아라', '-(으)십시오' '-(으)라' 등이 대표적인 명령형 종결어미다.

⑤ 부정문

대상이나 사건을 부인할 때 쓰는 문장이다. 한국어의 부정문은 '안'과 '못'으로 구별된다. 예를 들면, "밥 안 먹어."와 "밥 못 먹어."는 둘 다 부정의 의미를 갖고 있지만, 의미적으로 차이를 갖는다. '안'이라는 부정 부사는 단순히 어떤 상태가 그렇지 않거나 어떤 행위가 일어나지 않음을 표현하는 단순 부정에 사용하는 반면에, '못'이라는 부정 부사는 의지가 아닌 능력이나 외부적 원인에 의해 어떤 행위가 일어나지 못하는 것을 표현할 때 사용된다(남기심, 고영근, 2009). 부정문은 초기 단계에서는 "나 안 밥 먹어." "안 학교 가." 등의 잘못된 부정문의 구조 형태를 보이지만, 점차 "나 밥 못 먹어." "학교 가기 싫어." 등의 정교한 문장으로 바뀌게 된다.

(3) 문장의 종류

문장은 주어와 서술어의 관계에 따라 단문(홑문장)과 복문(겹문장)으로 구분되며, 복문은 내포문(안은 문장)과 접속문(이어진 문장)으로 나눌 수 있다. 아동은 일어문에서 이어문 그리고 삼어문을 산출해 나가는데, 일반적으로 3세경이 되면 대부분 세 단어 이상의 조합을 구성할 수 있다. 초기에는 단문 형태를 사용하지만 연령 증가와 함께 복문 산출 비율이 점차 높아진다. 단문은 문장 내에 주어와 동사가 하나씩인 경우를 말하며, 복문은 주술관계가 둘 이상 포함되어 있다. 학교문법에 따르면, 복문은 둘 이상의 문장이 연결어미로 이어진 접속문과 문장 내부에 하나 이상의 문장을 안고 있는 내포문으로 구분할 수 있다. 예를 들면, "나는 어제 아팠어."는 주술 구성이 한 번이기 때문에 단문이다. 반면에 "남자친구가 생일선물을 줘서 급 행복해졌어."는 두 문장이 서로 대등한 자격으로 결합된 접속문 형식을 갖는 복문이다. "나에게 꿈이 있다는 것은 멋진 일이야."라는 문장은 하나의 문장이 절의 형태로 다른 문장 속에 안겨 있기 때문에 내포문 형식의 복문에 해당한다.

- 접속문
  - 나는 밥을 먹고 책을 본다. (나열)
  - 나는 컴퓨터를 하면서 밥을 먹는다. (동시)
  - 친구가 생일선물을 주자 다시 행복해졌다. (계기)
  - 너를 좋아하지만 사랑하지는 않아. (대립)
  - 꽃이 피니까 봄이 오는 거야. (이유 · 원인)
  - 욕심을 비우면 마음이 편해질 수 있어. (조건)
- 내포문
  - <u>네가 행복하다는 것은</u> 참 좋은 일이야. (명사절)
  - 나는 <u>비밀이 하나 있습니다.</u> (서술절)
  - 사랑은 <u>말도 없이</u> 나에게 찾아왔다. (부사절)
  - 나는 <u>네가 찍은</u> 사진이 너무 마음에 들어. (관형절)
  - 사람들은 <u>양심은 영혼의 소리라고</u> 말했다. (인용절)

2) 구문발달

구문발달에는 다음과 같은 경향성이 나타난다(박은수, 이윤경, 2007; 한유미 외, 2010).

- 연령이 증가할수록 문장의 길이가 길어진다.
- 초기의 단문 형태는 연령 증가와 함께 감소되고, 대신 복문이 출현한다.
- 연령이 증가할수록 복문 가운데 접속문보다 내포문의 사용이 증가한다.
- 초기 단계에서는 접속문에서는 '나열' 구조가 가장 많이 사용되고, 연령이 증가할수록 다른 접속문 형태가 증가한다.
- 내포문에서는 명사절이 가장 빨리 출현한다.
- 복문 내에서의 절 사용과 시제 및 피동 · 사동 접사 사용은 학령기에 들어가서까지도 발달과정을 거친다.
- 의문문은 서술문보다 늦게 출현한다.
- 의문사의 출현 순서는 연구자들마다 조금씩 차이를 보이지만, 일반적으로 '무엇'

과 '누구'를 가장 먼저 습득하고 시간 개념인 '언제'는 늦게 출현한다.
- 부정문의 경우에는 '안'이 '못'보다 먼저 나타난다.

5. 화용론

화용론이란 실제 상황적 맥락에서 화자와 청자에 의해서 쓰이는 말의 기능을 다루는 분야이다. '話用', 즉 '어떻게 말이 사용되는가'에 대한 문제를 다루며, 화용론의 주 성분은 담화(談話)다. 담화란 넓은 의미에서는 실제 사용되는 모든 대화, 모든 의사소통 행위를 포함한다. 반면, 좁은 의미의 담화는 의사소통 목적을 추구하는 구체적인 두 명 이상의 대화 참가자가 화자와 청자의 역할과 발화 순서를 교대로 하면서 수행하는 의사소통의 유형을 의미한다(이창덕, 1998). 담화의 구성요소에는 '화자, 청자, 언어표현, 맥락' 등이 있으며 현행 학교문법에서는 문장 이상의 문법단위를 '이야기'라고 하고 이를 다루는 분야를 화용론이라고 한다. 그리고 이야기가 구어적 언어형식일 때 담화로, 문자언어일 때 텍스트로 구분한다.

1) 화용론의 연구주제

화용론은 언어의 사용원리를 연구하는 학문이므로 언어적 요소뿐만 아니라 비언어적 요소도 포함하며, 연구 분야 또한 매우 넓다. 따라서 이 장에서는 화용론의 연구 주제 중 하나인 직시, 전제와 함의, 함축 그리고 Grice의 협력원리에 대한 내용만을 언급하고자 한다.

- 직시(deixis): 직시의 사전적 의미는 대상을 지시하는 기능을 말한다. 인칭대명사, 지시대명사, 장소부사, 시간부사 등이 포함된다. 이처럼 의사소통 상황에서 직시는 화자와 청자의 역할, 시간 및 장소를 지시하는 기능을 한다. 의사소통 참여자는 직시를 인식하며 의사소통 상황에서 언급되는 사람, 사물, 행동을 파악할 수 있고, 발화를 해석할 때 필요한 정보를 얻을 수 있다(김다정, 2019). 정확한 직시가 이루어지기 위해서는 화자의 의도된 직시대상을 청자가 바르게 이해해야만 한다. 직시는 맥락을 전제로 하며, 기본적으로 자기중심적인 관점에서 표현된다. 직시의 예시는 다음과 같다.

(전화통화 상황)

A: 어디야?

B: 도서관. 넌 어디야?

A: 식당. 거기 있지 말고 여기로 와. 지금.

B: 난 여기가 좋은데?

• 전제(Presupposition)와 함의(Implication): 전제와 함의는 서로 구분하기가 쉽지 않다는 전제하에(정종수, 2010) 어떤 문장이나 발화가 표현되었을 때 당연히 참으로 여겨지는 내용들을 말한다. 예를 들어, "영희는 철수와 결혼한 것을 후회한다."라는 문장이나 발화는 영희와 철수는 결혼했고, 두 사람이 부부라는 것을 전제한다. 혹은 "문을 닫아라!"의 명령 발화가 제대로 힘을 가지려면, 문은 당연히 열려 있는 것으로 전제된다. 이런 논리적 · 상황적 전제가 부정되거나 의문이 제기되면 대화는 제대로 진행되지 못한다(이창덕 외, 2011). 비슷한 의미의 함의는 사용된 언어 의미의 논리적 관계로부터 추론되는 것으로서, 그 명제 내용이 참이면 당연히 그와 관련되어 결과도 참이 되는 내용을 말한다. 예를 들면, "철수가 그 개미를 죽였다."라는 문장이나 발화가 참이라면 당연히 "그 개미는 죽었다."도 참으로 받아들여진다(이창덕 외, 2011).

이처럼 전제와 함의는 모두 추론성을 가지고 있으며, 비맥락성이다. 즉, 맥락의 영향을 받지 않고도 추론이 가능하다. 차이점이라고 한다면, 전제는 명제를 부정하여도 참이 되는 성질을 갖는다(정종수, 2020). 그러나 함의는 부정문에서는 참이 유지되지 못한다. 예를 들면, 다음과 같다.

ㄱ. 어제 식당은 진짜 맛있었어.

ㄴ. 어제 식당은 맛이 없었다. (부정문)

ㄷ. 어제 식당에 갔다.

이 경우는 부정문에서도 일치성을 가지므로 ㄱ과 ㄴ은 모두 ㄷ을 전제한다. 즉, 명제가 부정이 되어도 의미가 보존되는 것이다. "남자친구한테 크리스마스 선물 받았어."라는 문장 안에는 남자친구가 있다는 것을 전제로 한다. 그러나 다음 예시는 조금 다르다.

ㄱ. 철수는 미국에 이민 갔어.
ㄴ. 철수가 한국을 떠났다.

이 경우에 ㄴ은 ㄱ의 함의다(박영순, 2007). 만약 ㄱ이 참이 아니라면, ㄴ는 참일 수도 있지만 거짓일 수도 있기 때문이다. 이처럼 주문장을 부정문으로 바꾸었을 때 정보의 의미가 더 이상 참이 되지 않는 것을 '함의'라고 한다.

• 함축(Implicature): 함축은 추론에 의해 얻어진 의미로서 청자나 독자가 주어진 말이나 글의 표면에 나타나지 않았어도 미루어 짐작할 수 있는 내포된 의미다(박영순, 2007). 함축은 전제와 함의와는 다르게 당연히 참이 되지는 않는다. 예를 들면, "철수 어디 있는지 아니?"라는 질문에 "철수 차가 장미카페 앞에 있던데."라고 하면 그것은 철수가 카페에 있다고 추정될 뿐 반드시 있다는 것을 의미하지는 않는다(이창덕, 2011). 또 다른 예시는 다음과 같다.

A: 이제 다 나았어?
B: 어제부터 학교 다시 나가.

이 경우에는 어느 정도 나았을 것이라고 추정은 하지만, 완전히 다 나았다는 것을 의미하지는 않는다. 함축은 이처럼 간접적인 표현을 하지만, 유능한 청자는 문맥에서 내포하고 있는 의미를 이해한다.

• 협력원리: 그라이스(Grice, 1975)는 원활한 대화 진행을 위한 요건으로 협력의 원리를 제시하였다. 협력의 원리는 다음의 네 가지 격률로 구분된다(이창덕 외, 2011).

• 양의 격률(The maxim of quantity)
  −주고받는 대화의 목적에 필요한 만큼만 정보를 제공하라.
  −필요 이상의 정보를 제공하지 말라.
• 질의 격률(The maxim of quality)
  −진실한 정보만을 제공하도록 노력하라.
  −거짓이라고 생각되는 말은 하지 말라.
  −증거가 불충분한 것은 말하지 말라.
• 관련성의 격률(The maxim of relevance)
  −적합성이 있는 말을 하라.
• 태도의 격률(The maxim of manner)
  −명료하게 표현하라.
  −모호한 표현은 피하라.
  −중의성은 피하라.
  −간결하게 말하라.
  −조리 있게 말하라.

예를 들면, "저희 반에는 담임 선생님이 한 분 계시는데, 선생님 성함이 ○○○이신데, 저는 그 ○○○ 담임선생님이 참 좋아요."의 발화는 필요 없는 말을 덧붙임으로써 양의 격률을 어긴 경우다.

A: 왜 늦었어?
B: 오늘 아침에 로마 갔다가 방금 공항에서 오느라고, 정말 미안해.

이처럼 진실되지 못한 답을 한 경우는 질의 격률을 어겼다고 볼 수 있다. "오늘 무슨 영화 볼까?"라는 질문에 "날이 추우니까 삼겹살 먹으러 가자."라고 답을 한다면 이는 동문서답이기 때문에 관련성 격률의 위배다. 반면에 태도의 격률은 간결하고 조리 있게 말하는 것이다.

A: 이번 휴가는 어디로 갈까?

B: 휴가는 쉬는 게 최고니까 그래도 많이 걷지는 않더라도 볼거리가 많은 게 좋겠지. 가지 않는 것도 나쁘진 않지.

이 예문은 태도의 격률을 위배함으로서 화자와 청자의 대화를 어렵게 하고 있다. 이처럼 협력의 원리를 어기게 되면 대화가 원활하지 않고 문제가 생길 수 있다. 그러나 실제 의사소통과정에서 사람들은 의도적으로 대화의 격률을 위반함으로써 자신의 발화 의도를 함축적으로 전달하기도 한다.

A: 내가 더 예뻐, 효리가 더 예뻐?

B: 너희 집에는 거울이 없지?

이처럼 '의도적 격률 위반'은 많은 경우에는 의도한 발화 내용이 더 의미 있고 정확한 문장으로 표현될 수도 있다.

• 직접화행과 간접화행: 대화를 하는 데에 있어서 화자의 의도를 직접적인 언어 표현으로 나타내는 것을 직접언어행위, 직접수행, 직접화행이라고 한다. 간접언어행위 또는 간접화행은 언어로 직접 표현하지 않은 상황이나 맥락의 도움을 받아 추론의 과정을 거쳐서 화자의 의도가 간접적으로 드러나게 하는 것을 말한다(이창덕 외, 2011).

엄마: 너 도대체 몇 살이니?

아들: 12월이 되면 스무 살이 됩니다. 어머니.

이 대화에서 어머니는 정보를 요구한 것이 아니기 때문에 아들의 대답은 적절하지 않다. 이처럼 간접언어행위는 발화의 형태와 기능이 일치하지 않는 경우가 많다. 길을 물어 볼 때 "혹시 ○○ 어디 있는지 아세요?"라고 묻는다면 그 발화의 형태는 질문의 형식을 가지고 있지만 기능은 가르쳐 달라는 요청행위인 것이다.

상대방과의 의사소통을 효과적이고 효율적으로 이끌기 위해서는 이와 같은 기능들을 터득해야 하며, 추가적으로 다음과 같은 담화기술이 필요하다.

−대화의 순서적인 조직화: 화자와 청자가 차례대로 말하는 것은 대화를 하는 데 있어서 매우 중요한 요소다. 휴지(休止)를 통해 상대방의 말이 끝났음을 알아차리고, 때로는 반대로 휴지를 주지 않음으로써 상대방에게 종료점을 주지 않을 수도 있다. 또는 얼굴표정이나 몸짓으로 자신의 말이 시작되는 것을 신호하기도 한다.

−대화를 시작하고 유지하기: 일관성 있게 주제를 끌어 가는 규칙이다. 예를 들면, "어제 월드컵 기가 막히더라."라고 하면 그다음은 월드컵에 대한 대화로 이어 나가야 하는데, 갑자기 "어제 밥 맛있었어."라고 한다면 대화의 협조가 이루어지지 않는다.

−대화 시에 적절히 피드백 주기: 대화는 서로 간의 상호작용이다. 상호작용을 위해서는 적절한 추임새, 눈맞춤 그리고 몸짓반응 등을 통해 상대방에게 의사소통의 의지를 보여 주어야 한다.

−대화에서 실수 수정하기: 음운상의 오류나 어휘를 잘못 사용했을 경우 혹은 높임법을 잘못 사용한 경우들은 대화의 장애 요소로 작용한다. 그럴 경우 말을 하다가 자신의 말을 적절하게 조절하는 기술이 필요하다.

−대화의 양과 질 또는 태도 고려하기: '간단히 말하자면' 또는 '정리하자면' 등으로 대화의 양과 질을 고려할 수 있다. 상대방이 주제에 관심이 없어 보일 때는 상대방의 흥미 주제로 바꾸거나 종결하는 기술이 필요하다. 또는 청자의 성, 연령, 사회적 지위, 교육 정도, 친숙도, 성격 등에 따라 어휘나 내용을 달리하여야 한다.

상대방에게 자신의 의사소통 의도를 효과적으로 전달하고 이것을 파트너 지향적인 형태로 바꿀 수 있으려면 상호작용이 잘 이루어져야 하며, 대화의 시작과 끝, 주제 유지 그리고 화자−청자 교대가 적절히 이루어져야 한다. '화용'이란 문법적으로 완벽한 언어를 사용하는 능력과는 다른, 전체 담화 맥락을 잘 파악하고 상대방과 성공적인 대화를 이끌고 유지하는 것을 말하는데(Kannengieser, 2012), 화용론적 결함을 가지고 있는 사람은 문장에 표면적으로 나타나는 낱말의 의미만 이해하고, 그 속에 숨겨져 있는 상대방의 의도를 파악하지 못한다. 또는 의사소통의 순서를 지키지 못하거나, 대화를 시작하고 유지하는 데에 어려움을 보이게 된다.

2) 화용론적 발달

화용언어능력(pragmatic language competence)이란 언어사용의 원리, 언어형식과 의도된 의미와의 관계를 모두 잘 이해하고 문맥에 적합한 언어와 몸짓을 사용하여 적절하고 효과적인 의사소통을 하는 능력을 의미한다(이은주, 2010). 즉, 가지고 있는 언어적 지식을 활용하여 실제적인 의사소통에서 효과적으로 표현하는 능력이다. 화용언어는 학령기와 성인기까지도 발달한다. 예를 들면, 창문 쪽을 보면서 "너무 덥지 않아요?"라고 표현하고 또 그것을 "창문을 열어 주세요."로 화자의 말을 이해하는 능력은 초기 아동발달 단계에서는 관찰되지 않는다.

그렇다면 이러한 화용적 지식은 어떻게 발달하는가? 화용론적 발달을 위해서는 의사소통적 수단을 활용하는 능력을 갖추어야 한다. 여기에서 의사소통적 수단이란 상호작용 속에서 의사소통 의도를 표현하고 해석하기 위해 사용되는 모든 구어와 비구어적 수단을 포함한다. 그리고 음운론, 형태론, 의미론, 구문론과 같은 모든 언어학적 영역들에 대한 언어처리능력까지도 포함한다. 특히, 풍부한 문법지식은 화용론적 활용 가능성을 높여 주는 간접적인 요인이 된다. 마찬가지로 비구어적 의사소통 수단, 예를 들면 몸짓, 표정, 시선 등도 중요한 정보 전달의 기능을 가지고 있으며, 화용론적 발달에 중요한 기여를 한다. 인지적 요소도 화용론적 발달에 기여한다. 의사소통의 표현이 복잡해질수록 화자의 의도를 파악하기 위해 맥락상의 정보를 많이 활용하여야 한다. 그만큼 인지적 처리능력이 많이 요구되는 것이다. 필요한 대표적인 능력은 다음과 같다.

- 추론능력: 다양한 출처에서 만들어지는 정보들을 선택하고 통합해서 논리적으로 유추해 내는 능력을 말한다. 청자의 입장에서는 화용론적인 이해로서, 말에서 포함된 의미나 간접적인 요구 또는 유머 등을 알아차리는 데 영향을 미친다. 화자의 입장에서는 모든 정보를 장황하게 기술하지 않고도 청자가 그의 의도를 해석할 수 있도록 그의 표현을 구성하는 능력이다.

a) 지금 식사 중인데요.

b) 죄송합니다. 다시 전화하겠습니다.

- **마음읽기능력**: 다른 사람의 의도나 감정들을 인식하는 능력을 말한다. 어떤 행동을 보고 타인의 마음상태를 읽고 예측하고 이해할 수 있는 능력은 담화가 가지고 있는 함축적인 규칙을 이해하게 해 준다. 자폐성 아동은 이른 시기부터 화용론적인 기본요소에서 결함을 보이는데, 많은 학자들은 이를 타인의 마음을 잘 이해하지 못하는 마음읽기능력과 관련 있다고 보기도 한다.

a) 비가 오니까 따뜻한 아메리카노가 생각나지 않아요?

b) 전 커피를 안 마십니다.

- **실행능력**: 지능이나 고도의 인지과정들이 행하는 능력으로 의사소통에 주의집중을 하고, 말을 계획하고, 순서화하고, 결정하는 등의 실행능력은 화자와 청자 모두에게 요구된다.

a) 택시를 타고 내렸는데, 여수 터미널 앞에 주차해 놓은 내 차가 없는 거야. 그래서 여기 저기 전화를 다 해 봤는데 찾지를 못했어. 도대체 차가 어디로 간 걸까? 미안하지만 오늘 나 좀 학교까지 태워 줘.

b) 왜? 네 차 어디 갔는데?

- **기억력 및 저장용량**: 기억력이란 접수된 정보를 저장, 처리 그리고 다시 인출하는 능력을 말한다. 기억용량은 다양한 곳에서 들어오는 정보를 저장할 수 있는 공간을 말하며, 기억용량과 기억책략의 발달은 지식기반을 확대시키고 정교한 대화전략을 가능하게 한다.

─화행이론─

오스틴(Austin)은 어떤 문장들이 실제로 발화될 때 단지 그것은 말하는 것으로 끝나는 것이 아니라 어떤 행위를 한다는 점에서 수행적 발화(performative)로 명명하였다. 수행적 발화는 다음 세 가지로 구분된다.

- 발화행위(언표적 행위, locutionary act): 한정된 의미와 지시를 지닌 문장을 발화하는 행위
- 발화수반행위(언표내적 행위, illocutionary act): 문장과 관련된 효력에 의해 실제로 진술, 제의, 약속 등을 구성하는 행위
- 발화효과행위(언향적 행위, perlocutionary act): 문장의 발화로서 특별히 청자에게 영향을 초래하는 행위

예를 들면, "엄마, 배고파."라는 문장은 내용을 진술한 것이지만, 실제로는 밥을 달라는 가벼운 명령이나 요청 등의 효력을 가질 수 있고, 이에 따라 엄마가 부엌으로 가서 밥솥을 열게 하는 행위를 만들어 낼 수도 있다. 만약 "너 지금 몇 살이니?"라는 말이 청자의 나이를 묻고자 하는 것이 아니라, 철딱서니 없는 짓을 그만하라는 의미로 사용되었다면, 즉 언표적 행위와 실제 수행하는 발화수반 행위가 일치하지 않는 간접화행에 해당한다. 화용론 발달이 잘 이루어진 경우에는 "밥 먹자!"보다는 "배고프지 않아?" 또는 "오늘 게임 하자!"라는 말에 "싫어."보다는 "미안, 내일 시험이 있어." 등의 간접화행을 사용하는 경향을 보인다.

출처: 이창덕(1994).

발달장애의 경우에는 모든 언어 구성요소에서 결함을 보일 수 있다. 그러나 구개파열이나 인지 손상이 전혀 없는 뇌성마비의 경우에는 음운론적 영역에서의 결함만 있을 수 있으며, 자폐성장애는 특히 화용론적 영역에서 어려움을 보이는 등 장애 유형과 개인의 발달특성에 따라 나타나는 양상이 다르다. 오류 영역을 정확히 알기 위해서는 맥락적 요소를 함께 고려하여 판단하여야 하는데, 예를 들면, "수고하세요."라는 문장 자체는 오류가 없으나 그 말을 상갓집에서 상주에게 하였다면 이는 화용론적 오류에 해당한다고 볼 수 있다. 혹은 "오빠가 내일 밥을 먹었어요."라고 했을 때, 화자가 내일과 오늘 그리고 어제 등과 같은 어휘습득이 잘 되지 않은 상태라면 이는 의미론적 오류에 해당한다. 그러나 시제 사용에 대한 학습이 되지 않아서 발생된 오류라고 한다면 시제어미의 형태적 오류라고 볼 수도 있다. 전보식 문장처럼 조사를 생략하고 말한다면 이

또한 형태론적 오류에 해당한다. "나는 예쁜 인형을 사러 가요."라는 문장을 "예쁜 나는 인형을 사러 가요."로 표현을 하였다면 어순 사용에 오류를 보이는 통사론적 결함에 해당한다.

의미론적 결함

- 속담이나 은어 사용에 대한 이해가 부족함.
- 단어찾기에 어려움을 보임.
- 제한된 어휘만을 과도하게 사용함.
- 사용하는 어휘의 수가 적음.
- 막연히 '~것' 등의 표현을 많이 함.
- 부적절하게 틀린 단어를 사용함.

구문론적 결함

- 문법적으로 부정확한 문장을 구사함.
- 단순한 문장만 사용함.
- 틀린 문장 어순을 사용함.

화용론적 결함

- 청자가 이미 들은 정보와 잉여적 표현을 사용함.
- 청자에게 분명하게 설명하는 기술이 부족함.
- 무언가에 대하여 적절하게 지속적으로 설명하는 기술이 부족함.
- 주제를 소개하고 유지하고 변화시키는 견지에서의 대화적 통제가 부족함(새로운 주제를 서투르게 소개하고 대화과정에 참여하지 못할 수도 있음).
- 다른 사회적 상황에서 대화 스타일 변경에 어려움이 있음(예: 또래 대 성인, 친한 관계 대 낯선 관계).
- 분명하게 진술되지 않은 자료로부터 추론하는 데 어려움이 있음.

출처: Haynes, Moran, & Pindzola (2006); 황보명, 김경신(2010)에서 재인용.

제**4**장

언어발달과 언어발달검사

아이들은 초기에는 불완전한 언어를 사용하지만 점차 완전한 언어로 만들어 나간다. 그것이 언어습득기제든, 강화든 또는 상호작용이든 간에, 언어는 모든 발달의 도구이면서 발달의 지표가 된다. 언어발달은 발달이 가지고 있는 보편성과 개별성을 동시에 갖는다. 이 장에서는 언어습득이론을 행동주의·생득주의·구성주의로 나누어 살펴보고, 영아 초기 단계와 영아 후기부터 유아기로 나누어 언어발달과정상 나타나는 특징들을 알아보고자 한다. 또한 표준화검사와 비표준화검사로 나누어 대표적인 언어발달검사의 종류와 방법에 대해 알아본다.

1. 언어습득 이론

우리는 왜 언어학습 이론이라고 하지 않고 언어습득 이론이라고 할까? 이것을 이해하기 위해 '학습'과 '습득'의 개념을 살펴볼 필요가 있다. 학습이란 경험이나 연습, 훈련 등의 결과로 일어나는 비교적 의식적으로 이루어지는 행동의 변화를 말한다. 반면에 습득이란 자연스러운 환경 속에서 무의식적으로 습관처럼 배워 익혀지는 것이다. 어린 아이가 어떻게 언어를 습득하는가에 대해 많은 연구자들은 오랫동안 그 해답을 찾고자 하였다. 언어습득 이론의 대표적인 이론 가운데 하나인 행동주의는 언어습득을 자극과 반응을 통해 만들어지는 결과로 보았으며, 생득주의는 고정된 인간본능의 성장이며 내재된 정신활동에 의해 이루어진다고 보았다. 구성주의 이론은 피아제의 경우 인간의 인지가 언어발달의 기저로서 인지가 발달하면서 언어도 발달한다고 보았고, 비고츠키는 어머니와의 상호작용이 언어발달의 중요한 기초가 된다고 주장하였다.

1) 행동주의 이론

행동주의는 인간의 마음보다는 객관적 관찰이 가능한 행동 그 자체를 연구대상으로 삼는다. 파블로프, 왓슨에서 출발한 행동주의는 스키너의 조작적 조건화와 반두라의 사회학습 이론으로 발전하였다.

- 파블로프(I. Pavlov): 연합적 학습의 기본원리들을 발견하였다. 그의 유명한 고전적 조건화 이론은 배고픈 개에게 고기를 주면서 동시에 종소리를 들려주었더니 나중에는 종소리만 듣고도 개가 침을 흘리게 되는 실험 결과를 근거로 하고 있다(오세진 외, 1999). 행동주의는 러시아에서 점차 미국으로 건너가면서 연구를 확장시키기 시작하였다.
- 왓슨(J. B. Watson): '행동주의(behaviorism)'라는 용어를 최초로 제안한 사람으로서 9개월 된 앨버트라는 아이를 대상으로 흰쥐에 대한 공포반응 실험을 통해 중성 자극에 의해 어떻게 정서가 조건화되는지를 설명하였다. 처음에는 흰 쥐에 대한 공포반응이 없었지만, 실험과정에서 앨버트가 흰 쥐에 접근할 때마다 망치로 큰 소리를 낸 결과 공포반응이 조건화되었다. A라는 제품을 사람들이 좋아하는 대상이

광고를 하게 될 경우 그 제품을 선호하게 되는 것도 비슷한 맥락이다. 아동이 언어를 습득하는 과정에서 [ma]라고 하는 언어행동이 기뻐하는 어머니의 반응과 짝지어짐으로써 그 행동을 아동이 학습하게 되는 것이다.

"나에게 건강한 12명의 유아와 그들을 잘 자라게 할 수 있는 환경만 준다면 나는 무작위로 그들 중에 한 명을 택하여 그의 재능, 기호, 경향, 능력, 직업, 인종에 상관없이 변호사, 예술가, 상인, 심지어 거지와 도둑까지 내가 선택한 어떤 종류의 전문가도 되게 할 수 있다."

출처: Watson (1930).

- 스키너(B. F. Skinner): 행동이란 완전히 환경(강화요인)에 의해 결정된다고 주장하였다. 즉, 환경을 통제하면 행동도 통제된다는 것이다. 스키너는 일명 '스키너 상자'를 고안하였다. 스키너는 비둘기에게 처음 얼마 동안 최소한의 먹이만을 제공하다가, 실험이 시작된 후 우연히 지렛대를 눌러서 먹이를 제공받고 그런 행동-강화가 반복되면서 비둘기가 지렛대를 누르는 반응이 증가되는 것을 관찰하였다. 즉, 뒤따르는 음식의 제공은 지렛대 누르기의 가능성을 증가시킨다는 것을 알아냈다(홍대식 역, 1988; 이현림, 김영숙, 2006). 예를 들면, 돌고래가 우연히 춤을 추고 먹이를 얻었다면, 돌고래는 먹이보상을 얻음으로써 그 행동이 더욱 강화될 것이다. 스키너에 따르면, 언어발달에 있어서 강화는 어휘발달을 설명하는 강력한 도구다. 스키너는 강화물을 얻기 위해 지렛대를 누르는 반응을 하는, 즉 유기체의 능동적 반응 측면을 강조하였다. 예를 들면, [mu:]라고 하는 발화를 통해 시원한 '물'을 강화물로 받게 되면 그 행동은 촉진된다. 혹은 '고개를 젓는 행동'을 하자 불편한 자극이 사라지게 된다면, 마찬가지로 그 행동이 형성(shaping)되는 것이다.
- 반두라(A. Bandura): 행동주의가 지나치게 행동의 결과에만 집착하는 점을 지적하면서, 아동은 직접적인 강화 없이도 스스로 관찰하면서 모방한다는 사회학습 이론을 주장하였다(정옥분, 2002; 심성경 외, 2010). 즉, 자극이나 보상 없이도 의식적·무의식적으로 행하는 부모의 언어행동을 보고 모방함으로써 언어를 습득한다고 설명하였다.

요약하자면, 행동주의는 인간이 백지상태로 태어나며 기계적인 반복을 통해 언어를 습득하는 것이라는 주장으로부터 시작한다. 1920년부터 1960년대를 지배했던 행동주의는 모든 행동을 학습의 결과로 보았던 것처럼 언어 또한 모방, 강화 그리고 확장을 통하여 학습된다고 주장하였다.

- **모방**: 말 그대로 말소리나 단어를 듣고 따라 하는 것을 말한다.
- **강화**: 언어행동에 대해 뽀뽀, 웃음, 껴안기 등의 보상을 줌으로써 그 행동이 다시 일어날 가능성을 높여 주는 것이다. 아이가 "(음)마."라는 소리를 낼 때, 부모가 안아 주거나 뽀뽀를 해 주는 등의 보상은 곧 언어행동을 강화시킨다.
- **확장**: 강화의 특수한 현상으로서 아이의 말을 듣고 어른들이 완전한 단어 또는 문장으로 확장해 주는 말을 아이가 다시 듣는 과정을 말한다.

스키너의 언어행동 이론에 따르면, 언어는 하나의 행동이며, 언어행동은 청자(listner)와 화자에게 영향을 미친다. 언어행동에는 맨드, 택트, 모방, 오토클래티스 그리고 언어자극-언어반응의 유형이 있다(정동빈, 1986; 박혜숙 외 역, 2010; Skinner, 1957). 그 가운데 맨드, 택트 그리고 모방은 연령이 증가하면서 점차 감소하는 반면에, 오토클래티스, 언어자극-언어반응은 사용 횟수가 증가하는 경향을 보인다(최성규, 1999).

- **맨드(mand)**: 'mand'는 'command'와 'demand'의 단어에서 만들어진 용어로서, 아이가 무엇인가를 요구하고 부모가 그 요구를 충족시켜 주는 과정에서 만들어지는 언어행동이다. 예를 들어, 목이 마르면 '물'을 말하거나 가리키기 혹은 잡아끌기 등의 방식을 통해 표현하게 되는데 이를 맨드라고 한다. 맨드는 자연스러운 강화를 통해 나타난다. 또는 못되게 구는 친구에게 "하지 마!"라고 말했더니 그 친구가 나쁜 행동을 중지했다면, 청자의 행동에 의해 형성된 언어기능으로서 맨드에 해당한다. 맨드는 언어습득 시 가장 먼저 사용되는 언어유형이다.

- **택트(tact)**: 'tact'는 'contact'라는 단어에서 유래한 용어다. '접촉' 또는 '지칭'의 의미를 가지고 있는 택트는 단순히 욕구충족이 아니라 어떤 사물과 접촉하였을 때 이루어지는 방법이다. 예를 들어, 창밖에 눈이 내리는 것을 보고 "눈."이라고 말하자 엄마가 "정말 눈이 펑펑 오네!"라고 말하거나, 혹은 놀이터의 그네를 보고 "(그)네네."라고 말하자 엄마가 그 말에 의미를 싣고 "저기 그네가 있네, 한번 가 볼까?"라

〈표 4-1〉 스키너의 언어행동 유형 예시

유형	예시
mand	손으로 원하는 것을 가리키자, 엄마가 그것을 꺼내 준다.
tact	TV에 나온 사자를 보고 "사자."라고 말하자, 엄마가 "그렇지." "똑똑해." 등의 칭찬을 해 준다.
echoic	"지유야, 이건 뜨거워."라고 엄마가 말하자 "뜨(거)워?"라고 따라 말한다.
autoclitics	"저기 토끼 있어."라고 말하던 아이가 "저기 토끼가 있는 것 같아." "내 생각에는 저기 분명히 토끼가 있어."로 이야기한다.
intraverbal	"사과 같은 내 얼굴"이라고 엄마가 노래를 시작하면(언어선행자극) "예쁘기도 하지요."라고 뒤의 구절을 말한다(언어반응).

고 반응해 주는 것처럼 사물과 접촉하면서 습득되는 언어유형이다.

- **모방(echoic):** 엄마 또는 주변 사람의 말을 듣고 따라 말하는 언어행동이다. 예를 들면, 동화책을 보면서 엄마가 "옛날에 토끼가 살았어요."라고 말하자 아동이 "오끼"라고 그 말을 따라하는 것이다. 이때에는 정확한 발음이 아니더라도 그 반응 자체에 강화를 주는 것이 좋다. 모방은 부모가 초기 단계에서 아동에게 많이 사용하며, 맨드와 택트를 교육할 때에도 사용된다.

- **오토클래티스(autoclitics, 꾸밈어):** 언어발달 초기 단계에서는 거의 나타나지 않던 문법이 성인의 발화를 통해 점차 문법적인 규칙을 습득하고 상황적 맥락 속에서 청자의 반응을 고려하여 발화하게 된다. 예를 들어, 처음에는 "줘."라고만 말하던 아이가 "빨리 주세요." 혹은 "뽀로로 인형 주세요." 등으로 말함으로써 청자에게 자신이 원하는 바를 더 정확하게 전달할 수 있다. 언어행동분석에서 말하는 꾸밈어는 택트나 맨드와 같이 다른 언어행동의 효과를 구체적이고 효과적으로 변화시키는 역할을 한다(최진혁, 박혜숙, 2014).

- **언어자극-언어반응(intraverbal)[1]:** 질문에 대답하면서 생겨나는 언어행동으로서, 예를 들면 "너의 이름이 뭐니?" "전화번호가 뭐야?" 등과 같은 언어자극에 의해 발생된다. 언어자극-언어반응은 또한 "안녕하세요?"라고 말하면 "네, 안녕하세요?"라

---

1 국내에서는 intraverbal을 내적 언어, 상호적 언어 등으로 다양하게 번역하여 사용하고 있다. 여기서 'intra'는 '내적'이라는 의미보다는 '상호적'이라는 의미가 더 강함에도 불구하고 상호적 언어로 해석하는 것도 다소 무리가 있다고 판단되어 이 책에서는 '언어자극-언어반응'으로 해석하였다.

〈표 4-2〉 **언어행동 기능의 조작**

언어행동	전제조건	결과	조작활동
mand	특정한 동기나 상황	직접적 효력	교사: 왜, 뭐 하고 싶어? 아동: 화(소리를 내지 않고 입모양으로) 교사: 우리 ○○이, 화장실 가고 싶구나!
tact	물리적 환경과의 접촉	사회적 효력	교사: (그림카드를 보여 주며) 이건 무엇일까요? 아동: 토끼 교사: 참 잘했어요.
echoic	다른 사람의 언어적 행동	사회적 효력	교사: 완전 잘했어요, (박수를 치며) 훌륭해! 아동: 훈늉해?
autoclitics	자신의 언어적 행동	직접적 효력	아동: 아이스크림 줘. ↓아동: 아이스크림 하나만 더 먹고 싶어요. ↓아동: 딸기 말고 민트 아이스크림 주세요.
intraverbal	다른 사람의 언어적 행동	사회적 효력	교사: (신체놀이 시간에 익숙한 멜로디와 함께 ♬♩♬♪) 코는 어디 있나? 아동: 여기 교사: 입은 어디 있나? 아동: 여기

고 답을 하는 것에서부터 "왜?"라는 질문에 "왜냐하면….."으로 답하거나, 어떤 사람이 "실과 ○○"라고 말할 때 "바늘"이라는 단어를 결합하는 것까지 아이가 언어환경에서 직접 경험함으로써 그 상황에 적절한 언어 표현을 터득하게 된다. 스키너의 다섯 가지 언어행동은 프로스트와 본디(Frost & Bondy, 2006)에 근거하여 〈표 4-2〉와 같이 정리할 수 있다.

행동주의에 대한 반론도 있다. 아이들은 전혀 누군가로부터 중재되지 않은, 즉 모방을 통하여 학습될 수 없었던 말을 끊임없이 만들어 간다. 인간의 모든 행동을 자극과 반응의 연합으로 설명하고자 하였던 행동주의로서는 언어습득을 설명하는 데 많은 한계를 보였다. 그에 대한 근거는 다음과 같다.

첫째, 성인은 아동의 언어적 표현이 문법적으로 맞는지보다는 의미적으로 적절한지에 기초하여 강화를 준다. 둘째, 아동은 성인이 사용하는 말과 아주 다른 말을 만들어 내고 성인과 다른 형태의 새로운 문법구조를 만들어 낸다. 셋째, 아동은 성인의 말을 그대로 모방하는 것이 아니라 자기 자신이 가지고 있는 문법체계에 맞게 변형 · 생략 · 모방한다. 넷째, 아동은 전혀 들어 본 적이 없는 문장을 산출한다. 다섯째, 청각장애로 인하여 다른 사람의 언어행동을 듣지 못한 아동들의 언어발달과정도 일반아동의 발달 과정과 거의 유사하다. 이런 아동들도 타인의 말을 듣지 못해 모방할 수 없지만 언어를 배울 수는 있다(이현림, 김영숙, 2006). 짐머만(Zimmermann, 1988)에 따르면, 약 2세 아동의 경우 사용하는 말의 20%가 직접적인 모방에 의해 산출되며, 3세의 경우 단지 2%만이 모방학습을 통해 이루어진다. 게다가 모방을 통해 학습되는 것은 대부분 단어에 불과하다는 점에 주목할 필요가 있다.

2) 생득주의 이론

생득주의에서는 인간의 언어습득이 경험에 의한 축적이 아니라 인간 고유의 타고난 능력에 의해 가능하다고 보았다. 변형생성문법의 창시자이자, 생득주의의 대표학자인 촘스키는 언어발달에 대한 행동주의 견해를 병에 물을 채워 넣는 것에 비유하였다. 언어발달은 단지 적절한 경험으로 '채워 넣는' 것이 아니라 '꽃이 자신의 방식대로 성장하도록 도와주는 것'과 같다는 견해 속에는 언어가 적절한 환경에서 자연스럽게 발생한다는 것을 내포하고 있다(신현정, 김비아 역, 2008). 이렇게 선천적으로 타고난 능력은 지능과는 무관하며, 모든 언어에는 보편문법(universal grammar)이 있고, 문법은 인간 정신에 내재하는 특성을 반영하고 있다는 데에서부터 생득주의는 출발하고 있다. 촘스키의 주요 개념들은 다음과 같다.

(1) 언어습득장치

촘스키는 인간은 언어를 학습할 수 있도록 준비된 장치, 즉 언어습득장치(Language Acquisition Device: LAD)를 가지고 태어난다고 주장하였다. 인간은 누구나 LAD를 가지고 있기 때문에 특별히 배우지 않고도 최소한의 언어환경에 노출만 된다면 누구나 습득할 수 있다는 것이다. 인간은 LAD에 의해 문법규칙을 습득하는 것이 가능하며, 무한대의 문장을 생성할 수 있고, 지능과 상관없이 모국어를 습득할 수 있다(심성경 외, 2010). 촘스키는 인간에게 언어습득장치가 존재한다는 근거를 다음 네 가지로 설명하고 있다(하길종, 2001).

첫째, 모든 언어의 심층구조는 같다. LAD에 의해서 심층구조를 표층구조로 변화시킬 수 있다. 둘째, 모든 유아는 언어입력이 충분하지 않아도 언어와 문법규칙을 습득하고 무한대의 문상을 생성해 낼 수 있다. 셋째, 최소한의 언어환경에 노출된다면, 계획적인 언어훈련 없이도 언어를 습득한다. 넷째, 지능이 뛰어난 유아와 그렇지 않은 유아 모두 언어를 습득할 수 있다.

(2) 변형문법(변형생성문법) 이론

구조주의 언어학을 창시한 소쉬르는 언어를 랑그(Langue)와 파롤(Parole)로 구분하였다. 랑그는 언어규칙 또는 언어체계이며, 파롤은 말을 하는 행위를 의미한다. 소쉬르는 언어의 구조에 초점을 두었을 뿐 언어능력 등에 대한 고려는 하지 않았다. 이러한 구조주의 문법에 대한 비판으로 촘스키는 언어에 대한 지식을 '언어능력'으로, 언어의 실제 사용을 '언어수행'으로 구별하고, 추상적 언어지식인 언어능력에 초점을 두었다. 모든 인간이 보편적 문법에 대한 지식을 생득적으로 가지고 태어나는 것, 이것이 바로 언어능력이다.

> **언어능력**(linguistic competence): 사람이 태어날 때부터 가지고 있는 언어에 대한 잠재적 지식을 의미한다.
> **언어수행**(linguistic performance): 실제로 말을 할 때 자신이 가지고 있는 언어능력을 사용하는 발화를 말한다.

변형문법은 변형이 적용되기 전의 심층구조와 변형의 적용을 받은 표층구조로 나누어 설명할 수 있다. 인간이 사용하는 모든 언어에는 보편적인 문법규칙이 있다. 즉, 머릿속에서 어떻게 해야겠다는 생각을 하게 되는 문장, 그것이 바로 심층구조다. 그리고 이러한 심층구조를 언어습득장치에 의해 생활 속에서 쓰이는 문장으로 나타낸 것이 바로 표층구조다(이승복, 이희란 역, 2005; 한유미 외, 2010). 예를 들면, "You wash you." → "You wash yourself."에서 전자는 심층구조이고 후자는 표층구조가 된다. 심층구조는 여러 가지의 표층구조로 나타날 수 있는데, 능동태 문장이 수동태의 형태로 연관되기도 하고 내포문의 형식으로 구성되기도 한다. 즉, 문법적 요소가 빠진 심층구조에 변형이 적용되어 문장의 표층구조가 만들어진 것이다. 변형생성문법을 이해하는 데 있어서 근본적으로 중요한 개념은 바로 심층구조와 표층구조이며, 표층구조는 현실의 말에 가까운 구조인 반면에 심층구조라는 것은 현실의 말의 배후에 있는 추상적인 존재이다. 변형생성이론에 있어서는 이 두 구조가 변형이라는 조작에 의해서 결합된다고 보는 데에서 출발한다(권동현, 1997).

(3) 최초상태

언어기능의 형성은 소위 '최초상태'에서 출발을 한다. 최초상태란 우리가 이 세상에 태어날 때 보편문법을 학습할 수 있도록 선천적으로 결정되어 있는 상태를 뜻한다. 최초상태를 안정상태로 발전시키기 위해서는 언어경험이 필요하지만, 이때 언어경험은 촉매제의 역할을 할 뿐이다. 촉매제는 본질적인 변화를 가져오는 것은 아니며 언어습득의 본질은 LAD에 있다는 것이 생득주의 이론의 핵심이다.

(4) 언어습득의 결정적 시기

생득주의에서는 언어습득에는 결정적 시기(critical period)가 있다고 주장한다. 결정적 시기란 특정 뇌 능력의 발달에 최적인 기간을 의미한다(신종호 외, 2006). 특히 언어발달의 생물학적 기반을 중요시한 레너버그(Lenneberg, 1967)는 언어가 생리기관의 성숙에 의존한다고 보았다. 그는 태어날 때 이미 60%의 선천적 지식을 가지고 태어나며, 결정적 시기는 생후 2세부터 사춘기까지로 보았다. 결정적 시기는 최근 민감기(sensitive period)라는 용어로 불리기도 한다. 다음은 언어습득의 결정적 시기를 보여주는 사례다(박경자, 이재근 역, 1996; 심성경 외, 2010).

- 1800년 1월 유난히 추운 어느 날 프랑스 아베롱(Aveyron) 숲속에서 열한 살이나 열두 살쯤으로 보이는 한 소년이 야생상태로 발견되었다. 당시 농아연구소 소장이었던 시카르(Sicard)는 농교육에서 사용된 교육방법을 적용하여 교육을 시도하였으나 곧 그를 '교육 불가능자'로 판정하고, 이타르(Itard) 박사에게 맡겼다. '빅터(Victor)'라고 불렸던 그 소년은 이타르 박사의 집중적인 교육의 결과로 감각, 기억, 주의력 등의 영역에서는 놀라운 발전을 보였으며, 상당한 정도로 읽고 쓸 수 있게 되었다. 그러나 빅터는 말하는 것은 끝내 배우지 못하였다.
- 1970년 미국 캘리포니아에서 발견된 지니(Genie)는 학대하는 아버지로부터 생후 20개월부터 13세가 넘을 때까지 작은 방에 격리되어 유아용 작은 의자에 묶여 정상적인 사람과의 접촉을 단절당한 채 지내다가 발견되었다. 발견 당시 지니는 건

강상태가 좋지 않고 극도로 불안정한 상태를 보였다. 그녀의 어머니의 진술에 따르면, 지니는 생후 20개월 이전까지는 언어를 습득하였던 것으로 추정된다. 그녀는 '이제 그만' '그만둬' 등과 같은 몇 개의 발화와 단어들을 이해하고 산출하기 시작하였지만 매우 제한적이고 거의 진전을 보이지 않았다. 지니는 8년 동안 양부모로부터 극진한 보살핌과 집중적인 언어훈련을 받았지만 결국 정상적인 수준의 말을 배우지 못하고 문법을 이해하지도 못했다.

- 1942년 메이슨(Mason)은 이사벨라(Isabelle)라는 소녀의 사례를 보고하였다. 이사벨라는 2세에 뇌를 다쳐 말을 전혀 못하는 어머니와 함께 감금된 채로 살다가 6세 반 만에 발견되었다. 당시 이사벨라는 몸짓으로 어떤 대상을 표현하는 모습을 보였다. 대부분 이사벨라에게 회의적이었으나 메이슨은 이사벨라가 말을 못하는 것이 농인이었던 어머니와 함께 6년 반 동안 고립된 채 살아 온 것에서 비롯되었다고 가정하고, 그녀에게 말을 가르치는 것을 시도하기로 결정하였다. 실제로 병원에 들어온 지 3개월이 못 되어서 이사벨라는 문장을 만들어 말을 하기 시작하였고, 놀라운 속도로 발전하여 괄목할 만한 성과를 거두게 되었다.

이사벨라가 빅터나 지니와 달리 언어습득에 성공한 이유는 무엇일까? 학자들은 크게 세 가지의 요인을 들었다. 첫째, 언어환경으로부터 분리된 시기, 둘째, 언어에 노출되지 않았던 기간, 셋째, 발견되어 언어를 배우기 전의 육체적·심리적·사회적·정신적 손상의 정도다(박경자, 이재근 역, 1996).

생득주의 학자들은 행동주의 이론을 다음과 같은 근거로 반발한다(정동빈, 1986; 이영자, 2002; 심성경 외, 2010; Szagun, 1986). 첫째, 인간은 한 번도 들어 본 적이 없는 문장을 무한대로 만들고 이해할 수 있는 창조적인 면을 가지고 있다. 둘째, 모국어의 경우 문법적인지 비문법적인지를 직관으로 알 수 있다. 셋째, 문장의 구조를 이해할 수 있다. 따라서 두 문장이 다른 구조를 가지고 있으나 같은 의미를 가지고 있다는 것을 알 수 있는 능력도 언어능력의 일부다. 넷째, 중의성을 식별하는 능력이다. 하나의 문장이 지니는 여러 가지 의미를 깨닫는 능력을 가지고 있다. 이 뿐만 아니라 대부분의 유아는 세계 어느 곳에서 사용되는 언어라도 배울 수 있게 갖춰져서 태어나는데, 그것은 바로 모든 언어가 보편적인 규칙을 갖고 있기 때문이다. 언어능력은 사람마다 가진 만인 공통의 것이며, 설령 언어생성을 잘 못하더라도 그것은 그가 언어능력을 갖고 있지 않다는 증거가 될 수 없다고 주장한다(지덕옥, 이화숙, 1975).

생득주의에 대한 반론도 있다. 언어습득에 있어서 환경으로부터 오는 후천적인 자극과 강화를 완전히 배제할 수는 없다는 것이다. 생득주의에서는 언어발달이 생물학적으로 프로그램화된 것이라는 단정하에서 지적 발달과 언어환경, 특히 성인과의 상호작용과 같은 다른 가능성에 대해 신중한 고려를 하지 못하고 있다. 유아는 인지·요구·흥미와 같은 요인들에 의해 언어를 배우며, 특히 지적 발달이 언어습득의 기본요인이라는 점을 간과하고 있다는 점에서 생득주의 이론은 비판받고 있다. 또한 경험주의 철학자인 퍼트넘(Putnam, 1967)은 생득주의는 검증되지 않은 가설이라고 반박하였다. LAD가 존재한다는 설정만 되어 있을 뿐, 어떻게 구체적으로 이루어지며 그것이 무엇인가에 대한 설명이 따르고 있지 않다는 점도 제한점이라고 할 수 있다.

3) 구성주의 이론

구성주의란 환경과의 상호작용을 통해 개인이 지식을 재구성한다는 이론이다. 즉, 지식이라는 것은 환경으로부터 수동적으로 받아들여지는 것이 아니라, 경험하는 학습자 개인이 능동적으로 습득하고 해석해 나가는 것이다. 피아제와 같은 인지적 상호작용주의는 언어를 습득해 나가는 인지적 과정에 역점을 두고 있으며, 비고츠키가 대표하는 사회적 상호작용주의는 개인과 환경 간의 상호작용과정 자체가 언어를 구성하는 출발점이라고 보았다.

인지적 구성주의는 개인이 독자적으로 의미를 구성한다고 보며, 사회적 구성주의는 타인과의 상호작용을 통해 의미를 구성한다고 본다. 전자는 교수-학습에 있어 학습자의 스키마와 사고작용에 중점을 두고, 후자는 사고작용과 함께 이들 사고를 확장하는 토의 등과 같은 과정을 통한 인식구조의 확장과 변화를 강조한다.

출처: 신헌재 외(2010).

(1) 인지적 상호작용주의 이론

피아제(J. Piaget)는 지식의 발달을 집중적으로 연구한 학자로서, 유아기부터 성인기에 이르기까지 진행되는 지적 성장을 '인지발달'이라고 보았다. 피아제에 따르면, 언어는 인지적 성숙의 결과로 획득되는 것 중 하나다. 언어발달은 인지의 기본적이고 일반적인 변화(감각운동기-전조작기-구체적 조작기-형식적 조작기)에 기초한다. 그는 언어가 감각운동 발달과정과 밀접한 관계를 가지고 있으며, 인지는 언어획득에 선행된다고 주장하였다. 피아제의 인지적 상호작용주의 이론을 이해하기 위해서는 그의 인지발달 이론에서 사용되는 대표적인 개념들을 살펴볼 필요가 있다(이영, 조연순, 1991; 김정민 역, 2006; 이영 외, 2009).

① 도식

도식(schema)이란 사물이나 사건 또는 사실에 대한 전체적인 윤곽이나 개념을 말한다. 영아들은 매우 적은 도식을 가지고 태어난다. 그러나 뇌가 생물학적으로 충분히 발달하고 경험이 많아지게 되면, 인지구조가 발달하고 또한 도식의 질적 변화를 일으키게 된다. 예를 들면, 처음에 고양이를 보고 '멍멍이'라고 말하는 것은 그 아동이 개에 대한 도식을 그렇게 가지고 있기 때문이다.

② 동화

동화(assimilation)란 이미 경험이나 학습을 통해 형성된 기존의 도식에 맞게 새로운 자극을 이해하는 것을 말한다. 즉, 새로운 자극이 들어왔을 때 자신이 가지고 있는 도식에 맞추려고 하는 인지적 과정이라고 할 수 있다. 예를 들면, 바퀴 달린 것이 '차'라고 하는 나름대로의 도식을 가지고 있던 아이가 버스를 보고도 '차'라고 이해하는 것이다. 만약 기존의 도식이 더 이상 작용할 수 없게 되면 불평형화를 경험하게 되고, 반대로 기존의 도식에 늘 동화되기만 하면 도식은 크게 변하지 않으면서 발달도 크게 일어나지 않는다(신종호 외, 2006).

③ 조절

조절(accommodation)이란 기존의 도식이 변경되고 새로운 도식이 만들어지는 것이다. 예를 들면, "저건 개가 아니고 고양이야."라는 엄마의 말을 통해 아이는 새로운 요소를 기존의 도식에 통합시켜 이해하게 된다. 네 발에 털이 달렸지만 크기도 좀 작고 생김새도 다른 고양이에 대한 새로운 도식을 형성함과 동시에, 이전에 개에 대해 가지고 있던 도식이 수정되는 것이다.

④ 평형화(균형화)

평형화(equilibration)는 동화와 조절 간의 균형을 이루어주는 것으로서 인지발달에 매우 중요한 역할을 한다. 아동은 평형상태를 이루기 위해 새로운 행동을 자신의 기존 구조에 적응시키거나(동화) 혹은 새로운 인지구조를 발달시키고(조절), 이를 통해 이전보다 더 높은 수준의 평형을 이루게 된다. 그러므로 인지발달은 동화와 조절 사이에 평형상태가 만들어졌을 때 발생한다. 아이는 새로운 자극을 만나게 되면 기존 도식에 동화시키려 한다. 이때 그 과정이 성공적이면 평형화가 이루어지지만, 도달하지 못하면 조절을 시도하게 된다. 이 과정을 통해 평형화에 도달하게 된다. 반대로 과거의 반응양식과 새로운 문제에 적응하기 위한 새로운 반응양식 사이에 인지적 갈등이 생긴 상태에서는 불평형화를 경험하게 된다(정희영, 2008).

도식이란 정보 조직의 기본적인 단위로서 동화와 조절 과정이라고 하는 적응과정을 통해 변화되고 확장되어 간다. 이때 동화는 새로운 정보가 들어 왔을 때 자신이 가지고 있는 도식에 끼어 이해하는 것을 의미하며, 조절은 경험을 통해 기존에 알던 지식을 수정하는, 즉 새로운 도식을 형성하는 과정이라고 할 수 있다. 인간의 학습은 이와 같은 인지적 불평형상태와 평형상태의 지속적인 과정 속에서 이루어진다.

⑤ 대상영속성 개념

대상영속성(object permanence)이란 물체를 기억에 표상하는 능력을 말한다(신종호 외, 2006). 따라서 대상영속성 개념이 형성되지 않은 영아 초기에는 눈앞에서 물건이 사라져도 그것을 찾으려고 하지 않는다. 딸랑이를 가지고 재미있게 놀다가도 시야에게 그것이 사라지면 전혀 반응을 보이지 않는다. 생후 4~8개월 정도가 되면 눈앞에서 사라진 장난감을 찾기 시작한다. 비로소 대상영속성 개념이 형성되기 시작한 것이다. 대상이 시야에 있지 않을 때에도 그 대상이 계속 존재한다는 인식이 점차적으로 발달하며, 완전히 발달하는 것은 감각운동기가 거의 끝나 가는 2세 정도인 것으로 피아제는 보고하고 있다.

⑥ 모방

영아의 행동 중 중요한 양상은 모방이다. 모방은 외부세계를 이해하고 효과적으로 상호작용하는 행위다. 특히 모방능력은 언어습득을 위한 필수요건으로서, 음성 모방의 초기 형태는 '모델'이 되는 사람이 소리를 내면 그 소리를 재생하려고 노력한다. 또는 '상호모방'으로서 영아가 내는 소리를 모델이 따라 하면 영아는 자극을 받아 그 소리를 반복한다. 만약 모델이 또다시 영아를 모방한다면 영아와 모델은 번갈아 모방하며 둘 중 하나가 지치거나 관심을 잃을 때까지 계속한다. 하지만 피아제는 영아가 모델이 소리를 낼 때 그 소리와 자신의 소리를 구분하지는 못하고 단지 자신의 소리를 반복하는 것이라고 하였다. 초기 단계를 벗어나면서부터 영아는 다른 사람의 행동을 관찰하면서 모방을 하기 시작한다.

⑦ 자기중심적 언어

'자기중심적'이란 다른 사람의 입장에서 볼 수 없는 유아의 사고 경향을 말한다. 세상을 자신의 방식으로 이해하고, 다른 사람이 자기와 똑같이 생각한다고 믿기 때문에 타인의 마음을 읽을 수 없다. 이러한 자아중심성은 언어에서도 나타난다. 피아제에 따르면, 언어발달은 자기중심적 언어(egocentric speech)에서 사회화된 언어로 발달한다. 자기중심적 언어에는 반복, 개인적 독백 그리고 집단적 독백이 있다.

- 반복: 특정한 누군가에게 말하려는 의도 없이 단지 즐거움을 얻기 위해 단어를 되풀이하는 형태다.
- 개인적 독백: 혼자 있을 때 큰 소리로 자기 자신에게 말하는 것이다.
- 집단적 독백: 두 명 이상의 아동들이 함께 있는 상태에서 서로에게 말을 하고 있는 것 같지만 실제로는 한 명의 아동이 혼잣말을 하고 다른 아동들은 주의를 기울여 듣지 않고 있는 형태다.

(2) 사회적 상호작용주의 이론

부모나 다른 사람이 유아와 언어적 상호작용을 함으로써 언어습득이 이루어진다고 보는 이론으로서, 비고츠키(Vygotsky)가 대표적인 학자다. 비고츠키는 러시아의 심리학자로서 인지발달의 근원을 사회적 환경, 즉 한 문화권 내의 사람들과의 상호작용에서 찾았다. 그에 따르면, 유아는 능동적이며 구체적인 언어처리자로서 순서적이고 복잡한 상호작용과정을 거쳐 언어를 습득한다. 의사소통 초기 단계에서 나타나는 비구어적 행위(눈맞춤, 함께 주의집중하기, 몸짓으로 가리키기)들은 정상적인 언어발달을 가능하게 해 주는 토대가 된다. 특히 이러한 경험의 원천이 되는 어머니의 존재를 언어습득과정에서 매우 중요한 요인으로 간주하였다. 비고츠키 이론의 주요 개념은 다음과 같다(정옥분, 2002; 이영 외, 2009; 심성경 외, 2010; Vygotsky, 1964).

① 근접발달영역
근접발달영역(Zone of Proximal Development: ZPD)이란 실제적 발달수준과 잠재적 발달수준 간의 차이를 말한다. 여기서 실제적 발달수준이란 이미 완성된 지적 발달수준을 말하며, 잠재적 발달수준이란 현재는 혼자 해결하지 못하지만 다른 사람의 도움을 받아 학습하면 주어진 문제를 해결할 수 있는 발달수준을 의미한다. 실제적 발달수준이 같더라도 잠재적 발달수준은 개인에 따라 다를 수 있으므로 아동의 근접발달영역을 찾아서 가르치는 것은 인지발달을 촉진하는 데 매우 중요하다고 보았다. 따라서 잠재적 발달수준에서 성인이나 자기보다 더 우수한 또래와의 상호작용은 아동의 인지적 발달에 중요한 역할을 한다.

② 비계
비계(scaffolding)란 학습자가 처음 과제를 대할 때 문제에 쉽게 접근할 수 있도록 기호나 언어적 장치를 통해 제시해 주는 교수-학습방법을 말한다. 비계설정의 기본은 학습자의 근접발달영역 내에서 계획되어야 한다. 이때 조절 강도는 학습자의 해결수준과 반비례한다. 잠재적 발달수준에서는 혼자서 문제를 해결하는 것이 어려우므로 다른 사람의 도움을 받도록 한다. 아동이 혼자 할 수 있는 수준과 자동화 단계를 거치게 됨으로써 마지막 단계에서는 잠재적 발달수준이 한 단계 앞으로 간다. 이렇게 해서 또 다른 새로운 근접발달영역이 생겨나는 것이다. 즉, 비계설정이란 아동이 현재 혼자서 자신의 능력에 미치지 못하는 목표를 성취할 수 있도록 발판을 만들어 주는 것이라 할 수 있다.

③ 외적 언어와 내적 언어
비고츠키는 언어의 형식을 외적 언어(external speech)와 내적 언어(inner speech)로 분류하였다. 외적 언어는 남에게 소리 내어 하는 말이며, 내적 언어는 자기 자신에게

〈표 4–3〉 비고츠키의 언어발달 단계

1단계	원시적 단계 (primitive stage)	• 0~2세 영아기 • 울음과 같은 정서 방출 • 타인의 목소리에 대한 사회석 반응 • 부모가 어떤 대상을 특정 단어와 빈번히 짝 지어 줌으로써 단어들의 조건반사적 학습
2단계	소박한 심리 단계 (naive psychology stage)	• 2세 이후 • 의사소통을 위한 외적 언어(external speech, 사회적 언어) 단계 • 사고가 단어로 변형 • 문법의 내면적 기능은 인식하지 못함
3단계	자기중심적 언어 단계 (egocentric speech stage)	• 3~6세 • 외적 기호를 내적 문제해결의 보조수단으로 사용(손가락으로 수를 세거나, 자신이 활동하는 동안 독백을 하는 형태) • 스스로에게 조용하게 말하는 혼잣말 형태
4단계	내적 언어 단계 (inner speech stage)	• 말이 사고로 내면화된 단계 • 자기중심적 언어의 성숙으로 나타남(머릿속으로 수를 세며 논리적 기억을 사용)

출처: 한순미(1999).

소리 없이 하는 말이다. 외적 언어가 사회화된 언어로서 다른 사람과 의사소통하려는 의도를 가지고 있다면, 내적 언어는 자신의 행동과 사고를 조절하는 기능을 가지고 있다. 아동은 문제를 해결하거나 중요한 목표를 달성하고자 할 때 혼잣말(private speech)을 하는 경향이 있다. 초기 단계에서는 밖으로 소리를 내어 말을 하지만, 시간이 지나면서 큰 소리로 하던 혼잣말은 점차 속삼임으로 변하고 다시 내적 언어로 변하게 된다. 비고츠키가 제시한 언어발달 단계는 〈표 4–3〉과 같다.

④ 아동지향적 말

아동지향적 말(Child-Directed Speech: CDS)이란 모성어 또는 엄마말투(motherese)라고도 불리며, 유아와 대화를 할 때 나타나는 성인 말의 특성이다. 즉, 사회적 상호작용주의 이론에서는 부모나 성인이 아기에게 말할 때 무의식적으로 천천히 큰 소리로 또박또박 말하며, 말할 때 중간에 쉬는 간격을 많이 주고 과장된 억양을 사용하는데, 이러한 아동지향적인 말이 아동의 언어습득에 결정적인 영향을 미친다고 본다. 달콤한 단어들, 사랑이 가득한 느낌, 부드러운 목소리 그리고 과장된 얼굴표정들이 아동의 관심을 집중시키고 상호교환을 촉진하기 때문이다.

구성주의에 대한 반론도 있다. 피아제는 인지가 언어발달에 선행되고, 사고가 발달하지 못하면 언어발달도 이루어지지 않는다고 보았다. 그러나 일부 아동의 경우에는 인지발달에 아무런 문제를 가지고 있지 않아도 정상적인 언어발달이 이루어지지 않는 경우가 있다. 윌리엄스 증후군(Williams Syndrome)의 경우에는 인지능력의 손상으로 낮은 지능 수준을 야기하지만 언어능력에 영향을 미치지 않는다는 연구결과들은 언어가 사고에 의존하기보다는 두 능력이 분리되어 있음을 시사해 준다는 지적이 그러하다(이재호, 김소영 역, 2007). 또한 단어를 습득한 후 더 복잡한 문장 구조나 체계를 구성하는 것이 어떻게 가능한지에 대한 명확한 대답이 없다는 점도 구성주의 이론의 한계라 할 수 있다. 비고츠키가 주장하는 사회문화적 배경과 상호작용 등과 같은 환경적 요인도 마찬가지로 언어발달에 중요한 영향을 미치는 것은 사실이다. 그러나 이러한 요인들이 언어습득 시기를 결정한다고 볼 수 있을 만큼 뚜렷한 인과관계를 증명한다고 보기는 어렵다.

혼잣말에 대한 피아제와 비고츠키의 관점

혼잣말은 영어로 'self talk' 또는 'private speech'로 번역된다. 피아제(Piaget)와 비고츠키(Vygotsky)는 혼잣말에 대해 서로 다른 관점을 취한다. 혼잣말을 발달심리학적 관점에서 처음으로 관심을 가진 피아제는 유아의 언어발달과정에서 자기중심적 언어(egocentric speech) 단계를 설명하면서, 사회화된 언어(socialized speech)가 나타나기 이전에 말의 반복이나 개인 독백 혹은 집단 독백의 형태로서 혼잣말이 출현한다고 보았다. 그는 이를 자기중심적 언어라고 명명함과 동시에 자기중심적 사고를 반영하는 언어형태로서 이는 무의미한 언어이면서 미성숙한 지표로 설명하였다. 따라서 혼잣말은 자기중심적 사고가 사라짐과 동시에 점차 멈추게 되는 현상이다.

이에 반해 비고츠키는 사고와 언어는 초기발달과정에서는 독립적이라는 것을 전제한다. 피아제가 명명한 자기중심적 언어를 비고츠키는 사적 언어(private speech)로 명명하면서 이는 자기 스스로에게 하는 말이 밖으로 표현되는 언어라고 설명하였다. 이러한 언어형태는 자신의 사고나 행동 등을 계획하고 문제를 해결하는 기능을 하고 있으나, 유아의 경우 자신과 말하는 것 그리고 타인과 말하는 것이 완벽하게 구분되지 않아서 마치 스스로 말하면서도 타인과 말하는 형태를 보인다는 것이다. 7세 정도가 되면 이러한 사적 언어의 형태는 '소리를 내지 않고 자기 자신에게 하는 말'의 의미인 내적 언어로 변하면서 어려운 과제를 수행하거나 하는 과정에서 더 자주 나타나게 된다. 즉, 혼잣말은 사적 언어에서 내적 언어로 발전해 가는 과정에서 피아제가 주장하는 바와 같이 사라지는 것이 아니라 발달해 가는 것이다.

비고츠키는 피아제가 말하는 자기중심적 언어가 유아기의 자기중심적 사고의 반영이라는 주장에 대해 부정하였다. 피아제는 만약 6세 아동 가운데 44~47%가 자기중심적 언어를 사용한다면 그 연령대 아동의 사고는 44~47%가 자기중심적이라고 주장한 반면에, 비고츠키는 오히려 자기중심적 언어는 자기중심적 사고를 억제하는 기능을 가지고 있으며, 성인의 내적 언어는 학령 전 아동의 자기중심적 언어와 비슷한 기능을 하고 있다고 보았다(Vygotsky, 1964).

2. 언어발달[1]

영아를 의미하는 영어 'infant'는 라틴어 'infans'에서 유래한다. infans = in(결함) + fari(말하다)로서 '말을 못하는 사람'을 뜻한다. 그러나 실제로 영아가 가지고 있는 언어적 능력은 아리스토텔레스가 표현하는 '백지상태'는 아니다. 과학자들은 최근 영아기에 이미 존재하는 언어능력에 대해 다양한 연구를 하였고, 다음과 같은 결론을 내리고 있다. 아이들은 태어나면서부터 이미 언어에 대한 준비를 가지고 있다. 그러나 그것은 '열려라 참깨'와 같은 주문이 아니라 그 재능을 꽃피우기 위한 주위환경적 요인이 따라야 한다. 무엇보다도 언어발달은 점진적이기 때문에 일정 시기에는 단계별 특징이 겹쳐서 나타난다.

1) 영아 초기 단계

(1) 울음 단계

신생아의 첫 발성은 울음이다. 신생아의 울음은 반사적 반응으로 나타나며 출생 후 약 1개월까지의 울음은 미분화된 울음이다. 그러나 점차 영아의 울음소리에는 상황에 따른 메시지가 담긴다. 즉, 울음이 분화되기 시작한 것이다. 배고플 때, 아플 때, 관심을 가져 달라고 할 때의 울음소리가 달라져서 양육자는 울음소리의 고저, 강도 등에 따라 영아의 요구를 알 수 있다. 영아는 이 시기부터 울음을 통해 자신의 욕구를 전달한다.

(2) 쿠잉 단계

약 2개월 정도가 되면 영아는 '목젖소리', 예를 들면 /aaaah/, /oooo/, /gggg/와 같은 대부분 후두와 연구개에서 만들어지는 울음 외의 소리를 내기 시작한다. 초기 쿠잉(cooing)은 우연히 산출되는 소리지만 점차 자신의 의도에 따라 발성의 폭을 넓혀 나간다. 발성기관을 가지고 노는 것처럼 보이며 기분이 좋을 때 더 자주 나타난다. 이때부터 엄마는 아기의 소리에 반응을 보이면서 아기는 엄마의 말소리에, 엄마는 아기의 말소리에 주의를 기울이고, 서로 눈을 맞추고, 경청하는 등의 상호교환적 의사소통을 시작한다.

(3) 옹알이 단계

6개월 정도가 되면 영아의 발성소리는 점차 옹알이(babbling) 형태로 바뀐다. 모음과 자음이 결합되어 나오는 소리, 예를 들면 '마마마마' '음마마마' '아부부부' 등과 같은 전형적인 옹알이 소리를 내기 시작한다. 이 시기에는 발성기관의 앞쪽에서 내는 소리가 만들어지고 일련의 여러 소리들이 마치 음절의 형태로 산출된다. 초기 옹알이(6~8개월)는 반복적 옹알이 단계로서 '바바' '마마'와 같이 동일한 자음반복이 특징적이며, 9~12개월 경에는 음절성 옹알이 단계가 나타난다. 이 시기에는 자음과 모음이 말소리와 비슷하게 조합되는 양상을 보인다. 부모들은 그 소리를 마치 아이가 단어를 산출한 것으로 착각하기도 한다. 엄마나 주위 가족들은 옹알이에 열띤 반응을 보이고, 영아는 자신의 옹알이 소리를 듣고 즐기면서 점점 복잡한 소리들을 만들어 내기 시작한다. 그리고 양육자가 적극적으로 영아의 옹알이에 반응할수록 그 횟수와 사용하는 음소가 증가하는 것을 볼 수 있다. 전 세계적으로 공통적인 패턴이 있다면, 그것은 초기 옹알이 시기에 폐쇄음(p, b, t, d, k, g)과 비음(m, n)이 약 80% 이상을 차지한다는 사실이다(강옥경, 김명순 역, 1996). 그러나 어떤 음소를 먼저 시작하고 어떤 음소들의 조합이 나중에 이루어지는가 하는 데에는 동일한 문화권 내에서도 개인차가 존재한다.

흥미로운 사실은 생후 8개월만 되어도 그 아기가 속한 환경 언어의 특징들이 옹알이 속에 반영된다는 사실이다. 예를 들면, 미국 영아에 비해 중국 영아의 옹알이에서 고저(pitch)의 다양성이 더 많이 나타나는 것은 모국어의 특성, 즉 환경 때문으로 볼 수 있다

(한유미 외, 2010). 그리고 모국어에서 나타나는 음소들이 빈번하게 나타나는 이유는 부모나 수변에서 모국어의 음소에 적극적인 보상을 하기 때문이라고 볼 수 있다. 옹알이는 점차적으로 본격적인 말의 단계로 옮겨 가게 된다. 옹알이 시기의 발성에 대한 또 다른 주장(Atkinson et al., 1968; Thevenin et al., 1985; De Boysson-Bardies et al., 1984)에 따르면, 이 시기의 영아들은 서로 다른 언어에 노출이 되더라도 그들의 발성에서는 큰 차이가 없다(김종현, 2002에서 재인용). 전 세계의 아동들이 음성의 보편성에 의존하여 음운체계를 발달시킨다는 가설, 즉 옹알이 초기 단계에서는 언어학적 속성이 동일한 언어를 공유한다는 사실 또한 주목할 만하다.

(4) 몸짓언어

일반적으로 영아기, 특히 첫 단어가 출현하기 이전에 나타나는 의사소통의 형태는 몸짓언어다. 몸짓이나 제스처를 통한 비구어적 의사소통능력은 선천적으로 내재된 범언어적 능력이며, 모든 아이들은 태어날 때부터 표현적 몸짓을 타고난다. 울음을 통해, 소리를 통해 혹은 눈맞춤과 몸짓 등을 통해 영아는 자신의 욕구와 흥미 등을 표현한다. 물론 그러한 비구어적 의사소통은 상황적 맥락에 의해서만 이해가 되고 주변 양육자의 해석에 의존해야만 하는 한계가 있다. 영아는 자신의 음성적 표현이나 몸짓 또는 일정한 행동에 대해 부모가 반응하는 것을 경험하고, 부모와의 상호작용을 통해 주고-받는(turn-taking) 것을 배우게 된다. 이러한 과정을 통해 언어발달에 있어서 중요한 행동방식들을 학습한다. 이러한 몸짓언어를 통한 비구어적 의사소통행동들은 사회성 발달, 특히 정서적 영역에서 매우 중요한 역할을 한다.[2] 몸짓언어는 지시적·표상적·관습적 몸짓으로 구분할 수 있다(김의향, 2005).

- 지시적 몸짓: 뻗기, 건네 주기, 보여 주기, 가리키기 등으로 맥락에 의해 화자의 의도를 파악할 수 있는 몸짓을 말한다. 대개 8~10개월에 나타나는데, 어떤 사물이나 사건이 존재할 때 수행되는 몸짓이다.
- 표상적 몸짓: 이 닦기, 머리 빗기, 잠자기, 전화하기 등과 같이 상징적 의미가 일관

---

2 발달 초기의 몸짓 사용 능력은 언어발달 지체를 조기에 확인할 수 있는 지표가 될 수 있다(이윤경, 이효주, 2016).

성 있게 보이는 몸짓을 말한다. 어떤 대상이나 행위의 특성을 표상해서 행동으로 묘사하는 몸짓이다. 일반적으로 12개월경에 나타난다. 연령이 높아질수록 지시적 몸짓이 줄고 표상적 몸짓 출현이 높아진다.

- 관습적 몸짓: 손 흔들기, 고개 끄덕이기, 고개 젓기 등과 같이 몸짓의 형태와 의미가 문화적으로 정해진 몸짓을 말한다. 예를 들면, 우리나라에서는 엄지를 위로 들어 보이면 '아주 잘했어' '최고야'의 의미를 갖지만, 방글라데시에서는 여자를 유혹할 때 사용하는 몸짓으로 전혀 다른 의미를 가지고 있다(최윤희, 2006). 또는 고개를 위아래로 끄덕이는 것은 우리에게는 '예'의 의미이지만 불가리아나 그리스에서는 '아니요'의 의미를 갖는다(강옥미, 2006).

어떤 사물을 요구하거나 요청하기 위해 지적하는 지시적 몸짓에서부터 사물이나 생각을 나타내는 표상적 몸짓까지 유아들은 몸짓을 통해 적극적인 의사소통의 파트너가 된다. 이러한 몸짓을 통한 의사소통 형태는 유아가 단어를 통해 사물을 지시하고 단어로 의미를 조합해 나가기 시작하면서 점차 사라지는 양상을 보인다. 그러나 장애로 인하여 음성언어를 사용하는 데 어려움이 있는 유아는 여전히 비구어적 의사소통에 의존하게 된다. 비구어적인 의사소통 수단으로서의 몸짓언어는 〈표 4-4〉와 같은 기능들이 있다.

몸짓언어는 때로는 음성언어 표현을 강조하거나 확장시키기도 하지만, 우리가 무심코 사용하는 비구어적 표현들은 타인과 상호작용하는 데 얼굴(face)이 되기도 한다. 예

〈표 4-4〉 **몸짓언어의 기능**

상징적 기능	실제적인 의사소통에서 음성언어와 동일한 기능을 갖는다. 예) 주먹으로 위협하는 동작을 한다.
참조적 기능	손가락이나 머리 또는 눈으로 대상을 가리키는 기능을 한다. 예) 가까이에 있는 물컵이 필요할 때 상대방에게 머리나 손가락으로 가리킨다.
의미론적 기능	몸짓을 구어 표현에 첨가함으로써 구어적 표현을 강조하고 보충해 주는 기능이 있으며, 또는 구두 표현과 상반된 의미를 전달하는 기능을 하기도 한다. 예) 보충 의미: 긍정적인 답변에 머리를 끄덕이는 몸짓 　　상반된 의미: 상대방이 심각하게 말하고 있는데 미소를 짓는 몸짓
화용론적 기능	대화를 유지시키는 수단이 된다. 예) 누군가가 말을 끊으려고 할 때 손으로 가볍게 막는 몸짓, 역으로 상대방의 말을 제어할 때도 신호를 줄 수 있다.

를 들면, 상대방과 더 이상 대화를 하고 싶지 않을 때 우리는 제일 먼저 시선을 돌린다. 상대방이 거짓말을 하는 것을 알고 있다는 것을 표현하기 위해서 상대방의 얼굴을 뚫어지게 쳐다보기도 하고, 입으로는 "아! 그러세요?"라고 말하는 동시에 우리의 얼굴은 이미 또 다른 사실을 표현하고 있다.

(5) 언어이전기 의사소통[3]

언어이전기(prelinguistic period)는 완성된 단어의 형태는 출현하지 않지만 말 산출과 의사소통 발달의 토대가 만들어지는 시기로, 곧 의사소통 발달의 지표가 된다(오승아, 이윤경, 2016). 일반적으로 언어이전기는 12개월 이전 단계로서 몸짓언어와 함께 언어이해능력이 점차 발달하면서 상대방과의 의사소통이 시작된다. 의사소통이 가능하기 위해서는 여러 가지의 기초기술이 필요한데, 대표적으로 눈맞춤, 응시하기, 모방하기, 공동주의(joint attention), 차례 주고받기 등이 해당한다(이윤경, 2019). 의사소통 발달단계는 다음 〈표 4-5〉와 같다.

〈표 4-5〉 영유아의 의사소통 발달단계

단계	정의	행동의 예
초보적 의사소통행동 (primitive communicative behaviors) 단계(0~4개월)	울음이나 미소 혹은 눈맞춤 등의 반사적 의사소통	울다가도 엄마가 안고 얼러 주면 방긋 웃는다.
언향적(perlocutionary) 단계(4~8개월)	• 전 의도적(preintentional) • 의사소통행동 효과만 발생 • 영유아는 행동으로 인해 수반되는 결과에만 관심을 보이며 다른 사람에게 의도를 전달하지 않음. • 주변 사람들이 영유아의 행동을 보고 반응해 줌으로써 행동에 대한 행동의 효과 발생	• 영유아가 컵 쪽으로 손을 뻗는 행동을 보고 엄마가 컵을 집어서 준다.

---

3 이 장에서는 영아 초기 단계에 나타나는 음성언어와 몸짓언어에 이어 초기 의사소통 발달단계를 알아보고자 함.

언표내적(illocutionary) 단계(8, 10~12개월)	• 의도를 내포한 행동 시작 • 영유아는 타인에게 의도를 전달함으로써 원하는 결과를 얻을 수 있음을 인식함. • 아직 언어표현이 시작되지 않아 몸짓이나 발성과 같은 비언어적인 수단을 사용하여 표현함. • '수단–목적' 관계를 앎. • 신호–(타인의) 행동결과 간의 인과관계 이해	• 엄마를 바라보며 컵을 가리켜 물을 마시고 싶다는 의도를 전달한다. • 만지고 싶은 것을 못 만지게 하면 서럽게 운다.
언표적(locutionary) 단계 (12개월 이후)	• 언어표현을 통해 자신의 의도를 표현 • 음성이나 수화 등을 사용하여 자신의 의도를 달성	• "물."과 같이 언어표현을 통해서 자신의 의도를 전달한다.

출처: 김영태(2014), 이윤경(2019).

4~8개월 정도의 영유아는 의도를 가지고 어떤 행동을 하지는 않는다. 그래서 전의도적 단계로 분류한다. 그러나 양육자가 스스로 아이의 행동에 의미를 부여함으로써 점차 자신의 행동이 상대방에게 어떤 영향을 미치는지를 알게 된다. 그리고 점차 원하는 결과를 얻기 위하여 상대방에게 자기의 의도를 전달하는 행동을 보이기 시작한다(이다예, 이윤경, 2018). 〈표 4-5〉의 영유아 의사소통 발달단계는 영국의 철학자인 오스틴(Austin)과 그의 제자 써얼(Searle)의 언어행위 이론(화행이론)에서 주요 요소를 이끌어 내고 있다. 언어행위 이론에 따르면 하나의 언어표현은 세 가지 차원의 의미를 지니고 있는데, 그것이 바로 언표적 의미, 언표내적 의미 그리고 언향적 의미다.

- 언표적 의미: 말 그대로 '의미를 가진 문장을 발화하는 것'을 말한다. 즉 모든 언어표현은 언어자체의 의미를 지닌다.
- 언표내적 의미: 언어표현과 함께 발생되는 약속, 선언, 명령, 질문, 경고 등 의도한 행위이다. 언표내적 행위는 서로 해석이 다를 수 있다. 예를 들면, 여자의 말에 남자가 흔히 해석을 잘못한 경우인데, 여자는 언어자체의 의미보다 그 언어를 통해 무언가 다른 의미(언표내적 의미)를 전달하고자 하는데 남자가 이를 잘 알아차리지 못하기 때문이다.
- 언향적 행위: 언어표현의 결과로서 일어난다. 화자의 언어가 청자에게 전달되고 그

로 인해 언어표현의 효과가 청자의 대답이나 실제적인 행위로 나타나는 것이다.

예를 들면, (큰 소리로 핸드폰을 하는 사람을 향해) "너무 시끄럽지 않아요?"라는 언어표현은 '매우 시끄럽다'는 사전적 의미로서의 언표적 의미, 조용히 해 주기를 바라는 의도를 담은 언표내적 의미 그리고 상대방이 그 말을 듣고 소리를 낮추는 행위를 하도록 하는 언향적 의미가 내포되었다고 볼 수 있다.

이처럼 오스틴(Austin)과 그의 제자 써얼(Searle)의 언어행위 이론은 기본적으로 언어가 전제되어야 한다. 그러한 맥락에서 볼 때 위의 예시는 상징 혹은 기호로서의 언어를 대상으로 한 것이 아니라 울음이나 몸짓 등 신호가 지니는 의미로 시작해서 기호/상징 체계로서의 언어의 의미로 진행되기 때문에 명확히 언어를 전제로 했다고 보기는 어렵다. 이러한 상황을 고려하여 영유아 의사소통 발달 단계는 다음과 같이 정리해 볼 수 있다.

직관적 단계에서 논리적 단계로 발전해 나가는 의사소통 발달 과정에서 처음 영아의 울음이나 행동 등은 언어의 형태는 띠고 있지 않지만, 그럼에도 불구하고 청자가 반향을 일으켜 행위를 만들어 낸다는 점에서 비유적으로 언향적 단계로 볼 수 있다. 마찬가지로 영유아는 무언가 자신의 의도를 전달하기 위해서 울음이나 행동을 했다는 점에서 영유아의 표현은 비유적으로 언표내적 의미를 가지고 있다고 볼 수 있다. 음성언어를 통해 자신의 의도를 전달하는 단계는 언표적 단계에 해당한다고 볼 수 있다.

2) 영아 후기[4](12~24개월)부터 유아기까지

(1) 한 단어 시기

생후 12개월 정도가 되면 유아는 하나의 단어로 자신의 의사를 표현하기 시작한다. 이때는 한 단어가 한 문장을 대표하므로 '일어문 시기'라고도 한다. 영아가 사용하는 한 단어는 많은 의미를 가지고 있기 때문에 상황적 맥락 속에서만 이해될 수 있다. 예를

---

4 영아의 범위에 있어서, 발달심리학은 출생 후부터 생후 1세까지를 영아기로 보고 있으며, 유아는 1세 이후부터 학교 입학 전까지로 본다(이윤경, 2019). 그러나 「유아교육법」에서는 만 3세부터 초등학교 취학 전까지를 유아로 규정하고 있다. 이에 저자는 생후 12~24개월까지를 영아 후기로 구분하고 있음을 밝히는 바이다.

들면, "엄마"라는 문장은 상황과 운율에 따라 다양한 의미를 갖는다. "내 엄마야" "엄마 어디 있어?" "엄마 옷이야" 등이 그 예다. 초기 일어문에서 등장하는 단어들은 대부분 친숙한 사물이나 대상 이름이 대부분이다.

(2) 두 단어 시기

두 단어 시기는 '이어문 시기'라고도 한다. 약 18개월이 되면 두 개의 단어를 연결하여 아주 초보적 문장으로 말을 하게 된다. 예를 들면, "엄마 맘마" "아빠 차" 등의 문장이 등장한다. 두 개의 단어를 연결하여 문장을 만드는 이 단계의 언어를 '전보식 문장'이라고 하는데, 그 이유는 전보문처럼 조사나 접속사를 생략하고 핵심적 단어만으로 말을 하기 때문이다. 두 단어 시기가 시작되고 약 2~3개월이 지나면 세 단어를 조합하여 말하기 시작하고 이때부터 실질적인 어휘폭발기가 시작된다. 이 시기에 나타나는 어휘발달의 특징은 다음과 같다(강성화, 김경회, 2001; 이영자, 2002; 이승복, 이희란 역, 2005; 한유미 외, 2010; 심성경 외, 2010).

- 과잉확대(overextension) 현상: 과잉확대는 유아가 아직 알고 있는 어휘의 양이 부족하고 정확한 지식이 형성되지 않아서 생기는 현상으로서, 예를 들면 성인 남자를 모두 '아빠'라고 한다거나, 네 발 달린 동물을 모두 '개'라고 말하는 것이다. 이러한 현상은 잠깐 동안 나타났다가 어휘력과 지식이 증가하면서 점차 사라진다.
- 과잉축소(underextension) 현상: 단어가 가지고 있는 본래의 뜻보다도 더 좁은 의미로 사용하는 현상으로, 자신이 가지고 있는 경험 속에서만 단어의 의미를 제한하는 것이다. 예를 들면, 아이는 자기가 지칭하는 특정한 신발만 '신발'이라고 말한다. 이러한 현상은 어휘력이 증가하고 지식이 증가하면서 곧 사라진다.
- 과잉일반화(overgeneralization) 현상: 유아가 언어를 배우는 과정에서 사용규칙을 일반화시키는 것이다. 이러한 과잉일반화는 특히 문법습득과정에서 많이 나타나는데, 가장 대표적인 것은 주격조사의 과잉일반화다. 한국어에서 주격의 명사에 받침이 있을 경우에는 '-이'가 되고 없는 경우에는 '-가'가 되는데, 아이들은 초기 단계에서는 모든 단어에 '-가'를 붙이는 경향이 나타난다. '삼촌이가' 또는 '선생님이가'와 같이 과잉일반화한다거나, 영어권에서는 특히 '-ed'의 과거형 사용에서 많이 나타난다. 예를 들면, 'go'의 과거형을 'went'가 아니라 'goed'로 말하는 것이다.

과잉확대와 과잉일반화 현상은 '과하다(over-)'의 의미에서는 동일하지만, 국내 언어치료학 사전에서는 다음과 같이 구분하고 있다. "과잉확대[5]는 언어의 의미론적 측면에서 어떤 단어에서 그 단어가 의미하는 것보다 광범위하게 사용되는 경우다. 반면에 과잉일반화[6]란 아동이 과거시제, 단수와 복수 등과 같은 구문기능을 사용하는 법을 배우게 될 때 나타난다." 즉, 과잉확대는 초기 어휘발달과정에서 모든 단어들의 1/4을 실제보다 더 큰 의미범주의 단어로 사용하는 현상이며, 과잉일반화는 문법습득과정에서 나타나는 시스템적인 오류를 말한다.

- 주축문법(pivot grammar): 주축문법은 두 단어 시기의 유아 말에서 관찰된다. 주축이 되는 단어를 중심으로 새로운 단어를 조합하여 문장을 표현하는 것이다. 두 단어 조합에서 축이 되는 단어를 '주축어'라고 한다. 주축어는 고정된 위치를 취하며, 개방어에 비해 증가 속도가 느리고, 단독으로 사용되지 않으며, 모든 개방어와 조합될 수 있다는 특징이 있다. 예를 들면, "엄마 + 쉬." "엄마 + 어부바." 또는 "안 + 가." "안 + 밥."이라고 했을 때 '엄마'와 '안'은 주축어다. 개방어는 주축어에 합쳐지는 단어를 말한다. 주축문법은 초기 두 단어의 조합을 설명할 수는 있지만 모든 단어 조합과 모든 의미를 설명하기에는 부족하다는 지적을 받는다.
- 수평적 어휘확장과 수직적 어휘확장: 영유아는 수평적 어휘확장과 수직적 어휘확장의 과정을 거치게 된다. 이때 수평적 어휘확장(horizontal vocabulary expansion)은 유아가 단어의 여러 가지 속성을 알고 다양한 상황에서 그 단어의 의미를 경험함으로써 한 단어의 관습적 의미를 이해하며 이를 통해 어휘를 배우는 것을 말한다. 반면에 수직적 어휘확장(vertical vocabulary expansion)은 유아가 어떤 어휘의 개념 속성을 학습하게 되면 이와 관련된 단어들을 하나의 의미 집합체로 구성할 수 있

---

5 인용한 문헌에는 과대확장이라고 번역되어 있으나 원어 표기가 'overextension'이라는 점에서 '과잉확대'로 번역되는 것이 옳다는 저자의 판단에 따라 과잉확대로 수정 인용하였다.

6 일부 문헌(Neigles & Gelman, 1995: 신종호 외, 2006에서 재인용; 한국교육심리학회, 2000)에서는 과잉일반화란 어떤 개념이나 단어의 뜻을 너무 넓은 범위에 대하여 일반화하는 현상으로서, 예를 들어 '차'라는 단어를 버스, 트럭, 기차에도 사용하는 것이라고 정의하고 있다. 『특수교육학 용어사전』(국립특수교육원, 2006)에서도 "과잉일반화란 어떤 결과를 그와 유사한 상황에 적용함에 있어서 먼저 습득한 일반화의 원리나 법칙을 지나치게 고집스럽게 적용하려는 현상이다. 예를 들어, 언어발달의 경우 아동이 문법규칙을 지나치게 적용하여 생겨나는 실수를 말한다."라고 정의하였다. 과잉확대와 과잉일반화에 대한 개념 정립이 필요한 부분이다.

게 되어 어휘를 학습하게 되는 것을 말한다(강성화, 김경회, 2001). 유아는 개의 여러 가지 속성, 예를 들면 몸집의 크기, 털, 생김새, 촉감, 형태 등을 연결하여 '개'라는 단어의 의미를 풍부하게 한다. 처음에는 집에서 기르는 애완견만 알다가 기능에 따라 안내견 등이 있음을 알게 되면서 유아는 그 단어의 의미를 확장해 간다. 이것이 수평적 어휘확장이다. 반면에 수직적 어휘확장은, 예를 들면 개의 속성을 알게 된 유아가 개와 염소, 말, 양과 같은 동물과의 관계를 알게 되면서 동물이라는 집합체로 이해하게 되는 경우를 말한다[7]. 정리하자면 의미의 수평적 발달은 말 그대로 자신이 사용하는 어휘에 새로운 속성을 나란히 덧붙여 나가는, 즉 자신이 알고 있는 한 단어의 의미를 보다 분명하게 알아가는 것을 말한다. 수직적 발달은 위계적이며 어휘들이 군집화되는 것을 의미한다(박혜경 외, 2003).

- 전보식 문장: 2세에 접어들면서 어휘의 수가 급격하게 증가하고, 단어들을 함께 결합하여 초보적인 문장을 만들어 가기 시작한다. 이 단계에서 유아는 소위 말하는 전보식 문장을 사용하는데, 조사나 문법적 의미를 가진 단어들은 모두 생략하고 대부분 핵심단어로만 이루어진 문장을 말한다. 예를 들면, "나는 바나나가 더 좋아

오웬스(Owens, 2001)에 따르면, 다음 세 가지가 단어학습의 기본원리가 된다.

- 참조원리(reference principle, 상호배타성 가정): 하나의 단어는 하나의 사물을 지칭한다. 예를 들면, A가 딸기이면, B는 딸기가 아니다.
- 확장성 원리(extendability principle): 단어는 특정한 사물이 아니라 사물의 종류를 가리킨다. 예를 들어, 아빠가 타는 차만이 차가 아니라 비슷한 종류의 것들이 모두 차라는 것을 안다.
- 전체—사물 원리(whole—object principle, 전체 대상 가정): 단어는 사물의 부분이 아니라 전체 사물을 가리킨다. 예를 들어, 아동은 자동차라는 단어를 배울 때 차의 일부분(바퀴나 창문 혹은 색, 재질)이 아니라 사물 전체를 지칭한다는 것을 가정한다.
- 분류학적 가정(taxonomic assumption): 단어는 같은 종류의 사물들을 지칭한다. 예를 들어, 나무가 '바움'이라는 것을 배운 후 또 다른 '바움'을 찾으라고 하면, 꽃과 바나나 중에서 아동은 분류학적으로 관련된 꽃을 선택한다.

---

[7]　예시는 2019년 유치원 임용고시 지문을 인용함.

요."라고 말하기보다는 "나 바나나 좋아." 또는 "고모가 커피를 좀 더 달래요." 대신 "고모 커피 줘."라고 줄여서 말하는 것이다.

3. 언어발달요인

언어는 마치 한 그루의 나무처럼 많은 요인의 영향을 받으며 성장한다. 그 가운데 한두 개의 요인이 결핍된다면 나무는 스스로 건강하게 자라기 어렵겠지만 그것이 곧 나무가 죽는 것을 의미하는 것은 아니다.

1) 사고와 언어

'호모 사피엔스(Homo sapiens)'는 다른 동물들과 달리 인간이 '생각할 줄 아는 존재'라는 뜻으로 붙여진 이름이다. 즉, 동물은 본능에 따라 행동하지만 인간은 이성에 따라 사고(思考)를 한다는 뜻이다. 그렇다면 사고란 무엇인가? 사고에 대한 정의는 학자들마다 다르다. 사전적 의미에 따르면, 사고란 '생각함' '궁리함' 또는 '문제해결의 과정에서 그 결론에 이르기까지의 심리작용'이다. 결국 사고는 지각하고 기억하고 판단하고 분석하는 등의 인간의 정신작용을 지칭하는 모든 것이라고 할 수 있다. 사고와 언어와의 관계에 대해서는 학자들마다 조금씩 다른 관점을 취하고 있다. 여기서는 언어와 사고의 관계를 크게 다섯 가지로 구분하여 살펴본다(정동빈, 1986; 이영자, 2002; 김정민 역, 2006; 최미숙 외, 2008).

- 언어는 사고에 의존한다: 인지발달이 언어발달에 선행한다는 이론으로서 피아제가 대표적이다. 인지적인 기반이 이루어진 후에 언어가 나타난다고 주장한다. 어떤 사물을 명명하기 전에 인간은 사물에 대해 먼저 사고를 한다. 인지는 언어에 중요한 영향을 미치지만, 언어는 인지에 그만큼의 영향을 미치지는 않는다고 본다. 피아제의 관점에 따르면, 유아가 인지적으로 자기중심적 사고에서 벗어나지 못하기 때문에 자기중심적 언어가 출현한다.
- 인지발달이 언어에 의존한다: 언어상대성 이론을 주장하는 사피어-워프(Sapir-Whorf) 가설에 의하면 언어는 사고를 규정시키는 문화적 도구다. 예를 들어, 에스키모인들

어휘

조음　문법

언어이해력

말하는 것에
대한 즐거움

신체감각적
통합

눈맞춤
따라 말하도록 하지 않기
끝까지 말할 수 있게 해 주기
경청하기
자극하기

뇌 성숙

울음/옹알이

시각

청각

촉각

지적 발달

사회정서적
발달

대근육/소근육

[그림 4-1] **언어발달요인**

은 눈(snow)을 묘사하는 데 수십 개 이상의 눈과 관련된 용어를 사용한다. 따라서
한국인과 에스키모인이 가지고 있는 눈에 대한 사고에는 차이가 있는 것이다.

- 강한 가설: 언어가 사고를 결정한다(determine).
- 약한 가설: 언어가 사고에 영향을 미친다(influence).

출처: 이재호, 김소영 역(2007).

- 언어발달과 인지발달은 서로 독립적이다: 대표적인 학자로는 촘스키를 들 수 있다. 그는 언어를 인지와 독립된 자율적인 체계로 보고, 언어빌딜이 인지나 그 밖의 인간의 다른 능력의 발달과 비교적 무관한 것으로 보았다. 언어가 가능한 것은 선천적으로 가지고 태어나는 언어습득장치(LAD)에 따른다고 본다.
- 언어발달과 인지발달은 상호작용한다: 대표적인 학자로는 비고츠키를 들 수 있다. 그에 따르면, 사고와 언어는 다른 근원을 가지고 있으며 서로 독립적 발달을 하다가 어느 시점에서 내재화 과정을 통해 하나가 된다. 사고과정에는 전언어 단계(prelinguistic stage)가, 언어과정에는 전인지 단계(preintellectual stage)가 있다. 서로 독립적으로 발달하다가 합치점을 이루는 시점이 바로 내적 언어 단계다. 내적 언어는 사고가 존재하는 내면화된 말을 의미한다.
- 언어발달과 인지발달은 동일한 것이다: 왓슨(Watson)과 같은 행동주의 심리학자들에 의해 주장되었다. 그에 따르면, 사고와 언어는 하나다. 사고는 소리만 없을 뿐 자기 스스로의 말이며, 말을 할 때 움직이는 후두근육과 같은 운동이 모두 사고를 나타낸다.

이와 같이 사고와 언어의 관계는 학자들 간에 모두 일치하지는 않지만 언어와 사고가 밀접한 관계를 가지고 있다는 사실에는 대부분 맥락을 같이하고 있다. 따라서 지적 능력이 떨어지는 지적장애 아동들은 대부분 언어발달에도 지체를 보이게 된다. 왜냐하면 정상적인 언어를 구사하기 위해서는 기억력과 사고력, 상상력 또는 모방능력 등이 요구되기 때문이다.

2) 운동능력과 언어발달

운동능력은 언어발달에 어떠한 영향을 미치는가? 대근육과 소근육운동은 발성 · 조음 기관의 기능과 밀접한 관계를 갖는다. 말을 하기 위해서는 후두를 비롯한 발성기관과 입술과 혀의 운동 등의 정상적인 발달이 이루어져야 한다. 목을 제대로 가누지 못한다거나 올바른 자세를 유지하지 못할 경우에는 정상적인 발성을 할 수 없다. 따라서 발성기관이 정상적으로 발달하지 못한 뇌성마비 아동이나, 구강근육의 저긴장성의 문제를 가지고 있는 다운증후군 아동의 경우에는 '말장애'를 갖게 된다.

3) 감각기관과 언어발달

(1) 시각

청각에 비하여 시각은 언어발달에 큰 영향을 미치지는 않는다. 언어성 지능검사 비교결과에서 나타난 바와 같이 시각장애 아동들은 일반아동과 큰 차이가 없다(박순희, 2005). 그러나 감각 경험을 통해서 얻어지는 개념, 예를 들면 '하늘이 파랗다.'와 같이 직접 경험하지 못한 어휘를 습득하는 것은 직접 만져 볼 수 있는 사물을 이해하는 것보다는 어렵다. 일반적인 경우 시각은 어휘를 습득하고, 개념을 형성하는 데 기여한다.

(2) 청각

청각은 언어발달에 매우 결정적인 영향을 미친다. 청력손실 정도와 유형 그리고 청력손실 시기 등은 아동의 언어발달을 결정짓는 중요한 요인이라 할 수 있다. 청각은 태아가 이미 엄마의 심장박동이나 목소리 등을 듣고 거기에 반응할 만큼 일찍 발달하는 감각이다. 언어를 정상적으로 습득하고 발달시키기 위해서는 우선 들을 수 있어야 한다. 농아동의 경우에는 자신의 음성을 듣지 못하기 때문에 옹알이 단계에서부터 제한된 언어발달을 보인다. 예를 들면, 산출하는 음소들이 매우 단조롭고 옹알이의 지속시간이 길지 않다. 상대방의 말을 전혀 들을 수 없기 때문에 발성뿐만 아니라 어휘, 문법규칙 등 전반적인 언어영역에서 큰 제한을 갖는다(Keilmann, 1998). 만약 아동이 언어발달지체 현상이나 심한 조음장애를 보이면 반드시 청력검사를 받아 보는 것이 좋다. 그리고 검사결과에 따라 보청기나 인공와우를 착용하여 조기에 언어자극을 충분히 경험할 수 있도록 하는 것이 중요하다.

4) 가족적 요인

말을 배우기 위해서는 언어환경의 노출이 전제되어야 한다. 이때 언어입력은 지나치게 풍부할 필요가 없고 교육에 기초할 필요도 없다. 그러나 영아가 받아들인 모델은 그가 모국어의 말소리들을 범주화하고 주요한 매개변인들을 조작할 수 있는 만큼은 충분해야 한다. 또한 이러한 언어환경은 물리적으로 존재하는 인간에 의해 제공되어야 한다. 라디오와 텔레비전을 통해 말을 듣는 것은 언어에 접근하기에 충분하지 않다. 언어모델은 아동과 그를 둘러싼 주위 사람들 사이의 상호적인 의사소통의 틀 안에서 제시되어야 한다(강옥경, 김명순 역, 1996). 부모와 다른 주 양육자와의 언어적 상호작용이 거의 없이 TV가 주 입력 창구였던 아이가 훗날 언어발달에 큰 결함을 보였다는 연구결과(Sachs et al., 1981)가 그것을 잘 설명해 주고 있다.

유아의 성장환경은 언어발달에 영향을 미치는 중요한 요인이다. 유아가 경험하는 언어적 자극의 양이 풍부할수록, 양육자가 아동의 의사소통 시도에 반응하는 정도가 즉각적이고 적절할수록 긍정적이다(고은, 오숙현, 2006). 그 밖에도 다음과 같은 요인들이 언어발달에 영향을 미친다.

- **사회계층적 요인:** 가정의 사회경제적 계층에 따른 차이를 보면, 일반적으로 중류층 영유아의 언어능력이 하류층보다 더 발달하는 것으로 보고되고 있다. 특히 문장의 길이와 어휘력에서 차이를 나타낸다(심성경 외, 2010). 부모의 교육수준과 소득이 낮은 계층에 속하는 가정의 경우 노동조건이 열악하고 직업안정성이 떨어짐에 따라 자녀와의 대화시간이 상대적으로 짧고 아동의 발달욕구를 충족시켜 주지 못할 확률이 상대적으로 높다는 데에서 그 원인을 찾을 수 있다(김미숙 외 역, 1989). 영국의 사회학자인 번스타인(Bernstein, 1971)은 단순한 형태의 문법을 지닌 짧은 문장 그리고 명사보다는 대명사를 더 많이 사용하는 형태를 한정부호(restricted code)라 명명하고, 반대로 복잡한 문법과 긴 문장, 형용사 사용과 독립적 명사 사용이 특징적인 형태를 정교부호(elaborated code)라고 명명하였다. 번스타인은 노동자 계층과 중산 계층 아동이 서로 다른 유형의 언어를 사용하는데, 노동자 계층의 아동들이 지능검사에서 언어 점수가 비언어 점수보다 현저하게 떨어지는 것은 한정부호를 사용한 결과라고 해석하기도 하였다(이재호, 김소영 역, 2007). 그러나 상류층-중류층-하류층의 하나의 기준만을 가지고 언어발달을 정의하는 것은 여러 가지의 문제점을 가지고 있다. 빈곤이란 결코 경제적인 부만으로 말할 수 없기 때문이다.
- **형제 수와 순위:** 형제 수와 순위도 영향을 미친다. 이 또한 모든 경우에 해당하는 것은 아니다. 통계적으로 보면 첫째와 독자가 상대적으로 언어발달이 빠르고 막내가 언어발달이 늦는 것으로 보고되고 있다(강성화, 김경회, 2001). 이는 첫째나 외동 아이가 성인과의 언어적 상호작용이 더 빈번하고 적극적으로 이루어진다는 데에서 이유를 찾을 수 있다.
- **가족:** 언어발달상의 문제를 가지고 있는 아동은 그렇지 않은 경우에 비하여 가족

구성원 중에 장애를 가질 확률이 높다. 또한 부모가 언어적 결함을 가지고 있는 경우 자녀의 언어발달상 문제가 나타날 수 있는 가능성이 높다. 쌍둥이를 대상으로 한 연구에서는 한 명이 언어장애를 가지고 있을 때 함께 언어장애를 동반할 확률이 일란성 쌍둥이는 80~85%, 이란성 쌍둥이는 25~40%인 것으로 보고되고 있다 (Keilmann, 1998).

- 성과 기질성: 일반적으로 언어발달은 남아가 여아보다 늦는 경향을 보인다(윤혜련, 김영태, 2004). 성별 차이는 생애 초기부터 나타나기 시작하는데 단지 발달속도뿐만 아니라 내용에서도 남녀 간의 차이가 있다고 알려져 있다. 언어발달에는 개인 차이가 존재하는데, 그것을 유전적인 원인으로 볼 수도 있고, 아동이 가지고 있는 기질이 언어기술 발달에 영향을 미친다고 볼 수도 있다. 여기서 기질이란 개인의 상호작용적 태도나 화용양식에서 나타나는 태도 등을 말한다.

4. 언어발달검사

언어발달검사는 선별검사와 진단검사로 구분된다. 선별검사는 아동의 현재 수준이 또래 아동들의 평균과 비교하여 정상 범위 내에 있는지를 확인하는 목적을 가지고 있다. 예를 들면, 유치원이나 학교에 입학한 모든 아동들을 대상으로 문제가 있을 것 같은 아동을 선별하는 검사다. 물론 선별검사에서 문제가 있는 아동이 모두 장애를 가지고 있다고 판단할 수는 없다. 선별검사는 무엇보다도 누구나 쉽게 실시하고 채점할 수 있도록 최소한의 항목으로 구성되어 있다.

반면에 진단검사는 선별검사에서 문제가 있다고 의심되는 경우 실시하며, 장애 유무, 지체 또는 결함의 정도와 구체적인 특성 등을 알 수 있다. 진단과정에서는 아동의 배경정보를 충분히 수집해야 한다. 어린 유아의 경우에는 생육사와 의사소통장애에 대한 일반적인 정보를 부모 혹은 보호자의 진술에 의존할 수밖에 없지만, 가급적 다양한 경로를 통해서 아동을 보다 전체적으로 파악하여야 한다. 이렇게 수집된 정보들은 정확한 진단과 앞으로의 중재방향을 설정하는 데 중요한 단서가 되기 때문이다(고은 외, 2009).

언어발달검사는 실시대상에 따라 직접검사와 간접검사로 나눌 수 있다. 직접검사는 검사자가 아동에게 직접검사를 수행하고 채점하는 반면에, 간접검사는 아동이 검사수행에 어려움이 있거나 너무 연령이 낮을 경우 부모의 보고나 행동관찰과 같은 방법으로 실시되는 검사다.

검사의 형태는 표준화된 검사와 비표준화된 검사로 구분된다. 표준화된 검사는 타당도와 신뢰도를 갖춘 구조화된 검사도구와 절차에 따라 진행되며, 객관적으로 채점이 가능하다. 아동의 점수를 규준(norm)과 비교함으로써 현재 아동의 언어수준이 얼마만큼 지체되었는가를 알 수 있다는 장점이 있다. 반면에 비표준화검사는 관찰법, 질문지법, 면접법 등을 통한 검사로서 상대적으로 간단하게 실시할 수 있으며, 문제 영역에 대해 집중적으로 평가할 수 있다는 장점을 가지고 있다. 다음에서는 국내에서 많이 사용되는 표준화된 검사도구 가운데 몇 가지를 살펴보고자 한다.

1) 표준화검사

표준화검사란 어떤 사람이 사용해도 검사의 실시 · 채점 · 해석이 동일하도록 모든 형식과 절차가 기술적으로 엄격하게 통제된 검사를 말한다. 검사의 구성과 문항의 표집이 엄격한 예비조사를 통해 진행되므로 상당한 수준의 타당도와 신뢰도가 보장되며, 상대적 비교가 가능한 규준을 갖추고 있다(서울대학교 교육연구소 편, 2006).

(1) 영 · 유아 언어발달 선별검사(SELSI)
- 검사목적: 영 · 유아의 언어발달 정도를 평가한다.
- 검사대상: 생후 4~36개월의 정상발달 아동뿐 아니라, 언어발달지체나 장애를 나타낼 가능성이 있는 유아 및 아동의 언어능력을 평가할 수 있다.
- 검사절차
  - 수용언어와 표현언어 발달을 각각 나누어 평가한다.
  - 해당 연령대의 검사 시작 문항을 기초선으로 한다. 만약 '예'가 여덟 번 계속해서 나오지 않을 경우에는 한 단계 낮은 연령 단계의 문항으로 내려가 검사를 진행한다.
  - '아니요'가 연속적으로 여덟 번 나오면 검사를 중지하고 그 연령 단계를 최고한계선으로 한다.
  - 응답자는 '예/아니요'로 대답하고, '예'는 1점, '아니요'는 0점 처리한다.
  - 최고한계선까지 검사가 끝나면 총점을 계산한다.

－'정상발달' '약간지체' '언어발달지체'로 나누어 판정한다.
- 특이사항: 양육자의 보고에 따라 이루어지는 간접 검사도구로서 주 양육자의 주관적인 판단에 근거한다.

(2) 그림어휘력검사(PPVT-K)

- 검사목적: 수용어휘능력을 측정한다.
- 검사대상: 2세 0개월~8세 11개월 사이의 정상아동뿐만 아니라 지적장애, 청각장애, 뇌손상, 자폐증, 행동결함, 뇌성마비 등으로 인해서 언어에 문제가 있는 아동들의 수용어휘능력을 평가할 수 있다.
- 검사절차
  － 해당 연령대의 시작 문항부터 검사를 하되, 만약 '예'가 여덟 번 계속해서 나오지 않을 경우에는 메뉴얼상에 나와 있는 앞 단계의 낮은 번호 문항으로 내려간다. 연속해서 8개를 바르게 맞춘 문항 중 가장 낮은 번호의 문항이 기초선이 된다.
  － 8개 문항 중 6개를 틀리면 검사를 중지하고 마지막 문항을 최고한계선으로 한다.
  － 최고한계선의 문항에서 틀린 개수를 빼면 원점수가 산출된다.
  － 원점수를 가지고 백분위와 등가연령을 산출한다.
- 특이사항: 검사자가 단어를 말하면 네 개의 그림 중 하나를 손가락으로 가리키는 방식으로 이루어지기 때문에 검사방법이 쉽고, 장애아동의 언어평가에 효과적이다.

(3) 언어이해 · 인지력검사

- 검사목적: 언어이해력 및 인지력(수용 의미론적 측면)을 측정한다.
- 검사대상: 3~5세 11개월 사이의 정상아동뿐만 아니라 지적장애, 청각장애, 언어장애, 자폐, 과잉행동 및 주의력결핍 등의 문제를 지닌 아동에게 실시할 수 있다.
- 검사절차
  － 해당 연령대의 검사 시작 문항을 기초선으로 한다. 연속적으로 5문항을 실패하면 한 단계 낮은 연령의 시작문항부터 실시한다.
  － 연속적으로 5문항을 실패하면 검사를 중지한다.
  － 3문항 중 2문항이 정답일 경우 (+)로 채점한다.
  － 최종적으로 산출된 원점수를 가지고 등가연령과 백분위점수를 산출한다.
- 특이사항: 개념이해능력을 알 수 있다.

〈표 4-6〉 **언어이해 · 인지력검사**

+	8. 위치: 안(속), 밖	−	9. 방향: 올라가요, 내려가요
+	ㄱ. 고기가 물 안(속)에 있어요.	+	ㄱ. 차가 내려가요.
+	ㄴ. 사탕이 그릇 밖에 있어요.	+	ㄴ. 언니(누나)가 내려가요.
−	ㄷ. 블럭(네모)이 상자 밖에 있어요.	−	ㄷ. 비행기가 올라가요.
+	ㄹ. 고기가 물 밖에 있어요.	+	ㄹ. 차가 올라가요.
+	ㅁ. 사탕이 그릇 안(속)에 있어요.	−	ㅁ. 언니(누나)가 올라가요.
−	ㅂ. 블럭(네모)이 상자 안(속)에 있어요.	+	ㅂ. 비행기가 내려가요.

출처: 서울장애인종합복지관(1992).

주: 〈표 4-6〉에서 8번의 경우에는 안(속)에 대한 응답 3개 중 2개가 정답이고, 밖의 위치에 대한 개념도 3개 중 2개가 정답이므로 최종 (+)가 되지만, 9번의 경우에는 '올라가요'에 대한 응답이 3개 중 2개가 오답이므로 최종 (−)로 채점된다.

(4) 언어문제해결력검사

- 검사목적: 논리적인 사고과정을 언어화하는 상위언어기술을 측정한다.
- 검사대상: 5~12세의 정상아동뿐만 아니라 언어추리력과 조직기술이 부족한 아동, 학습장애가 의심스러운 아동, 단순 언어장애가 의심스러운 아동의 언어사용능력, 기타 언어장애 아동의 의사소통능력을 평가하는 데 사용할 수 있다.
- 검사절차
  - −1번 문항부터 시작한다.
  - −각 항목의 그림을 보여 주고 아동의 응답을 전사 또는 녹음한다.
  - −아동의 반응을 채점기준에 의거하여 0, 1, 2점으로 채점한다.
  - −원인이유, 해결추론, 단서추측 등 세 범주에 대한 원점수와 총점을 가지고 백분위를 산출한다.
- 특이사항: 아동의 사고력을 함께 파악할 수 있다.

(5) 취학 전 아동의 수용언어 및 표현언어 검사(PRES)

- 검사목적: 인지개념 및 의미론, 음운 및 구문론, 화용론을 포함한 언어이해와 표현 영역을 모두 검사할 수 있다. 언어발달지체 여부와 수용언어와 표현언어 간의 차이를 분석할 수 있다.

- 검사대상: 2~6세 아동을 대상으로 한다.
- 검사절차
  - 해당 연령대의 검사시작 문항을 기초선으로 한다. 아동이 세 문항 모두 (+)를 받으면 기초선이 되지만, (±)나 (−)를 받으면 한 단계의 낮은 연령의 문항으로 계속 내려간다.
  - 세 문항 모두 (−)가 나오면 검사를 중지하고 그 지점을 최고한계선으로 한다.
  - (+)는 1점, (−)는 0점 처리하여 총점을 구한 후 백분위를 산출한다.
  - 각 문항에 대한 채점방법은 다음과 같다. (+)는 아동이 정확하게 반응하였을 경우, (±)는 아동의 반응이 일관성이 없거나 애매한 경우, (−)는 아동의 반응이 틀렸거나 아동이 시도하지 않은 경우다. 그리고 검사지 문항번호와 제목 옆에 '(3/4)'라는 표시는 그 문항의 채점 준거로서, 4개의 하위항목 중 3개의 하위항목 이상에서 '(+)'를 받아야 한다는 의미다.
- 특이사항: 언어발달지체 여부뿐만 아니라 수용 · 표현언어 그리고 의미 · 구문 · 화용론 등의 포괄적인 정보를 얻을 수 있다.

(6) 수용 · 표현어휘력검사(REVT)

- 검사목적: 수용어휘와 표현어휘 능력을 측정한다.
- 검사대상: 만 2세 6개월~만 16세 이상 성인을 대상으로 하며, 그 밖에 다양한 요인으로 인해 어휘발달지체가 예상되는 사람에게 실시할 수 있다.
- 검사절차
  - 일반적으로 표현어휘검사를 먼저 실시한다.
  - 6세 미만은 연습문항 A, B, C 그리고 6세 이상은 D, E를 실시한다. 만약 연습문항에서 대상자가 틀리게 반응하면, 정확한 답을 알려 준 후 맞는 반응을 할 때까지 반복해 준다.
  - 해당 연령대의 시작 문항부터 검사를 하여, 너무 쉬운 문항을 계속 검사하는 것을 피하도록 한다.
  - 기초선 설정은 연속해서 8개 문항을 맞출 경우에, 최고한계선은 연속된 8개 문항 가운데 6개를 틀린 경우로 한다. 최고한계선이 나타나지 않을 경우에는 끝 문항까지 실시한다.
  - 표현언어검사 시 정답과 유사한 경우에는 추가질문을 하여 정반응을 유도할 수

있다(예, 다른 말로는 뭐라고 하지요?). 그러나 목표어휘를 설명하거나 첫 음소나 음절을 말해 주지는 않는다.

– 수용언어검사 시에는 목표어휘 이외의 어떤 말도 추가적으로 제공하지 않는다. 정답은 '+', 오답은 '–'와 함께 오반응 번호를 함께 기록한다.

– 반응시간은 약 10~15초를 허용한다.

– 각 문항은 1점씩 배점하여, 기초선보다 낮은 문항은 모두 맞은 것으로, 최고한계선보다 높은 문항들은 틀린 것으로 간주하여 원점수를 산출한다(원점수는 최고한계선 문항번호에서 틀린 문항 수를 뺀 것이다).

• **특이사항**: 품사별 분석이 가능하여 어휘발달에 대한 구체적인 정보를 얻을 수 있다.

문항번호	문항내용	정답	검사일	문항번호	문항내용	정답	검사일
A	사과	1	1	28	밷다	3	4
B	다리	4	4	29	파괴하다	3	3
C	책	2	2	30	웅	3	NR
D	가위	2		31	골공치	2	NR
E	연필	4		32	재다	2	NR
1	바퀴	3	3⊙	33	따르다	1	1
2	주전자	3	2-	34	삽	2	3
3	소	4	4⊙	35	기둥	4	
4	사다리	1	1⊙	36	채소	1	
5	시끄럽다/시끄러운	4	4⊙	37	따뜻하다/따뜻한	3	
6	별똥	1	2-	38	묶다	3	
7	요리사	2	2⊙	39	망원경	4	
8	바르다	3	4-	40	찍파하다	3	
9	설거지하다	2	3-	41	가득하다/가득한	1	
10	접시	3	3⊙	42	깍다	3	
11	신다	2	2⊙	43	농부	1	
12	소방관	3	3⊙	44	곡식	1	
13	뚜껑	3	1-	45	마르다/마른	3	
14	놀라다	3	3	46	실망하다/실망스럽다	3	
15	국자	2	3-	47	쓰다듬다	4	
16	혀	2	2⊙	48	외투	3	
17	넥타이	2	3-	49	철봉	2	
18	집	1	1-	50	궁궐	4	
19	잠자리채	4	3-	51	씹다	2	
20	닫기다	3	4-	52	술	4	
21	연기	1	3-	53	집배원	4	
22	젖다	3	3	54	둥지	4	
23	피리	3	3	55	겨루다	2	
24	던지다	2	2	56	한권	3	
25	무릎	2	2	57	소근거리다	1	
26	물	2	2	58	엿보다	4	
27	구르다	4	2	59	환자	3	

* 수용 어휘 검사만 실시하는 경우 표현 검사의 시작문항을 따른다.
2-4세: 1번, 5-6세: 16번, 7-9세: 46번, 10-12세: 91번, 13세 이상: 121번

시작연령	문항번호	목표 단어	1차 반응	2차 반응	3차 반응
6세 미만	A	손	○		
	B	차	북	차	
	C	컵	컵		
6세 이상	D	다리			
	E	책			
2세~4세	1	냉장고	+	냉장고	
	2	할아버지	+	할아버지	
	3	컴퓨터	–	티비	티비	오기겜...
	4	미끄럼틀	+	미끄럼틀	
	5	연필	–	번쩍물	크레파스	NR
	6	앉아있다	+	앉아서	
	7	이/이빨	–	치카	입	입
	8	고추	+	얘기	고추
	9	구름	+	구름	
	10	타다	–	타료	
	11	춥다/추운	–	눈	추워
	12	오르다/올라가다	–	계단	NR	NR
	13	싸우다	–	NR	NR	친구
	14	과자	+	까까	르자
	15	바다	+	바다	
5세~6세	16	시소	–	놀이터	그네	놀이터
	17	놀이터	+	놀이터	
	18	병아리	+	삐약	병아리
	19	칫솔	–	치카	치카	NR
	20	주다	–	NR	NR	오고있어요
	21	경찰	–	빼뚤빼뚤	아저씨	NR
	22	무겁다/무거운	–	택배	영차	택배
	23	네모	+	네모		

[그림 4-2] **REVT 검사 실시(예시)**

- 아동의 연령은 검사일에서 생일을 뺀 일수다. 검사에 따라 15일 이상을 반올림하기도 하고 버리기도 한다.
- 검사 실시 전에 일상적인 질문을 두세 가지 정도 하거나 장난감을 이용하면서 아동과 친밀감을 형성하도록 한다.
- 본 검사에 들어가기 전에 반드시 연습문항을 통해 검사과정을 익히도록 한다.
- 제시하는 질문 내용에 대한 부연설명 등은 하지 않는다.
- 아동이 보는 앞에서 아동의 응답을 'O, X'로 표기하지 않는다.
- 20초 정도의 시간이 지나면 무응답으로 간주하고 다음 문항으로 넘어간다.
- 검사환경은 산만하지 않고 조용하고 안정적이고 밝은 곳이 좋다.
  - 기초선: 아동이 기초선 이전의 낮은 단계 문항들은 모두 맞출 수 있다는 확신하에 모두 맞은 것으로 간주한다. 너무 쉬운 문항을 검사하는 시간을 절약한다.
  - 최고한계선: 아동이 그 이상의 높은 문항들은 모두 못 맞출 것이라는 확신하에 최고한계선 이상의 문항은 모두 틀린 것으로 간주한다.
  - 백분위[8]점수: 아동이 획득한 점수가 동 연령대 아동들 중에서 어느 정도에 해당하는지를 제시해 준다. A 아동의 백분위 점수가 95%라면 이는 해당 검사에서 상위 5%에 해당하는 위치에 있다는 것을 의미한다.
  - 등가연령: 생활연령과 상관없이 아동의 원점수가 어떤 연령 수준인가를 보여 준다.
  - 원점수: 원점수는 검사에서 정확하게 반응한 문항들의 수를 의미한다. 그러나 원점수는 많은 정보를 제공해 주지 못한다(신종호 외, 2006).

2) 자발화검사

자발화검사는 비표준화검사로서 아동의 평상시 언어수준을 알 수 있으며, 아직 의미 있는 언어를 사용하기 이전 아동의 언어발달수준을 알 수 있다. 교사는 자발화검사를 통해 보고자 하는 영역별로 발달수준을 알 수 있으며, 몸짓언어를 비롯한 비구어적

---

8 백분위(percentile)는 표준화검사에서 가장 일반적으로 보고되는 점수로서(신종호 외, 2006) 아동의 언어발달 수준을 가장 정확하게 보여 주는 지표다.

의사소통발달 정도도 평가할 수 있다. 표준화된 검사도구를 실질적으로 사용할 수 없는 장애아동의 언어수준을 평가하는 데 있어서 자발화의 분석은 매우 유용하다. 무엇보다도 표준화된 검사는 대개 교육목표를 수립하는 데 필요한 정보를 충분하게 제공해 주지 못한다는 단점이 있다. 그에 비해 자발화검사는 구체적인 교수목표, 특히 학생의 일간 혹은 주간 진보 정도를 점검할 때도 사용될 수 있다는 장점을 갖는다(서선진 외 역, 2010). 그러나 자발화검사는 일상생활에서 아동이 사용하는 말을 평가한다는 점에서는 매우 적합하지만, 말 표본을 얻는 것이 항상 쉽지만은 않을 뿐만 아니라 시간과 노력이 많이 소요된다는 단점이 있다. 특히 아동이 의도적인 특정 단어 혹은 발화 자체를 회피할 수 있다는 문제점이 나타날 수 있다.

자발성은 대화 상황과 상대자에 따라 다를 수 있으므로 여러 사람과의 대화와 다양한 장소에서 수집하는 것이 필요하다. 따라서 검사자와 아동 간의 친밀감 형성은 무엇보다도 중요하다. 자발화 수집방식은 자유놀이, 대화, 이야기 등이 있으며, 가장 이상적인 것은 아동과의 대화를 통해 연속적인 자발화를 수집하는 것이다. 그러나 그것이 여의치 않을 때에는 그림을 보고 대화를 유도할 수도 있다. 임상에서는 인터뷰 형식의 대화와 그림을 보고 이야기하기 방식이 주로 사용된다. 어떤 방법으로 말 표본을 수집할지는 아동의 연령과 언어수준에 따라 결정하여야 한다. 연구의 목적에 따라 발화 수와 시간은 차이가 있을 수 있다. 김영태(2002)는 말 표본의 크기는 일반적으로 50~200개의 발화가 적당하고, 녹화시간은 30분 정도가 적합하다고 본 반면, 맥린과 스나이더-맥린(McLean & Snyder-McLean, 1978)은 말 표본의 크기를 50~100개로 제안하고 있다(서선진 외 역, 2010). 말-언어 표본 수집의 수나 수집방법 등은 대상 아동의 연령과 언어발달 수준에 따라 차이가 있다. 일반적인 절차는 다음과 같다(김영태, 2002; 서선진 외 역, 2010).

(1) 표본 수집절차

- 친숙하게 상호작용할 수 있도록 부분적으로 구조화된 놀이 상황을 만든다.
- 자발화 표본을 얻기 어려운 경우에는 사전에 친숙한 장난감이나 사진 등을 사용하여 대상 아동의 다양한 반응을 이끌어 낼 수 있도록 한다.
- 발화를 녹화한다. 만약 비디오 장비가 구비되지 않은 경우에는 녹음기에 언어표본을 녹음하고 관찰자가 발화의 맥락을 기록한다.
- 대화 발화 시 주의사항은 다음과 같다.

−과도하게 말을 많이 하거나, "이건 뭐야?" 혹은 "인형 옷 색깔은 뭐야?"와 같은 질 문을 하여 아동의 발화를 구조화하는 것은 피해야 한다.

−아동의 표현에 대해 질문을 하거나 모방을 강요하는 것은 피해야 한다.

−그림을 보고 이야기하는 방식으로 발화를 수집할 때 아동의 발화가 시작되지 않 을 경우에는, 예를 들면 "어? 선생님도 동물원에서 이거 봤는데…." 등의 독백으 로 시작하는 것이 좋다.

−검사자는 가능한 한 질문을 자제한다. "네가 한 말을 다른 말로 해 볼래?" 또는 "너의 말은 ○○○라는 거지?" 등의 질문보다는 아동의 발화에 대해 "그래서 어 떻게 되었는데?"와 같은 반응으로 발화를 유도하는 것이 더 적절하다.

−검사자의 발화는 아동의 발화를 촉진하기 위한 정도로 맞추어져야 하며 아동의 발화수준에 적합하여야 한다. 이때 구어적인 "아, 그렇구나." 또는 "그래서?"와 같은 반응과 고개를 끄덕이거나 미소를 보이는 긍정적인 비구어적 태도를 효과 적으로 투입하여야 한다.

−아동이 말을 멈추거나 계속해서 휴지가 이어질 때 검사자는 너무 민감하게 반응 하지 않되, 아동의 발화를 유도해야 한다. 이 휴지상태에서 검사자는 "아, 재미 있었겠다. 선생님도 놀이동산 가고 싶은데…."와 같은 혼잣말 또는 "아, 그래서 ○○가 화가 났구나." 등으로 아동의 발화를 반복해 줄 수 있다.

• 녹음한 것을 가능한 한 빨리 전사한다.

• 개별 발화 목록을 작성한다.

(2) 자발화 표본의 전사

언어표본을 기록하는 방법으로는 즉석에서 받아쓰는 방법, 오디오 녹음 후 전사하는 방법 그리고 영상 촬영 후 전사하는 방법이 있다. 즉석에서 전사하는 방법은 발화가 많 지 않은 경우에만 한정적으로 가능하다는 단점이 있다. 오디오 녹음은 발화와 함께 동 반된 몸짓이나 태도 등을 놓칠 수 있다는 문제가 있다. 영상 촬영은 촬영자가 따로 있 거나 아동이 고정된 자리에만 있어야 한다는 단점과, 말의 명료도가 오디오 녹음보다 떨어진다는 단점을 가지고 있다(김영태, 2002). 최근에는 별도의 비디오나 오디오 장비 없이 스마트 기기를 활용한 동영상 촬영이 임상에서 많이 이루어지고 있다. 전사는 1주 일 이내에 하는 것이 바람직하며, 일반적으로 대화를 시작하기 위한 앞부분은 분석에 서 제외한다.

(3) 발화 구분 원칙

발화의 구분은 연구자에 따라 차이가 있는데, 일반적으로 말의 시작과 끝에 휴지가 있고 문미억양구, 경계억양이 나타나거나 화자가 바뀌는 경우로 한다(김태경 외, 2006). 발화를 구분하는 데 있어서는 〈표 4-7〉과 같은 원칙들이 일반적으로 적용된다(김영태, 2002; 박지윤, 석동일, 2007).

〈표 4-7〉 발화의 구분 원칙

발화의 구분 원칙	예시
말차례가 바뀌지 않았으나 종결어미, 종결억양, 휴지의 출현 그리고 내용의 완결성이 있을 경우 발화로 구분한다.	비오면 못 놀아? 왜? 발화 1: 비오면 못 놀아 발화 2: 왜
2회 이상 동일한 발화가 단순반복되었을 때는 최초 발화만 분석한다.	빵, 빵, 빵, 빵, 빵 주세요 발화 1: 빵 주세요
자기수정을 하였을 때는 최종 수정된 발화만 분석한다.	이거 아니 저거 줘 발화 1: 저거 줘
시간의 경과(3~5초 이상)나 두드러진 운율의 변화, 주제의 변화가 있을 때는 발화 수를 나눈다.	너 진짜, 선생님! 발화 1: 너 진짜 발화 2: 선생님
같은 말이라도 다른 상황이나 문맥에서 표현되거나 새로운 의미로 표현되었을 때는 발화 수를 나눈다.	(사진 속 엄마를 가리키며) 엄마! (이때 엄마가 들어오자) 엄마! 발화 1: 엄마 발화 2: 엄마
습관적으로 사용하는 간투사는 분석에서 제외한다. 간투사를 많이 쓴 아동에 대해서는 표본 자료의 10%에 해당하는 발화까지만 간투사를 포함해서 분석하고 나머지는 괄호 처리하여 분석에서 제외한다.	음 그니까 내가 할 거야 그니까 내가 혼자 한다고 발화 1: 내가 할 거야. 발화 2: 내가 혼자 한다고
'아' '오' 등의 감탄하는 소리나 문장을 이어 가기 위한 무의미 소리들은 분석에서 제외한다.	아~ 밖에 나가 아~~~ 발화 1: 밖에 나가
노래하기, 숫자세기 등과 같이 자동구어는 발화로 구분하지 않고 분석에서 제외한다.	(블럭을 쌓으며) 하나 둘 셋 넷♪♩♬ 나 잘 했지? 발화 1: 나 잘했지?
불명료한 발화나 의미파악이 어려운 중얼거림 또는 의미가 없는 단순반응 등의 말은 제외한다.	뿌두뿌두뿌두 이거 뭐야? 발화 1: 이거 뭐야?

　이처럼 발화는 말차례 교대뿐만 아니라 운율의 변화, 주제의 변화 혹은 어떤 발화가 종결될 때 나타나는 특징적인 억양이 발화의 경계가 된다(이봉원, 2015).

(4) 자발화 분석

① 평균발화길이

　평균발화길이(MLU)는 초기언어 발달단계에서 표현언어발달과 문법능력을 평가하기 위한 척도로 가장 많이 쓰이는 단위다. MLU를 분석할 때에는 '아' '오' '음' '어' 등과 같은 감탄사나 무의미한 발화는 제외하는 것이 일반적이다. MLU는 형태소, 낱말, 구문 단위 등으로 산출하여 분석할 수 있다. MLU-m(morpheme)은 평균형태소길이로서 전체 형태소의 수를 총 발화의 수로 나눈 것이다. 이 값이 증가한다면 문장의 길이가 길어지고 구조적으로 복잡해진다는 것을 의미한다. 예를 들면, "학교 가."라는 문장의 MLU-m은 2개이고, "학교에 가."는 3개, 그리고 "학교에 갔어."는 5개의 MLU-m을 갖는다. 이는 뒷 문장에 '-을, -었'과 같은 형태소가 붙어서 앞 문장보다 형태적으로 복잡성이 증가했음을 보여 준다. 이와 같이 아동의 문법 능력 발달은 MLU-m의 증가를 통해 추측할 수 있다(최미숙 외, 2008). 그러나 MLU-m은 초기언어발달의 중요한 기초 자료는 될 수 있으나 후기 단계에서는 의미 있는 지표가 되기 어렵다(〈표 4-8〉 참조).

　반면에 MLU-w(word)는 평균낱말길이[9]를 말한다. 만약 조사와 어미를 모두 단어로 인정하지 않는 관점에서 본다면, "나 학교 가."와 "나는 학교에 갔어."는 MLU-w 값이

〈표 4-8〉 **MLU-m 분석의 예시**

교사발화	아동발화	형태소 분석	형태소 수
경근아	응	응	1
뭐 하는 그림일까?	아빠랑 밥 먹어	아빠+랑+밥+먹+어	5
아빠만?	동생도 동생도 함께	동생+도+함께	3
엄마는?	아니	아니	1
그럼?	엄마도 같이	엄마+도+같이	3
MLU-m= 13/5			

9　MLU-w 값은 연구자가 어디까지를 낱말로 볼 것인지에 따라 달라진다. 〈표 4-9〉에서는 어절을 단어로 보는 관점에 따랐다(제3장 참조).

〈표 4-9〉 **MLU-w 분석의 예시**

교사발화	아동발화	형태소 분석	형태소 수
경근아	왜요	왜요	1
어제 뭐 했어?	할머니 집 갔어요	할머니+집+갔어요	3
	용돈도 받았는데	용돈도+받았는데	2
	선생님 돈 많아요?	선생님+돈+많아요?	3
아니	난 돈 많아요	난+돈+많아요	3
MLU-w= 12/5			

같다. 그러나 조사 또는 어미를 독립된 단어로 볼 경우 그 값이 달라진다.

　평균구문길이(Mean Syntactic Length: MSL)는 한 개의 낱말이나 형태소로 이루어진 발화는 제외하고, 2개 이상의 낱말이나 형태소로 이루어진 발화만을 분석하여 그 발화들에 포함된 낱말의 수나 형태소의 수를 발화 수로 나누어 평균을 구한 것이다(이희정, 김영태, 1999). 다음 〈표 4-10〉은 MSL-m 분석의 예시다.

〈표 4-10〉 **MSL-m 분석의 예시**

교사발화	아동발화	형태소 분석	형태소 수
경근아	응		
뭐 하고 있어?	경근이 꽃 그렸어요.	경근+이+꽃+그리+었+어요	6
	이렇게 망쳤어요.	이러하+게+망치+었+어요	5
예쁜데?	봐봐	보+아+보+아	4
아니야, 예뻐	내가 또 할게	내+가+또+하+ㄹ+게	6
MSL-m= 21/4			

- MLU-m(morpheme): 각 발화의 형태소 수의 합 ÷ 총 발화의 수
- MLU-w(word): 각 발화의 낱말 수의 합 ÷ 총 발화의 수
- MSL-m: 두 개 이상의 형태소로 된 각 발화의 형태소 수의 합 ÷ 두 개 이상의 형태소로 된 총 발화의 수
- MSL-w: 두 개 이상의 낱말로 된 각 발화의 낱말 수의 합 ÷ 두 개 이상의 낱말로 된 총 발화의 수

출처: 이희정, 김영태(1999).

② CIU

CIU(Correct Information Unit)는 문맥상 명료하며 주제 혹은 과제에 적합하고 정확한 정보를 제공하는 낱말을 말한다(권미선 외, 1998). 분석단위가 낱말이기 때문에 전체 낱말 사용 수와의 비교가 가능하다. 주로 실어증이나 노인층 화자의 발화 정보 전달력을 알아보는 데 유용하다(이옥분 외, 2011).

〈표 4-11〉 CIU 요소별 정의 및 산출 공식

척도	정의	산출 공식
분당 낱말 수	• 내용 또는 명료도와 관계없이 모든 낱말 수를 세어 1분당 낱말 수로 환산 • 발화 속도를 측정	총 낱말 수÷총 발화시간(분)
분당 어절 수	• 내용 또는 명료도와 관계없이 모든 어절 수를 세어 1분당 어절 수로 환산 • 발화 속도를 측정	총 어절 수÷총 발화시간(분)
총 CIU 수	• 전체 발화에서 알아들을 수 있을 정도의 명료도를 가지며, 주제 및 과제에 적절하고 올바른 정보를 제공하는 낱말 수 • 정보 전달량 및 정보 전달 효율성 산출을 위한 기초자료	시간 제약 없이 산출 가능한 전체 CIU의 수
CIU 비율	• 전체 발화 대비 정보 전달 효율성 파악을 위한 척도 • 전체 낱말 중 내용 상 적절하고 올바른 정보를 제공하는 낱말의 비율	(CIU 수÷총 어절 수)×100
분당 CIU 수	• 시간 대비 정보 전달 효율성 파악을 위한 척도	CIU 수÷총 발화시간(분)

출처: 권미선 외(1998), 전영미, 김화수(2015)에서 재구성.

③ 어휘다양도

어휘다양도(Type-Token Ratio: TTR)는 얼마만큼 다양한 낱말을 사용하는가를 측정하는 방법으로서 이를 통해 의미론적 발달을 알 수 있다. TTR은 표본에서 총 낱말 수에 대한 다른 낱말 수의 비를 말한다(장경희, 전은진, 2008). 물론 여기서도 낱말을 어떻게 정의하느냐에 따라 분석방법이 달라진다. 예를 들면, "오늘은 친구랑 뿡뿡이를 탔다." 라는 발화는 '오늘, 은, 친구, 랑, 뿡뿡이, 를, 타다'로 분석할 수도 있고, 조사와 어미를 단어로 보지 않는 관점에서는 '오늘' '친구' '뿡뿡이' '타다'로만 분석할 수도 있다. TTR

은 언어발달과정에서의 심층적인 어휘력 발달 수준을 측정할 수 있다는 장점을 갖는
다. 다음의 예를 보면서 이해해 보자.

〈표 4-12〉 **TTR 분석의 예시**

교사발화	아동발화	총 낱말 수	다른 낱말 수
오늘 기분 어때?	오늘 슬퍼요.	2	2
은별이 왜 슬퍼?	은별이 슬퍼요. 산타할아버지가 안 왔어요. 그래서 펑펑 울었어요. 정말 슬퍼요.	10	8
그렇구나.	괜히 잤어요. 산타할아버지 나빠요.	4	3
	TTR= 13/16		

예문에서 보는 바와 같이, 발화에서 사용하는 총 낱말 수(Total Number of Words:
TNW)가 갖는 의미보다는 사용한 총 낱말 중에서 다른 낱말의 사용 비율이 얼마나 되는
지를 알아보면 보다 심층적인 어휘력을 측정할 수 있다.

자발화 분석에서 중요한 것은 검사자(관찰자) 간의 일치도다. 일반적으로 전체 발화의
약 25%에 해당하는 자료에 대하여 최소 두 명의 평가자는 각각 독립적으로 분석하고자
하는 발화를 계산한다. 이후 그 일치도를 구하게 되는데, 공식은 다음과 같다.

$$\frac{\text{일치한 반응의 수}}{\text{일치한 반응의 수} + \text{일치하지 않은 반응의 수}} \times 100$$

표준화검사와 자발화검사는 서로 다른 장단점을 가지고 있다. 검사는 아동의 연령과
발달수준 등을 고려하여 결정하되, 많은 경우에는 목적에 따라 표준화검사와 자발화
분석을 더불어 시행하기도 한다.

〈표 4-13〉 **표준화검사와 자발화검사의 비교**

표준화검사	자발화검사
• 정적인 상황에서 이루어짐.	• 실제적인 언어능력 파악이 용이함.
• 검사 시간의 효율성이 좋음.	• 검사목적에 따라 다양하게 적용할 수 있음.
• 자료 수집의 용이함.	• 자연스러운 상황에서의 정보 수집 가능
• 언어 측정에 대한 신뢰도가 높음.	• 발화의 질적 분석 가능
• 반복적인 검사 실시 가능	• 표현언어와 대화기술 파악 용이함.
• 검사 실시와 분석이 간단함.	• 장애정도와 상관없이 모두에게 실시 가능
• 객관적 진단 및 평가 자료로 활용됨.	• 시간과 노력이 많이 소요됨.
• 실제 언어사용에 대한 정보 수집 어려움.	• 개별화계획 수립 시 평가지표로 활용

제**2**부

의사소통장애의 유형별 특성 및 지도방법

오스틴(J. Austin)은 "말은 행위다."라고 하였다. 이 말은 의사소통이 '행위'와 동일한 기능을 가지고 있다는 것을 의미한다. "조용히 해라."라는 말만으로도 상대방의 입을 완력으로 닫게 하는 것 이상의 효과를 얻을 수 있다. 그래서 의사소통장애는 단지 언어적인 문제가 아니라 생활과 삶의 문제다. 우리는 상대방이 하는 말의 행위를 가지고 그 사람을 평가한다. 참으로 두려운 일이다.

누군가가 어눌하게 발음을 하면 그 사람의 생각도 어눌할 것이라고,
누군가가 더듬거리면서 말을 하면 생각도 영특하지 않을 것이라고,
누군가가 거칠고 낮은 목소리로 말을 하면 친절하지 않은 사람일 것이라고,
우리는 생각하고 판단한다.

교사라면 누구나 교실이라는 공간에서 주어진 시간에 최대한 많은 언어적 자극을 주고, 또래와 긍정적 상호작용을 촉진하며, 적절한 중재방법을 선택하고자 노력할 것이다. 교사는 수업을 준비하는 순간부터 수업을 마치고 돌아가는 아동의 뒷모습을 바라보는 순간까지 '지금 내가 하고 있는 것이 맞나?' '더 나은 방법은 없을까?' '개선되긴 했는가?'라는 생각이 머릿속에서 떠나지 않는다.

이제까지 의사소통장애는 치료사의 과제이지, 교사는 접근할 수 없는 영역이라고 생각하는 부분이 많았다. 그러나 기능적인 언어능력을 향상시키기 위해서는 아동이 속한 교육현장에서 언어중재가 이루어져야 하며, 이때 언어적 자극을 주는 사람이 바로 교사다.

제2부에서는 언어치료사가 아닌 교사수준에서 접근할 수 있는 지도전략 등을 중점적으로 살펴보고자 한다. 어떻게 하면 의사소통장애를 가지고 있는 아동을 잘 지도할 수 있을지를 「장애인 등에 대한 특수교육법」에서 하위유형으로 규정하고 있는 말·언어장애를 중심으로 정의와 원인, 분류, 진단 그리고 지도방법으로 나누어 알아본다.

제5장

단순언어장애

대부분의 아동은 특별한 이상이 없으면 별도의 언어지도를 받지 않아도 때가 되면 언어를 습득한다. 말이 조금 늦는다고 염려되었던 아동도 성장해 나가면서 또래와 거의 비슷한 정도로 언어습득을 하지만, 전체 아동의 6~8%에 해당하는 아동은 특별한 이유 없이 지속적으로 언어발달상의 문제를 보인다. 최근 이러한 아동의 숫자는 놀라운 속도로 급증하고 있다. 이 장에서는 단순언어장애의 개념과 특성 그리고 조기선별과 조기중재방법을 알아보고자 한다.

1. 단순언어장애의 정의

단순언어장애를 설명하기 위해서는 우선 언어발달지체와 언어발달장애에 대한 정의를 명확히 내릴 필요가 있다. 언어발달지체란 발달과정에서 언어영역이 시간상으로 지체되는 것을 말한다. 동일한 생활연령 집단과 비교하여 언어발달이 늦는 아동을 언어발달지체 아동이라고 한다. 언어발달지체는 뇌성마비와 같은 구조적 결함, 지적장애, 청각장애 또는 자폐와 같은 사회정서적인 요인으로 인하여 언어발달상에서 지체가 나타나는 경우를 모두 포함한다.

언어발달장애란 다양한 영역에서의 언어구조(음운론, 형태론, 구문론, 의미론, 화용론)에서 결함을 보이는 경우를 말한다. 아동이 사용하는 언어가 질적으로 기술할 수 있는 만큼의 특수성을 가지고 있고, 시간이 지나도 스스로 회복될 수 없는 언어구조상의 결함을 보이는 아동이 이에 해당한다. 언어발달지체와 언어발달장애는 초기 단계에서는 서로 비슷해 보이지만, 점차 다른 양상을 보인다.

반면에 단순언어장애(Specific Language Impairment: SLI)란 감각적·신경학적·정서적·인지적 장애를 전혀 가지고 있지 않고 언어발달에만 문제를 보이는 경우를 말한다. 앞서 언급한 언어발달지체나 언어발달장애와는 구분되는 새로운 개념이다. 단순언어장애를 가정하기 위해서는 일차적으로 다른 영역에서의 발달장애나 질병요인이 완전히 배제되어야 한다. 단순언어장애는 일차적으로 수용언어나 표현언어상의 심각한 결함을 보이는 발달적 언어장애이며, 동시에 언어발달상의 지체 현상을 가지고 있다.

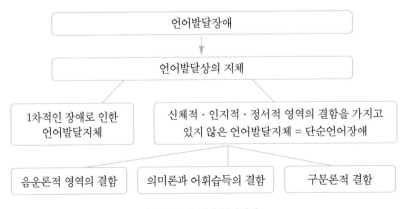

[그림 5-1] **단순언어장애**

출처: Kauschke & Siegmüller (2002).

2. 단순언어장애의 출현율 및 원인

1) 출현율

언어습득은 영아기와 유아기에 이루어야 할 발달과업 중 하나다. 대부분의 아동은 자연스러운 환경 속에서 특별한 조치가 없이도 모국어를 습득해 나간다. 5~6세 정도가 되면 복잡한 문법구조를 거의 성인과 비슷한 수준으로 구사하게 되는데, 유감스럽게도 모든 아동이 그렇지는 않다. 단순언어장애 아동을 포함한 언어발달장애 아동의 출현율은 연구자들마다 큰 차이가 있다. 특히 학령전기에 해당하는 아동의 언어발달검사 결과는 거의 일치점을 찾기가 어려운데, 예를 들면 하이네만과 회프너(Heinemann & Höpfner, 1992)는 3세 반에서 4세 아동을 대상으로 한 선별검사 결과 50%가 경도(輕度) 이상의 언어발달장애를 가지고 있다고 보고하였다. 그에 대해 그림(Grimm, 2002)은 확실하지 않고 신뢰할 수 없는 수치라고 반박하면서, 언어발달장애는 3세 아동을 대상으로 하였을 때 약 10%의 출현율을 갖는다고 주장하였다. 프롬과 그의 동료들(Fromm et al., 1998)은 유행처럼 급증하고 있는 언어발달장애 아동의 출현율은 통상적으로 3~20%로 넓게 분포되어 있으며, 이러한 차이는 검사 영역과 정의 범주에 따른다고 보았다. 실제로 언어발달지체와 언어발달장애의 명확한 구분 없이 사정했다면 출현율은 매우 높아질 수밖에 없다. 순수한 언어발달장애는 3%에 불과하다는 결과도 있다(Fromm et al., 1998). 폰 수호돌레츠(von Suchodoletz, 2007a)는 전체 아동의 약 5%가 표현언어에서 그리고 3%가 수용언어에서 언어발달장애를 가지고 있다고 보고하였다. 여러 연구결과들을 종합하여 볼 때, 독일어권의 경우 언어발달장애의 출현율은 6~8%가 가장 신뢰할 수 있는 수준이다(Grimm, 2002). 남녀 성비는 3:1로 남아가 높은 출현율을 보인다. 그림(Grimm, 2002)은 언어발달장애 가운데 단순언어장애는 1/3 정도를 차지한다고 보고하고 있다. 레너드(Leonard, 1998)에 따르면, 미국의 경우에도 언어발달장애 아동의 출현율은 약 7%로서, 언어발달장애는 보편적인 의사소통 결함의 하나다.

단순언어장애의 출현율을 평균적으로 제시하기는 쉽지 않다. 앞서 언급한 바와 같이 단순언어장애는 보고된 언어발달장애 아동 가운데 언어에만 결함을 보이는 아동들만을 다시 판별해야 하며, 그 중 기타 발달적 결함을 수반한 아동들을 제외시켜야 한다. 그런데 이제까지 보고된 단순언어장애 출현율은 언어발달지체/언어발달장애와 구분되는 별도의 단순언어장애 선별기준을 제시하고 있지 않거나 임의적인 판별기준들이 적용됨으로써, 실제로 단순언어장애의 출현율이라고 보기에는 무리가 있다. 따라서 현재로서는 단순언어장애의 출현율을 언어발달장애와 함께 추정할 수밖에 없다.

다넨바우어(Dannenbauer, 2001)에 따르면, 발달적 결함을 가지고 있지 않음에도 불구하고 2세가 되었는데도 50개 이하의 어휘를 갖고 있거나 이어문을 형성하지 못하는 아동은 전체 아동의 약 15% 정도에 해당한다. 그 가운데 약 50%는 late bloomer로서 학령기에 접어들기 전에 또래 아동과 비슷한 언어발달에 도달한다. 따라서 전체 아동의 약 6~8%에 해당하는 아동들만이 뚜렷한 원인이 없음에도 불구하고 표현언어와 수용언어에서 뚜렷한 지체를 지속적으로 보이는 단순언어장애를 갖는다(Tomblin, 1997; Grohnfeldt, 2003).

2) 원인

단순언어장애의 원인에 대해서는 밝혀진 바가 거의 없다. '단순언어장애'라는 용어가 1980년대에 처음 국제 학술지에 등장하면서(Kiese-Himmel, 1999), 많은 연구자들은 다른 영역에서는 문제를 보이지 않으면서 유독 언어발달에서만 문제를 나타내는 원인을 찾고자 하였다. 하이네만과 회프너(1992)는 1976~1977년에는 3~4세 아동 가운데 약 4%만이 언어발달상의 지체를 보인 반면에, 1997년을 기준으로 한 당시에는 25%에 달한다고 보고하면서, 이는 진단도구의 개발이나 변화된 판단기준으로 인한 것이 아니라 실질적으로 단순언어장애 아동의 수가 증가했음을 나타내는 것이라고 보았다. 어머니를 비롯한 가족관계, 대화 부족 그리고 TV나 인터넷과 매체의 과다 노출에 증가 원인이 있다고 보았으나, 이는 너무 단순한 결론이라는 지적을 받고 있다.

단순언어장애의 원인으로 추정되는 것은 유전적 요인, 신경생리학적 요인, 청지각의 낮은 수행능력, 청각적 단기기억의 결함 그리고 환경적 요인까지 매우 다양하지만, 명확한 원인이 밝혀진 것은 아니다.

(1) 유전적 요인

유전적 요인을 주장하는 입장에서는 일란성 쌍둥이와 단순언어장애 가족력을 조사한 결과, 말더듬과 같은 다른 언어장애와 마찬가지로 단순언어장애에도 유전적 성향이 있다고 본다(Zoll, 1999). 남아의 출현율이 여아와 비교하여 3~4배 정도 높으며, 형제

순으로 볼 때에는 첫째와 외동일 경우 출현율이 낮다. 그러나 어느 정도의 상관성이 있는지에 대해서는 밝히지 못하고 있다(Buschmann, 2009).

(2) 신경생리학적 요인

신경생리학적 요인을 주장하는 입장(Gauer et al., 1997)에서는 뇌전도(EEG) 검사와 고해상도 뇌영상검사 등의 결과 단순언어장애는 뇌의 조직과 기능의 활성화 측면에서 특이점이 있다고 보고 있다. 뇌의 편재화[1]가 이루어져 가는 과정상의 결함으로 설명하고 있으나, 마찬가지로 충분한 설득력은 갖추고 있지 않다.

(3) 정보처리과정

정보처리과정의 결함이라고 주장하는 입장(Kratzer & Schöler, 1992)에서는 단순언어장애 아동의 경우, 따라 말하기 과제(숫자/문장/기능적 단어)에서 낮은 수행능력을 보이는 것은 청각적 단기기억의 문제라고 보고 있다. 이러한 단기기억의 결함은 언어정보를 신속하게 처리하는 데 문제를 가져오며, 단순언어장애 아동은 접수된 언어를 처리함에 있어서 종합적인 전략보다는 부분적인 전략을 선호하는 경향이 있다(Grimm, 1999). 단순언어장애 아동이 비언어적 정보처리용량에서 결함을 보일 수 있다는 연구결과(이수연, 임동선, 2019)는 그들이 정보를 저장하고 조작하는 데 어려움을 보일 수 있다는 것을 시사한다.

(4) 환경요인

언어발달에서 환경요인의 중요성은 늘 강조되는 부분이다. 부모의 의사소통 태도와 풍부한 언어자극이 갖는 중요성에 대해서는 논란의 여지가 없다. 그러나 매우 불리하고 열악한 언어환경 속에서도 대부분의 아동의 언어발달은 매우 견고하다는 부분에 대해서는 생각해 볼 필요가 있다. 따라서 환경요인은 단순언어장애를 유발하는 원인이라기보다는 완급을 조절하는 요인으로 보는 것이 타당하다는 지적이다(Buschmann, 2009).

---

1 뇌의 편재화란 정보처리과정에 있어서의 대뇌반구의 차이를 말한다. 대뇌반구는 각각 다른 정보처리를 하도록 특성화되어 있는 것을 말한다.

3. 단순언어장애의 진단

1) 선별검사

　　단순언어장애의 구체적인 징후는 2세 전후로 나타나기 시작한다. 따라서 선별검사도 일반적으로 이 시기를 기점으로 하여 이루어진다. 단순언어장애 위험아동을 선별하기 위해서는 SELSI와 같이 부모를 대상으로 한 설문지 응답을 통한 간접검사나 그림어휘력검사 등의 직접검사를 통한 언어발달검사를 실시할 수 있다.

　　레스콜라(Rescorla, 1989)는 만약 아동이 다른 발달영역에서는 연령에 상응하는 발달을 하고 있음에도 불구하고 2세가 되어서도 50개 이하의 표현어휘를 가지고 있거나 두 단어 조합이 나타나지 않을 경우 단순언어장애를 의심할 수 있다고 하였다. 국내에서는 단순언어장애를 위한 별도의 진단도구가 개발되어 있지 않다. 독일의 예를 들면, 단순언어장애 선별을 위해 가장 많이 사용되는 ELFRA(Eltern Fragebogen)의 경우 ELFRA-1은 12개월 아동의 표현언어, 수용언어, 몸짓언어 및 소근육운동에서의 발달수준을 알아본다. ELFRA-2는 24개월 아동의 표현어휘와 초기 문법구조의 활용능력을 알아보는 설문지 검사다. 2세 아동이 총 260개의 단어 가운데 50개 이하의 어휘만을 습득하였다면 단순언어장애 위험아동으로 분류한다. 이때 아동의 개인적인 변수 등은 특별히 고려하지 않기 때문에 상대적으로 많은 아동이 위험아동으로 분류된다. 선별검사에서 위험아동으로 분류될 확률은 전체 아동의 약 20%까지로 상당히 높은 수준이다(Kany & Schöler, 2007). 그러나 그림(2002)이 밝히는 바와 같이 단순언어장애 진단을 위해서는 선별검사에서 어느 정도는 과잉선별을 감수해야 한다는 입장도 있다. 그러나 부모의 오류로 아동이 단순언어장애로 분류되는 것은 물론 바람직하지 않다.

〈표 5-1〉 SETK-2의 하위영역

하위영역	문항 예시
이해 I · 단어	'치즈' '가위' '옷장'과 같은 단어를 듣고 상응하는 그림을 고른다.
이해 II · 문장	'개가 달린다.' '새가 나무에서 노래를 한다.'와 같은 문장에 적합한 그림을 고른다.
산출 I · 단어	'열쇠' '연필'과 같은 사물 또는 '사과' '빗' 등과 같은 그림을 보고 명명한다.
산출 II · 문장	상황 그림카드를 보고 "아기가 자요." "엄마가 수영을 해요."라고 말한다.

2~3세 아동의 언어발달검사 도구로는 SETK-2가 많이 사용되는데, SETK-2는 크게 4개의 영역으로 구성되어 있다. 2세를 대상으로 하는 SETK-2 검사에서 위험아동으로 분류된 아동의 약 50%는 언어습득장애를 지속적으로 보였으며, 3~5세를 대상으로 하는 SETK-3-5 검사에서 총 6개 하위영역 가운데 5개 영역 모두에서 평균 이하의 점수를 보였다(Kany & Schöler, 2007). 이는 단순언어장애가 2세를 전후로 하여 어느 정도 선별이 가능하다는 것을 보여 주고 있다. 국내의 경우에는 4~60개월에 해당하는 영유아를 대상으로 건강검진이 이루어지고 있지만, 언어발달검사가 별도로 이루어지고 있지는 않다. 반면에 독일의 경우에는 21~24개월 아동은 건강검진에서 반드시 언어발달검사를 받도록 되어 있어서 조기에 언어발달장애 아동을 선별하는 데 매우 효과적이다.

2) 진단검사

단순언어장애의 경우에는 선별검사와 진단검사가 명확하게 구분되어 있지 않다. 앞서 언급한 바와 같이, 다른 장애를 동반하지 않고 언어 이외의 발달 영역에서는 문제를 보이지 않는, 즉 표현 또는 수용 언어상에서만 심각한 문제를 보이는 경우를 단순언어장애라고 진단한다. 단순언어장애는 이와 같은 전제조건을 충족함과 동시에, 일반적으로 언어발달상의 지체가 2년 이상 지속되는 4세경부터 진단된다. 3세 이후에 진단된다고 주장하는 연구(Rescorla & Schwartz, 1990)도 있지만, 아동에 따라 언어발달 속도가 다를 수 있고 단지 말이 늦을 뿐 언어장애를 가지고 있지 않은 아동들과 구별하기 위해서는 만 4세 이전에 단순언어장애의 공식적인 진단을 내리는 것은 피하는 것이 좋다.

그림(1999)에 따르면, 비언어성 검사에서 지능은 정상 영역(IQ>85)에 있어야 한다. 반면에 언어능력은 표준화된 언어검사에서 최소한 표준편차 -1.25 이하에 속하여야 한다(Leonard, 1998). 물론 비언어성 지능검사에서 85 이상이라고 명시한 것은 일반적인 진단적 범주이며, 지적장애를 가진 아동을 배제하기 위해 설정한 기준선이다. 언어검사에서의 -1.25 기준 또한 최소한의 기준선을 의미한다. 반면에 스타크와 탤럴(Stark & Tallal, 1981)은 동일한 생활연령에서 수용언어가 6개월, 표현언어가 1년 그리고 통합언어발달이 1년 이상 지체되는 것을 기준선으로 제시하고 있다.

ㅡ단순언어장애로 진단되기 위해서는ㅡ

• 지적장애나 자폐, 뇌성마비, 청각장애, 구강구조나 신경학적, 사회정서적 영역에서 결함을 가지고 있지 않다.
• 비언어성 지능검사에서 정상범주에 속한다.
• 표준화된 언어검사에서 표준편차 −1.25 이하에 속하는 정도의 발달지체를 보인다.

4. 단순언어장애의 특성

1) 'late talker'와 'late bloomer'

단순언어장애로 진단되기 위해서는 언어발달지체 현상이 전제되어야 한다. 언어발달지체는 다음 세 집단으로 구분된다.

• 늦게 말을 시작하고 배우는 아동들로서, 2세가 되어도 표현어휘량이 50개 이하에 그치는 집단
• 늦게 말을 시작하는 아동들로서, 말을 시작하는 시기는 늦지만 곧 지체 현상을 회복하는 집단
• 단순언어장애집단

첫 번째 집단은 'late talker'로서, 말을 늦게 시작하고 지속적으로 언어발달이 늦는 아

late talker는 '말 늦은 아동'으로 번역되며, 일반적으로 만 3세 이전에 표현어휘 발달에서 뚜렷한 지체가 나타나며 표준화된 언어발달 검사에서 −1SD 미만의 검사결과를 나타낸다. 단, 인지, 사회성 및 대·소근육의 운동능력이 정상적으로 발달하며 청각이나 신경학적 손상을 보이지 않는다는 것을 전제로 한다.

출처: 홍경훈, 김영태(2005).

동이다. 단순언어장애의 위험아동군이라 할 수 있다. 두 번째 집단은 'late bloomer'로서 언어습득 초기 단계에서는 말이 늦지만 대부분 일정한 시간이 지나면 정상적인 언어습득이 가능한 아동이다. 세 번째 집단은 단순언어장애로서 말의 시작과 발달이 늦을 뿐만 아니라 언어의 형식과 내용 그리고 기능 영역에서 결함을 보이는 아동으로서 지속적으로 심각한 언어장애를 보인다. late talker 중 일부는 지속적인 결함을 보임으로써 학령기 이전에 단순언어장애로 진단을 받게 되기도 한다. 그러나 아직까지도 많은 사람들은 단순언어장애가 의심되는 아동들(late talker)도 학령기에 접어들면 정상적인 언어습득을 하게 될 것이라고 믿는 경향이 있다. 바로 다음과 같은 사례다.

> 36개월이 되었는데도 한정된 단어만 사용하고 문장 형태가 나타나지 않는 유아를 만난 적이 있었는데, 유아의 어머니는 자녀의 늦은 언어발달을 걱정하고 치료를 받아야 하는가를 고민하고 있었지만 할머니는 막무가내로 화를 내시는 상황이었다. 할머니의 주장은 '멀쩡한 아이를 괜한 걱정 때문에 바보로 만든다'는 것이었다.

실제로 화이트허스트와 피셸(Whitehurst & Fischel, 1994)은 당시 2세에 단순언어장애 위험아동으로 분류되었던 22명의 아동 가운데 5세 6개월이 되었을 때 단 4%만이 어휘력의 제한을, 7%만이 문법결함을 보였다고 보고하였다. 할머니의 주장이 전혀 근거가 없는 것은 아니다. 그러나 최근 많은 연구들은 2세에 단순언어장애 위험아동으로 진단된 아동 가운데 30~50%만이 정상적인 언어습득을 한 것으로 보고하고 있다. 그 가운데 가장 흥미로운 연구는 뮌헨에서 이루어진 작세(Sachse, 2007)의 종단연구 결과다. 당시 위험아동으로 분류된 50명의 2세 아동을 1년 후 추적조사한 결과 34% 아동이 정상 언어발달에 속하고, 32%는 최소한 1개의 하위영역에서 평균 이하의 언어발달을 보였으며, 34%는 여전히 언어발달지체 영역에 속해 있었다. 특히 일반아동의 경우 17%가 조음장애로 진단된 것에 비하여 2세에 단순언어장애 위험아동으로 진단되었던 아동의 조음장애 진단은 50%에 달했다.

또 다른 추적조사(Paul et al., 1997)에 따르면, 당시 late talker로 분류되었던 아동들의 경우 초등학교 저학년에서는 일상적인 대화에서 큰 차이가 관찰되지 않았으나, 표준화된 언어발달검사에서는 일반아동집단과 비교하여 유의한 차이가 있는 것으로 나타났다. late talker 집단은 고학년과 청소년기에 접어들어서도 일반아동집단과 비교하여 어휘와 문법 그리고 음운론적 기억 영역에서 유의한 차이를 가지고 있다는 보고(Penner et al., 2005) 등을 미루어 보아, 말이 늦는 아동은 언어발달과정에서 지속적으로 결함을 가질 가능성이 높다.

> 모든 late talker가 단순언어장애 아동으로 진행되는 것은 아니다.
> 그러나 단순언어장애 아동의 대부분은 late talker 집단에서 생겨난다.

late bloomer와 late talker의 예후를 설명해 줄 수 있는 정확한 요인은 밝혀진 바가 없다. 어떤 경우에 정상적인 언어발달을 하고 어떤 경우에 지속적인 단순언어장애로 남게 되는지에 대한 연구가 계속되고 있는 가운데, 다음과 같은 요인들이 가정되고 있다(Von Suchodoletz, 2004; Sachse, 2007).

- 언어발달의 지체나 읽기·쓰기 장애에 대한 가족의 섣부른 부담감
- 수용언어능력의 지체 동반 여부
- 비구어적인 인지능력
- 부모의 교육수준

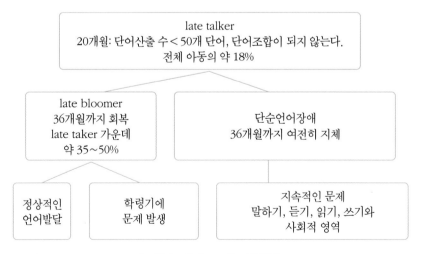

[그림 5-2] late talker의 진행

출처: Kauschke (2003).

작세(2007)에 따르면, SETK-2 검사에서 단어이해능력의 결함을 보인 아동의 경우에는 80%가 SETK-3 검사에서도 단순언어장애로 분류되었다. 이는 수용언어능력의 결함이 동반되는지, 아니면 표현언어에서만 지체를 보이는지가 단순언어장애로의 예후를 결정하는 데 중요한 요인이라는 것을 보여 준다. 마찬가지로, 어머니의 교육수준이 낮은 경우에는 약 50%가 SETK-3 검사에서 단순언어장애로 분류되었으며, 비구어적 인지능력과 행동적 특성 등도 고려할 수 있는 요인이라고 본 반면에, 단어산출량은 판단할 수 있는 기준이 될 수 없다고 하였다.

2) 학업 및 정서적 특성

단순언어장애 아동의 학업수행능력에 대한 결과를 보기 위해서는 종단연구가 이루어져야 하는데, 유감스럽게도 그에 대한 연구결과가 많지 않다. 그러나 읽기와 쓰기 영역에서의 낮은 수행능력이 자주 보고되고 있다(Rescorla, 2002). 즉, 학령기 이전에 단순언어장애를 진단받은 아동의 많은 경우에서는 학령기에 읽기장애나 학습장애로 진단받는 경우가 많다. 의사소통 결함은 대부분 사회·정서 영역에 영향을 미친다는 것을 감안할 때 어느 정도 정서적 측면에서의 문제도 예측할 수 있다. 낮은 사회적응력, 사회성의 결함, 소극적 태도, 수면장애, 주의집중의 부족, 과잉행동 등이 보고되고 있지만(Paul, 1991; Irwan et al., 2002), 앞서 언급한 바와 같이 일반화하기에는 연구의 양이 턱없이 부족하다.

그러나 여기서 중요한 것은 마치 단순언어장애가 언어발달만 지체되는 경우라고 생각하기 쉽지만, 실제로 단순언어장애는 전형적인 발달상의 변화를 의미한다는 것이다. 초기에 관찰되는 단순언어장애의 특성은 아동의 연령이 증가하면서 다른 특성으로 대체되는 경향을 보이는데, 초기의 언어발달상의 결함은 학령기에 접어들면서 학업 영역에서의 결함으로 나타난다. 읽기와 쓰기뿐만 아니라 수학·사회·과학과 같은 영역에서도 문제를 보이는데, 그것은 언어가 교과학습의 수단이 되기 때문이다. 단순언어장애에서 나타나는 특성은 〈표 5-2〉와 같다.

⟨표 5-2⟩ 발달장애로서의 단순언어장애

연령	대표 증상
1세	음절의 장단/고저 또는 리듬적인 영역에서의 결함이 나타남.
2~3세	어휘습득의 지체(표현언어가 50개 이하) 현상이 나타남.
4~6세	문법적 오류가 현저하게 나타남.
학령기	• 문장에서 오류가 명백하게 나타남. • 구사하는 말이 단순하고 융통성이 없음. • 읽기 영역에서 문제를 보이고 독해능력이 떨어짐. • 인지능력과 사회정서적 영역에서 문제를 보임. • 학업 영역에서의 결함 • 사회적 기술 및 행동 영역의 결함

출처: Weinert (2003).

3) 언어적 특성

아동기 언어장애의 대표적인 유형인 단순언어장애는 일차적인 장애를 가지고 있지 않으면서도 언어를 습득하고 발달시키는 과정에서 현저한 언어적 결함을 보이는 경우를 말한다. 단순언어장애 아동이 결함을 보이는 언어영역은 구체적으로 다음과 같다.

(1) 언어습득의 지체

단순언어장애 아동들은 대부분 늦게 말을 하기 시작한다. 얼마만큼 늦는가는 개인차가 매우 크다. 앨런과 래핀(Allen & Rapin, 1980)에 따르면, 의사소통을 하기 위한 목적으로 단어들을 처음 사용한 시기는 훗날 언어치료 효과에 대한 예후를 결정하는 중요한 요인이 된다. 일반적으로 초기에 습득한 어휘의 양은 일반아동과 비교하여 매우 적을 뿐만 아니라, 시간이 지나면서 정체되거나 오히려 말을 하지 않게 되었다고 부모들은 보고하기도 한다. 일반아동의 경우 2세 전후에 나타나는 어휘폭발기도 단순언어장애 아동의 경우에는 뚜렷하게 관찰되지 않는다. 2세가 되어도 몇 개의 단어만으로 의사소통을 하는 데 그치거나, 몸짓이나 손가락으로 가리키는 비구어적 의사소통을 선호한다. 3세가 되어서야 비로소 두 단어 조합, 세 단어 조합이 나타나기 시작한다. 수용언어에서의 지체가 함께 나타나기도 하는데, 단순언어장애 아동의 20~40%가 수용언어와 표현언어 모두에서 지체를 보인다(Buschmann, 2009).

(2) 음운론적 영역

대부분의 단순언어장애 아동은 외부 사람들이 아동의 말을 이해하는 데 어려울 정도로 발음에 문제를 보인다. 부정확한 발음 때문에 다른 영역에서의 결함이 눈에 띄지 않을 만큼 조음장애는 두드러진다. 이들은 기질적으로는 문제가 없음에도 불구하고, 문장 내에서 음운상의 오류를 자주 보이는 특성이 있다. 즉, 음운규칙과 음운변동 현상을 이해하고 정확하게 발음하는 데에 어려움을 갖는 것이다. 그러나 취학 전에 언어치료를 받을 경우 조음의 문제는 매우 경미하거나 거의 사라진다.

(3) 의미론적 영역

단순언어장애는 같은 연령의 아동들에 비해 어휘력이 심하게 제한되어 있다. 어휘습득에서 특히 결함을 보이기 때문에 일상적인 대화상황이나 낱말찾기와 같은 과제에서 큰 어려움을 보인다. 전반적으로 아동은 새로 학습한 단어를 산출하는 데 걸리는 시간이 오래 걸릴 뿐만 아니라 단어를 잘못 말하는 경우도 자주 나타난다. 단순언어장애 아동의 어휘 사용은 양적으로나 질적으로 빈약하다는 특징을 갖는다. 〈표 5-3〉은 단순언어장애 아동의 낱말찾기 과제에서 나타날 수 있는 오류유형 분석 기준의 예시이다.

〈표 5-3〉 오류분석 기준(낱말찾기 과제)

구분		정의	예
의 미 적	상위개념어	목표어를 포함하는 상위범주어로 대치하는 경우	양파 → 채소
	대등어	동일한 수준의 다른 낱말이나 동일 의미범주의 낱말로 대치하는 경우	그네 → 미끄럼틀
	하위개념어	목표어를 나타내는 하위범주어로 대치하는 경우	가구 → 책상
	기능적	목표어의 기능적 속성을 나타내는 낱말로 대치하는 경우	달력 → 날짜
	장소적	목표어와 관련된 장소를 나타내는 낱말로 대치하는 경우	그네 → 놀이터
	구성요소	목표어를 구성하는 낱말로 대치하는 경우	주사기 → 바늘
	연합	목표어와 같이 사용되는 낱말이나 개념으로 대치하는 경우	낙하산 → 비행기
	의미적 에두르기	목표어의 의미적 특성을 여러 낱말로 설명하거나 묘사하는 경우	국자 → 국 떠 주는 것

음운적	음운대치	목표어를 구성하는 음소를 다른 유사 음소로 대치하는 경우	분수 → 푼수 기타 → 치타
	음운첨가	목표어에 다른 음소를 첨가하는 경우	그네 → 근네
	음운생략	목표어에 포함된 음소나 음절을 생략하는 경우	우표 → 표
	음운유사 낱말대치	음소적으로 유사한 다른 실제 낱말로 대치하는 경우	주사위 → 주사기 마이크 → 마스크
	음소(절) 반복	목표어의 첫 번째 음소 또는 음절을 반복하는 경우	그네 → 그그네
시각적	시각적 대치	시각적으로 유사한 낱말로 대치하는 경우	우표 → 그림
	시각적 부분 대치	목표어를 묘사한 그림의 일부분을 지칭하는 낱말로 대치하는 경우	분수 → 물 화장대 → 거울
	시각적 에두르기	목표어의 시각적 특성을 여러 낱말로 설명하거나 묘사하는 경우	꼬리 → 동그라미에 뭐 달려 있어
기타	모르겠다	'모른다'고 응답하는 경우	
	무반응	그림을 제시한 후 8초가 경과될 때까지 반응을 보이지 않는 경우	
	보속반응	이전 문항에서의 반응을 되풀이하는 경우	
	무관련 반응	목표어와 전혀 관련되지 않은 낱말로 반응하는 경우	

출처: 이윤경, 김영태(2003).

(4) 구문론적 영역

비문법성은 단순언어장애의 대표적인 특징 가운데 하나다. 두 단어를 조합하는 시기가 일반적으로 1년 이상 지체될 뿐만 아니라, 아동이 점차 문장형식으로 만들어 내는 단어들의 조합은 매우 비문법적이다. 문법형태소 사용에 취약하고, 상대적으로 짧은 문장을 사용하며, 내포문 사용빈도가 낮다. 취학 아동의 경우에는 사동·피동[2] 표현에 의해 의미 해석이 달라지는 과제나, 형태소를 이용해서 단어를 형성하거나, 문장성분에 따라 문장의 구조를 분석하는 과제에서 어려움을 갖는다.

2　사동이란 주체가 다른 주체에게 어떤 동작을 하도록 하는 것으로, 예를 들면 "엄마가 나에게 청소를 시켰다."와 같은 표현이 이에 해당한다. 반면, 피동이란 주어가 남의 행동에 의해 행해지는 동작을 나타내는 것으로, "내가 반장으로 뽑혔다."와 같은 표현을 말한다.

- 정보처리 속도가 느리다.
- 상위언어 지식을 습득하는 데 어려움을 갖는다.
- 청각적 정보처리과정에 어려움을 갖는다.
- 음운인식에 어려움을 갖는다.

4) 단순언어장애와 언어학습장애

언어학습장애(language-learning disabled)는 학습장애 가운데 읽기와 쓰기와 같은 언어영역에서 어려움을 보이는 것을 말한다. 단순언어장애는 언어를 습득하는 시기에 나타나는 반면에, 언어학습장애는 취학 후에야 나타나기 때문에 오랫동안 별도의 연구집단에서 다루어져 왔다. 그러나 최근에는 두 영역 간의 공통요인들이 종단연구를 통해 부각되기 시작하였다. 단순언어장애 아동 가운데 40~70%는 학령기에 접어들어서까지 문자언어 습득에 어려움을 갖는다. 취학 전에 표현언어와 수용언어를 어느 정도 극복하였음에도 불구하고 읽기와 쓰기 영역에서는 여전히 어려움을 갖게 되는 것이다. 단순언어장애 아동의 언어문제는 완전히 사라지는 것이 아니라 다른 모습으로, 즉 언어학습장애로 전환되어 나타난다(Dannenbauer, 1993). 그러나 학업수행은 기본적인 언어능력을 전제로 한다고 볼 때, 취학 전 언어발달상의 지체를 가진 아동이 취학 후 학습에 취약할 것이라는 점은 충분히 예견할 수 있다. 그러나 어느 정도의 영향력을 미치는

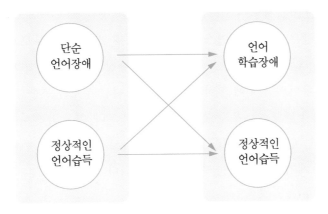

[그림 5-3] 단순언어장애와 언어학습장애

가에 대해서는 학자들마다 차이가 있다.

실제 학습장애 아동 가운데 단순언어장애 경험이 있는 아동의 비율은 13~63%로 편차가 매우 크며, 단순언어장애 아동 가운데 취학 후 언어와 관련된 학습장애를 경험하는 아동의 비율은 12.5~85%에 달한다. 이러한 큰 편차에도 불구하고 [그림 5-3]에서 보여 주는 바와 같이 단순언어장애와 언어학습장애는 어느 정도 상관성이 있어 보인다.

5. 중재방법

단순언어장애 아동 언어지원의 핵심은 조기중재에 있다. 일반적으로 2세가 되면 late talker, 즉 단순언어장애 위험아동이 어느 정도 선별된다. 그 가운데 대략 35~50%는 정상적인 언어발달을 한다고 볼 때, 조기중재는 단순언어장애 예방 효과를 기대할 수 있다. 조기중재와 최상의 언어발달 환경의 제공은 공식적인 단순언어장애 진단이 내려지는 4세경 이후에도 중요한 영향을 미친다.

1) 부모중재

아이가 단순언어장애 위험아동이라는 진단 또는 의심을 갖게 되면 부모는 어떻게 하는 것이 아이에게 도움이 될 것인가에 대해 많이 고심하고 노력한다. 그러나 유감스럽게도, 그러한 노력들은 자칫 부정적인 결과를 가져오기도 한다. 예를 들면, 부모는 끊임없이 아이에게 말을 건넨다. "이건 뭐지?" "저건 뭐지?" "다시 말해 봐." 등 마치 부모가 언어치료사가 된 것처럼 부모-아동 간의 상호작용은 늘 긴장되고 초조하기만 하다. 걱정과 죄책감은 오히려 자연스러운 의사소통을 방해한다. 부모가 단순언어장애의 원인이 되지는 않지만, 부모를 통해 아동의 언어발달이 촉진되고 개선된다는 점에서, 그리고 어린 유아의 경우에는 직접적인 중재보다는 부모를 통한 간접중재가 더 효과적이라는 점에서 부모는 매우 중요한 중재수단이 된다. 부모의 의사소통방법은 아동이 late talker 또는 단순언어장애라고 해서 크게 다르지는 않지만, 언어환경에 존재하는 위험요인들을 제거할 수 있다는 측면에서 중요하다.

- 단순언어장애 아동들은 산출하는 단어의 수가 매우 제한적일 뿐만 아니라 대부분의 아동이 자발적으로 언어를 사용하지 않는다. 따라서 발화를 유도하기 위해서는 대화의 주제와 방법은 아동 중심이 되어야 한다. 아동의 흥미가 어디에 있는지, 아동이 선호하는 것은 무엇인지를 알아야 한다. 만약 아동이 몸짓을 사용하여 소통하는 것을 선호한다면, 부모도 몸짓언어를 통한 의사소통을 수용해야 한다. 의사소통이 상호적으로 이루어지기 위해서는 아동의 눈높이에 부모가 맞추어야 한다.

- 몸짓이나 표정을 최대한 사용한다. 아동으로 하여금 소통되고 있다는 느낌을 갖게 해 주는 것이 무엇보다도 중요하기 때문이다. 비구어적 의사소통 수단은 구어발달을 저해하는 요인이 아니라 긍정적인 보조수단이 될 수 있으므로 오히려 초기 단계에는 함께 사용해 주는 것이 좋다.

- 단순언어장애 아동들은 새로운 낱말을 습득하는 데 어려움을 보이기 때문에 중요한 단어를 말할 때는 목소리를 높이고 악센트를 주어야 한다. 그리고 새로운 단어는 두 번씩 반복해 주는 것이 좋다. 예를 들면, 그림책에서 강아지가 나왔다면 "와! 강아지다. 멍멍! 귀여운 강아지다."라고 말해 줌으로써 청각적 정보를 처리할 수 있는 기회를 최소한 두 번 이상 주면서 의미적으로도 쉽게 이해할 수 있도록 한다.

- 아동의 발화에 항상 반응해 준다. 그것은 아동으로 하여금 말하고자 하는 욕구를 자극해 주기 때문이다. 완전하지 못한 문장이나 불확실한 조음으로 인해 아동의 언어표현은 늘 긍정적인 반응을 얻지 못함으로써 말하는 즐거움을 잃어버리는 경우가 많다. 예를 들면, 아동이 "우아!"라고 말했을 때, "우아! 정말 맛있겠다."라고 아동의 말을 반복해 주는 것도 의사소통을 즐겁게 해 주는 효과가 있다.

- 아동에게 올바르게 질문하는 것은 매우 중요하다. 질문을 했을 때 구어로 대답할 가능성이 희박한 아동에게 질문하는 것은 그 자체가 매우 어려운 일이다. '예/아니요' 또는 머리를 끄덕이는 것으로 대답할 수 있는 질문은 개방형 질문에 비하여 언어를 촉진하지는 않지만 최소한 즉시 답을 얻을 수 있는 장점은 있다. 가장 경계해야 할 질문의 형태는, 예를 들면 그림책을 보면서 "호랑이 어디에 있지?" "이건 뭐지?"라고 끊임없이 묻는 것이다. 아동에게는 표현의 즐거움 대신 압박감만이 남고, 이러한 질문이 반복되면 아동은 그림책을 보는 것 자체에 흥미를 잃어버리게 된다.

L은 엄마와 그림책을 보고 있다. 두 번째 페이지에 유모차에 앉아 있는 아기가 우는 그림이 있다. 그리고 공갈젖꼭지가 바닥에 떨어져 있다. 엄마가 L에게 묻는다. "아기가 지금 뭐하지?" L은 "주워."라고 대답한다. 엄마가 원하는 대답이 아니다. 엄마는 "아기가 울어요."라는 대답을 원했다. 그래서 "아니야. 잘 봐. 다시 한번 봐봐."라고 말한다. L은 그 순간 부정적인 피드백을 받았다. 자신의 지적 능력을 총동원해서 '주워'라는 어려운 단어를 만들어 냈음에도 불구하고 말이다. 설령 L이 원하는 답을 하지 않았다고 할지라도 엄마는 그 상황에서 L이 산출한 단어에 관심을 보여 주면서 다음처럼 반응해 주었더라면 더 좋았을 것이다. "맞아. 아기가 공갈젖꼭지를 주우려고 하는구나. 그런데 손이 안닿아서 그래서 아기가 우네."

출처: Buschmann (2009).

로버트슨과 와이스머(Robertson & Weismer, 1999)는 21~28개월에 해당하는 21명의 late talker 아동의 부모를 대상으로 조기중재 프로그램을 실시한 결과, 부모-아동 대화의 질과 아동의 언어발달 간에는 정적 상관관계가 있다고 밝혔다. 조기중재에 참여하지 않은 집단에서는 85%의 아동이 3세에도 여전히 언어발달상의 지체를 보인 반면에, 조기중재 참여집단의 경우에는 단 5%만이 지체 현상을 보였다.

지그뮐러와 프뢸링(Siegmüller & Fröhling, 2008)은 late talker 아동의 언어중재 프로그램에 부모교육을 동시에 실시하여 그 효과를 살펴보았다. 이때 부모교육의 목적은 부모와 자녀 간에 의사소통의 형태를 최적화하고 부모가 아동에게 주는 언어자극의 질이 치료실과 비교하여 비슷한 수준을 유지할 수 있도록 하는 데 두었으며, 부모교육에 참여하는 부모들에게는 아동의 자발적인 어휘산출을 관찰해야 하는 부과적인 과제를 부여하였다. 실험 결과, 부모교육은 아동의 어휘력 향상에 영향을 미치는 것으로 나타났다. 워드(Ward, 1999)는 그보다 연령이 훨씬 어린 평균 10개월 영아들의 어머니를 대상으로 부모교육을 실시하였는데, 대상 아동들은 모두 발달이 지체된 아동들이었다. 그 결과 3세가 되었을 때 부모교육을 받은 집단과 받지 않은 집단 간에는 언어발달상에서 유의미한 차이가 있는 것으로 나타났다. 이는 부모교육을 통한 중재가 얼마나 중요한가를 말해 주고 있는 부분이다. 지그뮐러와 프뢸링(2003)은 부모교육을 실시함에 있어서 모든 참여자에게 해당하는 공통된 요소와 개개인의 상황에 맞추어진 요소가 가미되어야 한다고 보았다.

〈표 5-4〉 **부모교육 프로그램(예시)**

필수적 요소	개별적 요소
부모는 치료과정을 관찰한다.	특정 놀이를 하는 방법을 배우고, 직접 해 보기도 한다.
부모는 치료사와 아동이 어떻게 상호작용하는지를 잘 보고 상호작용에 유리한 행동규칙을 배운다.	아동에게 늘 질문하는 형식의 말 습관과 요구하는 태도를 고친다.
아동에게 몸짓과 같은 행위를 동반하고, 놀이를 하는 식으로 언어자극 정보를 준다.	구조화되고 중요한 언어자극을 받아들이기 위해서는 필요하지 않은 언어자극 정보는 과감하게 포기하여야 한다.
(치료후반기에) 대화를 할 때 행위나 동사에 관련된 어휘를 많이 사용한다.	부모 말의 속도가 지나치게 빠를 경우에는 말의 운율적 측면을 훈련한다.
	치료사와 아동 간의 상호작용 또는 부모와 아동 간의 상호작용을 비디오로 녹화하여 분석한다.
	대화나 상호관계 속에서 긍정적인 반응을 하는 법을 배운다.

출처: Siegmüller & Fröhling (2008).

그 밖에도 부모와 자녀가 그림책을 함께 보고 이야기하는 것은 놀이나 식사시간을 이용하여 이루어지는 언어적 상호작용보다 더 적극적으로 상호작용이 이루어질 수 있는 시간이며(Hoff-Ginsberg, 1991), 비디오를 통한 훈련효과는 초기언어단계(primitive speech stage)에서도 매우 효과적인 것으로 나타났다(Von Suchodoletz, 2007a).

Watchful Waiting

일명 대기요법이라고도 불리는 'Watchful Waiting'이란 자녀의 언어결함이 커질 때까지 기다리라는 의미가 아니라 아동의 언어발달과정을 3~6개월 간격으로 정기적으로 관찰하라는 뜻이다. 만약 언어발달상의 결함이 의심된다면 지체 없이 언어치료를 시작해야 하며, 아동의 언어발달을 관찰하는 동안 필요하다면 부모는 부모교육을 받는 것이 좋다.

출처: Hachul (2013).

2) 교사중재

교사는 또래 아동에 비해 말이 늦을 뿐만 아니라 발음이 부정확하고 문법에 맞지 않는 언어를 사용하는 아동을 만나게 되면, 어떻게 소통해야 하는지에 대해 고민한다. 교사는 아동에게 가급적이면 많은 언어적 자극을 주고 싶지만, 아동은 성난 조가비처럼 입을 꼭 다물고 있거나 기대와 다른 반응을 보여 줌으로써 교사를 당황하게 하기도 한다. 그러나 단순언어장애 아동의 경우 교사의 적절한 중재기술이 아동의 언어발달을 최적화시킨다는 측면에서 교사중재는 매우 중요하다.

정원에 아름다운 꽃나무들이 피어 있다. 그 가운데 유독 앙상한 가지만 남아 있는 나무가 있다. 사람들은 제일 먼저 그 나무를 본다. "다른 나무들은 저렇게 예쁜데, 왜 저것만 저렇지?" 나머지 아름다운 꽃나무들은 마치 아름다운 게 당연하다는 듯이 사람들은 못생긴 한 그루의 나무에 온통 관심을 보인다.

이 예는 마치 우리가 단순언어장애 아동을 볼 때의 경우와 비슷하다. 아동이 할 수 있는 수만 가지의 일들은 당연한 것이고, 아동이 가지고 있는 한 가지의 부족함은 아동의 전부를 대표한다. 이러한 교사의 시각은 아동의 언어를 촉진하는 데 부정적인 영향을 미친다.

- 아동의 말을 이해하기 힘들 때: 아동이 비문법적인 문장으로 말을 하면 주변 사람들은 고개를 흔들거나 외면하거나, 혹은 "네가 무슨 말을 하는지 잘 모르겠어."라는 반응을 한다. 아동이 장황하게 말을 했는데 정작 교사가 아동의 말을 이해하지 못했거나 아동의 말에 오류가 있다고 판단되었을 때, 교사는 흔히 다음과 같은 반응을 보인다. "뭐라고?" 이 경우 아동이 갖는 시나리오는 세 가지다. 첫째, 말을 어떻게 구성하는지 잊어버린다. 둘째, 무슨 말을 하려고 했는지 잊어버린다. 셋째, 더 이상 말하고 싶은 마음이 사라진다. 정말로 아동이 말하는 바를 이해하지 못했다면, 최소한 교사가 이해한 한두 개의 단어를 가지고 이렇게 질문하는 것이 좋다. "어제? 아, 어제 어디를 갔었어?" 이러한 교사의 반응은 두 가지 측면에서 바람직하다. 첫째, 아동은 교사가 자신의 말에 관심을 보인다는 것을 느끼고 다시 말하고 싶은 의욕을 갖는다. 둘째, 두 번째 말을 할 때에는 좀 더 두려움이 없어지고 새로

운 방식으로 시도할 수 있다. 단순히 다시 반복해서 말해 보라는 교사의 요구는 아동으로 하여금 의사소통의 벽을 쌓게 만든다.

- 또래가 아동의 말을 따라하거나 놀릴 때: 또래 아동들과는 양적으로나 질적으로 다른 단순언어장애 아동의 언어는 자주 놀림의 대상이 된다. "선생님! ○○이는 바보같이 말해요."라고 놀릴 때, 교사는 다음과 같이 반응하는 것이 좋다. "선생님도 알고 ○○도 알아. 그래서 ○○가 지금 언어치료를 받으러 다니는 거야. 우리가 아프면 병원에 가는 것과 같은 거야. 우리도 ○○가 말을 잘할 수 있도록 도와주자!" 의학적 용어는 피하되, 아동이 수용할 수 있는 정도에서 정확한 용어로 설명해 주어야 한다.

- 아동의 언어 모델로서의 교사: 교사는 항상 다음과 같은 자신의 언어행동을 주시하여야 한다.

　－아동이 말하기 전에 미루어 짐작하여 말하거나 즉각적으로 도움을 주지는 않는가?

　－아동과 대화할 때 자신의 말만 열심히 하지는 않는가?

　－너무 긴 문장을 사용하지는 않는가? 아동의 언어발달이 이어문 단계임에도 불구하고 한 문장에 너무 많은 단어가 사용되고 있다면 아동은 내 말을 분명히 이해할 수 없을 것이다.

　－아동의 반응을 기다리고 있는가? 아동이 도움을 요청할 때까지 잠시 기다리는 것은 발화를 촉진하기 위한 기본이다. 그 뿐만 아니라 언어를 촉진하기 위해서는 교사의 발화를 줄이고 아동에게 말하는 기회를 많이 주어야 한다.

　－아동의 질문에 바람직한 답을 하고 있는가? 아동발달에서 '왜?'라고 하는 질문은 매우 중요하다. 많은 질문을 함으로써 사고의 폭뿐만 아니라 어휘의 폭도 넓어진다. 그러나 아동이 '왜'라고 하는 질문을 더 이상 하지 않는다면 거기에는 두 가지 이유가 있다. 첫째, 알고 싶은 것이 없다. 둘째, 묻고 싶지 않다. 단순언어장애 아동이 '왜'라는 질문을 던지지 않는 이유는 자신이 무엇인가 발언을 하였을 때 사람들은 늘 '무엇을 말하는지'보다 '어떻게 말하는지'에 관심을 갖기 때문이다. "선생님! 왜 날에는 해가 이어요?"라고 질문하였을 때, "날이 아니라 낮이지. 그리고 헤가 이어요가 아니라 있어요야. 알았지?" 결국 교사는 정작 아동의 질문에는 답을 하지 않는다.

　－아동에게 바람직한 형태로 질문하고 있는가? 교사는 가급적 아동의 발화를 많

이 이끌어 내고자 한다. 그래서 다음과 같은 질문을 한다. "진혁이 오늘 수업 어땠어?" 이런 경우 대부분 "몰라요."라고 말하면 아동이 마치 말하고 싶지 않은 것처럼 받아들인다. 아동이 자신이 무엇을 했는지를 모르는 것이 아니라 어떻게 답해야 하는지를 모른다면, 교사는 어떻게 질문형태를 바꿔 볼 수 있을까? 단순언어장애 아동에게 질문할 때에는 너무 많은 단어를 요구하는 질문은 피하는 것이 좋다. 모든 상황에서 개방형의 질문이 바람직한 것은 아니다. 아동의 수준을 고려한 질문형태가 가장 최상이며, 특정한 반응을 유도하는 질문형태가 되어야 한다. 예를 들면, "어제 소풍은 어땠어요?"보다는 "어제 소풍은 재미있었어요? 뭐가 제일 재미있었어요?"라고 묻는다.

3) 언어중재 프로그램

단순언어장애 아동의 언어중재 프로그램을 계획하기에 앞서 아동의 언어발달 특성을 먼저 정확하게 평가하고 분석하여야 한다. 표현언어 영역만의 결함인지, 표현언어와 수용언어 모두에서 결함이 있는지, 어느 정도의 발달단계에 놓여 있는지, 언어영역 가운데 어느 영역에서 문제를 보이는지, 아동의 의사소통에 대한 태도는 어떠한지, 아동의 집중력과 언어사용에 대한 흥미는 적극적인지 또는 수동적인지 등 여러 가지의 요인을 파악한 후 적합한 중재방법을 선택하여야 한다. 단순언어장애 중재 프로그램은 단순언어장애의 원인으로 알려진 청지각의 결함, 청각정보 처리의 결함, 청각적 단기기억의 결함, 상위언어 기능의 결함 등에 초점이 맞추어진다.

(1) 청지각과 음운인식

청지각의 결함은 말소리를 정확하게 이해하지 못하고 정확하게 발음하지 못하는 주요 원인이 된다. 청지각이란 귀로 듣고, 정확히 인식하고, 변별하고, 이해하는 과정을 말한다. 청지각은 영아기부터 발달해 가는 것으로서, 청지각의 하위개념은 〈표 5-5〉와 같다(유수옥, 1988).

⟨표 5-5⟩ **청지각의 하위개념**

하위개념	내용
청각적 이해력 (auditory reception)	소리를 듣고 의미를 알고, 말을 듣고 이해하는 능력
청각적 변별력 (auditory discrimination)	같은 소리인지, 같은 음절인지, 같은 음소인지 등을 구별하는 능력
청각적 기억력 (auditory memory)	들은 말을 그대로 재현하거나, 청각적 정보를 순서대로 기억하는 능력
청각적 종결력 (auditory closure)	단어 중에서 빠진 소리를 인식하고 찾아내는 능력
청각적 혼성력 (auditory blending)	각각의 소리를 단어로 연결하고 종합하는 능력

단순언어장애 아동의 경우에는 정상적인 청력을 가지고 있음에도 불구하고 낮은 청지각과 음운인식의 결함을 보이는 경우가 많다. 음운인식이란 말소리의 구조를 인식하고 분석하는 것으로서, 음절단위의 음운인식 능력을 갖추었다는 것은 단어를 음절단위로 인지하고, 초성 자음과 각운 등을 인지하며, 음절단위로 말소리를 조작하는 등의 능력이라고 할 수 있다. 음운인식 능력은 생활연령이 높아짐에 따라 발달하는데, 음절수준의 음운인식은 약 4세경에 습득되고, 음소수준의 음운인식은 6세가 되어서야 본격적으로 발달한다(신혜정 외, 2009). 음운인식 과제 유형으로는 수세기, 합성, 탈락, 변별, 대치 등이 있다.

- 수세기: 아동에게 1~3음절의 낱말을 들려주고 각 낱말이 몇 개의 음절로 구성되었는지 말해 보게 한다.
- 합성: 각각의 음절을 듣고 낱말을 구성해 보게 한다.
- 탈락: 다음절 낱말에서 하나의 음절(첫소리/끝소리)을 제거하고 말해 보게 한다.
- 변별: 3개의 낱말을 들려주고 첫음절 또는 끝음절이 다른 낱말을 찾아보게 한다.
- 대치: 다른 음절로 바꾸어서 소리를 만들어 보게 한다.

다음 ⟨표 5-6⟩은 청지각 훈련을 바탕으로 한 음운인식 프로그램의 예시로서 소리-문장-단어-음절-음소 순으로 구성되어 있다.

〈표 5–6〉 **청지각 훈련을 바탕으로 한 음운인식 프로그램(예시)**

단계	활동
I (소리수준)	• 주변에서 나는 소리를 집중해서 듣고, 그 소리가 무엇인지 안다. • 주변에서 나는 소리와 말소리를 구별할 줄 안다. • 남자/여자 목소리를 구별할 줄 안다.
II (문장수준)	• 문장을 듣고 해당하는 그림을 고를 수 있다. 　(밥을 먹어요.)　　　(달리기를 해요.)　　　(공부를 해요.)
III (단어수준)	• 문장에서 단어를 쪼갤 줄 안다. 　－호랑이와 토끼가 만났어요. → /호랑이와/ /토끼가/ /만났어요/ • 단어를 듣고 그림카드를 고를 수 있다. 　－딸기 어디 있을까요?
IV (음절수준)	• 단어를 듣고 음절 수를 셀 줄 안다. 　－/호랑이/는 몇 개의 음절로 이루어졌을까요? • 같은 음절로 시작되는 단어를 찾을 수 있다. (두운인식) 　－/사과/ /사슴/ /나비/ 중 첫음절이 다른 것은 무엇일까요? • 같은 음절로 끝나는 단어를 찾을 수 있다. (각운인식) 　－/가방/ /나방/ /가을/ 중 끝음절이 다른 것은 무엇일까요? • 두 개의 음절이 합해지면 만들어지는 소리를 안다. 　－/나/ 와 /무/를 합치면 어떤 소리가 될까요? • 하나의 음절을 빼면 만들어지는 소리를 안다. 　－/사마귀/에서 /마/를 빼면 어떤 소리가 될까요? • 다른 음절로 바꾸어 만들어지는 소리를 안다. 　－/바다/의 /바/을 /자/로 바꾸면 어떤 소리가 될까요?

Ⅴ (음소수준)	• 음절을 듣고 음소 수를 셀 줄 안다. 　–/창/은 몇 개의 소리로 이루어졌을까요? • 같은 음소로 시작되는 단어를 찾을 수 있다. 　–/고기/ /기차/ /오리/ 중 첫소리가 다른 것은 무엇일까요? • 같은 음소로 끝나는 단어를 찾을 수 있다. 　–/수박/ /주먹/ /구멍/ 중 끝소리가 다른 것은 무엇일까요? • 두 개의 음소가 합해지면 만들어지는 소리를 안다. 　–/ㄱ/ 과 /ㅗ/를 합하면 어떤 소리가 될까요? • 하나의 음소를 빼면 만들어지는 소리를 안다. 　–/나비/의 /ㄴ/을 빼면 어떤 소리가 될까요? • 다른 음소로 바꾸어 만들어지는 소리를 안다. 　–/방/의 /ㅂ/을 /ㄱ/으로 바꾸면 어떤 소리가 될까요?

출처: 마송희(2006); 김정림 외(2018)에서 재구성.

(2) 청각적 주의집중

아동의 청각적 주의집중은 말소리 변별, 청각적 이해력 그리고 기억력 등을 향상시키는 기본적인 전제조건이다. 일반적으로 듣기는 단순히 물리적 수준의 듣기(hearing)와 들려오는 말소리를 받아들이고 주의를 기울여 의미를 구성하고 메시지를 이해하여 반응하는 듣기(listening)로 구분한다. 듣기는 특별한 교육을 받지 않더라도 자연스럽게 습득되는 영역으로 간주되었으나, 효과적인 듣기를 위해서는 듣기전략과 태도가 요구된다. 듣기 과정은 세 단계로 구성된다. hearing(들리기)은 귀(耳)를 통해 소리를 인지하는 물리적인 단계다. 내 의지와 상관없이 소리가 들리는 것이다. listening(듣기)은 귀(耳)를 통해 들어온 소리에서 의미를 구성해 내는 심리적 단계다. auding(청해)은 청각적으로 들어온 정보를 종합적으로 이해하고 해석하는 단계로서 가장 높은 수준의 듣기 단계다. 단순언어장애 아동의 경우 hearing에는 문제가 없지만 listening과 auding에서 어려움을 보인다. 예를 들면, "어제는 학교에서 뭐 배웠어?"라는 질문을 "학교에서 뭐 했어?"로 이해하기도 하고 들은 이야기를 순서대로 기억하는 능력도 떨어진다. 그래서 "엄마한테 가서 수건 달라고 해서 목욕탕에서 빨아 가지고 와."라는 지시를 수행하는 데 어려움을 겪는다. 혹은 자신이 들은 이야기 내용의 구성이나 타당성을 분석하고 판단하는 데에 어려움이 있다. 청각적 주의집중은 놀이활동 속에서 이루어지는 것이 좋다. 놀이는 아동이 지루해하지 않고 자연스러운 방법으로 집중을 유도할 수 있다는 장점이 있다. 예를 들면, [그림 5-4]와 같이 교사가 말하는 시간을 시계에 그려 보게 하거

[그림 5-4] 청지각 주의집중 훈련(예시 1)

> 지금부터 이야기를 잘 듣고 대답해 보세요.
> "엄마는 아빠와 전화를 해요. 엄마가 전화를 하시는 동안에 동생은 아이스크림을 먹으면서 책을 읽어요."
>
> a) 엄마는 누구와 전화를 하죠?
> b) 동생은 아이스크림을 먹으면서 무엇을 하죠?

[그림 5-5] 청지각 주의집중 훈련(예시 2)

나, 짧은 문단의 이야기를 듣고 해당하는 그림을 찾는 활동 또는 [그림 5-5]와 같이 이야기 듣기 방법으로 청각적 주의집중 훈련을 할 수 있다.

(3) 상위언어인식[3]

상위언어인식은 언어 자체를 사고의 대상으로 취급하면서 언어의 구조적 특성을 인식하고 조작하는 능력을 말한다(김신영 외, 2020). 상위언어인식의 결함은 단순언어장애 집단에서도 자주 관찰되는 현상 중 하나다. 언어의 어떤 부분을 사고대상으로 하느냐에 따라 음운자각, 단어자각, 구문자각, 화용자각 등으로 분류할 수 있다(정주원, 이영자, 2009). 이것을 상위언어의 하위영역이라고 부른다. 첫째, 음운자각은 구어에서 사

---

3 36쪽을 참조할 것.

용되는 단어들 속에 들어 있는 여러 가지 단위들을 분리하거나, 이런 단위들을 다시 결합하여 재합성될 수 있다는 것을 아는 것이다. '돼지'라는 단어를 듣고 2음절로 만들어졌다는 것을 판단해야 하며, '다람쥐'와 '도깨비'는 동일한 음소를 초성에서 가지고 있다는 것을 알 수 있어야 한다. 음운인식에 결함이 있는 경우에는 잘못된 발음을 들려주었을 때 인식하는 능력도 낮다. 둘째, 단어자각은 단어가 가지고 있는 물리적 속성과 추상적 속성을 이해하는 능력을 말한다. 예를 들어, '돼지'라는 단어 속에는 포유동물 돼지가 갖는 물리적인 속성과 '많이 먹는 사람' '삼겹살' '더러움' 등의 추상적인 속성을 포함하고 있다. 이러한 개념 형성과 추상적 사고에 대한 인지적 유동성이 바로 단어자각 능력이다. 또는 사물의 이름이 바뀌어도 속성이 바뀌지 않는다는 것을 아는 능력, 예를 들면 '서점-책방' 등을 이해하는 것을 말한다. 의미인식에 결함이 있는 경우에는 문장에 잘못된 단어가 사용되었을 때 틀렸다는 것을 잘 알아차리지 못한다. 셋째, 문법에 맞는 문장을 사용하는지에 대한 자각은 구문자각이라고 한다. 예를 들면, "밥이가 맛있어요." "선생님이 철수에게 책을 읽었다."와 같은 문장이 문법적으로 맞는지를 판단하는 능력이다. 구문인식에 결함이 있는 경우에는 비문을 포함한 문법성 판단 과제에서 낮은 수행능력을 보인다. 반면에 문법적으로는 맞지만 의미가 맞지 않는 문장, 예를 들면 "동생이 아빠를 낳았다." "밥을 마셔요."와 같은 문장의 오류를 판단하는 것은 의미자각에 해당하며 구문자각과 함께 분석할 수 있다. 넷째, 자신의 발화가 상황에 적절한지 혹은 목적달성에 적합한지 등을 스스로 점검하고 조절하는 것은 화용자각에 속한다. 우리는 발화의 오류가 발생했을 때 스스로 오류를 수정한다. 예를 들면, 적절치 못한 말이 튀어나왔을 경우 또는 대화자의 연령이나 지위에 맞지 않는 단어나 존칭을 썼을 때에도 스스로 옳고 그름을 판단한다. 화용인식에 결함이 있는 경우에는 대화의 상황적 맥락과 대화 규칙 등에 대한 정/오답에 대한 판단 능력이 낮다.

이러한 상위언어인식능력은 초기언어발달에서는 일어나지 않고 아동 중기와 후기 단계에서 발달한다. 그러나 단순언어장애 아동의 경우에는 또래 아동에 비하여 오랫동안 상위언어인식 결함을 보인다. 상위언어인식 훈련의 예시는 〈표 5-7〉과 같다.

〈표 5-7〉 상위언어인식 훈련(예시)

구분	검사자	반응의 예
음운영역	• 연필로 동가미를 그려요. • 시장에서 살을 사요. • 친구하고 술래잡기를 했어요.	틀렸어요, 동그라미를 그려요. 틀렸어요, 쌀을 사요. 맞았어요.
의미영역	• 아빠가 화장을 해요. • 다리를 건너다가 다리를 다쳤어요. • 시장에 가면 동물들이 많아요.	틀렸어요, 엄마가 화장을 해요. 맞았어요. 틀렸어요, 동물원이에요.
구문영역	• 학교를 공부를 해요. • 토끼가 당근에게 먹어요. • 목욕탕에서 세수를 해요.	틀렸어요, 학교에서 공부를 해요. 틀렸어요, 토끼가 당근을 먹어요. 맞았어요.
화용영역	• '할머니는 잘 있니?'라고 말해요.	틀렸어요, '잘 게시니?'에요.
	• '너무 시끄럽지 않아요?' 라는 말은 무슨 뜻일까요?	조용히 하라는 말이에요.
	• 생일에 친구가 선물을 주자, '안녕하세요.' 라고 해요.	틀렸어요. '고마워'라고 말해요.

출처: 최자숙, 최예린(2009)에서 일부 인용함.

(4) 음운처리

음운처리 능력의 결함은 단순언어장애 아동에게서 자주 나타나는 특성 중 하나다. 음운처리(phonological processing)란 구어(음성언어)와 문어(시각언어)를 포함한 언어적 정보처리를 위하여 음운에 기초한 정보를 활용하는 것을 말한다(서경희, 2001). 음운처리 결함을 가질 경우에는 소리를 지각하거나 소리 체계의 규칙을 사용하고, 기억 속에 있는 음운정보를 기호화하여 인출하는 등의 문제를 보인다. 음운처리 과정은 음운인식, 음운부호화 그리고 음운재부호화의 하위유형으로 구분할 수 있다(이숙, 김화수, 2014). 음운인식과 관련된 내용은 앞장에서 자세히 언급하였으므로, 이 장에서는 음운부호화와 음운재부보화에 초점을 맞추어 살펴보고자 한다. 〈표 5-8〉은 음절단위로 구성된 음운처리 활동 프로그램의 예시다(박은실, 2010).

음운부호화는 음운정보를 일시적으로 저장하는 작업기억과 관련되며, 음운재부호화는 장기기억으로부터의 음운부호의 인출을 의미한다. 숫자 빨리 읽기, 사물이름 빨리 말하기 등의 과제를 통해 그 능력을 확인할 수 있다.

〈표 5-8〉 음운처리 활동 프로그램(예시)

구성요소	활동명	활동내용
음운부호화	• 순서대로 반응하기 • 거꾸로 반응하기	−선생님이 말한 것을 잘 기억한 다음에 순서대로 똑같이 따라 말해 보세요. /사과/, /토끼/, /트럭/ −선생님이 말한 것을 잘 듣고 거꾸로 말해 보세요. /바/, /고/, /디/ −선생님이 말한 것을 잘 기억한 다음에 순서대로 똑같이 따라 말해 보세요. /사과/, /토끼/, /트럭/ −선생님이 말한 것을 잘 듣고 거꾸로 말해 보세요. /바/, /고/, /디/
음운재부호화 (음운부호의 인출)	• 단어 말하기 • 끝말잇기	−지금부터 선생님이 시간을 잴 거예요. 그만할 때까지 /바/소리로 시작하는 단어를 모두 말해 보세요.

(5) 구문 및 어휘지도

단순언어장애 아동의 구문 및 의미론적 영역에서의 결함은 거의 공통적이다. 단어 조합이 잘 이루어지지 않거나, 설사 이루어진다 하여도 동사 자체를 생략하거나 문장 성분이 제대로 갖추어지지 않는 특성을 갖는다. 특히 동사는 문장을 형성하는 데에 본질적인 구성요소로서 정보의 전달에 있어 매우 중요하다. 그러나 단순언어장애 아동에게는 제한된 동사 사용(영어의 'take, make'와 같은 동사의 과다사용)이 특징적인데, 예를 들면 "장난감 해."와 같은 문장이나 주성분(主成分)이 빠짐으로써 불충분한 문장이 만들어지는 경향이 많다. 예를 들면, '무엇이' 또는 '누가'에 해당하는 주어가 생략되거나 문장에서 서술어(어찌한다, 어떠하다 또는 무엇이다에 해당하는)가 생략되고 어순 도치도 잦게 나타난다. 다음에서는 동사를 중심으로 한 어휘사용과 '서술어'를 사용하여 문장을 완성하는 것을 목표로 하는 지도전략을 살펴보고자 한다. 목표는 완전한 문항구조 안에서 동사를 사용하는 것이며, 이때 목표어휘는 동사인 '깎다'와 '자르다' 두 가지다. 예시는 다음과 같다.

—1단계: 세분화된 도입—

- 목표단어를 가지고 표현할 수 있는 행위나 사건 등을 직접 경험해 보도록 한다.
- 교사: 선생님이 여기 조그마한 싱크대를 가지고 왔어요. (조그마한 싱크대는 소꿉놀이용으로 제작된 것으로 냄비, 프라이팬, 칼, 가위 등이 놓여 있다.) 택연이도 선생님이랑 같이 요리해 볼까요? 오늘은 선생님이 제일 좋아하는 오므라이스를 만들어 보도록 해요. 오므라이스를 하려면 우선 양파랑 감자를 깎아야겠어요…. 택연이는 혹시 감자 깎아 봤어요?… 선생님처럼 한번 깎아 보세요. 그 다음에는 칼로 이것들을 잘게 잘라야 해요. 한 번 자르고, 두 번 자르고…. (자르는 동작을 연속적으로 보여 준다.)
- 아동이 학습해야 하는 단어를 행위와 함께 반복적으로 들려준다.

—2단계: 수용연습—

- 목표로 한 동사와 전혀 유사하지 않은 동사를 구별하도록 한다.
- 변별이 쉬운 두 개의 그림을 보여 주고, 그림에 적합한 단어를 고르는 과제를 준다. (예: 깎다/공부하다)

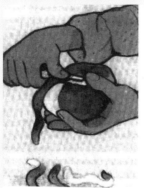

- 변별이 어려운 두 개의 그림을 보여 주고, 그림에 적합한 단어를 고르는 과제를 준다. (예: 자르다/찢다)
- 문장을 듣고 그림을 고르는 과제를 수행할 수 있도록 한다. (예: 종이를 자른다/종이를 찢는다)

- 다음 단계에서는 두 개 이상의 그림들을 제시하고 고르도록 한다.
- 문장성분과 그 위치를 다양하게 변형시킨다. (예: 엄마가 오이를 자른다/감자를 엄마가 깎는다)

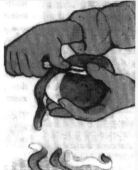

- 아동이 오답을 선택할 경우에는 직접 청각적 · 시각적으로 모델링을 해 준다.

─3단계: 산출연습─

- 교사가 제시하는 그림을 보고 아동이 문장으로 이야기하도록 한다.
- 목표단어가 나오지 않을 경우에는 교사가 언어촉진 전략을 사용하거나 동작을 보여 준다.
  - 질문 반복(repeat)
  - 교정적 피드백(corrective feedback)
  - 확장(expantion)
  - 모델링(modelling)

─4단계: 자유놀이 상황─

- 교사와 아동은 구조화된 놀이상황에서 직접 대화를 한다.
- 교사는 아동이 동사의 변형된 형태(어순, 시제 등)를 산출할 수 있도록 다양한 방법으로 이끌어 내야 한다.

단순언어장애 아동의 언어중재는 예방 차원의 조기중재 성격을 가지고 있다. 따라서 단순언어장애의 중재는 초기언어 습득과정에서 요구되는 여러 가지 기능을 촉진해 주는 것을 전제로 한다. 예를 들면, 공동 주의집중(joint attention), 상호작용적 대화태도, 의도된 의사소통, 가상놀이의 촉진 등이 주로 강조된다. 중재를 할 때에는 아동의 어휘 발달수준과 흥미에 따라 적절한 어휘를 선정하여 단계적으로 접근하는 것이 좋다. 새로운 어휘는 한번에 최대 3개에서 5개를 초과하지 않는 것이 바람직하며, 자연스러운 놀이상황에서 이루어지는 것이 좋다. 단어들을 완전히 이해한 후에 새로운 목표단어를 선정하며, 수용언어 지도에 있어서는 다음과 같은 전략이 효과적이다.

- 목표단어는 독립된 명사 혹은 동사 중심이 아닌 문맥상에서 가르친다. 그림카드를 이용하여 사물의 이름을 배우는 것이 아니라 놀이형식으로 반복해서 새로운 단어를 듣고 이해하도록 한다.
- 단어를 미리 말해 준다. 교사는 행위나 사건을 보여 주기 전에 먼저 학습해야 할 단어를 명명해 준다.
- 아동이 목표단어를 정확히 이해했는지 여부는 아동의 반응으로 알 수 있다. 이때 교사는 비구어적 단서를 모두 제거한 상태에서 확인해야 한다.

목표어휘: 트럭

교사: 우리는 트럭이 필요해요. (교사와 아동은 함께 공사장 놀이를 한다. 박스에 담겨 있던 작은 돌들을 교실 구석에 쏟고 교사는 아동에게 묻는다.) 이제 어떻게 이 돌들을 저쪽으로 옮기요? 트럭에 실어 볼까요? (교사와 아동은 준비된 모형 트럭에 돌들을 옮긴다.) 자, 이제 트럭을 어디로 몰까요? (이때 비구어적 단서를 전혀 주지 않는다.)

아동: 저기. (손가락으로 가리킨다.)

표현언어 지도는 수용언어와 병행적으로 이루어지는데, 우선은 단어에 대한 이해 여부를 확인해야 한다. 표현언어 지도에는 크게 다음의 세 가지 전략이 효과적이다 (Hecking & Hachul, 2013).

• 반복 재생하기: 교사가 하나의 문장을 계속 모델링해 주다가, 어느 순간에 마지막
단어를 말하지 않고 아동을 (기다린다는 눈빛으로) 응시한다. 아동이 반복된 단어를
말하도록 하는 것이 목적이며, 아동이 목표단어를 산출하지 않을 경우에는 교사가
단어를 말해 준다(Schlesiger, 2009).

─목표단어: 던지자─

(교사와 아동은 '풍덩 풍덩 돌을 던지자'를 말하면서 작은 연못에 돌 던지기 놀이를 한다.)

교사: 풍덩 풍덩 돌을 던지자. (몇 번 반복한다.)

　　　풍덩 풍덩 돌을…. (잠시 쉼을 주고 아동을 기다린다는 듯 쳐다본다.)

아동: … 던지자.

• FA(Forced Alternative) 질문법: 두 개의 단어 가운데 하나를 선택할 수 있는 질문을
던지는 방법으로서 초기 어휘학습 단계에서 단순언어장애 아동들은 주로 실제 의
사와 무관하게 "응."이라는 답변을 가장 많이 한다. 이는 아동이 질문을 제대로 이
해하지 못했거나 다른 말로 표현할 수 있는 방법을 모르기 때문이다. FA 질문법은
일어문과 이어문 단계에서 주로 사용된다.

목표어휘: 수박

교사와 아동이 과일가게 놀이를 한다.

교사: 오늘은 어떤 과일을 드릴까요? 수박이 참 맛있어요.

아동: …….

교사: 어떤 과일을 드릴까요? 수박이 참 맛있어요.

아동: 응.

교사: 수박 아니면 라면?

아동: 수박.

• Wh-질문법(who, what, where, when, why): 아동의 발화를 자극하는 가장 좋은 동기
부여는 관심을 가지고 아동으로부터 답을 알고자 하는 것이다. 교사는 아동의 어
휘발달 수준에 적합한 질문을 하여야 하는데, 단순언어장애의 경우에는 Wh-질문
법이 효과적이다. 무엇보다도 답변을 하는 데에 있어서 일반아동에 비해 더 많은
시간이 걸린다는 것을 감안해야 하는데, 일반적으로 3~5초 이상 쉼이 예상된다.

〈표 5-9〉 Wh-질문법 예시(사진 이야기 활동 중)

Wh-질문	질문내용
누가	이 사람은 누구예요?
어디	어디로 소풍을 간 거예요?
무엇을	소풍가서 무엇을 하고 놀았어요?
언제	소풍을 언제 간 거예요?
왜	왜 이 친구는 앉아 있어요?

Wh-질문법 가운데 '왜'에 해당하는 질문은 답변이 매우 어려울 수 있으며, '어떻게'
라는 질문은 아동이 답변을 구성하는 데 있어서 혼란스러울 수 있으므로, 폐쇄형 질문
과 단답형 질문에서 단계적으로 접근하는 것이 좋다.

단순언어장애 아동은 조사를 잘못 사용하거나 빼고 말하는 경우가 자주 나타난다.
이런 경우에는 체계적인 프로그램을 통해 문법영역을 중재할 수 있는데, 그 예시는 다
음과 같다.

〈표 5-10〉 조사와 피동사 습득(예시)

	오늘은 내 생일이었어요. 식탁 위____ 케이크 ____ 올려놓았어요. 초____ 케이크 ____ 꽂았어요. 촛불을 끈 후 케이크____ 접시 ____ 담았어요.
	고양이가 쥐를 잡으려고 해요. 쥐가 고양이에게 _____.

단순언어장애 아동은 또래 아동에 비하여 단어산출의 시기가 늦을 뿐만 아니라 습득하는 속도와 양에서도 지체를 보인다. 일반 아동들은 어휘의 양적 증가와 함께, 예를 들면 관계어를 확장시키고, 어휘의 다중적 의미를 이해하거나 어휘적 모호성에 대한 이해력이 증가된다(배희숙, 2016). 그러나 단순언어장애 아동은 어휘습득전략으로서의 빠른 연결(fast mapping)을 형성하는 능력이 뒤떨어진다. 빠른 연결이란 아동이 새로운 단어에 대해 최소한의 노출만으로도 그 단어가 어떠한 대상을 지칭하는지 빠르게 찾아내어 이를 해당 단어의 음운형태와 연합시켜 내는 것을 말한다(이효미, 최예린, 2011). 빠른 연결에 영향을 주는 변인에는 자극빈도, 시각적 단서, 음운적 단서, 의미적 단서 등이 있다. 예를 들면, 다음과 같다.

〈표 5-11〉 **빠른 연결을 위한 단서**

새로운 어휘	시각적 단서	음운적 단서	의미적 단서
몽키		'몽' 더하기 '키' '몽키'야. 두 글자지?	무엇을 조립할 때 이걸로 조이거나 풀 수 있어.

조음 · 음운장애

조음 · 음운장애는 언어발달지체를 대표하는 증상이면서 동시에 독립적으로 나타날 수 있는 의사소통장애 유형이다. 의사소통장애 유형 가운데 가장 높은 출현율을 보이는 조음 · 음운장애는 '자장면' 대신에 '다당면'으로 음소를 대치하여 말하거나, '아장면'으로 첫 음소를 생략하기도 한다. 말소리의 습득은 일정한 순서와 패턴에 따라 지속적으로 이루어지고, 대부분 취학 전에 모국어의 모든 표준음운체계를 습득한다. 그러나 여러 가지 요인에 의해 독립된 음이나 음소결합에 문제를 보여 목표음을 정확히 산출하지 못하는 경우를 조음 · 음운장애라고 말한다.

이 장에서는 조음 · 음운장애의 정의 및 원인 그리고 특성과 중재방법 등을 중심으로 살펴보고자 한다.

1. 조음·음운장애의 정의

조음장애는 말 내용이나 말 자체에 주의를 끌 정도로 왜곡된 말을 사용하거나 그 때문에 사회적인 부적응을 초래한 상태로 조음기관의 위치 및 운동에서 잘못된 배치, 타이밍, 방향, 압력, 속도 혹은 혀, 입술, 연구개, 인두 등의 통합운동의 잘못으로 이음이 바르지 못한 것을 지칭한다(권도하, 2011). 조음장애는 최근 조음·음운장애라는 용어로 많이 사용되고 있다. 조음·음운장애는 조음장애와 음운장애를 포함한 개념으로서, 조음기관의 이상으로 나타나는 발음상의 문제뿐만 아니라 음운체계에 대한 지식의 부재로 인해 나타나는 음운상의 문제를 모두 포함하고 있다. 즉, 조음·음운장애(articulation and phonological disorders)란 조음기관의 이상이나 음운지식 또는 기능적 결함에 의해 정상적인 조음이 되지 않는 경우를 말한다.

조음장애란 조음기관의 결함으로 특정 음에서 일관된 오류를 보이는 경우를 말한다. 이때 조음장애는 말소리를 형성하는 데 문제를 갖는 말장애에 해당한다. 예를 들면, /ㅅ/에 문제를 가지고 있는 아동은 "엄마랑 동생이랑 사과와 수박을 사러 시장에 가요."라고 말할 때 '동생' '사과' '수박' '사러' '시장'에서 모두 오류를 보인다. 즉, 모든 단어에서 특정 음소에 대해 일관되게 오류를 보이는 것이다.

반면에 음운장애란 말소리의 규칙을 습득하고 사용하는 데 문제가 있는 경우로서, 독립된 음소는 발음할 수 있으나 단어 내 음소들이 결합되면 그 변화에 따라 오류를 보인다. 만들어진 조음을 단어에서 정확하게 사용하는 기능의 문제이기 때문에 말장애가 아닌 언어장애의 일부로 보기도 한다(Weinrich & Zehner, 2003). "정식이가 어제 전화 준

〈표 6-1〉 조음장애와 음운장애

조음장애	음운장애
• 몇 개의 특정 음에서만 오류를 보인다. • 특정 음에서 일관적인 오류를 보인다. • 말을 산출하는 조음기관의 이상으로 나타난다. • 조음기관을 통하여 말소리가 만들어지는 과정에서의 결함을 말한다.	• 복합적인 조음오류를 보인다. • 오류가 일관적이지 않다. • 문맥이나 단어의 위치에 따라 오류가 나타난다. • 음운지식이나 능력의 부족으로 정상적인 음운규칙을 사용하지 못하고 오류음운 패턴을 사용하는 것을 말한다.

출처: 고은 외(2009).

다고 했지!"를 "덩식이가 어제 던화 둔다고 했지!"라고 발음하는 것처럼 음의 오류가 일정하지 않다면, 운동적 측면이 아니라 연령에 적합한 음운지식이나 능력이 부족하여 소리를 정확하게 산출하지 못하는 경우라고 할 수 있다. 즉, 조음장애는 언어산출 이전 단계에서는 문제를 보이지 않고, 단지 발음을 산출하는 데에서 문제가 발생하는 반면, 음운장애는 음운체계, 즉 언어지식과 관련되어 있다(김수진 외, 2015). 그러나 조음장애와 음운장애는 개념적으로는 다르지만, 임상에서는 독립적으로 나타날 수도 있고 동시에 나타날 수도 있다.

2. 조음·음운발달

조음·음운장애는 언어발달 과정에서 가장 흔히 나타나는 문제로 말을 할 때 그 발음이 일반적이지 않거나 혹은 연령에 맞지 않다고 청자가 느꼈을 때 의심하게 된다. 주로 학령전이나 학령 초기 아동에게 빈번하게 나타난다. 학령전 아동의 약 10~15%, 학령기 아동의 6%가 조음·음운장애를 가지고 있는 것으로 보고되고 있다(김민정, 2004). 제3장에서 살펴보았듯이, 모음은 자음에 비하여 먼저 습득되기 시작하며 오류에 있어서도 자음보다 오류 발생률이 더 적다. 그러나 모음은 말의 명료도를 증가시키는 데에 매우 중요한 역할을 하며 혀와 입 모양의 운동성에 따라 다르게 만들어진다.

자음은 혀의 조음점(조음위치)과 조음방법 그리고 성대 진동 유무에 따라 다양한 소리로 형성된다. 특정 자음은 이른 시기에 습득되기도 하고 늦게 습득되기도 한다. 예를 들면, 조음위치에 따른 분류에서는 양순음이, 방법에 따른 분류에서는 비음과 폐쇄음이 먼저 습득된다. 반면에 조음위치에 있어서는 구강 뒤쪽에서 산출되는 성문음과 연

동서양을 막론하고 마찰음 습득이 늦는 이유는 무엇일까? 마찰음은 조음기관의 미세한 운동기능과 조절기능을 필요로 하기 때문이다. 폐쇄음(파열음)은 혀와 해당 조음부위의 완전한 접촉으로 시작되므로 소리를 내기 위한 준비가 그리 어렵지 않다. 그러나 마찰음은 조음점(혀와 입술)과 조음위치를 완전히 접촉시키지 않고 적절한 간격을 유지시킨 상태에서 호기를 조절해야 하므로 미세한 기능과 감각이 요구된다.

출처: 김주영(2001).

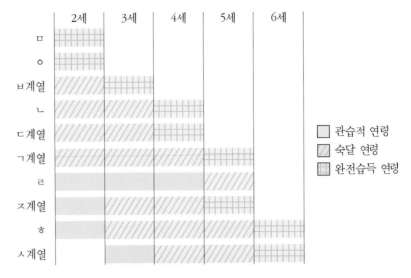

[그림 6-1] 한국어 사용 아동의 정상적인 음운습득 순서

출처: 김영태(1996)의 내용을 기초로 수정.

구개음이, 조음방법에 있어서는 파찰음, 유음, 마찰음이 비교적 늦게 습득되는 경향을 보인다(Wendlandt, 2000). 그러나 각 말소리의 출현 순서는 문화권에 따라 차이가 나기도 한다.

말소리의 발달은 특정 음소만으로 설명하기는 어려운 부분이 있다. 단어와 문맥 속에서의 위치와 주변 모음과의 결합에 따라 또는 사용빈도에 따라 달라지기 때문이다. 모국어에서 사용되는 음소를 완전하게 산출하는 시기는 6세경으로, 학교에 입학하기 전에 대부분의 아이들은 음운발달 단계를 마친다. 또한 가장 늦게 습득되는 음소일수록 조음오류 빈도가 높아지는 경향성을 갖는다. 김영태(1996)가 제시하고 있는 정상적인 음소습득 연령은 [그림 6-1]과 같다.

특히 자음은 음절이나 어절 내의 위치에 따라 습득 양상이 다른데, 예를 들면 '박수'보다 '싫어'의 /ㅅ/ 음을 먼저 습득한다. 비교적 일찍 습득되는 비음과 폐쇄음의 경우에도 초성 위치에서 먼저 습득되는 특성을 보인다.

3. 조음·음운장애의 원인

조음장애는 말을 산출하는 기관의 결함으로서 대표적으로 신경언어장애 그리고 구개파열 아동에게서 나타난다. 반면에 음운장애의 원인은 지적장애나 언어발달장애로 인한 상위언어인식의 형성에 있다. 즉, 말소리를 조직화하고 사용하는 규칙체계를 습득하지 못한 것이다. 조음 · 음운장애는 크게 기질적 원인과 기능적 원인으로 나눌 수 있다.

1) 기질적 원인

(1) 구개파열

구개파열은 안면기형 중 하나로 태아의 발달시기에 구개의 융합이 되지 않음으로써 목젖, 연구개, 경구개 등에 선천적으로 파열이 생긴 경우다. 원인으로는 유전적 요인과 약물남용 등이 의심되나 명확하게 밝혀진 바는 없다. 외과적인 봉합수술로 치료가 되지만 수술 후에도 말장애를 동반하는 경우가 많다.

일반적으로는 우리는 구개파열이라는 용어를 사용하고 있지만, 실제로 입술파열도 포함될 수 있으므로 외국에서는 구순 · 구개파열이라는 용어를 사용하기도 한다. 구순 · 구개파열은 파열 부위에 따라 구순파열, 구개파열 그리고 구순 · 구개파열로 나눌 수 있다. 이때 양쪽(좌 · 우) 모두 파열이 있는 경우와 한쪽만 파열이 있는 경우로 나눌 수 있는데, 예를 들면 편측 불완전 (구)순파열은 입술의 한쪽이 콧구멍 아래쪽까지만 파열된 경우이며, 편측 완전 순파열은 콧구멍 안까지 파열된 것을 말한다. 양측 불완전 순파열과 양측 완전 순파열은 양쪽 입술 모두에서 파열된 경우다. 편측 완전 구순-구개파열은 한쪽 측면의 입술과 구개에 파열이 있는 경우, 양측 완전 구순-구개파열은 좌 · 우 모두에서 파열이 생긴 경우다. 구개파열의 경우에도 파열이 연구개만 있을 수도 있고, 연구개에서 경구개까지 이어지는 경우도 있다. 점막하 구개파열이란 외관상으로는 별다른 파열을 관찰할 수 없으나 표면 조직 아래의 뼈나 근육 조직이 파열되어 있는 형태다.

구개파열의 언어적 특성은 다음과 같다. 일반적으로 구개파열은 비강통로를 막아 주는 연인두폐쇄기능이 떨어져서(연인두폐쇄부전) 비음산출이 많으며, 특히 충분한 구강압을 형성하는 데 어려움을 보인다. 따라서 단어를 산출할 때 지나치게 콧소리가 나며 마찰음과 폐쇄음 그리고 파찰음에서 보상조음이 나타난다. 보상(적)조음(compensatory articulation)이란 조음구조에 장애를 가진 아동이 자신의 구조적인 결함으로 인한 발음 문제를 최소화하려고 자신도 모르게 개발한 조음형태다. 보상조음은 말 명료도를 저하시킬 뿐만 아니라 말 산출에 필요한 기관의 정상적인 움직임을 방해하는 결과를 초래한다(정세아 외, 2010). 특히 구개파열 아동에게서 나타나는 보상조음은 연인두폐쇄 부전으로 인하여 기류가 비강으로 빠져나가고 구강 내의 압력이 형성되지 못함에 따라 특정한 말소리 산출을 잘못 학습하여 조음하는 것을 말하며, 주로 후방화 오류를 보인다(이소영, 김영태, 2001).

구개파열로 인한 문제는 다음과 같다. 일차적으로 음식물이 코로 나오거나, 빠는 힘이 약하여 수유장애를 초래할 수 있다. 두 번째는 잦은 중이질환인데, 비강과 이강을 연결해 주는 유스타키오관의 기능이 떨어짐으로써 전음성 청각장애를 야기할 수 있다. 교육적 문제로는 언어문제가 가장 크며, 외과적 수술이 이루어졌다고 해서 모든 문제를 해결했다고 볼 수는 없다. 따라서 교사는 파열의 유형과 정도 그리고 인지발달 등을 고려하여 언어발달을 주의 깊게 살펴보아야 하며, 그 밖에 사회정서적 영역에 있어서도 주의를 기울일 필요가 있다.

(2) 혀의 구조적 이상

대표적으로 설소대 단축증은 구강 바닥에서 혀를 연결해 주는 조직이 짧아서 혀를 내미는 데 문제를 보이는 경우를 말한다(조경숙, 2000). 예를 들면, 단어 '다람쥐'의 경우에는 /ㄷ/와 /ㄹ/이 모두 치조에 붙어야 하는데, 설소대가 너무 짧은 경우 정상적인 발음이 산출될 수 없다. 혀의 크기가 큰 대설증, 혀의 크기가 작은 소설증도 조음능력에 영향을 미친다.

(3) 청력의 이상

청력손실은 말소리 산출에 영향을 미친다. 말소리는 상당 부분 모방과 강화를 통해 이루어진다고 볼 때, 자신의 말소리를 피드백하지 못하고 상대방의 소리를 듣지 못할 경우 실질적인 소리모방은 불가능하다. 청력손실의 시기와 정도 그리고 유형에 따라 차이가 있지만, 대부분의 청각장애 아동들은 조음장애를 갖는다. 특히 정상적인 조음점보다 구강의 뒤쪽에서 만들어지는 경우가 많다. 예를 들면, 치조에 붙어야 할 '감사'가 '감짜'로 발음되는 경우다. 무성음(/p/, /t/, /k/)과 유성음(/b/, /d/, /g/)이 혼돈되어 사용되고, 모음 산출 시에도 조음점이 최소한의 변화만을 하여서 혀가 입안의 중앙에 고정되는 있는 경우가 많다(Böhme, 2003). 따라서 청각장애 아동의 말소리의 명료도는 매우 낮다.

〈표 6-2〉 청각장애 아동의 발성 및 발화의 특성

언어의 이해와 표현력	• 성인으로부터 구어적 강화를 받지 못하고 성인의 언어 모델을 잘 들을 수 없으므로 낮은 어휘력을 갖는다.
숨쉬기와 말하기의 부조화	• 한 번의 날숨에서 한두 개의 음절만을 말하거나 흡기 시에 발성을 시도하기도 한다. • 억양에 변화가 없거나 불규칙한 음높이의 변화, 목쉰 소리, 쥐어짜는 듯한 소리로 발성한다. • 과도한 비음 산출이 많다. • 말이 연결되지 못하고 자주 끊긴다. • 음도가 대체로 높고 음성의 강도가 크다.
말 속도	• 일반적으로 말의 속도가 느리다. • 음절을 비정상적으로 길게 발음한다. • 리듬 없이 부적절하게 발성한다. • 의미가 없는 조사나 어미를 강하게 말하거나 부적절한 위치에서 강세를 준다.
조음	• 비정상적인 공명과 비음화가 잦다. • 모음지각이 어려워 조음방법이 비슷하거나 전설/후설 쌍을 이루는 모음을 혼돈하여 발음한다. • 혀의 위치가 입안의 중앙에 위치하여 각 모음에 따라 움직임이 적음으로서 모음의 중성화가 자주 일어난다. • 대치나 왜곡 현상이 두드러진다. • 유성음과 무성음의 혼돈이 잦다.

출처: 이필상(2004)에서 인용함.

(4) 중추 또는 말초신경계의 이상

마비말장애, 말실행증, 발달적 말실행증이 대표적이다. 마비말장애(dysarthria)는 말 메커니즘의 근육에 대한 통제가 상실되거나 약화됨으로써 조음점을 찾거나 연속적으로 조음기관을 움직이는 기능이 떨어지는 것이다. 구어를 산출하기 위한 근육운동의 결함이라고 볼 수 있다(Ziegler, 2006). 말실행증(apraxia of speech)은 뇌손상으로 인해 말소리 산출에 요구되는 프로그램과 말 운동 연쇄능력이 손상되어 있는 상태다(유경, 정은희, 허명진 역, 2010). 조음기관운동에 문제가 없기 때문에 혼잣말이나 지시받지 않은 말은 잘 산출하지만, 의도적으로 발화하려고 하면 비정상적으로 음이 산출되는 경우다. 그래서 따라 말하기 과제에서 심한 어려움을 보인다(Brendel & Ziegler, 2006). 예를 들면, 실조형 마비말장애의 경우에는 소뇌나 소뇌제어 회로의 문제로 인하여 조음

–말실행증(구어실행증)의 주요 특징–

- 조음이 복잡할수록 오조음 발생이 증가한다.
- 독립음소보다는 자음군(예: 영어의 strike 또는 break 등)에서 더 빈번해진다.
- 모음보다 자음에서 오류가 더 많다.
- 대지와 생략이 가장 빈번하게 나타난다.
- 모방과 반복하여 말하기에 어려움을 보인다.
- 음소나 음절의 위치를 서로 교환하는 오류가 자주 나타난다.

출처: 석동일 외(2000).

이 불규칙하고 일련교대운동(=교호운동)에서 결함을 보인다. 말실행증의 시작이 아동기일 경우에 발달적 말실행증(developmental apraxia of speech)이라고 부르고 있으나(이희란, 심현섭, 2004), 존재 여부에 대한 논란이 많다.

2) 기능적 원인

기능적 원인은 음운지식이나 능력 부족 또는 잘못된 습관으로 인해 조음오류를 보이는 경우로서, 특별한 원인을 규명하는 것은 기질적 원인과 달리 매우 어렵다.

(1) 지능

조음기관의 결함을 가지고 있지 않은 지적장애 아동들은 인지손상이 없는 아동과 비교했을 때 잦은 조음오류를 보인다(Speck, 1990). 음을 결합하는 능력과 음소–음절–단어 간의 관계를 지각하고 이해하는 기술의 결함은 발음상의 오류를 유발한다고 볼 수 있다.

(2) 청각적 변별능력

청각적 변별능력이란 소리 간의 차이 또는 목표음과 오조음의 차이를 변별하는 것을 말한다. 조음·음운장애와 변별능력 간의 상관관계 여부는 항상 일치하지는 않지만, 조음·음운장애를 가지고 있는 아동이 보다 낮은 말소리 변별능력을 가지고 있다는 주장과 음운인식 훈련이 조음 · 음운능력을 향상시킨다는 결과가 많은 연구에서 입증되었다.

(3) 입 근육의 운동능력

구어산출기관의 운동수행능력을 평가하는 교호운동검사 결과에 따르면, 많은 경우 조음 · 음운장애 아동들은 일반아동과 비교하여 낮은 수행능력을 보인다(Wendlandt, 2000). 교호운동검사란 '퍼[pʌ], 터[tʌ], 커[kʌ]'와 같은 동일한 음절을 반복하게 함으로써 음절조합의 속도와 정확성 등을 측정하는 검사다.

(4) 잘못된 습관

가족과 주변 사람들은 아동의 조음에 영향을 미칠 수 있다(Wendlandt, 2000). 모든 아동에게서 발견되는 것은 아니지만 많은 경우 잘못된 언어습관, 예를 들면 지나치게 큰 소리로 말을 한다거나 너무 빨리 말을 하는 부모를 둔 아동은 불명료한 말을 사용하는 경우가 많다. 또는 말을 할 때 입을 크게 벌리지 않고 우물거리면서 말하는 습관을 가진 아동들도 말의 명료도에 문제를 갖는다.

(5) 문화적 영향

가정에서 사용하는 언어의 영향으로 다른 언어의 조음을 잘 산출하지 못하는 경우다. 물론 문화적인 요인은 조음장애로 간주하지 않으나, 지속적으로 문제를 보일 경우에는 치료의 대상이 된다. 예를 들면, 독일어권에서 살고 있는 터키 출신 아동의 경우 5세가 되어도 [r] 발음과 [ts] 발음을 잘 산출하지 못하여 'Wort(보르트)'를 'Wot(보트)'로, 'Sprache(슈프라헤)'를 'Spache(슈파헤)'로, 'Katze(캇제)'를 'Katse(카트세)'로 발음하는 경우가 많다. 또는 외국 사람들이 '일현'을 '일선'으로 발음하거나, '은이'를 '운이'로 발음하는 등의 음운오류를 보이는 경우도 이에 해당한다. 조음 · 음운장애의 원인을 요약하면 〈표 6-3〉과 같다.

〈표 6-3〉 **조음·음운장애의 원인**

	원인	결함
기질적 요인	신경운동 결함	중추신경과 말초신경계의 이상으로 생겨나는 마비말장애, 말실행증
	구개 이상 (구개파열)	구강과 비강이 완전히 닫히지 않음으로 인하여 폐쇄음, 마찰음, 파찰음에서 특히 오류가 많음.
	부정교합	치열, 특히 윗니와 아랫니 사이의 부정교합은 심미적인 문제뿐만 아니라 /ㅅ/과 /ㅈ/ 음의 오류를 보임.
	혀의 이상	대설증 또는 소설증, 설소대단축증 등으로 말소리 산출에 제약이 따름.
	청력손실	정확히 듣지 못함으로 인하여 말소리를 정확하게 산출하지 못함.
기능적 요인	낮은 지능	인지능력의 결함으로 말소리의 차이를 청각적으로 잘 변별하지 못함.
	어음지각 및 음운인식능력의 결함	청력은 정상이나, 청지각과 관련된 처리능력이 부족함.
	개인적·환경적 요인	잘못된 모델을 통해 오류가 고착화된 상태이거나 적절한 언어자극의 부족과 부적절한 보상으로 인한 습관적인 조음오류

4. 조음 · 음운장애의 평가

1) 선별검사

선별검사는 일반적으로 언어치료사나 언어전문가가 아닌, 아동을 가까이에서 돌보는 교사들이 주로 실시한다. 따라서 짧은 시간 동안 간편하게 이루어질 수 있도록 절차가 간단하고 어렵지 않아야 한다. 또한 선별검사는 조음·음운장애로 발전할 수 있는 가능성이 조금이라도 있는 아동들을 조기에 선별해 내는 기능을 가지고 있어야 한다. 임상경험에 따르면 조음·음운장애를 부모들이 가볍게 넘기는 경우가 많은데, 그 이유는 시간이 지나면 나아질 것이라는 막연한 기대와 아동의 발음에 이미 익숙해져서 이해하는 데 큰 어려움을 느끼지 않게 되기 때문이다. 조음·음운장애검사를 필요로 하는지를 알아보기 위해서는 교사가 간단한 말 샘플을 수집하여 판단하게 되는데, 만약 선별검사 결과 이상이 있을 것 같은 아동은 전문가에게 정확한 진단을 의뢰하여야 한다. 선별검사는 비공식적인 절차에 따라 이루어진다. 자신의 이름과 사는 곳 그리고 가족에 대해 자유롭게 말하기, 숫자를 세어 보기, 조음오류가 많이 나타나는 /ㅅ/, /ㅆ/,

/ㅈ/, /ㅊ/, /ㄱ/ 음이 포함된 단어로 문장을 말하거나 읽도록 하는 방법을 많이 사용한다. 아동의 발음을 듣고 정상 여부를 아는 것 외에도 다음과 같은 방법으로 아동이 음운인식에 대한 지식을 획득했는지를 알아볼 수 있다(Kany & Schöler, 2007).

- 아동에게 두 개의 단어(나무-바무, 꿀단지-콜단지)를 들려주고, 두 개가 같은 소리인지 다른 소리인지 말해 보도록 한다.
- 네 개의 그림카드 가운데 교사가 말하는 단어를 듣고 그림을 고르도록 한다.
- 아동이 모음을 인식하고 있는지를 알기 위하여, 단어를 들려주고 단어 속에 특정 모음이 들어 있는지를 말하도록 한다.
- 음절분절 능력이 있는지를 알기 위하여, 짧은 문장을 따라 말하도록 하면서 각 음절마다 박수를 치도록 한다.

2) 진단검사

조음 · 음운장애의 진단검사는 자발화분석과 표준화된 조음 · 음운검사 도구를 사용하는 두 가지 방법이 있다. 자발화분석은 자연스러운 대화상에서 수집된 정보이기 때문에 보다 역동적일 수 있으나, 아동이 자신이 어려워하는 소리가 포함된 단어를 의도적으로 사용하지 않을 수 있다. 마찰음과 파찰음의 산출에 어려움을 보이는 아동은 '없어졌고'라는 단어 대신 '도망갔고'로 단어를 사용하거나, 독일어의 /츄스/의 [tʃyːs] 발음이 안 되는 아동은 늘 'by by'로 인사를 대신하는 모습을 보일 수 있다. 여기서는 국내에서 사용되고 있는 조음검사 도구 가운데 한국어 표준 그림조음음운검사와 우리말 조음 · 음운검사 두 가지를 살펴보고자 한다.

(1) 한국어 표준 그림조음음운검사

한국어 표준 그림조음음운검사(석동일, 박상희, 신혜정, 박희정, 2008)는 그림 명명하기(예: "선생님이 가리키는 그림의 이름을 말하세요. 이것은 무엇입니까?")로 이루어지며, 자발적인 대답이 어려울 경우에는 모방을 통한 검사가 가능하다. 어두, 어중초성, 어중종성, 어말의 위치에 대해 총 30개 어휘로 된 선별검사와 45개 어휘가 추가로 포함된 총 75개의 정밀검사로 나뉘어 있다. 표준편차 −1 이하에 놓일 경우 정밀검사 실시가 권고

되며, 검사방법은 동일하다. 선별검사의 자음 정확도는 (정조음한 자음 수/50×100), 모음 정확도는 (정조음한 모음 수/7×100)로 계산되며, 정밀검사는 (정조음한 자음 수/122×100) 그리고 (정조음한 모음 수/7×100)이다. 또한 음운변동 분석을 통해 아동의 개별음소 오류뿐만 아니라 조음 패턴 분석이 가능한 검사다. 어두, 어중, 어말의 세 위치가 아닌 어중을 다시 어중초성과 어중종성으로 나눈 네 위치 검사가 가능하다는 특징을 갖는다. 예를 들면, '자동차'의 /ㅈ/은 어두초성, /ㄷ/은 어중초성, /ㅊ/은 어말초성으로 구분하고 받침 /ㅇ/은 어중종성으로 분석 가능하다.

(2) 우리말 조음·음운평가(U-TAP)

우리말 조음·음운평가(신문자, 김영태, 2002)는 단어수준과 문장수준으로 구성되어 있으며, 자음정확도와 모음정확도 그리고 음운변동 기록표를 통하여 음운오류 패턴 분석이 가능한 검사다. 어두초성, 어중초성 그리고 종성 가운데 최대 2개의 음소를 검사하기 위하여 총 30개의 낱말그림이 제시되며, 여기에는 43개의 음소와 단모음 10개를 검사하도록 되어 있다. 43개의 음소를 검사하는 이유는 우리말의 19개 자음이 어두초성, 어중초성 그리고 어말종성의 세 자리에서 오류가 나타날 수 있는 가능성의 수가 총 43개이기 때문이다(심현섭 외, 2005). 단어수준 검사에서는 검사자가 아동에게 그림을 보여 주고 이름을 말하게 하며, 아동의 발음을 그대로 전사한다. 목표단어를 말하지 못할 경우에는 적절하게 유도하여 해당 단어를 발음하도록 하지만, 전혀 무반응일 경우에는 모방을 하도록 한다. 단어수준 검사의 예는 [그림 6-2]와 같다.

문장수준 검사에서는 단어수준에서 사용된 30개의 목표낱말이 포함된 16개의 문장이 사용되는데, 대상 아동이 문장 내에서 단어를 정확하게 발음하는지를 알고자 한다.

지시문: 이건 뭐죠?
정답: 자동차.

반응이 없는 경우:
a) 사람들이 타고 다니는 게 뭐죠?
b) 나를 따라서 하세요. '자동차'.

[그림 6-2] 우리말 조음·음운평가의 단어수준 검사(예시)

　　아동의 발음을 그대로 전사한 후에는 정조음은 (+)로, 대치한 경우에는 대치한 음소를 그대로 표기하고, 왜곡은 'D' 그리고 생략은 'Ø'으로 표기한다. 자음정확도와 모음정확도 산출법은 다음과 같다.

> 자음정확도 = (43-오류음소 수)/43 × 100
>
> 모음정확도 = (10-오류음소 수)/10 × 100

　　어떤 아동이 15개의 음소(자음)에서 목표음을 산출하지 못하였다면, 자음정확도는 65.1%이다.

목표단어: 전화

지시문: 이것은 무슨 그림일까요?
정답: 엄마랑 전화를 해요.

반응이 없는 경우:
a) 몸짓으로 전화받는 모습을 연출하거나,
　 "여보세요. 지금 뭐 하는 걸까요?"
b) "나를 따라서 하세요. 전화를 합니다."

[그림 6-3] 우리말 조음·음운평가의 문장수준 검사(예시)

　　그 밖에도 음운오류변동 분석을 통하여 아동의 조음 패턴을 찾을 수 있다. 예를 들면, 아동이 낱말 '주당'의 어중초성 /ㄷ/을 /ㅊ/으로 발음하거나, 낱말 '풍선'의 어중초성 /ㅅ/을 /ㅊ/으로 대치오류를 반복해서 보였다면 다음과 같이 분석될 것이다.

- 조음위치 변동: 치조음의 후설음화, 경구개음화
- 조음방법 변동: 파찰음화
- 기식도 변동: 기식음화

　　다음 [그림 6-4]와 [그림 6-5]의 검사결과에 대한 해석은 다음과 같은 방법으로 이루어진다.

문장 개별음소 분석표

문장수준에서의 검사

*(검사 시작문장) 오늘 아빠와 동물원에 가기로 했습니다.

그림번호	문장번호	목표문장
1	1	나는 **바지**를 입고 **단추**를 채웁니다. / 나는 바지를 입고 다추를 채워요
2	2	**책상**위에 **가방**이 있습니다. / 채짜 위에 가방이 있어요
2	3	가방에 **사탕**과 **연필**을 넣을 거예요. / 가방에 차차랑 연띠 넣을 거예요
3	4	아빠와 **자동차**를 타고 동물원에 갑니다. / 아빠와 자통챠를 타고 동물원에 갑니다.
3	5	"잘 다녀와"하면서 **엄마**가 **뽀뽀**를 해줍니다. / 잘 다녀와 하면서 엄마가 뽀뽀를 해줍니다
4	6	동물원에는 **호랑이**가 **꼬리**를 늘어뜨리고 있습니다. / 동물원에 오앙이가 꼬디를 늘어뜨리고 있어
5	7	나는 **코끼리**에게 **땅콩**을 줍니다. / 나는 코끼리에게 땅컹을 줍니다
5	8	코끼리는 **귀**가 아주 큽니다. / 코끼리는 귀가 아주 큽니다
6	9	나는 동물원 놀이터에서 **그네**를 탑니다. / 나는 놀이터에서 그네를 탐니다
6	10	아빠가 **토끼** **풍선**을 사왔습니다. / 아빠가 토끼 풍서를 사왔습니다
7	11	**로봇** **그림**을 구경합니다. / 로봇 그리 구경합니다
7	12	그림은 **못** 두 개에 걸려 있습니다. / 그림은 못 두 개에 걸려써
7	13	로봇은 긴 **눈썹** **괴물**과 **싸움**을 합니다. / 로봇은 긴 누첩 괴무이랑 짜움을 해
8	14	나무에는 **참새** 세 **마리**가 **짹짹**거리고, / 나무에는 참대 테 마리가 채채거리고
8	15	**나무** 아래(풀밭에는) **메뚜기**가 있습니다. / 나무 아래 메뚜기가 있어요
9	16	엄마에게 **전화**를 합니다."엄마, 동물원 재미있어요." / 엄마에게 저나를 해요. 엄마 동물원 재미있어요

문장 발음전사		오류분석				
번호	목표단어	발음전사	번호	자음	어두초성⓪	어중초성❶	종성⓪
1	①⑯ 바지	+	1	ㅂ	+	+	+
2	⑩⑱ 단추	다추	2	ㅃ	+	+	
3	⑱⑦ 책상	채짜	3	ㅍ	+	+	
4	❶⑬ 가방	+	4	ㅁ	+	+	+
5	⑭⑫ 사탕	차차	5	ㄴ	+	+	ⓞ
6	❸⑲ 연필	연띠	6	ㅎ	+	ㄴ	
7	⑯⑩ 자동차	자통챠	7	ㄱ	+	+	ⓞ
8	3 4 동물원	+	8	ㄲ	+	+	
9	1 2 엄마	+	9	ㅋ	+	+	
10	② 뽀뽀	+	10	ㄷ	+	ㅌ	+
11	⑥ 호랑이	오앙이	11	ㄸ	+	ㅊ	
12	⑧⑲ 꼬리	꼬디	12	ㅌ	+	ㅊ	
13	⑧ 코끼리	+	13	ㅇ		+	
14	⑪❾ 땅콩	땅컹	14	ㅅ	ㅊ	D	
15	9 귀	+	15	ㅆ	ㅉ	ㅊ	
16	⑦❺ 그네	+	16	ㅈ	+		
17	⑯ 토끼	+	17	ㅉ	ㅊ	ㅊ	
18	③❶ 풍선	풍서(D)	18	ㅊ	+		
19	⑲ 로봇	+	19	ㄹ	+	ㄷ	ⓞ
20	5 6 그림	그리	번호	모음	발음전사		
21	④⑩ 못	+	1	ㅓ	+		
22	⑯① 눈썹	누첩	2	ㅏ	+		
23	10 괴물	괴무	3	ㅗ	+		
24	⑮④ 싸움	짜움	4	ㅜ	+		
25	7 참새	참대	5	ㅡ	+		
26	8 세 마리	테마리	6	ㅣ	+		
27	⑰ 짹짹	채채	7	ㅐ	+		
28	⑤❹ 나무	+	8	ㅔ	+		
29	⑪❼ 메뚜기	+	9	ㅟ	+		
30	⑤ 전화	저나	10	ㅚ	+		
정확도			자음:	30/43	모음:	10/10	

[그림 6-4] 문장 개별음소 분석표

출처: 신문자, 김영태(2002).

음운변동기록표

이름: ______________ 생년월일: ____________ (;)

음운 변동 / 낱말 목록	생략 및 첨가 음운변동													대치음운변동																														
	음절구조에 따른 음운변동				조음방법에 따른 생략				조음위치에 따른 생략					조음위치변동										조음방법변동					동화										긴장도 변동		기식도 변동		그 외	
														전설음화			후설음화																											
	음절감소	초성생략	종성생략	첨가	파열음생략	마찰·폐찰음생략	비음생략	유음생략	양순음생략	치조음생략	경구개음생략	연구개음생략	성문음생략	연구개음의 전설음화	경구개음의 전설음화	성문음의 전설음화	치조음의 후설음화	경구개음의 후설음화	양순음화	치조음화	경구개음화	연구개음화	성문음화	파열음화	마찰음화	폐찰음화	유음화	비음화	양순음동화	치조음동화	경구개음동화	연구개음동화	파열음동화	마찰음동화	폐찰음동화	비음동화	기식음동화	긴장음동화	긴장음화	이완음화	기식음화	탈기식음화	전환	반복
1. 바지																																												
2. 단추			X				X			X																																		
3. 책상			X		X		X					X					X				X					X					X				X		X				X			
4. 가방			X				X					X																																
5. 사탕																	X				X					X											X				X			
6. 연필																																												
7. 자동차																																												
8. 동물원																																												
9. 엄마																																												
10. 뽀뽀																																												
11. 호랑이		X						X		X																																		
12. 꼬리																								X									X											
13. 코끼리																								X									X											
14. 땅콩			X				X					X																										X	X					
15. 귀																																												
16. 그네																																												
17. 토끼																																												
18. 풍선			X				X			X																																		
19. 로봇																	X				X					X																		
20. 그림																																												
21. 못																																												
22. 눈썹			X				X			X							X				X					X															X			
23. 괴물																																												
24. 싸움																																												
25. 참새																	X				X					X					X				X		X				X			
26. 세마리																								X																	X			
27. 짹짹			X		X							X		X						X																					X			
28. 나무																																												
29. 메뚜기				X																																								
30. 전화																																												
발생빈도	0	1	7	1	2	0	6	1	0	4	0	4	0	1	0	0	5	0	0	1	5	0	0	3	0	5	0	0	0	0	2	0	2	0	2	0	3	1	1	0	6	0	0	0
(오류수/기회수)	28	30	19	30	23	13	22	9	17	24	7	17	2	17	7	2	24	7	28	30	30	29	30	27	30	30	30	28	15	24	7	16	20	9	7	20	11	9	27	11	30	11	30	30
출현율(%)	0	3.3	36.8	3.3	8.6	0	27.2	11.1	0	16.6	0	23.5	0	5.8	0	0	20.8	0	0	3.3	16.6	0	0	11.1	0	16.6	0	0	0	0	28.5	0	10	0	28.5	0	27.2	11.1	3.7	0	20	0	0	0

[그림 6-5] 음운변동기록표

출처: 신문자, 김영태(2002).

- 자음정확도: 총 43개 가운데 30개가 정확하게 산출되었으므로 평균 자음정확도는 69.7%이다.
- 모음정확도: 총 10개 가운데 10개가 모두 정확하게 산출되었으므로 평균 모음정확도는 100%이다.
- 발달수준: 아동의 생활연령과 생활연령에 해당하는 평균 자음정확도를 비교하여 아동의 발달수준을 평가한다. 만약 −2SD 이하일 경우에는 '조음치료 요망' 판정을 내린다.
- 음운변동 분석: 자음과 모음 정확도는 목표음을 얼마나 정확히 산출했는가를 평가한 반면에 음운변동 분석은 아동이 보이는 오류의 패턴을 분석하는 것이다. 오류 패턴은 크게 생략 및 첨가음운변동과 대치음운변동으로 구분할 수 있다. 생략 및 첨가음운변동은 다시 음절구조, 조음방법 그리고 조음위치로 구분하여 살펴볼 수 있으며, 대치음운변동은 조음방법, 조음위치, 동화, 긴장도, 기식도로 구분하여 볼 수 있다. [그림 6-5]의 결과표에 따르면 생략 및 첨가변동에 있어서는 음절구조에서는 종성 생략이, 조음방법에서는 비음생략, 조음위치에서는 연구개음생략이 많이 나타나고 있다. 대치음운변동에서는 치조음의 후설음화, 경구개음동화, 폐찰음동화, 기식음동화 등의 오류가 많은 것으로 해석할 수 있다.

(3) 말 명료도

말 명료도는 청자가 화자의 말을 얼마나 잘 이해할 수 있는지를 보여 주는 지표로서(김수진, 2002), 청자의 입장에서는 똑같은 자음정확도를 가지고 있는 화자의 말일지라도 좀 더 쉽게 이해되는 말이 있는데, 그것은 바로 말의 명료도가 다음과 같은 요소의 영향을 받기 때문이다(심현섭 외, 2005).

- 오류음소의 수가 많을수록 이해하기 어렵다.
- 오류를 보이는 음소가 일관되지 않은 패턴을 보이면 이해하기 어렵다.
- 오류를 보이는 음소가 우리말에서 사용 빈도가 높으면 이해하기 어렵다.
- 목표음과 오조음 사이에 변별자질이 클수록 이해하기 어렵다.
- 첨가나 생략 부분이 많을 때 이해하기 어렵다.
- 운율적 요소의 결함이 동반될 때 이해하기 어렵다.
- 내용의 친숙도가 낮을수록 이해하기 어렵다.

청자변인으로는 화자와 청자 간의 친숙도, 청자의 언어이해력과 추리력 그리고 듣고자 하는 동기부여 등이 해당한다(김수진 외, 2015). 말 명료도는 아동의 말 자료를 아동의 말에 익숙하지 않은 성인에게 들려주고 음운, 단어, 문장 수준에서 4점 척도 또는 5점 척도로 평가하여 평균점수를 산출하는 방법을 사용할 수 있다. 또는 아동의 발화를 전사한 후 자음정확도와 모음정확도 그리고 낱말명료도 등을 산출할 수도 있다. 예시는 다음과 같다.

〈표 6-4〉 **자음정확도 · 모음정확도 · 낱말명료도 분석(예시)**

목표발화	전사	분석방법
삼촌이랑 지금 슈퍼에 가요 ㅅㅁㅊㄴㄹㅇㅈㄱㅁㅅㅍㄱ	땀똔이낭 지금 뚜뻐에 아요 #ㅁ#ㄴ#ㅇ ㅈㄱㅁ###	• 자음정확도 $6/12 \times 100 = 50\%$
빨리 나랑 장난감 사러 가세요 ㅏㅣㅏㅏㅏㅏㅏㅓㅔㅛ	[빠니 나낭 단난깜 다다 가띠어] ㅏㅣㅏㅏㅏㅏㅏ#ㅏ##	• 모음정확도 $9/12 \times 100 = 75\%$
사탕, 친구, 이모, 딸기, 포도	[다땅], [잉꾸], [이모], [**], [*또]	• 낱말명료도 $1/5 \times 100 = 20\%$

평가에 있어서 검사자 간 신뢰도는 무엇보다도 중요하다. 검사자 간 신뢰도는 검사자 간에 일치한 항목의 수를 전체 항목의 수로 나누는 계산법이다. 예를 들면, 총 40개 항목 가운데 A 검사자와 B 검사자가 34개 항목에 대해 일치하고 6개 항목에 대해 일치하지 않았다면, 검사자 간 신뢰도는 .85이다. 일반적으로 .85 이상은 신뢰할 수 있는 수준이라고 본다.

(4) 평가 시 주의사항

앞서 언급한 바와 같이 조음 · 음운평가는 선별검사를 먼저 실시한 후 진단검사를 실시하는 것이 일반적이다. 검사 전에 아동의 조음기관의 이상이나 청력 이상 등의 구조적 결함 여부를 비롯하여 인지기능의 결함이나 다문화와 같은 사회문화적 배경요인 등도 파악하는 것이 좋다. 만약 교사가 아동의 조음음운능력을 평가하고자 할 경우에는 표준화된 검사를 할 수도 있고, 대화나 읽기 자료 등을 통해 발화를 수집하여 분석하는 비표준화 검사를 실시할 수도 있다. 실제적인 조음음운능력을 파악하기 위해서는 낱말 수준의 검사보다는 이야기 나누기 등의 활동을 통해 연결 발화를 수집하고 분석하는 것이 더 효과적이다. 그러나 이 경우에는 아동이 침묵할 수 있으므로 발화를 유도할 수 있는 놀이상황이나 적절한 주제 등을 사전에 준비해 놓는 것이 좋다. 표준화된 검사를 실시할 경우에는 '맞음'과 '틀림'에 아동이 민감할 수 있으므로 반응 기록지에 '×'나 '○'로 표기하지 않도록 하여야 한다. 중립적인 반응을 하되, 조음·음운평가에서는 아동이 목표 낱말을 쉽게 산출하지 못한다면 모방하도록 하거나, 한 번 더 말해 달라고 요청하는 것도 허용이 된다(이윤경 외, 2010). 심도 있는 평가를 위해서는 청지각 검사, 예를 들면 아동이 낱말 '토끼'를 '오끼'라고 발음한다면 '토끼'와 '오끼'를 다르게 지각하는지의 여부를 아는 것이 중요하다. 또한 자극 반응도를 알아보기 위하여 "선생님이 하는 말을 잘 듣고 따라해 보세요." 혹은 "입 모양을 잘 보고 따라해 보세요."라고 한 후 아동의 발음이 달라지는지를 알아볼 필요가 있다. 무엇보다도 교사는 검사를 하면서 발음을 수정해 주려고 하는 행동은 피해야 하며, 특히 아동이 시험 보는 느낌을 갖지 않도록 주의하여야 한다.

5. 조음 및 음운 오류 형태

1) 개별음소의 조음오류 형태

(1) 생략

생략은 단어에서 특정 음소가 빠져 버리거나 음가가 없이 발음되는 경우로서, 예를 들면 '사과'가 '아과'로, '둘리'를 '두리'로, '공룡'이 '고용'으로 발음된다. 생략은 초성을 생략할 수도, 종성을 생략할 수도 있다. 일반아동의 경우에는 음운발달과정에서 초성보다 종성의 생략을 더 오랫동안 보이는 경향이 있다. 생략은 '-' 또는 'Ø'으로 표기한다.

(2) 대치

대치는 목표음이 다른 음으로 바뀌어 나오는 경우다. '자장면'을 '다당면'으로, '포도'를 '보도'로 말할 때, 소리의 대치가 이루어졌다고 말한다. 대치는 자신이 발음하기 어려운 음소를 자신이 발음할 수 있는 음소로 산출하는 경우가 많다. 발달과정에서 모든 아동이 이런 대치 현상을 보이는데, 대표적으로 /ㅅ/ 음은 5~6세경이 되어서야 모두 완전히 발음할 수 있는 음소다. 따라서 아직 /ㅅ/ 계열음을 습득하지 못한 아동은 /ㅌ/ 음으로 대치하여 말하는 것을 관찰할 수 있다. 대치는 '/'으로 나타내며, 만약 단어 '사랑'을 '타랑'이라고 산출하였다면 'ㅌ/ㅅ'(대치된 음소/목표음소)으로 표기한다.

(3) 왜곡

왜곡은 임상에서 대치와 명확하게 구분하기 어려운 경우가 많다. 일반적으로 말의 명료도가 낮아서 이해하기 어려움에도 불구하고 목표음소와 뚜렷하게 대치된 음소를 찾기 어려울 때 왜곡으로 간주한다. 대부분 모국어에서 잘 사용하지 않는 음소로 대치되거나 마치 청각장애아동의 조음 패턴, 예를 들면 혀가 구강에 꽉 찬 소리나 혀가 입 밖으로 나오는 소리 등과 같이 소음이나 콧소리가 첨가되어 발음하는 경우가 해당한다.

(4) 첨가

첨가는 필요 없는 음소나 음절이 삽입된 것으로 '전화'를 '전우화'로 발음하거나 '알러지(allergie)'를 '알러어지'라고 발음하는 경우다. 모음 또는 자음이 첨가될 수 있다. 예를 들면, '달력' 같은 단어는 아동이 산출하기 어려운 단어 가운데 하나로서 '단니역'이라고 발음하면서 /달/과 /력/ 사이에 모음을 첨가하여 쉽게 발음하려는 현상이다. 이러한 현상은 조음기관의 운동성이 향상되면서 대부분 사라진다.

〈표 6-5〉 **조음오류 형태**

오류 형태	정의	예
생략	단어에서 음소나 음절이 빠지는 경우	/고기/-/오기/ /별/-/벼/
대치	목표음이 다른 음으로 바뀌는 경우	/사탕/-/타탕/ /선생/-/떤땡/
왜곡	표준음이 비표준음으로 바뀌는 경우	/서울/-[tʃəl] /풍선/-/풍셔/
첨가	필요없는 음이 삽입되는 경우	/우산/-/쿠산/ /커피/-/커오피/

─혀 짧은 소리, 리스프(lisp)─

지혜는 두 살 위의 오빠보다도 더 빨리 말을 배우기 시작했다. 이미 세 살 때부터 세련된 표현을 쓰는, 아주 말을 잘하는 아이였다. 그러나 언제부턴가 /ㅅ/을 발음할 때 치아 사이에 혀를 끼어서 발음하는 이상한 습관을 보이기 시작했다. 하지만 부모는 곧 익숙해졌고 별로 신경을 쓰지 않았다. 유치원에서는 아이들이 일부러 흉내를 내기도 하였지만, 그것이 스트레스 요인이 되는 것 같지는 않았다. 학교에 입학할 때가 되어 가는데도 지혜는 여전히 혀 짧은 발음을 하였다. 주위 사람들도 발음이 좀 이상하게 들리기는 하지만, 당시 앞니가 모두 빠진 상태라서 우선 기다려 보는 것이 좋겠다고 했고 금방 우리 기억 속에서 잊혀졌다. 학교에 입학한 후에 지혜는 아주 잘 적응을 했고 귀여운 여학생으로 학교에서는 인기도 좋았다. 그러나 학년이 올라가고 얼마 후 친구로부터 충격적인 말을 듣게 되었다. 이제 혀 짧은 소리를 그만 냈으면 좋겠다는 말을 듣고 자신의 발음을 스스로 고쳐 보려고 노력했지만 고쳐지지 않았다. 가볍게 넘겼던 혀 짧은 소리가 엄청난 스트레스를 가져왔고, 수업시간에 책을 읽는 것도, 낯선 친구들과 이야기하는 것도 두려워하게 되었다. 리스프는 이렇듯 [s], [ʃ], [tʃ] 등과 같은 음에서만 오류를 보이는 경우다. 예를 들면, '선생님'이라는 단어를 말할 때 /ㅅ/ 음을 [th]나 [θ]로 발음하는 경우로서, 우리나라 아동의 경우에는 대부분 [θ] 음으로 대치되는 경향이 많다(김주영, 2001). 리스프는 3세 반과 4세 사이에 흔히 나타나는 조음오류다.

2) 음운과정의 오류 형태

조음·음운장애를 이해하기 위해서는 제3장에서 다루었던 '음운론'의 기본지식을 알고 있어야 한다. 음소는 말소리의 가장 작은 단위다. 한글은 자음과 모음의 음소가 모여서 음절단위를 만들고, 음절은 단어를 만든다. '종달새'라는 한 개의 단어를 초성·중성·종성으로 나눈다면, '종'은 초성, '달'은 중성 그리고 '새'는 '종성'의 총 3개의 음절로 구성되어 있다. '종'이라는 한 개의 음절을 분석하면 /ㅈ/—초성, /ㅗ/—중성 그리고 /ㅇ/—종성의 3개의 음소로 만들어져 있다. 자음검사에서 단어 '바람'은 /ㅂ/—어두초성, /ㄹ/—어중초성, /ㅁ/—어말로 분류한다. 조음오류와 음운오류는 초성, 종성 그리고 중성 모두에서 나타날 수 있다.

한 음운이 일정한 환경에서 변하는 현상을 '음운변동'이라고 한다. 힘을 덜 들이고 발음하려는 경향 때문에 소리의 변화가 생기게 되는데 놓이는 위치에 따라 혹은 인접하

〈표 6-6〉 음운오류 형태

오류	정의		유형	예시
생략 및 첨가 음운변동	음절구조에 따른 초성·종성 생략 및 첨가		초성·종성 생략	시계-이계, 발-바
	조음방법에 따른 생략 및 첨가		폐쇄음 생략	김밥-임밥
	조음위치에 따른 생략 및 첨가		연구개음 생략	크레파스-으레파스
대치 음운변동	조음위치	조음점보다 혀를 앞으로	전설음화	자가용-다가용
		조음점보다 혀를 뒤로	후설음화	다람쥐-자람쥐
		목표음을 경구개음으로 대치	경구개음화	바다-바자
		목표음을 치조음으로 대치	치조음화	기차-기따
	조음방법	목표음을 파찰음으로 대치	파찰음화	거북이-저북이
		목표음을 마찰음으로 대치	마찰음화	도깨비-소깨비
		목표음을 유음으로 대치	유음화	문방구-문방루
	동화[1]	앞의 음소의 영향을 받음	순행동화	책상-책강
		뒤의 음소의 영향을 받음	역행동화	가방-바방
		조음방법에 영향을 받음	폐쇄음동화	짝꿍-딱꿍
			파찰음동화	자전거-자전저
			마찰음동화	소시지-소시시
		조음위치에 영향을 받음	양순음동화	연필-염필[2]
			치조음동화	비디오-비디도
			성문음동화	호랑이-호랑히[3]
	긴장도 변동	성대의 긴장 여부에 따름	긴장음화	과자-꽈자
			이완음화	빨강색-발강색
	기식도 변동	말소리의 기식성 동반 여부에 따름	기식음화	세발-체발
			탈기식음화	파도-바도

는 음운끼리 변할 수도 있다. 한글에서는 한쪽의 음운이 다른 쪽 음운의 성질을 닮는 '동화규칙',[4] 음절의 끝에서 다른 음운으로 바뀌는 '끝소리 규칙'[5] 등이 있다. 〈표 6-6〉

---

1 동화란 어떤 음이 인접하는 다른 음의 영향을 받아서 그 음과 같거나 유사한 음으로 바뀌는 것을 말한다 (권도하, 2011).
2 인접한 음소에 의한 동화는 '연속동화'라 한다(김영태, 2002).
3 다소 인접하지 않은 음소에 의한 동화는 '불연속동화'라 한다(김영태, 2002).

에서 보여 주는 음운오류 형태는 국어의 정상적인 음운변동 현상이 아닌 경우로서, 개개의 음소는 산출하지만 글자 묶음 속에서 오류를 보이는 경우다.

6. 중재방법

조음장애의 중재방법은 다양하다. 반 리퍼(Van Riper)를 중심으로 한 전통적 치료방법에는 조음점 지시법, 청지각 훈련, 짝자극 기법, 조음조절 프로그램 등이 있다. 전통적인 치료법에서는 목표음소를 선정하고 목표음소를 유도하기 위한 프로그램을 활용하여 모델링과 훈련을 통해 음소의 정확도를 높이는 것을 목표로 한다. 그러나 최근에는 기존의 치료법들이 독립된 특정 음소에만 치중함으로써 조음장애에만 적합한 치료기법이라는 지적을 받고 있다(Jahn, 2007). 그러나 실제로 조음장애와 음운장애가 항상 독립적으로 나타나는 것이 아니며(Grohnfeldt, 1980), 많은 임상가들 또한 조음장애와 음운장애를 별도로 구분하여 치료하는 것에 큰 의미를 두지 않고 있다. 그러나 토이치와 폭스(Teutsch & Fox, 2004)는 음운장애를 가지고 있는 4명의 아동을 대상으로 2명에게는 조음치료를 2명에게는 음운치료를 실시한 결과 음운치료방법이 더욱 효과적이라고 밝히면서, 아동이 가지고 있는 결함이 무엇이냐에 따라 적합한 치료방법을 사용하는 것이 중요하다고 하였다.

일반적으로 조음치료는 반 리퍼와 어윈(Van Riper & Irwin, 1989)의 치료기법에 따른다. 조음능력을 향상시키는 데 목표를 두고 첫 단계에서는 구강근육 훈련을 실시한다. 동시에 청지각 훈련도 함께 한다. 청지각 훈련을 통해 아동은 목표음소를 확인하고 목표음과 오류음을 비교하게 된다. 치료과정에서 가장 핵심은 조음훈련 단계로서 목표음소를 독립음, 음절, 단어 그리고 문장 순으로 확립시키는 것이다. 이때 한 개의 음소가 목표음이 된다. 반면에 폭스(Fox)의 P.O.P.T. (2003)의 음운치료 기법을 살펴보면 목표

---

4 예를 들면, 표준발음법에 따르면 강릉[강능]과 같이 받침 'ㅁ, ㅇ' 뒤에 연결되는 'ㄹ'은 [ㄴ]으로 발음되며, '난로[날:로]와 같이 'ㄹ'의 앞이나 뒤에서 'ㄴ'은 [ㄹ]로 발음된다(제19장, 제20항).

5 표준발음법에 따르면, 표준어의 받침소리로 발음되는 자음은 'ㄱ, ㄴ, ㄷ, ㄹ, ㅁ, ㅂ, ㅇ'이다(제8항). 이들 이외의 받침은 중화되어 이들 중의 하나로 발음된다. 예를 들면, 놓고[노코]와 같이 뒤에 'ㄱ, ㄷ, ㅈ'이 결합되는 경우에는 [ㅋ, ㅌ, 치]으로, 놓는[논는]과 같이 'ㅎ' 뒤에 'ㄴ'이 결합되는 경우에는 [ㄴ]으로 발음된다.

는 아동의 음운체계를 재구성하는 데에 있다. 1단계는 지각단계로서 아동이 음운과정에서 보이는 오류음소 및 보상조음을 확인하는 훈련이 이루어지는데, 이때 훈련은 독립적이며, 단어수준이 아닌 음절수준으로 진행한다. 2단계에서는 산출단계로서 음소의 최소대조를 지각하고 직접 발음해 보도록 한다. 독립음을 빠르게 변화시키거나, 음절을 잘 듣기 또는 따라 말하기 등의 놀이형식으로 이루어진다. 3단계에서는 실생활에서 사용되는 단어들을 투입한다. 지각과 산출훈련이 동시에 이루어지며, 아동은 치료사가 목표음과 오조음을 제시하는 과정 없이 스스로 올바른지 혹은 수정이 필요한지를 결정할 수 있어야 한다. 음운치료의 목표는 아동의 특정 조음능력을 향상시키는 데 있지 않고 잘못 저장된 운동 프로그램을 수정하고 장기간 유지시키고 확립시키는 데 있다(Teutsch & Fox, 2004).

조음치료는 음운발달이 어느 정도 이루어진 4세경부터 가능하며(Böhme, 2003), 아동이 학교에 입학하기 전에 치료가 종결되는 것을 원칙으로 한다.

1) 전통적 치료기법[6]

(1) 반 리퍼의 전통적 치료기법

반 리퍼(1989)에 따르면, 조음치료의 기초는 아동이 자신의 조음이 틀렸다는 것을 인식하는 데에서부터 출발한다. 자신의 조음이 다른 사람들과 다르다는 것을 스스로 지각하지 못하는 한, 아동의 조음은 향상될 수 없다. 조음치료는 〈표 6-7〉과 같은 단계로 진행된다.

〈표 6-7〉 **반 리퍼의 전통적 조음치료 기법**

단계		내용
1단계	확인 (scanning)	무엇이 오조음이고 무엇이 목표음(정조음)인지를 확인한다. 아동들은 아직 오조음과 목표음의 차이를 인식하지 못하기 때문에 이 단계에서는 말소리에 대한 청지각과 주의를 기울이는 법을 배운다.
2단계	비교 (comparing)	자신의 발음을 스스로 듣고 자신의 오조음을 인식한다. 치료사는 청각적 피드백을 정확하게 할 수 있도록 도와주어야 한다.

---

6 이 장에서는 개별음소를 목표로 하는 중재를 전통적 치료기법으로 묶어서 기술함.

3단계	변화 (varying)	목표음이 형성될 때까지 조음방법을 변화시킨다. 치료사는 조음점을 지시해 주고, 아동은 자신의 감각을 활용하여 정확한 발음 산출을 위한 조음운동 훈련이 필요하다.
4단계	수정 (correcting)	새로 학습한 조음방법을 확립하는 데 초점을 둔다. 아직은 상황에 따라 오조음이 나올 수도 있기 때문에 반복해서 훈련하여야 한다. 처음에는 독립된 음소를 훈련하여 아동이 음소에 대한 감각·청각적 특성에 집중할 수 있도록 하고, 점차적으로 음절-단어-문장 순으로 훈련한다.
5단계	안정 (stabilizing)	단어에서 사용되는 음소들을 다양한 입술과 혀의 위치에서 산출하도록 학습한다. 예를 들면, /슐레/에서 조음점을 변화시키면서 /줄레/, /질레/, /솔레/ 등으로 바꾸어 나간다. 시간적 압박과 스트레스 상황에서도 목표음을 산출할 수 있을 때, 비로소 안정적이 되었다고 할 수 있다.

(2) 짝자극 기법

짝자극 기법은 정조음이 가능한 핵심단어(열쇠단어)와 훈련단어의 짝에 의해 조음치료를 하는 방법이다. 핵심단어는 10번 가운데 9번을 정조음하는 단어로, 훈련단어는 3번 가운데서 2번 이상 오조음하는 단어로 구성된다. 짝자극 기법의 핵심은 하나의 말소리에 지나치게 집중하기보다는 아동이 정확히 산출하는 단어를 이용하여 다른 단어로 자

[그림 6-6] **짝자극 기법(예시)**

연스럽게 정조음이 전이될 수 있다는 데 있다(이지은, 강영심, 2010). 정확하게 산출할 수 있는 표적음소가 들어 있는 단어 하나와 표적음이 들어 있는 훈련단어들로 하나의 짝을 만들어 훈련하는 것으로서(강은희, 정옥란, 1998), 핵심단어가 없을 경우에는 일차적으로 핵심단어를 만들어야 한다. 따라서 이 경우에는 너무 많은 시간과 노력이 요구된다는 단점이 있으나(심현섭 외, 2005), 준전문가도 쉽게 적용할 수 있으며 다양한 연령과 능력수준에 맞게 적용할 수 있다는 장점이 있다.

그러나 짝자극 기법은 자연스러운 일상생활 상황을 반영하기에는 제한이 있다(이창윤, 박희준, 2019). 훈련은 단어, 문장, 회화 수준으로 이루어질 수 있으며, 프로그램의 예시는 〈표 6-8〉과 같다.

〈표 6-8〉 **짝자극 기법 프로그램의 단계별 내용**

단계	내용
단어 수준	• 핵심단어 '가방'을 지도한다. • '가방'을 지적하면 아동이 발음하고, 다음 훈련단어인 '감'을 제시하면 '감'을 발음한다. • 가방-감, 가방-공, 가방-가지, 가방-교회 등으로 이행한다. 　(…) • 핵심단어 '달력'을 지도한다. • '달력'과 다양한 훈련 단어를 짝지어 학습한다(예: 달력-약, 달력-주먹, 달력-북 등).
문장 수준	• 핵심단어 '가방'에 해당하는 질문에 훈련단어를 넣어 반응 문장을 완성하게 한다. 　예: 가방 옆에 무엇이 있어요? 　　　-가방 옆에 감(훈련단어)이 있어요. 　　　-가방 옆에 거울(훈련단어)이 있어요.
회화 수준	• 표적 음소를 포함하는 회화에 참여하여 연속적으로 바르게 발음하도록 한다. 　예: 집에는 무엇이 있어요? 　　　-우리집에는 금붕어, 냉장고, 가위가 있어요.

출처: 석동일(1999)에서 요약 정리함.

(3) 조음조절 프로그램

조음조절 프로그램은 /ㅂ/, /ㄴ/, /ㄷ/, /ㅅ/, /ㄹ/, /ㅈ/, /ㄱ/, /ㅎ/ 등 총 8개의 음소를 무의미 음절부터 단어수준, 구수준, 문장수준, 이야기수준, 읽기 그리고 대화로 나누어 단계별 학습으로 구성되어 있다. 예시는 다음과 같다(석동일 외, 2002).

- "잘 듣고 따라 하세요." 바 배 버 베 보 부 브 비 뵈 뷔
- "잘 듣고 따라 하세요." 압 앱 업 엡 … 아브 애브 어브 오브
- "잘 듣고 따라 하세요." 박 발 밤 … 바퀴 박수 박쥐 … 비둘기
- "그림을 보고 따라 하세요." 배 방석 비둘기 북 …
- "그림을 보고 이름을 말하세요." 배 방석 발 배게 …
- "1분 동안 많이 읽어 보세요."[7] 밤 봉투 버스 뱀 …
- "이 단어들을 하나씩 읽어 보세요." 박쥐 비누 복숭아 벨트 …
- "다음 단어(사과)를 가지고 문장을 완성하세요."

  예) 나는 과일 중에서 예쁜 (바나나)를 제일 좋아합니다.
- "듣고 질문에 대답하세요."

  예) 바느질할 때에는 실과 무엇이 필요합니까?
- "잘 듣고 따라 하세요." 굽 철갑 늪 커피숍 상급 초가집 …
- "그림을 보고 따라 하세요." 탑 장갑 나뭇잎 톱 …
- "그림을 보고 이름을 말하세요." 튤립 케첩 숲 입 …
- "1분 동안 많이 읽어 보세요." 삽 지갑 기와집 눈썹 …
- "이 단어들을 하나씩 읽어 보세요." 석가탑 이솝 수집 고무장갑 …
- "다음 단어(수첩)를 가지고 문장을 완성하세요."

  예) 영수는 생일 선물로 무엇을 받았습니까?
- "듣고 질문에 대답하세요."

  예) 나무를 자를 때 사용하는 것은 (톱)입니다.

이렇게 특정 음소의 어두와 어말을 학습한 후에는 어중과 중복으로 확장시켜 나간다. 중복은, 예를 들면 단어 '비겁'이나 '바보'처럼 어두와 어말 혹은 어두와 어중 또는 어중과 어말에 동일한 음소가 들어간 단어를 말한다. 이렇게 단어수준이 끝나면 구수준으로 넘어가게 된다. 구수준은 '벽돌과 나무' '어린이집의 버스'와 같은 2어절부터 '운전자가 바르게 준수하는 교통법규'와 같은 4어절 따라 하기 훈련이 이루어진다. 문장수

---

7 조음 · 음운장애 아동은 또래 아동과 비교하여 구어 속도가 일반적으로 느린 경향을 보인다(이서희, 신혜정, 2016).

준에서는 문장 읽기와 그림을 보고 문장을 산출하기 훈련이 이루어지며, 읽기 단계에서는 문단을 읽는 훈련을 한다. 조음조절 프로그램의 마지막 단계는 이야기수준으로서, 교사가 들려주는 이야기를 듣고 그림을 보면서 다시 아동이 이야기하게 된다.

(4) 조음점 지시법

조음점 지시법은 수동적 방법의 하나로서 치료사가 지시해 주는 대로 조음위치와 방법을 지각하는 훈련을 말한다. 예를 들어, 치료사는 설압자나 면봉 등을 이용하여 조음점을 지적해 준다. 또는 구강모형이나 그림 등을 사용하여 입술과 혀의 위치를 지도할 수도 있다. 손이나 그림을 통한 조음점 지시법은 구체적 조작기에 있는 초등학교 연령 학생들에게 효과적이다(김주영, 2001). 조음점의 위치를 정확하게 잡거나 구강 모형, 손가락 혹은 거울 등을 활용한 조음점 지시법은 개별음의 정확도는 높일 수 있으나 전후 문맥에서 발생되는 오류를 중재하기는 어렵다는 제한점을 갖는다.

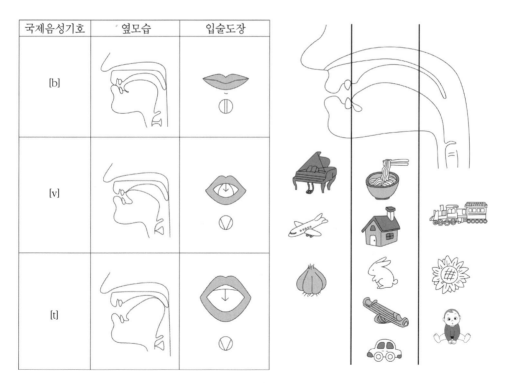

[그림 6-7] **조음점 지시법**

출처: Russ (2001).

2) 언어인지적 접근법

기존의 전통적인 치료방법들이 단일 음소에서 나타난 오류에 독립적으로 접근하였다면, 언어인지적 접근법에서는 언어의 공통적 요인에 주목한다. 나타나는 오류음의 음소를 음성적 측면에서 교정하는 것이 아니라 언어적·인지적 요소에 관심을 갖고 오류 패턴을 찾아서 교정하는 것이다. 언어인지적 접근법의 가장 큰 장점은 언어학적인 공통적 성분요소를 다루기 때문에 유사한 음운과정의 영향을 받는 다른 분절음으로의 전이가 매우 용이하다는 것이다.

(1) 변별자질 접근법

음운론에서 말하는 변별자질이란, 어떤 음성요소를 다른 음성요소로부터 구별하는 데 필요한 음운상의 특징을 말한다(이철수 외, 2004). 제3장에서 살펴본 바와 같이 자음과 모음은 여러 가지 자질을 가지고 있다. /p/와 /b/는 모두 양순폐쇄음에 해당하지만, 전자는 무성음이고 후자는 유성음이다. 즉, 음소 간에는 공통된 자질과 서로 구별 짓는 자질이 있다. 이처럼 음소대립을 초래하는 음성적 자질을 '변별자질'이라고 한다(오주영, 박종갑, 1995). 자질의 유무에 따라 '+', '−'로 표기하는데, 대표적인 자질에는 자음성(consonantal), 공명성(sonorant), 성절성(syllabic), 지속성(continuant), 소음성(strident) 등이 포함된다. 예를 들면, '자음성'이라는 자질은 자음과 모음을 구별하기 위하여 사용되며, 모든 자음은 [+자음성]을 갖는다. [+공명성]은 모음, 비음, 유음이 해당된다. '성절성'은 음절을 이루는 데 중심이 되는 분절음으로서 모음은 [+성절성]이다. 조음을 할 때 계속해서 소리를 낼 수 있는 마찰음은 [+지속성]이며, [s] 등은 [+소음성], [θ]은 [−소음성]이다(이철수 외, 2004).

만약 '점수'를 [첨수]라고 발음한다면, 이는 평음과 격음의 변별자질을 지키지 않아서 발생한 오류다. '고마워요'를 '꼬마워요'라고 한다면 평음과 경음의 자질을 구별하지 못한 것이다.[8] '구두'를 [그두]로 발음하는 것은 입술모양에 의한 변별자질을 구별하지 못했기 때문이다. 이렇듯 각각의 자음과 모음이 어떤 자질을 가지고 있는지를 분명하게

---

8 /ㄱ/, /ㄷ/, /ㅂ/은 이완음(평음), /ㅋ/, /ㅌ/, /ㅍ/은 기식음(기음, 격음) 그리고 /ㄲ/, /ㄸ/, /ㅃ/은 긴장음(경음)이라고도 한다.

〈표 6–9〉 **자음의 변별자질별 분류(예시)**

자질	ㄱ(k)	ㄴ(n)	ㄷ(d)	ㅌ(t)	ㄹ(l)	ㅁ(m)	ㅂ(b)	ㅍ(p)	ㅅ(s)
자음성	+	+	+	+	+	+	+	+	+
공명성	−	+	−	−	+	+	−	−	−
지속성	−	−	−	−	+	−	−	−	+
소음성	−	−	−	−	−	−	−	−	+

〈표 6–10〉 **모음의 변별자질별 분류(예시)**

자질	이(i)	에(e)	애(ɛ)	아(a)	우(ㅟ)	오(ɔ)	어(ʌ)
자음성	−	−	−	−	−	−	−
공명성	+	+	+	+	+	+	+
고설성	+	−	−	−	+	−	−
원순성	−	−	−	−	+	+	−
후설성	−	−	−	−	+	+	+

인식하지 못할 경우에는 발음 오류가 발생한다. 변별자질 접근법에서는 /ㅅ/ 음이 치료의 목표음이 되는 것이 아니라 /ㅅ/ 음이 가지고 있는 변별자질에 초점을 두고, 오류에 깔려 있는 음운론적 양식을 발견할 수 있도록 돕는다(김종현, 2001). 블랜스(Blance, 1985)에 따르면, 변별자질 접근법은 다음 네 가지 기본단계로 구성된다.

- **확인 단계**: 아동이 치료에 사용될 어휘의 개념을 아는지를 본다.
- **변별 단계**: 아동이 변별자질을 지각할 수 있는지를 알아본다. 예를 들면, /마늘/과 /바늘/, /불/과 /붓/과 같은 최소대립쌍[9]을 제시하고 아동이 해당 그림 또는 단어를 선택한다.

---

9 최소대립쌍이란 말소리 하나를 교체함으로써 의미의 변별이 생기는 음절이나 단어의 쌍을 말한다(김광해 외, 1999). 예를 들면, '공'과 '곰'은 연구개음-양순음의 최소대립쌍, '달'과 '살'은 폐쇄음-마찰음의 최소대립쌍에 해당한다. 변별자질에 있어서는 한 가지 자질에서만 차이가 나는 낱말 쌍을 최소대립자질이라고 하는 반면에, 최대대립자질이란 최대한 많은 자질에서 차이가 나는 낱말쌍을 의미한다. '살'과 '쌀'은 발성 자질 하나에서만 차이가 나는 최소대립자질인 반면에, '강'과 '땅'은 조음위치, 조음방법 그리고 발성자질 모두에서 차이를 보이는 최대대립자질에 해당한다. 만약 /ㄷ/의 발음에서 오류가 있는 아동에게 음운적 치료접근 시 최소대립자질을 이용한다고 할 경우에는 '동-총'보다는 '동-똥'이 적합하다.

- 훈련 단계: 최소대조를 인식하고 단어를 발음한다. 아동에게 그 단어를 말하도록 하고 치료사는 아동이 발음한 단어와 일치하는 그림을 가르친다.
- 전이-훈련 단계: 아동이 표적단어를 발음할 수 있게 되면 길고 복잡한 문장에서 훈련한다.

변별자질 접근법은 언어인지적 접근법에 기초한 방법으로서 하나의 음소에는 여러 가지의 변별자질이 있고, 하나의 자질의 오류를 개선하게 되면 동일한 자질을 가지고 있는 음소들이 동시에 개선된다는 데에 초점을 두고 있다.

(2) 음운변동 접근법

앞서 언급한 바와 같이, 음운변동이란 단어 내부에서 말소리가 바뀌는 현상으로서, 예를 들어 '안+밖'이 '안팎'이 되는 것 따위다. 이렇듯 국어에서의 음운변동은 하나의 규칙하에서 발생한다. 우리가 일반적으로 말하는 음운변동규칙이란 하나의 음소가 다른 음소로 바뀌거나 탈락하거나 첨가되는 음운현상으로서, 한국어는 음절과 음절의 경계에서 많은 음운변동이 일어나므로 자음과 모음의 정확한 발음만으로는 한국어다운 발음을 할 수 없고, 소리의 축약이나 연음 등을 알지 못하면 듣는 데에 장애가 생길 수 있다(김형복, 2004). '국민'이 [궁민]으로 발음되는 것은 비음동화, '좋은'이 [조은]으로 발음되는 것은 /ㅎ/ 탈락 또는 '막일'이 [망닐]로 발음되는 것은 /ㄴ/ 첨가현상이다. 이러한 음운변동은 국어에서 표준발음으로 인정되는 변이이다. 그러나 발달기에 유아들은 음운변동규칙에서 벗어나 편하게 발음하기 위해 음운체계를 수정하거나 단순화시키는 경향이 있다. 그리고 조음·음운장애를 가지고 있는 아동은 국어에 존재하지 않는 방식으로 연령이 지났음에도 불구하고 사라지지 않고 여전히 비정상적인 음운변동 현상을 보인다. 음운변동 접근법에서는 특정 음소 정확도만으로 찾아내기 어려운 아동의 조음 패턴을 찾아, 예를 들면 조음평가 결과 ㄷ/ㄱ, ㅈ/ㅋ, ㄸ/ㅊ 등의 대치가 자주 나타났다면 전설음화가 자주 나타난다고 보고 치료의 초점을 개개의 다른 음을 가르치기보다 아동에게 나타나는 비정상적인 전설음화 변동을 제거함으로서 여러 개의 오류음을 동시에 수정하는 데 둔다. 이것이 효과적인 이유는 개별 조음오류 현상에 접근하는 것보다 일반화 가능성이 높아지기 때문이다.

변별자질접근법과 음운변동접근법은 모두 개별음소를 목표로 하지 않으며, 반응

일반화가 용이하다는 장점을 갖는다. 변별자질접근법은, 예를 들면 /ㄷ/과 /ㄱ/의 대치가 자주 나타나는 것은 설정성(Coronal)[10]과 전방성(Anterior)[11] 자질의 오류라고 판단한다. 즉, [+설정성] [+전방성] 자질을 가진 음소 /ㄷ/과 [−설정성] [−전방성]의 자질을 가진 음소 /ㄱ/을 최소단어짝으로 선정하며 훈련할 수 있다. 이 경우 비슷한 자질을 가지고 있는 음소에서도 중재의 효과를 기대할 수 있다. 음운변동접근법은 공통된 비정상적인 음운변동패턴을 찾아 분석하여 중재를 한다. 예를 들면, 'ㄱ/ㅋ, ㄷ/ㅌ, ㅈ/ㅊ, ㅂ/ㅍ'과 같은 오류패턴의 경우에는 탈기식음화 현상을 없애는 데 초점을 두고 중재를 할 수 있다. 이 경우에도 한번에 여러 개의 음소를 동시에 수정할 수 있는 장점을 갖는다.

3) 컴퓨터를 이용한 접근법

최근에는 컴퓨터를 활용한 치료가 많이 이루어지고 있다. 컴퓨터를 활용한 방법은 일반적으로 컴퓨터 자체에 대한 즐거움이나 관심으로 인해서 아동의 집중력과 흥미를 높일 수 있다. 보통 때는 무기력하고 끈기를 보이지 않던 아동들도 컴퓨터 앞에서는 놀라운 흥미와 집중력을 보여 주기 때문에 치료에 활용할 만한 가치가 있다(Hasselmann, 1999). 조음·음운장애 치료를 목적으로 한 컴퓨터 활용은 시각적 채널에 초점이 맞추어져 있다. 조음을 할 때 혀와 입술의 움직임 등을 소노그래프(sonograph)를 이용하여 스크린에 보여 줌으로써 조음점과 조음기관의 움직임을 쉽게 이해할 수 있다(Albert, 2005). IT 기술의 발달로 컴퓨터 및 멀티미디어 기술을 활용한 컴퓨터 보조학습(Compter Assisted Instruction: CAI)이 많이 사용되고 있는데, 특히 조음장애를 위한 기능성 게임의 활용도가 높아지고 있다. 예를 들면, 자음 /ㄱ/이 어두 초성에 위치한 단어들이 화면에 나타나면 해당 단어들을 제대로 발음하여 화면에서 단어들이 모두 없어지도록 하는 식의 게임이 개발되는(이원섭 외, 2015) 추세이다. 특히 컴퓨터를 활용한 음운인식 훈련 프로그램은 문자−소리 대응원리를 쉽게 보여 줌으로써 음운인식에 매우 효과적이다. 프로그램들은 각 음소의 위치별 탈락, 대치, 합성 등을 다양하게 훈련할 수 있으며, 컴퓨터에

---

10 혀끝이 높이 올라가서 조음이 되는 성질을 말한다.
11 치조음과 양순음과 같이 입의 앞쪽에서 조음이 되는 성질을 말한다.

설치된 음성합성 목소리를 통해 정조음을 들을 수 있다. 최근에는 증강현실(Augmented Reality: AR)을 적용한 언어치료 프로그램도 도입되고 있다. AR이란 가상으로 만들어진 영상을 실세계의 영상 위에 중첩시키는 방법으로서, 쉽게 말하자면 실제 환경에 가상 사물이나 정보를 합성하여 실제처럼 보이도록 하는 컴퓨터 그래픽 기법이다. 다양한 AR 애플리케이션이 개발되면서 교육에서도 증강현실 기술이 자연스럽게 적용되고 있는데, AR 동화책이 그 예다. 언어치료에서도 학습자의 동기를 쉽게 이끌어 올 수 있고, 사실성이 높다는 장점 등으로 인하여 적용 필요성이 높아지고 있다(배인호 외, 2014). 그러나 컴퓨터를 활용한 치료는 전통적인 치료방법을 동일선상에 놓고 선택하는 치료기법이 아니다. 컴퓨터는 치료사와 아동 사이에 이루어지는 상호작용과 의사소통을 대체하기에는 한계가 있다. 따라서 치료법이라기보다는 보조도구 또는 훈련방법이라는 용어가 적절할 것이다. 조음오류를 중재하는 데 있어서 무엇보다 중요한 것은 일반화다. 조음중재 시 고려해야 할 일반화의 유형은 〈표 6-11〉과 같다.

〈표 6-11〉 조음중재의 일반화 유형

일반화 유형	내용
위치 일반화	단어 안의 특정 위치에서 다른 위치로 일반화하는 것으로서 특정 음소를 어두 초성에서 산출하는 것을 배운 후 어중 또는 어말에서도 바르게 발음함.
문맥 일반화	음성적 환경으로의 일반화로서 특정 음소를 모음 /ㅣ/ 앞에서 산출하는 것을 배운 후 다른 모음 앞에서도 바르게 발음함.
언어학적 일반화	독립된 말소리에서 음절, 단어, 구 그리고 문장 등 복잡성이 증가해 가는 언어학적 단위로의 일반화로서, 그, 저, 거 등을 학습한 후 '그네' '저울' '그네를 타고 싶어요.' 등의 단어와 문장에서도 바르게 발음함.
변별자질 일반화	특정 변별자질을 공유한 말소리의 일반화로서 특정 음소, 예를 들면 /ㄱ/을 산출하는 법을 배운 후 동일한 변별자질을 가지고 있는 음소도 바르게 발음함.
상황 일반화	구조화된 장소에서 학습한 후 가정이나 일상생활에서도 바르게 발음함.

7. 교실에서의 조음·음운장애 중재방법

교사가 사용하는 말은 아동들에게 단순히 '말' 이상의 의미를 갖는다. 아동들에게 '말의 모델'이 되기 때문에 교사는 분명한 발음, 적절한 속도, 적절한 강도 그리고 표준어를 사용하여야 한다. 앞서 언급한 바와 같이, 음운인식 능력은 조음산출을 위한 기초다. 소리에 집중하고 변별능력을 조기에 길러 주는 것은 조음·음운장애의 예방적 측면에서도 매우 효과적이다. 조음장애를 가지고 있는 아동을 지도할 때 교사는 다음과 같은 점을 고려하여 접근하여야 한다(Reber & Schonauer-Schneider, 2009).

- 아동의 발달단계에서 습득 시기가 빠른 음소부터 지도한다.
- 일상생활에서 사용빈도가 높은 음소부터 지도한다.
- 자극반응도[12]가 높은 음소부터 지도한다.
- 오류의 일관성이 없는, 즉 가끔씩이라도 올바르게 발음하는 음소부터 지도한다.
- 음절구조 CV(자음+모음)가 CVC(자음+모음+자음)보다 조음하기 쉽다.
- 첫음절에 가장 집중이 되기 때문에 가르치고 싶은 음소는 초성에 놓인 것부터 지도하는 것이 좋다. 예를 들면, /ㅊ/ 음소가 목표음이라면 '갈치'보다 '치약'을 먼저 지도하는 식이다.
- 단음절이 다음절 단어보다 조음하기 쉬우므로 일음절 또는 이음절 단어 중심으로 시작한다.
- 명사, 단단어, 의미적으로 쉬운 개념을 갖는 단어를 먼저 가르친다.
- 음운인식에 대한 지식이 형성되지 않은 혹은 결함을 가지고 있는 아동에게는 행위와 함께 전달하는 것도 효과적이다. 손바닥에 철자를 쓴다거나, 전체 몸을 이용하며 /i/, /a/, /o/ 등의 모음을 모방한다거나, /h/ 음 같은 경우에는 숨을 뱉을 때 가슴에 손을 얹고 기류를 느끼게 하는 것도 좋다. 무성음과 유성음에서 문제를 보이는 아동은 자신의 손을 후두에 대고 떨림을 인지하도록 하는 것이 도움이 된다.
- 목표로 하는 음소나 단어 앞에서는 잠깐 휴지를 두어야 한다. 아동이 집중할 수 있는 시간을 준 다음 천천히 그러나 약간 강세를 두고 반복해서 조음을 해 주어야 한다. 그래야만 아동이 교사가 주는 수정 모델에 청각적으로 주의를 기울일 수 있다.
- 선택 질문을 줌으로써 아동이 특정 발음을 하되, 교사의 발음을 한 번 듣고 발음할 수 있는 기회를 준다. "이것은 어떤 나무일까요?"라고 질문을 하기보다는 "이것은 사과나무일까요, 이과나무일까요?"라고 물어 봄으로써 아동이 음의 차이를 스스로

---

12 자극반응도란 특정 음소에 대해서 청각적·시각적·촉각적 단서가 주어졌을 때 목표음소와 유사하게 조음하는 능력을 말한다.

지각하고 목표음을 산출할 수 있도록 한다.

- 아동이 잘못된 조음을 하였을 때 교사는 즉시 피드백을 해 주어야 한다. 그러나 매번 "아니야, 틀렸어. 다시 말해 봐." 식의 피드백은 아동이 자신의 오류에 대해 정확하게 인식하지 못하게 하며, 오히려 회피행동을 유도할 수 있으므로 피해야 한다. 물론 아동이 발음을 잘했을 때는 칭찬해야 하지만, 너무 의도적으로 과장하여 그때그때 칭찬을 하는 것보다는 "오늘은 /ㅅ/ 발음이 참 좋았어." 등의 자연스러운 강화가 바람직하다.

- 아동이 틀리게 발음했을 때는 다양한 교정적 피드백(제11장 참조)을 제공할 수 있는데, 아동이 "떤땡님 이거 해 둬요."라고 말하면, "<u>선생님</u>이 이거 해 줄까요?"라고 반복해서 천천히 또박또박 말해 주는 것이 필요하다.

수업상황에서도 자연스럽게 중재를 적용할 수 있다. 예를 들면, '식품'에 대한 내용을 학습한다고 가정해 보자. 아동 A는 슈퍼마켓 사장, 반 아이들은 고객이 된다. 사장에게 "○○○ 주세요."라고 말할 때, 발음이 틀린 경우에는 물건을 주지 않고 올바르게 발음했을 때만 물건을 준다. 이는 목표음과 오류음의 차이를 아는 데 도움이 된다. 또는 선별검사에서 사용된 방법들을 수업에서 다양하게 적용할 수 있다.

교사는 종호에게 '콩'과 '통'이 철자와 함께 쓰여 있는 그림카드를 제시하고 단어 이름을 말해 보도록 하였다. 음운장애를 가지고 있던 종호는 둘 다 '통'이라고 발음하였다. 그리고는 스스로 당황하였다. 두 개의 개념과 쓰인 철자가 서로 다르다는 것을 확인한 후 아동은 좀 더 정확히 스스로 발음을 수정하는 모습을 보였다.

아동이 철자를 이미 익혔다면, 메모리(momory) 게임을 활용할 수 있다([그림 6-8]). 교실은 아동이 또래들과 가장 많은 시간을 보내는 곳이며, 상호작용이 활발히 이루어지는 곳이다. 따라서 교사가 교실 중심의 언어중재를 할 경우 교과과정의 통합이 용이하며 일반화 효과가 크다는 점에서 교사는 언어중재자로서 자신의 역할을 정확하게 인식하는 것이 필요하다.

아동: 이 카드는 아면이에요.
교사: 카드를 뒤집어 볼까요? 그리고 읽어 보세요.
아동: (자세히 보지 않고) 아면, 아면.
교사: 이 단어가 아예요?
아동: 아! 라예요, 라면.

[그림 6-8] 메모리 게임

교사가 수업시간에 하는 활동 속에는 그 밖에도 많은 중재요소가 숨겨져 있으며 교사의 적절한 피드백과 활동은 그 어떠한 처방보다도 더 큰 시너지 효과를 기대할 수 있다.

유창성장애

유창성장애란 말의 흐름이 자연스럽지 못한 경우로서 일반적인 사람은 크게 노력하지 않고도 물 흐르듯 자연스럽게 말의 속도를 유지하지만, 전체 인구의 약 1%에 해당하는 사람은 말의 흐름이 계속적으로 방해되고, 그로 인해 의사소통의 제약을 겪는다. 유창성장애는 말더듬과 속화로 구분된다. 이 장에서는 '말더듬'에 중점을 두고 말더듬의 원인과 형태 그리고 중재방법에 대해 살펴보고자 한다.

1. 유창성장애의 정의

'유창하다'의 사전적 의미는 글을 읽거나, 하는 말이 거침이 없는 것을 말한다. 그러나 자기 말이 유창하지 않다고 생각하는 사람들이 모두 유창성장애를 가지고 있는 것은 아니다. 유창성이라고 하는 것은 절대적으로 독립되어 있는 실제가 아니라 우리가 가지고 있는 모종의 표상에 가깝다. 사람들은 일반적으로 1분에 120~180개의 단어를 말하는데, 말이 너무 빠른 경우에는 긴장감을 주고, 너무 느리면 지루함을 준다.

그렇다면 유창성장애란 무엇일까? 말의 흐름이 자연스럽지 않아서 말의 내용보다는 그 사람의 말이 갖는 리듬 자체에 집중하게 될 때 우리는 유창성장애라고 말한다. 유창성장애는 말더듬과 속화로 나눌 수 있다.

1) 말더듬과 속화

(1) 말더듬

말더듬(Stuttering)은 오랜 역사를 가지고 있다. 성경에 나오는 모세가 말을 더듬었다는 기록이 있으며, 반 리퍼(Van Riper)는 2,500년 전 중국 시(詩)에 말더듬에 대한 언급이 있다고 보고하였다. 데모스테네스를 비롯해서 진화론으로 유명한 다윈, 뉴턴, 처칠 그리고 할리우드 스타인 마릴린 먼로와 브루스 윌리스도 말을 더듬었다(Natke, 2000). 이렇듯 말더듬은 우리 주변에서 쉽게 찾을 수 있는 의사소통장애 유형 중 하나다. 말더듬은 학자들에 따라 조금씩 다르게 정의되고 있지만 큰 틀에서는 별로 차이를 보이지 않는다.

- 말더듬은 의도하지 않은 막힘, 음의 연장 그리고 음의 반복이다(Bloodstein, 1993).
- 말더듬이란 말에서 유창성이 붕괴된 것이다. 특징은 청자가 들릴 정도로 크게 또는 아주 작게 음이나 음절의 의도하지 않은 반복과 연장으로 인하여 말의 흐름이 중단되는 것이다. 이때 말더듬의 증상들은 자주 나타나야 하며 증상이 뚜렷하고 스스로 조절할 수 없어야 한다(Wingate, 1964).
- 말더듬이란 유창성장애의 하나로서 눈에 띄게 자주 말이 끊기는 것을 말한다 (Natke, 2000).
- 말더듬은 조음을 할 때 후두근육의 과도한 긴장을 동반하는 것을 말한다(Starkweather,

1987).

- 말더듬이란 말의 흐름이 운동신경학적으로 잘못된 음, 음절 또는 단어로 인하여 방해를 받거나, 화자의 반응으로 인하여 방해를 받을 때 일어나는 현상이다(Van Riper, 1992).

> **말더듬**: 음, 음절, 단어 등이 의도하지 않은 막힘, 반복, 연장 등의 방해로 인하여 말의 흐름이 수시로 깨어지는 경우를 말한다.

(2) 속화

속화(cluttering, 말빠름증)란 말의 속도가 너무 빨라서 말의 유창성이 깨어진 경우를 말한다. 말의 반복이나 머뭇거림 등은 나타나지 않지만, 자연스럽지 않은 동시조음,[1] 말소리의 생략, 대치 또는 왜곡 등으로 인해 청자에게 내용 전달이 잘 되지 않는다. 속화는 약 3세경부터 나타나기 시작하며, 말더듬과는 다음과 같은 차이점을 갖는다 (Weber, 2002).

- 말에 대한 불안이나 회피 증상이 나타나지 않는다.
- 주의를 기울이면 말의 속도를 조절할 수 있다.

교실에서 보는 Tim은 아주 활발하고 친구들과도 잘 지내는 명랑한 아이다. 친구들과 다투는 일도 별로 없고, 규칙도 잘 지키고, 수업시간에 발표하는 것에도 적극적이다. 가끔은 지나치게 말이 많고, 손을 들고 발표하지 않고 불쑥불쑥 말하는 경향이 있다. 그래서 산만하다는 인상을 준다. 관찰력과 주의집중력이 부족하며, 글씨를 써 놓은 것을 보면 마치 왼손으로 쓴 것처럼 불규칙적이다. 책을 읽을 때도 단어를 빼고 읽을 때가 허다하며, 무엇보다도 Tim이 무슨 말을 할 때는 속도가 너무 빠르고 불규칙적이며 발음이 뒤섞이고 문법에 맞지 않는 경우가 많아서 이해하기가 힘들다.

출처: Weber(2002)에서 요약.

---

1 성도라고 하는 제한된 공간에서 모든 음소가 개별적인 분절성을 가지고 산출되는 것은 불가능하다. 조음기관의 연속적인 움직임으로 인해서 중첩이 발생하는데 그것을 동시조음(coarticulation)이라 한다. 이러한 자연스러운 동시조음 현상을 잘 활용하지 못하면 음의 연결이 매우 부적절하게 들린다(최윤미, 2015).

- 말의 산출과정보다는 말을 산출하기 전에 머릿속으로 생각하는 시간적인 지각의 결함이라 할 수 있다.
- 조음의 생략이나 대치 또는 스코핑(두 개 이상의 단어를 압축해서 발음) 등의 문제를 보인다.
- 읽기·쓰기 문제를 동반하는 경우가 많다.

속화의 문제를 가지고 있는 아동에게 천천히 말하라고 요구하면 잠시 동안 정상적

〈표 7-1〉 **말더듬과 속화의 차이**

구분	말더듬	속화
주요 증상	음/음절의 반복 및 연장	말의 빠른 속도, 불규칙적인 말의 비율
문제 인식	인식한다.	별로 인식하지 못한다.
말의 속도	정상 또는 느리다.	빠르다.
말에 대한 공포	있다.	별로 없다.
조음장애	없다.	나타난다.
말을 할 때		
－집중할수록	더 나빠진다.	더 좋아진다.
－외국어의 경우	더 나빠진다.	더 좋아진다.
－알코올 섭취 시	더 나아진다.	더 나빠진다.
－반복요구 시	더 나빠진다.	더 좋아진다.
－낯선 대화상대자	더 나빠진다.	더 좋아진다.
읽기		
－모르는 텍스트	더 좋지 않다.	더 나아진다.
－잘 아는 텍스트	더 나아진다.	더 나빠진다.
글씨	경직되고 힘이 들어간다.	흘려 쓰는 경향이 있다. 읽기와 받아쓰기 오류가 많다.
행동	경직되고 소극적인 모습	참을성이 없고 조심성 없는 모습
증상의 진행	변화가 심하다.	일정하다.
치료동기	높다.	별로 없다.
치료	－자신의 말에 둔감해지도록 한다. －발음에 집중하지 않는다.	－자신의 말을 끊임없이 모니터링하면서 조절하도록 한다. －정확한 발음에 집중하도록 한다.

출처: Böhme(1974): Keilmann (1998)에서 재구성.

인 속도를 되찾는다. 속화는 자신의 의지에 따라 어느 정도 조절이 가능하기 때문에 진단을 받으러 갔을 때는 정작 아무런 증상을 보이지 않기도 한다. 속화를 위한 근본적인 중재는 아동이 시간을 두고 말할 수 있는 조용하고 편안한 분위기를 조성해 주는 것이다. 상대방의 말이 빠를수록 아동의 말도 함께 빨라지고, 상대방이 초조해할수록 아동의 말도 더욱 빨라지기 때문에, 대화상대자는 스스로 말을 천천히 하는 모델링을 보여 주어야 한다. 일반적으로 속화를 보이는 아동들은 종종 지나치게 활발하고, 충동적이거나 산만한 행동을 보이는 경우가 많다.

2) 정상적인 비유창성

(1) 발달기 말더듬의 특징

일반적으로 3~4세 정도가 되면 대부분의 아이들은 단어나 음절을 반복하는 경향을 보인다. 말을 하다가 문장이 끊어지기도 하고, 다시 새롭게 시작하기도 하고, 갑자기 주저하기도 한다. 이는 자신이 말하려고 하는 생각이 단어로 신속하게 만들어지지 않는 발달상의 문제에서 비롯된다. 우리는 그것을 '발달기 말더듬'이라고 정의한다. 발달기에 나타나는 말더듬은 대부분 3세 전후에서 길게는 취학 전까지 관찰되다가, 전문적인 언어치료를 받지 않고도 자연스럽게 없어지는 것이 일반적이다.

그러나 정작 자녀가 말을 더듬기 시작하면 부모는 그렇게 느긋하게 기다릴 수만은 없다. 그래서 주변 사람들은 아동에게 다음과 같은 애정 어린 충고를 한다. "시간을 좀 두고 천천히 말해라." "말을 할 때는 집중해라." "말을 더듬지 마라." "엄마랑 함께 연습해 보자." "노력을 하면 할 수 있어. 다시 말해 보자." 이런 좋은 말들은 유감스럽게도 오히려 아동으로 하여금 말에 대한 부담감을 갖게 하고, 자신의 잘못된 언어 패턴을 의식하게 하며, 말을 할 때마다 올바르게 말하려고 노력하게 만든다. 그리고 이로 인해서 말더듬은 더욱 심화된다. 어느 날 누군가가 나에게 "당신은 웃을 때 오른쪽 콧등이 올라가서 참 불편해 보여요."라고 말했다고 하자. 그리고 늘 그것에 대해 지적을 받게 되면 어떤 현상이 생길 것 같은가? 아마도 웃는 상황 자체가 불편해지고 말 것이다.

틱장애도 이와 비슷하다. 모든 형태의 틱장애는 스트레스를 받는 동안 악화되는 반면에, 편안한 상태로 어떤 활동에 집중할 때는 감소한다(권석만, 2003). 앞서 언급한 바와 같이, 발달기 말더듬은 발달기에 잠깐 나타나는 증상이지만, 만약 말더듬 증상이 심해지거나 6개월 이상 지속되거나 말에서 근육의 긴장이 느껴질 경우에는 전문가의 진단을 받아 볼 필요가 있다(Deiglmayr & Rott, 2003). 정상적인 발달기 말더듬과 병리적 말더듬을 구별하는 것은 결코 쉽지 않을 뿐만 아니라 섣불리 말더듬으로 간주하는 잘못된 부모나 교사의 태도는 상태를 악화시킬 수 있다.

발달기 말더듬과 병리적 말더듬은 어떤 관계가 있을까? 존슨(Johnson, 1959)과 블러드스타인(Bloodstein, 1970)은 말더듬이 발달기 말더듬에서 발전되는 것이라고 보았다. 두 유형 간에는 경계가 분명하지 않고 어느 순간에 옮겨 가는 것이라고 본 반면에, 최근 연구들(Yairi & Ambrose, 1999)은 말더듬이 반드시 발달기의 말더듬 단계를 거치는 것은 아니라고 주장하고 있다. 많은 경우 사전에 예고 없이 갑자기 말더듬 증상을 보이기도 하고, 2차적 증상들이 말더듬 초기 단계에서 이미 함께 나타나는 경우도 있다는 것이다. 그러나 실제로 아동이 말을 더듬기 시작한 시기를 정확하게 유추해 내는 것은 그렇게 쉽지 않다. 동일한 아동의 아버지와 어머니의 보고가 크게는 2년까지 차이를 보이기도 하는 것을 보면, 실제로 말더듬이 시작되는 시기가 부모가 보고하는 시기와 반드시 일치하는 것은 아니라는 것을 알 수 있다(Grohnfeldt, 2001).

> 말의 산출과정이 아직 체계화되어 있지 않은 아동들은 생리학적인 원인으로 인해 어느 정도는 말을 더듬는다. 언어발달과정에서 아동들의 약 80%가 유창성의 문제를 보인다. 그 가운데 약 5% 정도가 실제로 말더듬 증상을 보이고, 그 가운데 4%는 유창성을 회복한다(Grohnfeldt, 2001). 주로 쉼, 삽입 또는 구의 반복 등이 나타나는데, 이때 아동에게 지나친 부담을 주거나 반복과 교정이 강요될 경우 자연회복의 기회를 놓치게 되고 말더듬 증상이 고착화될 수 있다.

일부 연구자들은 2세에서 5세 사이의 아동기에 발생하여 지속적으로 나타나는 병리적 비유창성을 발달성 말더듬(developmental stuttering)이라 하고, 청소년기나 성인기에 처음으로 발생하는 병리적 비유창성을 후천성 말더듬(acquired stuttering), 후발성 말더듬(late-onset stuttering) 또는 성인기 발생 말더듬(adult onset stuttering)이라 한다. 그리고 뇌경색 또는 출혈, 두부 외상과 같은 중추신경계 병변으로 인한 말더듬을 신경인성 말더듬으로 분류하기도 한다(신명선, 2007; 오명진 외, 2012). 따라서 이 장에서는 정상적인 발달단계에서 나타나는 정상적인 비유창성이라는 의미로 발달성 말더듬이라는 용어 대신 발달기 말더듬으로 용어를 사용하고자 한다.[2] 정상적 비유창성에 해당하는 발달기의 말더듬과 병리적 말더듬인지를 구별하고 예측하는 것은 임상에서 매우 어렵다.

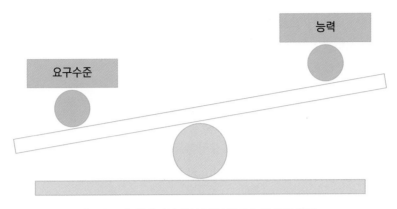

[그림 7-1] 발달기의 언어요구수준과 능력 간의 관계

출처: Sandrieser & Schneider (2001).

(2) 정상적인 비유창성의 특징

익숙하지 않은 주제나 낯선 대중 앞에서 말을 하게 되면 우리는 평상시와는 다른 태도를 보이게 된다. 종종 불필요한 '어' '음' '그러니까'와 같은 간투사를 삽입하기도 하고, 구를 반복하기도 하며, 말의 끝을 흐리기도 한다. 정상적인 비유창성은 병리적인 비유창성과 비교하였을 때 우선 청자가 비정상적이라고 느끼지 않는다는 특징을 갖는다. 빈도를 기준으로 한다면, 예를 들어 100단어당 10개 이하, 한 단어에서 단위반복 횟수가 세 번 이하 등으로 설명할 수는 있지만, 그보다 더 중요한 것은 정상적인 비유창성의

〈표 7-2〉 **정상적인 비유창성의 특징**

유형	예시
삽입	음⋯ 그러니까⋯ (간투사 삽입, 3회 이하)
수정	최 선생님이 아니 아니 강 선생님이⋯
미완성 구	학교에 갔는데⋯
쉼	교육의 철학을 (⋯ 3초 이하의 쉼) 논하자면
구의 반복	느낌에 대해서는 느낌에 대해서는⋯

• 구어의 흐름이 간혹 깨지기는 하지만, 말을 할 때 근육의 긴장이 느껴지지 않는다.
• 비유창성을 보인 것에 대해 긴장과 고통 등이 나타나지 않는다.

---

2 제2판에서는 발달성 말더듬으로 표기하였으나, 혼선을 줄이기 위하여 발달기 말더듬으로 용어를 수정함.

경우에는 음이나 음절의 반복보다 단어의 반복이 주로 나타나고 근육의 긴장이 느껴지지 않는다는 것이다.

3) 병리적인 비유창성

정상적 비유창성과 달리 병리적 비유창성은 음이나 음절의 반복과 연장 그리고 막힘 증상이 자주 나타난다. 그리고 병리적 비유창성의 전형적인 특징 가운데 하나는 탈출행동으로서 말을 할 때 손, 발, 얼굴, 때로는 몸 전체를 움직인다는 것이다. 그리고 지속 정도에 따라 말에 대한 공포심과 회피 증상이 동반된다. 말더듬은 매우 다면적이기 때문에 말을 더듬는 사람들은 개개인의 상황과 특성에 맞춰진 증상을 나타낸다. 앞서 언급한 바와 같이, 어떤 경우에 발달기 말더듬으로 자연 소멸되고 어떤 경우에 병리적 말더듬으로 발전하는지에 대해서는 아직까지 명확하게 예측할 수는 없다.

말더듬은 2~5세에 가장 많이 출현한다. 전체 인구의 약 1%의 출현율을 보이며, 그 가운데 남자아이가 3/4을 차지한다. 그리고 남녀 성별의 차이는 청소년과 성인 말더듬에서 더욱 뚜렷하게 나타난다.

출처: Keilmann(1998); Natke(2000).

기타(Guitar, 1998)는 말더듬의 진행과정을 연령과 함께 5단계로 제시한 바 있으나, 실제 연령은 말더듬의 진행 상태나 정도에 대한 예측변인이 되기 어렵기 때문에 여기서는 대표적인 말더듬 특성만을 간추려 소개하고자 한다.

- 1단계: 정상적인 비유창성 단계로서 전체 발화에서 단어나 음절 반복이 10회 이하이며, 연장은 거의 나타나지 않는다. 단위반복 횟수는 1~2회에 그친다.
- 2단계: 경계선 말더듬으로 전체 발화에서 10% 이상 비유창성이 나타나며, 단어의 단위반복 횟수가 2회 이상으로 증가한다. 정상적 비유창성으로 간주되는 수정이나 미완성구보다는 반복과 연장이 더 많이 나타나지만 2차적 증상은 아직 나타나지 않고 아동은 자기 말에 대해 크게 의식하지 않는다.
- 3단계: 초기 말더듬 단계로서 반복하는 속도가 빨라지고 불규칙적이며 조음기관과 발성기관에 긴장이 느껴진다. 반복증상이 연장으로 바뀌는 변화가 관찰되며 막힘

증상과 탈출행동이 나타난다. 아동은 스스로 자신의 말을 인식하고 당황하는 모습을 보인다.
- 4단계: 중간급 말더듬으로서 막힘증상이 두드러진다. 탈출행동이 빈번하고 회피행동도 나타나면서 심리적 고통, 즉 공포, 당황, 긴장, 수치심 등을 느낀다.
- 5단계: 진전된 말더듬으로서 중간급 말더듬과 비교하였을 때 더 길고 많은 막힘증상이 나타나면서 부정적인 자아개념이 형성된다.

임상에서는 이러한 5단계를 명확하게 구분하기 어렵다. 보다 중요한 것은 말더듬의 단계를 구별하는 데 있어서의 몇 가지 변화양상이다. 첫째는 비유창성의 유형 변화다. 반복이 연장으로 그리고 막힘과 투쟁행동으로 이어지는 과정을 밟는다. 두 번째는 발생 빈도다. 전체 발화의 10%를 기준으로 정상적인 비유창성과 병리적 비유창성을 구분하고 있다. 세 번째는 부수행동의 발생 유무로 경계선과 초기 말더듬을 판단한다. 그러나 이러한 지침들은 앞서 언급한 바와 같이 개인 간의 편차가 있으며, 그 정도가 심하게 변화될 수 있다.

2. 말더듬의 원인

말더듬을 바라보는 시각에는 크게 세 가지가 있다. 첫째는 말더듬을 손상(impairment)이라고 보는 관점이다. 즉, 신경생리학적인 기능의 결함으로 간주한다. 두 번째는 장애(disability)라고 보는 관점이다. 말더듬은 개인이 가지고 있는 일종의 증상이다. 세 번째는 핸디캡(handicap)이라고 보는 관점이다. 말더듬은 일상생활 속에서 주변 사람들에게 보이는 것이다(Prins, 1991). 1877년 쿠스마울(Kussmaul)이 말더듬에 대한 학문적인 개념을 정립하고, 1920년대에 접어들면서 아이오와대학교(University of Iowa)에 Speech Clinic이 설립되면서부터 말더듬에 대한 실험과 임상이 활발히 이루어졌다. 당시는 생리학적 가설이 주류를 이루었으나, 1940년대부터는 행동주의가 미국의 심리학을 주도하면서 말더듬의 원인은 자연스럽게 존슨(W. Johnson)의 진단기인론으로 귀결되는 듯하였다. 그러나 1970년대 초반부터는 다시 신경생리학적 관점이 강조되기 시작하다가, 최근에는 말더듬을 다차원적 현상으로 바라보고 다양한 각도에서 연구하는 추세다(Natke, 2000).

말더듬의 원인은 호흡기관의 잘못된 협응운동, 청자와 화자 간의 대화상황에 따른 심리적인 요인, 유전적 요인 또는 아동의 언어발달과정에서 빚어진 잘못된 교육과 환경의 부정적인 요인 등 매우 다양하다. 그러나 절대적인 발생원인은 아직까지 밝혀진 바가 없다. 최근에는 앞서 언급한 바와 같이 말더듬의 원인을 심리적인 요인 또는 생리적인 요인 등 단일방향에서 찾지 않고, 언어현상 자체가 하나의 복합적인 요인 간의 상호작용이라는 관점에서 접근하고 있다(고은, 2002b). 특히 말더듬의 원인은 증상이 어느 정도 고착된 후에야 부모나 당사자의 보고를 통해 추정할 수밖에 없기 때문에 대부분의 경우 분명하게 드러나지 않는다. 임상경험을 비추어 볼 때 당사자가 원인으로 생각하는 말더듬의 원인은 다음과 같이 지극히 개인적이다.

> "아버지가 군인이셨어요. 아주 엄하셨는데, 아버지 앞에만 가면 참 무서웠죠. 어느 날 친구 분들이 오셨는데, 내가 말을 좀 더듬었던 것 같아요. 엄청 창피를 당했어요. 그 뒤로는 아버지 앞에만 가면 말이 막히고 땀이 났어요. 그런데 더 놀라운 건 어느 순간에 보니 그냥 그런 분위기에만 가도 말을 더듬고 있더라고요."
>
> "세 살쯤 되었을 때 내가 침대에서 쿵 떨어졌대요. 엄마 말씀은 아마 그때 뇌를 다친 것 같다고 그러세요."
>
> "외가 친척이 말을 더듬었다고 엄마가 그러신 적은 있는데, 저는 본 적이 없어서 모르겠어요."
>
> "동네에 말을 무지 더듬는 애가 있었어요. 친구들이랑 그 애 놀려먹는다고 흉내를 내고 다녔는데, 어느 날 보니 그 친구는 멀쩡하고 제가 말을 더듬고 있는 거예요."
>
> "아빠가 예전에 말을 더듬으셨대요. 제가 다섯 살 때 이혼을 하셨는데, 엄마의 남자 친구가 자꾸 나더러 바보처럼 말한다고 놀리곤 했어요. 그때부터였던 것 같아요."
>
> "모르겠어요. 진짜 이유를 모르겠어요. 형이랑 누나들 전부 똑똑해요. 나 같은 사람은 없는데, 정말 제가 왜 말을 더듬는지 모르겠어요."

1) 심리사회적 요인

심리사회적 측면에서는 말더듬을 심리적인 부적응으로 보고 있다. 정신분석학적 틀에서는 구강기의 고착 또는 자아와 초자아 간의 갈등으로 해석하면서 일종의 '신경증'의 하나로 간주하였다. 진단기인론의 대표자인 존슨(Johnson)은 구어산출과정을 아동이

〈표 7-3〉 말더듬의 심리사회적 요인

심리역학적이론	프로이트(Freud)의 정신분석적 관점으로서 정신적 이상심리에서 그 원인을 찾는다.
진단기이론	말더듬은 부모의 귀로부터 시작된다. 부모가 아동의 정상적인 비유창성을 말더듬으로 진단하고 그에 대해 부정적인 반응을 보임으로써 말더듬이 진행된다.
상호작용가설	말을 더듬는 화자와 말을 듣는 청자 간의 상호작용으로 말을 더듬게 된다. －화자의 말더듬에 대해 청자의 민감성 －화자의 말더듬 정도 －청자의 반응에 대한 화자의 민감성
예기투쟁가설	말을 더듬을 것이라고 스스로 예견하고, 더듬지 않으려고 노력함으로써 말을 더듬게 된다.
학습이론	말더듬에 대해 심한 야단을 맞거나 주변으로부터 모멸감을 받은 아동은 그 후 비슷한 상황에서 항상 말을 더듬게 된다. 우연히 말을 더듬는 행위가 잘못 강화를 받고 고착된다.

의식하게 되면서부터 말더듬이 발생한다고 보았다. '상호작용가설'에 따르면, 말더듬은 무엇보다도 대화에서 오는 압박감의 영향을 많이 받는다. 블러드스타인(O. Bloodstein)의 예기투쟁가설은 말이 어렵다고 느끼는 자체를 원인으로 보는 가설로서, 그는 무엇보다도 자신감을 증가시키는 것이 필요하다고 보았다. 학습이론은 말더듬이 다른 행동과 마찬가지로 부적절한 환경의 반응으로 인해 발생한다고 보고 유창한 구어 사용을 강화할 수 있는 체계적인 프로그램을 강조하였다. 실제 말더듬은 단어공포나 상황공포에 의해서도 나타날 수 있는데, 이와 같은 요인들은 말더듬의 유발요인보다는 강화요인으로 볼 수 있다.

단어공포: 처음에 더듬기 시작한 단어의 첫 음과 동일한 음으로 시작되는 모든 단어에서 더듬게 될 것이라는 공포를 말한다.

상황공포: 경험했던 상황뿐만 아니라 유사한 상황에서도 말을 더듬게 될 것이라는 공포를 말한다.

2) 심리언어학적 요인

심리언어학적 측면에서는 말더듬 증상이 나타나는 발화지점에 초점을 두고 있다. 브라운(Brown, 1945)의 연구를 중심으로 많은 학자들이 오랫동안 말더듬 언어 표본을 분석한 결과, 몇 가지 언어학적 특징들이 발견되었다. 그러나 언어의 다면성과 개인차를 고려할 때 심리언어학적 요인을 말더듬의 원인으로 간주하기에는 매우 제한적이라는 지적을 받고 있다. 오히려 말더듬의 원인이라기보다는 말더듬을 가중시키는 언어적 요인이라는 측면에서 접근하는 것이 더 타당할 것이다.

〈표 7-4〉 말더듬의 심리언어학적 요인

음운론적 측면	• 첫 단어, 단어의 첫음절과 초성에서 발생한다. • 모음보다 자음에서 더 자주 더듬는다. • 특정 음에서 특히 말을 자주 더듬는다. • 폐쇄음이나 파찰음에서 막힘이 자주 나타난다. • 마찰음에서는 연장이 자주 나타난다.
형태론적 측면	• 기능어(조사, 접속사)보다 내용어(명사, 동사, 형용사, 부사)에서 더 자주 더듬는다. • 비교적 긴 단어에서 더 많이 나타난다. • 사용빈도가 높은 단어보다 잘 사용하지 않는 단어에서 더 더듬는다.
구문론적 측면	• 문장의 길이가 길수록 출현빈도가 높아진다. • 문장구성이 복잡할수록 출현빈도가 높아진다.
화용론적 측면	• 대화상대자가 친숙하고 허용적일수록 말을 더듬는 빈도가 낮아진다. • 의사소통 스트레스 정도가 높을수록 빈도가 높아진다. • 상대방의 말이 빨라질수록 더 더듬는다.

3) 생리학적 요인

생리학적 관점에서는 말더듬의 원인을 유전과 중추신경계의 이상에서 찾고 있다. 유창성장애를 가지고 있는 집단은 그렇지 않은 집단과 비교하였을 때 친척 가운데 말더듬을 가지고 있는 경우가 실제로 많다. 그러나 말을 더듬는 사람이 모두 가족력을 가지고 있는 것은 아니다. 언어는 기본적으로 뇌의 성숙과 함께 이루어지는 과정이다. 그러나 말의 유창성이 깨어지는 것이 유전과 뇌기능 분화의 장애 또는 말소리에 대한 내적

〈표 7-5〉 말더듬의 생리학적 요인

유전적 요인	• 말더듬은 유전적 소인으로 인해 발생한다. • 신문자와 이성은(2002)의 조사에 따르면, 229명의 유창성장애를 가지고 있는 사례의 55.0%가 언어장애의 가족력을 가지고 있는 것으로 나타났다.
근육의 불협응	• 걸음마를 배울 때 대근육운동 조절능력이 요구되듯이, 말더듬은 미세한 근육조절능력의 결함으로 생겨난다. • 심한 말더듬의 경우에는 비정상적인 호흡 패턴이 나타난다. 말을 더듬을 때는 더욱 호흡이 빨라지고 막히면서 불규칙한 호흡이 생겨나며, 말더듬은 호흡-발성-조음 간의 불협응으로 발생한다.
뇌기능의 장애	• 좌반구와 우반구 간의 협응이 잘 이루어지지 않는다. • 언어를 관장하는 뇌조직 간의 신호전달의 문제다. • 왼손잡이를 오른손잡이로 강요할 때 좌반구와 우반구의 불균형으로 말더듬이 유발될 수 있다. • 우반구의 지배를 받는 것으로 알려진 노래를 부를 때는 말더듬 증상이 나타나지 않는다. • 교통사고 후유증이나 뇌손상 이후 말더듬이 발생할 수 있다.

처리과정에 기인한다고 보는 생리학적 관점에 대해서는 부정적인 시각도 있다. 유전이라기보다는 부모가 가지고 있는 기질의 영향으로 보는 것이 타당하다는 지적이 있으며, 생리학적 관점은 대부분 입증되지 않은 가설에 그치고 있다는 점에서 앞으로 지속적인 연구가 필요하다.

　말더듬의 발생과 진행에는 다양한 요인이 함께 작용한다. 그러나 그것들이 어떤 방법으로 상호적인 영향을 주고받는지에 대해서는 아직 밝혀진 바가 없다. 무엇보다도

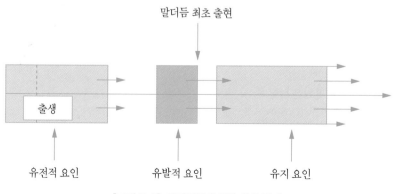

[그림 7-2] 말더듬의 요인들 간의 관계

유창성 집단과 비유창성 집단 간에 뚜렷한 유전적·환경적 차이가 존재하지 않는다는 점은 말더듬 발생원인에 대한 설명을 어렵게 하고 있다(Natke, 2000). 슐츠와 요한센(Schulze & Johannsen, 1986)은 말더듬이 유전적 요인과 유발적 요인 그리고 유지시키는 요인들이 함께 작용한 결과라고 보았다.

3. 말더듬의 분류 및 특성

말더듬은 크게 핵심행동과 부수행동으로 나눌 수 있다. 핵심행동은 초기 말더듬에서 나타나기 때문에 1차적 증상이라고도 한다. 말더듬은 대표적인 말장애로서 '반복(repetition)' '연장(prolongation)' '막힘(block)'의 세 가지 특징이 구어에서 나타난다. 초기 말더듬 단계에서는 반복이 주로 나타나고, 연장과 막힘 순으로 나타난다. 말더듬이 심화되면서 핵심행동과 더불어 부수행동이 함께 나타나기 시작하는데, 핵심행동 이후에 출현한다는 의미에서 2차적 증상이라고도 한다. 부수행동은 핵심행동에 대한 반응으로 나타난다. 예전에는 핵심행동이 우선 나타나고 그에 대한 결과로 부수행동이 나타난다고 보았으나, 최근 연구들에서는 말더듬 초기 단계에서부터 긴장된 막힘 증상과 탈출행동이 나타날 수도 있으며, 진행 양상과 속도는 개인차가 크다고 보고 있다.

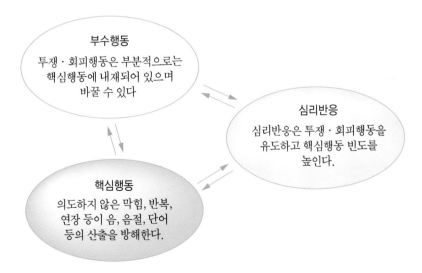

[그림 7-3] 핵심행동과 부수행동 간의 상호작용

출처: Sandrieser & Schneider (2001).

1) 핵심행동

말더듬 초기 단계에서는 일반적으로 긴장이 동반되지 않은 반복이 나타나고, 말더듬 증상이 지속되면서 점차 연장과 막힘으로 진행된다. 그리고 후두근육의 긴장이 동반되는 현상을 함께 볼 수 있다. 말더듬의 빈도, 지속시간 그리고 진행속도 등은 개인차가 있다.

(1) 반복
- 반복횟수: 말소리, 음절, 낱말 등을 전체적으로 반복한 수를 의미한다. 예를 들면, "ㅈㅈ집에 오기 전에 ㄱㄱ가게에 가가갔는데, 바밤바가 없없어요."라고 했다면 반복횟수는 4번이다.
- 단위반복수: 각각의 반복횟수에서 반복의 단위를 되풀이한 수를 의미한다. 앞의 예시에서 'ㅈ'이 2번, 'ㄱ'이 2번, '가'가 2번, '없'이 1번이다. 즉, 각각의 반복에서 정상적인 발음이 나오기 전에 되풀이한 단위(말소리, 음절, 낱말 등)의 수를 뜻한다. 말더듬 초기에는 단위반복수가 적고, 말더듬이 점차 심해질수록 증가한다(이승환, 2005).

〈표 7-6〉 **말더듬의 대표적 핵심행동**

유형	예시
반복	말소리 또는 음절을 여러 번 반복한 다음에 목표한 낱말을 산출한다. • 음의 반복: ㄱㄱㄱ그러니까 • 음절의 반복: 머머머머리가 아파요
연장	한 번의 날숨에서 하나의 같은 소리를 길게 지속시키면서 발음한다. • 수~~(우)박 주세요. /f~~(아)ast?
막힘	혀, 입술 또는 성대 등이 고착되어 목소리가 전혀 나오지 않는 긴장상태다. 이때 막힘의 소리가 들리기도 하고 들리지 않을 수도 있다.

(2) 연장

연장은 마찰음과 단모음에서 대부분 발생하게 되는데, 일반적으로 화자의 말소리가 0.5초 이상 연장되면 들었을 때 유창성이 깨어졌다고 인식하게 된다(이승환, 2005). 일반적으로 지속음[3]이 계속 연장되어 발음하는 현상을 '연장'이라고 한다. 말더듬의 초기 증상을 반복이라고 한다면, 연장은 반복보다 좀 더 악화된 말더듬 증상이라고 할 수 있다(한국언어병리학회 편, 1994).

(3) 막힘

막힘은 기류가 완전히 차단되었다가 나오는 폐쇄음과 차단되었다가 천천히 산출되는 파찰음에서 많이 발생하는데, 이때 조음기관의 운동은 멈춘 듯하고 후두의 긴장된 막힘은 화자나 청자 모두에게 고통스럽게 느껴진다(이승환, 2005). 막힘은 강직성 고정(tonic fixation)이라고도 한다. 청자가 소리를 들을 수도 있고 듣지 못할 수도 있다. 조음의 포즈는 취하고 있지만 소리가 나지 않을 때 '막힘'이라고 한다.

2) 부수행동

탈출행동과 회피행동은 말을 더듬지 않으려는 지나친 노력에서 만들어지는 2차적 증상으로서 말더듬 초기 단계에서는 뚜렷하게 관찰되지 않는다. 말더듬의 기간이 길어지면 길어질수록, 증상이 심해지면 심해질수록 부수행동이 두드러지게 나타난다.

(1) 탈출행동(투쟁행동, escape behavior)

말더듬이 고착화되면서 말더듬에서 빠져나오려는 보상행동으로 나타나는 신체적 행동을 말한다. 탈출행동의 양상은 개인마다 차이가 있다. 아랫입술과 아래턱을 심하게 움직이기도 하고, 어떤 사람은 틱 증상을 보이기도 하며, 얼굴을 한쪽으로 찌푸리기도 하고, 고개를 흔들거나, 손과 다리를 떠는 행동을 보이기도 한다. 탈출행동은 때때로 고통스러워 보일 정도로 근육의 긴장을 동반한다.

(2) 회피행동(도피행동, avoidance behavior)

말을 더듬는 사람들은 자신이 다음 문장에서 혹은 다음 단어에서 말을 더듬게 되리라는 것을 이미 예견하고 있다. 그래서 그것을 피하기 위한 노력으로 〈표 7-7〉과 같은 회피행동이 나타나게 된다.

---

3 /p/, /t/, /k/와 같은 폐쇄음은 비지속음이라 하며, 모음과 다른 자음은 지속음에 해당한다.

〈표 7-7〉 회피행동의 유형

동의어로 바꿔 말하기	똑같은 의미를 가지고 있는 단어로 바꿔 말한다. 예: 진짜? → 정말? 　　식사 → 밥
돌려 말하기 (에둘러 말하기)	말을 더듬을 확률이 높은 단어 대신 다른 단어를 사용한다. 예: 고향이 어디세요? → 이쪽 사람이세요? 　　박○○ 선생님이 → 영어 선생님이
순서 바꾸어 말하기	문장의 첫 단어가 어려울 경우에는 문장 안에서 순서를 바꾸어 말한다. 예: 소풍 가니까 좋다. → 좋아 소풍 가니까.
대용어 사용하기	명사 대신 대명사 등을 사용한다. 예: 우체국 앞에서 보자. → 거기서 보자.
간투사 사용하기	어려운 단어 앞에 '어' '그' '음' 등의 무의미한 말소리를 넣어서 불안감을 감추려고 한다.
상황회피	전화벨이 울리면 얼른 화장실 가는 척하거나 끊어 버린다.
사람회피	전혀 대화에 끼고 싶지 않다는 듯 눈을 마주치지 않거나 딴전을 부린다.

3) 심리적 · 학업적 특성

말더듬은 화자와 청자 모두를 당황하게 하고 절망에 빠지게 한다. 대부분의 사람은 논리가 부족해서 할 말이 없을 때 말문이 막히지만, 말을 더듬는 사람들은 자기가 하려고 하는 말을 알고 있으면서도 매 순간 말이 막히고, 때로는 자기가 하려고 하는 말을 끝내지도 못한다. 문제는 단지 말의 결함만이 아니다. 증세의 심각성이나 빈도에 따라 차이가 있지만, 말을 더듬는 대부분의 사람들은 낯선 사람과의 교류를 피하게 되고 낮은 자아개념을 갖게 된다. 다음은 말더듬이 있던 28세 성인 남자 A가 보여 준 역할극의 한 장면이다.

치료사: (고장 난 볼펜을 가리키면서) 네가 이렇게 고장 냈니?

A: 아아아니야.

치료사: 그런데 이게 왜 이래? 조금 전까지는 그러지 않았단 말이야.

A: 모모모르는 이이이일이야. (말에 긴장이 더해짐)

치료사: 그런데 이게 왜 이래?

A: 미미미안해.

역할극이 끝나고 물었다. "당신이 하지 않았으면서 왜 미안하다고 했습니까?" 성인 남자는 "이제까지 그래 왔습니다. 내가 나를 주장하고 설명하는 것이 너무 어려워서 늘 내가 미안하다고 말해 왔습니다. 그렇게 살았습니다."라고 말했다.

(1) 심리적 특성

말더듬은 대인관계에서 일어나는 현상이다. 혼자 방에서 말을 할 때, 갓난이이와 이야기할 때, 애완동물과 이야기할 때는 말을 더듬지 않는다. 어떤 경우에는 오래된 여자 친구와 이야기할 때는 전혀 더듬지 않기도 한다. 결국은 대화상대자를 의식함으로써 생겨나는 부담감과 바르게 말해야 한다는 압박감이 말더듬으로 표현되는 것이다. 말을 더듬는 사람들이 가지는 대표적인 심리적인 특성으로는 부모의 기대에 미치지 못한다는 죄책감과 사람들과의 접촉에서 느끼는 수치심, 좌절감 그리고 낮은 자아개념 등을 들 수 있다. 말을 할 때 늘 긴장되어 있고 불안해 보이는 모습은 마치 성격이 내성적이고 소극적인 것처럼 보일 수 있으며, 말에 대한 심리적 부담감으로 인해 불안심리가 크다.

(2) 학업적 특성

학업적 특성으로는 언어와 관련된 교과에서 낮은 수행능력을 보이는 것을 제외하고는 뚜렷한 차이를 보이지 않는다. 평균적으로 읽기에서는 단어의 약 10%를 더듬는데, 심한 경우에는 단어의 50% 이상을 더듬기도 한다(Bloodstein, 1995). 말더듬에 대한 두려움은 사회적 위축을 가져오며, 직업선택에 있어서도 제한을 가져올 수 있지만, 개인이 가지고 있는 성향에 따라 차이가 크다.

4. 말더듬의 진단

화자의 언어 표본 분석을 통해 유창성장애 유무와 정도를 판별할 수 있다. 그러나 진단은 가능하지만, 앞으로 말더듬의 진행이 어떻게 될지에 대한 예측은 할 수 없다. 즉, 현재 병리적 말더듬으로 진단되지는 않았다 할지라도 앞으로 말더듬으로 발전할 가능성은 배제할 수 없다는 것이다. 말더듬은 다차원적인 요인의 영향을 받기 때문에 예후는 좀 더 종합적으로 고려되어야 한다. 기본적으로 사례면담에서는 가족관계 및 가족력, 병력, 전반적인 발달과정, 말더듬 시작 시기 및 관련 정보들을 수집한다. 아동의 경우에는 보호자의 의견을 들어 작성하고, 중학교 이상의 경우에는 본인과의 면담을 통해 정보를 얻는다.

1) 선별검사

선별검사는 더 정밀한 평가가 필요한 아동을 판별하기 위한 목적으로 최소한의 항목으로 쉽고 빠르게 채점할 수 있어야 한다. 1989년에 라일리(Riley)가 개발하고 1996년에 산드리저(Sandrieser)에 의해 발표된 독일어판 말더듬 선별검사(Screening List for Stuttering: SLS)의 개요는 〈표 7-8〉과 같다.

〈표 7-8〉 말더듬 선별검사

영역	행동	평가
A. 말더듬의 형태	문장 또는 전체 단어를 반복하는가?	1
	말소리 혹은 단어의 음절을 2~3회 긴장하지 않고 반복하는가?	2
	말소리 혹은 단어의 음절 4회 이상 반복하는가?	3
	반복할 때 긴장된 목소리인가?	4
	단어를 말할 때 막힘 증상을 보이는가?	5
B. 말더듬을 때의 아동 반응	전혀 눈에 띄지 않은가?	1
	반복하지 않으려고 말하기 전에 노력하는가?	2
	말을 할 때 얼굴을 찡그리거나 머리나 손과 발 등을 움직이는가?	3
C. 말더듬의 횟수	전혀 혹은 아주 가끔 더듬는다.	1
	2~3개 문장에서 한두 번 더듬는다.	2
	매 문장마다 거의 더듬는다.	3
D. 주변 반응	거의 이상하게 보지 않는다.	1
	부모들은 마음이 불편하다.	2
	주변 반응에 아이가 수치심 등을 느낀다.	3
E. 말더듬 지속 기간	아직까지는 더듬지 않는다.	1
	말을 더듬은 지 4개월이 채 되지 않았다.	2
	4~12개월 전부터 말을 더듬는다.	3
	말을 더듬은 지 12개월 이상 되었다.	4

출처: Sandrieser & Schneider (2015).

검사 결과 7점 이하일 경우에는 더 이상의 검사가 필요치 않으며, 12점 이상은 말더듬이 의심되며, 7~12점의 경우에는 반드시 3개월 이내에 재검사를 받도록 한다. 채점 방식은, 예를 들면 문장이나 단어 전체를 반복하는 경우는 1점, 막힘 증상이 관찰되는 경우는 5점으로 한다.

2) 진단검사

말더듬 진단검사는 자유로운 주제나 대화에서 나타나는 말더듬을 관찰하고 평가하는 방식으로 진행하거나 혹은 표준화된 검사도구를 활용할 수 있다. 비표준화 검사는 자연스러운 환경에서 대화상황을 관찰하거나 동화책이나 그림카드를 보고 말하기 또는 일상생활을 묻고 답하는 과정을 통해 말더듬을 평가한다. 비표준화 검사는 말더듬 정도를 수치화하기는 어렵다. 평가 시 다음과 같은 점에 주안점을 둔다.

- 어떤 상황에서 말더듬의 증상이 심해지고 약해지는가?
- 탈출행동이 어떻게, 어느 정도 나타나는가?
- 아동의 대표적인 말더듬 특성은 무엇인가?
  - 말을 특별히 더듬는 발화지점
  - 말을 특별히 더듬는 단어
  - 말을 특별히 더듬는 대상
- 자신의 말더듬에 대해 본인은 어떻게 느끼고 있는가?

말더듬 측정을 위해 개발된 표준화된 검사는 다음과 같은 요소를 집중적으로 다룬다.

- 말을 더듬는 비율: 말을 더듬는 비율은 일반적으로 단어나 음절 수로 계산한다. 그러나 말더듬 증상은 수시로 변할 수 있는, 즉 검사에서 말을 더듬는 비율의 수치가 절대값은 아니다. 그것을 감안한다는 전제하에 블러드스타인(Bloodstein, 1995)은 말더듬의 경우 읽기평가에서 약 10%에 해당하는 단어에서 비유창성을 보인다고 하였으며, 이승환(2005)은 100단어 발화 시 10회 이상의 비유창성이 나오면 말더듬으로 간주하고 그 이하는 정상적인 비유창성으로 분류하고 있다. 그러나 말더듬의 비율만으로는 말더듬의 정도를 평가할 수 없다. 왜냐하면 단순히 막힘이나 투쟁을

보이지 않으면서 음의 반복을 많이 보이는 아동이 있는가 하면, 한 번 막힐 때 투쟁 행동이 심하지만 비율이 그보다 높지 않은 경우가 있기 때문이다. 그래서 말을 더 듬을 때 말의 속도를 중요한 변수로 함께 보기도 한다(Andrews & Ingham, 1972).

- 말을 더듬는 시간: 전체 발화시간과 비유창성 시간을 비교한 시간, 이것을 스타크웨더(Starkweather, 1993)는 'Percentage of Discontinuous Speech Time(PDST)'라고 부른다. PDST는 컴퓨터 프로그램을 이용하여 분석할 수 있는데, 전체 발화시간이 측정되고 발화 도중에 나타나는 말더듬 시간이 별도로 측정된다.
- 부수행동: 탈출행동과 회피행동은 말더듬의 정도를 짐작할 수 있는 중요한 요소다. 부수행동은 말더듬 초반에는 거의 나타나지 않다가 말더듬이 어느 정도 고착화되거나 질적인 변화 단계에서 많이 나타나며, 말더듬을 스스로 지각하면서 나타난다.

말더듬 평가는 핵심행동과 부수행동 같은 외현적 특성에 초점을 두는 도구와 의사소통 태도, 자아 효능감 검사와 같은 내면적 특성을 검사하는 도구가 있다. 내면적 검사 도구는 대상자가 체크리스트에 기록하고 평가자가 계산하여 그 특성을 평가하는데, 말더듬으로 인한 정서·심리적 문제를 다룬다.

(1) SSI-3[4]

성인과 아동의 말더듬 정도를 평가하는 표준화된 공식 평가도구 가운데 가장 많이 사용되는 것 가운데 하나는 라일리(Riley, 1972)가 개발한 말더듬 정도 평가도구 (Stuttering Severity Instrument: SSI)다.

SSI-3(Stuttering Severity Instrument for Children and Adults)는 연령에 맞도록 (성인 및 글을 읽을 줄 아는 대상/글을 읽지 못하는 대상) 말하기, 읽기, 그림 설명하기 가운데 적절한 발화주제를 주고, 읽기과제와 이야기과제에서 각 200음절 정도의 발화자료를 수집한 후, 말더듬의 횟수, 막힘의 길이, 부수행동으로 나누어 평가하도록 되어 있다. 점수 산출의 예시는 다음과 같다.

---

[4] SSI-3에 대한 보다 자세한 내용은 이승환(2005)을 참조한다. 현재는 4판이 출판되어 사용되고 있으나, 검사결과 규준은 SSI-3과 동일하다(전희정, 2014).

- 말더듬의 횟수: 더듬은 음절의 백분율 계산

  (예: 그림 설명하기):[5] 백분율 1%는 2점, … 29% 이상은 28점)
- 말 막힘의 길이: 가장 긴 세 개의 막힘의 평균 길이로 평가

  (눈 깜박할 사이–1점, 1/2초–6점, 1초–8점, … 60초 이상–16점)
- 부수행동: 귀에 거슬리는 소리, 얼굴근육의 움직임, 머리의 움직임, 계속 뒤돌아보기

  (0점=없다, 2점=무심히 보면 겨우 눈에 띈다, 3점=눈에 거슬린다, 4점=심하게 눈에 거슬린다,

  5점=동작이 매우 심하고 고통스러운 표정을 짓는다)

전체 총점에 따라 아주 약함, 약함, 중간, 심함, 아주 심함으로 평가된다. 학령전기, 학령기 그리고 성인에 따라 평가점수에 약간 차이가 있으나, 아주 큰 폭의 차이를 두지는 않는다.

(2) 파라다이스–유창성 검사(P–FA)

이 검사는 취학 전 아동, 초등학생, 중학생 이상으로 연령에 따라 검사문항을 달리하도록 되어 있다. 취학 전 아동의 경우에는 그림으로 표현된 쉬운 어휘를 중심으로 검사

〈표 7–9〉 **구어평가(P-TA)**

과제	취학전 아동	초등학생	중학생 이상
필수과제	문장그림	읽기	읽기
	그림을 보고 "○○가 ○○을 하고 있어요."라고 말한다.	읽기자료를 주고 평소처럼 읽어 보도록 한다.	읽기자료를 주고 평소처럼 읽어 보도록 한다.
	말하기 그림	말하기 그림	말하기 그림
	'유치원' '놀이터' 그림을 보고 누가 무엇을 하고 있는지에 대해 자세히 말하도록 한다.	'운동회' '우리 동네' 그림을 보고 누가 무엇을 하는지 자세히 말하도록 한다.	'공원' '시장' 그림을 보고 그림에 대해 자세히 말하도록 한다.

---

5 말하기와 읽기 영역은 다른 백분율 대 점수를 갖는다.

	그림책	이야기그림	대화
	평가자가 그림책을 보면서 '토끼와 거북이' 이야기를 들려준 후 아동은 보호자에게 다시 그 이야기를 들려주도록 한다.	읽기 내용에 따라 이야기 그림카드의 순서를 올바르게 배열하고 적절한 문장으로 말하도록 한다.	평가자는 '말더듬'에 관련된 질문으로 대화를 시작하고, 피평가자는 주제에 따라 자신의 이야기를 이어 나가도록 한다.
선택과제	낱말그림	낱말그림	낱말그림
	• 그림을 보여주면 그것이 무엇인지 곧바로 이름을 말한다.		
	따라말하기	따라말하기	따라말하기
	• 짧고 쉬운 것부터 시작해서 평가자가 하는 말을 그대로 따라 말한다.		

하며 구어평가에서는 '읽기' 대신 글자가 없는 그림책을 활용하는 등 파라다이스-유창성 검사(Paradise-Fluency Assessment: P-FA)는 연령대별로 나누어 검사과제의 종류, 문항 그리고 그림형식들을 달리 한다. 검사는 구어평가와 의사소통 태도평가로 구성되며, 구어평가는 〈표 7-9〉와 같다.

시간상 제약이 있거나 간단하게 평가를 해야 할 시에는 필수과제만 실시 가능하며, 부수행동 평가는 부수행동 정도에 따라 0~4점으로 평가하도록 되어 있다. 0점은 거의 눈에 띄지 않은 경우, 4점은 심각하고 매우 괴로워 보이는 수준에 해당한다. 다음 〈표 7-10〉은 P-FA 분석기준이다.

〈표 7-10〉 P-FA 분석기준

구분	유형	정의
정상적 비유창성 (ND)	주저(H)	발화중간이나 발화 간에 나타나는 1~3초의 침묵을 말함. 별다른 질적 양상이 동반되지 않음.
	간투사(I)	의미전달 내용과 관계없는 낱말이나 구를 사용함. 별다른 질적 양상이 동반되지 않음.
	미완성 또는 수정 (Ur)	발화나 낱말을 끝맺지 않거나 이미 산출한 말의 낱말이나 구조를 바꾸어 다시 말함.
	반복(R1)	다음절의 낱말이나 구 또는 어절 등을 1~2회 반복하지만 질적 양상이 동반되지 않음.

	주저-비정상적 (Ha)	주저함이 3초 이상 지속되거나 말을 시작하기 전에 긴장하는 등의 질적 양상이 동반됨.
비정상적 비유창성 (AD)	간투사-비정상적 (Ia)	간투사를 3회 이상 반복하거나 간투사를 말할 때 시각적 긴장과 같은 양상이 동반됨.
	미완성 또는 수정-비정상적(URa)	미완성 또는 수정이 연속적으로 일어나거나 긴장과 같은 양상이 동반됨.
	반복-비정상적 (R1a)	다음절의 낱말이나 구 또는 어절 등이 3회 이상 반복되거나 긴장 등을 동반하여 나타남.
	반복(R2)	낱말보다 작은 단위에서 일어나는 모든 반복으로서 음소, 음절, 단어 등의 반복
	비운율적 발성 (Dp)	연장, 막힘, 깨진 낱말(낱말 내에서 나타나는 막힘)

만약 목표 음절수 50개 가운데 정상적 비유창성에 속하는 유형의 합계가 총 5개였다면 5/50×100으로 10.0이 ND 점수가 된다. 반면에 AD는 가중치 1.5를 곱한다. 예를 들면, 목표 음절수 50개 가운데 비정상적 비유창성에 속하는 유형의 합계가 총 5개였다면 5/50×100×1.5가 바로 AD 점수다.

—산출 예시—

발화: 코코코로나 때때때문에 정말 (막힘) 답답해서, 어디 어디 음 놀러 가고 싶~~~~어.

⇩

목표음절수: 20

ND: 간투사(I), 반복(R1),   AD: 반복(R2) 2회, 막힘, 연장

⇩

ND 점수: 2/20×100 = 10

AD 점수: 4/20×100×1.5 = 30

앞서 언급한 바와 같이 말더듬은 상황에 따라 변화가 심하기 때문에 한 번의 평가로 그 특성을 모두 파악하기는 어렵다. 아동의 경우에는 친밀감을 형성한 후 검사를 실시해야 하며 반드시 연령별 검사지침에 따라야 한다. 발화를 모두 녹화 또는 녹음을 한 후 전사절차를 거쳐 유형을 분석하고 말더듬 정도를 최종 평가하는데, 이 때 평가자 간 신뢰도가 중요하다. 다음 〈표 7-11〉은 P-FA의 의사소통태도를 평가하는 문항의 예시다. 이를 통해 자신의 말에 대한 심리와 태도를 알 수 있다.

〈표 7-11〉 의사소통태도 평가

초등학생 의사소통태도 평가기록지		
1. 내 목소리는 듣기 좋아요.	예	아니요
2. 다른 사람에게 내 이름을 말하는 것이 어려워요.	예	아니요
3. 말을 잘해요.	예	아니요
4. 처음 보는 사람에게 말하는 것이 어려워요.	예	아니요
5. 수업시간에 큰 소리로 책을 읽는 것이 쉬워요.	예	아니요

중학생 이상 의사소통태도 평가기록지		
1. 나는 사람들과 잘 어울린다.	예	아니요
2. 여러 사람들 앞에서 말하는 것은 생각만 해도 두렵다.	예	아니요
3. 선생님 또는 상사 앞에서 말을 잘한다.	예	아니요
4. 모르는 사람과 말을 잘한다.	예	아니요
5. 어떤 단어는 다른 단어보다 말하기 더 어렵다.	예	아니요

출처: 심현섭, 신문자, 이은주(2004).

(3) 아동기 말더듬 경험에 대한 평가(ACES)

말더듬은 핵심행동과 부수행동을 보이면서 동시에 심리적인 압박을 동반하는 말장애다. 스콧과 야러스(Scott & Yaruss, 2004)는 7~18세의 청소년을 대상으로 하는 'Assessment of the Child's Experience of Stuttering(ACES)'를 개발하였는데 총 98문항과 4개의 영역으로 구성되어 있다(Metten, 2005에서 재인용). 첫 번째 영역은 말더듬을 스스로 어떻게 지각하는지, 두 번째 영역에서는 말더듬에 대한 느낌, 세 번째 영역에서는 일상생활에서 느끼는 의사소통의 어려움 정도, 마지막 네 번째 영역에서는 삶의 질에 관련된 질문이 주어진다. ACES의 문항의 예시는 다음 〈표 7-12〉와 같다(Schulte, 2007).

〈표 7-12〉 ACES 문항 예시

A: 자신의 말더듬에 대한 보고	전혀 그렇지 않다	그렇지 않다	보통 이다	그렇다	매우 그렇다
1. 말을 더듬지 않고 말할 수 있는가?	1	2	3	4	5
2. 친구들과 말하는 횟수는 비슷한가?	1	2	3	4	5
3. 언어치료에서 배운 것을 활용하는가?	1	2	3	4	5
4. 말을 더듬을 것을 예상하면서도 하고 싶은 말을 하는가?	1	2	3	4	5

B: 자신의 말더듬을 머릿속에 떠올릴 때 어떤 느낌이 드는가?	전혀 그렇지 않다	그렇지 않다	보통 이다	그렇다	매우 그렇다
1. 분노를 느낀다.	1	2	3	4	5
2. 수치스럽다.	1	2	3	4	5
3. 외롭다.	1	2	3	4	5
4. 어딘가로 숨고 싶다.	1	2	3	4	5

C: 일상생활에서 얼마만큼 말을 더듬는가?	전혀 그렇지 않다	그렇지 않다	보통 이다	그렇다	매우 그렇다
1. 친구들과 이야기할 때	1	2	3	4	5
2. 낯선 사람들과 이야기할 때	1	2	3	4	5
3. 농담이나 어떤 상황을 설명할 때	1	2	3	4	5
4. 식당 같은 곳에서 음식을 주문할 때	1	2	3	4	5

D: 말더듬이 미치는 영향	전혀 그렇지 않다	그렇지 않다	보통 이다	그렇다	매우 그렇다
1. 학교 성적에 영향을 미친다.	1	2	3	4	5
2. 친구들을 사귀는 데 영향을 미친다.	1	2	3	4	5
3. 내가 하고 싶은 취미활동을 선택하는 데 영향을 미친다.	1	2	3	4	5
4. 가족 간의 관계에 영향을 미친다.	1	2	3	4	5

5. 중재방법

　말더듬 중재는 크게 두 가지 접근방법으로 구분된다. 유창성완성법과 말더듬수정법이다. 최근에는 한 가지의 특정 방법이 아니라 대상의 연령과 말더듬 정도 그리고 심리적 차원 등을 고려하여 절충적인 방법을 많이 사용하고 있다. 특히 말의 산출과정이 아직 자동화되어 있지 않은 아동의 경우에는 반복과 교정이 강요될 경우 자연회복 기회를 놓치고 오히려 말더듬 증상이 고착화되기 때문에 부모교육 등을 통한 간접 중재방법이 효과적이다. 청소년이나 성인의 경우에는 취학 전 아동에 비해 새로운 언어 패턴을 쉽게 배울 수 있는 반면에, 이미 고착화된 말더듬과 심리적인 두려움 그리고 대화기피 현상을 동반한다. 따라서 어떤 중재방법으로 접근할 것인가는 대상을 총체적으로 관찰한 후 결정하여야 할 것이다.

1) 유창성완성법

　유창성완성법(fluency shaping therapy)은 새로운 언어 패턴을 중재하여 말을 유창하게 하고 궁극적으로는 말더듬 증상을 없애는 것을 목적으로 한다. 말을 할 때 나타나는 부정적인 감정과 태도 등은 말이 유창해짐으로써 자연스럽게 사라지게 된다고 보고, 초성을 부드럽게 산출하기, 말을 천천히 하기 등의 훈련에 중점을 둔다. 새롭게 학습된 언어 패턴은 치료가 끝난 후에도 끊임없이 자기의 말을 조정해 나가면서 유지된다.

(1) 호흡 훈련

　호흡과 발성을 별도로 훈련하는 것보다는 호흡과 발성을 함께 하는 것이 좋다. 올바른 호흡 훈련은 새로운 언어 패턴을 학습하기 전에 필수적으로 선행되어야 하지만, 호흡법만을 가지고 훈련하는 것은 말의 유창성을 증진시키는 데 큰 도움이 되지 않는다. 호흡이 중요한 이유는 말더듬이 고착된 경우에는 흡기과정에서 발성을 하는 비정상적인 발성이 나타나기 때문이다. 호흡과 발성의 협응이 깨어져 버린 발화는 우선 지속시간이 짧고 억압된 음성으로 산출된다. 따라서 이완된 발성은 말의 유창성에 영향을 주기 때문에 적절한 호흡 훈련이 필요하다. 다음은 교사가 말을 더듬는 아동과 쉽게 교실에서 할 수 있는 발성방법 중 하나이며, 진전된 말더듬으로 호흡 메커니즘에 문제가 있

─호흡 훈련의 예시─

- 눈을 감고 파도타기를 하는 느낌으로 긴장을 푼다.
- 그 상태에서 흡기와 호기를 반복한다.
- 날숨과 함께 모음을 길게 그러나 부드럽게 발성한다.
- 점차적으로 자음을 그리고 짧은 단어로 확장해 나간다.
- 모음의 순서는 /u/, /o/, /a/, /e/, /i/ 순으로 한다.
- 모음을 초성으로 한 음절을 훈련할 경우에는 /h/를 앞에 삽입하여 발생한다.
- /h/를 삽입할 경우 단어의 시작을 보다 부드럽게 산출하는 동시에, 기존의 불필요한 음절의 삽입을 저지하는 역할을 한다. 이때 /h/는 소리를 내기보다는 숨을 내쉬는 듯 발성하며 혀의 위치는 아랫니의 뒤쪽에 고정시킨다.

다고 판단되는 경우에 효과적이다.

(2) 말을 천천히 하기(DAF 기기의 활용)

말을 천천히 하는 기법은 말더듬 증상을 어느 정도 완화시키는 효과를 갖는다. 메트로놈이나 지연청각 피드백(Deleyed Audiotory Feedback: DAF)이 사용되기도 한다. DAF는 말을 하고 나서 몇 초 후에 다시 이어폰을 통해서 스스로 자기 말을 듣는 기기로서, 지연되는 시간은 1/5~1/4초 정도로 스스로 조절할 수 있다. 지연된 말을 듣기 위해서 화자는 말의 속도를 늦추게 되고 탈출행동을 감소시키는 효과를 기대할 수 있다. 지연시간을 1/20~1/10초로 단축시키게 되면 말의 속도가 좀 더 빨라지면서 유창성이 높아질 수 있는데, 지연시간은 개인의 말더듬 정도와 선호도에 따라 달리해야 한다.

(3) 휴지와 분절화 기법

말더듬 현상을 주의 깊게 관찰해 보면 문장 내에 휴지가 불필요한 음절이나 소리로 대치되어 있는 것을 발견할 수 있다. 일반적으로 말의 휴지는 특정한 학습을 통해서 이루어지는 것이 아니라 자동화된 말의 시스템 내에서 자연스럽게 이루어진다. 그러나 말더듬의 경우에는 증상의 경중에 상관없이 단어와 단어 사이 혹은 발화 첫음절 앞에 비의도적인 음이 삽입되어 있다. 이러한 비의도적인 음을 제거하는 것을 기본 목적으로 하는 것이 바로 휴지와 분절화 기법이다(고은, 2002b). 결국 말더듬에서 가장 중요한 것은 말을 분절시켜 주는 것이다(Bindel, 1987, 1997, 2001). 휴지와 분절화 기법은 말 막힘상태에서 말을 산출하려고 하면 할수록 더욱 탈출행동이 가중되고 말더듬 증상을 악화시키므로 완전히 말에서 빠져나오는 것을 기초로 한다. 문장 내에 휴지가 소음으로 채워지고 호흡이 들숨상태로 머무르게 되면, 후두의 압박감을 가중시키면서 다음에 오는 단어에서 다시 막힘 증상이 오기 때문에 발성기관의 근긴장도 완화가 이루어져야 한다. 좀 더 구체적인 중재방법은 다음과 같다.

- 말 막힘이 지각되는 즉시 그 상태에서 멈춘다. 일단 긴장된 상태에서 말을 하기 시작하면 100% 더듬게 되기 때문이다.
- 그 상태를 편안하게 지각하면서 시간을 두고 기다린다.
- 의식적으로 자신에게서 말더듬이 빠져나가는 느낌을 갖도록 한다.
- 내부에서 생겨나는 이완된 상태와 저항의 느낌을 계속적으로 체험한다.
- 이완된 상태로 왔을 때 숨을 밖으로 뱉으면서 말을 산출하는 것을 시도해 본다.
- 스스로 조율할 수 있도록 한다. 즉, 긴장상태라고 느낄 때는 숨만 밖으로 뱉고 이완상태라고 느낄 때만 말을 산출한다.
- 문장의 휴지기간에는 반드시 입과 후두는 완전히 닫지 않고 열어 두도록 한다.
- 단어와 단어 사이에는 반드시 의도적으로 충분한 휴지기간을 준다.
- 이때 입술을 완전히 다물지 않은 상태로 둔 채로 다음 단어를 계속한다.
- 단어의 끝은 끊어지듯 하지 않고 부드럽게 천천히 낮춘다.

2) 말더듬 수정법

말더듬 수정법(stuttering modification therapy)은 1930년대에 브라잉 브링겔슨(Bryng Bryngelson), 웬델 존슨(Wendell Johnson) 그리고 찰스 반 리퍼(Chrarles Van Riper)를 중심으로 아이오와대학교에서 개발되었다. 말더듬 수정법의 목표는, 첫째, 수치심과 두려움을 감소시키고, 둘째, 의사소통에서 좀 더 부드러운 방법으로 말을 더듬도록 하는 것이다(Natke, 2000). 말더듬 수정법은 말을 더듬지 않으려는 회피와 노력이 결국 말더듬을 악화시키므로 말에 대한 공포감을 줄이고 긍정적인 태도를 갖게 되면 말의 유창성이 만들어진다는 데에서 출발한다. 따라서 말을 더듬는 순간에 화자가 가능한 한

〈표 7-13〉 반 리퍼의 MIDVAS 치료의 6단계

단계	내용
동기 (Motivation)	치료사에 대한 신뢰를 갖는다. 자신의 말더듬을 직시하고 수용한다.
확인 (Identification)	자신의 말더듬 증상을 스스로 확인한다. 1차적 증상, 2차적 증상, 느낌, 태도를 스스로 확인한다. • 거울이나 비디오 또는 치료사가 보여 주는 모방을 통해 자신이 어떻게 말하는지를 보고 듣는다. • 말을 더듬을 때 자신에게 나타나는 탈출행동과 회피행동을 확인한다. • 이제까지 주변 사람들이 자기 말에 어떻게 반응했었는지, 스트레스를 유발했던 의사소통 상황은 무엇이었는지, 힘든 단어는 무엇인지 등에 대해 솔직하게 이야기한다.
둔감 (Desensitization)	두려움과 부정적인 감정을 감소시킨다. 자신이 말을 더듬는다는 사실을 인정하고 청자의 반응에 무감각해지도록 한다. • 말을 더듬는 증상을 보이면 치료사의 신호에 따라 말을 멈춘다. • 두 번째 신호를 주면 음이나 음절을 연장하거나 반복하면서 편하게 말을 더듬는다. • 말을 더듬으면서 갖게 되었던 긴장을 점차 해체시킨다. • 치료사-전화통화-낯선 사람 등으로 대화상황을 바꾸어 가면서 주변반응에 둔감해지는 훈련을 한다.
변형 (Variation)	고착된 말더듬의 형태를 변형시킨다. • 낱말공포: 예상되는 단어를 빼고 읽는다. • 긴장된 연장 대신에 모든 단어를 반복한다.
접근[6] (Approximation)	말더듬을 통제하여 수정하는 방법으로서 좀 더 쉽고 편하게 더듬도록 한다. • 취소(cancellation): 말을 더듬게 되면 잠시 멈춘다. 그리고 긴장되어 있는 구어 메커니즘을 이완시킨 후 자신의 방식을 천천히 재검토한 후 처음부터 다시 시도한다. • 이끌어내기[7](pull out, 말소): 말을 더듬는 순간에 잠깐 멈춘 상태에서 단어를 잘 조절하여 단어의 마지막 부분을 부드럽고 조금 느린 발화로 말하기를 완성하는 방식이다. • 준비하기(preparation set, 예비책, 예비동작): 말을 더듬을 것으로 예상된다면, 그 단어를 말하기 전에 준비 자세를 갖춘다. 예를 들면, 입과 턱 등의 긴장을 풀고 이완된 자세를 유지하도록 한다. 혹은 의도적으로 쉼을 주거나 첫음절과 두 번째 음절이 잘 연결되도록 말한다.
안정 (Stabilization)	치료실 밖에서 효과를 검증해 본다. • 두려운 상황에 들어가서 일부러 말을 해 본다. • 거짓 말더듬을 일부러 연출해 본다. • 스스로 치료사의 역할을 한다.

---

6 접근단계에서는 말을 더듬는 순간을 수정하여 좀 더 쉽고 편하게 말을 더듬는 기법이 사용된다.

7 빠져나오기 기법으로 불리기도 한다.

긴장과 투쟁 없이 말을 더듬는 방법을 배우는 것이 바로 말더듬 수정법이다. 반 리퍼 (1973)는 치료의 궁극적인 목표가 자발적으로 만들어지는 유창한 말에 있다고 하였다. 즉, 치료의 궁극적인 목표는 유창성완성법과 동일하다.

반 리퍼의 MIDVAS 치료방법은 동기, 확인, 둔감 그리고 안정 단계로 간소화하여 구성할 수 있으며, 변형과 접근 단계에서는 대상에게 적절한 새로운 언어 패턴을 중재할 수 있다(Metten et al., 2007). 말더듬 치료는 정기적인 추수관리가 반드시 뒤따라야 하며, 부모교육이 동시에 이루어져야 한다.

반 리퍼가 고안한 MIDVAS의 핵심은 자신의 말더듬을 인정하고 자신의 말더듬 증상을 모니터링한 후에 자신의 말더듬을 받아들이는 것에서부터 출발한다. 접근단계에서는 말을 더듬는 순간을 수정하여 더 쉽게 말을 더듬을 수 있도록 한다. '더 쉽게 더듬는 것을 허용하는 것'은 새로운 방식으로 더 쉽고 편하게 말을 더듬는 방법을 배우는 것이기도 하고, 궁극적으로는 심리적 압박을 제거함으로써 2차적 증상인 탈출행동이나 회피행동을 감소시켜 줄 수 있다.

취소와 말소 기법의 가장 큰 차이점은 취소의 경우 막혔던 단어에서 말하기를 멈춘다는 것이다. 말하기를 멈추는 쉼 단계에서는 긴장된 구어 메커니즘을 이완시키고 스스로 문제점을 재검토하고 변화시켜야 한다. 집중적으로 자신의 말더듬을 성찰한 후에 더듬었던 단어를 다시 시도하되, 이때에는 처음과는 다른 방식으로 단어를 발화하여야 한다. 반면에 말소는 말을 더듬는 순간을 수정하는 전략으로서 느린 속도와 이완된 상태를 되찾아가면서 부드럽고 천천히 연장의 느낌으로 단어를 끝까지 말하는 것이다. 말이 경직된 상태로 시작이 되면 의도적으로 더듬은 말이 부드럽게 빠져나간다는 느낌으로 문장을 이어 나가는 것이 중요하다. 말을 더듬는 순간이 꽉 움켜쥔 주먹이라면, 그 주먹에 힘을 풀면서 부드럽게 말을 이어 나가는 느낌으로 말하는 것이 중요하다. 이처럼 말더듬 수정법은 자신의 말더듬 형태를 쉽고 편하게 더듬는 방향으로 수정해 나가는 것을 목적으로 하며, 이를 통해 유창한 구어 산출이 가능하다고 보는 방법이다.

6. 부모교육 및 교사교육

말을 더듬는 상황은 화자와 청자 모두에게 고통스럽다. 화자는 말을 더듬는 자신에 대한 수치감도 있지만, 상대방을 곤란하게 하고 있다는 것을 거의 자동적으로 느끼게 된다. 청자는 때로는 고통스러울 만큼 힘들게 말을 이어 나가는 화자의 모습을 보면서 빨리 이 시간이 지나가기를 바라거나 도와주고 싶다는 생각을 한다. 앞서 언급한 바와 같이, 청자의 부정적인 반응은 말더듬을 더 악화시키는 결과를 가져온다. 말더듬은 치료 효과가 빨리 나타나면서도 그만큼 재발 확률이 높은 장애유형이다. 그 이유는 청자의 반응에 따라 화자의 언어가 영향을 받기 때문이다. 아무리 좋은 프로그램으로 새로운 언어 패턴을 중재하고 열심히 훈련을 시켜도, 학교에서 혹은 주변에서 부정적인 태도를 보인다면 아동의 말더듬 증상은 쉽게 개선되지 않는다. 따라서 부모나 교사의 협력적 태도는 매우 중요하다.

1) 부모교육

아동은 부모나 가족이 말하는 것을 보고 듣고 모방한다. 따라서 아동이 어떠한 형태이든 언어장애를 보일 경우에는 가족 구성원들의 언어 패턴을 점검해 보는 것이 필요하다. 특히 아동이 말을 더듬을 때 "천천히 말해."라는 말보다 부모가 실제로 어떻게 말하는가를 보여 주는 것이 훨씬 효과적이다. 부모는 전체적으로 자신의 말의 속도를 늦추고 아동의 발화가 끝난 후 잠시 휴지[8]를 둔 후에 대화를 계속하는 것이 좋다. 누군가와 대화를 할 때, 상대방이 말을 빨리 한다거나 시선을 자꾸 다른 곳으로 돌린다면 당신은 어떤 반응을 보일 것 같은가? 상대방의 시간을 뺏는 것처럼 느껴져서 빨리 대화상황을 끝내고 싶어질 것이다. 그리고 당신의 말이 빨라지는 것을 느끼게 될 것이다. 아동, 특히 말을 더듬는 아동은 청자의 반응에 훨씬 민감하다. 따라서 아동이 말을 할 때는 그 시간과 그 공간을 온전히 자신의 것으로 느낄 수 있도록 해 주어야 한다. 말이 길어지더라도, 말을 더듬게 되더라도 허용되는 공간이 필요하다. 그리고 말하는 것 자체가 부담스럽게 느껴지거나 지탄받아서는 안 된다. 말을 더듬더라도 말하는 것이 즐거워야 한다. 이러한 내용을 중심으로 한 부모교육은 말더듬에서 중요한 치료적 자원이 된다.

가끔 부모나 교사들은 다음과 같은 질문을 한다. "아이 앞에서 말더듬이라는 단어를 써도 되는 걸까요?" 그것은 마치 우리가 '성(性)'이나 '장애인' '죽음'과 같은 단어를 터부

---

8 안정현 등(2009)의 연구에서는 반응간격을 3초로 통제하였으며, 이는 아동의 말더듬 출현과 관련성이 있음을 입증하였다.

시하는 것과도 같다. 특히 존슨(1959)과 같이 말더듬이 주변의 반응으로 생겨난다고 하는 견해는 주변 사람들로 하여금 그러한 행동을 하게끔 해 주는 부분도 있다.

> "나는 지금까지 부모님과 말더듬에 대해서 이야기해 본 적이 없고, 부모님도 단 한 번도 그 단어를 입에 올리신 적이 없어요."
> "사람들은 마치 말더듬이 수치스럽고 아주 나쁜 것처럼 입에 잘 안 올렸어요. 나는 내가 말을 더듬는 것을 아는데도, 다들 아닌 것처럼 말을 하죠. 그럴 때는 내가 정신적인 불구가 된 것 같아요."

그러나 아동의 말더듬이 발달기 말더듬의 단계에서 초기 말더듬의 단계로 넘어가게 되면 말더듬에 대한 주제를 아동과 함께 공개적으로 이야기하고, 그에 대한 느낌과 생각들을 교류할 수 있어야 한다(Rustin, 1995).

- 말을 더듬는다는 사실을 은폐하지 않는다.
- 자녀의 말더듬 증상의 변화를 지속적으로 관찰한다.
- 부모 자신의 말의 패턴을 변화시킨다.
  - 나는 천천히 그리고 도중에 쉼을 주면서 말을 하고 있는가?
  - 아이의 말이 끝나고 잠시 시간을 두고 대답하는가 아니면 속사포처럼 말하는가?
  - 짧고 단순한 문장을 사용하고 있는가?
  - 아이가 말을 할 때 주의를 기울이며 귀담아 듣는가?
  - 아이의 말을 가로막지는 않는가?
  - '혼자'가 아니라 '함께' 말을 하고 있는가?
  - 대화상황이 딱딱하거나 엄격하지 않은가?
  - 항상 아이와 눈을 맞추고 말하는가?
  - 아이가 '엄마'를 여러 번 불러야 대답하지는 않는가?
  - 발음이 정확하지 않거나 단어 사용이 적절치 않을 때 다시 말해 보라고 하지 않는가?
  - "이렇게 말해 봐." "저렇게 말해 봐." 하면서 좋은 의도이나 필요치 않은 충고를 하지 않는가?
- 말의 유창성에 대한 일관되고 긍정적인 피드백을 한다.
- 말을 더듬는 것에 대해 허용적인 태도를 보인다.

- 자녀가 말을 더듬는다는 것에 대해 부모 자신이 가지고 있는 부정적인 느낌이나 생각을 버린다.
- 말더듬의 치료방법과 관련 정보들을 안다.
- 자녀가 스스로 말을 더듬는다는 사실을 인지하지 못하거나 전혀 스트레스가 없을 경우에는 간접 중재방법을 사용하고, 부모교육을 받도록 한다.

2) 교사교육

교사교육은 부모교육과 상반되거나 다른 내용을 의미하지는 않는다. 아동이 보내는 시간이 많은 교실에서 교사가 말더듬에 대해 어떠한 태도를 취하는가는 매우 중요하다. 교사가 특별한 치료법을 가미할 필요는 없으나 교사는 우선적으로 말더듬에 대한 객관적인 인식을 가지고 있어야 하며, 말더듬이 2차적인 문제로 발전하지 않도록 주의를 기울일 필요가 있다. 예를 들면, 지나치게 개방형 질문을 자주 사용한다거나, 교사나 또래 아이들이 적절하지 않은 태도를 취하게 되면 아동의 말더듬은 심리 · 학업적 영역에도 부정적인 영향을 미칠 수 있다.

- 부정적 정서(벌, 좌절, 불안, 죄의식, 적의)를 감소시켜 주어야 한다.
- 말을 더듬어도 괜찮다는 허용적 분위기를 조성해 준다. 필요한 경우 교사가 약간 말을 어눌하게 하는 모습을 보여 주는 것도 괜찮다.
- 질문할 때는 짧고 간단한 문장으로 한다.
- 잘 알지 못하는 답을 할 때는 말더듬의 빈도가 높아지므로 예상치 못한 질문은 피하는 것이 좋고, 다른 아동에게 먼저 질문함으로써 아동이 준비할 수 있는 시간을 준다.
- 아동이 말을 하려고 할 때는 절대로 중단하거나 다른 아동이 끼어들지 않도록 하고, 교사가 충분히 그 아동에게만 집중하는 모습을 보여 준다.
- 놀림을 당하지 않도록 반 아이들을 대상으로 사전교육을 시킨다. 우리는 모두 다 조금씩 말을 더듬는다는 사실과, 상대방의 태도에 따라 더 말을 더듬을 수 있다는 주의도 함께 준다.
- '말더듬이'라는 용어를 사용하지 않도록 한다.

- 듣기가 답답하거나 아동이 힘들게 말하더라도 "이 말을 하려는 거지?" 하면서 대신 나머지 말을 해 주지 않는다.
- 수업시간에 '읽기' 순서를 면제해 주기보다는, 짝을 이루어 2명씩 함께 읽도록 하는 방법을 사용하는 것이 좋다. 이때 다른 아이들과 동일한 규칙을 주어야 한다.
- 아이의 말을 이해하지 못했다면 이해한 척하지 말고 "미안해. 중간 단어를 이해 못 했어." 또는 "철수가 뭘 어쨌다고? 다시 한번 해 줄래?"라고 구체적으로 요구하는 것이 좋다.
- 말을 더듬는 아동들은 말로 자신의 부당함이나 상황을 잘 표현하지 못한다. 구두적 직면을 두려워하기 때문에 사실이 드러나지 않는 경우가 많다. 따라서 또래 아동과의 갈등상황이 발생할 경우 교사는 아동에게 설명할 수 있는 시간을 충분히 주고 들어주려는 자세가 필요하다.
- 편안하고 수용적인 학급 분위기를 조성한다.
- 교사는 말의 속도를 늦추고, 아동의 발화가 끝난 후 바로 대답하지 말고 시간간격을 둔 후에 반응한다.

말더듬 진단을 받지 않은 학생들의 경우에도 많은 경우 말하기 불안 현상을 보인다. 말하기 불안이란 말하기와 관련하여 마음이 불편하고 조마조마한 상태로서 우리나라 초등학생의 말하기 불안 정도는 높은 편이다. 그 정도가 심해지면 의사소통장애뿐만 아니라 학업 부진을 유발하고 학교생활 부적응을 초래할 수 있으므로 말더듬 진단이 내려지지 않은 아동이라 할지라도 교사의 주의 깊은 지도가 필요하다(신헌재 외, 2010).

- 발표 전에는 신체적인 움직임을 통한 근육 이완 상태를 경험하도록 한다.
- 불안을 야기하는 상황을 피하기보다는 점진적으로 자신을 노출할 수 있도록 용기를 준다.
- 말하기 활동을 많이 경험해 보도록 한다.
- 말한 내용에 대해 충분히 준비할 수 있는 시간을 준다.
- 다양한 담화 환경을 통해 면역성을 키워 준다.
- 말하기 불안은 청자 요인이 매우 중요한 영향을 미치므로 교사와 또래 학생들은 긍정적이고 공감적인 듣기 태도를 갖추어야 한다.

아동의 기능적 음성장애

그리스에서는 음성을 '영혼의 거울'이라고 한다. 표정과 말은 속일 수 있지만 목소리는 마치 우리의 지문과도 같기 때문이다. 우리는 목소리를 통해 그 사람의 성별과 연령뿐만 아니라 육체적·정신적 상태까지도 가늠할 수 있다. 우리는 태어날 때 음성이 완전히 발달된 상태라고 생각하지만, 음성은 언어처럼 발달해 나간다. 음성은 외적·내적 요인의 영향을 받으면서 건강한 목소리로 만들어진다. 아동의 음성장애는 대부분 성대남용과 잘못된 습관에 기인하며 중재를 통해 충분히 건강한 음성을 되찾을 수 있다. 이 장에서는 기능성 음성장애에 대한 정의 및 진단 그리고 중재방법에 대해 살펴보고자 한다.

1. 음성발달

인간의 상호 커뮤니케이션을 설명하는 이론 중 하나인 '메라비언의 법칙'에 따르면, 메시지를 전달할 때 목소리가 38%, 표정이 35%, 태도가 20%이며 말하는 내용은 겨우 7%의 비중을 차지한다. 결국 목소리는 말을 전달해 주는 단순한 매개체의 역할을 할 뿐만 아니라 화가에게 있어서 그림의 색감(color)과도 같다. 큰 목소리는 자신감과 공격성을, 작은 목소리는 편안함과 열등감을 느끼게 한다.

1) 음성의 발달

(1) 영아기

음성의 발달은 신생아가 막 울음을 터뜨리는 순간부터 시작된다. 아이들은 출생하면서부터 자신의 음성을 사용하는 법을 배워 나간다. 갓난아이는 출생과 동시에 모태로부터의 영양 공급이 단절되고, 이때 울음은 필연적인 호흡운동의 일종이다(문영일, 1982). 그러나 곧 영아는 자신의 울음을 매개체로 하여 욕구를 표현하고 세상과 소통하는 법을 배워 나간다. 음성은 다른 언어영역과 마찬가지로 외적·내적 요인의 영향을 받으며 발달해 나간다.

반사적인 울음의 음도는 400~450Hz로 전 세계적으로 동일하다. 우연치 않게도 악기를 동시에 연주하려면 하나의 음을 기준으로 조율해야 하는데, 이때 공통적으로 표준음으로 정한 캄머톤(Kammerton/440Hz)이 바로 이 음역대다(Spital, 2004). 피아노 건반으로 보면 a¹와 h¹음에 해당한다([그림 8-1] 참조). 생후 약 1개월이 지나면서 신생아는

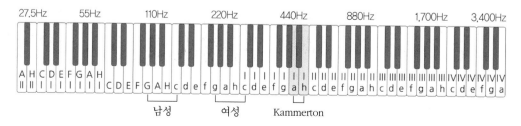

[그림 8-1] **각 음도를 표시하는 피아노 건반**

출처: Spital (2004).

울음을 통해 자신의 메시지를 전하기 시작한다. 즉, 울음의 분화가 시작되는 것이다. 본능적인 울음에서 신생아는 점차적으로 울음의 음도, 강도, 음색 등을 통해서 자신의 느낌이나 요구를 말하기 시작한다. 처음에는 성대의 부드러운 접촉을 통해 만들어진 소리보다는 성대를 강하게 접촉시켜서 내는 울음소리만 산출하다가, 약 8주 정도가 되면 점차 부드러운 성대접촉을 통한 음성이 관찰된다. 부모들은 가끔 "어렸을 때 애를 많이 울렸는데 그래서 이렇게 목소리가 허스키할까요?"라는 질문을 한다. 울음 자체가 문제가 아니라 흡기를 하면서 우는 시간이 길 경우 성대의 강한 접촉으로 인해 음성의 변화를 가져올 수 있다(Spital, 2004).

유아의 발성은 성도의 크기와 형태의 영향을 받는다. 출생 시에는 혀가 구강에 비해 크고 후두의 위치가 높으며, 인두 경사면의 뒷벽 때문에 혀의 뒷부분이 이동할 수 있는 공간이 거의 없다. 유아가 성장해 감에 따라 구강의 내부가 혀의 크기에 비해 넓어지며 후두는 내려간다. 따라서 혀가 더 많은 자세와 모양을 취할 수 있으므로 점차 더 많은 수의 소리를 낼 수 있게 된다.

출처: 김종현(2002).

(2) 유아기

유아는 쿠잉과 옹알이 단계에서 자신의 음성기관을 이용하여 소리를 만들어 가는 과정을 즐긴다. 생후 12개월이 되면서부터는 모방 단계에 접어들고 2세에 접어들기 전에 아이들은 이미 성인의 음성을 모방한다. 그래서 아이들의 목소리는 가장 가까이 접하고 있는 사람의 목소리를 닮아 간다. 이에 대해 전문가들은 특별한 경우를 제외하고는 목소리는 대부분 천성적인 것이 아니고 학습된 것이라고 보고 있다(Lotzmann, 1997; Beushausen, 2001; Spital, 2004). 음성의 발달은 후두의 성장과 함께 이루어진다. 음도 변화는 후두 위치의 하강으로 설명할 수 있다. 신생아의 경우 머리를 지지해 주는 7개의 경추 뼈 가운데 위로부터 다섯 번째 경추에 후두가 놓이지만, 성인기에 접어들면서 그 위치는 여섯 번째 경추 위치로 하강하는 것을 볼 수 있다. 또한 후두개의 형태도 유아나 소아의 경우에는 오메가 형을 보이다가, 성인이 되면서 타원형으로 변화되는 신체의 생물학적인 변화를 거치게 된다(Mathelitsch & Friedrich, 1995).

유아기의 음도변화를 살펴보면, 2세 반쯤 되면 음도가 점차 내려가지만 일반적으로 7세까지는 남아와 여아가 비슷한 기본주파수를 가지고 있다(Spital, 2004). 유아의 음도는 점차 낮아지기 시작하여 변성기까지 여아는 약 50%, 남아는 약 70%까지 음도의 변화가 온다.

(3) 변성기

사춘기 동안에는 호르몬의 변화로 인해서 목소리의 변화가 오게 된다. 남아의 경우에는 남성 호르몬의 영향으로 후두가 커지고 갑상연골의 각도가 120도에서 약 90도로 폭이 좁아진다. 갑상연골은 앞으로 튀어나와서 '아담의 사과'라고 불리는 형태가 된다. 이러한 생리적인 변화로 인해 성대는 약 1cm가량 길어진다. 또한 남성 호르몬은 근육의 양을 증가시켜, 성대가 두꺼워지게 된다. 또한 성대의 질량이 무거울수록 긴장도가 떨어지기 때문에 사춘기 동안에 길고 두꺼워진 성대는 음도를 약 1옥타브 정도 낮게 만들어 준다. 여아의 경우에는 성대의 길이가 2~3mm 정도만 길어지기 때문에 음도는 원음에서 3~4도 정도만 내려간다(Mathelitsch & Friedrich, 1995). 변성기에는 음질이 안정적이지 못하고 음도이탈과 쉰 목소리 등이 나타난다. 변성기는 최근 성장이 빨라짐에 따라 12세 전후부터 시작되는 경우가 많고 음성의 변화도 개인차가 있다.

(4) 성인기

20세에서 약 50세까지가 가장 넓은 성역대를 갖게 되는 시기다. 성역대란 그 사람 개인이 발성할 수 있는 목소리의 범위를 말한다(문영일, 1987). 변성기가 지난 남성은 일반적으로 G-c, 여성은 g-c$^\mathrm{I}$의 평균 음도를 갖는다([그림 8-1] 참조). 보통은 2옥타브, 훈련된 사람의 경우에는 3옥타브까지 가능하다(Böhme, 2003). 여성의 경우에는 생리 중이나 바로 직전에는 음성의 변화가 오기도 해서, 옛날에는 오페라 무대에 서지 않도록 배려해 주기도 하였다. 임신 중, 특히 임신 초기에 변화가 오기는 하지만 이 시기에는 오히려 목소리에 힘이 있고 윤기가 있다고 보고되고 있다(Mathelitsch & Friedrich, 1995).

(5) 갱년기

여성의 경우에는 갱년기와 함께 또 한 번의 목소리 변화가 오게 된다. 여성 호르몬의 감소가 두드러지는 50세 전후로 여성의 목소리는 남성화 현상을 보이게 된다. 따라서 약간 음도가 낮아지고 굵어지는 음성이 된다(Mathelitsch & Friedrich, 1995). 일반 사람들에게는 큰 변화처럼 느껴지지 않지만, 성악 전공자나 무대에 서는 직업을 가진 사람들의 경우 스트레스로 작용하기도 한다.

성전환자(transgender)의 경우에는 호르몬 복용과 음성치료만으로는 여성의 음성 수준에 도달되지 못하는 경우가 많다. 남성으로 성전환을 한 경우에는 테스토스테론을, 여성으로 성전환을 한 경우에는 에스트로겐을 복용하게 된다. 이 경우 음성치료를 동반하더라도 대부분 여성의 평균 음도에 도달하지 못하는 경우가 많아서 최근 외과적 수술을 통해 원하는 음성을 찾아 주고 있다. 수술 전에 모두 175Hz 이하의 음도를 가지고 있던 환자들이 6개월 후에 검사한 결과 30%는 여성의 평균 음도를 그리고 32%는 여성과 남성의 중간 정도의 음도를 유지하는 것으로 나타났다. 또한 수술 후 효과는 시간이 경과할수록 더 높아지는 것으로 나타났다.

출처: Welzel et al. (2002).

(6) 노년기[1]

신체적인 노화와 함께 음성의 변화가 오게 되는데, 남성들의 경우에는 여성과 달리 나이를 먹으면서 오히려 음도가 약간 올라가는 현상을 보인다. 그래서 노인 목소리에서는 남녀의 차이가 크게 느껴지지 않는다. 이 시기에는 일반적으로 성대근육의 긴장도가 떨어지면서 음성이 불규칙적으로 떨리는 노인성 트레몰로(tremolo)가 특징적으로 나타난다(Mathelitsch & Friedrich, 1995). 음향학적 검사결과에서는 지터(jitter)와 쉼머(schimmer) 값이 높아지는 것이 특징이다.

2) 음성의 산출

건강한 목소리는 각 기관들의 완벽한 조화로 만들어진다. 음성에는 마치 명함처럼 그 사람의 특성이 나타난다. 어떤 경우에는 가까운 사람의 전화 목소리만 듣고도 기쁜 일이 있는지, 슬픈 일이 있는지 또는 호감을 주는 사람인지 아닌지, 체격이 큰 사람인지 작은 사람인지, 상냥한 사람인지 무뚝뚝한 사람인지 등을 알 수 있다. 어떤 사람은 목소리만으로도 엄청난 매력을 발산하기도 하지만, 또 어떤 사람은 목소리 때문에 대인관계나 직업에서 불이익을 받기도 한다. 우리는 모두 좋은 목소리를 갖기 원한다. 그

---

1 노년기에는 노화로 인해 성대근육의 힘이 약화되면서 강도의 변화가 오며, 성대구조 및 근육의 변화로 인해 음질의 변화도 함께 나타날 수 있다.

〈표 8-1〉 **좋은 음성과 나쁜 음성**

좋은 음성	좋지 않은 음성
• 음색이 맑고 공명이 있어야 한다.	
• 음도변화가 가능해야 한다.	• 자세와 호흡에 문제가 있다.
• 강도를 높일 수 있어야 한다.	• 성대작동에 병리적 문제가 있다.
• 억양이 안정적이어야 한다.	• 음역에서 이탈이 일어난다.
• 힘(power)이 있어야 한다.	• 공명이 제대로 이루어지지 않는다.
• 음역이 안정적이어야 한다.	• 주관적으로 목소리가 불편하다고 느낀다.
• 조음을 할 때 음의 이탈이 있어서는 안 된다.	• 목소리에 힘이 없다.
• 후두가 기질적으로나 기능적으로 건강하여야 한다.	

렇다면 좋은 목소리란 무엇인가? 좋은 목소리란 기본적으로 소음과 압박이 없고, 목소리가 안정되며 편안해야 한다(Wirth, 1995).

이러한 좋은 음성을 산출하기 위해서는 여러 가지 요인이 복합적으로 작용해야 한다([그림 8-2] 참조). 좋은 음성을 갖기 위해서는 기본적으로 후두가 건강해야 한다. 건강한 후두란 후두경으로 관찰하였을 때 후두가 넓고 커서 잘 보여야 하고, 성대의 크기가 좌우대칭이어야 하며, 발성 시에 양측의 성대가 부드럽게 완전히 밀착되는 모습을

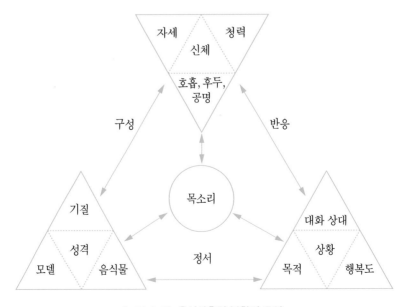

[그림 8-2] **음성산출의 복합적 요인**

출처: Hammer (2004).

보여야 한다. 성대의 색은 백색이고 편도의 크기도 적당해야 한다(Siegmüller & Bartels, 2006). 이러한 후두의 해부학적인 요인들도 중요하지만 심리적·정서적 요인 또한 음성산출에 영향을 미친다.

　말소리 산출에 있어서 호흡은 마치 자동차의 엔진과도 같다. 공기의 흐름이 없이는 소리가 산출될 수 없기 때문이다. 흉부와 복부를 구분지어 주는 횡격막이 상하로 움직여서 호흡하는 것을 우리는 복식호흡이라고 하며, 흉곽을 전후로 움직여서 호흡하는 것을 흉식호흡이라고 한다(문영일, 1987).

(1) 안정호흡

　안정호흡이란 말하거나 노래하지 않는 상태로, 의식하지 않은 상태에서의 호흡상태다. 흡기 시에는 근육이 좀 더 능동적으로 움직이며 횡격막이 하강하고, 반대로 호기에서는 횡격막이 상승하고 수동적인 운동을 한다. 성인의 경우 분당 16회 정도의 호흡을 한다.

(2) 회화 시 호흡

　회화 시의 호흡은 호기시간이 흡기시간과 비교하여 길어진다. 숨을 뱉는 기류로 음성이 만들어지기 때문에 당연히 호기시간이 길어질 수밖에 없다.

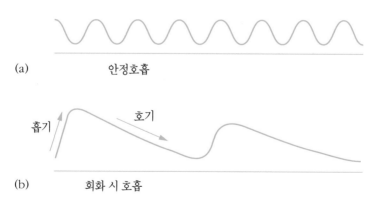

(a)　　안정호흡

(b)　　회화 시 호흡

[그림 8-3] 안정호흡(a)과 회화 시 호흡(b)

출처: Mathelitsch & Friedrich (1995).

2. 음성장애의 정의

음성장애란 음성을 산출하는 기관의 기질적인 문제나 심리적인 문제 또는 성대의 잘못된 습관으로 인하여 강도, 음도, 음질 그리고 유동성 등이 성과 연령, 체구와 사회적 환경들에 적합하지 않은 음성을 말한다. 이 가운데 한 가지 이상이 정상범위에서 벗어날 때 음성장애가 있다고 말한다. 아동의 기능성 음성장애는 다음과 같은 대표적인 증상을 갖는다(Beushausen, 2001).

- 또래 아동에 비하여 음도가 너무 낮거나 높다.
- 목소리가 귀청을 찢을 듯 날카롭다.
- 목소리가 너무 작다.
- 목소리가 단조롭거나 속삭이는 소리를 내거나 목소리가 잘 나오지 않는다.
- 쥐어짜거나 힘들여 말한다.
- 목소리가 거칠고 허스키하다.

1) 강도장애

음성을 전혀 낼 수 없거나, 지나치게 음성이 크거나 너무 작아서 상대방에게 유쾌하지 않은 느낌을 주거나, 이야기의 내용이 충분히 전달되지 않는 경우다. 소리의 크기는 진폭에 따라 달라진다. 진폭이 큰 소리를 내기 위해서는 성문하압[2]의 압력이 커서 성대가 열릴 때 공기입자들이 상대적으로 넓은 정도로 퍼져 나가야 한다. 그런데 성문하압의 압력이 너무 낮을 경우에는 음성의 크기가 비정상적으로 작아진다. 그러나 대부분의 강도장애는 신체적인 문제를 가지고 있지 않는 한 심리적인 문제가 대부분이다.

---

2 성문(聲門)은 공기를 통과하는 성대의 틈새이며, 성문하압은 성대 아래의 압력을 말한다. 성대는 불수의 근이기 때문에 스스로 움직이지 못하며, 폐의 압력이 증가하고, 그 압력이 성대 쪽으로 이동하면서 성대의 진동을 만들어 낸다. 따라서 소리를 만들어 내기 위해서는 충분한 성문하압이 만들어져야 한다. 이때 특정 기준보다도 성문하압이 작을 경우에는 성대가 진동하지 못한다.

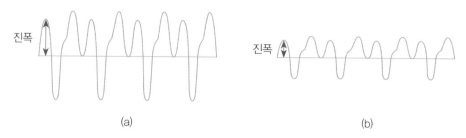

[그림 8-4] 큰 소리(a)와 작은 소리(b)

출처: 이상림(2019).

소리의 세기는 진폭에 따라 변한다. [그림 8-4]와 같이 진폭이 작을수록 소리는 작아진다.

2) 음도장애

음도장애란 연령과 성에 따라 기대되는 음도보다 지나치게 높거나 낮은 경우를 말한다. 기본주파수는 남성의 경우 125±20Hz이고, 여성의 경우 225±20Hz 정도다. 음도는 1초당 성대의 진동이 얼마나 자주 만들어지느냐에 따라 결정된다. 만약 성대가 초당 300번 진동하였다면 300Hz가 되는 것이다. 성대의 질량, 긴장도 그리고 탄력성은 주파수를 결정짓는 요인이 된다.

소리의 높낮이는 음파의 진동수를 의미한다. 진동수가 적으면 파장은 길고 진동수가 많으면 파장은 짧아진다. 이러한 조건에서 낮은 소리는 진동수가 적으므로 파장이 길며 높은 소리는 반대로 파장이 짧다. 성대는 진동수에 따라 음성의 높낮이가 변한다. 남성의 목소리가 여성의 목소리보다 낮은 주파수를 갖는 이유는 기본적으로 남성의 성

[그림 8-5] 높은 소리(a)와 낮은 소리(b)

출처: 이상림(2019).

대가 여성의 성대보다 길고 두껍기 때문이다.

> 단조로운 음성(monotone): 말을 할 때 음도의 변화가 거의 없다.
>
> 음도이탈(pitch breaks): 말하는 동안 음도가 갑자기 위아래로 변한다.

3) 음질장애

좋은 음질이란 음향학적으로 소음이 적고 배음(harmonics)이 많은 목소리를 말한다. 배음은 음악에서 음색을 결정하는 데에 중요한 영향을 미친다. 음악을 구성하는 3대 요소는 강도(amplitude), 음도(pitch) 그리고 음색(timbre)이며, 독일의 생리학자이면서 물리학자인 헬름홀츠(H. Helmholtz)는 음색을 다음과 같이 정의하고 있다(홍요섭, 2013).

> "진동의 강도는 음의 크기를, 진동의 주기는 음의 높이를 결정한다. 그리고 음색은
> 각각의 배음들이 가지고 있는 진동주기와 움직이는 방식에 의해 결정된다."

그렇다면 여기서 말하는 배음은 무엇일까? 배음이 없는 음을 순음(pure tone)이라고 하는데, 일반적으로 비퍼(beeper, 삐삐)와 같은 인위적으로 만들어진 음을 말한다. 배음을 포함하고 있는 음은 복합음(complex tone)이다.

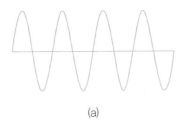 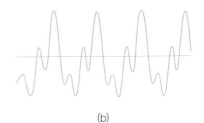

(a)　　　　　　　　　　　　　　　(b)

[그림 8-6] 순음(a)과 복합음(b)

국어사전에서 정의되는 배음이란 "어떤 원음에 대해 정배수의 진동 수를 가진 음"을 말한다. 피아노 건반에서 가장 낮은 도(CI)의 두 배는 한 옥타브 위의 도(C)가 되며, 세 배는 도(c)다. 음성에서 배음이 좋은 소리란 정배수 주파수가 동시에 나오는 소리로서

〈표 8-2〉 음질장애의 유형

유형	음성증상
거친 소리	과도한 근육긴장과 근육사용으로 인하여 성대가 너무 단단하게 서로 누르면서 나오는 소리다.
숨 새는 소리	성대가 서로 접촉할 때 완전히 가까이 접촉하지 못한 상태에서 나오는 소리다. 마치 바람 빠진 소리처럼 깨끗하지 않다.
목 쉰 소리	성대가 진동할 때 규칙적이지 못함으로 인해서 생겨나는 소리다. 거칠고 기식성 소리가 함께 섞여 있다.
이중음성	성대의 좌우 크기가 다르거나 비대칭적으로 움직이게 되면 상이한 주파수로 진동하게 되고, 따라서 두 개의 음도를 가진 음성이 산출된다.
과대비음	성대에서는 정상적인 소리를 만들어 내지만 구강음을 산출할 때 비강으로 가는 연구개를 열어 두어서 기류가 코로 빠져나가게 될 때 산출되는 코맹맹이 소리다.

만약 기본 주파수가 100Hz라면 200Hz, 300Hz, 400Hz로 만들어지는 것을 말한다. 이러한 배음은 공명강과 성대 접촉형태 그리고 성대 점막상태에 따라 달라진다. 음질장애 중에서 자주 나타나는 증상은 목 쉰 소리, 과대비성, 무비성, 숨찬 음성(기식성 음성), 성대프라이[3] 등이다.

　사람의 목소리를 듣고 어떤 사람인지 구분할 수 있는 것은 성대의 생김새와 크기, 소리를 내는 방법 등에 따라 음색이 다르기 때문이다(이상림, 2019).

3. 음성장애의 원인

　음성장애는 원인에 따라 기질적 · 기능적 그리고 심인성 음성장애[4]로 분류된다. 음성장애를 진단하기 위해서는 반드시 후두경검사를 하여야 한다. 그 이유는 청각적으로 지각되는 음성에 있어서는 기질적 음성장애와 기능적 음성장애가 크게 다르지 않기 때

3　성대프라이는 성대가 이완된 상태에서 공기 흐름과 성문하압이 없이 나오며 F_0이 매우 낮은 상태에서 생성되는 음성을 말한다(배재연, 고도흥, 2010).

4　심인성 음성장애는 기질적 원인이 배제되었다는 점에서 기능적 음성장애의 한 유형으로 분류되기도 하는데(김한수, 2014), 심한 불안이나 우울과 같은 감정 상태가 주원인으로 보여진다. 정신과적 질환의 양상으로 음성장애가 발생하는 경우도 있다. 이는 교육적 중재 범위를 벗어나므로 이 장에서는 다루지 않는다.

〈표 8-3〉 음성장애의 유형

기질적 음성장애	음성에 영향을 주는 후두의 기질적 질병으로 인해 발생하는 음성장애
기능적 음성장애	기질이나 신경학적 원인을 가지고 있지 않음에도 불구하고 발성기관의 남용과 오용으로 인한 음성장애
심인성 음성장애	심리적인 문제로 인하여 발생하는 음성장애

문이다. 또한 성대남용[5]으로 인한 기능적 음성장애가 장기간 지속될 경우 기질적 음성장애로 발전할 수 있다는 점도 주목하여야 한다.

1) 기질적 음성장애의 원인

후두의 구조적·기질적 변화는 후두와 성대에 심각한 영향을 주어 음성장애를 가져올 수 있다. 이런 경우를 '기질적 음성장애'로 분류한다. 기질적 음성장애는 「장애인 등에 대

〈표 8-4〉 기질적 음성장애의 대표적 원인

질병	증상
후두암	후두암은 성문상부, 성문하부, 성문 중 한 군데 혹은 세 군데 모두에 걸쳐 발생한다. 갑자기 쉰 소리가 나거나, 삼킬 때 통증 등이 동반되는 증상을 보인다.
편측성·양측성 성대마비	후두근육의 움직임을 담당하는 신경섬유의 손상으로 성대의 한쪽이 마비되어 성문폐쇄가 완전히 이루어지지 않는다.
경련실성증	신경학적 요인으로 인해 자기도 모르게 경련이 발생하여 갑자기 성대가 닫히거나, 열리거나 또는 두 개의 혼합형이 있다. 대부분 내전형이 많이 관찰된다. 내전형은 말을 하는 데 힘이 많이 들어가고, 쥐어짜는 듯한 소리를 내며, 외전형은 갑자기 성대가 열려 공기가 성대로 흘러나오기 때문에 목소리에 바람 새는 소리가 많이 들린다.
라인케 부종	라인케 공간은 성대상피의 바로 밑에 자리 잡고 있는 막이다. 성대의 조직변화로 인해 그 공간에 액체가 고여 성대가 부은 상태를 말한다. 성대부종으로 인해 매우 낮은 목소리가 산출된다.
유두종	바이러스로 발병하며 혹처럼 생겨서 성문을 막을 경우 기류 통과가 어렵다. 아동기에 발병하기 쉽다.

출처: 심현섭 외(2005); 황영진, 유재연, 정옥란 역(2007)에서 요약·정리함.

---

5 성대남용이란 과하게 소리를 지르거나 습관적으로 목청을 가다듬는 등의 과도한 성대 사용을 말한다.

한 특수교육법」에서 장애의 하위유형으로 포함시키고 있지 않기 때문에, 여기서는 기질적 음성장애를 초래하는 가장 대표적인 원인을 〈표 8-4〉에 간단히 기술하고자 한다.

2) 아동기 기능적 음성장애의 원인

아동기 음성장애 출현율은 적게는 1%, 많게는 23.4%로 다양하며, 일반적으로 약 6~9% 정도로 추정된다(송경화, 김재옥, 2016). 아동의 경우에는 아주 드물게 심리적인 원인을 제외하고는 대부분 성대를 잘못 사용하는 습관과 과도한 성대 사용이 그 원인이 된다. 아동은 성인과 달리 자신의 기분을 조절하는 능력이 부족해서 자신의 감정을 오롯이 음성을 통해 전달하는 경우가 많다. 예를 들면, 신체적인 놀이활동을 할 때 즐거움에 대한 표현으로 소리를 지른다거나 다툴 때도 있는 힘을 다해 소리 지르는 모습을 볼 수 있다. 시간, 장소, 대화 상대방을 고려하지 않고 만성적으로 거친 목소리를 가진 아동들은 과대기능적 음성장애를 가지고 있는데, 과대기능적 아동기 음성장애란 음성을 오용하거나 남용하는 아동들에게 전형적으로 나타난다. 아동기 음성장애는 일반적으로 아동 스스로는 자각하지 못하지만 '목 쉰 음성'이 장기간 계속되면서 부모나 교사가 임상가에게 의뢰하게 된다. 음성은 기식적인 거친 음성이 두드러지게 나타나며, 결절로 인한 불완전한 성문폐쇄가 관찰되거나 성대점막의 출혈과 성대 부종 등이 관찰된다. 아동기에 나타나는 음성장애 출현율은 6~46%로 연구자마다 차이가 크다(Seifert et al., 2003). 이때 남아와 여아의 비율은 3:1로 남아에서 더 많이 출현한다. 이는 성인의 경우 여성이 음성장애를 더 많이 호소하는 것과는 다른 현상이다(Hermann-Röttgen, 1997). 아동기 기능적 음성장애 유발요인은 무엇인가? 위스(Wirth, 1995)는 다음과 같은 요인들을 주 원인으로 보고 있다.

- 신체해부학적 요인
  - 크기가 작은 후두
  - 성대의 좌우 비대칭
  - 연인두 폐쇄기능의 결함
  - 과소기능적 음성장애의 유발 소인
  - 청각적 지각능력의 결함

- 습관적 요인
  - 소음 소리의 과도한 모방(예: 장난감 자동차 소리, 비행기 소리)
  - 놀이를 할 때 습관적으로 지르는 고성
  - 큰 소리로 부르거나 소리를 지르는 습관
  - 너무 낮거나 너무 높게 노래를 부르는 습관
  - 말을 시작하기 전에 하는 잦은 헛기침
  - 난청 가족이 있는 경우 크게 말하는 습관
- 사회적 · 가족적 요인
  - 학교, 유치원 또는 가정 내의 소음(TV, 라디오 등)
  - 뛰어놀 수 있는 공간 부족
  - 업적 중심의 과도한 요구나 신체적 제약
  - 학교, 유치원 또는 가정 내에서의 음성적 모델
  - 가족 구조: 형제들 사이에서 항상 관철시켜야만 하는 위치에 있거나 그러한 역할을 가지고 있는 경우
  - 가족 내의 의사소통 방식: 가족 구성원들이 무의식적으로 모두 큰 소리로 말하는 경우
  - 교육방식: 부모의 양육태도가 지나치게 강압적이고 아동이 그 안에서 스트레스를 받는 경우

대부분의 음성장애 아동들은 정서적으로 공통된 특성을 갖는다고 보고되고 있는데, 코넛(Cornut, 1971)에 따르면 큰 소리로 말하는 것에 습관이 된 아동들은 작은 소리로 말하면 말소리가 나오지 않을 것 같은 느낌을 상대방에 주며, 소심하며 공격적인 성향을 갖는다(Seifert et al., 2003에서 재인용). 헤르산과 벨라우(Hersan & Behlau, 2000)는 음성장애 아동의 경우에는 자신의 욕구를 적절한 방법으로 표현하는 능력이 부족하다고 보았으며, 그린(Green, 1989)에 따르면 음성장애 아동은 자신의 감정을 구어로 표현하는 데에 어려움을 보이는 경우가 많다.

(1) 성대결절

성대결절은 일반적으로 양측성이며 성대의 약 1/3 지점으로 돌출하는 작은 결절로서 지속적인 음성남용이나 무리한 발성에 의해 생긴다. 일반적으로 교사나 가수와 같

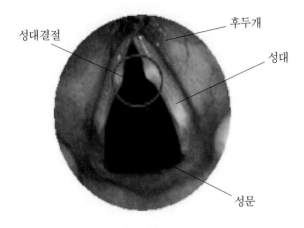

성대결절

후두개

성대

성문

[그림 8-7] **성대결절**

은 직업군에서 많이 발견되며, 증상으로는 지속적으로 쉰 목소리 그리고 잦은 음성피로 현상을 들 수 있다. 성대결절이 있는 상태에서 성대가 장기간 혹사당하게 되면 결절이 딱딱해지고 목소리가 더 나빠지게 된다.

(2) 성대폴립

성대폴립은 성대결절과 마찬가지로 성대의 앞쪽 약 1/3 지점에서 대부분 발생하지만 편측성이 더 많다. 그러나 결절이 좁쌀 모양의 굳은살이라고 한다면, 폴립은 성대 한쪽으로 점막을 뚫고 연조직이 둥근 모양으로 돌출된 형태를 보인다. 폴립은 장기간 성대오용보다는 한 번의 성대 외상으로 발생할 수도 있는데, 폴립의 크기가 계속 커질 수 있으므로 외과적 치료가 효과적이다.

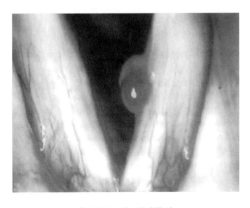

[그림 8-8] **성대폴립**

(3) 변성기 음성장애

아동기에 나타나는 음성장애에는 변성기 음성장애가 있다. 변성기가 2년 이상 지속되거나 16세가 지나도록 변성기를 거치지 않을 경우에는 '변성기 음성장애'라고 한다. 자주 나타나는 증상으로는 음이탈과 후두에는 이상이 없음에도 불구하고 음도가 완전하게 내려가지 않고 약 1/2 옥타브 정도만 내려감으로써 상대적으로 자신의 음성이 또래에 비해 높다고 느끼게 된다. 원인은 후두근육 협응이 잘 이루어지지 않거나 청각적 조절에서의 문제라 할 수 있다. 일반적으로 후두 크기의 변화로 인해 만들어진 새로운 음성을 지각하면서 자신의 음도를 거기에 맞춰 나가게 된다. 그러나 청지각에 결함이 있는 농이나 고도의 지적장애를 가지고 있는 청소년이 변성기 음성장애를 많이 보이는 이유도 이 때문이다(Mathelitsch & Friedrich, 1995).

4. 음성장애의 진단

1) 사례면담

사례면담에서는 문제를 일으킨 원인, 생활양식이나 관련 요인들에 대한 정보를 수집한다. 설문지를 사용할 수도 있고 바로 상담을 통해 정보를 얻을 수도 있다. 이때 신체적 상태 및 행동 등을 주의 깊게 살펴보아야 한다. 예를 들어, 아동이 현재 스포츠를 즐겨 하고 있다면, 운동을 하면서 과도하게 소리를 지르지 않는지에 대해 집중적으로 살펴볼 필요가 있다. 또는 말할 때의 자세나 성격적인 측면도 고려해야 한다. 본인과 주변 사람 모두 음성에 문제가 있다고 지각하는 경우도 있지만, 때로는 주변 사람만 느끼는 경우도 있고, 어떤 경우에는 본인 스스로만 음성의 문제를 가지고 있다고 생각하는 경우도 있다. 또한, 면담과정에서 아동이 속해 있는 집단의 소음 유무와 정도 그리고 대화 시 공간의 크기 등과 같은 물리적 환경요소도 함께 확인해야 한다(Beushausen, 2001).

2) 음성평가

(1) 평가자의 주관적 음성평가: GRBAS 척도

평가자에 의한 청지각적 검사로서 청지각적(auditory perceptual) 평가는 대상자의 음성

〈표 8-5〉 GRBAS 평정법

전반적으로 목 쉰 소리를 표시(G)	전체적인 음성등급
음성의 거친 정도를 표시(R)	거친 음성
숨찬 소리의 정도를 표시(B)	기식성 음성
충분한 힘의 정도를 표시(A)	무력성 음성
과도한 근육긴장 정도 표시(S)	억압적 음성

을 귀로 듣고 주관적으로 판단하는 방법이다(임애리 외, 2013). 대표적으로 가장 많이 사용되는 GRBAS 평정법은 일본 음성언어의학회에서 제시한 방법으로서 각 항목은 0, 1, 2, 3점으로 된 4점 척도다. 0점은 해당하는 항목에 특성이 없을 때, 즉 정상인 경우를 말하며, 가장 심할 경우에는 3점을 주어 점수를 산출한다. 음성 샘플은 다섯 가지 모음인 /a/, /e/, /i/, /o/, /u/를 각 2초 동안 자연스러운 높이와 크기로 발성하도록 하여 평가한다.

G(grade)는 음성에 대한 전반적인 느낌을 평가하며, R(rough)은 거칠거나 탁한 음성의 정도를 말한다. B(breathy)는 발성할 때 성문 사이로 기류가 빠져 나가면서 만들어지는 잡음의 정도로 기식성의 정도를 알 수 있다. A(asthenic)는 음성을 들었을 때 청각적으로 힘이 없다고 느끼는 정도로서 주로 저기능성 음성장애에서 많이 나타난다. S(strained)는 쥐어짜는 듯한 소리로서 성대의 과도한 근육긴장과 노력이 느껴지는 정도다. GRBAS 평정법은 이비인후과 의사나 음성언어 병리학자들이 많이 사용하는 방법이다. 일상적으로 사용하기에 적당한 단순성과 짧은 척도가 장점이기는 하지만, 검사자의 배경과 임상경험, 검사자의 편견과 음성 샘플에 따라 다양한 판정이 나올 수도 있다(양윤수, 2003). 무엇보다도 목소리의 강도나 음도를 평가하지 못하고 음질만을 평가한다는 단점이 지적되고 있다(김재옥, 최홍식, 2009). 유럽에서는 GRBAS 척도를 RBH 척도로서 R(rough), B(breathy), H(husky)를 0~3점으로 점수를 주는 방법을 사용하기도 한다(Siegmüller & Bartels, 2006).

(2) 객관적 음성평가

객관적 평가방법은 음향음성학적(acoustic) 평가로서, 음성장애의 정도를 양적으로 수치화할 수 있다는 장점을 가지고 있다(김재옥, 최홍식, 2009). 객관적 음성평가를 위하여 다양한 컴퓨터 소프트웨어가 사용되고 있다. CSL(Computerized Speech Lab), MDVP(Multi-dimensional Voice Program), Dr. Speech, Visi-pitch 그리고 lingWaves

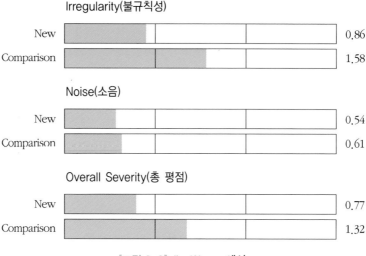

[그림 8-9] lingWaves 예시

등이 있다. 이러한 소프트웨어들은 소리의 강도와 음도, Jitter, Shimmer 그리고 NHR(Noise to harmony ratio) 등의 지표를 보여 준다. Jitter는 주파수 변동률을 말하며, Shimmer는 진폭변동률 그리고 NHR은 소음 대 배음 비율로서 잡음과 관련된 수치다.[6] 주파수 변동률 값이 크다는 것은 본인의 음성을 통제하는 데에 어려움이 있다는 것을 의미하며, 진폭 변동률 또한 거친 음성에서 높은 값을 갖는다. 소음은 발성 도중 성대에서 산출되는 거친 기류로 인해 발생되며 이 값(소음 대 배음 비율)이 커질수록 음성의 질이 떨어진다. 음성기기를 통해 얻어진 측정치는 치료 효과를 입증하는 데에도 유용하게 사용된다. [그림 8-9]는 lingWaves을 이용하여 음성의 불규칙성과 소음 등에 대한 치료 전후 비교 값을 제시해 주고 있다.

(3) 생리학적 평가

발성 시 성대는 최소한 초당 100회에서 300회 이상 진동하기 때문에 과학적 측정만으로 관찰이 가능하다. 성대의 질병을 정확하고 객관적으로 진단하기 위해서는 후두 스트로보스코피(Laryngeal Stroboscopy)가 가장 많이 사용된다. 성대의 움직임을 자세히 관찰함으로써 후두기관의 병변을 확인할 수 있다. 또는 전기성문파형 검사[7]를 이용

6　MDVP에서 제시한 정상 성인의 Jitter 값은 1.04, 음성강도의 규칙성을 평가하는 Shimmer는 3.81%, 그리고 소음 관련 파라미터인 NHR은 0.19이다(김숙희, 김현기, 2008).

하여 성대의 접촉 정도를 평가할 수 있다. 성대가 외전 시에는 성대 사이에 공기가 있으므로 저항이 커지고 내전 시에는 저항이 작아지는 원리를 이용한다. 최근에는 비디오 카이모그래피, 초고속 비디오 후두경 검사 등이 보편화되고 있다(왕수건, 2013).

(4) 대상자의 주관적 음성평가

음성장애를 가지고 있는 대상자가 직접 자신의 음성과 관련된 심리적 측면을 평가하는 방법으로서 음성장애지수(Voice Handicap Index: VHI)와 아이오와 환자음성색인(Iowa Patient's Voice Index: IPVI) 등이 있다. 환자 스스로 어떻게 인식하는지를 알 수 있으나, 수치 자체가 음성장애 정도를 보여 주는 것은 아니다. 한국어로 번안한 후 신뢰도와 타당도를 검증한 한국어판 음성장애지수(K-VHI)는 기능(Functional: F), 신체(Physical: P) 그리고 감정(Emotion: E) 영역으로 나누어 총 30개 문항으로 구성되어 있다.

〈표 8-6〉 **음성장애지수**

기능(F)	전혀 없다 0	거의 없다 1	가끔 있다 2	자주 있다 3	항상 있다 4
1 사람들이 내 말을 알아듣기 어려워한다.					
2 시끄러운 곳에서 사람들이 내 말을 이해하기 어려워한다.					
3 집에서 가족을 부를 때, 내 말을 알아듣기 어려워한다.					
4 전화통화를 하고 싶지만 피하게 된다.					

신체(P)	전혀 없다 0	거의 없다 1	가끔 있다 2	자주 있다 3	항상 있다 4
1 말할 때 숨이 찬다.					
2 목소리가 하루 중에 다양하게 변한다.					
3 사람들이 "목소리에 무슨 문제 있어요?"라고 물어본다.					
4 내 목소리는 갈라지고 탁하다.					

---

7 전기성문파형 검사(EEG)는 갑상연골이 위치한 목 주위 피부에 전극을 부착시켜 발성 시 양쪽 성대의 진동으로 인한 성대의 접촉 양상에 따른 전기저항을 그래프로 나타내어 성대점막의 접촉양상에 관한 정보를 제공하는 비침습적 검사다(김재옥, 2010).

감정(E)	전혀 없다	거의 없다	가끔 있다	자주 있다	항상 있다
	0	1	2	3	4
1 목소리의 문제로 사람들과 얘기할 때 긴장된다.					
2 사람들이 내 목소리에 대해 짜증스러워하는 것 같다.					
3 사람들이 내 목소리의 문제를 이해하지 못한다고 생각한다.					
4 내 목소리 때문에 짜증이 난다.					

출처: 손진호(2008)에서 일부 발췌함.

5. 음성장애의 예방 및 중재

1) 음성장애의 예방

좋은 발성이란 우선 자신에게 알맞은 음도에서 소리를 내는 것이다. 이것을 찾는 방법은 자신이 낼 수 있는 성역에서 가장 낮은 음을 찾고, 그 음에서 4~5도 높이의 음을 찾아 피아노 건반에 따라 허밍으로 소리를 내 본다. 그 소리를 청각적으로 잘 지각하여, 그 음도에 맞춰 말하는 습관을 갖는 것이 바람직하다. 언제나 치료보다는 예방이 중요하며, 음성장애의 예방에서 가장 좋은 것은 바람직한 성대관리다. 음성장애를 예방하기 위해서는 다음과 같은 습관이 없는지 살펴보아야 한다.

- 자주 소리를 지르는가?
- 흥분할 때마다 소리를 지르는가?
- 운동을 하면서 소리를 지르는가?
- 평상시에 너무 크게 말하는가?
- 자주 헛기침을 하는가?
- 눈에 띄게 고음이나 저음으로 말하는가?
- 말을 할 때 쥐어짜듯이 하는가?
- 너무 빨리 말하는가?
- 가족이나 다른 친구들과의 문제를 소리 지르면서 해소하려고 하지 않는가?

아동의 음성남용을 피하기 위해 가족 구성원은 상황에 적절한 크기로 대화를 하고 있는가를 돌아보고, 조용히 말하는 습관을 갖도록 하여야 한다. 또한 아동이 극도로 시끄러운 환경(TV가 항상 켜져 있다거나, 라디오에서 시끄러운 음악이 나온다거나)에서 말을 하고 있는지를 살펴보고, 가급적 불필요한 소음원을 제거하는 것이 좋다. 주변 소음이 클 경우에는 자신도 모르는 사이에 목소리의 크기가 커지게 되므로, 가급적 소음 속에서 말하는 것은 피하도록 한다. 소리를 크게 질러야 할 상황에서 어떻게 하고 있는지 살펴본 후, 경우에 따라서는 호루라기나 작은 종 등을 활용해서 소리를 질러야 하는 상황을 피하게 한다. 보통 때는 드러나지 않다가 과격한 놀이를 할 때 목소리를 과도하게 사용하는 경향이 있으므로, 형제자매나 또래 친구들과 놀 때 지나치게 고성을 지르는지 관찰할 필요가 있다. 특히 늘 헛기침을 하는 습관이 있는지를 보아야 하는데, 무의식중에 헛기침을 할 때마다 아동과 어떤 신호를 정해서 습관을 고치도록 하여야 한다.

고성을 지르는 것만큼 성대에 좋지 않은 것은 바로 귓속말하는 습관이다. 따라서 그에 대한 설명을 해서 귓속말하는 습관을 갖지 않도록 하여야 한다. 또한 방향제나 아로마 오일 등을 과도하게 지속적으로 사용할 경우에는 성대점막을 건조하게 하므로 가급적 사용하지 않는 것이 좋다. 지속적인 기침 또한 성대에 좋지 않은 영향을 미치므로 의사의 진단을 받도록 하며, 평소 말할 때의 자세도 살펴보아야 한다. 목소리는 자세와 중요한 영향이 있으므로 반드시 허리를 펴고 말하는 습관을 갖게 한다. 특히 성대는 점막질로 이루어져 있기 때문에 충분한 수분 공급이 필요하다. 하루 최소 1리터 이상의 물을 마시도록 한다. 또는 방에 가습기를 두어 습도를 조절해 주고, 일상생활에서 아동의 공격성을 해소할 수 있는 충분한 신체적 운동 기회를 갖도록 한다. 기능적 음성장애 예방을 위해서는 학교 내에서의 환경이 무엇보다도 중요하다.

- 학급 안의 소음을 줄인다.
- 학급 밖의 소음이 클 경우에는 음성 사용을 자제하도록 한다.
- 교사 스스로 좋은 음성을 모델링해 준다.
- 학급 내에서 귓속말을 하지 않도록 한다.
- 생수를 자주 마실 수 있도록 생수를 교실에 비치해 둔다.
- 체육시간에 응원을 할 때는 음성 대신 손뼉이나 도구(깃발 등)를 사용하도록 한다.
- 음악시간에는 과도하게 음도를 높이거나 힘을 주지 않도록 한다.
- 친구를 부를 때에는 다가가서 말하거나 손을 흔들어서 신호하도록 한다.

- 운동하는 동안 음성 남용이 쉽게 발생할 수 있다는 것을 염두에 두고, 음성보다는 손 신호를 사용하도록 한다.
- 교실 내에서 음성 오용과 남용을 줄일 수 있는 방법을 개발한다.

2) 음성장애의 중재

아동의 기능적 음성장애는 대부분 음성남용에서 비롯된다. 따라서 우선적으로 아동의 음성사용 패턴을 관찰하여야 한다(Seifert et al., 2003). 성대결절과 같은 기능적 음성장애의 경우 가장 바람직한 중재는 '침묵요법'이지만, 실제로 어린 아동에게 요구하는 것은 그리 바람직하지 않다. 왜냐하면 아동은 표현의 욕구가 크고 그것을 하지 못하게 했을 때의 심리적 압박이 크기 때문이다. 아동의 연령이 어릴수록 직접적인 음성치료는 효과가 낮다. 때문에 모델링이나 다양한 놀이형태의 훈련을 통해 중재하는 것이 바람직하며, 가능한 한 빨리 자신의 음성에 대해 자각하고 올바르게 사용하는 법을 배워야 한다(Geipel & Hindemith, 1995). 자신의 발성이 남들과 어떻게 다른지를 인식하게 하고, 좋은 발성이 되기 위해서는 어떻게 하여야 하는지를 알게 하며, 장기적으로는 성대를 남용하는 잘못된 습관을 제거해 주는 것이 중재의 목표가 된다. 여기서는 현장에서 교사가 아동을 지도하면서 쉽게 접근할 수 있는 방법을 살펴본다.

(1) 윌슨의 행동주의적 접근

윌슨(Wilson, 1979)의 행동주의적 접근은 손다이크(Thorndike)와 스키너(Skinner)의 조작적 조건형성 이론을 바탕으로 한다. 음성장애 중재의 첫걸음은 긍정적인 음성산출에 강화를 주어 바람직한 음성산출 발생확률을 증가시키는 것이며, 잘못된 성대 사용을 억제하고 적절한 강도와 음도, 속도, 공명, 근육긴장을 목표로 한다. 또한 행동주의적 접근에서는 '청각 훈련'을 강조한다. 다른 사람들의 목소리를 듣고 음성적인 특징(크다/작다, 높다/낮다, 거칠다/부드럽다, 불쾌하다/편안하다)을 변별하는 훈련을 한 다음, 자신의 음성을 스스로 자각하는 단계를 거치게 된다. 아동이 자신의 음성을 빨리 지각할수록 잘못된 음성 사용 습관이 빨리 개선되기 때문이다. 음성행동의 변화를 위해 만들어진 체계화된 프로그램에 따라 아동은 적극적으로 참여하게 된다. 아동은 소리를 지르지 않고도 자신의 의견을 전달하고 관철시킬 수 있다는 것을 배우고, 상대방에게 말을 할 때 부르지 않고 그 사람에게 가까이 가서 말하는 습관을 길러야 한다. 말보다는 행동으로 자신의 요구를 더 효과적으로 전달하는 방법 등을 학습함으로써 잘못된 성대 남용 습관을 고칠 수 있다(Hermann-Röttgen, 1997).

(2) 놀이활동을 통한 중재[8]

놀이형태를 통해 자연스럽게 음성의 개선을 가져올 수 있는 방법들은 현장에서 교사나 부모가 쉽게 함께 할 수 있으며, 아동이 심리적 압박을 느끼지 않고 즐겁게 할 수 있다는 장점이 있다. 여기서의 놀이란 '즐거운 활동'이라는 의미다.

① 청지각 훈련을 통한 활동

청각적인 지각능력의 개선은 아동이 자신의 음성을 의식적으로 지각할 수 있도록 하는 데 목적이 있다. 아동은 성인과 달리 자신의 음성이 거칠고 불쾌한 것에 대해 크게 지각하지 못하는 경향이 있다. 우선적으로는 타인의 목소리를 듣고 차이점을 변별하는 것에서 시작하고, 그다음 자신의 목소리를 의식하여 느끼도록 한다.

- 카세트에서 나오는 다양한 음성을 듣고 큰 소리/작은 소리, 거친 소리/부드러운 소리, 높은 소리/낮은 소리, 쥐어짜는 소리/기식음 소리, 불쾌한 소리/좋은 소리 등을 말하도록 한다. 다음에는 아동의 음성을 녹음한 후 그것을 듣고 똑같은 방법으로 분석해 본다.
- 각 아동들은 하나씩 동물의 울음소리를 흉내 내는데, 원래 울음소리보다 곱고 부드럽게 소리를 내기로 약속한다. 그 울음소리를 유지하면서도 기쁨, 슬픔, 화남 등을 표현하도록 한다.
- 동일한 크기와 형태를 가지고 있는 통 속에 다양한 재료들(예: 돌, 콩, 모래, 쌀, 잘게 찢은 신문지, 비스킷, 사탕 등)을 넣고 뚜껑을 닫는다. 소리를 듣고 안에 무엇이 들어 있는지를 알아맞히고, 소리의 특성을 말하도록 한다. 이때 세게 흔들었을 때와 가볍게 흔들었을 때를 비교한다.

---

8 여기서 소개되는 놀이활동들은 Spital(2004)에서 참조하여 저자가 재구성하였다.

② 호흡지각 및 호흡연장

호흡은 음성장애에서 매우 중요한 부분을 차지하지만 아동의 경우에는 간접적인 접근이 효과적이다. 직접적인 호흡법을 중재하게 되면 경직되고 호흡의 메커니즘이 깨어질 수 있으므로 즐거운 놀이형태로 자연스럽게 접근하여야 한다.

- 책상 주변을 5~6명의 아동들이 둘러선다. 책상 위에 있는 탁구공을 불어서 책상 밑으로 떨어지지 않고 탁구공이 춤만 추도록 하는 과제를 제시한다. 공을 불 때는 사전에 약속된 동일한 정도의 숨만 내뱉도록 하고 최소한의 호흡을 하도록 한다.
- 입을 크게 벌린다. 목구멍으로 소리 나게 숨을 들이마신다. 이때 혀는 밖으로 길게 뺀다. 순간 호흡을 멈추고 혀를 길게 뺀 채로 2~3초 유지한다. 한숨과 함께 숨을 내뱉는다.

기능적 음성장애 중재 시 호흡법은 공기를 한꺼번에 많이 내뿜는 것이 아니라 서서히 뿜을 수 있도록 조절하고, 모음 연장을 통해 첫 발성에 힘을 주지 않고 부드럽게 발성을 시작하는 것이 중요하다(정성민 외, 2001).

③ 자세

옳지 않은 자세는 좋은 음성을 만들어 내지 못한다. 그래서 아동들은 자신의 자세를 지각하고 문제가 있다면 자세를 교정하는 노력을 하여야 한다.

- 아동들은 머리에 무거운 책을 얹고 공간을 조심스럽게 걸어 다니기 시작한다. 어느 정도 익숙해지면 /아/, /마/, /파/ 등 음소를 말하고, 점차적으로 짧은 문장을 말하면서 걷도록 한다.

④ 말소리의 속도

음성에 문제를 가지고 있는 아동들은 말을 너무 빨리 하고 쉼 없이 급하게 이어 나가는 경향이 있다. 이런 아동들은 자신의 말소리의 속도를 지각하고 변화시켜야 한다.

- 아동들은 모두 의자에 기차처럼 일렬로 앞을 보고 앉는다. 앞사람과의 간격은 넓지 않게 한다. 기차가 천천히 출발한다. 이때 '쉬 쉬 쉬' 하는 소리를 부드럽게 낸

다. 기차는 점점 빨라진다. 손과 발로 함께 장단을 맞추면서 '쉬 쉬 쉬' 소리를 내다가 점점 더, 나중에는 더 이상 빨라질 수 없을 만큼 빨라진다. 그다음 다시 이완하고 부드러운 소리를 내면서 전후를 비교하여 느끼도록 한다.

⑤ 부드러운 성대접촉

부드러운 음성을 산출하기 위해서는 성대가 부드럽게 접촉하여야 한다. 급작스럽고 강하게 접촉하게 되면 거친 소리가 나오며, 성대를 상하게 하는 결과를 가져온다.

- 아동들이 나란히 서서 상대방에게 공을 던져 주는 게임을 한다. 상대편 사람이 공을 받으면 '오-호' '아-하' 혹은 '우-후'라고 말하고, 공을 받지 못하면 '이-히'라고 말한다.
- 아주 높은 산을 오르고 있다는 상상을 한다. 음도를 선택한 후 '도, 레, 미, 파, 솔, 라, 시, 도'로 발성을 한다. 만약 음도를 너무 높게 잡거나 소리가 너무 거칠 경우에는 산에게 피해를 줄 수 있으니 조심스럽고 부드럽게 소리를 내기로 약속을 한다.
- 아동과 교사 또는 아동과 아동이 약 2m 거리를 두고 마주 선다. 그 사이에는 커다란 강이 놓여 있고 거센 물결이 일고 있다고 상상한다. 한 아동은 사공이 되고 또 한 아동은 도움을 요청하는 사람이 된다. "Hoho, hallo, hoho, hallo" 하면서 손을 양 입에 모으고 소리가 저쪽까지 들리도록 하되, 목소리는 아주 낮고 부드러워야 한다. 사공이 오라고 손짓을 해야만 합격이 되어 강을 건널 수 있다. 만약 아동의 소리가 너무 크거나 고음일 경우에는 사공의 손짓을 받을 수 없다.

⑥ 음도 유지

호기를 오랫동안 유지하는 훈련은 음도를 지속시키는 기능을 한다.

- 입안에 껌이 있다고 상상하고 씹는다. 그다음에는 껌을 엄지와 검지를 이용해서 길게 밖으로 늘려 뺀다. 이때 가능할 때까지 소리를 지속시킨다.
- 일명 하품요법으로 입을 크게 벌리고 깊이 숨을 들이마신 후 /h/ 음이 들어 있는 무의미한 음절이나 단어 혹은 문장을 말하도록 한다. 이때 자신의 음도를 유지하는 느낌을 갖도록 양팔을 반듯이 앞으로 뻗는다.

그 밖에도 아동의 기능적 음성장애는 다양한 접근방법들이 시도될 수 있다. 가족대화 기법을 훈련시키기도 하며, 부모교육 또는 감정표현법 등이 함께 이루어지기도 한다. 가장 중요한 것은 아동의 기능적 음성장애는 후두병변으로 인한 기질적 음성장애와는 기본적으로 다르다는 것이다. 즉, 성인을 대상으로 한 직접적 치료기법이나 병인을 고려한 훈련과는 다른 각도에서 접근하여야 한다. 앞서 언급한 바와 같이 아동기에 보이는 음성장애는 대부분 음성남용이나 잘못된 발성습관에 의해 발생하기 때문에 음성문제를 유발할 수 있는 환경적 요인들을 제거해 주는 것이 무엇보다도 중요하다. 특히 성대결절이 있는 아동의 경우는 격한 감정을 말로 표현하는 데에 어려움이 있어 소리를 질러 해결하려는 특성이 있다(Bagnell, 1982, 송경화, 김재욱, 2016에서 재인용). 다소 성격이 과격하거나 충동적이고 공격적이며 주의가 산만하고 서로 경쟁적으로 소리를 지르려는 성향의 남학생들은 특히 과기능적 음성사용의 형태로 나타날 수 있으므로 교사는 이러한 행동특성에도 주의를 기울일 필요가 있다.

제**3**부

장애아동의 언어적 특성 및 지도방법

나는 이따금 어렸을 때 하던 '해바라기 게임'이 생각난다.

살다 보니 가끔은 내가 해바라기의 중심에 있기도 하고,

가끔은 해바라기의 곁자리에 있기도 하다.

장애아동들도 때때로 해바라기의 중심에 있을 수 있었으면 좋겠다.

말이 너무 어눌해서 이해하기는 어렵지만

"아프다."는 표현을 했으면 좋겠고,

누군가가 위에서 그들의 정수리만 보고 비아냥대고 있다면

"옆에서 나를 좀 더 정확히 봐 주세요."라고

손짓으로라도 표현을 했으면 좋겠다.

　　제3부는 '장애아동의 언어적 특성과 지도방법'이라는 대주제를 다룬다. 다른 발달영역에서 주 장애를 일차적 장애로, 의사소통장애를 이차적 장애로 가지고 있는 장애아동의 의사소통지도는 특수교육현장에서 매우 중요한 교사의 수행과제다. "○○야, 따라 말해 봐." 하면서 단순히 아동의 구화를 촉진하는 방법보다는 의사소통 자체를 촉진해 줄 수 있는 방법에 초점을 두고자 한다. 대표적으로, 지적장애, 자폐장애 그리고 뇌성마비 아동의 의사소통지도를 다루며, 각 장애에 대한 기초적 특성 및 언어적 특성 그리고 그에 대한 의사소통지원 전략 등을 총체적으로 알아보고자 한다. 가급적 언어치료실이 아닌 교실과 일상생활에서 적용할 수 있는 전략들을 살펴보고, 그러한 맥락에서 제12장에서는 최근 강조되고 있는 부모교육과 언어중재방법을 다룬다. 마지막 장에서는 최근 급증하는 다문화가정 아동이 가지고 있는 언어적 특성과 바람직한 언어지원 전략에 대한 기초지식을 소개한다.

제9장

지적장애 아동의 의사소통지도

지적장애 아동의 의사소통장애에 관한 문제는 담론의 주제로서는 오랫동안 소외되어 왔다. 지적장애 아동의 언어가 갖는 복합성과 상대적으로 낮은 치료효과가 이러한 경향에 적지 않은 영향을 미쳤다. 그러나 특수교육의 궁극적인 목적이 자립생활과 사회참여의 확장이라고 한다면, 의사소통기술의 향상은 가장 높은 교육적 당위성을 갖는다. 왜냐하면 의사소통은 개인을 가장 독립적으로 만드는 기본요소이기 때문이다. 이 장에서는 지적장애 아동의 언어적 특성, 그리고 독립적인 삶과 사회통합을 목표로 한 의사소통지원 전략에 대해 알아보고자 한다.

"나는 우리 장애인들이 더 이상 조소의
대상이 되거나 차별대우를 받지 않기를
바랍니다."[1]

–바비 브레데를로프(Bobby Brederlow)

1. 지적장애의 기초적 특성 이해

1) 지적장애의 정의

지적장애는 장애영역별 특수교육대상자 현황에 따르면 전체 9만 2,958명 가운데 총 4만 9,624명으로 53.4%에 달한다. 또한 전체 177개 특수학교 가운데 지적장애 특수학교는 122개로서 69.0%에 이를 만큼(2019, 교육부) 가장 쉽게 접할 수 있는 장애유형이라고 볼 수 있다. 또래에 비해 발달이 늦고 일상생활에서 제 기능을 수행하지 못하는 아동들을 우리는 흔히 '지적장애'를 가지고 있는 아동으로 간주한다. 우리나라의 경우에는 정신박약에서 지적장애 그리고 지적장애라는 용어로 변경과정을 거쳤다. 1989년 「장애인복지법」 개정으로 '지적장애'라는 용어가 법적으로 처음 사용되고, 2007년 「장애인복지법」에서는 '정신지체' 대신 '지적장애' 용어를 사용하도록 하였다. 반면, 특수교육계에서는 오랫동안 정신박약이라는 용어를 사용하다가, 1998년에 '지적장애 특수학교 교육과정'이라는 용어로 변경되었으며, 「장애인 등에 대한 특수교육법」(이하 「장특법」) 제정 당시에도 여전히 '지적장애'를 법적 용어로 사용하였다. 그러나 2016년 「장특법」 일부 개정을 통해 '지적장애'라는 용어로 통일되었다. 지적장애의 법적 정의는 〈표 9-1〉과 같다.

---

1 다운증후군을 가지고 있는 독일의 배우 브레데를로프가 1999년 수상 소감을 밝힌 인터뷰 내용이다 (Fornefeld, 2002).

〈표 9-1〉 지적장애의 정의

출처	정의
장애인 등에 대한 특수교육법	지적 기능과 적응행동상의 어려움이 함께 존재하여 교육적 성취에 어려움이 있는 사람을 말한다.
미국장애인교육법 (Individuals with Disabilities Education Act: IDEA)	현저하게 평균 아래의 지적 기능과 함께 적응 기능도 평균 이하이며 이러한 결함은 발달기의 초기에 나타난다. 여기서 평균 이하라 함은 IQ 70 이하를 의미하며, 적응 기능은 일생생활 기능 숙달을 말한다.
미국 지적장애 및 발달장애협회 (American Association on Intellectual and Developmental Disabilities: AAIDD)	지적장애는 지적 기능과 개념적·사회적·실제적 적응기술로 표현되는 적응행동에 있어서의 심각한 제한을 가지는 것으로 특징지어지며, 18세 이전에 나타난다. 이 정의를 적용하기 위해서는 다음과 같은 가정이 전제되어야 한다. 1. 현재 기능에 있어서의 제한이 나이가 같은 또래 및 문화의 전형적인 지역사회환경의 맥락 내에서 고려되어야 한다. 2. 타당한 진단을 통하여 문화적·언어적 다양성과 함께 의사소통, 감각, 운동기능, 행동요소에 있어서의 차이를 고려해야 한다. 3. 개인 내적으로 제한점과 함께 강점도 공존할 수 있다. 4. 제한점을 설명하는 중요한 목적은 필요한 지원 자료를 개발하기 위해서다. 5. 적절한 개인적 지원이 지속적으로 주어짐으로써 지적장애를 지닌 개인의 삶의 기능은 전반적으로 향상될 수 있다.

　즉, 지적장애는 '지적 능력'과 '적응행동'이라고 하는 공통된 준거를 바탕으로 하고 있다는 것을 알 수 있다. 좀 더 구체적으로 살펴보면, 평균 이하의 지적 기능이란 지능검사 결과 −2 표준편차 이하에 놓여 있는 70점을 기준점으로 보고 있다. 한국형 개인지능검사(KISE-KIT)의 경우에는 지능검사가 동작성 검사와 언어성 검사로 구성되어 있으며, IQ 70~79를 경계선(borderline), IQ 69 이하를 지적장애로 분류하고 있다. 그러나 IQ가 70 이하라 하더라도 적응행동상의 결함이 없다면 지적장애로 분류되지 않는다. 반드시 이 두 가지 조건이 함께 충족되어야만 비로소 지적장애 진단이 내려진다. 그렇다면 적응행동이란 무엇인가? 적응행동이란 일상생활에서 생활환경에 적응하는 데 필요한 기술로서 개념적·사회적·실제적 영역으로 구분된다. 적응행동은 표준화 검사에 의해 측정하도록 되어 있는데, 예를 들면 적응행동검사(KISE-SAB)는 다음과 같은 내용으로 구성되어 있다.

　KISE-SAB에서는 어느 한 영역이나 전체 검사의 적응행동지수가 평균 −2 표준편

〈표 9-2〉 KISE-SAB 검사 내용

영역	소검사		
개념적 적용행동검사	① 언어이해	② 언어표현	③ 읽기
	④ 쓰기	⑤ 돈 개념	⑥ 자기지시
사회적 적용행동검사	① 사회성일반	② 놀이활동	③ 대인관계
	④ 책임감	⑤ 자기존중	⑥ 자기보호
	⑦ 규칙과 법		
실제적 적용행동검사	① 화장실 이용	② 먹기	③ 옷 입기
	④ 식사준비	⑤ 집안정리	⑥ 교통수단 이용
	⑦ 진료받기	⑧ 금전관리	⑨ 통신수단 이용
	⑩ 작업기술	⑪ 안전 및 건강관리	
합계	24개		

출처: 정인숙 외(2005).

차 이하에 놓여 있는 70점을 기준으로 하여 적응행동에 결함이 있다고 판단한다. 반면에 「발달장애인 권리보장 및 지원에 관한 법률」에 따르면(법률 제17200호 일부개정 2020. 04. 07.) 발달장애인은 지적장애와 자폐성장애를 포함하며, 다음과 같이 지적장애를 정의하고 있다.

이 법에서 사용하는 용어의 뜻은 다음과 같다.

1. "발달장애인"이란 「장애인복지법」 제2조제1항의 장애인으로서 다음 각 목의 장애인을 말한다.

가. 지적장애인: 정신 발육이 항구적으로 지체되어 지적 능력의 발달이 불충분하거나 불완전하여 자신의 일을 처리하는 것과 사회생활에 적응하는 것이 상당히 곤란한 사람

나. 자폐성장애인: 소아기 자폐증, 비전형적 자폐증에 따른 언어 · 신체표현 · 자기조절 · 사회적응 기능 및 능력의 장애로 인하여 일상생활이나 사회생활에 상당한 제약을 받아 다른 사람의 도움이 필요한 사람

다. 그 밖에 통상적인 발달이 나타나지 아니하거나 크게 지연되어 일상생활이나 사회생활에 상당한 제약을 받는 사람으로서 대통령령으로 정하는 사람

2) 지적장애의 원인

지적장애의 원인은 아직까지 정확하게 밝혀지지는 않았으나, 일반적으로 다음 네 가지로 분류하여 설명할 수 있다.

(1) 유전적 요인

수정 후 배아는 각각의 부모로부터 22쌍의 상염색체와 한 쌍의 성별을 결정하는 성염색체로 만들어진다. 총 46개의 염색체에는 인간의 모든 정보가 담겨 있다. 예를 들면, 몸무게, 지능, 피부색, 머리카락의 색깔, 모발의 종류 등을 비롯해서 발달을 위해 필요한 일정한 유전인자들이 염색체를 통해 유전된다. 즉, 염색체는 DNA가 들어 있는 창고와도 같다. 하나의 세포마다 46개씩의 염색체가 들어 있으며, 성염색체를 제외하고는 모두 모양과 크기가 같은 것끼리 쌍을 이루고 있다. 성염색체를 제외한 22쌍의 상동염색체에는 각각 번호가 붙어 있는데, 가장 큰 염색체 1쌍이 1번이 되고, 그다음 크기의 염색체 쌍이 2번이 된다. 이때 21번 염색체가 한 쌍이 아닌 3개일 경우 트리소미(trisomy) 21, 즉 다운증후군(down syndrome)이다. 반면에 18번 염색체가 3개일 경우에는 에드워드 증후군(Edwards syndrome)이라 한다. 에드워드 증후군은 90% 이상이 1세 이전에 사망하며, 발달상의 예후가 좋지 않다. 염색체 15번의 결함은 프라더윌리 증후

〈표 9-3〉 **프라더윌리 증후군과 안젤만 증후군 차이**

영역	프라더윌리 증후군	안젤만 증후군
염색체 이상	염색체 15번	염색체 15번
신체발달	전체적으로 둥글고 과체중	어린아이처럼 가냘픔
근육발달	저긴장	고긴장
식욕	통제할 수 없을 만큼 과식	식욕이 없음
간질	거의 나타나지 않음	대부분 나타남
언어발달	개인차가 크나, 상대적으로 우수함	몸짓언어를 포함한 의사소통발달이 거의 제한됨
지능	경도	중도(IQ<40)
행동	친절하나 감정조절이 어려움	수동적이며 과다흥분
사회적 행동	주변에 호기심이 많음	수동적이며 잘 반응하지 않음

출처: Hogenboom (2003).

군(Prader-Willi syndrome)과 안젤만 증후군(Angelman syndrome)을 가져온다. 프라더윌리 증후군은 아버지의 유전자로부터, 안젤만 증후군은 어머니의 유전자로부터 전해지는 유전적 결함이며 15번 염색체의 일부가 소실된 경우다. 호겐붐(Hogenboom, 2003)의 임상경험에 따르면, 어느 정도의 개인차를 제외하고는 대부분 다음과 같은 공통된 특성을 가지고 있다.

성염색체 이상으로 인한 증후군으로는 클라인펠터 증후군(Klinefelter syndrome)과 터너 증후군(Turner syndrome)이 있다. 정상적으로 타고나는 성염색체는 남자의 경우 XY, 여자는 XX다. 그러나 클라인펠터 증후군은 X 염색체가 하나 더 많은, XXY로 태어난 경우이며, 터너증후군은 XX 대신 X 하나만 가지고 태어난 염색체 이상이다. 클라인펠터 증후군은 낮은 지능뿐만 아니라 큰 키와 작은 고환, 이차적인 성적 발육의 부진 등으로 생식능력이 떨어지는 특징을 갖는다. 여성형 유방, 여성과 같이 상대적으로 높은 음성을 가지고 있으며, 사춘기에는 우울증이나 사람들과의 관계형성에 소극적인 태도를 보이는 등 심리적인 문제를 동반하는 경우가 많다. 반면에 터너 증후군은 키가 작고 성적 발달 결여로 인하여 무월경과 불임인 경우가 많다(Antor & Bleidick, 2006).

취약성 X염색체 증후군(fragile X syndrome)은 용어상으로 알 수 있는 것처럼 X염색체가 약하거나 파손된 상태로서 다운증후군 다음으로 높은 출현율을 보인다(Siegmüller & Bartels, 2006).

염색체 외의 유전적 요인으로는 유전자에 의한 단백질 대사장애인 페닐케톤뇨증(phenylketonuria: PKU)을 들 수 있다. PKU는 페닐알라닌을 티로신으로 바꾸는 신진대사에 문제가 생기는 경우다. 축적된 페닐알라닌은 독성물질로 변해서 신경계의 발달에 손상을 가져온다. 특히 PKU에서 가장 두드러진 증상은 낮은 지능으로 알려져 있다(김정권 역, 1993).

(2) 임신 중 요인

임신 중에 발생하는 지적장애의 원인은 크게 두 가지 요인으로 나눌 수 있다. 산모로부터 직접적인 원인을 찾을 수 있는 내인성 요인과, 태아기에 외부의 영향으로 인해 발생하는 외인성 요인이다. 내인성 요인은 산모의 대사장애가 대표적이며, 외인성 요인으로는 산모의 약물복용과 질환을 들 수 있다. 출산 전에 발생할 수 있는 대표적인 질병은 풍진(rubella)과 매독(syphilis)이다. 임산부의 풍진은 태아 발달기에 태반을 통해 태아에게 치명적인 영향을 끼치는 질병이다. 최근에는 가임기 여성들에게 풍진 예방접

종을 받도록 함으로써 풍진으로 인한 장애 출현율이 현저히 감소되었다. 또한 산모로부터 태아에게 감염되는 성병의 일종인 매독도 임신 4개월 내에 치료받으면 태아의 감염을 예방할 수 있는 것으로 알려져 있다. 그 밖에도 산모의 영양실조와 약물복용 등은 지적장애의 유발요인으로 작용할 수 있다.

(3) 출산 중 요인

출산과정에서의 문제가 지적장애를 유발하는 대표적인 경우로는 산소결핍증을 들 수 있다. 태아가 산모의 혈액에서 안전하게 산소를 공급받다가, 분만과정에서 더 이상 산소를 충분히 공급받지 못할 때 신생아의 뇌세포는 손상을 입게 된다. 따라서 손상된 신경세포로 인하여 신생아는 운동발달이나 지적 발달의 결함을 동반하게 되는 것이다. 조산과 저체중아 출산도 발달상의 장애를 가져올 수 있는 경우가 있다.

(4) 출산 후 요인

출산 후 요인으로는 뇌손상, 약물 그리고 양육환경 등을 들 수 있다. 바이러스 감염으로 인한 내상성 뇌손상은 정상적인 출산 후 발육과정에서 뇌손상을 야기하는 질병, 예를 들면 뇌막염이나 뇌염 등이 대표적이다. 뇌막염이란 뇌와 척수를 보호하고 있는 뇌막에 염증이 생긴 경우이며, 뇌염은 뇌 자체의 감염을 말한다. 반면에 외상성 뇌손상은 외상으로 인해 뇌조직이 손상된 경우로서 손상된 뇌의 부위에 따라 그 증상을 달리하지만, 대부분 인지기능의 저하를 동반한다. 최근에는 아동학대와 같은 극단적인 양육환경도 발달상의 장애를 가져온다고 보고 있다.

2. 지적장애 아동의 일반적 특성

1) 운동적 특성

지적장애 아동의 운동적 특성이 일반아동과 비교하여 크게 다르지 않다는 것은 어디까지나 다른 영역과 비교하였을 때 그렇다는 것이다. 지적장애 아동들은 몇 가지의 분명한 운동적 특성을 갖는다. 〈표 9-4〉는 다운증후군 아동의 운동발달을 일반아동과 비교한 것이다.

〈표 9-4〉 다운증후군(DS)과 일반아동(일반)의 운동발달 비교

발달영역	DS-분포	DS-평균	일반-분포	일반-평균
앉기	6~28개월	10개월	5~9개월	7개월
걷기	12~65개월	24개월	9~18개월	13개월

출처: Wilken (2008).

〈표 9-4〉는 다운증후군 아동의 운동발달이 일반아동과 비교하였을 때 나타나는 지체 정도뿐만 아니라 집단 내 편차가 얼마나 큰지를 보여 주고 있다. 일반아동은 평균 13개월에 걷고, 9~18개월에 대부분 걷기에 성공한다. 반면에 다운증후군 아동은 평균 24개월이 되어야 걸을 수 있고, 이때 분산 범위는 12~65개월로 폭이 매우 넓다.

또 하나의 특징은 생후 6개월까지는 일반아동과의 차이가 그렇게 크지 않다 하더라도, 평형감각과 자세조절 등이 요구되는 단계에서부터는 그 격차가 더욱 커진다는 것이다(Sarimski, 2009). 라우(Rauh, 1992)는 지적장애 아동의 운동발달 속도는 일반아동의 약 1/2 정도라고 보고하고 있다. 그러나 장애아동을 하나의 특정 카테고리 속에서 평가하고 예측하는 것은 가급적 지양하여야 한다. 특히 지적장애 아동의 경우에는 인지기능이 떨어질수록 운동능력 역시 낮게 나타나는 경향이 있다(김창호, 박성우, 2005).

지적장애 아동들은 발달 초기부터 기기, 서기, 걷기 등의 대근육 발달 영역에서도 지체를 보이지만, 일반아동과 비교하여 더 큰 결함을 보이는 영역은 소근육활동이다. 소근육활동은 주로 손기술을 정확히 구사하는 능력으로, 손의 조작능력이 발달한다는 것은 운동기능이 통합되고 중추신경계가 성숙하고 있음을 반영하는 것이다. 손기능은 신체감각(somatosensory)과 시지각의 작용 또는 시각-운동 협응에 의존하여 발달하며, 아동의 인지능력은 손기능에 영향을 미친다. 따라서 지적장애 아동은 소근육운동에서 많은 어려움을 보인다. 또한 지적장애 아동은 균형잡기 기능에서 결함을 보인다. 균형감은 공간에서 몸을 일정한 자세로 유지하는 능력으로, 운동발달에서 매우 중요하다. 일반적으로 3세경이 되면 아동들은 마루에 그은 곧게 뻗은 길을 걸을 수 있으며, 4세경이 되면 구불구불한 길을 따라 걷는 것이 가능하다(강문희 외, 2007). 그러나 지적장애 아동의 경우에는 균형잡기에 많은 어려움을 보인다. 그 밖에도 민첩성이나 정확도를 요구하는 동작이나 연속 동작에도 어려움이 있다.

특히 다운증후군 아동의 운동발달은 다른 지적장애 아동에 비해서도 늦은 편이다. 그 원인으로는 특유의 근육저긴장성(hypotonic), 작은 체형, 심장질환 등을 들 수 있다

(Sarimski, 2009). 관절이 잘 휘는 특성은 마치 관절의 유연성으로 잘못 이해되기도 한다. 다운증후군 아동들을 포함한 지적장애 아동들은 전체적으로 약한 체력과 낮은 민첩성, 지구력의 부족, 근육반응의 지체 그리고 협응의 어려움 등을 갖는다(Wilken, 2008).

2) 인지적 특성

'인지'란 우리가 하는 모든 정신활동을 말한다. 지각하고, 생각하고, 기억하고, 판단하는 등의 모든 지적 능력을 인지라고 할 때, 지적장애 아동의 인지능력의 결함은 너무나 당연하다. 또한 낮은 인지능력은 그들이 가지고 있는 운동적 · 언어적 · 정서적 특성을 설명해 주는 요인이기도 한다.

(1) 인지발달 이론

① 피아제의 인지발달 이론

피아제(Piaget)는 자신의 세 자녀를 관찰하면서 아동의 사고와 성인의 사고방식에는 차이가 있다는 것을 발견하였다. 그에 따르면, 인지발달에는 크게 네 단계가 있으며 성취연령은 각 개인에 따라 다르더라도 각 단계는 순서대로 밟으면서 발달한다. 아동에 따라서는 네 단계를 모두 밟지 못하고 낮은 단계에 머물 수도 있으며, 그럴 경우 낮은 단계의 인지적 사고만이 가능하다는 이론이다. 무엇보다도 피아제는 사고능력의 발달

〈표 9-5〉 피아제의 인지발달 단계별 특성

감각운동기 (0~2세)	• 주로 감각이나 운동활동을 통해 주변 환경을 경험 • 지각 및 감각 경험을 통해 받아들인 정보를 토대로 도식 형성 • 대상영속성 이해
전조작기 (2~7세)	• 언어폭발기 • 상징적 · 물활론적 · 비가역적 · 자기중심적 사고 • 직관적 · 비체계적 · 비논리적 사고
구체적 조작기 (7~11세)	• 보존 개념 · 가역성 획득 • 분류화 · 서열화 · 유목화
형식적 조작기 (11세 이후)	• 추상적 · 논리적 사고 • 가설검증과 문제해결능력 • 연역적 사고 가능

이 언어발달을 유도한다고 보았다.

- 감각운동기: 피아제의 인지발달의 첫 단계인 감각운동기(sensory motor stage)는 감각과 운동의 경험이 강조되며, 이러한 초기 반사활동에서 점차 지적 활동이 이루어진다. 이때 획득되는 중요한 개념은 대상영속성(object permanence)[2]이다. 대상영속성 개념을 습득한 아동은 눈앞에 있던 어떤 사물이 감추어졌을 때 어딘가에 있다고 믿고 그것을 찾는 행위를 보인다.

- 전조작기: 전조작기에 들어서면서 보다 높은 수준의 정신과정, 예를 들면 상징놀이나 심상을 갖게 된다. 상징놀이는 베개를 아이라고 생각하고 등에 업는 행위와 같은 아동의 마음속에 있는 것을 정신적 표상으로 만들어 낸 행위다. 또한 심상(imagery)이란 현재 눈앞에 없는 대상을 눈앞에 보듯이 머릿속에 떠올릴 수 있는 능력으로서(Häcker, 1998), 과거에 있었던 어떤 일을 머릿속으로 끌어오는 것을 말한다. 무엇보다도 전조작기 초기(2~3세)에 급속히 발달하는 언어를 통해 아동은 현재 존재하지 않는 것을 다른 사람에게 표현할 수 있게 된다. 이 시기에는 모든 것을 자기 입장에서만 보고 판단하는 자기중심적 사고가 대표적으로 나타난다.

- 구체적 조작기: 구체적 조작기에 들어가면서 아동은 보존 개념을 획득하게 된다. 보존 개념은 물체의 외형이 변해도 물체의 구성요소나 무게와 같은 속성은 변하지 않는다는 개념이다. 여기에는 크게 세 가지의 하위개념이 요구되는데 동일성(identity), 보상성(compensation) 그리고 역조작(inversion)이다. 동일성이란 컵에 액체를 더하거나 빼지 않았다면 다른 컵으로 옮겨도 그 양이 달라지지 않는다는 것을 아는 것이다. 보상성이란 컵의 외형은 다르지만 한쪽 컵은 넓고 다른 쪽 컵은 길기 때문에 실제 양은 같다는 것을 이해하는 것이며, 역조작은 이것을 다시 이전 컵에다 부을 수 있으므로 양은 궁극적으로 변하지 않았다는 개념을 말한다(김봉석 외, 2013). 보존개념은 처음에는 양(수)과 물질의 보존, 9~10세에는 무게[3] 그리고

---

2 대상영속성이란 개인이 어떤 대상을 직접적으로 지각할 수 없어도 그 대상이 자신의 지각과는 상관없이 존재한다는 것을 아는 것이다. 영아는 대상의 움직임을 눈으로 따라갈 수 있을 때에만 대상에게 영속성을 부여하고, 눈으로 따라갈 수 없고 상상해야 하는 경우에는 더 이상 대상에게 영속성을 부여하지 않는다(김정민 역, 2006).

3 검사자는 아동에게 두 개의 똑같은 점토 공을 주고, 두 공을 저울에 올려놓게 한다. 아동은 두 공의 무게가

11~12세에 부피의 보존 개념[4] 순으로 획득된다(김정민 역, 2006). 구체적 조작기에 이루어지는 분류화와 서열화는 물체를 공통의 특성에 따라 분류하거나, 비교해서 순서대로 배열하는 능력이다.

- 형식적 조작기: 인지발달의 마지막 단계인 형식적 조작기는 구체적인 사고에서 추상적인 사고로의 이동 단계로서, 논리적·분석적·가설적·연역적 사고가 가능하다. 이 시기의 사고는 매우 유연하여 어떤 문제에 봉착하였을 때 스스로 분석하고 나타날 수 있는 가능성들을 고려하는 것이 가능하다. 피아제에 따르면, 일부 청소년들의 경우에는 환경의 영향으로 인해 형식적 조작이 늦게 나타나거나 아예 발달하지 못하기도 한다(김정민 역, 2006).

② 정보처리 이론

정보처리 이론은 인지발달을 컴퓨터의 정보처리과정 형태로 설명한다. 이 관점에 따르면, 인지과정은 감각등록기(seonsory register)를 통해 투입(input)되고 일련의 정보처리과정을 거쳐 산출(output)되는 시스템이다. 특히 정보처리 이론은 인간의 기억구조에 대해 매우 주도적으로 접근하고 있으며, 정보저장고, 인지과정 그리고 메타인지의 세 가지 주요 구성요소를 갖는다. 정보저장고는 정보를 유지하는 창고로서 감각기억, 작업기억 그리고 장기기억이 있다. 인지과정은 주의집중, 지각, 시연, 부호화와 인출을 포함한다. 그리고 메타인지는 개인의 인지과정에 대해 스스로 지각하고 그 과정을 조절하는 능력이다. 여기에서는 정보저장고에 대해 간단히 살펴보고자 한다.

- 감각기억(sensory memory): 환경으로부터의 정보를 시각이나 청각과 같은 감각기관을 통해 최초로 수용한다. 유지시간은 시각의 경우 약 1초, 청각의 경우 약 4초로 매우 짧다(김희수, 2003). 감각기억의 용량은 제한이 없고 개인 간의 차이가 거의 나타나지 않는다.

같음을 확인한다. 그런 다음 검사자는 한 개의 공을 소시지 모양으로 만든다. 그리고 결과를 예측해 보도록 한다. 만약 아동이 무게가 같다는 것을 안다면, 무게를 보존하는 데 성공한 것이다(김정민 역, 2006).

4 검사자는 두 개의 점토 공을 같은 양의 액체가 들어 있는 두 개의 비커 속에 넣고 똑같은 눈금을 확인시킨다. 그런 다음 한 개의 공을 소시지 모양으로 만든다. 다시 액체가 든 비커에 넣었을 때 결과를 예측해 보도록 한다(김정민 역, 2006).

- 작업기억(working memory): 단기기억(short term memory)이라고 불린다. 그러나 정보를 단순히 짧은 시간 동안 저장하는 공간이 아니라, 정보를 적극적으로 처리한다는 의미에서 작업기억이라는 용어를 많이 사용한다(김비아 역, 2008). 시간적으로는 15~20초 정도, 정보의 양은 7개 정도로서, 정보의 양과 지속시간에 제한이 있다. 예를 들면, 일상생활에서 전화번호를 잠시 되뇌는 순간이 이에 해당한다. 작업기억은 개인이 정보를 처리하는 동안 정보를 유지하는 정보 저장고라고 생각하면 된다(신종호 외 역, 2006).

- 장기기억(long term memory): 무한한 정보의 양과 영구적인 지속시간을 가지고 있다. 단기기억 내의 정보 가운데 많은 정보는 유지시간이 지나면서 소멸되고 망각되지만, 일부 정보는 장기기억으로 접수된다. 장기기억은 다시 일상기억과 의미기억으로 구분할 수 있는데, 일상기억(일화기억, episodic memory)이란 주로 개인의 경험을 말하며, 의미기억(semantic memory)은 문제해결 전략과 사고기술, 개념 등과 같이 학교에서 학습하는 대부분의 내용이 해당된다. 다시 말해, 일상기억은 '1년 전 크리스마스에 누구랑 보냈더라?'와 같은 기억을 말하고, 의미기억은 엊그제 신문에서 보았던 새로운 당명을 기억해 내거나, 한국인 최초로 에베레스트산을 정복한 산악인의 이름을 기억하는 것과 같은 사실에 대한 지식을 말한다. 의미기억은 장기기억 속에서 수동적으로 누적되는 것이 아니라 체계적인 네트워크를 만들어 나간다(김희수, 2003).

(2) 지적장애 아동의 인지능력

지적장애 아동의 낮은 지적 능력은 지적장애를 진단하는 첫 번째 지표로서 학습과 사회적 영역에서 결함을 보이는 근본적인 원인이 된다.

① 유아기적 사고

유아기적 사고는 피아제의 인지 이론에 따르면 전조작기에 나타나며, 사물에 대한 상징적 사고와 자기중심적 사고 그리고 물활론적 사고가 대표적이다. 상징적 사고란 유아가 의미를 부여한 단어나 숫자, 이미지 등의 정신적 표현을 사용하는 능력을 말한다(이영 외, 2009). 이것은 가상적인 사물이나 상황을 실제 사물이나 상황으로 상징화하는 가상놀이로 나타난다(심성경, 2010). 자기중심적 사고는 모든 사람이 자기처럼 생각하고 이해하고 느낀다고 생각하는 것을 말한다. 유아들은 상대방의 감정에 상관없이 자기가 좋아하는 것을 남들도 좋아한다고 생각하는 행동을 보인다. 물활론적 사고는 모든 사물에 생명이 있다고 생각하는 것으로서, 눈사람이 녹는 것을 보고 눈사람이 죽는다고 생각하는 것이다. 지적장애 아동의 경우에는 사고가 전조작기에 머무름으로써 그다음 단계의 인지적 성장을 보이지 못한다.

② 기억전략

지적장애 아동들은 단기기억에서 저장되는 정보의 양이 일반아동과 비교하여 현저하게 적고, 장기기억으로 저장할 수 있는 기억전략(memory strategy)을 사용하는 능력이 부족하다. 단기기억에서 장기기억으로 정보를 전이시키고 기억하기 위해서는 여러 가지 전략이 필요하다. 첫째, 자극의 주의다. 주의(attention)는 자극이 처리되는 방식에서 매우 중요하다. 특히 익숙하지 않은 과제나 정보를 습득하고 기억하기 위해서는 의식적인 주의가 필요하다(김희수, 2003).

둘째, 인지전략이다. 인지전략이란 새로운 정보를 획득하고, 획득한 정보를 조직화하고, 저장하고, 활용할 수 있도록 하는 정보처리 과정을 의미한다. 인지전략은 크게 시연, 정교화 그리고 조직화로 구성된다.

- 시연(rehearsal): 암송이나 요약을 통해 작업 기억에 도달한 정보가 사라지지 않도록 지속시키는 역할을 하는 전략이다. 예를 들면, 전화번호를 외우기 위해서 속으로 중얼거리거나, 슈퍼에 가서 물건을 세 가지 사오라는 과제를 수행하기 위해서 그 목록을 계속 되뇌는 것과 같이 마음속으로 반복함으로써 단기기억에 정보를 유지하는 처리과정이다(민경환 외 역, 2011). 즉, 시연은 반복하여 암기하는 전략이다.
- 정교화(elaboration): 새로운 정보와 이전에 지니고 있던 지식 혹은 경험 사이의 연결성을 만드는 전략이다. 정교화는 기존 도식을 확장하는 것으로서 이미 가지고 있는 지식 또는 도식에 새로운 정보를 관련시켜서 기억한다. 예를 들면, 사례를 통해 정교화가 촉진될 수 있고, 유추(analogies)를 사용하는 것도 효과적이다.
- 조직화(organization): 정보를 위계적인 범주에 따라 재배열하는 것으로서, 관련 있는 내용을 공통범주나 유형으로 묶는 과정이다. 즉, 학습내용을 보다 쉽게 이해할 수 있도록 내용들 사이의 관계를 논리적으로 구성하고 위계화하는 전략이다(박해빈, 신태섭, 2016). [그림 9-1]과 같이 그래프나 표, 순서도 등으로 조직화할 수 있다.

에어컨, 사과, 딸기, 과자, 라면, TV, 냉장고

가전제품: 에어컨, 냉장고, TV
먹는 것: 사과, 딸기, 과자, 라면

[그림 9-1] 조직화 전략의 예

그 밖에도 군집화(chunking) 전략은 기억하기 위해 의미가 있는 것끼리 나누어 기억하는 것, 예를 들면 '2361'이라는 숫자를 외울 때 '2×3=6 그리고 1'로 기억하거나 카페 종업원이 정보를 군집화해서 기억할 양을 더 적게 만드는 것 등이 해당한다. 이처럼 군집화란 작은 조각의 정보들을 더 큰 집단 혹은 덩어리로 결합시키는 것을 말한다(민경환 외 역, 2011).

인지전략을 단순히 알고 있는 것만으로는 습득한 정보를 효과적으로 사용하지 못하는 경우가 있는데, 이는 메타인지전략이 부족하기 때문이다. 메타인지란 인지에 관한 지식 또는 인지에 관한 자기규제로서, 자신의 사고를 이해할 수 있는 능력을 의미한다. 스스로 개인의 과정을 이해하고, 사고와 문제해결과정을 계획, 점검 그리고 조절하는 것이다(한주랑, 김장묵, 2017). 계획은 효율적인 학습을 위해 필요한 전략을 계획적으로 선택하는 것을 말하며, 점검은 과제를 수행하는 동안 자신이 과제를 얼마나 이해했는지를 스스로 알아보는 것이다. 그리고 조절은 과제를 수행하기 위한 전략이 적절한지 스스로 검토하고 조절해 보는 것을 말한다(한순미, 2004, 박해빈, 신태섭, 2016에서 재인용).

이러한 전략들을 잘 사용해야 단기기억에서 접수된 정보를 장기기억장치에 잘 저장하고 잘 인출하게 되는데(고려대학교 교육문제연구소 편, 2007), 지적장애 아동들은 그러한 자발적인 기억전략을 사용하는 데 문제를 보인다.

③ 주의집중

주의집중은 인지 및 학습을 비롯한 모든 과정에 영향을 미치는 중요한 요소다. 주의집중은 다차원적 요소를 가진 포괄적인 개념이므로 주의집중에 대한 개념은 학자들마다 조금씩 다르게 정의된다. 그러나 크게 세 가지로 구분하자면, 첫째는 초점적 주의력이다. 외부 세계의 수많은 자극들 중 필요한 자극만을 선택하여 주의의 초점을 맞추는 능력이다. 즉, 감각기관을 통해 들어오는 수많은 자극 가운데 목표자극에만 집중하고 무관한 자극에는 주의를 기울이지 않는 정신과정이다. 둘째는 분할 주의력으로 두 가지 이상의 자극을 동시에 처리하기 위해 주의를 나누는 능력이다. 셋째는 지속적 주의력으로서 오랜 시간 계속되는 과제를 수행하는 동안 계속해서 주의를 기울이는 능력이다(Zomeren, Brouwet, 1994: 이명경, 김아름, 2011에서 재인용). 이것을 보다 단순화하자면, 선택(selectivity)과 집중(concentration)으로 나눌 수 있다. 선택이란 감각 저장소에 머문 많은 정보 중 단기기억으로 이동하는 정보를 선별하는 역할을 한다. 반면에 집중은 단기기억의 정보를 장기기억으로 저장시키거나 장기기억에 저장되어 있는 정보를 인출하여 문제해결에 적용하는 과정에서 요구되는 능력이다(Reed, 2006: 이명경, 김아름, 2011에서 재인용). 지적장애 아동들이 가지는 어려움은 주의집중의 지속시간과 집중의 범위와 초점 그리고 선택적 주의집중에 있다(김남순, 2005). 한 과제에서 다음 과제로 이동하는 과정에서의 주의집중이 어려우며, 다양한 자극이 있을 때 큰 자극에 반응하는 경향이 높다. 일반적으로 아동들은 연령이 증가하고 전두엽의 조절 통로가 발달할수록 특정 과제에 선택적으로 주의집중하는 능력이 향상되는데, 지적장애 아동의 경우에는 부적절한 자극에 주의를 기울이는 '주의산만' 문제를 보이게 된다.

④ 모방학습

반두라(A. Bandura)에 따르면, 인간은 어떤 모델의 행동을 관찰하는 것만으로도 학습이 된다. 직접적인 강화나 벌 없이는 어떤 학습도 일어나지 않는다는 조작적 학습 이론과는 상반된다(이영 외, 2009). 실제로 우리는 자신의 경험뿐만 아니라 타인의 행동과 그에 대한 결과를 보고 학습하는 부분이 많다. 예를 들면, 야단맞는 친구를 보면서 그 행동을 하지 않는다거나, 긍정적인 보상을 받는 것을 보고 모방하는 현상을 관찰학습이라고 하는데, 지적장애 아동들은 주위 사람들의 행동을 주의 깊게 관찰하지 않으며, 그것을 기억하거나 재생하는 데 어려움을 보인다.

⑤ 일반화

일반화능력이란 특정 자극에 대한 조건반응이 생겼을 때 그와 비슷한 자극에 대해서도 반응을 일으키는, 즉 유사한 자극에 반응하는 경향성을 말한다(신현정, 김비아 역, 2008). 지적장애 아동의 경우 학습한 기술을 다른 환경이나 과제에 적용하는 일반화능력이 부족하기 때문에 수학 교과에서 덧셈 연산을 배우더라도 일상생활에서 실제로 돈을 지불하는 데에 어려움을 보인다. 또는 치료실에서 학습한 내용을 학급이나 일상생활에서 사용하는 데에도 문제를 보인다.

3) 사회정서적 · 행동적 특성

지적장애 아동은 인지능력뿐만 아니라 사회정서적 · 행동적 측면에서도 일반아동과 비교하여 어려움을 갖는다. 지적장애 아동은 낮은 사회적 기술로 인하여 타인과 정상적인 관계를 맺고 유지하는 능력이 떨어지는데, 나타나는 행동은 심한 거부감부터 지나친 친밀감까지 매우 다양하다. 행동적 특성으로는 주의산만, 과잉행동, 불안 등이 있으며 낮은 자기통제능력과 낮은 자아개념을 가지고 있다. 자기통제(self-control)란 목표를 달성하기 위해 순간의 충동적인 욕구나 행동을 억제할 수 있는 능력을 말한다. 충동을 억제하는 법을 배우지 못하면 다른 사람의 권리를 침해하거나 규칙을 위반함으로써 다른 사람과 마찰을 일으키게 되는데(정옥분, 2002), 이러한 자기통제능력은 아동이 인지적으로 성숙해짐에 따라 가능해진다.

그러나 지적장애 아동의 경우에는 인지능력의 미성숙으로 주변과 상황적 요구에 따라 행동하고 자기를 통제하는 능력이 부족하다. 그로 인하여 충동적 · 공격적인 행동을 보이게 된다. 지적장애 아동들은 일반아동들과 비교하여 정서행동문제를 더 많이 나타내며, 불안장애나 기분장애와 같은 내재화 문제보다는 주의력결핍, 과잉행동, 적대적 반항장애, 품행장애와 같은 외재화 문제를 더 많이 보이는 경향이 있다(김은화, 이승희, 2007). 또한 지적장애 아동들은 누적된 실패 경험으로 인하여 아무리 노력해도 또 실패할 것이라는 학습된 무기력상태를 보인다. 스스로 할 수 있다는 또는 스스로 하고자 하는 동기유발이 잘 되지 않을 뿐만 아니라, 이제까지 늘 실패와 좌절만을 경험함으로써 미리 불가능할 것으로 예상해 버리는 경향을 보인다. 다음은 지적장애를 가지고 있는 학생의 특성 예시다.

〈표 9-6〉 지적장애 아동의 특성(예시)

연령	성별	장애유형	한국판 적응행동검사(K-SIB-R)						일반적 문제행동 지수	지원 수준
			적응행동 영역별 평균 발달수준							
			운동 기술	의사소통, 사회적 상호작용	개인생활 기술	지역사회 기술	계			
만 7세 5개월	남	지적장애 1급	3세 2개월	1세 8개월	2세 2개월	2세 4개월	2세 3개월		매우 심각(-41)	확장적 (30)

행동적 특성	• 아침을 충분히 먹지 못하거나 등교 시 원하는 과자를 사지 못했을 때 자리이탈 행동이 빈번하게 발생함. • 엘리베이터로 이동하기 위해 출입문 앞에서 기다릴 때, 괴성을 지르거나 제자리에서 뛰면서 엘리베이터의 출입문과 내부 벽을 손바닥으로 치는 행동을 함. • 수업 중 특정 아동을 집요하게 따라 다니며 자리에 앉지 못하도록 괴롭히는 행동을 함. • 수업 중 학급에서 이탈하여 1층 엘리베이터 입구에서 이동하는 모습을 보고 모둠발로 뛰면서 괴성을 지르기도 함. • 벽이나 화장실 소변기 상단부분의 전기 기기 상자를 혀로 핥는 행동을 함. • 수업에 흥미가 없으면 유리창이나 유리창 틀을 혀로 핥는 행동을 함.
의사소통 특성	• 일상생활에서 '좋아'라는 표현언어만 사용하고 간단한 지시언어를 이해하고 수행함. • 요구할 때, 교사의 손을 잡아당겨 원하는 곳으로 이동하거나 손으로 가리킴. • 괴성을 지르거나 학급이탈 행동으로 자신의 의사를 표현함.
사회적 특성	• 친구들과 상호작용을 거의 하지 않고 혼자 생활하는 경우가 많음. • 수동적이며, 엄마에게 집착하고 분리될 때 불안해함.
학업적 특징	• 다양한 나무블록 맞추기 활동을 좋아하고 집중하여 참여함. • 수업 중 자리이탈 행동이 빈번하고 책상 위의 모든 책을 책꽂이에 정리하는 활동에 집착함. • 주의집중 시간이 짧고 자리이탈 행동이 많아서 학습과제 미완성률이 90% 이상임. • 수업 중 특정 아동과 손을 잡고 뛰거나 계속 따라 다니며 자리에 앉지 못하도록 방해행동 등을 하여 수업 참여가 어려움.

출처: 김창호, 최미점(2018).

3. 지적장애 아동의 언어적 특성[5]

지적장애 아동의 인지적 결함은 언어·사회·정서·신체발달에 광범위한 영향을 미친다. 특히 언어는 고등정신활동으로서, 총 800명의 지적장애 아동을 대상으로 한 골드바르트(Goldbart, 1990)의 연구결과에 따르면, 80.9%가 구어적 의사소통이 전혀 이루어지지 않으며, 15.4%는 완전한 형태는 아니지만 구어를 통한 의사소통이 어느 정도 가능한 것으로 보고되고 있다. 그러나 여기서 중요한 것은 구어적 의사소통이 어려운 지적장애 아동이라고 할지라도 비구어적 의사소통 수단을 가지고 어느 정도 구어적 결함을 보상할 수 있으며, 연령증가와 함께 향상될 수 있다는 것이다. 지적장애 아동의 언어적 특성은 일차적으로 낮은 지능으로 인하여 다른 언어발달지체나 단순언어장애와는 양적·질적으로 다르다. 뿐만 아니라 지적장애에는 다양한 유형이 있으며, 고유한 증후군 특성들이 있다. 윌리엄스 증후군은 언어발달이 상대적으로 우수한 편이며, 프라더윌리 증후군의 경우에도 불분명한 조음을 제외하고는 정상에 가깝다. 취약성 X염색체 증후군은 다양한 언어적 특성과 언어발달에 있어서 커다란 개인차를 보인다. 자폐아동에서 나타나는 반복과 반향어가 자주 나타나며, 자기독백, 단어인출 장애 등을 보이며(Siegmüller & Bartels, 2006), 조음장애와 속화 증상을 보이기도 하지만(Sarimski, 1997), 무엇보다도 개인차가 커서 전체적인 언어발달을 설명하기는 매우 어렵다.

다운증후군은 다른 지적장애 유형과 비교하여 언어영역에서 더 심한 장애를 보인다(Rondal, 1999). 슐랭거와 고츠리벤(Schlanger & Gottsleben, 1957)에 따르면, 다운증후군을 가지고 있는 아동들의 95%가 조음장애를 가지고 있다. 이렇듯 다운증후군 아동은 대부분 언어장애를 동반한다(Wilken, 1996; Carr, 1978). 흥미로운 것은 다운증후군의 경우 청각-음성적 의사소통 채널이 빈약한 데 비해 시각-운동적 의사소통능력이 더 우수하다는 것이다. 즉, 구어적 기술에서는 어려움을 보이나, 분화된 몸짓을 사용하는 의사소통적 기술은 충분히 활용 가능하다는 것을 시사한다.

---

5 여기에서는 다운증후군 아동을 중심으로 살펴보고자 한다. 다운증후군은 다른 지적장애 집단과 비교하여 언어영역에서 특히 문제를 보이는 장애유형이기 때문이다(Fornefeld, 2002).

1) 언어발달지체

다운증후군 아동의 언어발달은 우선적으로 발달지체를 보인다. 〈표 9-7〉에서 나타난 바와 같이, 일반아동들은 첫 단어를 평균 12개월 그리고 평균적으로 8~14개월에 시작하지만, 다운증후군 아동들은 평균 24개월 그리고 9~31개월에 단어를 말하기 시작한다. 집단 내의 넓은 분포도는 문장으로 말하는 단계에서 더욱 뚜렷하게 나타난다. 일반아동의 경우 14~32개월로 약 1년 반의 차이를 보이는 반면에, 다운증후군 아동은 18~96개월, 즉 6년 반의 넓은 분포를 보이고 있다. 이것은 단지 일반아동과 비교하여 언어발달상의 지체를 보일 뿐만 아니라, 언어발달 측면에서 볼 때 개인 간의 차가 매우 크다는 것을 보여 준다.

〈표 9-7〉 다운증후군(DS)과 일반아동(일반)의 언어발달 비교

발달영역	DS-분포	DS-평균	일반-분포	일반-평균
단어 말하기	9~31개월	24개월	8~4개월	12개월
문장 말하기	18~96개월	36개월	14~32개월	19개월

출처: Wilken (2008).

2) 조음기관의 결함

다운증후군 아동은 연령과 상관없이 대부분 입을 완전히 닫는 데 어려움이 있다. 그 원인은 다운증후군의 전형적인 문제인 근육의 저긴장성이 구강근육의 운동에도 영향을 미치기 때문이다. 또한 다운증후군 아동은 폐활량이 충분하지 않을 뿐만 아니라 호흡이 깊지 않다. 영아기에는 잦은 기관지염과 폐렴을 앓는 것으로 보고되고 있는데, 가장 큰 이유는 면역성과 호흡기 계통이 약하기 때문이다. 한편으로는 항상 입을 벌리고 있어서 바이러스 침투가 많은 것도 이유가 될 수 있다. 다운증후군 아동의 혀는 전형적인 특징 중 하나다. 대부분의 학자는 그들의 혀를 '크고, 두껍고, 거칠다'고 표현한다. 32명의 다운증후군 아동 가운데 25명의 아동이 상대적으로 큰 혀를 가지고 있으며, 20명은 거대편도를 가지고 있다고 보고된 연구도 있지만(Novak, 1972), 벤다(Benda, 1949)는 혀 자체가 큰 것이 아니라 구강 내의 크기가 좁아서 혀가 앞으로 나오는 것이라고 주장하였다. 아마도 근육의 저긴장과 상대적으로 좁은 구강이 원인으로 추정된다.

3) 음운론적 특징

다운증후군은 조음 영역에서 매우 뚜렷한 문제를 보인다. 조음장애로 인하여 상대방은 아동의 말을 잘 이해하지 못한다. 14세 이하의 다운증후군 아동 가운데 남아의 10%, 여아의 18%만이 타인에게 이해할 수 있는 정도의 조음을 하는 것으로 나타난 반면에, 14세 이상의 아동/성인의 경우에는 32%가 소통이 가능한 것으로 버클리(Buckley, 1993)는 보고하고 있다. 이 결과는 다운증후군 아동의 절반 이상이 여전히 이해하지 못할 정도의 조음장애를 가지고 있다고 볼 수도 있지만, 연령이 증가함에 따라 조음장애의 정도가 조금은 경미해지고 있다는 것을 함께 보여 주고 있다. 스웨덴과 핀란드에서도 비슷한 비교연구가 이루어졌다. 그 결과, 스웨덴은 20%, 핀란드는 36%가 성인 연령이 되었을 때 낯선 사람이 이해할 수 있는 정도의 조음상태를 가지고 있는 것으로 나타났다(Johansson, 1996). 맥과이어와 치코인(McGuire & Chicoine, 2008)의 연구에서는 다운증후군 성인의 경우 28%가 '이해되는 수준', 40%가 '부분적으로 이해되는 수준' 그리고 32%는 '전혀 이해되지 않는 수준'으로 나타났다(Wilken, 2008에서 재인용). 다운증후군 아동의 조음문제는 독립적으로 하나의 음소나 단어를 산출하는 과제에서는 크게 나타나지 않는다. 대신 문장을 말할 때는 조음오류가 매우 빈번하게 나타나며 이때 오류는 일관적이지 않다. 단어를 곧바로 따라 말하기나 짧은 청각적 기억력을 요구하는 과제는 상대적으로 잘 수행하는 것을 보면, 다운증후군 아동의 조음장애는 조음기관상의 결함만으로 설명할 수는 없다는 해석이 가능하다.

- 조음오류가 많다.
- 오류가 일관적이지 않다.
- 자음생략과 종성생략이 잦다.
- 어두음이 먼저 발달한다.
- 음운발달의 순서와 패턴은 일반아동과 유사하다.

4) 의미론적 · 구문론적 · 화용론적 특징

　다운증후군 아동의 언어발달은 전반적으로 지체되어 있다. 일반아동들이 12개월에 첫 단어를 산출하고 18개월이면 약 50개 정도의 낱말을 산출하는 반면에, 다운증후군 아동은 수용어휘와 표현어휘 모두에서 지체를 보인다. 얼마만큼의 지체를 보이는가를 설명하기에는 개인 간의 차이가 너무 크다. 그들이 사용하는 어휘를 보면 동사보다는 명사에 편중되어 있으며, 제한된 몇 개의 동사로 모든 행위를 표현하거나, 단어를 매우 제한적이고 한정적인 의미로 사용하는 등의 특징을 갖는다.

- 낱말의 의미를 고정적으로만 사용한다.
- 동음이의어와 비유어 등의 이해와 산출이 모두 어렵다.
- 추상적 개념을 가진 어휘 습득이 어렵다.
- 행위자 중심의 언어 사용이 많다.

　일부 다운증후군 아동이 2~3개 단어로 문장을 만들 수 있는 수준에 있다 하더라도, 대부분 문법형태소는 생략되어 있는 전형적인 전보식 문장을 사용한다. 비문법적인 오류는 수용언어와 표현언어에서 모두 나타난다. 특히 "쥐가 고양이한테 먹혔어."와 같은 피동형 문장에 대하여 '쥐-고양이-먹다'의 관계로 이해하기 때문에 "쥐가 고양이를 먹었어."라는 의미로 받아들이는 경우가 많다. 그러나 "인형을 침대에 눕히고, 작은 스탠드를 켜고, 이제 책을 가져오렴."이라고 말하자, 5세 아동은 인형을 침대에 눕히고 책을 가져왔다(Wilken, 2008). 여기서 강조하고자 하는 것은 대화의 상황적 맥락이 얼마만큼 부합되느냐에 따라 아동의 언어수행이 큰 차이를 보인다는 점이다.

- 발화의 길이가 짧다.
- 단순한 문장을 사용한다.
- 구문발달의 순서와 패턴은 일반아동과 유사하다.

다운증후군 아동의 화용론적 특징은 매우 흥미롭다. 조음과 문법 영역은 연령이 증가하여도 동기유발이 잘 되지 않아서 크게 진전을 보이지 않는 반면에, 화용론적 기능은 연령의 증가와 함께 향상된다. 그래서 일상생활을 중심으로 한 의사소통 촉진전략이 더욱 효과적이다. 특히 다운증후군 아동은 제한된 단어만으로도 상대적으로 매우 효율적인 의사소통을 할 수 있기 때문에(Rondal, 1996) 몸짓이나 비구어적 의사소통을 적극적으로 활용할 가치가 있다.

5) 말더듬

일반적으로 말더듬의 출현율은 일반아동의 경우 4~5%, 성인의 경우 1%다. 그러나 다운증후군 집단에서 말더듬 출현율은 27%로 보고되고 있다(Rusam, 2008). 그에 대한 원인으로는 여러 가지가 추정된다. 그러나 일반 말더듬과 달리 특정 단어나 음소에서 특별히 어려움을 갖거나, 말을 더듬는 것에 대한 심리적 압박이나 두려움을 갖지 않는다. 다운증후군 아동의 말더듬의 원인은 여러 가지 요인에서 찾을 수 있다. 말을 하고자 하는 욕구와 개인이 가지고 있는 언어적 역량 간에 균형이 깨어짐으로써 나타날 수도 있고, 언어를 관장하는 뇌의 기능적 결함도 원인이 될 수 있다.

지적장애 아동의 언어발달 순서는 일반아동과 비교하였을 때 유사하다. 그러나 그 발달의 속도는 느리며 정상적인 발달단계에 도달하지 못하는 경우도 많다. 낮은 음운인식능력으로 인하여 조음기관의 이상이 없음에도 불구하고 발음에 이상을 보이는 경향이 많으며, 어휘습득에서는 지체현상이 뚜렷하게 나타난다. 특히 동사와 추상어 습득에 어려움이 많으며, 문법형태소 사용이 제한적이어서 문장구성이 짧고 단순하다는 특성을 갖는다.

4. 지적장애 아동의 의사소통지도

지적장애 아동의 언어지도의 궁극적인 목표는 의사소통능력의 증진을 통해 사회적 능력을 향상시키는 데 있다. 조기중재는 단지 언어능력의 향상뿐만 아니라 인지능력과 사회적 기능도 향상시킬 수 있다는 점에서 매우 중요하다.

1) 의사소통지도 방법

(1) 의사소통지원 유형

대부분의 지적장애 아동은 의사소통에 어려움을 갖는다. 인지능력과 운동능력 결함이 중복된 아동의 경우에는 극심한 제한이 따를 것이고, 경도수준의 인지결함만을 가지고 있는 아동은 상대적으로 우수한 의사소통능력이 잠재되어 있을 것이다. 물론 지능이 의사소통능력을 결정짓는 단일요인이 되지는 않지만, 일정 부분 밀접한 관계가 있는 것은 사실이다. 의사소통지도를 함에 있어서 크게 두 가지 방법을 생각할 수 있다. 음성언어와 문자언어 학습 가능성에 초점을 맞출 것인가 아니면 주변과의 관계 형성을 위한 비구어적 의사소통에 초점을 맞출 것인가다(Siegmüller & Bartels, 2006). 음성언어는 우리 사회에서 일반적으로 사람들이 공유하는 의사소통의 수단이기 때문에 가장 우선적으로 교육되어야 하는 언어형태다. 따라서 음성언어의 가장 큰 장점은 모든 사람과 광범위한 소통을 할 수 있다는 것이다. 또한 음성언어는 문자언어 습득을 용이하게 하여 더 많은 양의 정보를 얻을 수 있도록 한다. 그러나 음성언어 사용이 불가능하거나 매우 제한적인 아동의 경우에는 그 사회에서 음성언어만큼 통용되지는 못하지만 의사소통기능을 향상하기 위한 다른 방법을 강구할 필요가 있다. 필자의 견해에 따르면, 지적장애 아동에게 비구어적 의사소통은 기본적으로 구어발달을 돕는 매개체다. 거기에는 몸짓과 제스처, 보완대체의사소통(AAC)까지 포함된다. 어떤 의사소통지원 방법을 사용할 것인가는 아동의 언어발달 정도, 인지능력, 중복장애 여부 및 주변 환경

〈표 9-8〉 **지적장애 아동의 의사소통지원 유형**

의사소통지도 방법	내용
신체적 대화	지적장애와 지체장애 중복 또는 최중도 지적장애 해당
기초적 의사소통	
비구어적 의사소통 촉진	지적하기나 손을 사용한 기본적인 의사소통적 상호작용
감정표현과 몸짓의 촉진	자신의 목적을 성취하기 위하여 약속된 몸짓을 사용
수신호	수화와 유사하며, 인지장애 아동에게도 사용 가능
기호와 상징	사물을 표상하는 의사소통 상징물, 숫자와 문자
기술적인 의사소통지원	의사소통 보조를 위한 테크놀로지
일반적인 언어발달지원	음운론, 의미론, 구문론, 화용론적 영역에서의 지원

출처: Fröhlich (1995).

등을 모두 고려하여 결정하여야 한다. 이때 복수 선택도 가능하다.

(2) 의사소통지도의 기본원칙

지적장애 아동의 의사소통지도 원칙은 일반적인 언어지도 전략에 준한다. 단, 다음과 같은 몇 가지의 부가적인 원칙이 강조된다.

- 지적장애 아동과 의사소통을 할 때는 구체적이고 명확하고 시각적이어야 한다. 긴 문장보다는 짧은 문장으로, 여러 개의 단어보다는 2~3개의 단어로 요약해 준다.
- 일상생활에서 자주 사용되는 어휘로 하되, 가급적 행동과 함께 보여 주어야 한다.
- 언어자극이나 그 밖의 청각적인 자극들은 최소화한다. 여기서 최소화란 불필요한 자극을 주지 않는다는 것이다. 특히 TV나 라디오, 심지어는 명상음악까지도 언어적 정보 수용을 방해하고 집중력을 떨어뜨릴 수 있으므로 무관한 자극을 제거해 주어야 한다.
- 지적장애 아동에게는 시각적·촉각적 자극을 함께 주는 것이 좋다. 특히 다운증후군 아동은 청각적 정보처리에 특히 어려움을 가지므로 개념을 학습시키기 위해서는 반드시 다른 감각자극을 함께 활용하도록 한다.
- 지적장애 아동은 개념 형성이 어렵다. 따라서 계속해서 반복해 주어야 한다. 설령 이미 학습되었다는 느낌이 들더라도 계속해서 그 학습을 반복해 주는 과잉학습(overlearning)이 필요하다.

〈표 9-9〉 **지적장애 아동의 언어지도(예시)**

언어영역	활동
음운론적 영역	음운인식 훈련을 한다. 무의미한 음소보다는 의미 있는 단어를 사용하는 것이 좋다. 예: "선생님이 말하는 말소리를 잘 듣고 서로 같으면 손을 들어 주세요. 책상/책장(물/불)." (학생들의 반응을 기다린다.) 해당 사물이 그려진 그림카드를 보여 주고 다시 한번 말소리가 같은지 다른지 맞춰 보도록 한다.
의미론적 영역	사물의 이름을 학습하기 위해서는 항상 구체적인 사물을 보여 주고 행위동작과 함께 설명한다. 예: 사계절이 그려져 있는 그림카드 가운데 자기가 고른 그림의 계절에 맞는 옷과 장신구들을 박스에서 골라 입는다. 그리고 '바지' '치마' '장갑' 등의 단어를 따라 말하도록 한다.

구문론적 영역	구문이 사용되는 다양한 상황에서 훈련을 한다. 구문을 사용하는 상황을 직접 경험해 보며 억양, 강세 등을 함께 익히는 것이 좋다. 예: 학생들이 주로 이용하는 대중교통 수단 하나를 선택한다. "오늘은 택시를 타고 갑니다. 선생님은 기사가 되고 여러분은 손님이 됩니다. (모두 각자 준비된 종이 박스에 들어가고, 학생들에게는 준비된 그림카드를 나누어 준다.) 교사가 "손님, 어디 가세요?"라고 물으면 그림카드에 그려진 장소를 "○○○까지 가 주세요."라고 완성된 문장을 말한다. "기사님, ○○○가 어디예요?" 등 다양하게 응용할 수 있다.
화용론적 영역	다양한 상황에서 언어를 사용하는 기회를 갖는다. 예: 책상 밑이나 교실 귀퉁이에 우산을 쓰고 앉는다(판타지 놀이형태). 학생들은 준비된 상자에서 물건(예: 학용품, 과일, 장난감 등)을 선택하고, 한 학생씩 돌아가면서 다른 학생에게 가서 물건을 사고팔 수 있다.

- 언어중재는 자연스러운 환경 안에서 이루어져야 한다. 지적장애 아동은 일반화가 잘 이루어지지 않으며 상황적 맥락에 의존한 의사소통을 하기 때문에 반드시 매일 매일의 일상생활을 이용하여야 한다.
- 지적장애 아동은 주의집중시간이 매우 짧고 동기유발이 어렵기 때문에 언어중재에서도 효과적인 강화가 필요하다.

　정상적으로 의사소통이 발달하는 일반아동의 경우에는 언어발달이 힘들어 보이지 않지만, 지적장애 아동의 언어를 새롭게 자극하고 앞으로 이끌어 내는 것은 참으로 길고도 어려운 일이다. 몇 회기 또는 몇 달을 시도해 보고 효과가 없다고 포기하지 말고, 눈에 보이지 않는 효과도 노력할 가치가 있다고 생각하면서 지도하여야 한다.

(3) 의사소통발달평가

　아동의 현재 발달수준을 정확히 파악하는 것은 무엇보다 중요한데, 임상경험에 따르면 특수학교에서 지적장애 학생의 언어발달 검사를 하는 것은 거의 무의미할 정도다. 학생의 지능은 대부분 '검사불능'으로 평가되어 있으며, 표준화된 언어발달검사를 통한 진단 또한 쉽지 않다. 따라서 교사는 일상생활 속에서 반복된 관찰을 통해 아동의 발달수준을 평가하는 것이 필요하다. 〈표 9-10〉은 의사소통적 측면에서 필요한 몇 가지의 평가 영역을 간소화하여 프로파일 형태로 평가하는 방법이다.

〈표 9-10〉 **의사소통적 측면 발달평가(예시)**

관찰 영역	매우 잘함	잘함	보통	못함
눈맞춤이 가능하다.				
소근육운동이 가능하다.				
머리를 가눌 수 있다.				
행동(가리키기, 주고받기, 끄덕이기 등)이 가능하다.				
감정표현(기쁨, 화남, 거부)이 가능하다.				
자기 이름을 부르면 반응을 한다.				
간단한 지시(이리 와, 여기 봐 등)를 이해한다.				
말소리를 산출할 수 있다. 사물이나 사람을 명명할 수 있다.				
문장을 만들 수 있다.				

　등급은 4등급(예: 매우 잘함, 잘함, 보통, 못함)으로 할 수 있다. 이와 같은 형태의 평가
는 근접발달영역(ZPD) 내의 기능과 전략을 세우는 데도 용이하게 사용될 수 있다. 아
동에게 주어지는 과제수준이 너무 높으면 좌절감만 커질 뿐, 목표달성에 도달할 수 없
다. 발달에는 일정한 방향에 따라 이루어지는 패턴과 순서가 있기 때문에 다음 단계를
예측할 수 있다. 만약 아동이 눈맞춤이 되지 않고 몸짓언어 사용도 가능하지 않은 단계
임에도 불구하고 특정 말소리를 산출하기 위한 발화 훈련을 하고 있다면, 의사소통능
력의 개선은 없을 것이다. 따라서 최대한 개별 수준을 고려하여 근접발달영역의 과제
를 계획하고 수행하여야 한다.

2) 의사소통지원 전략

(1) 신체접촉을 통한 의사소통지원

　스티븐 스필버그의 영화 〈E.T.〉에서 가장 기억이 남는 장면 중 하나는 바로 외계인
E.T.와 소년의 손가락 교감이다. 그들은 그 순간 촉각을 통해 의사소통을 하며, 그것은
어떠한 메시지보다도 강력하다. 영아의 경우에도 제일 먼저 피부접촉을 통해 교감을
시작한다. 부모는 아기를 품에 안고, 어루만져 주고, 뽀뽀하고, 목욕을 시킬 때나 기저
귀를 갈 때도 끊임없이 신체접촉을 한다. 그리고 애정을 전달한다. 언제부턴가 지구촌

에는 '프리 허그 캠페인(free hugs campaign)'이 생겨나기 시작했다. 이를 통해 아무 말도 하지 않지만 손에서 느껴지는 따뜻함이 곧 그 사람의 말이라는 사실을 경험한다. 의사소통에서 신체접촉이 갖는 의미는 그 무엇보다도 크다. 특히 중도의 지적장애 아동에게 있어서 신체접촉을 통한 의사소통은 의사소통 시도의 수용 여부를 결정하는 전제조건이다.

아동의 신체는 의사소통의 수단이 될 수 있다. 여기서 중요한 것은 지적장애 아동들은 모든 감각에 대한 반응이 상대적으로 느리기 때문에 인내심을 갖고 기다려 주고 적극적으로 반복해 주어야 한다는 것이다. 또한 신체접촉을 할 때 반드시 구어적 자극을 함께 주어야 한다. 그들이 어차피 말을 이해하지 못한다는 생각과 그들의 일관된 무반응으로 인해 일반아동과 비교하였을 때 지적장애 아동은 교사나 부모로부터 받는 구어자극의 양이 적다. 신체접촉과 함께 적절한 언어자극을 주는 것은 지적장애 아동의 언어발달에 매우 중요하다.

신체접촉은 지적장애 아동의 언어발달을 지원하는 데 있어서 가장 효과적으로 투입될 수 있는 조건이다. 제4장에서 설명한 바와 같이, 근접발달영역에서 부모나 교사가 주는 도움은 아동이 스스로 해결하거나 극복할 수 없는 영역을 스스로 해결 가능한 범위로 이동할 수 있도록 돕는다. 예를 들어, 아이가 가지고 놀던 헝겊인형이 떨어졌다고 가정하자. 다음은 상반된 부모의 반응이다.

엄마 A: 인형이 떨어졌네? (주워 주면서) 자 여기 있어.
아동: (반응 없음)

엄마 B: 저런… (잠시 시간을 둔다.) 어? 어 인형 어디 갔지? (엄마는 아이의 손을 잡고 땅에 떨어진 인형을 가리킨다.) 여기 인형이 있네. (잠시 시간을 둔다.)
아동: (엄마와 인형을 쳐다보며 잠시 후 자신의 손을 뻗으면서) 에.

신체접촉은 비단 언어발달뿐만 아니라 정서적인 안정 및 전반적인 발달과정에서 매우 중요하다. 껴안아 주기, 쓰다듬어 주기, 손잡아 주기 등과 같은 신체접촉을 통해 아동은 감정을 전달하는 방법을 자연스럽게 배우고, 아동들의 의사소통 욕구를 자극시킬 수 있다.

(2) 음악을 통한 의사소통지원

음악은 가장 자연스러운 자기표현의 수단으로서 개인의 감정을 표출해 내는 통로의 역할을 한다. 사회적인 위축감과 불안, 분노와 같은 부정적인 감정의 느낌을 음악을 통해 표출해 냄으로써 부적응행동을 감소시키는 효과도 기대할 수 있다. 이러한 정서적인 측면뿐만 아니라 음악은 의사소통기술의 향상에도 긍정적인 영향을 미친다. 언어와 음악은 공통적 요소를 가지고 있는데, 예를 들면 음악은 언어와 마찬가지로 부호체계로 되어 있으며, 송신자는 부호화하고 수신자는 해독을 한다. 음악은 언어처럼 직접적인 지시를 하지는 않지만 그 안에는 의미(개념)가 있다. 아동은 음악을 통해서 다양한 소리를 발견하고, 모방하며, 나아가 언어를 경험한다. 여기에 음악과 율동의 조화는 더 큰 효과를 준다. 노래(동요)의 경우에는 아동이 사용하는 어휘가 다량 포함되어 있어서 직접적인 어휘습득에 도움이 될 수 있으며, 음악이 갖는 멜로디는 아동의 흥미를 자극하는 데 매우 효과적이다. 또한 말로 단순한 모방을 하도록 시키기는 어렵지만, 노래와 함께 율동을 제시했을 경우에는 훨씬 적극적으로 따라 한다. 예를 들면, 모차르트의 '반짝반짝 작은 별' 노래를 들려주면 입 근육이 함께 움직이면서 손 모방을 하는 것을 볼 수 있다. 단계가 높아지면 단어 형태의 표현이 노래 속에서 나온다. 아동은 노래를 통해 말을 배우기 훨씬 이전 단계에서 운율을 경험하고, 나아가 말소리와 음악소리를 구분하는 청각적 식별력을 키울 수 있다. 단, 지적장애 아동에게 그냥 음악소리를 들려주는 것은 의미가 없다.

아동에게 노래를 가르칠 경우에는 지적장애의 특성을 잘 고려하여야 한다. 호흡 조절에 실패하여 쉼을 주어야 하는 지점을 잘 모르거나 조음기관의 유연성이 떨어져서 가사를 발음하는 데에도 어려움을 보일 수 있다. 이때 지나치게 정확한 발음을 강조하다 보면 흥미를 잃어 버릴 수 있으니 주의하여야 한다. 그러나 정확한 입모양을 모델링하고 그 어휘를 설명해 주는 것은 매우 중요하다. 전반적으로 지적장애 아동은 음역대가 좁고, 평균 목소리의 음도가 1옥타브 정도 낮다는 보고로 보아(김석주, 2015), 조옮김이 때때로 필요할 수 있다. 가사는 일상생활에서 자주 경험할 수 있는 어휘로 구성하고, 노랫말과 멜로디는 단순하고 반복적인 것이 좋다. 가급적 너무 빠르지 않는 것이 좋으며, 율동이 함께 있다면 더 흥미를 유발할 수 있다. 언어발달 수준이 낮은 경우에는 '맴맴맴, 멍멍멍, 딩동댕, 쿵쿵쿵' 등과 같은 의성어와 의태어를 활용하거나 발음이 쉬운 비음이나 양순음 중심의 단어로 구성하는 것이 좋다.

지적장애 아동들은 타악기나 자신의 신체를 움직여서 리듬을 표현하는 것에 흥미를

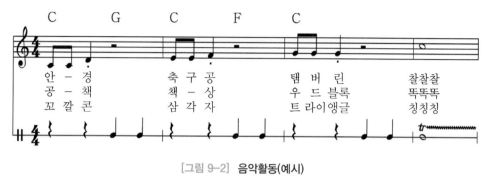

[그림 9-2] **음악활동(예시)**

출처: 김석주(2015).

보인다. 손뼉 치기, 발 구르기 또는 신체 부위 두드리기 등은 구어발달이 잘 되지 않은 아동들에게 쉽게 적용할 수 있는데, 그 과정에서 아동은 어휘의 의미를 간접적으로 배울 수 있다. [그림 9-2]의 활동을 예로 들자면, 가락의 음표 부분에서는 손뼉을 치지 않고, 박자 쉼표 부분에서는 손뼉을 두 번 친다. 노랫말을 강조하는 부분과 쉬는 흐름을 구분할 수 있으며, 마지막 마디에서는 계속 박수를 치거나 리듬악기나 다른 방식(예: 책상을 똑똑똑 두드린다)을 활용할 수 있다.

(3) 구강근육 훈련

구강운동 훈련은 영아기부터 시작되어야 한다. 특히 다운증후군 아동은 구강근육의 저긴장성으로 인하여 혀의 운동성이 크게 저하되어 있다. 혀의 운동성 증진을 위한 훈련은 이차적인 장애를 예방한다는 의미에서 중요하다. 영아기 초기에는 공갈젖꼭지로 빨기 기능과 주변 근육 기능을 활성화시키고, 7~9개월부터는 연령에 적합한 이유식을 주어 씹기 기능을 자극하여야 한다. 그러나 지적장애 아동은 물건을 입으로 가져가는 매우 일반적인 행동을 잘 보이지 않으므로 입으로 경험할 수 있는 기회를 의도적으로 제공해 주어야 한다. 구강근육 훈련을 위해서는 마사지를 이용한 다양한 놀이가 가능하다. 예를 들면, 손가락으로 볼이나 혀, 입술 등을 타자기 두드리듯 톡톡 두드리면서 자극시킬 수 있다. 이때 익숙한 노래를 불러 주면서 잠깐씩이라도 자주 해 주면 좋다.

(4) 일반화를 위한 전략

지적장애 아동은 일반화하는 것에 많은 어려움을 보인다. 예를 들면, '사과들'이라는 복수형 어미를 학습한 아동이 다른 명사에도 '들'이라는 어미를 사용할 수 있거나, 과거

시제를 학습한 후 다른 동사에서도 과제시제를 사용할 때 일반화 되었다고 말한다. 혹은 교실에서 배운 내용을 밖에 나가서 실생활에서 응용할 수 있다면, 그것도 일반화가 되었다고 말할 수 있다. 이러한 일반화는 언어중재에서 매우 중요한데, 이를 위해서는 구조화된 프로그램 속에서 체계적인 목표를 설정하고 훈련단어들을 지도해야 한다. 또한 일반화를 촉진시키기 위해서는, 첫째, 직접적이고 구체적인 학습상황에서 이루어져야 한다. 실제 경험 없이 조작적 교구나 조작적 행위만으로 학습할 경우 실제 상황에서 목표행동을 기대하기 어렵다. 둘째, 일반화가 잘되기 위해서는 아동이 만나는 사람들이 모두 언어촉진자로서 참여하여야 하며, 언어가 사용될 장소와 유사할수록 일반화가 용이하다(황보명, 김경신, 2010). 따라서 학습, 놀이, 가정 등 다양한 활동 속에서 언어지도가 이루어져야 한다.

(5) 스크립트 활용

스크립트(scripts)란 어떤 특정한 문맥 속에서 진행되는 단계적인 일련의 사건을 말한다(김영태, 2002). 사전적 의미로는 '손으로 쓴 글'로서 연극 용어인 스크립트에서 유래되었으며, 쉽게 말하자면 무대에서 상연하기 위해 만들어진 대본이다. 취학 전 어린 유아들은 자주 경험하는 일상생활에서의 상황일 경우에는 시간적-인과적 위계에 따른 순서화된 구조를 형성한다. 즉, 친숙한 일상 상황에 대해서는 잘 조직된 스크립트를 가지고 있는 것이다. 스크립트 활용은 구어능력을 증진시키는 전략으로서, 사회가 요구하는 방식의 의사소통과 행동양식을 습득하여 적절한 의사소통을 하는 것을 목표로 한다. 보완대체의사소통(AAC)이 구어적 결함을 비구어적 방법을 통해 의사소통을 지도하는 것이라면, 스크립트 활용은 일반적으로 구어 사용에 초점을 두고 있다.[6] 지적장애 아동이나 자폐장애 아동의 구어능력에 대한 스크립트 활용의 효과는 다양한 연구에서 입증된 바 있다. 예를 들면, '지역사회 관련 스크립트'란 지역사회에서 생활하면서 필요한 다양한 활동을 각본으로 구성한 다음, 실제 생활과 유사한 장면에서 활동을 통하여 학습하도록 하는 것을 말한다(강경숙 외, 2010). 일상적으로 사용되는 상황에 적합한 언어를 사용하기 위해서 그 상황이 그려진 대본의 도움을 받아 지도하는 전략이다. 예를 들면, 전화가 오면 우리는 "여보세요."라고 전화를 받는다. 장애아동에게 그것을 가

---

6 최근에는 AAC에서도 스크립트를 활용하는 추세다.

〈표 9-11〉 **스크립트 문맥을 활용한 언어활동 프로그램(예시)**

주요 활동	구조화된 상황	교사 발화	아동의 목표발화
과일가게에 가기	가게에 들어간다.	안녕!	안녕하세요!
	주인에게 다가간다.	뭐 줄까?	○○ 주세요.
	손으로 가리킨다.	얼마만큼 줄까?	○○개 주세요.
	이해를 못한 표정이다.	몇 개 달라고 했지?	○○개 주세요.
	봉투에 과일을 담는다.	자, 여기 있어.	감사합니다.

르치기 위해서 '여+보+세+요' 식의 구문적인 형식이나 어휘를 강조하는 식이 전통적인 언어지도방법이었다면, 스크립트를 이용한 전략은 전화를 받는(소꿉놀이와 같은) 구조화된 상황을 만들고, 그 안에서 실제로 상호작용하면서 필요한 어휘와 문장을 습득하는 접근법이다. 가장 큰 장점은 상황에 맞는 언어를 가장 일반화된 형태로 지도할 수 있다는 것이며, 단점은 최소한의 구어적 능력을 가지고 있어야 실시할 수 있다는 것이다. 물론 최근에는 스크립트 활용이 보완대체의사소통이나 다른 매체와 결합하여 사용되기도 한다. 다음 〈표 9-12〉는 강화된 환경중심 언어중재와 접목된 책읽기 활동 스크립트 예시다.

〈표 9-12〉 **책읽기 활동 스크립트**

주요활동	활동 상황 및 강화된 환경 중심 언어중재	교사의 언어적 단서	아동의 목표 기능적 의사소통			
			사회화	요구에 대한 반응	의문사 질문에 대답	요구하기
1. 교실에 들어오기	교실에 들어와서 교사와 어머니께 인사한다. (시간지연, 아동 반응 기다리기)	영현이 왔네, 영현이 안녕?	안녕 하세요?			
		엄마 가신다. 어머니께도 인사하자.	안녕히 가세요.			
		교실에 누가 있지?			○○요.	
		친구에게도 인사하자.	안녕?			

2. 실내화 바르게 정리하기	실내화 한 짝을 교사가 잡고 있다. (도움, 닿지 않는 위치, 시범 보이기, 선반 응요구-후시범, 시간 지연)	실내화를 정리하자. 어디에 실내화를 두어야 하니?		신발장	
		신발 한 짝을 잡고 아동을 바라본다.			신발 주세요.
		이제 교실로 들어가자.	네.		
3. 책 선택 하기	아동을 책장이 있는 쪽으로 데리고 간다. 아동이 읽고 싶어 하는 책을 고른다. (아동 주도 따르기, 공동 관심 형성, 흥미 있는 자료 매치, 선택) 읽고 싶은 책을 꺼내 제목을 말한다. (아동 발화에 반응하기, 확장하기) 아동이 선택한 책을 교사가 들고 주지 않는다. (시간 지연, 시범 보이기, 확장하기, 아동 반응 기다리기, 선반응요구-후시범)	아침활동 시간인데 우리 아침마다 하는 활동이 무엇이에요?		책 읽기요.	
		책을 읽으려면 무엇부터 해야 해요?		책을 꺼내요.	
		맞아요. 책을 꺼내요. 책을 꺼냈으면 책 제목을 말해 보자.	책 제목 말하기		
		아동이 선택한 책을 교사가 잡고 아동을 바라본다.			책 주세요.
4. 책 읽기	선택한 책을 가지고 자리로 간다. 의자에 앉지 못하게 의자를 잡고 있다. (도움, 시범 보이기, 아동 반응 기다리기) 책이 펴지지 않도록 손으로 누르고 있다. (도움, 시간 지연, 선반응요구-후시범) (도움, 시간 지연, 시범 보이기, 아동중심 시범) 함께 책을 읽는다. (공동 관심 형성, 정서 일치시키기, 상호적 주고받기, 시범 보이기)	책 읽으러 자리로 가자.	네.		
		의자를 빼지 못하도록 살며시 의자 위를 잡고 있다.			도와 주세요.
		의자 빼는 것을 도와준다.	고맙습니다.		
		이제 책을 읽어 보자. 책을 읽으려면 무엇부터 해야 하나요?		책을 펴요.	
		책을 못 펴게 손으로 누르고 있다.			손 치워 주세요.

5. 책 정리 하기	책장으로 가서 책을 넣는다. 책을 꽂을 때 교사가 가로막고 서 있다. (시간 지연, 도움, 아동중심 시범) 인사하기 인사하기(시간 지연, 선반 응요구-후시범)	영현이 책 더 읽을래?		네/아니요	
		다 읽었으면 책을 어떻게 해야 하지….			책장에 꽂아요.
		책장에 책을 꽂을 때 막고 서 있다.			비켜 주세요.
		이제 올라갈 시간이다. 인사하고 올라가자.	안녕히 계세요.		
		친구에게도 인사해야지.	○○야, 안녕.		

출처: 홍지희, 오혜정(2008).

(6) 교수적 접근

학생과의 성공적인 교육이란 단순히 적절한 교육내용이나 교수방법을 선택하는 문제에 국한된 것이 아니라, 일차적으로 의사소통을 통한 상호이해, 즉 '교육적 관계' 형성에 달려 있다. 양자의 교육을 어렵게 하는 의사소통의 손상 및 부재가 극복되는 과정에서 비로소 교육내용 및 교수방법에 대한 결정이 적절했는지 판단할 수 있기 때문이다(이숙정, 2011). 교육과 의사소통의 관계는 크게 두 가지 측면에서 볼 수 있다. 첫째, 교육 자체가 의사소통이다. 둘째, 교육은 의사소통능력을 중재하는 과제를 가지고 있다. 교육 자체로서의 의사소통은 지적장애 아동에게 특히 중요하다. 구어사용 여부, 말의 이해 여부, 보완대체의사소통 사용능력의 여부, 정서적 상태 여부와 상관없이 의사소통은 그 자체로서 교육이며, 교육은 곧 의사소통이다. 의사소통능력을 중재하는 교육에는 구어적 의사소통과 비구어적 의사소통을 모두 포함한다. 지적장애 아동의 교육현장에서는 비구어적 의사소통방법이 많이 사용되는데, 다음과 같은 채널을 통해 이루어진다.

- 청각적 채널: 목소리의 질과 준언어적 요소가 중요하다. 아동은 교사의 음색과 말의 속도, 음도 등에서 편안함/화남/공포/기쁨/강요/정중함/따뜻함/차가움 등의 메시지를 전달받는다.
- 시각적 채널: 시각적인 요소는 비구어적 의사소통에서 지속적인 영향을 준다. 얼굴

표정, 몸짓과 신체 움직임, 상대방과의 공간적인 간격, 외현적인 모습(신체구조, 화장, 머리 스타일) 등이 대표적인 예다.

- 촉각적 채널: 농/맹 아동과 같이 시각적 · 청각적 채널이 모두 제한적인 경우에 촉각적 채널에 대한 의존도가 높아진다. 따라서 중도 지적장애의 경우에는 촉각이 중요한 요소로 작용하는데, 예를 들면 "안녕하세요, 해야지."라고 말하면서 고개와 허리를 숙여 준다거나, 감정과 정서표현 또는 주의집중을 유도하기 위해서 사용할 수도 있다.
- 몸짓언어의 활용: 몸짓언어는 몸으로 표현하고 의사소통하는 모든 방법을 포함한다(박은혜, 2017). 일반적으로 생후 약 8개월까지는 유아와 양육자 간에 baby talk가 의사소통에 많이 사용된다. baby talk란 아직 말을 하지 못하는 아기와 의사소통을 위하여 서로 주고받는 몸짓이나 표정 따위의 신호 혹은 말하는 근육이 충분히 발달하지 못한 아기가 낼 수 있는 자연스런 몸짓을 말한다(국립국어원, 2004, 김동국, 2010에서 재인용). 중도 지적장애를 가지고 있는 아동의 경우에는 구어가 아닌 대안적 의사소통방법으로서 몸짓이 대안적 소통 통로가 될 수 있다. 교사는 자연스럽게, 반복적으로 그리고 일관성 있게 몸짓을 사용하고, 아동의 자발적인 몸짓언어에도 칭찬하고 즉각적으로 반응해 주어야 한다.

태어난 아이가 다운증후군이라는 말을 네 아빠로부터 들었을 때, 나는 첫 손주를 얻었다는 기쁨과 앞으로 어떻게 해야 하나 하는 불안감을 동시에 느낄 수밖에 없었다. 하지만 그 감정은 오래가지 않았다. 너는 건강하게 자라서 어느새 두 살이 되었다. 귀엽고 따뜻하고 잘 웃고 노래에 맞춰 춤도 추는 그런 아이… 일과 집착, 명예와 스트레스 말고도 인생에는 이렇게 소중한 것이 있다는 것을 알려 주기 위해 네가 우리에게 온 것이라는 것을 이제 이 할머니는 확신한다.

너를 자랑스러워하는 할머니가[7]

7 Hogenboom(2003)에서 발췌함.

제10장

자폐성장애 아동의 의사소통지도

자폐아동은 사회적 상호작용과 놀이활동 그리고 의사소통 상황에서 매우 독특한 증상을 보인다. 상대방에게 적응하려고 하지 않으며, 상대방에게 영향력을 행사하려고 하지도 않고, 상대방과 감정을 교환하려고 하지 않으며, 말이나 신체를 이용해서 소통하려고 하지도 않는다. 최소한 사람들 눈에는 그렇게 보인다. 심한 자해행동 때문에 평균의 지능을 가지고 있음에도 일반교육을 받지 못하기도 하며, 단어나 문장을 습득하였음에도 불구하고 자신만의 세계에서 살고 있는 듯 무언어(mute)를 보이기도 한다. 자폐는 마치 '외부 사람 접근 금지' 표지판을 달고 있는 것 같다. 이 장에서는 자폐아동이 가지고 있는 의사소통의 특성과 지도방안에 대해 알아보고자 한다.

1. 자폐범주성장애

이제까지 자폐스펙트럼장애, 전반적 발달장애, 자폐증 혹은 자폐성장애 등의 용어들이 불가피하게 혼용되어 왔다. 미국정신의학회(American Psychiatric Association)는 몇 차례의 DSM(Diagnostic and Statistical Manual of Mental Disorders) 개정을 통해 자폐성장애에 대한 진단기준을 변화시켜 왔다. Leo Kanner에 의해 처음 사용된 자폐증(autism)은 DSM-III에서 전반적 발달장애(Pervasive Developmental Disorder: PDD)라는 용어가 새롭게 등장하면서 전반적 발달장애의 하나의 하위유형인 자폐장애(autisic disorder)로 명시되었다. 당시 전반적 발달장애의 하위유형에는 자폐장애, 레트장애, 아동기붕괴성장애, 아스퍼거장애 그리고 불특정 전반적 발달장애(pervasive developmental disorder not otherwise specified)를 포함하였다. 이때 불특정 전반적 발달장애란 자폐증과 비슷하나 진단기준을 완전히 만족시키지 못하는 경우를 말한다. 신석호(2014)에 따르면, 자폐증이라는 진단은 임상에서 낙인(stigma)효과를 유발할 수 있기 때문에 당시 '자폐'라는 직접적 표현보다는 전반적 발달장애라는 용어가 선호되는 경향이 있었다. 전반적 발달장애의 개념은 DSM-IV-TR에서도 유지되다가 2013년 DSM-5에 와서는 'Autism Spectrum Disorder(ASD)'라는 새로운 용어가 채택되었다. 이로써 기존의 PDDs의 하위유형들은 단일범주인 ASD로 통합된 것이다(이승희, 2014). 국내에서는 이를 '자폐스펙트럼장애' 혹은 '자폐범주성장애'로 번역하고 있다.

1) DSM-5에서 정의하는 자폐범주성장애의 진단기준

미국정신의학회의 DSM-5에 기술된 자폐범주성장애의 진단기준은 〈표 10-1〉과 같다.

〈표 10-1〉 DSM-5의 자폐범주성장애 진단기준

진단기준	299.00(F84.0)

A. 다양한 상황 속에서의 사회적 의사소통과 상호작용의 지속적인 결함이 현재 또는 과거에 다음 세 가지 항목 모두에서 나타난 경우

  1. 사회적-정서적 호혜성의 결함
- 비정상적인 사회적 접근 및 서로 주고받는 일반적인 대화의 실패에서부터 흥미, 감정, 애정을 공유하지 못함
- 사회적 상호작용 시도 또는 반응의 실패

  2. 사회적 상호작용에 사용되는 비구어적 의사소통 행동의 결함
- 구어 및 비구어적 의사소통을 서로 융합시키는 데에 결함
- 비정상적인 눈맞춤 및 몸짓언어 또는 제스처 사용 및 이해에 있어서의 결함
- 얼굴표정 및 비구어적 의사소통의 현저한 결함

  3. 교우관계를 맺고 유지하며 이해하는 데에 있어서의 결함
- 자신의 행동을 다양한 사회적 맥락에 맞도록 조절하는 데에 결함
- 상상놀이를 하지 못하고 친구관계를 맺지 못함
- 친구에 대해 무관심

B. 제한적이고 반복적인 행동, 흥미 또는 활동이 다음 항목 중 적어도 두 가지 이상 해당하는 경우

  1. 고정적이거나 반복적인 근육운동·물건을 취급하는 것 혹은 언어의 사용(예: 상동행동, 장난감 줄 세우기, 사물을 흔들기, 반향어나 특이한 구 사용)

  2. 똑같은 것을 고집하고, 틀에 박힌 일상생활 또는 의례적인 패턴의 구어 또는 비구어적 행동(예: 작은 변화에 극도로 예민하게 반응하고 전환에 어려움을 느끼며 집착적 사고, 기계적인 인사 습관, 동일한 경로를 취하거나 또는 매일 같은 음식을 먹어야 함)

  3. 강도나 초점이 비정상적일 정도로 매우 제한적이고 고정된 흥미(예: 일반적이지 않은 물건에 대한 강한 애착이나 집착, 지나치게 한정되거나 집착적인 흥미)

  4. 감각입력에 대한 과잉 또는 과소 반응 혹은 환경의 감각적인 측면에 대한 비정상적인 관심(예: 통증/온도에 대한 뚜렷한 무관심, 특정한 소리나 감촉에 대한 부정적인 반응, 사물의 냄새를 과도하게 맡거나 만짐, 빛이나 움직임에 대해 강한 시각적 몰입)

C. 상기 증상은 반드시 초기 발달주기에 드러나야 한다. (그러나 사회적 요구가 자신의 능력 한계를 넘어설 때까지는 완전히 드러나지 않을 수 있거나, 나중에 학습된 전략으로 감추어질 수 있음)

D. 상기 증상은 사회적, 직업적 또는 현재 수행하는 다른 중요한 영역에서 임상적으로 상당한 장애를 유발한다.

E. 이러한 장애들(disturbances)은 지적장애(지적발달장애)나 전반적 발달지체의 측면에서 완전히 설명되는 것은 아니다. 흔히 지적장애는 자폐범주성장애를 동반한다. 자폐범주성장애와 지적장애를 함께 진단받기 위해서는 사회적 의사소통능력이 기대되는 일반적인 발달 수준보다 낮아야 한다.

주: DSM-IV에 근거하여 자폐증, 아스퍼거 장애(Asperger's disorder)나 전반적 발달장애로 진단받은 개인에게는 반드시 자폐범주성장애 진단을 실시해야 한다. 사회적으로 의사소통능력이 결핍됐으나 증상이 자폐범주성장애와 상이한 경우에는 사회적 의사소통장애로 진단된다.

2) 자폐(성)장애의 정의

　　자폐진단을 받은 올해 6세인 A는 대부분 교실 구석에 쪼그리고 앉아서 손목을 뱅
글뱅글 돌리거나 몸을 흔들거리고 있다. 말을 걸어도 반응하지 않고, 가끔 이상한 소
리를 낼 때에도 상대방의 눈을 쳐다보지 않는다. 하루 종일 창문 옆을 서성거리기도
하고, 한 시간 동안 손톱으로 책상을 긁기도 한다. 교실 옆에서 공사를 하던 어느 날은
자신의 손등을 피가 나도록 물기도 했다. 나는 그가 쳐 놓은 바리케이드를 뚫고 들어
갈 엄두가 나지 않았다.

　자폐장애의 기본적인 특성 세 가지는 사회적 상호작용과 의사소통 발달의 질적 손상
그리고 제한적 · 반복적 · 상동적인 행동이다. 각 기관에서 내리고 있는 자폐장애의 정
의는 〈표 10-2〉와 같다.

〈표 10-2〉 **자폐장애의 정의**

기관	정의
미국자폐협회 (ASA, 2006)	자폐는 일반적으로 생후 3년 이내에 나타나는 복잡한 발달장애로 두뇌의 정상적인 기능에 영향을 미침으로써 사회적 상호작용과 의사소통기술 영역에 영향을 미친다. 자폐를 지닌 아동과 성인은 일반적으로 구어 및 비구어 의사소통, 사회적 상호작용, 여가나 놀이활동에서의 어려움을 보인다. 그러나 자폐는 범주성 장애로 각 개인마다 다양한 정도로 영향을 미친다는 사실을 고려해야 한다.
장애인교육법 (IDEA)	자폐는 일반적으로 3세 이전에 나타나 구어 및 비구어 의사소통과 사회적 상호작용에 심각한 영향을 미침으로써 아동의 교육적 성취에 부정적인 영향을 미치는 발달장애다. 자폐와 자주 관련되는 기타 특성은 반복적인 활동 및 상동적인 움직임, 환경적인 변화나 일과의 변화에 대한 저항, 감각적 경험에 대한 비전형적인 반응 등이 있다. 이 용어는 아동의 교육적 성취에 부정적인 영향을 미치는 주요 원인이 정서장애인 경우에는 해당되지 않는다. 3세 이후에 자폐의 특성을 보이는 아동도 앞에서 서술한 진단기준에 해당된다면 '자폐'를 지닌 것으로 진단될 수 있다.
장애인 등에 대한 특수교육법 (2007)	자폐성장애를 지닌 특수교육대상자는 사회적 상호작용과 의사소통에 결함이 있고, 제한적이고 반복적인 관심과 활동을 보임으로써 교육적 성취 및 일상생활 적응에 도움이 필요한 사람을 말한다.
장애인복지법 (2008)	자폐성장애인이란 소아기자폐증, 비전형적 자폐증에 따른 언어 · 신체표현 · 자기조절 · 사회적응기능 및 능력의 장애로 인하여 일상생활이나 사회생활에 상당한 제약을 받아 다른 사람의 도움이 필요한 사람을 말한다.

자폐장애는 1968년에만 하더라도 1만 명당 4명꼴의 출현율을 보였는데, 2000년에는 1,000명당 1명꼴로 보고되고 있다(Bernard-Opitz, 2007). 정확한 수치는 일치하지 않지만 최근 자폐장애의 출현율이 과거에 비하여 증가하고 있다는 사실에는 모두 동의하고 있다. 최근 증가하는 출현율로 비추어 보아 평균 25명 규모의 학급이라고 가정하였을 때 자폐를 가지고 있는 학생은 4개 학급당 1명꼴이라는 예측도 가능하다(Schirmer, 2011). 2019 특수교육 통계자료에 따르면, 자폐성장애는 전체 9만 2,958명의 특수교육 대상자 가운데 1만 3,105명으로 14.1%에 달한다(교육부, 2019). 출현율의 증가에 대한 정확한 이유는 밝혀진 바가 없으나, 대부분의 전문가들은 출현율 증가가 다음과 같은 이유에 근거한다고 보고 있다. 첫째, 자폐진단도구의 개발로 인하여 과거에 지적장애로 진단되었던 대상들이 자폐장애로 진단받게 되었다. 둘째, 기존의 자폐장애가 자폐범주성장애(자폐스펙트럼장애)로 개념이 확장되면서 진단 경계가 완화되었다. 셋째, 장애진단을 받는 것에 대한 대중의 인식이 긍정적으로 변화되었다(이소현, 박은혜, 2011). 남녀 성비에 있어서는 8:1로 남아에게서 현저하게 많이 나타난다(Myschker, 2005). 이는 캐너(Kanner, 1943)와 기타 연구자들(Frith, 1992; Siegmüller & Bartels, 2006)이 보고하는 3:1보다도 훨씬 높은 수치다.

자폐 특성은 지적장애를 가지고 있는 아동에서도 많이 나타난다. 몰(Mall, 1982)의 연구에 따르면 650명의 지적장애 가운데 13.3%가 자폐 특성을 가지고 있었으며, 하우엔슈타인(Hauenstein, 1982)은 17%에 달한다고 보고하였다. 이는 지적장애가 가지고 있는 특성이 자폐 특성과 유사하게 나타날 수 있기 때문인데, 이런 경우에는 자폐성향을 가지고 있다고 말한다(Vernooij, 2007).

3) 자폐(성)장애의 원인

1943년 존스홉킨스 의과대학의 정신과 의사였던 캐너와 1944년 오스트리아 정신과 의사였던 아스퍼거(Hans Asperger)에 의해 처음 자폐장애가 소개된 이후(Vernooij, 2007), 초기 연구자들은 부모의 잘못된 양육태도가 자폐증상을 야기한다고 주장하였다. 그러나 이러한 초기 연구자들이 주장한 환경적 요인은 검증이 되지 않았고 오히려 최근에는 유전과 신경생물학적 요인이 강조되는 추세다. 미국자폐협회(Autism Society of America: ASA, 1997)가 자폐장애를 뇌의 신경학적 장애라고 보는 것도 그러한 맥락에서다. 사춘기에 있는 자폐아동 6명 가운데 1명꼴로 발작을 일으킨다는 보고(Gillberg,

1990)도 신경학적 요인에 더 힘을 실어 주고 있다. 어떠한 요인도 입증된 바는 없으나, 일반적으로 다음과 같은 요인들이 자폐를 유발하는 것으로 추정된다.

- 유전: 가계력에 대한 연구들을 보면, 학자들마다 수치는 일치하지 않지만 대체로 실제 가족 내에 자폐가 있으면 출현율이 높은 것으로 보고 있다. 특히, 자폐를 가지고 있는 일란성 쌍둥이의 비율은 60~90%로 매우 높다. 그러나 유전이 단일요인이라고 볼 수 있는 증거는 없다.
- 생화학적 요인: 신경전달물질인 세로토닌의 과다분비 등이 원인이다. 세로토닌은 뇌에서 신호자극을 신경세포로 전달하는 일을 맡고 있는 화학물질로서, 자폐아동의 약 1/3이 높은 세로토닌을 가지고 있다. 세로토닌은 우리의 두뇌에서 자연스럽게 만들어지는 물질로 지나치게 많으면 뇌기능을 자극하고, 부족하면 침정작용을 일으킨다(김양호 외, 2009). 침정작용이란 우울감 같은 감정을 말한다.
- 신경계의 이상: 동물실험을 통해 알려진 바에 의하면, 우리 뇌의 편도체 부분은 공격성과 감정을 조절한다. 일부 연구자들은 편도체(amygdala)는 감정을 주관하는 뇌 부위로서, 자폐아동의 경우 감정이 없는 것처럼 행동하는 것은 바로 편도체의 이상 때문이라고 설명하고 있다. 일부에서는 단기기억력을 담당하는 해마(hippocampus)의 이상으로 인하여 자폐아동이 새로운 정보를 기존의 정보와 연합하여 기억하는 데 문제를 보인다고 주장한다.
- 복합적 요인: 복합 유전자의 조합으로 인하여 아동이 장애 발생 위험에 노출된 상태에서 특정 환경적 요인(알려지지 않은)이 결합될 때 자폐장애가 발생한다는 가설이 설득력 있게 제시되고 있다(이소현, 박은혜, 2011).

2. 자폐(성)장애의 일반적 특성

자폐장애로 진단하기 위해서는 몇 가지의 진단준거를 충족시켜야 한다. 가장 많이 사용되는 DSM-IV, DSM-5의 자폐장애 진단준거, 아동기 자폐증 평정척도(Childhood Autism Rating Scale: CARS), 자폐아동교육진단검사(Autism Screening Instrument for Educational Planning: ASIEP)에서 제시하는 항목들 속에는 대표적인 자폐특성이 모두 포함되어 있다. 자폐특성은 36개월 이전에 나타나며(DSM-IV, 1994), 대부분 3~5세에 가장 뚜렷하게 관찰된다(Klicpera et al., 2001).

1) 사회적 상호작용의 질적 손상

사회적 상호작용의 질적 손상은 자폐장애를 진단하는 가장 기본적인 특성으로서, 자폐아동의 사회적 행동은 빈도뿐만 아니라 질적인 부분에서도 차이를 갖는다. 사회적 상호작용이란 주위에 있는 사람들과 관계하여 우리가 행위하고 반영하는 과정이다. 즉, 타인에게 관심을 갖고 표현하며, 관계를 형성하고 유지하며, 집단의 일부가 되어 가는 사회적 행위를 말한다.

사회적 상호작용 결함은 [그림 10-1]과 같이 크게 세 가지 형태로 나타난다. 자폐아동은 마치 유리벽 안에 있는 것처럼 주변에 관심을 보이지 않는다. 눈을 맞추고 웃거나 다른 아동들처럼 껴안고 뽀뽀하는 것을 허락하지도 않는다. 아동이 어머니의 존재를 알고 있는지조차 의심스럽다고 할 만큼 사회적 상호작용에 어려움을 보인다(Frith, 1992). 사회적 상호작용은 기본적으로 '관심'에서부터 출발한다. 그다음에는 응시(눈맞춤)를 시도한다. 이렇듯 눈맞춤은 사회적 상호작용의 핵심요소인데, 자폐장애의 경우에는 상대방과 시선을 맞추고 유지하는 데 어려움을 갖는다. 사회적 상호작용 결함으로 나타나는 대표적인 문제들은 다음과 같다.

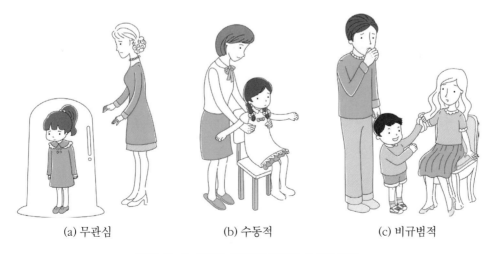

(a) 무관심　　　　　(b) 수동적　　　　　(c) 비규범적

[그림 10-1] 사회적 상호작용 결함의 세 가지 형태

출처: Frith (1992).

- 주변 사람에 대해 관심을 갖지 않는다.
- 사회적 상호작용을 조절하기 위한 눈맞춤, 얼굴표정, 몸짓과 같은 다양한 비언어적 행동을 사용함에 있어서 어려움이 있다.
- 다른 사람들과 기쁨, 관심, 슬픔 등의 감정상태를 공감하지 못한다.
- 특정 사물에 대해서는 지나칠 정도의 관심을 보이지만 일반적으로 사람에 대해서는 애착을 표현하지 않는다.
- 친구관계를 형성하는 데 어려움이 있다.
- 신체접촉을 거부한다.
- 표정이나 몸짓 또는 언어 등으로 서로 반응을 주고받는 상호교류가 부족하다.

이러한 사회적 상호작용의 결함은 놀이 영역에서도 나타나는데, 예를 들면 놀이 영역에서도 자폐아동은 까꿍놀이나 숨기놀이, 소꿉놀이 등을 즐겨하지 않는다. 협동놀이보다는 혼자 하는 활동을 선호하며 장난감을 가지고 놀 때에도 적절한 방식으로 놀기보다는 개인적 흥미에 맞추어진 매뉴얼에 집중한다.

2) 제한적 · 반복적 · 상동적인 행동

'제한적 · 반복적 · 상동적인 행동'은 자폐장애를 진단하고 설명하는 대표적인 특징 가운데 하나다. 여기서 '제한적'이란 특정 물건이나 특정 주제에만 몰두하고 집착하는 것을 말한다. 자폐아동은 관심이 있는 대상에만 과도하게 집착함으로써 다른 활동에서는 흥미도가 두드러지게 떨어진다. 이것은 강박적인 행동으로 나타날 수 있는데, 예를 들면 사물을 일렬로 나열시키는 것과 같은 의식적인 행동(ritualistic behaviors)이나 동일성을 고집하여 환경변화에 극단적인 반응을 보이기도 한다. 반복적이고 상동적인 행동은 하루 종일 불을 켰다 껐다를 반복한다거나, 몸 전체나 신체의 일부(손, 손가락)를 움직이거나, 물건을 흔들거나 또는 손가락을 빠는 등의 다양한 모습으로 나타난다. 〈말아톤〉이나 〈레인맨〉〈내 이름은 칸〉과 같은 영화에서 주인공들은 모두 손가락을 피아노 건반을 두드리듯이 흔들거리거나 손바닥을 치는 반복적이고 상동적인 행동들을 보여 주고 있다. 이러한 행동은 딱히 다른 사람의 자유를 가로막지도 않고 상대방에게 해를 끼치지 않음에도 불구하고 정상적인 행위라기보다는 이상행동으로서 감소시켜야 하는 행위로 간주되고 있다. 연구자들은 '좋지 않은 인상을 주기 때문에' '학습활동의 저해요인이 되기 때문에' 또는 '사회통합의 방해요소가 되기 때문에' 등으로 그 이유를 설명한다. 그러나 최근에는 그러한 상동행동, 자기자극행동, 의식적 행동을 무작정 제거하려고 하면 원치 않는 다른 행동으로 나타날 수 있다는 점에서 신중한 반응이 필요하다고 강조하고 있다. 또한 상동행동은 최적의 각성수준[1]에 도달하기 위한 기능을 할 뿐만 아니라 의사소통의 기능을 가지고 있다고 설명되기도 한다(신현기 외 역, 2010).

3) 인지적 특성

자폐장애는 지능지수 70점을 기준으로 고기능자폐(High Functioning Autism: HFA)와 저기능자폐(Low Functioning Autism: LFA)로 구분된다. 고기능자폐는 평균 이상의 지능(IQ>70)을 가지고 있으나 자폐 특성을 그대로 가지고 있는 아동을 말한다. 자폐아동의 약 25%가 이에 해당하며(이승희, 2009), 그 가운데 약 10%는 특정 영역에서 뛰어난 능력이나 기술을 보이는 아동으로서, 이들이 특정 영역에서 나타내는 능력 등을 일컬어 '자폐적 우수성(autistic savant)' 또는 '서번트 신드롬(savant syndrome)'이라고 한다(권요한 외, 2010). 평균 이상의 지능을 가지고 있는 고기능자폐는 임상에서 아스퍼거 장애와의 구분이 모호하다. 이승희(2009)의 연구를 근거로 하여 볼 때, 고기능자폐와 아스퍼거 장애의 특성은 연령이 증가할수록 두 장애 간 증상의 차이가 점점 줄어들며, 두 장애를 구별할 수 있는 정도의 차이는 뚜렷하지 않다.

자폐아동의 인지장애는 자폐를 설명해 주는 특성이 될 수는 없으나, 일반아동과 비교하여 다음과 같은 몇 가지의 차이점을 갖는다.

- 상징능력 사용의 결함: 일반아동의 인지발달의 경우 2세경이 되면 대부분 상징능력이 발달하여 상징물을 이해하고 상징놀이를 한다. 아동들은 '나무토막'을 '자동차'처럼 사용하고, 나뭇잎을 으깨서 나물을 만들기도 하고, 벽돌을 으깨어 고춧가루를 만들기도 한다. 이러한 상징놀이가 가능한 것은 아동이 표상을 형성할 수 있기 때문이다. 표상(representation)이란 사물에 대한 정보를 저장하고 표현하는 방식을 말하는데(성현란 외, 2001), 우리는 대상을 있는 그대로 표상하기도 하지만, 때

---

1 각성(arousal)이란 자극에 대하여 신체적·정신적 반응을 보이는 상태를 말하며, 예를 들면 최적(적정) 수준의 불안을 느낄 때 학습활동이 가장 활발하다(김희수, 2003).

로는 특정 방식으로 표상하기도 한다. 잠자는 시늉을 하고, "여기는 아주 추운 곳이야."라면서 이불을 덮는 행위 등은 이러한 표상이 가능하기 때문에 이루어진다. 그러나 자폐아동의 경우에는 상징적 표상에 대한 이해가 어렵기 때문에 상징놀이나 가장놀이 그리고 언어사용에서도 어려움을 보인다.

- 주의집중의 결함: 감각기관으로 들어오는 정보의 양은 너무 많기 때문에 우리에겐 필요한 정보를 선택하고 불필요한 정보는 걸러 내는 선택과정이 항상 필요하다. 선택적 주의는 슈퍼마켓 선반에서 원하는 과자를 찾는다거나, 여러 사람이 말하는 소음 속에서 자신의 이름을 부를 때 반응한다거나, 두 가지 이상의 감각자극이 주어졌을 때 목표자극에 집중하는 능력을 말한다(성현란 외, 2001). 자폐아동은 이러한 선택적 주의집중이 어렵다. 자신이 선호하는 특정한 활동에서는 놀라운 강도의 주의집중을 보이지만, 외부의 요구에 의해 다른 곳으로 주의집중을 전환하는 것에 어려움을 보인다. 따라서 한 가지의 활동에서 다음 활동으로 넘어가는 과제수행에서 자폐아동은 특히 힘들어하는 경향이 있다. '함께 주의집중하기(joint attention)'는 다른 사람이 주의하는 것을 선택하여 주의하는 것을 말하는데, 일반적으로 출생 후 2년 동안 현저하게 발달한다. 그러나 자폐아동의 경우에는 다른 사람과 함께 주의를 끌어 내고 공유하는 데 어려움을 겪게 되며, 이는 상호작용과 언어발달에 부정적인 영향을 미친다.

- 마음읽기의 결함: 마음이론은 심리학과 인지학에서 나온 개념으로서, 자신과 타인이 목적, 바람, 믿음과 같은 마음상태를 가지고 있으며 이러한 마음상태가 특정 행동을 하도록 만든다는 마음에 대한 지식을 가리킨다. 마음이론을 가지고 있는 인간은 사람의 행동을 그 사람의 마음과 관련하여 이해하는 마음읽기를 하게 된다(박민 외, 2007). 마음읽기에는 다른 사람의 감정을 인식하는 기능을 가리키는 감정적 마음읽기가 있고, 다른 사람의 의도를 파악해 내는 인지적 마음읽기가 있다. 즉, 마음읽기란 다른 사람의 마음상태가 어떤지를 상상하는 능력으로서, 예를 들어, "커다란 개가 따라오면 어떤 마음일까?" "엄마가 아파서 병원에 있어. 그러면 어떤 마음일까?" 등의 질문에서 자폐아동들은 동일한 지적능력을 가지고 있는 지적장애 아동과 비교하였을 때도 심한 결함을 보인다. 마음읽기는 타인과 상호작용하는 데 있어서 가장 중요한 인지능력으로서 영아들도 특별히 학습을 하지 않고도 저절로 상대방의 마음의 특성을 이해한다고 알려져 있다(김혜리, 1998). 자폐아동의 마음읽기능력을 알아보기 위하여 프리스와 그의 동료들(Frith et al., 1985)은

[그림 10-2] 샐리-앤 마음읽기실험

출처: Frith (1992).

자폐아동 집단과 다운증후군 아동들을 대상으로 이른바 샐리-앤(Sally-Anne) 마음읽기실험을 하였다([그림 10-2] 참조).

"샐리가 돌아왔을 때 샐리는 공을 어디에서 찾을까요?"라는 질문을 하였을 때, 4세 일반아동(정신연령 4세)의 경우 27명 가운데 23명이 정확하게 대답하였으며, 다운증후군 아동(생활연령: 10년 11개월, 정신연령: 2년 11개월)은 14명 가운데 12명이 정답을 말하였다. 반면에 자폐아동(생활연령: 11년 11개월, 정신연령: 5년 5개월)의 경

〈표 10-3〉 자폐성장애 아동의 특성(예시)

		대상 1(남)	대상 2(여)
CA		9년 2개월(3학년)	10년 11개월(4학년)
CARS		33.0	36.0
K-WISC-III	총점	51	59
	동작성	68	71
	언어성	49	49
대화 시 나타나는 행동 특성		거의 모든 상황과 대화 상대자에게 대화 내용에 상관없이 자신이 좋아하는 정해진 내용을 반복해서 질문함. (예: "차에 벽돌 던지면 돼요? 안 돼요? "친구 머리털 뽑으면 안 되죠? 머리털 뽑으면 아파요?")	눈응시 시간이 길지 않고 상대방의 지속적인 대화시도를 회피함. 대화를 먼저 시작하는 경우가 매우 드물고, 묻는 말에 간단한 단어나 구로 대답해 버리고 혼자 놀이를 함.
일반적 언어 특성		성인 가까이에서 존댓말로 대화하는 것을 즐김. 상대의 질문에 성의 있지는 않지만 짧은 문장으로 대답함.	자발적 의사표현이 적음. 간단한 질문에 1~2단어로 대답함. 부자연스러운 억양.
학습 특성		정확한 받아쓰기 능력과 간단한 문장 이해 능력을 갖춤. 언어학습 능력에 비해 수리력이 현저히 떨어짐.	간단한 사칙연산을 기계적으로 함.
일반적 행동 특성		분노조절이 어려울 때가 있음. 때로 공동생활의 규칙을 지키려 하지 않고 권위에 도전적임.	온순한 편이나 고집이 셈. 같은 그림 그리기를 좋아함.
상호관계 특성		또래의 간섭을 싫어함. 좋아하는 사람과 싫어하는 사람의 구분이 심하여 그에 따라 반응방식도 차이 남.	주로 혼자 있고 싶어 함. 또래의 상호작용 시도에 수동적으로 반응함.
통합 정도		통합반 시간표 중 국어와 수학 시간에 특수학급에 와서 수업을 받음.	통합반 시간표 중 국어와 수학 시간에 특수학급에 와서 수업을 받음.

출처: 장미순, 김은경(2008).

우에는 다운증훈군 아동보다 정신연령이 높았음에도 불구하고 20명 가운데 4명만이 '바구니'라고 대답하였다. 이는 자폐아동이 다른 사람의 생각이나 의도를 이해하는 능력이 다른 장애와 비교하였을 때도 특별히 발달하지 못했거나 손상되어 있다는 것을 보여 주는 연구결과다. 〈표 10-3〉은 자폐성장애를 가지고 있는 학생의 특성 예시다.

3. 자폐(성)장애 아동의 언어적 특성

자폐아동은 구어적 의사소통뿐만 아니라 비구어적 의사소통에서도 많은 제한을 보인다. 물론 자폐아동의 의사소통능력은 개인차가 매우 크다. 비구어적 의사소통조차 어려운 경우부터 상당한 어휘력과 문법능력을 소유하고 있으면서 단지 유머나 은유적인 표현들을 이해하는 데에만 문제를 보이는 경우까지 매우 다양하다. 더욱 특징적인 것은 지적 능력과 의사소통능력 간의 상관관계가 다른 장애에 비하여 뚜렷하지 않다는 점이다(Schirmer, 2011). 의사소통의 결함은 자폐아동의 발달과정에서 대표적인 것으로서, 고기능자폐를 제외한 대부분 아동들은 언어발달지체와 자폐 특유의 언어가 나타난다(강수균 외, 1999). 물론 고기능자폐도 반향어나 대명사 전도와 같은 어느 정도의 의사소통의 질적 손상을 보이는 것으로 알려져 있다. 특히 인칭대명사의 사용, '나는, 나의, 나에게, 나를' 등의 사용에 큰 어려움을 보인다(Moore, 2004). 예를 들어, 자신이 뭘 마시고 싶다는 의미로 "너 뭐 마실거야?"라고 묻기도 한다. 1인칭과 2인칭의 사용이 정확히 구분되지 않는 것은 대부분의 자폐아동에게서 나타나는 언어특성 중 하나다. 이것을 가르치기 위해서는 화자의 관점과 청자의 관점이 다르다는 것을 이해시켜야 한다.

1) 비구어적 의사소통

사회적 상호작용은 구어적 의사소통뿐만 아니라 비구어적 의사소통, 예를 들면 얼굴 표정이나 몸짓 등을 통해서 이루어지기도 한다. 언어습득이 이루어지기 이전 단계에서 일반아동들은 비구어적 신호들을 통해 자신이 원하는 바를 표현하고 이를 통해 상호작용을 한다. 그러나 자폐아동들은 그것들을 상호관계 속에서 언어수단으로 사용하는 능력에 결함을 보인다. 그에 대한 원인은 자폐아동들이 의사소통의 교환적 개념, 즉 의사소통을 매개로 하여 자신이 원하는 어떤 결과를 획득한다는 것을 잘 알지 못하기 때문이다. 자신의 불만이나 불쾌함을 상대방에게 전달하고 설명하는 능력이 부족하며, 때로는 상대방을 의사소통 파트너로 인식하는 데에도 문제를 보인다.

- 무언가를 요구하거나 흥미가 있다는 것을 표현하기 위해서 손가락으로 가리키는 행동은 하지만 다른 사람에게 무엇을 보게 하려고 동작을 하지는 않는 경향이 있다(Baron-Cohen et al., 1996).
- 의사표현을 위한 소리나 몸짓 등을 적극적으로 사용하지 않는다.
- 상대방의 준언어적 요소(억양, 강세, 속도)와 비언어적 요소(몸짓, 자세, 표정)를 해석하고 자신의 의사소통기술로서 사용하는 능력이 부족하다.

2) 구어적 의사소통

자폐아동의 언어발달은 집단 내 개인차가 매우 크다. 무발화의 수준을 보이는 아동이 있는가 하면, 일부 아동은 음성언어를 사용하여 의사소통을 하기도 한다. 그러나 대부분의 자폐아동의 경우 언어발달지체를 동반한다. 일부 아동은 일어문 단계에서는 큰 차이를 보이지 않다가, 이어문과 삼어문 단계에서 언어발달지체 현상을 두드러지게 보이기도 한다. 자폐아동은 옹알이 단계에서부터 말소리에 대해 적극적이지 않으며, 소리모방이 잘 이루어지지 않는다고 보고되고 있다.

렘슈미트(Remschmidt, 2000)에 따르면, 자폐아동의 약 60%는 초기언어 발달과정에서 의사소통기능을 가진 언어를 산출하지 못하며, 1세에는 말소리와 자음의 수가 극히 제한적이며, 2세가 되면 전형적인 자폐 특유의 언어형태가 나타난다. 언어발달지체는 수용언어와 표현언어 모두에서 나타나며, 특히 화용론적 영역에서 결함을 두드러지게 보인다. 언어에서 화용론적 기술을 사용하기 위해서는 상대방이 의도하는 바를 읽어내려가면서 표현하여야 하며, 이야기 속의 전후 맥락과 소통하고자 하는 의도, 상대방과의 감정을 유지해 나가야 한다. 그러나 자폐아동은 이런 능력이 부족하여 전반적인 의사소통에 어려움을 갖는다.

임상경험에 따르면, 자폐아동들은 특정 소리자극에 대해 민감한 반응을 보이기도 하지만, 대체로 영아기에서부터 소리에 대한 반응을 보이지 않아 이비인후과에서 청력검

〈표 10-4〉 자폐아동의 언어적 특성

언어영역	특성
의미론적 측면	• 어휘의 의미가 매우 제한적이다. • 과잉축소/과잉확대 현상이 잦다. • 추상적인 단어 습득이 어렵다. • 격언과 속담 등의 이해가 어렵다.
구문론적 측면	• 전보식 문장을 사용한다. • 기능어의 사용이 어렵다. • 문장의 시제 사용이 어렵다. • 문장이 단순하고 짧으며 문법적 오류가 많다.
화용론적 측면	• 존칭 사용이 어렵다. • 인칭대명사 또는 지시대명사의 사용이 어렵다. • 상대방의 생각이나 관점을 이해하지 못한다. • 대화에서 주고받기가 이루어지지 않는다. • 질문에 대해서만 반응하는 수동적 대화태도를 보인다. • 대화 주제를 유지하기 어렵다. • 대화를 자발적으로 시작하지 않는다.
준언어적 측면	• 억양이 단조롭다. • 평서문과 의문문의 억양에서 차이가 없다. • 리듬과 강세가 없다. • 말에서 쉼이 문맥에 따라 적절하게 이루어지지 않는다.

사를 받는 경우가 많다. 청력이 정상임에도 불구하고 자폐아동들은 말소리에 대해 거의 반응을 보이지 않고, 심한 경우에는 함묵증을 보이기도 한다.

(1) 함묵증

함묵증(mutism)은 1934년 트래머(Tramer)에 의해 처음으로 명명되었으며, 정상청력과 말 그리고 언어 산출을 위한 모든 기관의 기능이 정상임에도 불구하고 말을 하지 않는 의사소통장애다. 함묵증은 완전 함묵증과 선택적 함묵증으로 구분된다(Böhme, 2003). 완전 함묵증은 가정 내에서나 밖에서 완전히 말을 하지 않는, 심한 경우에는 울음이나 웃음소리까지도 산출하지 않는 경우를 말한다. 반면에 선택적 함묵증은 일정기간 동안 정상적인 의사소통을 하다가, 부분적으로 특정 집단이나 장소에서 말을 하지 않는 경우다.

(2) 반향어

반향어(echolalia)는 그리스 신화에 나오는 에코에서 기인한다. 에코(echo)는 나르키소스(Narcissus)를 향한 영원한 사랑으로 마음을 태우다가 헤라의 저주로 메아리만 되풀이하게 되는 비극적인 님프(nymph)다. 이때 반향어란 자신의 뜻이 전혀 담겨져 있지 않은 상대방의 말만 반복하는 것으로서 의사소통의 의미는 가지고 있지 않다. 구어를 습득한 자폐아동 가운데 약 85%가 반향어를 사용한다고 보고될 만큼(Prizant & Rydell, 1984), 반향어는 자폐아동이 갖는 대표적인 언어특성이다. 물론 일반아동의 정상적인 언어발달 과정에서도 어느 정도의 반향어는 나타나지만, 구어를 사용하는 자폐아동의 약 3/4이 계속적으로 뚜렷한 반향어를 사용하고 있다는 보고(Dodd, 2007)로 보아, 자폐를 이해하는 데에 있어서 반향어 사용은 매우 중요하다. 자폐아동의 언어에서 나타나는 반향어는 금방 들은 말을 따라하는 즉각반향어와 과거에 들었던 말을 반복해서 말하는 지연반향어가 있다. 예를 들어, "너 왜 자꾸 그러지?"라고 말하면 아동도 "왜 자꾸 그러지."라고 따라 말하기도 하지만, 시간이 훨씬 지난 후에 맞지 않는 상황에서 과거의 어떤 말을 반복해서 말하기도 한다.

> "악셀(Axel), 이쪽으로 와!" 나는 이리저리 뛰어다니면서 "이리 와 아겔(Aggel)−이리 와 아겔." 하고 반복했다. "너 그렇게 따라하지 마!" "따라 하지 마−따라 하지 마−따라 하지 마." "그만 해! 너는 앵무새가 아니야!" 기분이 좋아서 또 "앵무새−앵무새−앵무새."라는 말이 계속 내 입에서 반복되어 나왔다.

이 예시는 자폐를 가지고 있던 브라운스(Axel Brauns)가 자신의 어린 시절을 회고한 글의 일부이다(Brauns, 2002). 반향어의 기능에 대해서는 의견이 상반된다. 반향어가 정상적인 언어발달을 저해한다고 보는 관점과, 반향어가 의사소통의 메시지를 담고 있다고 보는 관점이다. 슈르머(Schirmer, 2011)는 자폐아동의 반향어 산출 동기를 크게 세 가지로 구분하고 있다. 첫째, 의사소통으로 도입하는 언어 사용으로 보는 관점이다. 상황에 맞게 사용할 수 있는 자신만의 구어적 표현이라는 것이다. 예를 들면, 다음과 같은 상황이다. 수업 중에 아동이 자꾸 교실 밖으로 나가려고 한다. 교사가 그것을 제지하려고 하자 아동은 "도깨비 방망이, 도깨비 방망이"를 반복했다. 그것은 며칠 전 카세트로 들려주었던 동화에서 나온 대사의 일부로서 그 외에 자신의 욕구를 표현할 수 있는 다른 방법이 없었기 때문이다. 둘째, 대화 유지를 위한 적절한 전략을 사용하지 못하는 아동이 대화를 계속하는 수단으로 상대방의 말의 일부를 반복한다는 설명이다. 마지막 셋째, 앞서 예시에서 보여 준 바와 같이 자기자극의 일종으로 반향어를 사용하는 것인데, 이때 단어반복은 아동에게 즐거움을 주는 요인이라는 것이다. 이렇듯 이제까지 비기능적으로 간주되었던 자폐아동의 반향어는 점차 의사소통적 메시지의 기능으로 평가되고 있다. Prizant와 그의 동료들은 즉각 반향어의 기능을 7가지로 분류하였다(Prizant et al., 1984). 〈표 10-5〉는 그에 대한 예시다.

일반아동의 경우 반향어는 약 30개월 이전에 사라지는 일시적인 증상인 반면에 자폐아동은 오랫동안 반향어를 지속적으로 사용하며, 때로는 의사소통을 방해하는 요인으

〈표 10-5〉 **즉각반향어의 유형과 기능**

기능	예시
비초점	시선이나 동작이 사람이나 사물을 향하지 않고 발화 후에도 그 의도를 나타내는 증거가 보이지 않는다. 예를 들면, "종호야, 하지 마."라고 말하면 시선을 전혀 맞추지 않고 여전히 자기 할 일을 하면서 무의미하게 따라 말한다.
주고받기 반응	시선이나 동작이 사람이나 사물을 향하고 있으나, 주고받는 순환적인 반응이나 이해를 동반하지 않는다. 예를 들면, "이건 뭐야?"라고 물으면, 무의미하게 "이건 뭐야?" 따라 말하지만 시선은 사물을 바라본다.
연습	행동을 일으키기 전에 생긴 반향어로서 직후의 동작이나 의도가 추측된다. 예를 들면, "밥 먹고 이 닦아야지."라고 말하면 그것을 예측하고 행동을 하러 가면서 "밥 먹고 이 닦아야지."라고 말한다.
자기규제	동작을 행하는 중에 자기가 행해야 할 동작에 대해서 반향어로 말한다. 예를 들면, 손을 물고 있는 아동에게 "물지 마!"라고 말하면 "물지 마!"라고 말하면서 손을 뗀다.
기술	시선이나 동작이 사람이나 사물을 향해 있고 사물의 명칭을 반향어로서 말한다. 예를 들면, 아동이 선생님 시계를 뚫어져라 쳐다보자 "이건 선생님 시계야."라고 말하자, "선생님 시계야."라고 말한다.
대답	반향어로 긍정을 표현하는 것으로 직전 또는 직후의 동작으로 그 의도가 표현되어 있다는 것을 알 수 있다. 예를 들면, 놀이터에서 발걸음을 멈추자, 교사가 "지금은 비가 와서 안 돼."라고 말하자 "비가 와서 안 돼."라고 말한다.
요구	필요한 물건을 얻거나 하고 싶은 행동을 하기 위하여 반향어를 말하는 것으로, 허가가 주어지면 사물을 가져가거나 하고 싶은 행동을 한다. 예를 들면, 교사가 학습꾸러미에서 모형 비행기를 꺼내며 "빨간 것은 찬희 것, 파란 것은 종호 것"이고 말하자, "파란 것은 종호 것"이라고 말한다.

로 작용할 수 있다. 특히 각성상태에서의 반향어는 소거하여 이를 기능이 있는 반향어로 바꾸어 주는 것이 필요하다. 무엇보다도 반향어 중재에 있어서는 반향어의 기능 분석이 이루어져야 한다. 어떤 선행자극에 의해 반향어가 나타나는지 그리고 어떤 기능을 가지고 있는지를 분석한 후 적절한 환경조성을 통해 행동지원을 해 주어야 하는데, 그 예시는 다음과 같다(김하은, 2019).

〈표 10-6〉 즉각반향어 반응 기록지

표본	교사발화	아동발화	기능분석
1	우와 예쁜 옷 입었네!	예쁜 옷 입었네?	비초점(시선 ×)
2	자동차 줄까?	자동차 줄까?	대답하기
3	자동차 가져올까?	자동차 가져올까? (자동차를 가지러 감)	연습
4	이게 뭐야?	이게 뭐야?	주고받기 반응
5	이제 정리하자.	이제 정리하자(장난감을 치움)	자기규제
6	이제 집에 가는 거야?	집에 가는 거야?	긍정대답
7	내일 또 올 거야?	내일 또 올거야?	긍정대답
8	악수하자	악수하자	진술

반향어는 다른 사람의 말을 그대로 반복할 수도 있지만 변조하여 사용할 수도 있다. 예를 들면, 9시 30분이 되면 항상 우유를 가지러가는 아동은 교사가 그 시간이 되어도 수업을 끝내주지 않으면 계속해서 "9시 30분"을 반복적으로 말한다. 이는 관습적이지는 않지만 자기만의 개인적인 표현 수단으로 반향어를 사용하고 있다는 것을 알 수 있다. 이처럼 반향어는 무분별하게 소거하기보다는 기능적 관점에서 바라볼 필요가 있다.

(3) 음성상동행동

자폐아동들은 음성상동행동으로서 혀 굴리는 소리나, 의미가 없는 소리나 말을 반복한다. 이는 마치 자폐 특유의 자기자극행동을 연상시키는데, 이때 자기자극행동이란 자기에게만 어떤 감각적 자극을 줄 뿐 행동 자체에 어떤 의미가 없다는 뜻이다.

대표적인 자기자극행동으로는 몸을 앞뒤로 흔들거나, 눈앞에서 손가락을 꼬기, 손이나 팔을 흔드는 행위를 들 수 있다. 이러한 자기자극행동은 자폐장애를 비롯하여 다른 발달장애 아동에게서 흔히 나타나는데, 일반적으로 연구자들은 자기자극행동이 상호작용과 학습수행 그리고 새로운 적응행동을 학습하는 데 부정적인 영향을 미친다고 보고 있다(Koegel & Covert, 1972; Chock & Glahn, 1983; Dura et al., 1987).

─사회적 의사소통장애(Social Communication Disorder: SCD)─

SCD는 DSM-5의 의사소통장애에 속한 새로운 진단명으로서 제한된 관심과 반복적인 행동을 동반하지 않고 화용언어에만 어려움을 보이는 장애를 말한다. 즉, 자폐증상을 포함하지 않는 사회적 의사소통 결함 증상을 가진 경우다. SCD는 화용언어의 언어적·비언어적 결함이 진단의 가장 중요한 기준이 된다. 물론 대부분의 자폐성장애를 가지고 있는 아동들의 경우 사회적 의사소통 결함을 보인다는 점에서 임상에서 자폐스펙트럼장애와 SCD를 명확하게 구분하기 어렵다는 지적(신석호, 2017; 추연구, 2014)이 있다.

출처: 정혜경(2018).

4. 자폐(성)장애 아동의 의사소통지도

1943년 캐너가 자폐장애를 소개한 지 반세기가 넘도록 자폐는 치료되지 않는 것으로 간주되어 왔다. 여전히 자폐장애는 심각한 장애 가운데 하나이지만, 적절한 교육을 통해 문제행동이 경감될 수 있다는 것은 분명해졌다. 모든 자폐아동에게 효과적인 만병통치약과 같은 중재방법은 아직 없지만 이제까지 수많은 중재방법들이 시도되었다. 대표적으로는 온화한 교수(gentle teaching), 포옹치료(holding therapy), 기능적 의사소통훈련(Facilitated Communication Training: FCT),[2] 돌고래 수영치료(dolphin therapy), 청각통합 훈련(AIT),[3] 비타민 투여 등 실제로 입증되지 않은 중재들까지 매우 다양하다. 캐너가 주장한 바처럼 자폐의 원인을 '냉장고 엄마'에 둔다면, 중재에 있어서도 일단 따뜻한 관계를 형성하는 것이 가장 중요하다. 따라서 온화한 교수, 포옹치료는 그러한 관계

---

[2] 기능적 의사소통 훈련은 의사소통기술을 증진시키면서 문제행동을 감소시키는 것으로서 대화의 시도, 질문하기, 거절, 조언하기 그리고 도움 요청하기와 같은 기능의 훈련이다(신현기 외, 2010).

[3] 청각통합 훈련은 지나치게 청각적으로 민감한 자폐의 경우, 특정 주파수에서 여과된 음악을 정기적으로 듣고 청지각을 향상시키는 훈련이다(Berard, 1993).

형성을 가장 바람직한 목표로 한 접근이라고 할 수 있다(Bernard-Opitz, 2007). 돌고래 수영 치료나 청각통합 훈련 등은 생리학 중심 접근법이며, 상호작용과 의사소통기술을 습득하는 데 중점을 둔 중재방법으로는 기능적 의사소통 훈련, 그림교환 의사소통체계 (PECS), 자연언어 패러다임(Natural Language Paradigm: NLP) 등이 있다(권요한 외, 2010). 일부 연구자들은 자폐의 경우에도 촉각–신체감각적 지각능력을 보상해 줄 수 있는 구 강조절 훈련들이 필요하다고 보기도 한다.

자폐아동의 언어지도는 자폐의 전반적인 행동변화와 밀접한 관계가 있다. 따라서 행동적 중재전략과도 밀접한 관계가 있다. 자폐아동의 언어중재에서 가장 중요한 것은 말을 하고자 하는 동기를 촉진해 주는 것인데, 어떤 중재방법을 사용하느냐 하는 것은 아동이 가지고 있는 개별적인 특징을 잘 관찰한 후 선택하여야 한다. 자폐아동의 언어지도는 일반적으로 행동주의적 접근을 기초로 한 구조화된 중재방법이 주로 사용되고 있다. 여기서 행동주의적 접근이란 가장 일반적인 예로 행동조성(shaping)을 들 수 있다. 일부 자폐아동의 경우에는 음성을 의사소통도구로 사용하는 것부터 배워야 하는데, 처음 단계에서는 산출되는 모든 말소리에 대해 긍정적 강화를 해 주고, 그다음 단계에서는 교사가 발화를 한 다음에 이어서 아동이 말소리를 산출할 경우에만 강화를 해 준다. 그것이 성공적으로 이루어지면, 교사의 말소리와 유사한 소리를 산출했을 때만 강화를 준다. 물론 이때 사용되는 초기 말소리는 조음점이 분명하고 이미 아동이 산출할 수 있는 말소리로 훈련하는 것이 바람직하다. 이러한 훈련과정을 통해 자폐아동은 자신의 음성을 수단으로 하여 자발적 요구를 하는 단계에 도달하게 된다(Schirmer, 2011).

1) TEACCH 프로그램

TEACCH는 특정한 치료방법이 아니다. TEACCH는 'Treatment and Education of Autistic and Related Communication Handicapped Children'의 약자로서 미국 노스 캐롤라이나 주에서 개발·운영하는 자폐아동과 성인을 위한 프로그램이다. 이 프로그램은 가정과 관련 기관들과의 밀접한 연계 속에서 자폐를 가지고 있는 사람들을 평생 동안 교육하고 지원해 주는 것을 목적으로 하며, 네트워크 형식으로 이루어진다. TEACCH 프로그램의 궁극적인 목표는 자폐를 가지고 있는 사람들이 자율적인 성인으로 살아갈 수 있도록 돕는 데에 있다. TEACCH 프로그램은 진단, 교육, 상담 그리고 연구활동과 교사교육까지 포함하고 있다. TEACCH에서 가장 핵심적인 키워드는 '의사소통능력의 증진'이다. 즉, 올바른 구어 사용이 아니라 다양한 환경에서 의사소통기술을 자발적으로 활용하는 데에 있다. 의사소통 시 구어가 사용될 수도 있지만 발달 정도가 낮은 아동의 경우에는 몸짓, 사인 언어(sign language), 그림카드와 같은 언어기술도 적극적으로 활용된다. 그래서 TEACCH 프로그램은 자폐아동뿐만 아니라 중증의 언어장애 아동에게도 광범위하게 적용할 수 있다. 실생활에 초점이 맞추어져 있어서 쉽게 일반화할 수 있는 장점이 있지만, 의도적으로 환경을 구조화시켜야 하기 때문에 교사의 노력과 전략이 어느 정도 필요하다(Schopler et al., 1987).

TEACCH 프로그램은 '의사소통표본 수집−표본 분석−중기 · 단기 목표설정−교수 전략' 순으로 이루어진다(Häussler, 2005).

(1) 의사소통표본 수집

아동의 의사소통표본을 수집하여야 한다. 최소한 50개의 의사소통행위를 표집하는데, 이때 표집하는 것은 언어표본이 아니라 의사소통표본이다. 의사소통비율이 낮을 경우에는 최소한 2시간 동안 관찰을 통해서 의사소통행위를 표집한다.

(2) 표본 분석

일차적인 목적은 아동이 사용하는 의사소통이 어떤 기능으로 사용되고 있는지, 어떠한 형태를 주로 사용하는지 그리고 사용되는 단어(구어와 몸짓언어 포함)는 어떤 의미론적 범주에서 사용되고 있는지에 대한 정보를 앎으로써 교사로 하여금 앞으로의 교수목표를 설정할 수 있도록 하는 것이다. 표본은 기능, 형태, 의미, 단어, 상황 등 다섯 가지 영역으로 분류된다.

① 기능

의사소통의 목적이라고 할 수 있는데, 예를 들면 밥을 입에 넣으려고 할 때 고개를 흔든다면 그것은 거절하는 목적을 가지고 있는 의사소통 기능이다. 냉장고에 있는 아이스크림을 달라고 상대방의 손을 잡아끈다면 그것은 요구하기의 기능을 갖고 있다.

〈표 10-7〉 TEACCH 프로그램-기능 영역

영역	하위기능	예시
기능	관심 끌기	소리를 내거나 신체를 건드린다. 예를 들면, 교사의 손을 잡아끌면서 봐 달라고 한다.
	요구하기	자신이 필요로 하는 것을 손가락으로 가리키거나 말로 표현한다.
	거절하기	'싫어'라는 의미로 머리를 흔들거나 책을 치우면 싫다는 것을 표현한다.
	언급하기	어떤 상황과 관련하여, 예를 들면 자신이 만든 로고(LOGO)를 보여 주기 위해 들어 올린다.
	정보 찾기	다른 사람에게 자신이 알고 싶은 것을 묻거나 알려 달라는 신호를 보낸다.
	정보제공	다른 사람에게 기대되는 정보를 준다. 예를 들면, 교사가 "약 가져왔니?"라고 묻자 가방에서 약을 꺼내서 준다.
	감정표현	좋거나 싫은 감정 등을 신체나 구어를 사용하여 나타낸다.

② 형태

의사소통을 하기 위해 사용되는 수단으로서, 구어가 될 수도 있고 몸짓이나 사인 언어가 될 수도 있다. 많은 자폐아동의 경우에는 특유의 이상한 소리를 사용하기도 한다.

〈표 10-8〉 TEACCH 프로그램-형태 영역

영역	하위 기능	예시
형태	운동적 행동	우유를 얻기 위해 어머니에게 컵을 준다.
	몸짓	머리를 끄덕이거나 손가락으로 지적한다.
	음성	'아-아-아-아' 등 의사소통을 위해 비관습적인 소리를 낸다.
	그림	의사소통에 사용되는 그림카드 등을 보여 준다.
	글씨	쓰거나 인쇄된 단어를 사용한다.
	사인	미국 수화와 같은 손동작으로 의사를 전달한다.
	구두어	구어를 사용한다.

③ 의미

의사소통(구어, 글씨)을 할 때 사용되는 단어가 갖는 의미론적 관계다. 즉, 단어가 사물을 나타내는지, 행위를 나타내는지 또는 위치를 말하는지에 대한 분석이다. 만약 아동이 '입다'라는 사인을 사용하였을 경우, 옷을 입혀 달라는 의미로 사용이 되었다면

〈표 10-9〉 TEACCH 프로그램-의미 영역

영역	하위기능	예시
의미	사물	<u>주스</u> 줘
	행위	<u>줘</u>
	사람	<u>엄마</u> 와
	위치	<u>저기</u> 가

'행위'를 의미하지만, 젖었으니 '옷'을 달라는 의미로 사용되었다면 '사물'에 해당한다.

④ 단어

의사소통에서 사용되는 구어, 사인, 글씨, 그림, 제스처에서 사용되는 어휘를 말한다. 많은 어휘를 갖는다는 것은 의사소통하는 데 있어서 매우 중요하다. 몸짓을 비롯한 다양한 의사소통체계, 예를 들면 '주세요'라는 사인 언어만 가능하던 아동이 '감사합니다' '좋아요' 등의 사인을 사용하게 되었다면 마찬가지로 단어학습이 이루어진 것이다.

⑤ 상황

의사소통의 장면을 말한다. 우리는 하루에도 수많은 장소에서 다양한 사람들과 의사소통을 하고, 그때마다 다양한 의사소통기술을 투입한다. 만약 치료실에서는 '감사합니다'라는 말을 사용하지만 실제 상황에서 사용할 수 없다면, 그것은 학습되지 않았다고 할 수 있다. 의사소통은 상황으로 특정화될 수 있으므로 각각의 주요 상황에서, 예를 들면 학습상황, 놀이시간 또는 간식시간 등에서 평가되어야 한다(이금진, 1993).

(3) 중기 · 단기 목표설정

표본분석이 끝나면 장기목표, 3개월~1년 동안의 중간목표 그리고 단기목표를 각각 설정하여야 한다. 이때 단기목표는 현재 기능수준보다 약간 위의 단계에 두고, 교사는 한 번에 한 가지 의사소통 영역에서의 변화만을 유도하여 그 학생에게서 나타나기 시작한 기술을 강화시켜 주고, 점차 프로그램의 장기목표에서 의도된 방향으로 새로운 기술을 터득하게 하는 활동을 계획하여야 한다(이금진 역, 1995). 목표를 설정하는 데 있어서 아동의 현재 수준을 파악하는 것은 매우 중요하다. 새로운 단어를 지도하는 목표를 설정하였다면, 어떤 형태로, 어떤 기능을 중심으로 그리고 어떤 상황에서 중재할 것인가를 명확하게 계획하여야 한다.

(4) 교수전략

TEACCH 프로그램을 창설한 에릭 쇼플러(Eric Schopler) 박사는 "자폐는 정서적 문제가 아니라 지각정보처리의 결함이다."라고 하였다. 따라서 비구조화가 아닌 구조화된 중재전략과 의미와 맥락 그리고 예측 가능한 환경을 중요한 요소로 보았다. 자폐를 가지고 있는 아동이 정보를 쉽게 지각하기 위해서는 기존의 구조를 명료하게 해 주어야 하며, 다음과 같은 전략을 바탕으로 한다(Beyer & Gammeltoft, 2002; Bölte, 2009).

- 자폐아동의 경우 원인과 결과에 대한 인과관계를 이해하는 데에 어려움을 겪으며, 전체 상황을 이해했을 때 비로소 학습이 용이해지기 때문에 실제 맥락에 맞는 교수법이 제공되어야 한다.
- 개인적인 발달수준에 맞추어져야 한다.
- 내부적으로 행위를 계획하고 조정하는 데에 결함이 있으므로 외부의 구조화가 필요하다.
- 우연학습의 기회를 최대한 활용한다.
- 시각적 자극에 대한 지각을 잘 활용하여야 한다.
  - 활동순서를 시각적으로 볼 수 있도록 한다.
  - 상징물, 사진, 견본 등을 활용하여 지시한다.
  - 강조해야 하는 부분에 대해서는 줄을 긋거나 색연필을 활용한다.
- 교실공간을 구조화한다.
  - 공간기능에 따라 구획화한다.
  - 공간과 공간 사이에 색테이프나 나무판을 붙여서 쉽게 볼 수 있게 구분한다.
  - 실내장식이 화려하지 않게 한다.
- 일과를 구조화한다.
  - 불안이나 두려움을 갖지 않도록 예측 가능해야 한다.
  - 일반적인 시간개념을 갖지 못하므로 정확한 규칙과 객관적인 지침을 준다.
  - 일과표를 스스로 보고 다음을 예측할 수 있도록 한다.
  - 스스로 선택 가능한 자유시간은 '?'로 표시해서 혼돈이 없도록 한다.

TEACCH 프로그램의 예시는 다음 〈표 10-10〉과 같다.

〈표 10-10〉 TEACCH 프로그램(예시)

목표: 새로운 단어지도

아동의 현 의사소통 상태: 먹고 마시는 행동을 위한 사인(sign)을 포함해서 약간의 사인을 사용한다. 원하는 것을 사인으로 요구한다.

과제

1. 사물함을 열어 달라는 사인을 지도한다.

2. 바깥놀이시간: 밖으로 나가는 문을 미리 잠가 놓고 문을 열어 달라는 사인을 지도한다.

3. 간식시간: 아동이 열기 어려운 통에 빵을 넣고 빵이 있는 용기의 뚜껑과 우유팩을 열어 달라는 사인을 지도한다.

예시(사물함)

아동이 들어온다.

교사가 마중 나가며, "○○야, 어서 와. 잘 있었어?"라고 인사한다.

아동이 말없이 꾸벅 인사한다.

교실에 들어와 사물함을 열려고 한다. "음음음" 하면서 교사를 바라본다.

교사는 아동의 키에 맞추어 앉으며, "○○야, '열어 주세요' 해야지." 하면서

손으로 '열다'의 사인을 한다.

아동은 (말은 하지 않고) 손으로 '열다'의 사인을 한다.

TEACCH 의사소통 프로그램의 목적은 앞서 언급한 바와 같이 성공적인 의사소통능력을 키우는 것이다. 몸짓이나 그림 등과 같은 무언어도 하나의 의사소통방법으로서 평가되고 계획된다. 형태, 기능 그리고 상황 가운데 하나를 지도할 때에는 다른 두 가지 부분에서는 아동에게 익숙하거나 오래 전에 알고 있는 것을 유지하는 것이 좋다(이금진, 1993). 예를 들면, 목표가 새로운 기능(예: 거절하기)을 지도하는 것이라면, 아동이 기존에 사용하고 있는 의사소통 형태(예: 몸짓)와 상황(예: 놀이시간)에서 진행한다.

2) 그림교환 의사소통체계

그림교환 의사소통체계(the Picture Exchange Communication System: PECS)는 언어치료사였던 프로스트(Lori Frost)와 행동치료사였던 본디(Andy Bondy) 박사가 개발한 시각적인 의사소통방법이다. PECS 프로그램은 청각적 정보보다 시각적 정보를 더 쉽게 받아들이는 자폐아동의 경우 매우 유용하게 적용할 수 있으며, 그 효과에 대해서도 매우 긍정적으로 보고되고 있다(장혜성, 2001; Schwartz, 1998; Bondy & Frost, 1994; Liddle,

2001; Dogoe, 2008). PECS는 자폐아동에게 손쉽게 사용할 수 있는 자발적이고 실제적인 의사소통체계로서 사진이나 그림과 같은 시각자료를 서로 교환함으로써 타인과 의사소통하는 것이다. 이러한 시각적 의사소통은 다음과 같은 장점을 갖는다.

첫째, 시각적 자료는 청각적 정보 이해에 어려움을 보이는 아동에게 효과적이다. 구어로만 의사소통하는 것보다 훨씬 청각적인 이해를 도울 수도 있다. 둘째, 시각적 의사소통을 통하여 의사소통이 가능해짐에 따라, 욕구불만에 따른 문제행동을 감소시킬 수 있다. 그리고 PECS는 즉각적인 보상이 이루어지므로 의사소통의 동기부여가 잘 이루어진다. 셋째, 사용방법을 쉽게 배울 수 있기 때문에 대화상대자와 효과적으로 의사소통을 할 수 있다. 교사, 부모, 친구 그리고 지역 주민까지 모두 시각적 의사소통을 위한 촉진자가 될 수 있다. 넷째, 이해력과 자발적인 의사소통이 증가하며 보다 적극적이고 독립적이며 성공적으로 살아갈 수 있다(장혜성, 박승희, 2002).

PECS의 장점은 '주고-받기'의 교환성의 의사소통 개념, 상호작용 촉진 그리고 자발성의 강화에 있다(Janzen, 1996). PECS의 기본원리는 다음과 같다. 아동은 자신이 선호하는 대상물이 그려진 그림카드를 주고 그에 상응하는 보상을 받게 된다. 우연학습과 접목을 할 수도 있다. 예를 들면, 아동이 좋아하는 곰돌이 인형을 눈에 보이지만 잡을 수 없는 곳에 둔다. 아동이 곰돌이 인형이 그려진 사진이나 또는 카드를 가져오면, 인형을 받을 수 있다. 여기에는 아동중심적인 선호도, 자연적인 상황 그리고 즉각적인 보상이라는 전략이 자리하고 있다. PECS를 효과적으로 중재하기 위해서는 그림언어체계를 미처 이해하지 못하는 단계에 있는 아동을 전략적으로 끌어와야 한다. 그러기 위해서는, 첫째, 단어를 통한 의사소통의 교환 자리에 그림카드가 사용된다는 원칙을 알게 한다. 즉, 사물과 그림을 연결하는 짝짓기(matching-to sample) 기술을 가르친다(양문봉, 2000a). 둘째, 인과적 관계를 확실히 알도록 한다. 내가 A에게 사과 카드를 주면 나는 반드시 A로부터 사과를 얻는다는 원칙이 전제되어야 한다(Otto & Wimmer, 2010). 셋째, 아동이 선호하는 사물이 무엇인가를 사전에 조사한 후 목록을 만들어야 한다. 특히 중재 초기 단계에서는 아동의 자발성이 부족하기 때문에 보상효과가 매우 중요하다. PECS 프로그램은 다음의 6단계로 구성되어 있다.

- •**1단계**: 1단계의 목표는 교환개념을 학습하는 것이다. 그림카드를 주면 내가 원하는 것을 얻게 된다는 것을 알게 되는 과정이다. 대부분의 아동들은 의사소통 파트너 앞에 놓여있는 사물을 우선 잡으려고 한다. 이때 보조자의 도움이 필요하다. 보조

자가 아동의 손을 잡고 그림카드를 잡은 후 의사소통 파트너에게 주는 훈련이 중심이 되며, 이러한 신체적 접촉은 점차 감소시킨다. 교환개념이 학습되면 더 이상 보조자가 필요가 없게 되며, 아동은 원하는 것을 얻기 위해 보다 자발적이 된다. 이때 가장 중요한 것은 일관성 있는 즉각적인 보상이다. 그리고 의사소통 파트너는 "무엇을 줄까?" 또는 "그 카드를 나에게 줄래?" 등의 언어적 촉진은 하지 않아야 한다.

- 2단계: 2단계의 목표는 아동이 일정 거리를 두고 놓여 있는 의사소통 판에서 그림카드를 떼어 의사소통 파트너의 손에 주는 것이다. 이 단계를 '자발적 교환훈련 단계'라고도 한다. 이 단계에서도 필요에 따라 보조자가 지원할 수 있으나 마찬가지로 점차 그 역할을 감소시킨다. 의사소통 파트너와 아동 간의 거리도 점차 늘려 가면서 아동은 좀 더 자발적으로 그림카드를 교환한다. 2단계에서는 새로운 장소 그리고 새로운 중재자로 확장시켜 나가는 것도 좋다.

- 3단계: 3단계의 목표는 그림카드를 구별하는 변별학습이다. 두 개 혹은 더 많은 그림카드 가운데 상응하는 카드를 골라 의사소통 파트너에게 가져다주는 것을 학습한다. 이를 통해 무작정 그림카드를 집어서 주는 것만으로는 보상을 받지 못한다는 것을 익히게 된다. 처음에는 아동이 좋아하는 사물과 선호도가 매우 낮은 사물을 쌍으로 제시하다가 점차 난이도를 높여 나간다. 이때 계속 오답이 반복되면 아동이 동기를 잃어버리거나 분노단계에 도달할 수 있으므로 보조자의 도움을 받을 수 있다. 그림카드의 수도 늘려 나가며, 그림카드의 위치와 장소를 바꾸어 가며 배치하는 것이 좋다.

- 4단계: 4단계는 문장으로 표현하기 단계로서, 의사소통 판에서 '주세요' 카드를 꺼내서 문장 판에 붙이고 원하는 사물의 그림카드를 '주세요' 카드 옆에 붙여서 그 문장 판을 교사에게 준다(장혜성, 박승희, 2002). 이를 통해 문장 구조를 학습하게 된다.

- 5단계: 질문에 대답하기 단계로서, 교사가 "넌 무엇을 원하니?"라고 물으면 아동은 자신이 원하는 사물을 요구하되, 일정한 시간을 기다린 후에야 원하는 사물과 교환할 수 있다. 원하는 사물을 바로 얻지 못하고 '기다리세요!' 카드를 받은 후 약 5초 정도의 시간이 경과한 후에 취득하기 때문에 '기다리기 훈련 단계'라고도 한다.

- 6단계: 6단계의 목표는 사건과 사물에 대해 설명하는 것이다. 이제까지 무엇을 원하고 무엇을 하고 싶다의 범주에서 이루어졌다면, 이 단계에서는 요구단계에서 벗어나 자신의 의견을 표현하는 내용이 다루어진다. 즉, 응답을 하고 자발적으로 설명할 수 있는 단계다.

PECS는 그림카드를 집어서 주는 행위에 대한 훈련이 아니라 의사소통능력을 촉진하는 전략이다. 때문에 아동의 흥미와 욕구에 맞추어지지 않은 그림카드는 의미가 없다. 초기 훈련 단계에서 아동이 중심이 되는 단어를 선정하는 것은 무엇보다도 중요하며, 아동에게 주어지는 긍정적 보상이 어느 정도 동기유발을 할 수 있는가는 PECS 프로그램의 승패에 매우 큰 영향을 미친다.

〈표 10-11〉 **PECS 프로그램(예시)**

단계		내용
1단계	교환 개념	교사가 아동이 선호하는 사물을 제시하면, 아동은 그것을 얻기 위해 손을 뻗고 이때 학생의 뒤에 있는 보조교사가 아동의 손을 잡고 해당 카드를 집도록 한다. 해당 카드를 교사에게 주면 선호하는 사물을 교환하는 개념을 익힌다. 예: A가 쿠키를 좋아한다는 것을 이미 알고 있는 상황에서 두 명의 교사가 투입된다. 보조교사는 아동 뒤에, 교사는 아동과 마주 앉는다. A가 쿠키를 잡으려고 할 때 뒤에 앉아 있던 보조교사는 신체적 도움을 주어 아동이 쿠키가 그려진 그림카드를 앞에 있는 교사에게 주도록 유도한다. 아동의 카드를 받아든 교사는 "아, 쿠키가 먹고 싶구나!"라고 말하면서 쿠키를 준다. 여기서 중요한 것은 사전에 뭐가 먹고 싶은지를 묻지 않고, 교사도 아동이 카드를 줄 때까지 어떠한 말도 하지 않는다는 것이다. 보조교사의 신체적 접촉은 점점 감소시키고 약 80% 정도의 수행률을 보일 때까지 반복한다.
2단계	자발적 의지의 일반화	교사가 아동이 선호하는 사물을 제시하면, 아동은 그것을 얻기 위해 일정거리에 둔 의사소통 판의 그림카드 1장을 떼어서 교사에게 준다. 예: 원하는 사물을 얻기 위해서는 그림카드를 의사소통 판에서 떼어 교사에게 주도록 한다. 대상물과 그림카드를 교사에게 주는 교환 개념이 형성되면, 교사와 아동 간의 거리를 늘리고, 아동과 그림카드 사이의 거리를 늘린다. 숙달된 단계에서는 자발적으로 자신이 원하는 대상물과 그림카드를 교환하는 법을 습득한다. 단, 교사는 항상 아동 주변에 있어야 하며 그림카드도 정해진 위치에 있어야 한다. 점차 일반화를 유도하기 위하여 상대교사를 다양하게 투입한다.
3단계	변별학습	아동이 선호하는 그림과 싫어하는 그림 두 장을 함께 놓는다. 아동이 선택한 그림을 주면 해당 사물을 교환해 준다. 예: 변별학습 단계로서 아동은 여러 가지 그림카드 가운데 필요한 것을 선택하는 기술을 학습한다. 일차적으로는 아동이 선호하는 물건과 선호하지 않는 그림카드를 변별하게 하고, 다음 단계에서는 여러 개의 그림카드 가운데 가장 선호하는 그림카드를 선택하게 하는 방식으로 훈련한다. 자신이 선호하는 '쿠키' 그림을 집어서 오면 좋아하는 쿠키를 얻지만, 만약 관계없는, 예를 들면 '냉장고' 그림을 가져오면 '쿠키'를 얻지 못한다.

4단계	문장구조 훈련	아동이 간단한 문장을 만들기 시작하는 단계다. "나는 쿠키가 먹고 싶어요."라는 문장을 표현하기 위해서는 /쿠키/+/먹고 싶다/ 등 몇 개의 카드가 필요하다. '먹고 싶다'는 카드를 붙이고 원하는 사물의 그림카드(밥, 아이스크림, 사과 등)를 붙여서 문장 판을 만들도록 한다. 문장구조의 발달은 보다 완벽한 의사소통을 가능하게 한다.
5단계	기다리기 훈련	아동이 그림카드를 제시할 때 '기다리기 카드'와 교환하여 약 5초 정도의 시간이 지난 후에 '기다리기 카드'와 사물을 교환해 준다. 예: 자폐아동은 기다리는 훈련이 필요하다. 이제까지는 아동이 원하는 그림카드를 교사에게 주었을 때 즉각적인 보상이 이루어졌다면, 5단계에서는 보상을 받기까지 어느 정도 기다려야 한다는 것을 배우게 된다. 아동이 자신이 원하는 장난감 그림을 교사에게 주면 교사는 '기다리시오!'의 개념을 담은 그림카드를 아동에게 준다. 이는 잠시 기다리라는 메시지이며, 이 시간을 잘 지키면 교사는 반드시 원하는 것으로 교환해 주어야 한다. '무엇을 원하니?'에 대한 반응을 하고, 자발적으로 자신이 원하는 물건의 그림을 문장띠에 붙여 교사에게 준다.
6단계	종합적 훈련	이제까지 배운 의사소통기술을 종합적으로 사용하도록 훈련하는 단계다. 특히 "○○○을 주세요."라는 요구 단계에서 벗어나 자신의 감정이나 생각을 표현하도록 하며, 먼저 의사소통을 자발적으로 시작하고 다양한 대화상대자와도 소통이 가능한 단계다.

출처: 양문봉 (2000b); 장혜성, 박승희 (2002); Frost & Bondy (1994)에서 재구성.

3) STEP 커리큘럼[4]

STEP(Structured Training & Experience-based Programm) 커리큘럼을 번역하면 '구조화된 훈련과 경험 중심의 프로그램'이다. 교육과정(curriculum)은 라틴어에서 유래한 '경주하는 말이 달리는 길'이라는 의미다. 즉, STEP 커리큘럼은 사용되는 과제와 진행이 마치 하나의 길처럼 명확하게 구조화되어 있고 경험·발달 중심적이다. STEP은 TEACCH 프로그램과 PECS 그리고 로바스(Lovass)와 같은 행동주의 사고들이 통합적으로 반영되어 있다. STEP은 [그림 10-3]과 같이 단계적인 여덟 가지 영역으로 구성되어 있다.

4 Bernard-Opitz(2007)의 내용을 중심으로 요약·정리하였다.

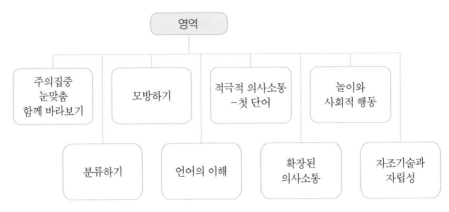

[그림 10-3] STEP 프로그램의 구성 영역

각 영역에는 훈련과제가 난이도에 따라 단계적으로 제시되는데, 예를 들면 '모방' 영역의 경우 〈표 10-12〉와 같은 난이도 단계를 갖는다.

STEP 커리큘럼은 사실 8가지 모든 영역이 의사소통과 관련이 있다고 볼 수 있다. 인지와 사회적 행동 그리고 의사소통은 서로 밀접한 관계에 있기 때문이다. 자폐아동의 경우 의사소통을 위한 가장 기본적인 전제조건인 눈맞춤과 주의집중 등이 이루어지지 않기 때문에 주의집중, 눈맞춤, 함께 바라보기 훈련이 가장 우선적으로 이루어져야 한

〈표 10-12〉 STEP 커리큘럼의 훈련 단계(모방 영역)

훈련 순서	예시
① 사물 1개로 움직이는 것을 모방한다.	구슬을 통 안에 넣기
② 사물 2개로 움직이는 것을 모방한다.	먼저 망치로 두드리고 자동차를 밀기
③ 신체 움직임을 모방한다.	손뼉 치기
④ 사물 1개로 움직임 두 가지를 모방한다.	자동차가 달리다가 하늘을 날기
⑤ 신체 움직임/몸짓 두 가지를 모방한다.	기어가다가 만세를 하기
⑥ 블록의 모형을 모방한다.	레고로 이것을 만들기
⑦ 선, 철자, 숫자를 모방한다.	동그라미를 그려 보기
⑧ 입의 모양, 입술과 혀의 움직임을 모방한다.	혀를 쑥 내밀어 보기
⑨ 얼굴표정, 몸짓, 신체자세를 모방한다.	기쁜(화난) 얼굴 지어 보기
⑩ 발음, 음절, 단어를 모방한다.	강아지 소리(멍멍) 따라 하기
⑪ 억양을 모방한다.	아아아아↗
⑫ 문장, 노래, 관용어를 모방한다.	"공 주세요." 따라 말하기

다. 여기서는 언어이해와 적극적 의사소통 그리고 확장된 의사소통 영역만을 발췌하여
간단히 살펴보고자 한다.

(1) 언어이해

언어이해는 지시를 따르고 상대방과 의사소통하기 위해 반드시 필요한 훈련이다. 자
폐아동들은 지시에 집중하지 않고 청각적 정보수용능력이 낮기 때문에 상대적으로 언
어이해력에 많은 문제를 갖는다. 언어이해 훈련은 구조화된 상황뿐만 아니라 일상생활
속에서도 놀이형태로 이루어질 수 있다.

〈표 10-13〉 STEP 커리큘럼의 훈련 단계(언어이해 영역)

훈련 순서	예시
① 사물에 관한 지시 한 가지를 따른다.	이것을 주세요.
② 사물이 없는 지시 한 가지를 따른다.	이쪽으로 오세요.
③ 서로 연관된 여러 가지 지시를 따른다.	냉장고에 우유를 가져다 놓으세요.
④ 서로 무관한 여러 가지 지시를 따른다.	인형에게 신발을 신기세요.
⑤ 일상적인 사물, 사람, 물건, 신체부위를 인식한다.	얼굴에 스티커를 붙이세요.
⑥ 일상적인 행위를 인식한다.	달리는 그림을 찾아보세요.
⑦ 색, 형태, 반대, 수, 양과 같은 형용사를 인식한다.	빨간 크레파스를 고르세요.
⑧ 느낌과 성별 그리고 시간을 인식한다.	화가 난 얼굴을 고르세요.

(2) 적극적 의사소통-첫 단어

일반아동의 경우 12개월 전후가 되면 첫 단어를 산출하기 시작한다. 그러나 자폐아
동들은 산출하는 소리와 옹알이가 제한적이며, 단어나 몸짓으로도 자신의 욕구나 의도
를 표현하지 않는다. 적극적 의사소통을 처음 가르치기 위해서는 개별 아동의 의사소
통의 관심과 선호하는 의사소통체계를 고려하여야 한다. 그리고 일상에서 자주 사용되
고 조음이 복잡하지 않은 단어를 먼저 사용하기 시작한다.

⟨표 10-14⟩ STEP 커리큘럼의 훈련 단계(적극적 의사소통-첫 단어 영역)

훈련 순서	예시
① 좋아하는 물건이나 행위를 바란다.	"뭘 갖고 싶어?"라고 묻고, 아동의 반응(구두, 가리키기)을 요구하고 격려해 준다.
② 동의, 거부, 부정을 한다.	(냉장고 그림을 보여 주며) "이것은 먹는 거야?"라고 묻는다.
③ 사물, 사람, 활동, 신체부위를 명명한다.	그림카드를 보여 주면서 "이게 뭐야?"라고 묻는다.
④ 만나는 사람과 헤어지는 인사를 한다.	놀이에서 동물인형으로 만나고 헤어지는 인사 연습을 한다.
⑤ 색, 형태, 크기, 반대와 같은 고유성을 설명한다.	"사과는 어떻게 생겼어요?"라고 묻는다.
⑥ 느낌을 표현하고 명명한다.	"이 친구는 기분이 어떨까요?"라고 묻는다.
⑦ '무엇, 누가, 어디'와 같은 질문을 한다.	좋아하는 물건을 숨겨서 아동이 질문을 하도록 한다.
⑧ '도와주세요, 감사합니다, 주세요'와 같은 일상어를 사용한다.	"주세요."라고 말할 때까지 물건을 주지 않는다.

(3) 확장된 의사소통

의사소통의 확장을 위해서는 체계적인 훈련이 필요하다. 특히 이 영역에서는 언어의 자발적인 사용이 강조된다. 자폐를 가진 아동이 약 50개의 단어나 그림 혹은 손짓으로라도 요구를 전달하고 표현할 수 있게 되었다면 이제는 문장의 길이를 확장하고 문법 구조와 어휘력 향상에 중점을 두어야 한다. 이때 가장 중요한 것은 자발적인 의사소통을 확장시키는 것이며, 음식, 생활용품, 학용품, 직업 등을 중심으로 한 어휘력의 확장, 개념의 범주화에 대한 이해, 복수형 사용, 시간 부사 등에 대한 사용 능력을 키우는 것이다.

4) 구조화된 치료

자폐아동에게 어떤 중재방법을 사용할 것인가는 앞서 언급한 바와 같이 아동이 가지고 있는 문제의 형태와 정도, 발달수준, 동기, 흥미, 언어적 능력 그리고 접근 가능성 등을 종합적으로 고려하여 결정해야 한다. '구조화된 치료(Structured Therapy: ST)' 또는 '구조화된 훈련'이란 자폐아동이 가지고 있는 문제와 직접적인 관련을 갖고 개별적이고 유동적인 계획하에 이루어지는 모든 구조화된 효과적 치료중재를 총칭한다. 앞에서 살펴본 TEACCH, PECS 그리고 STEP 프로그램이 모두 구조화된 치료에 해당된다.

구조화된 치료는 행동치료에 기반을 두고 있으며 1960년대에 로바스(Lovaas)에 의해 주창되었다. 그는 치료단계의 세분화, 명확하고 반복적인 지시 그리고 일관된 강화와 결과를 통해 자폐아동의 모방문제, 언어문제 그리고 행동문제를 감소시킬 수 있다고 보았다. 구조화된 치료 프로그램의 하나라 할 수 있는 구별학습(Discrete Learning Format: DLF)은 종단연구 결과 자발성과 일반화의 문제가 지적되었다. 그에 따라 로바스의 제자들은 1980년에 들어 자연언어 패러다임(Natural Language Paradigm: NLP)을 발전시켰다. 자연언어 패러다임은 아동의 자발성과 일반화를 가장 핵심적인 요소로 두고 있다. 1980년대 말에는 구별학습과 자연언어 패러다임을 결합시킨 중심축 반응 훈련(Pivotal Rewsponse Training: PRT)이 만들어졌다. 중심축 반응 훈련도 마찬가지로 아동의 동기화와 자기개시(self-initiation)의 촉진 그리고 의사소통기술들에 초점을 둔다. 예를 들어, 두 개의 과제 가운데 하나를 아동이 선택하도록 하거나 의사소통기술을 향상시켜 주면 학습에서 훨씬 동기화가 잘 된다고 보았다. 구조화된 치료가 구별학습, 자연언어 패러다임 그리고 중심축 반응 훈련 프로그램으로 발전해 나가는 동안 린제이(Lindsey)는 1960년대부터 정확성 위주의 학습(Precision Teaching: PT)을 발전시켰다. 정확성 위주의 학습 프로그램은 과제수행능력을 짧은 시간 내에 증진할 수 있도록 자동화하는 것으로서, 예를 들면 읽고 쓰고 계산하는 시간이 오래 걸리는 아동은 복잡한 과제에서 더 많은 문제를 보인다는 점에 착안한 것이다. 따라서 자동적으로 읽고 계산할 수 있을 만큼 훈련을 받게 되면, 다음 단계의 어려움을 피할 수 있다고 보았다.

(1) 구별학습

1960년대에 노르웨이 심리학자 로바스는 UCLA에서 처음으로 중증의 자폐아동들을 대상으로 한 행동수정 이론의 기초를 마련하였다. 자폐아동에게 많이 사용되는 구조화된 치료 형태의 하나인 구별학습(DLF) 프로그램은 로바스가 구어를 사용하지 못하는 아동들에게 언어를 가르칠 수 있다는 것을 보여 준 프로그램으로서, 작은 단위의 치료단계와 절제된 강화를 통한 반복훈련이 특징이다. 여기서 'discrete'가 '구별'로 번역된 것은 학습단계가 아주 명확하게 경계를 둔 구성요소를 가지고 있기 때문이다. 단계는 교사(치료사)의 자극으로부터 시작된다. 예를 들면, "○○을 줘 봐!"와 같은 지시에 대한 아동의 반응에 따라 치료사의 행동이 결정된다. 이 과정은 성공할 때까지 반복되며,

이때 성공이란 학습한 대상물을 서로 주고받고, 아동이 다양하게 활용할 수 있는 것을 말한다. 두 번째 단계에서는 아동의 관심을 뺏어 올 수도 있는 사물을 학습하고자 하는 대상물 옆에 놓고 실행한다. 이 사물은 양말이든 뭐든지 상관없다. 세 번째 단계에서는 두 개의 대상물의 구별에 초점을 둔다. 두 번째 대상물(예: 플라스틱 원반) 훈련에 들어 가기 전 처음에는 하나의 대상물(예: "공을 잡아 봐!" 혹은 "공을 던져 봐!")을 5번 정도 하도록 하고 그다음에는 두 번째 대상물로 훈련의 단계를 넓히고, 성공적으로 학습되면 3번은 '공'을, 다음 3번은 '플라스틱 원반'을 질문하며, 나중에는 순서 없이 오른쪽과 왼쪽의 위치를 바꾸어 가며 확인한다. 일반적으로 충분한 훈련과정을 거친 후 10번 가운데 8번 올바른 반응이 나오면 학습되었다고 본다. 단계별 과제는 매우 세분화되어 있으며, 순차적이다.

이때 지원은 아동 수준에 따라 다음 네 단계로 구분된다.

〈표 10-15〉 **지원유형**

지원유형	예시
신체를 통한 지원	아동의 손을 잡아 사물이 들어 있는 바구니를 선택하도록 한다.
오류가능성 제거	다른 대상물을 치워서 하나의 선택만을 할 수 있도록 한다.
위치 힌트	선택할 수 있도록 아동 앞으로 가까이 밀어 준다.
손가락 힌트	치료사가 아동이 선택해야 하는 사물을 손가락으로 가리켜 준다.

(2) 정확성 위주 학습

1960년대에 린제이가 하버드 대학교에서 발전시킨 정확성 위주의 학습(PT)은 전통적인 행동주의에 기반을 두고 있다. 처음에는 몬테소리 학급에서 학습장애를 가지고 있는 학생들을 대상으로 시도되었으며, 유창성 학습(fluency learning)이라고 불리기도 한다. 정확성 위주 학습의 가장 큰 특징은 아주 작은 훈련단계를 선택한 후 10초, 20초, 30초 혹은 60초의 짧은 시간 동안에 모든 치료목표에 도달해야 한다는 것이다. 배운 것은 자동화될 때까지 날마다 수차례 연습을 한다. 자동적인 대답을 이끌어 내는 것이 정확성 위주의 학습 프로그램의 목표다. 정확성 위주의 학습은 입력(input)과 출력(output) 경로를 중시하였는데, 예를 들면 공놀이는 시각적인 느낌에 대한 모방이다('보고-행하다'). 아동은 공을 굴리는 것을 보고 스스로 공을 굴려 본다. 청각적인 모방은 '듣고-말하다', 즉 '공'이라는 단어를 듣고 따라 말하는 것이다. 단어 '공'을 명명하는 것이 학습목표라면, 아동은 공을 보고, 느끼고, 명명해야 한다. 혹은 듣고-가리키고-주고-만지는 과정이 필요하기도 하다.

또 하나의 특징은 학생 스스로 자신의 학습성과에 대한 책임을 질 수 있도록 하는 것인데, 학습결과를 스스로 평가하고, 학습 성취도 곡선을 작성해 보도록 한다. 교사와 학생은 언제 어떻게 교육과정의 목표를 달성할 것인가에 대해 함께 논의하고 자기주도적 학습의 기초를 만드는 데에 중점을 두고 있다. 예시는 다음과 같다.

- 학생과 교사는 서로 마주 보고 앉는다.
- 책상 위에 일상적으로 사용하는 물건이 약 10개 놓여 있다.
- 20초 동안 빠른 속도로 교사가 "스펀지를 보여 주세요!" "컵을 주세요!" "책을 주세요!" 등을 지시한다.
- 학생의 맞거나 틀린 반응 횟수를 기록한다.

〈표 10-16〉 정확성 위주 학습(예시)

목표	입력-출력	지시	행위
대상물의 움직임 모방	보고-행하다	"이렇게 해 보세요."	공을 굴리는 것을 보고 그것을 다시 굴린다.
단어의 모방	듣고-말하다	"공이라고 말해 보세요."	'공'이라는 단어를 듣고 모방한다.
언어표현	보고-말하다	"이것은 무엇일까요?"	공을 보고 그것이 무엇인지 말한다.
언어지각	듣고-행하다	"공을 선생님에게 주세요."	'공'이라는 단어를 듣고, 다른 물건들이 들어 있는 바구니에서 공을 꺼내고 그것을 주거나 가리킨다.

(3) 자연언어 패러다임

전통적인 행동치료 방법들은 집중적인 치료 이후 나타나는 일반화의 문제가 자주 지적되어 왔다. 그에 대해 '자연언어 패러다임'은 아동의 자발성을 특히 강조하고 아동 주도적 활동과 자연스러운 자연적 강화 제공에 초점을 둔다. 과제 선택 권한 제공, 난이도가 조절된 (쉬운 것부터 어려운 것까지) 과제 제시, 연속적 행위 중단 또는 의사소통을 자극하는 강화 등은 동기유발에 매우 효과적이다.

- 여러 가지 과제 가운데 스스로 하나를 선택할 수 있게 하면, 아동의 청개구리 같은 행동이 확연히 감소하고, 숫자를 셀 때도 자기 손가락을 이용할 수 있게 된다.
- 계단을 오르거나 밥을 먹거나 놀이를 하거나 혹은 그네를 타는 등의 어떤 연속적 행위(연쇄행위)를 할 때 그것을 중단시킨 후 시선을 맞추고, 단어나 월요일에서 일요일 또는 구구단 등을 외우게 하는 것은 아동의 주의집중을 가능하게 하며 자발적으로 의사소통하는 것을 촉진할 수 있다.
- 농구 게임을 좋아하는 아동은 공이 네트(net)에서 떨어질 때 행동이 중단된다. 그때 비로소 시선을 맞추고 소리를 내거나 말을 하고 몸짓을 모방하는 것을 시도할 수 있다.
- 비눗방울 부는 것을 좋아하는 아동은 뚜껑을 열 때, 빨대를 빼낼 때, 막 불려고 할 때 등이 바로 연속적 행위를 중단시키는 시점이 된다.
- 행위 중단을 통한 촉진은 아동이 욕구불만이 생기지 않는 선에서 이루어져야 한다.
- 하나의 공 대신에 큰 공, 작은 공, 테니스 공, 야구공 등 다양한 공들을 경험하면서 학습한다. 예를 들면, '굴린다'의 동사의 경우에는 '차가 굴러간다.' '바퀴가 굴러간다.' '깡통이 굴러간다.' 등 다양한 상황에서 단어를 익히도록 한다.

자연언어 패러다임은 자발어의 빈도수를 증가시키기 위해 구어 모방을 사용한다. 그 예시는 다음과 같다.

- 아동과 교사 앞에 장난감 자동차를 바닥 출발선 위에 하나씩 놓는다. 교사가 "준비, 출발!"이라고 말하며 자동차를 천천히 밀면서 출발시킨다.
- 교사는 아동을 쳐다보면서 지시를 반복한다.
- 교사의 출발신호에 아동도 자동차를 민다.
- 교사는 자동차를 밀면서 '붕~' 하고 소리를 낸다.
- 아동도 자동차를 밀면서 '붕~' 하고 소리를 낸다.
- 교사와 아동이 번갈아 가면서 놀이를 하며 아동의 적절한 행동을 칭찬해 준다.

〈표 10-17〉 STEP 커리큘럼 '확장된 의사소통' 단계에서 응용된 구조화된 치료방법

프로그램	목표	내용
구별학습	만날 때/ 헤어질 때 인사하기	• 아동은 교사와 함께 학교 건물 주변을 돌아다닌다. • 아는 사람을 만날 때마다 교사는 "안녕하세요." "안녕히 가세요."라고 인사를 한다. • 만약 아동이 모방을 하지 않으면 교사가 아동을 멈추게 한다. • 아동에게 인사하기에 해당하는 단어카드를 보여 준다. • 만날 때 인사와 헤어질 때 인사를 적절하게 할 경우에는 칭찬이나 토큰을 준다.
	"모르겠어요." 라고 말하기	• 아동 앞에 아동이 이름을 알고 나는 물건과 아동이 이름을 알지 못하는 물건이 담긴 상자를 놓는다. • 교사가 하나를 꺼내서 사물의 이름을 묻는다. • 목표단어를 말하면 칭찬을 해 준다. • 명칭을 알지 못하는 사물을 보여 주며 "모르겠어요."라고 교사가 아동에게 말해 준다. • 아동이 모방을 하면 칭찬을 해 준다. • 사물의 이름과 "모르겠어요."라는 구분이 성공적으로 이루어질수록 교사의 구두적 힌트를 주는 시간을 늦춘다. • 아동이 성공하면 교사는 아동에게 칭찬이나 토큰을 준다.
정확성 위주 학습	행위동사 말하기	• 교사는 아동이 잘 알고 있는 행위(예: 수영하다, 밥을 먹다, 쓰다, 자전거를 타다)가 그려진 약 10개의 카드를 아동 앞에 놓는다. • 20초로 타이머를 맞춘다. • 20초 이내에 가능한 한 많은 카드의 답을 말해야 한다고 이야기해 준다. • 아동은 손가락으로 가리키면서 그림카드에 있는 동사를 말한다. • 최종적으로 아동이 맞춘 카드의 숫자를 쓴다. • 향상될 때마다 칭찬을 해 주거나 토큰을 준다.
	상황에 맞게 말하기	• 목이 마르거나, 배가 고프거나, 누군가를 만나는 등의 상황 그림이나 질문이 있는 목록을 앞에 둔다. • 교사는 1분으로 타이머를 맞춘다. • 아동에게 가능한 한 빨리 목록에 있는 상황그림이나 질문을 읽고 대답하도록 한다. • 목표로 했던 도달점에 이르렀을 경우에 아동은 강화를 받게 된다.

자연언어 패러다임	사물을 자발적으로 말하기	• 함께 장을 본 물건들을 정리한다. • 교사는 장바구니에서 바나나를 꺼내 아동에게 준다. "여기 바나나가 있네." • 교사는 이것을 여러 번 반복한다. 단어제시와 바나나를 건네 주는 시간을 점차적으로 늦춘다. • 아동이 눈을 맞추거나 소리를 내거나 혹은 단어를 모방하는 등의 의사소통을 할 경우 교사는 칭찬을 해 준다. • 점차적으로 목표단어에 근접할 경우에만 아동은 강화를 받게 된다.

출처: Bernard-Opitz (2007).

어떤 중재 프로그램이 가장 효과적인가는 상황과 배경에 따라 다르다. 예를 들면, 500원과 100원 그리고 10원짜리 동전을 구분하지 못하는 승현이에게는 동전 구분하는 법을 가르치기 위해서는 반복연습을 통한 구별학습 프로그램이 효과적일 수 있다. 그러나 동전을 구분하는 법은 알고 있지만, 그것을 빨리 찾아서 계산하는 법을 모르는 도원이에게는 정확성 위주의 학습 프로그램을 통해 이미 학습된 것을 자동화시키는 것이 효과적일 수 있다(Bernard-Opitz, 2008). 반면에 자동판매기에서 동전을 어떻게 활용하는지를 모르는 항식이의 경우에는 행위의 순서를 시각화하여 보여 주거나 구조화된 개별교수의 하나인 각각의 하위 단계들을 분석하여 순차적으로 교수하는 과제분석(task analysis) 방법을 응용하는 것도 효과적일 수 있다.

5) 교실에서의 지원전략

앞서 언급한 바와 같이 자폐아동의 언어발달 수준은 개인 간 차이가 매우 크다는 전제하에 다음과 같은 전략을 모색할 수 있다.

• 문자언어를 통한 중재: 일반적으로 문자언어 습득은 구어발달이 어느 정도 가능해진 후에야 이루어지는 것으로 알려져 있으나, 자폐아동의 경우에는 읽기능력이 구어사용 능력보다 우수한 경우가 많다(Schirmer, 2011). 이때 읽기란 의미를 추출해 내는 독해의 개념이 아닌 해독 수준의 읽기능력을 말하는데, 예를 들면 자폐아동들이 단어카드를 인식하는 능력은 다른 정신장애 아동에 비하여 우수하다고 알려져 있다. 말보다 읽기를 먼저 시작했다는 부모의 보고(Lefevre, 1997)가 보편적인

것은 아니라 할지라도 의사소통지원전략의 하나로 투입할 수 있다는 사실은 자명
하다.

- 보완대체의사소통의 중재: AAC는 청각적 정보를 처리하는 데에 어려움을 많이 보이
는 자폐 특성에 비추어 매우 효과적이며 사회적 상호작용을 증진시키는 데에도 효
과적이다. 대부분 운동능력에 결함이 없기 때문에 의사소통 책 형태가 많이 사용
되며, 경우에 따라서 PECS와 결합하여 사용될 수 있다. 전자적 의사소통은 단순히
소리를 재생시키는 기능에 한정되지 않도록 주의해야 하며, 최근에는 하이테크 의
사소통 기기와 소프트웨어 등이 많이 출시되어 학교 현장에서도 활용도가 높다.
특히 인칭대명사 사용을 지도하는 데에 있어서는 교사가 구두로 설명하기보다는
보완대체의사소통 기기를 이용하여 빈 카드에 문장이나 질문 등을 녹음시킨 후 반
복적으로 들려주면서 아동이 자신의 관점에서 표현하는 법을 가르치는 것이 더욱
효과적이다. 예를 들면, 교사가 "나는 배가 고파요."라는 표현을 가르치기 위해서
수없이 반복한다 해도, 아동의 입장에서는 "너가 배가 고파요."가 되기 때문이다.

- 직접화행: 자폐아동은 은유적 표현이나 반어법 등을 이해하는 데 어려움을 보이기
때문에 교사는 간접적 표현방법을 자제해야 한다. 농담이나 비유적 표현은 상대
방의 의도를 이해한다는 전제하에서만 정확히 파악할 수 있기 때문이다. 교사는
항상 발화의도가 명확하게 드러나도록 말해야 한다. 예를 들면, 다음과 같다.

> (자폐 똑똑이가 다른 학생의 잘못을 이르러 온 상황)
>
> 똑똑이: 선생님, 종호가 쓰레기통을 엎었어요!
>
> 교사: (어질러진 교실을 보며) 아이고, 잘했다 잘했어!
>
> 똑똑이: 쓰레기통을 엎었는데 왜 잘했다고 해요? (삐짐)

- 명시적이고 구체적인 지시: 교사가 일상적으로 사용하는 요구방식을 그대로 자폐아
동에게 사용할 경우 많은 문제가 유발될 수 있다. "왜 이렇게 더럽지? 5분 있다가
볼 거야."라는 말을 듣고, 아동은 지금이 아니고 왜 5분 후인지, 무엇을 보겠다는
것인지 알 수가 없기 때문에 아마도 그냥 5분이 지날 때까지 시계만 볼 수도 있다.
교사는 5분 동안 아동이 무엇을 해야 하는지, 교사가 무엇을 확인하려고 하는지에
대해 좀 더 구체적으로 이야기를 해 주어야 한다. 언어의 초분절적 요소 사용에 결
함을 보이는 만큼, 교사도 억양이나 말의 템포로 전달하기보다는 구체적인 단어를

사용하는 것이 좋다. 교사는 시간과 공간에 대한 지시를 할 때에도 주의해야 하는데, 예를 들면 '곧' '그렇게 많이 말고' '빨리' 등의 표현보다는 매우 구체적인 정보를 주어야 한다. "곧 쉬는 시간이야."보다는 "8시 30분부터 쉬는 시간이야."라고 말하며, "할 수 있는 데까지 푸세요."라는 말보다는 구체적인 시간을 제시하면서 "30분까지 5개를 푸세요."라고 말해 주고, "이것을 저쪽에 가져다 놓으세요."보다는 "가지고 놀았던 블록을 초록색 서랍에 가져다 놓으세요."라고 말해 주어야 한다.

• 반향어 중재: 자폐아동은 반복적이고 제한적인 행동 특성으로 인하여 똑같은 말을 여러 번 반복하거나 혹은 자기가 관심 있는 주제에 대해서만 이야기하는 경향을 보인다. 그럴 경우에는 적정선에서 다른 주제로 대화를 이끌어 가는 것이 필요하다(Schirmer, 2011). 이때에는 놀이상황이나 아동이 좋아하는 사물을 제시하면서 관심을 다른 곳으로 가져오도록 한다. 반향어의 직접중재 전략으로는, 첫째, 도구적·인지적·사회적 목적으로 사용되는 반향어를 알아차리고 적절하게 반응하는 것이다. 둘째, 구체적인 의사소통 기능을 증진시키기 위하여 관습적이고 적절한 발화를 보여 주며, 셋째, 언어처리와 창조성을 증진시키기 위하여 반향된 구의 구성요소의 감소, 대체, 확장을 돕는 체계적인 수정을 제시한다. 마지막으로는 언어 산출의 증가나 어려운 언어행동을 대체하기 위해 AAC를 사용할 수 있다(김하은, 2019). 예를 들면, "우유 줄까요?"라고 물으면 "우유 줄까요?"라고 반향어를 하는 아동에게 "우유 줄까요? (2~3초 후) 우유 주세요."라고 교사가 바르게 말하면, 아동은 "우유 주세요."라고 말할 확률이 높아진다. 마찬가지로 "이게 뭐야?"라는 질문 대신에 "이게 뭐야? 이건 사과야."라고 말해주면 "이건 사과야."라는 반응을 이끌 수 있다. 질문보다는 아동이 해야 할 말을 해 주는 것이다. 혹은 "이건 뭐야? 이건 바나나야." 대신에 "이건 뭐야? 이건 바나○야."라는 식으로 미완성된 단어를 제시하거나 입모양으로 첫음절을 단서로 제시해 주는 것도 효과를 기대할 수 있다. 특정 상황에서 아동이 할 말을 교사가 적절하게 해 주는 것도 좋다. 자폐아동은 교사의 말을 듣고 있지 않은 것처럼 보이지만 비슷한 상황에서 지연반향어의 형태로 사용할 수 있다. 영화 〈말아톤〉에서 얼룩말을 좋아하는 자폐를 가지고 있던 주인공이 행인의 옷에 손을 대서 문제가 발생했을 때, 주인공의 대사는 "우리 아이는 장애가 있어요."였던 것처럼 말이다.

• 최소한의 환경 변화: 요구상황이 높거나 낯선 환경에 있을 때 의도성을 가지고 있지 않은 음성상동행동이나 비초점 반향어가 많이 나타날 수 있다. 따라서 새로운 상

황의 변화를 잘 예견할 수 있도록 환경을 구조화해야 한다. 특히 시각적 스케줄은 하루 활동과 사건 등의 개요를 알려 주어 특정 시간에 발생하는 사건을 예상할 수 있다는 장점이 있다(김하은, 2019). 선호하지 않은 청각자극에 대해서 매우 민감할 수 있으므로 안정감을 느낄 수 있는 '안전영역'을 확보해 주거나 자리배치 등을 고려하는 등 불필요한 불안요소를 제거해 주어야 한다.

커피를 마시러 카페에 들어갔는데, 저쪽 테이블에서 서너 명이 노래를 부르고 한 명은 고깔모자를 쓰고 있다고 가정해 보자. 우리는 금방 고깔모자를 쓴 사람의 생일일 것이라고 추정한다. 그렇기 때문에 가서 제발 조용히 하라고 소리를 지르는 사람은 없을 것이다(성격 좋은 사람은 가서 축하한다고 인사를 건넬 수도 있다). 그러나 자폐아동은 때로 그러한 예상치 못한 상황을 이해하는 데에 어려움을 보인다. 아마도 그 상황은 이해되지 않는 혹은 엉망진창의 카오스로 받아들여질 것이다. 다행스럽게도, 자폐아동들은 대체적으로 정보를 시각적으로 받아들이는 데에 강점을 가지고 있다. 그래서 그들은 아주 작은 사물의 변화도 금방 알아차리기도 한다. 따라서 정보를 시각화하여 과제나 상황을 분명하게 제시해 주는 것이 효과적이다.

- 공간의 구조화: '내가 어디에 있어야 하지? 그거 어디에 있지? 어디에서 하지?' 등과 같은 불확실성을 감소시킬 수 있도록 해 주어야 한다. 예를 들면, 교실 내부의 공간을 따로 구분하여 수업하는 공간, 개인 활동 공간, 안정 공간 등을 만들어 주거나, 학습도구들은 정해진 곳에 두되 내용물은 바로 예측하거나 확인할 수 있도록 한다. 이는 물리적 구조화에 해당한다.
- 시간의 구조화: 이제 뭘 하고, 얼마 동안 해야 하는지에 대한 불투명성을 감소시키기 위하여 일과 시간을 그림이나 사진 등을 통해 매우 구체적으로 제시해 주어야 한다. 이 활동을 마치고 나면, 어떤 활동을 하는지를 예측할 수 있도록 하며, 타이머 등을 활용하여 다음 단계를 준비할 수 있도록 한다.
- 작업체계(work system)의 구조화: 무엇을 얼마만큼, 어떠한 순서로, 언제까지, 그리고 그 다음에는 어떻게 해야 하는지에 대한 구조화가 필요하다. 예를 들면, 오른쪽에는 먼저 해야 할 과제를 두어 하게 하고, 이것이 끝나면 왼쪽 편에 놓여 있는 과제를 수행하게 한 다음 노란색 카드를 주게 되면, 그 색이 칠해진 박스에 물건을 스스로 가져다두는 과정을 지도한다. 이를 통해 독립적인 활동을 배울 수 있다.

- 과제의 구조화: 예를 들어, 방을 치우는 과제를 수행하기 위해서도 단계가 있다. 먼저 창문을 열기-어질러진 물건을 치우기-청소기를 밀기 등의 구조화된 지침이 필요하다. 과제 내에서 무엇을 어떻게 해야 하는지, 마지막 최종 결과물은 어떤 모습인지 등에 대한 지침을 주는 것이다. 마치 하나의 가구를 조립하기 위한 설명서와도 같다.
- 습관(routine)의 구조화: 자폐를 가지고 있는 아동들에게는 대부분 자신만이 가지고 있는 고집스러운 습관이 있다. 집착처럼 보일 수 있지만, 그것이 그들에게는 규칙인 셈이다. 일관성 있게 반복된 교수는 하나의 전략이 될 수도 있다.

출처: Lütjens*(2010); Kühn & Schneider (2019).

제**11**장
뇌성마비 아동의 의사소통지도

뇌성마비는 비진행성 장애로서 지체장애 아동의 질환 중 가장 높은 비율을 차지한다. 인지장애를 가지고 있지 않은 일부 뇌성마비 아동의 경우에도 운동조절능력의 손상으로 인하여 대부분 경도장애 이상의 말장애를 동반한다. 뇌성마비는 자신이 가지고 있는 언어능력보다 과소평가되는 경향이 많으며, 중도 뇌성마비의 경우에는 구어를 통한 의사소통 자체가 어려워서 보완대체의사소통 중재를 필요로 한다. 이제까지 전통적인 생리학적 방법에 치중하였던 치료지원의 내용은 최근 의사소통 자체의 기능적 능력을 최대한으로 이끌어 내는 교육적 지원으로 변화되고 있다. 이 장에서는 뇌성마비 아동의 의사소통 특성 및 중재방법으로서의 보완대체의사소통을 중심으로 살펴보고자 한다.

1. 뇌성마비의 기초적 특성 이해

1) 뇌성마비의 정의

'뇌성마비(Cerebral Palsy: CP)'란 출생 전, 출생 시 또는 출생 후에 나타나는 뇌의 선천적 기형이나 손상 또는 중추신경계의 병변에 의한 영구적이고 비진행적인 마비성 운동신경장애를 말한다(김동일 외, 2010). 특징으로는 비진행성이며 영속적이고, 수태에서 신생아기(생후 1개월 이내) 사이에 일어난 뇌의 손상이라는 점을 들 수 있다. 뇌성마비는 수의운동(voluntary movement: 자기의 의지에 의해 조정되는 운동)장애, 운동기능 마비, 자세 이상 등의 신경성 운동기능장애가 주요 장애이고, 지적장애, 감각장애, 행동장애, 정서장애, 언어장애, 발작 등의 장애를 동반하는 중복장애다(전헌선 외, 2004).

뇌성마비와 함께 나타나는 장애로는 언어습득의 결함이 약 50%, 인지장애 65~75%, 시각장애 50%, 청각장애 1~2% 그리고 뇌전증 20~30%로 보고되고 있다(Feldkamp, 1996). 물론 이 수치는 연구자마다 차이가 있으며, 언어습득뿐만 아니라 전반적인 언어발달 영역까지 포함한다면 언어장애(말장애)는 거의 90%를 차지한다고 보아도 무방하다.

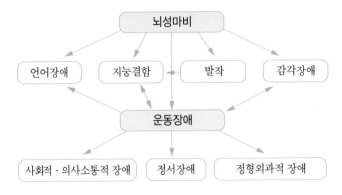

[그림 11-1] **뇌성마비와 함께 나타나는 장애**

출처: Hedderich & Dehlinger (1988).

2) 뇌성마비의 분류

뇌성마비는 다양한 병형(病型)의 혼합형이므로 확실한 분류를 하기 어렵다. 불수의 운동이 주된 장애이면서 동시에 경직형의 증상도 나타날 수 있으며, 운동실조형의 경우에도 같은 일이 일어날 수 있다(박혜숙, 나은우 역, 1990). 그럼에도 불구하고 일반적으로 뇌성마비는 마비 부위와 운동장애 유형에 따라 〈표 11-1〉, 〈표 11-2〉와 같이 분류할 수 있다.

운동장애 유형에 따른 출현율은 학자들마다 차이가 있다. 경직형의 출현율은 많게는 70~80%까지 보고되기도 한다(Tönnis & Krenkeln, 1963). 뇌성마비는 그 밖에도 뇌 손상 부위에 따라 추체로[1] 손상, 추체외로계[2]의 손상 그리고 소뇌의 손상으로 구분되기

〈표 11-1〉 마비 부위에 따른 분류

분류		특성
사지마비		몸통과 머리를 포함한 사지 전체의 운동마비를 말하며, 몸통은 과도한 근긴장으로 인하여 뒤쪽으로 굽는다.
대마비		양쪽 다리 부분에 집중된다.
편마비		편마비는 좌우 한쪽만이 해당된다.
삼지마비		보통 한쪽의 상지와 양 하지의 마비를 말한다.
중복마비		사지마비와 부위는 같으나 상지가 심하게 마비되어 있다.
단마비		사지 중 한 곳에만 마비가 오며, 일반적으로 경미하다.

---

1 추체로는 뇌에서 보내는 명령이 연수의 추체를 지나가는 곳으로 수의적 운동을 담당한다.
2 추체외로계란 뇌에서 보내는 명령이 연수의 추체를 통과하지 않고 내려가는 운동신경들의 집합을 말하며, 무의식적이고 반사적인 운동을 담당한다.

도 하며(Schmidt, 1976), 발생시기에 따라 선천적 뇌성마비와 후천적 뇌성마비로 구분
되기도 하는데 선천적 뇌성마비의 출현율이 훨씬 더 높다(박은혜, 김정연, 2010).

〈표 11-2〉 **운동장애 유형에 따른 분류**

경직형 (spastic type)	뇌성마비의 50~60%
	• 운동피질이나 뇌의 추체로의 손상이다. • 첨족위[3] 보행을 한다. • 과잉강직과 과잉동작을 보인다. • 높은 근긴장도를 갖는다. • 간헐성 경련이 일어난다(경련성). • 원시적 집단반사운동: 몸의 일부를 굽히려고 할 때 몸 전체가 굽혀지거나, 일부를 펴려고 할 때 몸 전체가 펴져 버린다.
불수의운동형 (무정위운동형, athetoid type)	뇌성마비의 20%
	• 중추신경의 추체외로계의 손상이다. • 불필요한 과잉운동이 불수의적으로 일어난다. • 근긴장의 저하: 누워서 걷는 듯한 움직임이 나타난다.
운동실조형 (ataxic type)	뇌성마비의 5~10%
	• 소뇌의 병변이다. • 근긴장의 저하: 균형과 평형감각 그리고 협응운동의 결여를 보인다. • 보행이 불안정하며 finger-nose test, finger-finger test에서 어려움을 보인다.
진전형 (tremor type)	뇌성마비의 2~5%
	• 뇌막염과 같은 출생 후 질환에 의해 발생한다. • 행동을 통제하려고 시도할 때 비자율적인 떨림 증상이 더욱 증가한다. • 반복적인 길항운동의 이상: 혀를 적절하게 빠른 속도로 넣었다 뺐다 반복하는 운동이나 손바닥과 손등을 반복적으로 위/아래로 하는 움직임 등의 문제를 보인다.
강직형 (rigidity type)	뇌성마비의 5~10%
	• 사지가 극도로 딱딱하고 오랜 기간 동안 고정되어 있어서 움직이지 못할 수도 있다. • 경직형과 비슷한 양상을 보인다. • 중증 지적장애를 동반하는 경우가 많다. • 과잉동작과 불수의적 동작이 나타나지 않는다.

출처: 김동일 외(2010); 전헌선 외(2004)에서 재구성함.

---

3 첨족위란 발끝으로 걷는 보행을 말한다.

3) 뇌성마비의 원인

뇌성마비는 기본적으로 뇌손상에 의한 마비로 생겨나며, 병변의 부위와 크기는 뇌성마비의 유형과 장애 정도를 결정한다. 일반적으로 뇌성마비의 원인은 출생 전, 출생 시 그리고 출생 후로 구분할 수 있다.

출생 전에는 임산부의 감염, 독성물질과 불필요한 X-ray 과다노출, 약물복용 등이 원인이 될 수 있으며, 출생 시에는 조산이나 뇌의 무산소증, 출혈, 분만사고 등이 포함된다. 출생 후에는 조산이나 뇌의 손상 등이 그 원인이 될 수 있다. 그러나 출산 전 또는 출산 후의 원인으로 추정한다 하더라도 실질적인 증후는 훨씬 늦게 나타날 수 있다. 렘프(Lempp, 1978)는 뇌성마비 발생시기를 이르게는 임신 6개월, 최대 생후 12개월까지로 보고 있다. 임신 6개월은 뇌성숙과 관련하여 그 이전 단계에서는 유산 가능성이 높다는 점에 근거하며, 생후 12개월은 징후가 늦게 관찰되거나 혹은 다른 질병으로 간주될 가능성이 높기 때문이다. 실제로 전체 뇌성마비의 약 1/3은 원인불명으로 파악되고 있다(Bowe, 2000).

[그림 11-2] **뇌손상의 원인과 결과**

2. 뇌성마비 아동의 일반적 특성

중추신경계의 이상은 다양한 영역에서의 문제를 동반한다. 뇌성마비는 대근육과 소근육운동, 지각, 언어 그리고 인지와 사회정서적 발달에서 지체와 이상발달 형태를 보인다([그림 11-3] 참조). 그러나 뇌성마비는 개인차가 크고 중도·중복 경향이 많으므로 어느 하나의 특성을 일반화하는 것은 피해야 한다.

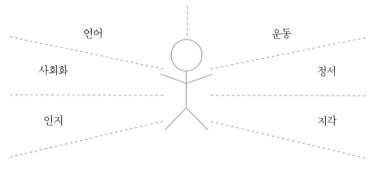

[그림 11-3] 뇌성마비의 지원 요구 영역

출처: Hedderich (1999).

뇌성마비는 신경계의 이상으로 인한 마비로서 운동기능장애를 주로 보인다. 인간이 행하는 모든 동작은 중추신경계의 명령에 의해 이루어지며, 이러한 중추신경계의 손상을 가진 뇌성마비 아동에게는 운동학적으로 세 가지의 문제점, 즉 비정상적인 근육의 긴장도, 비정상적인 반사 그리고 비정상적인 운동 패턴이 발생한다(권혁철, 김연실 역, 1997). 우선 정상적인 운동발달에는 다음과 같은 몇 가지 법칙이 있다(곽노의 외, 2007).

첫째, 머리쪽에서 다리쪽 방향으로 진행한다. 즉, '머리 들기-몸통 뒤집기-손으로 잡기-다리로 서기' 등의 순서가 있다. 둘째, 중심부에서 말초부로 발달한다. 몸통 부위의 발달이 이루어지고 나서 팔다리 기능으로, 팔다리 움직임에서 손가락 기능으로 발달해 간다. 셋째, 전신운동에서 부분운동으로 발달한다. 즉, 미분화된 전신운동의 형태에서 점차 분화된 부분운동으로 발달하고, 신체운동이 정교화될수록 불필요한 움직임은 줄어든다. 넷째, 대근육운동에서 소근육운동으로 발달한다. 걷기와 달리기와 같은 대근육운동이 발달한 이후에 점차 손가락을 정교하게 움직이는 소근육운동이 발달한다.

또한 신생아는 여러 가지 형태의 반사기능을 가지고 태어난다. 생후 일정 기간이 지나면 사라지는 원시반사는 신경계 발달의 정상 여부를 판단하는 중요한 기준이 된다. 원시반사의 유형은 〈표 11-3〉과 같다(곽노의 외, 2007; 심성경 외, 2010). 뇌성마비 아동의 경우에는 원시반사들이 사라져야 할 시기에도 여전히 지속됨으로써 오히려 정상 운동발달을 방해하는 요인이 된다.

〈표 11-3〉 원시반사의 유형

유형	특징
바빈스키 반사	발바닥에 간지럼을 태우면 발바닥을 부채살처럼 펴는 반사로서, 생후 8개월부터 1년 사이에 사라진다.
모로 반사	큰 소리가 나거나 안고 있는 자세가 갑자기 바뀌면 깜짝 놀라 등을 구부리고 손과 발을 앞으로 뻗는 반사로서, 생후 6~7개월이 되면 사라진다.
잡기 반사	손바닥에 물체를 대면 꼭 쥐는 반사로서, 신생아가 자신의 몸을 지탱할 수 있을 정도로 강하게 나타나며 생후 3~4개월이 되면 의도적인 잡기 행동으로 대체되면서 점차 사라진다.
걷기 반사	신생아를 세워서 잡아 주면 마치 걷는 것과 같은 동작을 하는 반사로서, 점차 의도적인 걷기 행동으로 대체된다.
척추 반사	손으로 등 위에서 아래로 그을 때 어느 한쪽으로 구부러지게 그으면 영아가 그쪽으로 움직이는 반사를 말한다.
수영 반사	물속에 넣으면 수영하는 것과 같이 팔다리를 움직이면서 호흡을 멈추는 반사로서, 생후 6~7개월 이후에 사라진다.

1) 지각 및 운동적 특성

(1) 비정상적인 근긴장

- 경직형 뇌성마비는 전체 뇌성마비의 2/3를 차지할 만큼 가장 일반적인 유형이며, 근긴장도가 높아서 근육이 뻣뻣하거나 움직임이 둔하고, 따라서 움직이는 속도가 느리다. 몸의 일부를 구부리거나 펴려고 하면 몸 전체를 펴거나 구부려야 된다.
- 불수의운동형은 사지가 떨리고 근육긴장이 과긴장과 저긴장상태를 반복함으로써 몸이 불필요하게 흔들리고 뒤틀리는 양상을 보인다. 의도적으로 움직이려고 할 때 신체의 균형과 안정감이 깨지는 경우가 많다.
- 운동실조형은 균형감과 거리감에 문제를 가지고 있다.
- 혼합형은 이러한 여러 유형이 함께 나타나는 특징을 갖는다(전헌선 외, 2004; 김동일 외, 2010).

(2) 지각장애

지각장애는 뇌성마비에서 나타나는 일반적인 장애 중 하나다. 감각이 감각기관을 통해 자극이 들어오는 수동적인 의미라면, 지각(perception)은 그것을 뇌의 처리과정에서 선택·조직·해석하는 능동적 과정이다. 눈의 망막 위에 비치는 상이 감각기능이라면, 그것을 특정한 사물로 아는 것은 지각기능이다. 뇌성마비 아동은 특히 시지각에 어려움을 보이는데, 그 유형은 다음과 같다(정재권, 1991; 박순길, 2005).

① 공간위치 지각
사물의 크기나 위치를 지각하는 데에 어려움을 보인다. 형태나 순서를 반대로 보거나 안과 밖, 위와 아래, 왼쪽과 오른쪽을 혼동하거나, '오'를 '우'로, '14'를 '41'로 혼동하여 지각하기 쉽다.

② 시각과 운동협응
시각을 신체운동과 조정하는 능력으로서, 대부분의 소근육 운동발달은 시각과 운동협응에 의존하여 발달한다. 시각과 운동협응이 원활하지 않으면 읽기, 쓰기뿐만 아니라 일상생활 수행에도 많은 어려움을 보인다.

③ 항상성 지각
자극이 변함에도 불구하고 대상은 변하지 않음을 지각하는 것이다. 모양 항상성은 각도에 따라 모양이 변하는 것처럼 보이지만 같은 것으로 지각하는 것이고, 크기 항상성은 멀리서 볼 때는 작게 보이지만 실제 크기로 지각하도록 한다.

④ 전경과 배경 지각
전경은 초점을 두고 지각하는 대상이며, 배경은 주변과 분리된 것으로 지각하는 것이다. 수용된 여러 가지 자극 중에서 어떤 특정한 자극을 전경으로, 나머지 자극은 배경화할 수 있는 능력은 읽기능력과 밀접한 관계가 있다. 일반적으로 전경은 배경에 비해 두드러지고 더 가깝게 지각되는 특성이 있다. 책을 읽을 때에는 단어가 전경이 되고 종이는 배경이 된다.

⑤ 공간관계 지각
공간관계에 대한 지각은 공간위치에 대한 지각을 토대로 생겨나며, 둘 이상의 물체가 있을 때 물체 각각의 위치 및 물체 상호 간의 위치를 지각하는 능력을 말한다. 공간에서의 방향과 거리를 판단하는 지각능력으로서 이에 문제가 있으면 잘 부딪히거나 넘어지고, 구슬 꿰기나 적목 쌓기 등의 활동에서 곤란을 보인다.

그 밖에도 뇌성마비 아동의 운동발달 속도는 매우 느리고, 근육협응의 어려움 등으로 인하여 정상적인 운동발달에 많은 어려움을 갖는다.

2) 인지적 특성

뇌성마비가 곧바로 지능결함을 의미하지는 않는다. 많은 경우에는 외형상으로 심한 뇌성마비 형태를 보이지만 실제 지능은 정상인 경우가 많다. 물론 여기서도 개인차가 크며, 학자들마다 서로 다른 수치를 제시하고 있으나, 일반적으로 뇌성마비 아동의 평균 지능은 일반아동에 비하여 낮다. 슈미트(Schmidt, 1976)는 뇌성마비 아동 가운데 약 25~35%가 정상적인 지능을 가지고 있다고 보고하고 있다. 즉, 뇌성마비 아동의 3/4이 평균 이하의 지능을 가지고 있는 것이다. 그 가운데 25%는 IQ 55 이하 수준의 지적장애를 동반하고 있으며 뇌 손상 부위가 클수록 인지능력이 떨어지는 것으로 나타났다.

그러나 뇌성마비 아동의 지능에 대한 평가는 단순한 수치만 가지고 기계적으로 판단할 수 없다는 데 대부분의 학자는 동의한다. 지능은 적절한 심리측정 도구를 활용하여 적합한 실시방법으로 정확히 파악되어야 하며, 무엇보다도 뇌성마비 아동이 가지고 있는 의사소통상의 제한성 때문에 지적 능력이 과소평가되는 부분을 주의해야 하기 때문이다. 또한 언어반응뿐만 아니라 동작표현에서도 제한이 따른다는 점도 감안되어야 할 것이다. 뇌성마비 아동의 문화환경적인 이질감, 도형−배경 지각의 혼돈, 쉽게 피로하고 부모에 대한 의존심과 검사도구에 대한 혐오감과 같은 정서적인 요인들도 정확한 지능이 반영되고 있다고 보기 어려운 점이다(강수균 외, 1996).

뇌성마비 아동의 일반적인 인지적 특성은 다음과 같다.

- 신체적 활동을 통해서 외부의 세계와 관련짓는 능력이 또래 아동보다 저하되므로 추상능력과 개념적 사고의 발달이 늦어질 수 있다(정재권, 안병즙, 2001).
- 추상적 사고의 저하, 제약된 활동과 한정된 경험으로 인한 미성숙한 사고, 구체적 대상물에 대한 분석과 종합력 그리고 대상의 특징을 전체적으로 파악하는 능력이 부족하다(박화문, 2001).

• 전이와 일반화에 어려움을 갖는다(국립특수교육원, 1998).

3) 사회정서적 · 행동적 특성

뇌성마비 아동의 심리적인 문제는 욕구불만 이론, 기관 열등감 이론, 장 이론, 신체상 이론 등으로 설명할 수 있다(전헌선 외, 2004). 다른 장애도 마찬가지이지만 사회정서적 특성을 논하는 것은 매우 어려운 일이다. 물론 특정 장애집단에서 더 뚜렷하게 보이는 어떠한 차이나 특성은 분명히 존재한다. 우리는 그 차이에 주목하고 '집단=고유의 특성'으로 단정하는 오류에 빠진다. 그러나 실제로는 집단이 가지고 있는 특성이 아니라 그러한 특성을 유발할 수 있는 불리한 요건에 주목할 필요가 있다.

(1) 욕구불만 이론

톨스토이는 "인간은 행복의 추구자다."라고 하였다. 인간은 누구나 행복을 꿈꾸며 살아간다. 그 행복은 매우 주관적인 것이라고 하지만 모든 사람에게 요구되는 최소한의 기본적인 생리적 욕구와 심리적 욕구는 분명히 있다. 그리고 그러한 기본적인 욕구 충족은 바로 행복의 바탕이 된다. 생리적인 욕구(배고픔, 갈증, 성욕)뿐만 아니라 사랑 · 관심 · 소속감과 존중 그리고 가치 있는 존재로 인정받고자 하는 사회정서적 욕구는 아동기에 충분히 충족되어야 한다. 매슬로(Maslow)에 따르면, 인간은 기본적으로 다섯 가지 종류의 기본적인 욕구를 가지고 있으며 계층적 구조를 형성하고 있다. 즉, 저차원의 욕구가 충족된 후에야 그다음 차원의 욕구가 생기게 된다는 것이다(오세진, 1999에

〈표 11-4〉 **매슬로의 욕구 5단계**

종류	내용
생리적 욕구	인간이 자신의 신체적 균형을 유지하는 데 필요한 욕구, 즉 허기, 갈증, 성적 욕구 등과 같은 가장 기본적인 신체적 욕구를 말한다.
안전 욕구	신체적 · 정서적 위협으로부터 자신을 보호하려는 욕구를 말한다.
사회적 욕구	주로 인간관계와 관련된 욕구로서, 타인들과 어울리고 싶어 하거나 어딘가에 소속되고 싶어 하는 욕구를 의미한다.
자존의 욕구	타인들로부터 인정이나 존경을 받고 싶어 하는 심리적 욕구를 말한다.
자아실현의 욕구	한 인간으로서 자기발전을 위해 실현할 수 있는 자신의 잠재력을 극대화시키려는 욕구이며 자기완성에 대한 갈망을 말한다.

서 재인용). 긍정적인 경험은 만족감을 갖게 하지만 부정적인 경험은 욕구불만을 갖게 한다. 이러한 기본적인 욕구가 충족되지 않음으로써 생겨나는 욕구불만은 낮은 자아개념과 공격적 행동, 반항, 탈선 등으로 표출된다. 뇌성마비 아동의 경우 기본적인 신체적 욕구뿐만 아니라 신체활동과 이동의 제한에서 오는 사회적 참여 욕구의 불만 등으로 부정적인 자아개념이 발달하고, 공격적인 행동을 보일 수 있다.

(2) 기관 열등감 이론

인간은 모두 어느 정도의 열등감을 가지고 살아간다. 아들러(Adler, 1973)에 따르면, 열등감은 인생 전반에 걸쳐 영향을 미치는 많은 병리 현상의 일차적 원인이다. 열등감은 열등성과는 다르다. 열등성은 객관적이지만, 열등감은 객관적인 평가에 의한 것이 아니라 하나의 느낌과 같은 주관적인 해석이다(김춘경, 1998). 그래서 의외의 사람이 의외의 열등감을 갖는 경우를 우리는 주변에서 흔히 보게 된다.

인간은 남보다 열등하다고 느낄 때 긴장하게 되고, 불안정한 감정을 갖는다. 많은 경우는 그런 감정을 극복하기 위해서 '보상'을 시도한다. 때로는 그것이 인성을 강하게 하고 객관적인 열등성을 극복할 수 있게 하지만, 자신의 열등성이 반복적으로 재확인되거나 자신의 힘으로 극복할 수 없다는 경험을 하게 되면 만성적인 열등감과 패배감 그리고 자기방어적이고 공격적인 행동으로 나타나게 된다.

(3) 장 이론

레빈(K. Lewin)의 장 이론(field theory)에 따르면, 인간의 성격이나 행동은 개인-환경 간의 상호작용의 맥락에서 보아야 한다. 이와 관련하여 'B=f(P · E)'의 공식이 성립된다. 여기서 B는 행동(Behavior), P는 개인(Person), E는 환경(Environment), 그리고 f는 B와 P 간의 상호작용의 함수(function)를 말한다. 원하는 것을 얻는 데 아무런 장벽이 없는 상황(a), 장벽이 있지만 극복할 수 있는 상황(b), 극복할 수 없는 상황(c)이라고 가정하였을 때, 매번 c의 상황에 부딪히게 되면 좌절감을 느끼고 부정적인 사고, 불안, 고집성 등이 생겨날 수 있다(홍대식 역, 1988). 뇌성마비의 경우 자신의 신체를 극복할 수 없는 상황이라고 간주하는 경우가 많고, 이에 따라 절망, 좌절감 등을 느끼게 된다.

(4) 신체상 이론

신체상이란 자신의 신체에 대한 느낌과 태도로서, 자아개념 형성에 큰 영향을 미친다. 우리는 마음속에 각자 자신의 신체에 대한 이미지를 가지고 있다. 자신의 신체에 대한 만족도가 높을수록 긍정적인 자아개념을 갖게 되기 때문에(임재창, 임용자, 1994) 긍정적인 신체상을 갖는 것은 행복과도 관련되는 중요한 요소다. 뇌성마비의 경우에는 자신의 신체가 남과 다르다는 것을 인식하면서 점점 부정적인 신체상이 형성된다. 이때 '부정적'이란 자신의 신체를 타인과 비교 평가하는 데 있어서 있는 그대로를 받아들이고 수용하는 것이 아니라, 자신의 장애를 보다 심하게 평가하거나 과장하여 왜곡하는 것을 말한다(정재권 외, 1996). 부정적인 신체상은 낮은 자아개념뿐만 아니라 고립, 의존성, 욕구불만, 정서적 부조화 그리고 성격왜곡 등의 특성을 갖게 한다.

3. 뇌성마비 아동의 언어적 특성

뇌성마비 아동은 대부분 말장애를 갖는다. 여기서 말장애라고 강조하는 것은 인지결함이 없는 뇌성마비의 경우에도 심한 조음오류를 보이기 때문이다. 그러나 인지장애를 동반한 경우에는 말 영역뿐만 아니라 언어형태와 언어기능 모두에서 장애를 갖는다. 뇌성마비의 장애 유형과 정도에 따라 언어장애의 양상은 다르게 나타난다. 범위에 있어서도 말을 산출하기 위한 근육운동 조절능력의 손상으로 인한 조음장애부터, 의사소통이 거의 불가능한 아동까지 뇌성마비 아동의 언어적 특성은 다양하게 중첩되는 양상을 갖는다.

1) 뇌성마비 유형에 따른 언어적 특성

뇌성마비 아동의 언어적 특성은 크게는 경직형과 불수의운동형으로 구분할 수 있다 (전헌선, 1993). 그러나 언어특성들을 뇌성마비 유형에 따라 구분하고 비교하는 것은 한계가 있다.[4]

---

4 왜냐하면 차이점도 있지만 공통점도 나타날 수 있고, 이제까지 연구대상자들의 수가 극히 제한적인 데다가 연구자들마다 일치되지 않는 부분들이 있다. 남현욱과 권도하(2009)의 연구에 따르면, 뇌성마비 유형 간에는 호흡, 발성, 공명 및 운율체계에서 유의한 차이가 없고 조음에서만 차이가 있다.

(1) 경직형 뇌성마비

경직형은 근긴장도가 높다는 것이 특징이다. 따라서 발화를 할 때에도 과도한 근육 긴장으로 인하여 매우 경직된 특성을 보인다. 예를 들면, 심한 말더듬을 가지고 있는 사람이 보이는 '막힘' 증상과 같은 쥐어짜는 듯한 긴장된 발성이 나오며, 비정상적인 호흡과 마치 목에 사과가 걸린 것 같은 성대의 긴장은 전체적으로 경직되고 힘이 잔뜩 들어가 있다는 인상을 준다. 따라서 발화의 속도가 느리고, 힘이 들어가 있으며, 말이 자주 끊어지는 형태의 억양을 보인다. 경직형은 과대비성과 거칠고 억압된 음성을 낸다. 연인두폐쇄기능의 결함으로 구강 내의 압력이 필요한 파열음, 마찰음, 파찰음과 같은 자음에서 오류를 보이기도 한다(노선옥, 1997; 전헌선 외, 2004; Hensle & Vernooij, 2000).

(2) 불수의운동형 뇌성마비

불수의운동형은 신체의 움직임이 느리고 근육의 떨림이나 근긴장도가 수시로 변하여 팔, 손, 얼굴 근육 등에서 비자발적이고 불수의적인 운동이 나타난다(박은혜, 김정연, 2010). 따라서 말을 할 때도 말을 하려고 할수록 더 심하게 꼬이는 증상이 나타날 수 있는데, 특히 목소리의 크기가 작고 속삭이는 듯한 소리를 산출한다. 혀의 조절이 어려워 자음산출에 많은 오류를 보이며 음도가 높고 단음도 형태를 보인다. 불수의운동형은 특히 발화를 할 때 정상적인 자세를 유지하기 어렵기 때문에 조음상의 오류를 많이 보인다(전헌선 외, 2004).

2) 구어산출의 특징

뇌성마비 아동이 보이는 언어적 특성을 이해하기 위해서는 뇌성마비가 가지고 있는 부적절한 요인을 이해하여야 한다. 일차적으로 정상적인 말을 산출하기 위해서는 호흡·발성·조음·신경기관에 문제가 없어야 한다. 그런데 뇌성마비는 이 네 가지 모두에서 문제를 가지고 있다. 따라서 뇌성마비는 호흡(역호흡, 짧은 호흡), 발성(음도, 강도, 음질, 소리의 지속), 조음(부정확함, 왜곡) 그리고 운율장애(구어속도, 쉼)의 증상을 갖는다.

(1) 호흡장애

구어산출에 적절한 기류의 공급이 잘 이루어지지 않는다. 호흡은 여러 가지 요인에 의해 작용한다. 발성을 하기 위해서는 흡기와 호기가 정상적인 메커니즘 속에서 이루어져야 한다. 구어를 산출하기 위한 호흡은 흉곽과 횡격막의 능동적인 신체기능이 필수적인데, 뇌성마비는 내장기관 및 신경학적 발달의 미숙으로 인하여 호흡자체에 어려움을 보인다. 특히 구조 자체의 이상은 호흡 기능의 이상을 수반함으로서 비정상적인 호흡 패턴을 갖게 되는 것이다(김선희, 2020). 보통 때는 흡기와 발화의 시간적 비율이 거의 비슷한 수준이지만, 발화를 할 때는 호기시간이 매우 길어진다. 그래야만 자연스럽게 말을 할 수 있다. 즉, 말을 하기 위해서는 흡기보다 훨씬 긴 호기 지속시간이 필요하다. 말을 하는 동안에는 어느 정도의 날숨을 억제하면서 우리는 기압을 유지한다. 그것이 가능하기 위해서는 호흡근육 조절이 필요한데, 뇌성마비는 이런 자동화된 호흡 패턴 조절이 깨어진 경우다.

- 날숨의 지속시간이 너무 짧다.
- 역호흡 증상이 나타난다.
- 호흡량이 부족하다.
- 음절당 소모되는 공기의 양이 많다.

(2) 발성장애

정상적인 발성을 하기 위해서는 후두근육과 성대의 움직임이 정상적으로 이루어져야 한다. 발성기관의 근육운동에 장애가 있으면 발성장애가 반드시 동반된다. 비정상적인 근육의 긴장과 비협응운동은 여러 유형의 음성장애를 유발한다.

- 날숨 시 성대가 열려 있는 경우, 압력이 형성되지 않아 발성이 되지 않는다.
- 성대가 너무 경직된 경우, 진동하기 어려워서 발성이 되지 않는다. 마치 무거운 물건을 들어 올릴 때 숨을 꾹 참는 듯한 상태의 발성과도 같다.
- 성대긴장도가 유지되지 않는 경우에는 비정상적인 음도, 떨림, 폭발적인 음성 등이 산출된다.

(3) 조음장애

뇌성마비 아동의 조음문제는 잘못된 자세와 비정상적인 근육긴장과 반사, 운동 패턴 등에 인해 나타난다. 머리와 목의 안정적인 지탱은 조음을 산출하는 데 필수적 조건이다. 또한 뇌성마비로 인한 안면근육의 불수의운동, 혀 · 입술 · 턱 등의 운동장애는 조음장애의 주요 원인이 된다. 특히 경직형 뇌성마비는 과도하게 높은 신체의 긴장도로 인하여 구강 조음기관의 기능에도 부정적인 영향을 미친다. 신경계의 손상이 아니라 할지라도 뇌성마비 아동의 경우에는 조음산출에 대한 경험이 미비함으로써 조음기관의 기능 오류에 대하여 스스로 수정하는 것이 어렵다(김선희, 2020).

- 말소리의 강도, 음도 그리고 운율상의 문제로 인하여 전체적으로 말의 명료도가 낮다.
- 말의 지각능력이 낮다.
- 경직형의 경우 연인두폐쇄기능의 결함으로 파열음, 마찰음, 파찰음 산출이 어렵다. 또한 과대비성이 나타난다.
- 조음기관의 기민성과 정확성이 떨어져 조음이 부정확하다.

(4) 운율장애

일반아동과 달리 뇌성마비 아동은 대뇌의 병변으로 인하여 언어의 운율에 대한 이해와 표현이 부족하여 운율장애(dysprosody)를 수반한다. 이때 운율장애란 음도, 강도, 발화 지속시간 그리고 쉼 등의 조절이 손상된 음성학적 장애를 말한다(남현욱, 권도하, 2005). 운율장애는 의미 전달을 어렵게 하고 상대방으로 하여금 자신이 가지고 있는 언어능력보다 과소평가하게 만드는 경향이 있다.

- 소리의 높낮이(pitch)를 적절하게 조절하기 어렵다.
- 소리의 강세를 적절하게 조절하기 어렵다.
- 발화를 할 때, 필요한 곳에서 쉼을 적절하게 조절하기 어렵다
- 발화를 할 때, 필요한 호흡의 양이 부족하거나 호흡조절이 어렵다.
- 부적절한 쉼으로 인하여 문장 내의 속도조절이 어렵다.

4. 뇌성마비 아동의 의사소통지도

1) 기초능력의 강화

(1) 호흡 훈련

호흡은 뇌성마비 아동이 갖는 발성장애의 주원인으로서, 일반적으로 최대 발성시간이 짧다. 특히 호흡근육 조절능력의 부족으로 생겨나는 역호흡은 호기량을 짧게 하고, 따라서 발화가 짧고 끊어질 듯한 현상을 가져온다. 역호흡을 억제하고 호흡량을 증가시키는 훈련이 필요하다.

- 바람개비 불어 돌리기
- 비눗방울 불기
- 빨대로 물 불어 소리 내기

(2) 자세조정 훈련

뇌성마비 아동의 조음치료에 있어서 적절한 자세란, 이상반사 패턴을 억제하고 조음기관의 최소한의 노력(움직임)으로 조음이 가능하도록 하는 자세다(유재연, 권도하, 1998).

- 양순음: 머리를 앞으로 숙여서 양 입술의 폐쇄가 쉽게 이루어질 수 있도록 한다.
- 경구개음, 치조음: 머리를 앞으로 숙여서 설첨 부위가 경구개나 치조에 보다 가깝게 됨으로써 혀가 조금만 움직이더라도 적절한 조음위치에 닿을 수 있도록 한다.
- 연구개음: 목을 뒤로 젖힘으로써 혀뿌리가 중력작용으로 구강의 뒤쪽으로 위치하는 것을 돕는다.

2) 보완대체의사소통[5]

굉장히 더운 어느 날이었다. 폭염의 둘째 날 그의 고리타분한 문구는 "무진장 덥지? 그렇지?"였다. 보통 때처럼 환자들은 무반응이었다. 세 번째 열 중간쯤의 침대에 사지가 뻣뻣하게 굳은 채 누워 있는 조그만 다섯 살짜리 스티븐 솔라리스에게 그는 그저 형식적으로 말했다. "무진장 덥지? 안 그래? 스티븐." 뜻밖에 "에에에에에."라고 응답하는 짐승 소리 같은 것이 들려왔다. 처음에는 그것을 대수롭지 않게 여겼다. … 그 소년이 이해의 기초 위에서 세상 밖으로 신호를 보낼 수 있다는 것, 그리고 스티븐은 백치가 아니라는 사실, 인간의 언어를 해득할 수 있다는 것을 알았다.

…(중략)…

"에에에에에." "스티븐, 제게 할 말 있어요?" 헤더는 침대 위에 마비되어 뻣뻣한 몸으로 누워 있는 슬퍼 보이는 청년에게 물었다. "우우우우." 목소리가 더 가라앉았다. 이것은 그녀가 알기로 '아니다'라는 의미였다. 그녀는 다시 물었다. "아아아아아." 좀 더 높은 목소리는 '그렇다'라는 것을 의미했다. "문자 판을 줄게요." 그녀는 이동 침대 머리맡의 18인치 크기의 얇은 사각형 문자 판을 집어 들었다. 판은 36개로 구분되어 있었다. 첫 26개는 알파벳을 순서대로 배치했다. 그다음은 비스듬한 사선기호였고, 나머지는 9개의 서로 다른 모양의 구두기호였다.

－M. 스콧 펙의 소설 『창가의 침대』 중에서

　말을 사용하여 상대방에게 의사를 전달하지 못하는 이유는 많이 있다. 마치 우리가 심한 감기에 걸려 목소리가 나오지 않을 때 다른 전달방법을 찾는 것과도 같다. 후두적출자의 경우에는 식도발성이나 인공후두를 이용하여 의사소통을 한다. 그 어떠한 경우에도 인간은 의사소통을 포기하지는 않는다. 왜냐하면 의사소통은 자신의 존재성을 의미하기 때문이다. 만약 구어 사용의 제한이 단기간이 아니라 일생 동안 계속 지속되는 것이라면 당연히 새로운 의사소통방법을 모색하여야 할 것이다. 구어가 아닌 새로운 의사소통방법, 그것이 바로 보완대체의사소통이다. 보완대체의사소통은 특수교육에서 매우 중요하다. 이제까지 구어 사용이 절대적으로 제한된 아동은 교육적 존재라기보다는 치료적 존재로 간주되어 왔으며, 적합한 소통방법의 부재로 인하여 교육과정에서도 제외되어 왔다. 이는 말을 하지 못하고 언어적 자극에 반응하지 않는 중도장애의 경우를 의사소통의 무능력으로 해석하는 오류와도 무관하지 않다. 구어를 통한 의사소

5　AAC는 근본적으로 뇌성마비에 국한된 의사소통 중재방법이 아니라 지적장애, 자폐성장애뿐만 아니라 다양한 장애에 폭넓게 활용되는 중재방법이다.

통이 불가능한 경우 가장 핵심적인 과제는 비구어적 의사소통체계를 어떻게 효과적으로 사용할 것인가다. 이러한 문제를 해결하기 위한 의사소통 전략이 바로 보완대체의사소통이다.

(1) 보완대체의사소통의 정의

미국언어병리학회의 정의에 따르면, 보완대체의사소통(Augmentative and Alternative Communication: AAC)이란 말하기와 쓰기에 심한 장애를 보이는 사람들의 장애를 일시적 혹은 영구적으로 보완해 주는 임상치료 행위의 한 영역으로서, 개인의 의사소통에 사용되는 상징, 보조도구, 전략, 기법 등을 총체적으로 통합한 것을 말한다. 쉽게 설명하자면, 보완대체의사소통이란 구어로 의사소통을 전혀 할 수 없거나 심각하게 어려움을 갖는 사람들이 구어가 아닌 다른 수단으로 자신의 욕구를 표현하도록 하는 치료적·교육적 방법이다.

AAC는 말과 언어의 표현 및 이해에 어려움을 가진 사람들의 일시적 또는 영구적 손상, 활동 한계, 참여 제약 등을 고려하여 구어를 보완하거나 대체하는 것을 말한다.

출처: ASHA (2005).

이때 구어사용능력이 어느 정도 가능해서 몸짓이나 표정, 컴퓨터 등과 같은 보조도구를 사용해서 의사소통을 돕는 것을 보완의사소통(augmentative communication)이라 하고, 만약 전혀 구어 사용이 어려워서 구어 대신 그림이나 글자 지적하기 또는 컴퓨터 등으로 의사소통하는 경우를 대체의사소통(alternative communication)이라고 한다. 그러나 AAC는 하나의 활용수단에 불과하다. 그것을 이용하기 위해서는 다음과 같은 사용자의 능력이 필요하다(박현주 역, 2008).

- 언어능력: AAC 체계에 사용되는 선화, 낱말, 신호 및 그 밖의 언어적 부호에 대한 지식을 말한다. 따라서 AAC 사용자의 언어발달 수준을 정확히 사전에 파악하는 것은 매우 중요하다. 특히 언어능력은 AAC에서 어떤 상징 유형을 사용할 것인가에 큰 영향을 미친다.
- 조작능력: AAC 체계를 정확하고 효율적으로 조작하는 데 필요한 기계적인 기술을

말한다. 따라서 AAC의 감각 및 운동능력 평가는 어떤 보조도구와 기법을 선택할 것인가에 중요한 영향을 미친다.[6]

- 사회적 능력: 의사소통적인 상호작용을 시작-유지-진전-종료하는 사회적 상호 작용기술을 말한다. 따라서 AAC 중재에서는 의사소통기능을 증진시키기 위한 대화기술 등이 매우 중요한 요소로 작용한다.

- 전략적 능력: AAC 체계를 효과적으로 유연성 있게 사용하는 보완전략을 말한다. 예를 들면, AAC를 사용하는 경우에는 구어를 사용하는 경우보다 의사소통 속도가 상대적으로 느리기 때문에 속도 향상 및 효율성 증진을 위한 색깔부호화 또는 단어 및 문장 예측 등과 같은 다양한 전략이 활용된다(김영태 외, 2016).

(2) AAC의 구성요소

보완대체의사소통을 구성하는 주요 요소는 크게 상징, 보조도구, 전략 그리고 기법으로 구분할 수 있다. 의사소통이라고 하는 것은 화자와 청자 간의 정보교류를 의미한다. AAC에서 가장 중요한 것은 어떻게 하면 정보교류가 가장 효율적으로 이루어질 수 있는가이다. 이때 상징은 정보를 교환하는 데 무엇을 사용할 것인가, 즉 내용의 문제이다. 몸짓을 사용할 것인지 혹은 수신호를 사용할 것인지 아니면 PCS를 사용할 것인가이다. 보조도구는 그러한 상징을 담는 그릇으로 무엇을 사용할 것인가이다. 즉, 메시지를 주고받기 위해 사용하는 장치인데, 이때 태블릿 PC와 같은 전자적 장치를 사용할 수도 있고, 그림카드와 같은 비전자적 장치를 사용할 수도 있다. 전략은 효율성의 문제이다. 예를 들면, 자주 쓰는 애플리케이션을 핸드폰 배경화면에 놓고 시간을 절약하는 것처럼 AAC를 보다 효율적으로 사용할 수 있는 방식을 다룬다. 기법은 정보를 어떻게 전달할 것인가의 문제로 흔히 말로 하는 ARS가 있고, 음성멘트를 문자로 보여 주는 ARS가 있듯이 AAC에는 다양한 기법이 있다.

① 상징

상징(symbol)에는 비도구적 상징과 도구적 상징 그리고 두 가지를 결합한 복합상징이 있다. 비도구적 상징은 말 그대로 도구가 필요하지 않은 몸짓이나 표정 등이 해당

6　자세한 내용은 김영태, 박은혜, 한선경(2016)을 참조한다.

MAKATON은 1970년 마거릿 워커(Margaret Walker)가 의사소통의 결함을 가진 아동과 성인을 위한 연구 프로젝트를 실행하면서 만들어진 것이다. 당시 대상자는 자폐증을 비롯하여 지적장애와 현저한 학습장애까지를 포함하였으며, 주요 수단은 수화 형태의 몸짓이었다. 긍정적인 결과를 바탕으로 1976년 그녀는 40명을 대상으로 한 MAKATON 세미나를 개최하였으며, 그 후 MAKATON은 세계 각국으로 확산되었다. MAKATON은 몸짓과 상징(symbol)들이 적용된 어휘들로 발전되었으며, 기본적으로 '쉬운 언어'를 바탕으로 한다.

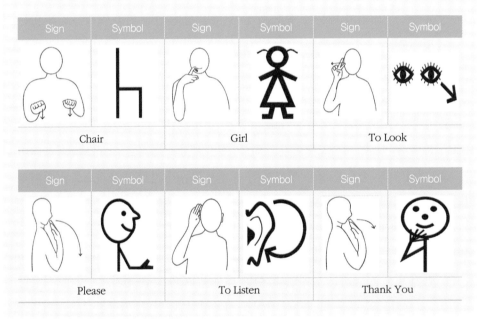

출처: https://www.daubeney.hackney.sch.uk/curriculum/makaton-sign-week

하며, 실물을 포함한 그림이나 사진 등은 도구적 상징에 해당한다. 마카톤(Makaton)은 두 가지를 함께 사용한 복합상징으로서, MAgaret Walker, KAthy Johnston und TONy Conforth의 이름을 따서 만든 어휘들이다.

- 비도구적 상징: 신체를 도구로 하는 비도구적 의사소통 형태는 자신의 몸을 이용하기 때문에 항상 보조도구를 지니고 있는 셈이다. 비도구적 상징은 크게 제스처, 발성과 말 그리고 수신호체계 등을 들 수 있다. 수신호체계는 청각장애뿐만 아니라 다른 장애아동에게도 사용 가능하다. '예'와 '아니요'는 고개를 끄덕이거나 흔드는 것으로 표시할 수도 있지만(신체 이용), 심각한 운동장애를 가지고 있는 경우에는

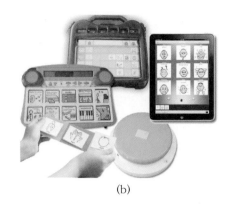

[그림 11-4] 비도구적 의사소통(a)과 도구적 의사소통(b)

눈동자를 위로 올리면 '예', 내리면 '아니요'를 의미할 수도 있다(지적하기). 아동이 손의 움직임이 자유롭고 모방능력을 가지고 있다면 손을 활용한 수화를 사용할 수도 있다. 무엇을 AAC 형태로 투입할 것인가는 아동의 강점과 약점을 잘 파악하여 선택하여야 하며, 무엇보다도 중요한 것은 아동 주변, 예를 들면 가정이나 유치원 또는 학교에서 아동의 몸짓언어를 이해할 수 있어야 한다는 점이다. 아동은 몸짓언어를 하지만 대화상대자가 전혀 이해하지 못한다면 그것은 의사소통의 의미를 잃어버린다. 그것은 마치 수화로 말하는 청각장애인과 수화를 전혀 사용하지 못

〈표 11-5〉 AAC의 유형

비도구적	도구적		
	전자적		비전자적
	음성출력 컴퓨터		
	직접선택방식[7]	간접선택방식[8]	
• 눈동자 움직임 • 표정 • 가리키는 동작 • 몸짓 • 손가락 알파벳 • 말소리 • 수화 및 수신호 • Baby Sign(베이비사인)	단어나 그림을 선택하면 녹음된 음성이 출력됨	스위치 조작 및 스캐닝 방법으로 단어나 그림을 선택함	• 사물 • 그림이나 사진 • 그림의사소통상징(PCS) • 리버스(Rebus) 상징 • 블리스(Bliss) 기호체계

7 AAC 사용자가 눈 응시를 포함한 신체 일부분으로 지적한다.
8 AAC 사용자가 기기의 움직임을 기다렸다가 자신이 원하는 것이 나타났을 때 선택한다.

하는 건청인 간의 대화상황과 같다. 이렇듯 신체언어는 큰 전제조건 없이 쉽게 배울 수 있는 장점이 있는 반면에, 대화상대자도 어느 정도 지식이 있어야 한다는 단점도 있다. 또한 전달 속도가 상대적으로 빠른 반면에, 복잡하고 추상적인 내용은 전달하기 어렵다.

• 도구적 상징: 도구적 상징에는 실물에서부터 사진, 그림, 블리스 상징, 픽토그램, 이모티콘 등이 해당한다. 의사소통 판에서 어떠한 상징체계를 사용할 것인가는 아동의 인지능력과 선호도 등을 고려하여 선택하여야 한다. PCS는 색이 칠해져 있지 않은 명확하고 간단한 선화로 구성되어 있어서 그림이나 사진보다는 추상적이지만, 그 밖의 다른 상징체계에 비하여 도상성이 높고 구체적이어서 인지능력의 결함이 큰 아동들도 사용할 수 있다. 리버스(Rebus) 상징은 반아이콘적(semi-iconic)으로 구성되어 있어서 PCS보다는 어렵고 블리스(Bliss)보다는 배우기가 쉽다. 픽토그램(pictogram)은 그림을 뜻하는 픽토(picto)와 전보를 뜻하는 텔레그램(telegram)의 합성어로서 대상의 의미를 쉽고 빠르게 인식할 수 있다. 전경과 배경 구분의 어려움이 해소되어 시각적으로 쉽고 빠르게 인식할 수 있다(박찬희 외, 2017). 언어나 글보다는 배우기가 쉽지만, PCS나 리버스 상징보다는 도상성이 낮다. 블리스 기호체계는 많지 않은 기호를 가지고 서로 조합·배치하여 수많은 단

〈표 11-6〉 **상징체계의 종류**

단어 \ 상징	그림의사소통 상징(PCS)	리버스 상징	픽토그램[9]	블리스 상징
주다				
텔레비전				

---

9 픽토그램(pictogram)은 전경과 배경 구분의 어려움을 줄이기 위해 고안된 흑백상징으로, 검정 배경에 흰 그림으로 구성되어 있다.

어와 문장을 형성할 수 있는 의사소통 유형이다. 그러나 마치 외국어를 배우듯이 학습해야 하기 때문에 인지능력이 높은 학생에게만 적합하며, 상대방도 기호체계를 알아야만 소통이 가능하다는 단점이 있다.

② 보조도구

도구는 상징을 담고 있는 물리적인 도구나 장치를 말한다(김영태 외, 2016). 보조도구는 일반적으로 의사소통 판과 같은 비전자적 도구와 음성출력과 같은 전자적 도구로 구분할 수 있다. 여기에는 간단한 녹음도구와 스마트 기기에 설치할 수 있는 AAC 애플리케이션과 같은 하이테크 의사소통 도구가 포함된다.

• 비전자적 도구: 비전자적 도구는 음성출력이 되지 않는 AAC로서, 간편하게 제작할 수 있으며 휴대하기가 간편하다. 일부 아동들은 상징물이 가지고 있는 개념 습득이 일차적으로 필요한 경우도 있다. 대부분의 비전자적 AAC는 사용법을 쉽게 배울 수 있고 제작 비용 또한 매우 저렴하다는 장점을 갖는다. 일반아동들이 단어로 의사전달을 한다면, 여기서는 그림이나 상징물을 가지고 의사를 전달한다. 아동의 인지능력에 따라 어떤 상징체계를 사용할 것인지를 결정하지만, 사진을 포함한 모든 자료에는 상징물의 의미를 글자로 표시해 주어야 한다. 문자언어 습득을 지

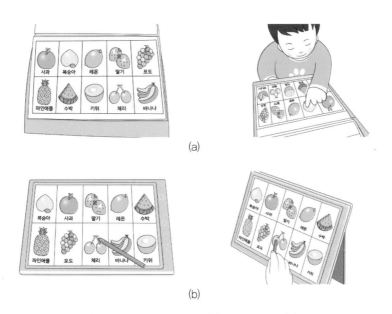

[그림 11-5] 비전자적 도구(a)와 전자적 도구(b)

원하는 측면도 있지만, 대화상대자가 쉽게 이해할 수 있는 효과도 있다. 대화상대자는 표현된 상징물을 전체적으로 해석해야 하는 경우가 많다. 예를 들면, '나' + '사과' + '맛있다'의 상징물을 가리켰다면, "나는 사과가 맛있다."가 될 수도 있지만, "나는 맛있는 사과가 먹고 싶다."는 말을 의도했을 수도 있으며, 또는 "나에게 맛있는 사과가 있다."는 것을 말하고 있을 수도 있다. 통역사가 필요한 상황이 연출되는 것이다. 단점으로는 특히 집단으로 의사소통을 하는 상황에서는 활용가치가 낮아진다. AAC에서 활용되는 그림이나 상징물들은 내용에 따라 분류되어, 예를 들면 판, 책, 박스, 포스터 형태로 제작될 수 있다. 현장에서는 교사가 아동이 주로 쓰는 필요한 어휘를 중심으로 직접 제작하여 사용할 수 있는데, 이때 고려해야 할 사항은 다음과 같다.

-의사소통 판에 사용되는 상징의 수: 아동의 인지능력과 현재 언어발달을 고려하여 상징의 수를 결정하여야 한다. 사용하는 어휘가 많을 때는 의사소통 폴더(folder)나 책을 만들어 주는 것이 좋으나, 어휘의 양이 적을 때에는 꼭 필요한 어휘를 중심으로 하여 아동이 쉽게 익힐 수 있도록 하여야 한다. 예를 들면, AAC 도구가 어떤 활동에 필요한 어휘를 저장할 만큼 충분한 용량을 가지고 있지 않을 때 접근장벽(access barriers)이 발생하였다고 말한다.

-의사소통 판에 활용되는 어휘: AAC 체계에 사용되는 어휘선정 방법은 다양하다. 중도·중복 장애학생을 대상으로 한 국내의 AAC 연구들을 분석한 한경근(2010)의 연구결과에 따르면, 학생의 주 의사소통 파트너와의 면담 및 자문 또는 체크리스트나 질문지 그리고 자연스러운 상황에서 관찰·기록하는 방법을 통해 얻거나, 연구자가 임의적으로 아동이 일상생활에서 자주 사용할 것으로 보이는 어휘나 아동의 언어발달 수준 그리고 교육과정 등에서 필요한 어휘들을 중심으로 선정하는 방법이 주로 사용된다. 의사소통 판에서 활용되는 어휘는 아동의 생활연령을 고려하여 선택하여야 한다. 그러나 또래에서 사용되는 단어, 예를 들어 '맘마'보다는 '밥', '뛰뛰빵빵'보다는 '차'라는 어휘를 사용하여야 한다. 또한 의사소통 환경에서 많이 요구되는 상징들로 구성하여야 한다. 경우에 따라서는 '학교용' '가정용' '급식실용' 등 의사소통 환경별로 나누어 제작하여 사용할 수도 있다.

-아동의 신체적 특성: 의사소통 판의 크기, 무게 그리고 개별 상징의 크기 등은 개인의 신체적 능력에 맞게 제작되어야 한다.

-휴대가 간편하고 의사소통 파트너도 쉽게 이해할 수 있도록 제작된 의사소통 판: 의사

소통 판은 일방적으로 의사를 표현할 뿐만 아니라 상대방이 이해하고 반응할 수 있을 때 제 기능을 하게 된다.

- **전자적 도구**: 전자적 도구는 최근 발달하는 IT 기술과 음성합성장치[10]로 인해 매우 간편하게 이루어지고 있다. 전자적 의사소통은 비전자기법에 비해 단어 선택의 폭이 넓고 문장을 통한 대화가 가능하다는 장점을 가지고 있다. 또한 자판이나 Go-Talker와 같은 음성출력 의사소통 기기 또는 문자언어 형태로 의사소통을 보조할 수 있으며, 관련 지식이 전혀 없는 상대방과도 쉽게 의사소통을 할 수 있다는 장점도 있다. 음성언어로의 출력 또한 가능하기 때문에 청자의 입장에서 쉽게 이해할 수 있으며, 화자의 입장이 상대방으로부터 잘못 해석되는 경우가 적으며, 누군가가 특별히 부가적인 해석을 해야 하는 수고를 덜 수 있으므로 보다 독립적인 의사소통이 가능하다.

③ 전략

전략(strategies)은 전달하고자 하는 메시지를 어떻게 효율적으로 전달하여 의사소통을 향상시킬 것인가에 대한 계획이다. 예를 들면, AAC 기기의 디스플레이는 바둑판 모양의 칸 안에 상징이나 문자를 하나씩 나열하는 격자 디스플레이가 있고, 시각장면 안에 인물이나 사물 혹은 행위 등의 어휘를 포함하는 시각장면 디스플레이가 있다.

- **격자 디스플레이**(grid display)
  - **의미·구문 격자 디스플레이**(semantic-syntactic grid display): 구문적 틀 내에서 어순에 따라 어휘 항목을 구성하는 것이다. 어순과 국어문법에 따라 상징을 구성한다.
  - **분류학적 격자 디스플레이**(taxonomic grid display): 상징을 계층적으로 분류하여 격자형으로 제시하는 방식이다. 인물, 사물, 행위, 음식 등과 같은 상위 범주에 따라 상징물이 집단을 이루어 계층적으로 제시된다.
  - **도식 격자 디스플레이**(schmatic grid activity): 활동이나 일과 또는 일이 일어난 순서에 따라 상징을 격자형으로 구성하는 방법으로서 특정 활동(파티하기, 선물 풀기 등)이 일련의 순서대로 제시된다.

---

10 음성합성장치는 문자로 입력된 글을 다양한 음성으로 출력하는 장치다.

[그림 11-6] **격자 디스플레이(예시)**

• 시각장면 디스플레이(Visual Scene Display: VSD)

　　AAC 사용자의 일상생활이나 선호하는 활동 등을 배경으로 디스플레이를 구성하기 때문에 일상생활과 관련성이 높다. 또한 복잡한 인지처리과정이 필요하지 않기 때문에 인지적 부담을 줄일 수 있다. 더 빨리, 더 쉽게 더 정확히 어휘를 찾을 수

[그림 11-7] **시각장면 디스플레이(예시)**

있다는 장점을 갖는다. VSD 구성원리는 다음과 같다. 우선 대상 유아가 실제 놀이하는 장면에서 핵심어휘 관련 실물이 보이도록 시각장면을 촬영하고, 핵심어휘 관련 사물에 활성화 영역을 □ 또는 ○으로 설정한 후 활성화 영역에 음성을 녹음한다. AAC 사용자가 활성화 영역을 선택하면 음성이 출력된다(한경근, 박찬우, 2016).

그 밖에도 전략에는 적절한 과제수준, AAC 위치, 반응했을 때 교사의 적절한 반응과 강화 수준, 우연교수 기법이 적용된 기다리기 전략, 모델링 등이 포함된다. 특히 AAC를 사용하는 데에 있어서 속도를 높이기 위해서는 검색시간이나 키를 누르는 시간 등이 절약될 수 있도록 다양한 고려가 필요하다.

④ 기법

기법(techniques)은 AAC 사용자의 상징과 기기에 접근하는 방식과 관련된다(김경양, 2016). 기법은 상징을 어떻게 선택하느냐에 따라 직접선택과 간접선택으로 구분된다. 직접선택은 매개물 없이 손가락이나 주먹 또는 눈응시 등과 같은 신체 부위를 이용한 방법이다. 신체 또는 운동능력에 제한이 없는 경우에는 직접선택 방법이 많이 사용된다. 그 밖에도 직접선택 방법으로 안구 마우스가 있다. 시선추적(eye tracking)은 최근 공학의 발전과 함께 적극적으로 활용되고 있다. eye tracking이란 눈의 초점이 정확히 어디에 있는지 기기가 알 수 있는 감각 공학으로서, 컴퓨터 화면에서 눈이 어디를 포인팅 하는지 정확히 알아서 손이 없이도 컴퓨터와 주변 기기를 사용할 수 있다(김경양, 2016).

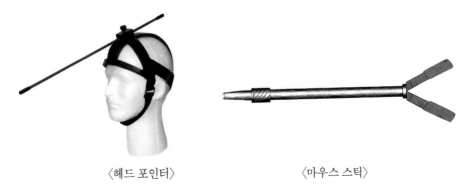

〈헤드 포인터〉   〈마우스 스틱〉

[그림 11-8] 간접선택 방법

직접선택이 어려운 경우 훑기(scanning) 기법을 사용하여야 한다. 간접선택은 훑기를 사용한 기법으로 헤드 포인터나 헤드 스틱 또는 청각이나 시각적 스캐닝 등을 이용한다. 대화상대자나 AAC 기계가 셀이나 칸을 하나씩 스캐닝해 주면 AAC 사용자가 원하는 어휘가 스캐닝될 때까지 기다렸다가 선택하는 것이다(김영태 외, 2016). 훑기는 제시 형태에 따라 여러 가지 유형으로 구분된다.

- 원형훑기: 시계 방향으로 항목들이 제시되며, 원하는 항목이 나오면 버튼을 눌러 활성화시키는 방식이다.
- 선형훑기: 세로나 가로 줄을 따라 항목들이 제시되며, 원하는 항목이 나오면 버튼을 눌러 활성화시키는 방식이다.
- 집단–항목 훑기: 항목의 집단을 먼저 제시해 주고 집단을 선택 후 해당 항목을 선택하게 된다.

어떤 방법으로 선택하느냐에 따라 자동훑기와 단계적 훑기 그리고 역훑기가 있다.

- 자동훑기: 말 그대로 프로그램에 맞추어 자동으로 커서가 움직이다가 원하는 항목에서 AAC 사용자가 버튼을 누르면 선택되는 방식이다.
- 단계적 훑기: 버튼을 누를 때마다 커서가 움직이다가 AAC 사용자가 또 다른 버튼을 누르면 원하는 항목이 선택되는 방식이다.
- 역훑기: 스위치를 누르고 있으면 이동을 하고 스위치를 떼면 선택이 되는 방식이다.

그 밖에도 청각적 스캐닝과 시각적 스캐닝 형태가 있다. 청각적 스캐닝은 대화상대자가 의사소통 판의 내용을 말해 주면 사용자가 원하는 항목이 나왔을 때 정해진 방법으로 선택하는 것이다. 반면에 시각적 스캐닝은 의사소통기기에서 불빛이 천천히 이동하면 사용자가 원하는 항목에 원하는 불빛이 왔을 때 스위치를 누르거나, 소리내기, 손들기 등으로 선택하는 방법을 말한다(박은혜, 김정연, 2010).

〈표 11-7〉 ACC의 구성요소

구성요소	내용
상징	구어를 대체하는 몸짓과 제스처, 실물, 그림, 사진, 수화, 리버스, 블리스 상징 등을 말한다.
보조도구	상징체계를 담기 위해 제작된 물리적 기기로서, 의사소통 판이나 의사소통 책 또는 음성출력기기와 같은 컴퓨터 등이 이에 해당한다.
전략	AAC를 효과적으로 사용하기 위한 계획을 말한다.
기법	메시지를 전달하는 방법으로서 직접선택 또는 훑기와 같은 간접선택이 있다.

(3) AAC의 적용대상

구어로 의사소통이 불가능하거나 어려운 사람들은 모두 AAC의 적용대상이 된다. 초기에는 중증 뇌성마비나 중도·중복장애 학생들을 대상으로 연구되어 왔으나, 최근에는 인지능력의 부족으로 언어습득이 어려운 지적장애 또는 의사소통 자체에 어려움을 갖는 자폐성장애, 뇌손상으로 인해 언어 사용에 큰 제한을 가지는 실어증, 발성 및 조음기관의 결함으로 음성언어를 사용하는 데 어려움을 가지는 후두적출 환자나 혀 절제 환자, 그리고 무엇보다도 중도·중복장애 아동까지 폭넓게 사용되고 있다. 대표적인 AAC 적용대상 아동은 다음과 같다.

- 말을 전혀 할 수 없는 아동
- 겨우 조금 이해할 수 있는 정도로 구어를 사용하는 아동
- 음성언어 사용이 너무 어려운 아동
- 수술 등으로 인하여 일시적으로 구어 사용에 어려움을 갖는 아동

① 뇌성마비

뇌성마비는 운동장애로서 말산출 근육의 움직임에 심한 제한으로 인하여 호흡을 비롯한 근육운동과 협응의 문제를 갖는다. 따라서 명료하게 말하는 것을 거의 학습할 수 없거나 심각한 어려움을 보인다. 2004년을 기준으로 조사한 보에니쉬(Boenisch)의 연구결과에 따르면, 조사된 특수학교에 재학 중인 1만 1,666명의 지체장애 및 중도장애 학생 가운데 거의 또는 전혀 구어를 사용하지 못하는 학생의 수는 2,291명으로서 약 20%에 달하는 것으로 나타났다. 이 수치는 주(州)에 따라 다르기는 하지만 적지 않은

수의 뇌성마비 학생들은 구어사용이 불가능하거나 거의 어렵다는 것을 보여 주고 있다. 자신이 의도하는 바를 구어가 아닌 다른 방법을 통해 표현할 수 있는 가능성을 찾는 것은 그들의 인지적·사회정서적·언어적 발달을 위한 근본적인 교육적 과제다. 이와 관련하여 독일 바이에른 주정부는 다음과 같이 강조하고 있다.

> 의사소통 전략을 학습하고 음성언어를 사용하거나 혹은 보완대체의사소통을 배우는 것은 일상적인 삶과 직결되어 있다. 이때 부모와 공동으로 협력하는 것은 장기적인 성과를 위해 필수적이며, 모든 의사소통 수단은 가능한 한 빨리 제공되어야만 한다. 이것은 음성언어 발달에도 영향을 미친다. 자신이 타인으로부터 이해된다는 경험을 하는 순간 학생들은 모든 노력을 기울여서 자신의 원하는 바를 소통하려고 노력할 것이다(Bayrisches Staatsministerium für Unterricht und Kultur, 2003).

이제까지 전통적인 언어치료에서는 뇌성마비아동의 조음기관의 운동성을 향상시키고 구어를 산출하는 데에 주력하였다. 그러나 매우 많은 노력과 시간이 소요되는 것에 비해 그 성과는 미비하였으며, 무엇보다도 아동의 의사소통 욕구를 충족시켜 주지 못하였다. 의사소통 욕구는 삶에 대한 욕구이며 개개인의 존재성이다. 따라서 아동이 자신의 욕구를 표현하고 타인과의 의사소통 가능성을 확보하는 것은 무엇보다도 중요하며, AAC는 바로 거기에 초점을 두고 있다. 무엇보다도 뇌성마비의 경우 운동능력의 제한으로 인하여 손사용 능력, 눈응시 능력 등에 따라 의사소통 판의 크기와 상징선택 방법들을 결정해야 한다. 다음은 뇌성마비 아동의 AAC 경험 사례다.

뇌성마비 경직형 편마비로 진단받고 현재 초등학교 6학년에 재학 중인 아동이다. 인지능력은 한글이나 수 개념은 습득되지 않았으나 사물의 이름과 용도를 알고 있으며, 설명을 듣고 여러 개의 그림을 변별하여 찾을 수 있기 때문에 A6 크기의 한 판에 12개의 그림이 있는 총 30페이지의 그림 의사소통 책을 이용하여 이야기 나누기를 지도하였다. 의사소통 책은 필요한 어휘를 쉽게 찾을 수 있고, 이동할 때 휴대의 간편성을 고려하여 제작하였다. 총 360개의 낱말을 주제별로 정리한 후 색깔로 구분한 인덱스를 이용하여 스스로 페이지를 넘기며 대화하기 쉽도록 제작하였다. 의사소통 책의 첫 페이지는 그림 의사소통 책을 이용하여 대화를 나눌 대화상대자에게 자신을 소개하는 사진과 대화의 속도를 천천히 할 수 있도록 부탁하는 메시지가 간략히 첨부되어 있으며, 다음 두 페이지는 하루의 일과 중에 흔하게 사용되는 핵심어휘를 선정하여 구성하였다. (중략) 의사소통 책을 이용한 후 아동의 가장 큰 변화는 교실 내에서 적극적으로 학습과 대화에 참여할 수 있었기 때문에 자신감을 갖게 된 것이었다. 또한 언제 누구하고든지 자신의 감정과 기분을 표현할 수 있기 때문에 예전에 보이던 문제행동의 빈도가 줄어든 것이라 할 수 있다.

출처: 박은혜(2010).

② 중도 · 중복장애[11]

일반적으로 중도 · 중복장애 아동은 두 가지 혹은 그 이상의 장애가 중복되어 나타나는 경우로서 대부분 그 정도가 중도 및 최중도 장애에 해당한다. 이런 아동의 경우에는 두 가지 이상의 장애를 가지고 있고 그 정도가 더 심하기 때문에 교육적 요구를 실현시키는 것이 더욱 어렵다. 특히 의사소통능력의 제한이 클 뿐만 아니라 지원할 수 있는 폭이 매우 좁아서 실질적으로 언어치료의 대상자라기보다는 보호대상이라는 표현이 맞을 것이다. 특히 농과 맹을 중복으로 가지고 있는 아동은 어떠한 방법으로 의사소통을 할 것인가? 시각과 청각 경로가 모두 차단된 상태인 아동의 경우에는 전통적인 AAC를 그대로 적용하기 어렵다. 의사소통 판에 사용되는 상징은 촉각으로 느낄 수 있도록 제작되어야 하며, 가급적 실물과 유사해야 한다. 만약 아동이 의사소통 판에 적응해 가면 천천히 형태와 크기를 조정할 수 있다.

로름 알파벳(Lorm alphabet)은 유럽에서 많이 사용되는 시청각장애인을 위한 의사소통방법으로서 19세기에 독일 출신 Hieronymus Lorm(히에로니무스 로름)에 의해 만들어졌다. Lorm은 15세에 질병으로 인하여 청력을 잃고 자신의 가족과 소통하기 위하여 알파벳을 직접 고안하였다. 로름 알파벳은 수화처럼 다른 언어시스템을 가지고 있지 않기 때문에 문해능력을 가지고 있거나 후천성 농맹에 해당하는 사람은 상대적으로 쉽게 배울 수 있다. 그러나 인지능력의 결함을 가진 경우에는 적합하지 않다는 제한점도 동시에 갖고 있다(Schnaus, 1995). 손가락과 손바닥의 각 지점이 철자점이 되며, 가볍게

---

[11] 중도 · 중복장애 학생이란 선천적 또는 발달적인 측면에서 중도의 지적장애를 수반하고 인지, 운동, 감각, 행동 등의 영역에서 중복으로 한 가지 또는 그 이상의 장애를 가지고 있어 교육적 성취를 하는 데 강도 높은 지원이 필요하며, 사회참여와 자립생활에 있어서 특별히 고안된 사회적, 심리학적, 의학적 측면 등에서 지속적이고 전반적인 지원을 필요로 하는 사람을 의미한다(국립특수교육원, 2013).

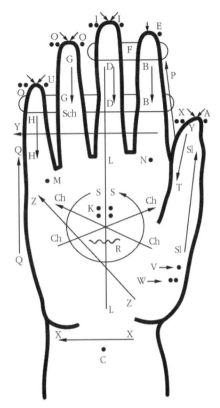

[그림 11-9] **로름 알파벳**

출처: Deutsches Taubblindenwerk (2005).

두드리거나 쓰다듬어 가면서 소통을 하는 촉각언어다.

중도 · 중복장애 아동에게는 몸짓언어 사용을 지도할 수 있다. 몸짓언어란 손이나 몸을 이용한 비구어적 의사소통 방법으로서, 도구 사용이 어려운 중도 · 중복장애 아동을 위한 대안적 의사소통체계다. 다른 사람의 관심을 끌기 위해 하는 모든 움직임을 포함하며, 손 움직임, 몸 움직임, 얼굴 표정 등이 해당한다. 목소리와 얼굴 표정 그리고 터치 단서 등이 함께 사용될 때 더 효과적인 의사소통이 된다.

실제 중도 · 중복장애 학생과 대화할 때 교사의 주된 의사소통방법을 조사한 결과, 32.4%가 몸짓이나 제스처, 21.0%가 직접 손으로 지적하기, 18.2%가 얼굴 표정으로 나타났다. 학생의 주된 의사소통방법에 있어서는 29.8%가 울음이나 웃음 또는 소리내기로 가장 많은 비율을 보였으며, 24.3%가 몸짓과 제스처 그리고 얼굴 표정은 20.9%로 나타났다. 흥미로운 것은 그림카드나 의사소통 판 또는 의사소통 도구는 전체 응답의

3.5%의 매우 낮은 수준을 보임으로써(국립특수교육원, 2017) 실제 중도·중복장애 아동에게 있어서 몸짓언어의 중요성이 매우 크다는 것을 보여 주는 연구결과라 할 수 있다.

　몸짓언어 발달단계는 의사소통 발달단계와 마찬가지로 의도성 여부에 따라 전의도적 의사소통(Pre-intentional communication) 그리고 의도적 의사소통(intentional coummication)으로 구분한다. 전의도적 의사소통단계는 제4장에서 언급한 바와 같이 울음, 미소, 소리내기, 몸짓, 눈 맞추기 등과 같은 비상징적 방법과 반사적 행동을 사용한다. 의도성을 갖기 이전 단계이다. 반면에 의도적 의사소통은 의도를 가지고 자신의 표정이나 손짓 그리고 행동을 통해 상대방에게 자신의 상태나 기분 또는 요구 등을 표현한다. 목이 마르면 물을 달라는 신호를 하거나 무엇이 마시고 싶은지 물으면 마시는 상징을 건넨다(김경양, 2016). 전의도적 단계에서 아동이 설령 의도성을 가지고 있지 않는다 하더라도 그것에 대해 주변에서 적절히 반응을 하게 되면 점차 상징적인 의사소통 단계로 발전할 수 있는 기반이 된다. 따라서 아동이 의도성을 가지고 몸짓을 통해 의사소통 시도를 할 경우, 성인은 아동의 아주 미세한 표정이나 행동에서도 중요한 단서를 찾아서 반응해 주고 격려해 주는 것이 무엇보다도 중요하다(국립특수교육원, 2017). 일반 아동의 경우 몸짓은 후기 언어능력에 대한 예측변인으로 작용하는 것처럼 (신애선, 2015) 중도·중복장애 아동에게 몸짓은 의사소통발달의 지표가 될 수 있다.

③ 지적장애

　인지능력의 결함을 가지고 있는 지적장애 아동의 경우에는 언어의 기능과 복잡한 규칙을 인식하고 의사소통적 욕구를 구어로 표현하는 데 어려움을 갖는다. AAC는 상호적 의사소통상황에서 아동이 스스로 행위자 역할을 경험할 수 있도록 한다. 그림이나 몸짓을 활용하여 자신의 욕구를 표현하고 또는 전자적 도구를 사용하여 보다 적극적으로 자신이 의도하는 바를 성공적으로 전달하고 그에 대한 보상을 경험하게 되면, 이제까지 잦은 의사소통의 실패로 인한 욕구불만이 감소되며, 문제행동이 줄어드는 결과를 가져온다(Otto & Wimmer, 2010). 무엇보다도 AAC는 긍정적이고 자신 있는 의사소통의 경험을 통해 자신이 가지고 있는 잠재된 언어능력을 최대한으로 발전시킬 수 있다. 다음은 다운증후군 아동의 AAC 경험 사례다.

다운증후군을 가지고 있는 10세 소녀인 '순이'는 구어를 습득하지 못했다. 순이는 늘 다른 사람들이 자신을 이해해 주지 못하는 것에 대해 짜증을 냈다. 어느 날 말소리가 출력되는 'Go-Talker'라는 기계를 우연히 갖게 되었다. 물론 처음에는 그저 장난감처럼 가지고 놀았을 뿐 의사소통에는 전혀 활용하지 못하는 듯했다. 그래서 순이의 어머니는 그림카드를 사용해 보기로 했다. 어머니는 순이를 위해서 중요한 사물들의 사진을 찍기 시작했다. 예를 들면, "갈증이 나요."는 '컵'으로, 주로 순이가 일상생활에서 자주 사용되는 사물들로 하였다. 순이는 사진을 건네 줌으로써 자신이 원하는 것을 표현하기 시작했다. 다음 단계에서는 그림 대신 상징으로 대체했다. 집에는 온통 상징카드가 붙여졌고, 밖으로 나갈 때는 A4 크기의 의사소통 카드 폴더를 만들어 가지고 다녔다. 이 방법이 더 이상 순이의 의사소통 욕구를 다 충족해 주지 못한다고 판단되었으므로 어머니는 이번에는 좀 더 복잡한 'Small-Taker'를 사용하기 시작했다. 이제는 순이에게 있어 AAC는 없어서는 안 되는 도구가 되었고, 순이는 처음에 기대했던 것 이상의 의사소통능력을 보여 주었다.

④ 자폐성장애[12]

최근에는 컴퓨터 기술발달을 기반으로 한 다양한 AAC 기기들이 사용되고 있다. 스마트기기에 프로그램을 탑재하여 다양한 환경에서 의사소통능력 향상을 위한 중재가 이루어지고 있는데, 이 장에서는 자폐성장애 학생들을 대상으로 한 김정연과 윤형준(2015)의 연구결과를 소개하고자 한다. 마이토키 프로그램을 탑재한 스마트기기와 마이토키 프로그램 구성화면은 [그림 11-10]과 같다.

마이토키 소프트웨어는 45개의 의사소통 판까지 선택할 수 있도록 제작되어 있으며, 위 연구에서는 25개의 아이콘이 있는 의사소통 판이 사용되었다. 교사는 아동의 특성에 맞도록 어휘를 선택하고 배열할 수 있으며, 연구자는 명사는 의사소통 판의 위쪽에, 동사는 아래쪽에 화면을 구성하도록 하였다. 의사소통 상황에 따라서, 예를 들면 국어 수업시간에는 참여 학생이 직접 사용하는 교사서나 학습지를 사진으로 찍어서 의사소통 판에 넣어 구성할 수 있고, 음성의 속도와 높낮이도 적절하게 조절하여 출력이 가능하도록 되어 있다. AAC 중재 결과, 참여 학생의 의사소통 행동과 문장표현과 같은 언

---

12 AAC 적용 사례는 특정 장애에 국한된 것이 아니므로 모든 영역에서 응용될 수 있음.

[그림 11-10] 스마트기기와 마이토키 앱 프로그램 화면(예시)

출처: 김정연, 윤형준(2015).

어사용능력이 향상되는 것으로 나타났다(김정연, 윤형준, 2015).

　이처럼 자폐성장애 학생에게 있어서 AAC의 활용은 매우 효과적으로 적용될 수 있다. 자폐성장애 학생에게 AAC를 중재할 때의 제한점은 다음과 같다. 첫째, 반복적으로 음성출력 버튼을 누른다거나, 의사소통 판의 그림들을 반복해서 붙였다 떼었다 하는 행위에 집착할 수 있다(신현기 외 역, 2010). 둘째, AAC는 의사소통 의도를 전제로 한다. 따라서 AAC가 지속적이고 효과적으로 사용되기 위해서는 '함께 주의집중하기'와 같은 훈련이 선행되어야 한다. 대근육운동과 소근육운동이 자유로운 자폐아동의 경우에는 신체활동에 어려움이 없으므로 비전자적 의사소통방법도 효과적으로 사용된다. 또한 지적장애와 마찬가지로 인지장애의 정도가 심할 경우에는 도상성이 높은 상징체계를 사용해야 한다. 다음은 자폐아동을 대상으로 한 비전자적 방법의 AAC 중재 사례다.

자해행동이 심하고 일상생활에 자주 쓰이는 간단한 단어와 지시는 이해하나 의미 있는 발화는 나타나지 않는 10세 아동이다. 사진을 이용한 의사소통 판을 만들기로 하고, 어머니와의 상담을 통해 상징목록을 구성하였다. 사진을 찍어 코팅을 하고 벨크로를 붙여 의사소통 판에 부착한 후 의사소통을 용이하게 하기 위하여 거실 벽에 붙여 놓았다. 어머니를 대상으로 대화상대자 훈련을 실시하였다. 다음은 음식물 요구상황에서 이루어진 훈련의 예다.

1. 아동이 자리에서 일어나 음식물 쪽으로 가서 먹으려고 할 때 음식물은 보이지만 스스로 가져올 수 없는 곳에 둔다.
2. 교사(어머니)가 의사소통 판을 가리키며, "뭐 하고 싶니?" "뭐 먹고 싶니?" "과자? 물? 치즈?"라고 말한다.
3. "물 주세요(혹은 과자 주세요)."라고 상황에 맞게 말하면서 의사소통 판에 있는 '물' 사진에 아동의 손을 가져가 사진을 떼어 교사(어머니)의 손에 놓는다.[13]
4. 즉시 아동에게 물을 준다.

출처: 전혜인(2007).

(4) AAC의 목적

구어를 전혀 사용하지 못하거나 매우 제한적인 아동의 경우에도 대부분 부모와의 의사소통은 어느 정도 가능하다. 이는 오랫동안의 경험과 서로 소통하고자 하는 욕구 때문일 수도 있다. 마치 2세 이전의 어린 유아의 경우 부모가 통역자의 역할을 해 주어야만 낯선 사람들이 아이의 말을 이해할 수 있듯이, 구어를 정상적으로 사용하지 못하는 장애아동의 경우에는 의사소통의 폭이 부모로 한정이 되어 낯선 사람들과 소통하는 것은 거의 불가능해 보인다. 그러한 제한적인 상황에도 불구하고 아동은 자신이 원하는 것을 표현할 수 있어야 한다. 거기에서부터 인간의 자율성이 확보되고 독립된 삶이 시작되기 때문이다.

AAC의 목적은 다음과 같다. 첫째, 의사소통기능의 향상이다. 이는 효율적으로 자신의 의도나 욕구를 타인에게 표현할 수 있게 되는 것을 의미한다. 인지능력이 많이 떨어

---

13 자폐행동이나 거부반응을 할 때에는 이를 무시하고 2~3분 후에 실시한다(전혜인, 2007).

지는 아동의 경우에는 상대적으로 도구적 AAC를 활용하는 데 시간이 많이 걸린다. 그러나 적응이 되면 점차 몇 개의 의사전달이 가능해지고, 점차 어휘 수를 늘려 가면서 전반적인 의사소통기능의 향상을 가져온다.

둘째, 문제행동 감소다. 자신의 의도가 상대방에게 전달되지 않을 때 느끼는 좌절과 분노 그리고 욕구불만 등이 AAC를 통해 어느 정도 해결되면서 긍정적으로 상호작용하는 법을 배우게 된다.

셋째, 수업태도의 향상이다. 의사표현의 기회는 수업활동에 보다 적극적으로 참여할 수 있는 가능성을 준다.

넷째, 언어발달의 촉진이다. AAC를 통해 구어를 포함한 의사소통 및 언어표현을 발달시킬 수 있다.

다섯째, AAC를 통한 삶의 질의 변화다. AAC를 통해 자신의 욕구를 표현하는 방법을 배우는 것은 곧 세상과 소통하는 것이다.

(5) 진단과 중재계획

AAC는 가능한 한 조기에 언어치료 프로그램에 포함시키는 것이 바람직하다. 부모와 가족이 일상생활에서 AAC를 활용할 경우 성공적인 의사소통을 체험함과 동시에 언어발달을 촉진할 수 있다. AAC의 사용이 음성언어발달을 지연시킨다는 생각은 근거가 없는 편견이며, 오히려 AAC의 투입으로 아동은 적절한 시기에 언어적 자극을 받게 되고 자신의 신체나 자신의 행위가 상대방에게 영향을 미친다는 것을 경험함으로써 보다 긍정적인 사회적·정서적 발달을 가져올 수 있다. 그러나 AAC가 효과적으로 활용되기 위해서는 대화상대자의 허용적인 태도와 의사소통기술이 요구된다. 따라서 의사소통 파트너는 AAC의 효과를 얻기 위해서 다음과 같은 점을 고려하여야 한다(Otto & Wimmer, 2010).

• AAC를 사용하는 대화자에 대해 관심을 갖고, 전달하고자 하는 메시지를 이해하고 해석하려는 노력을 하여야 한다.
• 대화자의 말을 얼마나 빨리 이해하는가보다는 어느 정도로 정확히 이해하는지가 중요하다.
• 자신이 잘못 이해할 수 있다는 가능성을 항상 열어 두어야 한다.
• 상호 이해를 돕기 위해서 이해된 부분에 대해서는 계속 피드백을 하여야 한다.

- 효과적인 의사소통을 위해 '예' '아니요'에 제한되지 않는 개방적 질문을 한다.
- 사용하고 있는 의사소통 시스템을 아는 것은 의사소통에서 발생할 수 있는 오해를 줄일 수 있다. "내가 아직 이해를 하지 못했어. 나에게 너의 의사소통 폴더를 보여 줄 수 있겠니?"라고 물을 수 있다.
- 의사소통 책이나 음성출력이 이루어지는 기기의 경우에는 개별 단어들로만 제시되는 경우가 많아서 내용이 잘못 전달될 수 있다. 이때 대화상대자는 개별 단어들을 재구성하여 질문하는 것도 좋은 방법이다.

아동: 할머니-온다-아이스크림
교사: 할머니가 온다는 이야기야?
아동: 예.
교사: 그 다음에 아이스크림을 먹으러 간다고?
아동: 예.

대화상대자에게 필요한 것은 무엇보다도 시간이다. AAC를 사용하는 아동은 하나의 진술을 하기 위해서 많은 시간이 필요하다. 대부분 정보처리과정이 늦고, 계획하고 실행하는 인지적·신체적 기능에 결함을 가지고 있기 때문에 상대방의 말에 반응하고 행동하는 데 소요되는 시간이 길다. 일반적으로 음성언어를 사용하는 경우에는 두 사람 간의 의사소통 사이의 휴지가 그리 길지 않기 때문에 사람들은 대화가 끊기는 것에 대해 익숙하지 않다. 그러나 AAC를 사용하는 화자는 자신의 말을 정비하기 위한 충분한 시간이 필요하다는 점을 감안하여야 한다.

3) 기초적 의사소통

기초적 의사소통(basic communication)이란 행동과 표정으로 나타나는 모든 단서를 의사소통 의도로 해석하고 신체접촉을 통해서 이루어지는 의사소통방법을 말한다. 중도·중복장애 아동들도 자신의 생각이나 감정 혹은 요구 등을 표현하고자 하는 의도를 가지고 있다는 점은 일반아동과 다르지 않다(박은혜, 2003). 기초적 의사소통은 의사소통을 위한 그 어떠한 전제조건도 두지 않는다. 의사소통을 하기 위해 교사, 부모, 내가 그에게 다가가는 것이다. 이것은 마치 낯선 사람을 처음 만나서 그에게 다가가고, 그를 관찰하면서 그 사람이 원하는 것이 무엇인지, 무엇을 말하려고 하는지, 나의 어떤 행동이 그 사람의 마음에 들지를 고민하는 하나의 모험과도 같다. 그들이 보여 주는 의사소통은 너무나 미세하여 그 의도를 파악하기가 쉽지 않다. 얼굴 표정에서 나타나는 만족감이나 슬픔도 읽기 어렵다. 그러나 기초적 의사소통에서는 매우 작은 그들의 의사소통 신호까지도 하나의 '관계 맺음'의 통로가 된다.

기초적 의사소통은 AAC 활용조차도 불가능한 아동에게 최소한의 의사소통을 가능하게 하기 위한 방법으로서, 독일의 빈프리트 몰(Winfried Mall, 1984)이 자신의 오랜 임상 경험을 바탕으로 고안한 의사소통 지원 방법이다.

롤프(Rolf)는 시설에서 살고 있는 12세 남자아동이다. 태어날 때 산소결핍으로 인해 심한 뇌손상을 입었고, 거실 구석에 있는 매트에만 누워 있다. … 치료사가 롤프를 만나러 왔다. 그들은 아직 서로 만난 적이 없다. 그녀가 들어왔을 때도, 그녀가 롤프의 이름을 불렀을 때도 롤프의 반응은 전혀 느껴지지 않는다. 롤프는 그냥 꿈을 꾸고 있는 것 같다. 그녀가 롤프 옆에 앉아서 천천히 그의 몸에 손을 대었을 때, 잠시 움직임을 느낀다. 그리고 아주 짧은 순간이지만 저 깊숙이에서 나오는 소리를 들을 수 있었다. … 그녀는 벽에 자신의 등을 대고 몇 개의 쿠션을 받친 다음, 매트 위에 누워 있는 롤프를 자기 품에 기대도록 자세를 취한다. 이런 행동에 롤프의 몸은 경직된다. 근육이 긴장되고, 그의 양쪽 다리는 안쪽으로 뒤틀리며, 목을 여기저기 돌리면서 쥐어짜는 듯한 소리를 낸다. 그녀는 롤프의 놀람을 이해한다는 듯이 그에게 편안한 목소리를 들려준다. 그녀의 다리를 롤프의 뒤틀리는 허벅지 위에 얹고 조심스럽게 바깥쪽으로 돌린다. 이때 그녀의 팔은 그의 어깨에 얹어서 롤프가 그녀에게 편하게 기댈 수 있도록 해 준다. 잠시 그가 어떻게 반응하는지를 기다리면서 그의 근육의 긴장이나 신체적인 움직임이나 음성 속에 무엇이 담겨 있는지를 느끼려고 노력한다. 그녀와 롤프의 호흡은 함께 간다. 숨을 들이마시는 것은 각자 편할 대로 하지만, 숨을 내쉬는 것은 함께 호흡 리듬에 맞춘다. 편안하고 이완된 호흡은 마치 하나의 율동처럼 이루어진다. 처음과 달리 롤프의 호흡은 편안해지고, 길어지고, 종종 그의 특유의 목소리도 함께 나온다. 함께 호흡을 하는 동안 근육은 이완되고 그의 등은 그녀에게 훨씬 가깝게 붙어 있다. 그의 다리와 팔에서도 이완이 느껴진다. 롤프의 손과 발가락에서도 편안한 기운이 느껴지면서, … 그녀가 방에 들어온 지 약 30분이 지났다. 그녀는 롤프와 서로 관계를 맺는 순간을 체험하게 된 것에 만족하고, 차차 자신의 자세가 불편하다고 느껴지기 시작했을 때 그만 일어나야겠다고 생각한다. 그녀는 말과 신체를 이용해서 이 상황을 설명한 후, 롤프를 처음에 있던 매트 위에 눕힌다. 롤프는 여전히 편안해 보인다(Niehoff, 2007).

(1) 기초적 의사소통 형태

기초적 의사소통은 원초적인 의사소통 통로를 표현수단으로 한다. 호흡 리듬, 소리 내기, 촉각적 접촉 등이 이에 해당한다. 반대로 일상적인 의사소통 통로는 우리가 사용하는 언어나 표정 또는 몸짓 등을 말한다. 중도 · 중복장애 아동이 사용하는 표정이나 몸짓은 우리가 의사소통을 위해 사용하는 방식과는 다르다. 때로는 그 안에서 의사소통의 의도를 발견하기조차 어려울 만큼 미세하고 때로는 소통 자체를 괴로워하고 거부한다고 느껴질 만큼 그들의 표현방법은 낯설다.

- 호흡 리듬: 몰(Mall, 1984)에 따르면, 호흡 리듬은 '파트너와 함께 걸어가는 길'을 의미한다. 파트너와 함께 숨을 내쉬는 그 순간이 바로 '관계 맺음'의 순간이다. 호흡 리듬을 통해 접촉하기 위해서는 그를 조정하고 압도하기보다 오히려 공감적으로 친근하게 다가서야 하며, 이를 위해서는 스스로 상대방에게 몰두하고 자신과 자신의 신체성에 대해 심도 있게 의식할 수 있는 능력이 그 전제조건이다(이숙정, 2011).
- 소리내기: 아동과 함께 숨을 내쉴 때에도 청각적으로 아동이 확인할 수 있도록 특정 음을 소리 내어 준다. 중도 · 중복장애 아동에게 말을 건네는 것은 어머니가 영아에게 초기 상호작용 단계에서 말을 건네는 것과 같다. 교사는 쉬운 단어와 짧은 문장 그리고 명확하고 반복된 발화방식으로 아동에게 말을 건넨다(Niehoff, 2007).
- 촉각적 접촉: 기초적 의사소통에서는 신체적 접촉이 의사소통의 도구다. 교사는 아동의 신체부위(팔이나 배)를 길게 쓰다듬어 주면서 함께 호흡과정을 경험하도록 한다. 쓰다듬을 때에는 위에서 아래로, 안쪽에서 바깥쪽으로 하는 것이 좋다. 이때 이러한 마사지는 훈련이나 치료대상물로서의 신체가 아니라 의사소통의 수단으로 받아들여지고 있음을 느끼도록 해 준다(Niehoff, 2007).

(2) 기초적 의사소통의 목적

기초적 의사소통의 목적은 일상적인 의사소통 통로를 통해 소통하지 못하는 중도·중복장애 아동에게 원초적 의사소통 형태를 사용하여 의사소통을 가능하게 하는 데 있다. 인간은 본질적으로 의사소통적 존재이기 때문에 중도·중복장애 아동이 의사소통 능력이 있느냐 없느냐에 대한 논쟁은 무의미하다. 기초적 의사소통은 조금이나마 열려 있는 가능성을 찾아 '내가 네 곁에 있다'는 것을 느끼게 해 주고, 일방적으로 치료나 처치의 대상이 아닌, 인간과 인간의 만남을 통해 심리적 안정을 갖게 해 줌으로써 상호소통적 관계를 형성하는 것이다. 기초적 의사소통에는 다음과 같은 학문적 배경과 요인들이 바탕을 이루고 있다.

- 기능적 이완: 기능적 이완이 기초적 의사소통의 목적은 아니지만, 이 과정에서 아동은 안정감과 편안함이라는 '이완'의 효과를 얻을 수 있다. 이완상태에 따라 호흡이 완만해지고 깊어지며, 신경근육과 뇌파의 움직임이 변화하고, 무엇보다도 이완은 긴장의 배출구로서 작용한다(고은, 채기화 역, 2007). 따라서 가능한 한 몸의 긴장을 풀고 어떠한 강요도 느끼지 않는 이완된 상태에서 소통을 시도하여야 한다.
- 기초적 자극: '기초적 자극(basale stimulation)' 이론은 독일 특수교육과 교수인 프뢰리히(Fröhlich)가 중증의 지적장애 및 중도·중복장애 아동의 의사소통 및 발달을 지원하기 위하여 구안한 이론이다. 심한 장애로 인하여 자발적으로 자극을 경험할 수 없는 아동에게 체계적인 자극(평형감각자극, 신체감각자극, 진동감각자극)을 주어 자신의 몸에서 일어나는 미세한 반응을 느낄 수 있도록 돕는다(Niehoff, 2007).
- 리듬 율동적 교육: 소리와 음악 그리고 목소리에서 전달되는 리듬감을 중시하며, 태아와 영아기에 체험하는 어머니의 노랫소리가 안정감을 주는 것처럼 언어 멜로디는 기초자극으로 매우 중요하다. 기초적 의사소통에서 교사의 발화는 큰 의미를

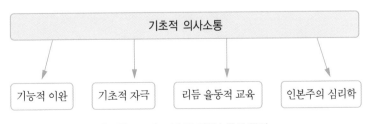

[그림 11-11] 기초적 의사소통의 목적

출처: Niehoff (2007).

갖는다. 발화는 말과 신체가 일치되어야 하며, 길고 많은 발화보다는 아동의 수준에 맞추어진 간단한 단어와 문장 그리고 반복적으로 등장하는 언어적 자극이어야한다(Niehoff, 2007). 언어는 목소리가 담겨 있는 하나의 멜로디다.

• 인본주의 심리학: 인본주의 심리학의 창시자인 매슬로(Maslow)는 이제까지의 행동주의적 접근을 거부하고 인간은 근본적으로 선한 존재이며, 아메바와 같은 '자극-반응'의 피동적 존재가 아니라 자유의지를 가지고 있는 존재로 보았다(오세진 외, 1999). 인간은 스스로 성장하려는 욕구를 가지고 있으므로 그 본질이 폄하되거나훼손되어서는 안 된다. 아동의 미세한 움직임이나 시선 또는 아동이 내는 짧은 소리에 주목하지 않고 일방적으로 교사가 주도하거나 어떤 행위가 기계적인 반복이되지 않도록 하여야 한다.

제**12**장

부모교육 및 언어중재방법

부모는 아동을 만들고 끊임없이 수정하는 피노키오의 제페토 할아버지처럼 될 수도 없고, 되어서도 안 된다. 그럼에도 불구하고 부모교육이 강조되는 이유는 특히 의사소통장애를 가지고 있는 아동의 경우 부모가 아동의 언어발달을 촉진할 수 있는 최상의 자원이자 파트너이기 때문이다. 또한 이 장에서는 교사의 발화와 언어중재 전략을 살펴보고자 한다. 수업 상황에서 아동의 발화를 어떻게 자극하고 유도하느냐에 따라 아동과의 관계 맺음이 달라지고 교육적 활동의 질에도 직간접적인 영향을 미치기 때문이다.

1. 부모교육

1) 부모교육의 정의 및 목표

부모는 자녀에게 가장 중요한 존재다. 자녀는 부모를 통해 세상을 처음 접하고, 부모의 눈과 입을 통해 세상과 소통하는 법을 배운다. 부모는 아이가 가장 편안하게 느끼는 세상의 품이자 자신의 왕국이다. 불경에 보면 이런 글귀가 있다. "내 목숨이 있는 동안은 자식의 몸을 대신하기 바라고, 죽은 뒤에는 자식의 몸을 지키기 바란다." 이렇듯 부모의 사랑은, 참으로 식상한 표현이지만, 위대하다. 우리는 마치 부모가 되는 순간 숨어 있던 DNA가 깨어나서 능숙하게 부모의 역할을 수행할 것처럼 생각하지만, 부모의 역할은 여러 환경 변인의 영향을 받아 학습되는 것이다. 부모의 성격뿐만 아니라 자녀의 특성이나 사회적 환경도 부모역할 수행에 영향을 미친다. 이때 자녀의 장애는 부모에게 정서적 혼란과 긴장 그리고 부정적 감정이나 높은 양육부담감을 유발한다. 최상의 부모역할을 수행하는 데 있어서 그것은 매우 불리한 조건임에 틀림없다. 따라서 장애아동의 부모교육은 매우 중요하다.

학자들마다 부모교육에 대한 정의는 조금씩 다르다. 부모훈련, 부모참여, 부모역할하기, 부모개입 등과 같은 용어들이 부모교육과 유사한 의미로 사용되어 왔기 때문에(정옥분, 정순화, 2007) 부모교육에 대한 개념은 매우 폭이 넓다. 부모교육이란 부모의 자질을 향상시키고 역할기능을 발달시킨다는 소극적인 개념과, 아동의 성장 발달 및 교육에 효과적으로 관여하는 부모의 교육기능을 강화한다는 적극적인 개념을 포함하는 것이라 할 수 있다(이영호, 2001). 듀솔트(Dusolt, 2008)는 부모교육을 적극적인 개념으로 해석하고 다음과 같이 정의하고 있다.

> 부모교육이란 교육기관의 전문가와 부모 간에 이루어지는 파트너적 협력을 말한다. 거기에는 생물학적인 부모뿐만 아니라 아동의 실질적인 양육자를 포함한다. 부모교육의 궁극적인 목적은 아동발달을 힘닿는 대로 함께 지원하는 것이 목적이다.

부모교육의 궁극적인 목표는 결국 부모로 하여금 자녀의 발달특성을 이해하고 자녀를 양육하는 데에 필요한 지식이나 기술, 태도 등을 습득하여 효율적인 부모역할을 수행하도록 돕는 데에 있다. 파인(Fine, 1988)이 제시한 부모교육의 네 가지 하위목표는 다음과 같다(정옥분, 정순화, 2007에서 재인용).

첫째, 정보제공이다. 자녀교육에 필요한 지식이나 정보를 제공해 줌으로써 부모역할을 잘 수행하도록 한다. 둘째, 신념의 변화다. 자신을 파악하고 어떠한 태도가 긍정적이고 부정적인가를 알게 하여 자녀교육에 도움이 되도록 한다. 셋째, 기술습득이다. 부모로 하여금 효율적인 부모역할을 수행할 수 있도록 특정한 기술을 습득하도록 도와주는 것이다. 여기서는 부모-자녀 간의 대화기법 등이 중점적으로 다루어진다. 넷째, 문제해결능력의 증진이다. 자녀와의 상호작용에서 문제가 생겼을 때 그것을 해결할 수 있는 능력을 길러 주는 지침 등을 제시한다.

2) 부모교육의 필요성

부모는 자녀에게 신체적인 욕구와 정서적인 욕구를 충족시켜 주는 역할을 한다. 더불어 아동과 가장 가까이에서 아동에게 가장 많은 영향을 미치는 존재다. 따라서 유아기에 부모, 특히 어머니가 아동의 자율성과 주도성을 존중하면서 건강한 발달과정을 수행할 수 있도록 도와줄 때 아동의 긍정적인 자아개념 형성과 인지적·정서적·사회적 발달이 촉진된다.

부모는 교사에게 있어서 가장 협조적인 지지자이며 동반자다. 교사-아동과의 관계에서는 중재자의 역할을 하며, 때로는 정보제공자이자 자문자이기도 하다. 그런 맥락에서 교육기관과 지역에서는 최근 부모교육을 강조하고 프로그램을 활성화하는 추세

〈표 12-1〉 **부모교육의 필요성**

아동의 측면	부모의 측면	사회적 측면
• 부모는 아동의 사회·신체·정서·인지·언어 발달 등 모든 영역에서 영향을 미침. • 아동발달에 미치는 영향의 강도와 지속력이 매우 큼.	• 과거와 비교하여 양육경험이 적으며 주변에서 적절한 모델을 찾기 어려움. • 바람직한 부모역할에 대한 상충적인 정보가 공존함. • 만능부모가 되어 만능자녀를 양육해야 하는 중압감으로 인하여 불안과 좌절감을 느낄 수 있음. • 부모의 삶의 질을 높임.	• 인적 자원의 육성 및 가정-교육기관-지역사회의 연계성 확립 • 정부나 국가의 투자 효율성 높임.

다. 부모교육의 필요성은 〈표 12-1〉과 같이 크게 세 가지 측면에서 살펴볼 수 있다.

부모교육에 대한 이론이 정립된 것은 20세기에 들어와서지만, 실제로 부모의 역할에 대한 논의는 고대에서부터 꾸준히 이루어졌다. 플라톤(Platon)은 이상적인 국가를 건설하기 위해 부모는 자녀를 올바르게 양육해야 한다고 하였으며, 아리스토텔레스(Aristoteles)는 선량한 시민으로 성장할 수 있도록 양육하는 것이 부모의 역할이라고 보았다. 17세기의 코메니우스(J. A. Comenius)는 전형적인 기독교관을 배경으로 한 부모의 역할을 강조하였다. 하느님의 선물인 자녀를 잘 양육하여 하느님께 영광을 돌리는 것이 교육의 목적이며 무엇보다도 영·유아기를 '봄'='시작'으로 비유하여 부모는 이 시기에 최고의 관심과 노력을 기울일 것을 강조했다. 그러나 루소(J. J. Rousseau)와 페스탈로치(J. H. Pestalozzi)로 이어지면서 인간은 악의 세력으로부터 지켜야 하는 존재가 아니라 본래 선한 존재라는 시각이 생겨났다. 페스탈로치는 어머니의 사랑이 절대적인 것이라고 보았으며, 아동발달에 있어서 어머니의 역할을 절대적인 것으로 간주하는 경향은 프뢰벨(F. W. A. Fröbel)까지 이어졌다.

이러한 역사적 배경을 토대로 정립된 부모교육의 대표적인 이론은 다음과 같다. 첫째, 드라이커스(D. Dreikurs)의 민주적 부모교육 이론은 부모-자녀 간의 평등성 원리를 적용하여 자녀가 부모의 소유가 아니라 가치면에서 서로 동등하다고 본다(이숙 외, 2009). 둘째, 기노트(H. G. Ginott)의 인본주의적 부모교육 이론은 부모가 아동 중심적 사고를 하고, 자녀를 있는 그대로 받아들이는 것이 중요하다고 본다. 셋째, 고든(T. Gordon)의 부모 효율성훈련 이론은 자녀양육의 기술을 교육하는 것으로 의사소통기술에 중점을 두고 있다. 넷째, 번(E. Bern)의 교류분석 이론은 인간관계의 중요성에 입각하여 부모와 자녀가 상호작용을 하는 방법에 초점을 둔다. 다섯째, 행동주의 심리학에 기초한 왓슨(J. B. Watson)의 이론은 부모가 자녀에게 중요한 영향을 미치는 모델이며 자녀의 문제행동을 변화시킬 책임자라고 본다(정갑순, 1996).

시대적으로 보면, 최근 가족의 형태가 핵가족화되고 여성취업률이 증가하면서 자녀양육을 책임지는 부모·사회·교육 여건들이 많은 부분 변화되었다. 예전에는 주변 가족들을 통해서 자연스럽게 배우고 또 어느 정도는 시행착오를 감수할 자세가 되어 있었다면, 최근 부모들은 완벽하게 사회에서 요구하는 바람직한 유형에 맞추어진 육아방법을 지향한다. 그러나 최소한 필자에게 있어 부모교육은 물건을 만들어 내는 '기계적 교육관'을 의미하지는 않는다. 마치 코메니우스가 굳어지지 않는 나무를 만들기 위하여 거름을 주고 잘 돌보는 것으로 비유한 것처럼, 부모교육의 밑바탕에는 식물을 재배하는 '유기적 교육관'이 놓여 있다. 장애아동의 부모교육은 다음과 같은 이유에서 더욱 필요하다.

- 조기교육의 중요성: 조기교육은 아동이 최초로 접하는 가정에서부터 출발한다. 부모가 자녀의 교육과정에 적극적으로 참여함으로써 교육시기를 놓치지 않고, 가장 효율적인 방법으로 2차적 장애를 예방하고 문제를 경감시킬 수 있다.
- 부모의 정서적 문제 해소: 장애아동 출산으로 인한 충격과 좌절, 분노, 우울, 절망감과 같은 역기능적인 반응은 아동과 부모 모두에게 부정적이다. 따라서 장애아동의 부모는 전문가로부터 또는 제3자로부터 정서적 이해와 지지를 받을 수 있어야 한다. 엄마가 행복해야 아이도 행복하고, 엄마의 눈이 긍정적이어야만 아이의 긍정적인 부분이 비로소 보이기 때문에 부모에 대한 정서적 지지는 무엇보다도 중요하다.
- 자녀와의 상호작용: 장애에 대한 지식과 이해 없이는 적절한 상호작용을 하는 데 많은 어려움을 겪게 된다. 장애아동은 일반아동과 달리 반응이 더디고, 때로는 무관심하기까지 하다. 초기 부모-자녀의 상호작용은 모든 것의 시작점이다. 따라서 부모교육을 통해 장애아동의 부모는 아동의 수준에 따른 의사소통방식과 자녀와의 관계를 형성하는 법을 배워야 한다.
- 아동발달의 지원: 부모의 역할 수행에 대한 지식과 기술 등을 교육받음으로써 교사나 치료사의 역할을 보조해 줄 수 있다. 부모는 눈에 보이는 '하지 못함' 뒤에 숨어 있는 아동의 잠재력과 발전 가능성을 찾고 발달의 싹을 키워 줄 수 있는 힘을 가지고 있다. 전문가는 부모가 미리 포기하거나 부적절한 방법으로 자녀를 대하는 것을 막고, 부모가 적극적으로 교육에 참여할 수 있도록 격려하고 정보를 제공해 주어야 한다.
- 가족 구성원의 행복: 장애아동의 출산은 가족 구성원 모두에게 영향을 미친다. 육체적·정신적인 피로는 높은 양육부담감과 낮은 자아개념을 갖게 하며, 전반적으로 가족 전체 삶의 질을 떨어뜨리게 하는 요인이 된다. 가족기능의 활성화는 스트레스를 이기는 힘과 문제에 당면하였을 때 긍정적인 태도를 갖게 해 준다. 따라서 부모교육을 통하여 가족 구성원들이 스트레스를 극복할 수 있는 대체자원을 확보하는 것은 행복한 삶을 이루어 가는 데 있어서 매우 중요하다.

3) 의사소통장애 아동 부모교육 프로그램 계획 및 실행

부모교육에는 여러 가지의 유형이 있다. 강연회, 토론회, 독서회, 가정통신문, 실습 및 워크숍, 역할극이나 심리극의 형태로 분류할 수 있으며, 어떠한 방법으로 진행할 것인가는 활동 주제와 목적 그리고 여건에 따라 결정할 수 있다. 부모교육 프로그램을 진행하는 데 있어서 보다 중요한 것은 부모들의 적극적인 참여와 동기부여다.

다른 장애영역과 비교하여 볼 때 의사소통장애는 하루아침에 갑작스러운 충격과 상실감을 주지는 않는다. 의사소통장애는 어느 날 갑자기 나타나는 것이 아니라 발달과정 속에서 곧 나아질 것이라는 희망을 반복하며 서서히 받아들여지기 때문에 부모들이 상대적으로 중요하게 받아들이지 않는 경향이 있다(Pixa-Kettner, 2001). 이에 대해 리터펠드(Ritterfeld, 2001)는 부모교육이 의사소통장애 아동의 교육에 있어 매우 시급하고 중요한 문제라고 강조하였다. 자녀의 의사소통장애는 가족 내의 긴장감을 가중시키고, 여러 영역에서 변화를 가져오는 요인이 된다.

부모교육을 통하여 부모-자녀 상호작용이 변화되고, 촉진적인 학습상황이 만들어지며, 아동의 언어능력과 의사소통에 영향을 미칠 수 있는 기술들이 효과적으로 투입될 수 있다. 또한 언어발달에 부정적인 영향을 미칠 수 있는 환경적인 요인들을 사전에 차단할 수 있다(Baumgartner, 2008). 의사소통장애 아동의 부모교육이 무엇보다도 중요한 이유는 바로 자녀의 의사소통장애를 인식하기 시작하면서부터 그들이 사용하는 언어도 함께 변화하기 때문이다. 언어자극을 많이 주려고 하는 의도가 오히려 불리한 조건을 만들기도 하며, 초조함과 압박감이 의사소통의 단절을 불러오기도 한다. 언어발달에 문제를 보이는 아동들은 일반아동들과 비교하여 부모의 언어자극에 덜 민감한 반응을 보이며, 그러한 아동의 반응이 또다시 부모의 의사소통에 영향을 미친다는 것은 자명한 일이다. 그러나 만약 아동이 가지고 있는 문제가 언어반응을 보이기 위해 필요한 시간을 외부로부터 충분히 받지 못했다거나, 개인적인 정보처리 시간이나 속도 또는 용량에 적합하지 않은 언어자극을 받아서라고 한다면, 이는 분명히 다시 생각해 보아야 할 부분이다.

예를 들면, 하넨(Hanen) 부모교육 프로그램에서는 부모가 말하는 횟수와 양은 줄이고 아동의 발화(여기서는 구어적 언어와 비구어적 언어를 모두 포함한다)를 기다리는 데에 초점을 두고, 아동의 언어수준을 더 많이 고려하는 태도를 부모에게 교육시키는 데에 중점을 두고 있다. 이러한 부모교육은 예방적 차원뿐만 아니라 구체적인 의사소통 전략을 중재해 줌으로써 아동의 언어발달을 돕는 것으로 나타났다(Centini, 2004).

부모교육을 실시할 때는 다음과 같은 기술적인 부분을 고려해야 한다(Hardmeier-Hauser, 1997).

- 프로그램 내용의 명확한 전달: 부모교육 프로그램의 목표와 절차 그리고 중요성에 대해 명확하게 설명한다. 이때 프로그램이 궁극적으로 아동의 의사소통발달을 지원하는 데에 목적이 있다는 것을 명확히 한다.
- 문제의 설명: 아동이 현재 가지고 있는 문제를 극복하지 못하고 지속될 경우 발생되는 문제를 설명하고, 프로그램에 참여해야 하는 필요성을 충분히 인식시킨다.
- 긍정적인 사고: 어떤 사물이나 사건에 대해 다른 각도에서 볼 수 있도록 한다. 예를 들면, 유리잔에 물이 절반 차 있는 것을 보고 '절반이 비었다.'라고 생각하기보다 '절반이 차 있다.'라는 긍정적 사고를 하도록 돕는다. 아동에게 현재 부족한 부분이 있지만, 그럼에도 불구하고 아직 잠재된 능력이 많다는 생각의 전환이 필요하다.
- 부모중재의 필요성: 자신의 언어행동의 변화가 자녀에게 어떤 영향을 주는지를 느끼도록 한다. 부모가 사용하는 말의 패턴이 자녀의 언어발달에 영향을 미친다는 것을 인식시키고, 이제까지 부모교육 프로그램에서 나타난 효과적인 사례들을 소개한다.
- 과제: 프로그램에서 부모에게 주는 과제들은 직접 실생활에서 자녀에게 적용할 수 있는 수준의 것이어야 한다. 그러나 과제는 하나의 제안일 뿐, 오히려 부모들이 프로그램 내에서 창의적으로 해결방법을 찾는 것이 중요하다.

모든 특수교육 영역에서 부모교육은 중요하지만, 특히 의사소통장애 영역에서는 더욱 중요하다. 왜냐하면 일부 기질적 원인으로 인한 경우 외에는 부모교육을 통해 의사소통장애의 발생을 최소화하고, 경우에 따라서는 예방과 치료적 효과까지 기대할 수 있기 때문이다. 특수교육 내에서 부모교육 프로그램에 대한 중요성은 매번 강조되고 있지만, 국내의 경우 대부분 일회성 성격이 강한 강연회 형태로 이루어지고 있으며, 실제 의사소통장애 아동의 부모를 대상으로 한 프로그램 실행연구는 매우 미흡한 실정이다.

2. 언어중재방법

의사소통장애아 교육은 특수교육학의 분과학문 중에서 교과교육이나 교수전략적 성격이 가장 강조되지 않은 영역 중 하나다. 청각장애나 지적장애 등과 비교하여서도 그 대상이 고정된 성격을 가지고 있지 않으며, 「장애인 등에 대한 특수교육법」에서 정의하고 있는 순수 의사소통장애 유형에 해당하는 '조음장애' '유창성장애' 또는 '음성장애'를 가지고 있는 아동들은 일반학급에서 교육을 받고 있다. 순수 의사소통장애의 경우에는 교육활동의 제한이라기보다는 의사소통 자체와 관련된 요소를 많이 가지고 있으며, 이제까지 교육보다는 치료적 접근을 강조하였기 때문에 특수교육의 한 분과학문으로서의 정체성은 미약할 수밖에 없었다.

2019 교육부 통계자료에 의하면, 의사소통장애는 전체 특수교육대상자 가운데 2.4%(2,204명)를 차지한다. 이는 시각장애 2.1%(1,937명)와 학습장애 1.5%(1,409명) 등과 비교하였을 때 차지하는 비율이 적지 않음을 보여 준다.

출처: 교육부(2019).

또한 지적장애 · 자폐 · 뇌성마비와 같은 장애를 가진 아동의 언어지원은 현재 특수교육에서 가장 절실하게 필요함과 동시에 앞으로 학문적 도약이 요구되는 부분이다. 장애아동의 의사소통장애는 순수 의사소통장애와 달리 일차적인 장애가 이차적인 장애로 발전되는 경우라는 점에서 장점과 단점을 모두 가지고 있다. 의사소통이 이차적인 장애이므로 체계적인 조기교육과 치료 · 교육적 지원을 통해 상당 부분 문제를 경감시킬 수 있다는 것이 장점이라면, 일차적인 발달 영역에서의 장애와 독립될 수 없다는 것은 단점이라 할 수 있다. 예를 들면, 전체적인 신체의 근육조절이 어려운 아동의 경우, 구강근육만을 훈련시켜서 조음을 잘 발성하도록 하는 것이 불가능하다는 것이다. 이러한 사고는 오랫동안 장애아동의 언어적 문제를 의학적이고 전통적인 언어치료 영역으로 미루어 놓는 결과를 가져왔다. 이 장에서는 관심 사안을 부모나 교사가 행하는 장애아동의 의사소통 지원에 두고자 한다. 따라서 언어치료실에서 행하는 치료적 방법들은 가급적 배제하고, 가정과 학교에서 적용할 수 있는 방법들을 중점적으로 살펴보고자 한다.

1) 부모를 통한 중재방법

부모에게 언어적 상호작용 훈련을 실시하여 아동의 언어능력이 함께 향상되는 결과는 여러 연구에서 입증되었다(Baxendale & Hesketh, 2003). 그러나 중요한 것은 부모가 직접 사용이 가능한 정도의 전략이어야 하며, 부모가 아동을 '교육시킨다' '치료한다'는 생각이나 느낌을 갖지 않도록 해야 한다는 점이다. 부모는 아동의 장애에 비중을 두고 접근하는 것이 아니라 의사소통을 통한 관계 형성에서 출발해야 한다. 부모의 언어행동을 변화시키고 아동에게 최적의 언어환경을 조성해 주는 것만으로도 아동의 언어는 향상될 수 있다는 점과, 아동의 연령이 낮을수록 직접중재보다는 간접중재의 효과가 더욱 크다는 점에서 부모중재는 중요하다. 무엇보다도 장애아동의 부모는 자녀와의 소통에서 소진 현상을 겪게 된다. 여기서 소진 현상이란 두 사람 간의 관계에서 자연스럽게 발생하는 교감이 이루어지지 않음으로써 생겨나는 정서적 탈진상태를 말한다. 소통은 늘 상호 교류적인 것이다. 장애아동은 마치 소통을 거부하는 것처럼 반응을 전혀 보이지 않거나, 최소한의 기대에도 미치지 못하는 반응만을 보이기 때문에 부모는 자녀와 어떻게 말을 해야 하는지, 말을 할 필요가 있는지에 대한 의구심마저 갖게 된다. 그러나 장애아동은 움직임과 감각·인지능력의 결함으로 인해 소통은 어렵지만 원칙적으로는 일반아동과 동일한 지원전략을 필요로 한다.

(1) 엄마말투 가설

엄마말투(motherese) 가설은 성인이 어린 유아와 대화를 할 때 무의식적으로 조정된 언어를 사용함으로써 언어발달을 촉진한다는 것이다. 그러나 아버지나 다른 성인들도 이러한 언어를 사용하기 때문에 '아동지향어(Child-Directed Speech: CDS)'라는 용어로도 사용되고 있다. 영아와 유아를 상대로 이야기할 때 사용되는 성인의 독특한 말투는 언어습득 초기 단계에서 하나의 '비계(scaffold)'로 작용한다.

엄마말투의 특징은 음운적 측면에서 볼 때, 음도가 높고 음도의 변화가 크다는 것이다. 의미적 측면에서는 제한된 단어를 사용하고 쉬운 단어로 이야기한다는 특징이 있다. 그리고 구문적 측면에서는 짧고 단문식 발화를 하지만, 비문법적 문장은 사용하지 않는다(Rodrian, 2009). 그 밖에도 CDS에는 질문이 많고 현재 눈앞에 있는 사건이나 사물에 대한 이야기를 주로 하며, 말의 반복 그리고 확대나 확장 등의 기법이 자주 사용된다는 특징을 갖는다. CDS가 아동의 언어발달을 촉진하는 데 효과적이라는 것은 주로 사회적 상호작용주의에서 강조되고 있다. 사회적 상호작용주의 관점에 따르면, 교사나 부모를 포함한 성인의 반응과 촉진은 아동이 가지고 있는 정신적 도구(mental tools)를 좀 더 높은 발달수준에 도달시키는 매개체다.

12개월 이전까지는 유아어(baby talk) 수준으로 언어를 인식하고 언어의 기초적인 말소리에 대한 구조를 중재하는 기능을 주로 하게 된다면, 1~2세에는 유아의 말을 지원하는 CDS의 기능이 중심이 된다. 이때에는 유아의 어휘폭발기[1]와 맞물려서 어휘력을 확장시켜 주는 데에 초점이 맞추어진다. 예를 들면, 얼룩말을 보고 "음매 음매"라고 하면 저건 얼룩말이라고 가르쳐 주거나, "저거! 저거!"라고 하면 "포도?"라고 말해 주는 형태의 CDS가 많이 나타난다. 2세 이후에는 보다 적극적으로 가르치는 전략이 사용된다. 예를 들면, 아이가 "꽃이 이뻐."라고 말하면 성인은 "정말 예쁜 꽃이 있네." 등의 아동의 말을 교정하고 문법적으로 보완해 주는 CDS의 기능이 많이 출현하게 된다.

출처: Grimm (2003).

(2) 지원전략

언어지도는 규칙적인 시간을 정해 놓고 하는 것이 아니다. 잠을 자는 시간을 제외한 모든 시간, 그리고 매일매일의 활동 속에서 이루어지는 모든 몸짓과 소리가 바로 언어자극이 된다. 아동들은 다른 사람들이 서로 말을 하는 것을 보고 말하는 것을 배워 나간다. 어머니와 가족 그리고 주변 사람들은 아주 독특한 엄마말투를 사용하여 영아와 소통을 하기 시작한다. 언어 모델과 많은 언어자극은 언어발달의 촉진제가 되지만, 그렇다고 그것이 다다익선(多多益善)의 의미는 아니다. 요즘 부모들의 문제는 무관심이 아니라 지나친, 그리고 발달에 적합하지 않은 무분별한 교육태도에 있다. 좀 더 의미가 있는 언어자극이 되기 위해서는 대화를 할 때 다음과 같은 점에 유의하여야 한다.

- 아이가 받아들이기 쉽도록 짧고 구체적인 단어를 사용하는 것이 좋다. 이때 구체적인 단어란, 예를 들면 '과일'보다는 '수박' '포도'로, "운동하러 가자."보다는 "달리

---

1   12개월에 첫 단어를 산출하고 18개월이 되면 50단어를, 그리고 그때부터는 어휘폭발기로서 24개월이 되면 300개, 36개월은 500개 그리고 6세가 되면, 약 5,000개의 단어를 산출할 수 있다(Grimm, 2003).

기하러 가자." 등으로 표현하는 것을 말한다. 그리고 동일한 단어를 반복해서 말해 주는 것이 좋다. 예를 들면, "신문 좀 가져와."라는 말을 한다면, "저기 신문 있지? 저 신문 좀 가져와."라고 단어를 반복해 준다.

- 부모는 주변에 있는 사람이나 사물 그리고 행동 등에 대해 늘 이름을 붙여 이야기해 준다. 이때 항상 동일한 이름으로 불러 주는 것이 좋다. 상황에 따라 운전사-기사, 기차-KTX, 시장-마트 등 대상과 단어가 일치되지 않는 것은 바람직하지 않다.

- 아이의 연령에 맞는 어휘를 사용한다. 초기 발달단계에서는 의성어나 의태어 사용을 적극적으로 활용하며, 아이가 일상생활에서 자주 접하는 사물을 반복해서 말해 주는 것이 좋다.

- 목소리의 높이를 다양하게 해서 말한다. 아이들은 단어의 뜻을 이해하기 이전에 말의 운율을 가지고 이해한다. 따라서 음도 변화가 거의 없는 단음도보다 훨씬 아이에게 언어자극이 된다. 그냥 "잘 잤어?"라는 것보다는 "와~↗ 우리 ○○, 잘 잤어?↗"처럼 음도를 높였다 낮췄다 하며 말한다.

- 중요한 단어에서는 억양을 높이고 강세를 준다. 강세를 준 단어를 더 쉽게 배울 수 있기 때문이다. 이때 목소리는 밝고 즐거워야 한다.

- 의성어와 의태어를 사용해서 다소 과장되게 표현한다. 아이가 받아들이기 쉽도록 의성어나 의태어를 함께 사용한다. "여기 토끼가 있네."라는 표현보다는 "여기 깡충깡충 토끼가 있네." 또는 "새가 울어요."보다는 "새가 짹짹 울어요." 등으로 말한다.

- 천천히 그리고 발음은 분명하게 한다. 말은 천천히 하되, 아기말투로 이야기하는 것은 피해야 한다. "그랬쩌?"라든지, 아이가 형을 '찡아'라고 한다고 해서 엄마도 '찡아'라고 해서는 안 된다. 아이와 이야기할 때는 지나친 유아어는 삼가고 특히 일반적으로 수용되지 않는, 예를 들면 아이가 스스로 만든 신조어는 사용하지 않는 것이 좋다.

- 문법적으로 완전한 문장을 사용한다. 짧고 단순한 문장으로 말하되, 문법적으로 완성된 문장을 말한다. 예를 들면, "내일은 엄마랑 동물원에 가자."라는 문장을 쉽게 전달하기 위해서 "내일 가 동물원 엄마랑."이라고 하는 것은 잘못된 것이다.

- 이어문 또는 삼어문으로 아이가 말을 하더라도 부모는 늘 완전한 문장으로 대답해 주어야 한다. 그러나 일반적으로 통용되는 유아어, 즉 말을 배우기 시작하였을 때 사용하는 유아 특유의 말은 아이가 정확한 성인 어휘를 이해하기 전까지는 사용하

여도 무방하다. 예를 들면, '응가' '맘마' 등이 해당한다.

- 참조적 반응보다는 표현적 반응을 한다. 사물의 이름을 단순히 명명하는 것은 참조적 반응이며, 사물의 특성이나 기능을 설명하는 것은 표현적 반응이다. 예를 들면, "이것은 꽃이야."라고 말하기보다는 "꽃이 참 예쁘다."라고 말해 주어야 한다. 일반적으로 장애아동의 부모는 사물의 이름을 가르쳐 주려는 욕심이 앞서서 참조적 반응을 많이 사용하는 경향이 있다.

- 몸짓으로 의사소통하는 것을 격려해 준다. 아이가 말을 하지 않고 손으로 냉장고를 가리킨다고 해서 "너 뭐가 먹고 싶어? 말을 해!"라는 등의 강요보다는 몸짓으로도 의사소통이 가능하다는 것을 아이가 느끼게 해 주어야 한다. 특히 장애아동의 경우에는 자신의 의도를 타인에게 표현하는 것 자체를 어려워한다. 이때 자신의 신체가 의사소통을 가능하게 하는 수단이 된다는 것을 느끼게 해 주는 것이 중요하다.

- 동작 모방을 많이 해 준다. 동작 모방이 잘 이루어져야 말소리 모방도 쉬워질 수 있으므로 '머리를 빗는 모습'을 서로 흉내 낸다거나, '손에 뽀뽀하기' 동작을 모방하는 등 재미있는 놀이활동을 일상생활 속에서 많이 해 주는 것이 좋다. 신체적인 체험과 정신적인 체험은 모두 총체적으로 언어를 구성하는 힘이 된다.

- 아이에게 마음껏 말할 수 있도록 해 주어야 한다. 설령 발음이 틀리고 심하게 말을 더듬거나 이해가 되지 않을 정도로 부정확할지라도 아이는 언제든지 자기가 하고 싶을 때 말할 수 있어야 하며, 그것은 허공 속에 메아리가 되어서는 안 된다. 즉, 아이가 말을 하려고 할 때에는 눈을 맞추고 기다려 주고 아이의 말을 경청하고 있다는 반응을 보여 주어야 한다. 거기서부터 '말하는 기쁨'이 생겨나기 때문이다.

- '전화 받기'는 언어를 발달시키는 데 효과적이다. 처음에는 얼굴이 보이지 않고 소리만 나는 것에 대해 당황하는 것 같지만, 대부분의 아이는 전화 속에서 들리는 익숙한 사람 목소리에 호기심과 즐거움을 느낀다. 처음에는 전화를 받는 아이 앞에서 눈을 맞추고 있다가 나중에는 아이의 등 뒤로 옮겨 앉아서, 아이가 시각적인 접촉 없이 전화를 받도록 해 주는 것이 좋다.

- 노래를 불러 주고 함께 노래를 부르는 것은 '재미'를 줄 뿐만 아니라 언어를 발달시키는 데 매우 효과적이다. 노래가사 속에 나오는 단어를 익히는 목적이 아니라, 멜로디와 운율을 느끼는 것만으로도 충분히 의미가 있다. 그러한 준언어적 요소는 우리가 문장에서 사용하는 단어보다 더 중요한 의미를 내포하기 때문이다.

- 눈맞춤은 정서적인 유대관계뿐만 아니라 의사소통의 기본이다. 아이가 자신의 시

선을 엄마의 입에 두고 입의 움직임과 엄마가 하는 몸짓과 표정 등을 관찰하는 것을 흔히 볼 수 있다. 그러나 제한된 움직임과 감각능력의 제한을 가지고 있는 장애아동은 촉감을 적극적으로 활용할 수 있도록 하여야 한다. 아동의 손을 엄마의 입이나 신체에 대 줌으로써 소리의 진동뿐만 아니라 크고 작은 움직임을 느끼고 지각할 수 있도록 하여야 한다. 또한 눈맞춤은 '나는 너와 대화할 준비가 되어 있고, 너의 말에 관심을 가지고 있으며, 너랑 의사소통하고 싶다.'고 전달할 수 있는 가장 확실한 방법이다. 장애아동의 경우에는 안정적인 눈맞춤이 어려우므로 양손을 아이의 볼에 대고 동시에 시선을 맞추거나, 눈맞춤이 되지 않을 때에는 아이와 소통하듯이 신체접촉을 통한 신호를 끊임없이 주어야 한다.

- 잘 경청하기는 부모와 아이 모두에게 중요하다. 아이가 말을 할 때 부모가 잘 들어주는 태도는 아이로 하여금 말하는 즐거움을 갖게 해 준다. 만약 아이의 말을 집중해서 들어 줄 수 없을 때에는 차라리 "미안하지만 지금은 엄마가 바쁘니까 5분 있다 말하자."라는 식으로 미루는 편이 낫다. 아이들은 부모가 단지 듣고 있는 척하는지, 정말로 듣고 싶어 하는지를 빨리 알아차린다. 장애아동의 언어는 때로 너무 불분명하고 맥락적이지 않아서 이해하기 어려울 때가 많다. 그것을 이해하기 위해서는 퍼즐을 맞추듯이 보다 세심한 노력과 해석이 필요한데, 이때 부모는 먼저 몸짓을 활용할 필요가 있다. 신체가 의사소통의 중요한 단서가 된다면, 그만큼 아동이 시도한 의사소통을 놓치지 않을 확률도 커진다. 의사소통 시 경청하는 태도는 아이들에게도 필요하다. 상대방이 말을 하거나 동화를 들려줄 때 집중해서 들을 수 있어야 하는데, 이를 위하여 말을 하는 중간중간에 질문하는 것도 좋은 방법이다.

2) 교사를 통한 중재방법

교사 입장에서 보면, 장애아동과 의사소통하는 것은 매우 어렵다. 지적장애 아동의 경우에는 인지능력의 결함으로 몇 개의 단어만 가지고 말을 하거나, 그나마 대부분은 언어자극에 대해 반응조차 보이지 않는다. 뇌성마비 아동의 경우에는 조음기관의 움직임이 통제되지 않아서 표현하는 단어들을 거의 이해하기 어렵다. 중도·중복장애 아동 가운데에는 소통이라기보다는 독백에 가까운 소리만 낼 뿐 유의미한 발화를 하지 않는 경우도 많다. 이러한 아동들이 모여 있는 특수학교 또는 특수학급의 교사는 학생들과 어떻게 소통할 것인가에 대한 고민을 하지 않을 수 없다. 왜냐하면 자신이 원하는 것을 표현하지 못하고, 표현하더라도 제대로 이해하기 어려운 상황에서는 교사와 학생 간의 관계 자체가 형성되기 힘들기 때문이다. 그럼에도 불구하고 교사가 학생과 어떻게 관계를 맺느냐는 교육의 성과를 결정하며, 교사가 학생의 발화를 어떻게 유도하고 확장시키는가 하는 것은 학생의 의사소통 정도와 무관하게 교사가 이루어 내야 하는 과제다.

(1) 환경 중심 언어중재

1980년대 후반부터 소수의 행동분석가들이 스키너(B. F. Skinner)의 언어행동 이론과 우발적 교수법(incidental teaching)을 연합시키기 시작하였다(박혜숙 외 역, 2011). 환경 중심 언어중재(Milieu Teaching: MT)는 이러한 행동주의 원칙과 절차를 적용한 것으로 자연적인 맥락에서 이루어지는 언어중재에 중점을 두고 있다. 그러나 이때 환경은 자연스럽지만 언어를 촉진할 수 있는 상황으로 구성되어야 한다. 즉, 아동이 주의를 집중하고 자연스럽게 요구할 수 있는 상황으로 조작하는 것이다. '조작된 환경'이란, 예를 들면 아동이 좋아하는 장난감을 손이 닿지 않은 곳에 두되, 반드시 아동의 눈에 띄게 두어서 아동이 자발적으로 요구하도록 설정되는 것이다.

-환경 중심 언어중재의 기본적 가정-

- 자연적인 환경에서 수행되어야 한다.
- 아동에게 영향을 미치는 여러 사람에 의해 수행되어야 한다.
- 기능적인 언어를 가르쳐야 한다.
- 언어의 형태, 기능 그리고 전략을 동시에 가르쳐야 한다.
- 아동 중심이 되어야 한다.
- 간단하고 긍정적인 절차여야 한다.
- 환경배치가 중요한 역할을 한다.
- 일반화를 가정한다.
  - 아동이 흥미를 느끼는 물건이나 활동에 접근할 기회 제공
  - 어른의 모델링 제공
  - 원하는 것에 쉽게 도달할 수 없는 상황 조작

출처: 석동일 외(2000)에서 재구성.

　　환경 중심 언어중재는 우발교수, 시간지연, 요구-모델, 모델링 등의 기법이 독립적으로 사용될 수도 있고 전부를 모두 포함하여 구성될 수도 있다. 환경 중심 언어중재의 특정 전략 중 하나인 우발교수는 아동이 주위의 사물에 관심을 나타냄으로써 기회가 만들어진다. 교사나 부모는 그 기회를 이용하여 언어자극을 촉진해야 한다(이성한, 1995). 이렇게 아동이 먼저 흥미나 관심을 보였을 때 교사는 시간지연, 모델링과 요구-모델, 강화 등의 전략(〈표 12-2〉)을 투입하여 언어사용을 촉진할 수 있다. 중재절차는 다음과 같다. 예를 들면, 길가에서 어떤 아이가 아이스크림을 먹고 있는 것을 아동이 뚫어져라 쳐다보는 상황을 가정해 보자. 우선 공동의 주의집중이 필요하다. 아동이 원하는 바를 알고 있더라도 아동이 반응을 보일 때까지 교사는 잠시 3~5초 정도의 시간을 두고 기다린다(시간지연). 아동이 적절하게 반응을 하지 않는다면, 무엇을 원하는지 말해 볼 것을 요구한다(요구-모델). 이번에도 적절한 반응이 오지 않을 경우에는 모델을 제시한다(모델링). 그래도 반응이 오지 않을 경우에는 다시 모방하도록 모델을 제시할 수도 있고, 정확한 피드백을 제공해 줄 수도 있다. 만약 정확하게 모방을 하면 요구한 바를, 여기서는 아동이 원하는 아이스크림을 사 주는 것으로 강화를 해 줄 수 있다.

　　환경 중심 언어중재가 성공적으로 이루어지기 위해서는 몇 가지 전략이 필요하다.

〈표 12-2〉 **환경 중심 언어중재의 전략**

기법	기능	예시
시간 지연	공동 관심이 형성된 후 아동이 관심을 보이거나 의사소통의 의도를 비구어적으로 표현하더라도 아동이 말할 때까지 약 3~5초 정도의 시간을 준다.	(급식시간에 교사는 주혜에게 일부러 빈 물컵을 준다.) 주혜: (선생님을 빤히 쳐다본다.) 교사: (주혜의 반응을 기다린다.)
요구-모델	공동 관심이 형성된 후 "무엇이 필요하지?" "이게 뭐지?" 등의 형태로 답을 요구한다. 적절하게 반응하면 원하는 것을 주고, 반응하지 않으면 다음 단계인 모델링을 시도한다.	(공동의 관심거리를 확보한 다음 아동에게 언어로 말할 것을 요구한다.) 교사: 주혜야, 뭐가 필요하지? 주혜: …
모델링	아동이 흥미와 관심을 갖는 상황에서 적절한 모델링을 해 주고 아동이 부분적 수행을 하면 강화를 주고 실패를 하면 다시 한 번 모방을 해보도록 한다.	(아동이 적절하게 반응하지 않으면) 교사: "물 주세요."라고 따라 말해 보자. 주혜: 물

첫째, 무엇보다도 반응을 불러오는 선행자극이 매력적이어야 한다. 예를 들면, 아동의 손이 닿지 않는 선반에는 아동이 좋아하는, 아동이 결핍상태에 있는 사물이 제시되어야 한다. 이를 유인력(establishing operation)이라고 한다. 아동이 좋아하는 딸기맛 사탕은 유인력이 있지만 홍삼맛 사탕은 전혀 유인력이 없으며, 조금 전까지 가지고 놀던 장난감은 이전과 달리 더 이상 유인력을 갖지 못한다. 둘째, 교사가 주는 모델링은 반드시 정확해야 한다. 여기서 정확함이란 음성도 분명해야 하지만, 그 밖의 몸짓이나 의도하지 않은 시각적 자극 등도 통제되어야 한다는 것을 의미한다. 셋째, 아동이 자극에 반응하도록 최소한 3초 동안 반응할 시간을 기다려 주어야 한다. 예를 들면, 교사가 아동이 좋아하는 쿠키를 보여 준 뒤, 바로 다음 자극을 제시하는 것은 바람직하지 않다. 넷째, 아동이 목표반응을 하였을 때 주어지는 강화는 반응이 일어난 직후 2~3초 내에 제공되는 것이 가장 효과적이다. 또한 갈증이 나서 물이 필요한 아동이 손이 닿지 않는 곳에 놓여 있는 물을 가리키며 "물"이라고 했을 때 교사가 물을 아동에게 준다면, 그 자체가 강화물이 되므로 별도의 칭찬은 피하는 것이 좋다(박혜숙 외, 2011). 이제까지의 전통적인 언어치료에서는 대부분 아동이 학습한 것을 치료실에서는 사용하지만 그 밖의 환경에서는 그 기능을 일반화시키지 못하는 것이 문제로 지적되었다. 그에 비하여 환경 중심 언어중재는 언어훈련 장소를 교실이나 가정 그리고 일상생활로 옮겨서 지도하기 때문에 일반화가 용이하다는 가장 큰 장점을 갖는다.

(2) 강화된 환경 중심 언어중재[2]

전통적인 언어중재방법은 일상생활과 분리된 인위적이고 구조화된 환경에서 성인 중재자의 주도로 아동과 성인의 일대일 상황에서 이루어졌으며, 일반화의 문제가 끊임없이 지적되었다. 이에 따라 자연적 언어중재[3]의 한 방안으로 환경 중심 언어중재가 대두되었다(이상아, 최진혁, 2018). 강화된 환경 중심 언어중재(Enhanced Milieu Teaching: EMT)는 기존 환경 중심 언어중재의 한계점을 해결하기 위한 중재방법이다. 따라서 환경 중심 언어중재의 기존 전략을 바탕으로 하되, 일반화와 충분한 의사소통의 기회를

---

2 김나애, 박지은 외(2014), 이주영 외(2015), 임경원(2017), 이상아, 최진혁(2018) 등에서 발췌함.
3 자연적 언어중재란 학생(아동) 중심의 언어중재로서 학생이 좋아하는 주제나 활동을 중심으로 하여 이루어지는 것을 말한다. 일상생활에서 만나는 사람들이 중재자가 되며, 중재환경은 일상적인 자연스러운 환경 그리고 중재목표는 일상생활 속에서의 사회적 의사소통능력 증진이다.

증진시키는 데에 보다 많은 초점을 두고 있다. 거기에는 물리적 환경 조성과 반응적 상호작용 전략이 중심을 이룬다.

> **강화된 환경 중심 언어중재**: 환경 중심 언어중재의 수정된 형태로서, 기존의 우발교수, 시간지연, 요구–모델 등의 전략에 물리적 환경조절 전략과 반응적 상호작용 전략이 결합된 중재를 말한다.

① 물리적 환경조절 전략

물리적 환경조절 전략의 핵심은 아동의 언어를 촉진하기 위한 물리적인 전략으로서 아동이 선호하는 자료를 중심으로 물리적 환경을 설정하여야 한다. 대상 아동의 인지와 언어 수준 등을 잘 고려하되, 도움을 요청할 수 있도록 일부러 혼자 할 수 없는 상황

〈표 12-3〉 **물리적 환경조절 전략**

전략	방법	예시
흥미 있는 자료	아동이 흥미를 가지고 있는 자료를 이용한다.	아동이 좋아하는 사물을 교실에 미리 배치한다.
닿지 않는 위치	시야 안에 두되, 아동의 손에 닿지 않는 곳에 둔다.	아동이 볼 수 있는 투명한 플라스틱 상자 안에 사물을 넣고 아동의 키보다 조금 더 높은 교구장 위에 둔다.
도움이 필요한 상황	성인의 도움이 필요한 상황을 만든다.	아동이 좋아하는 장난감을 일부러 잘 열리지 않는 통에 담아 두거나, 점심시간에 수저를 제공하지 않는다.
불충분한 자료 제공	아동이 추가적인 자료를 요구하도록 수와 양을 적게 제공한다.	신발을 주는데 한 짝만 주거나, 미술활동 시간에 만들기에 필요한 재료보다 적은 양의 재료를 준다.
중요 요소 빼기	활동 과제에 필요한 중요 요소를 빼고 과제수행을 요구한다.	퍼즐 맞추기 게임을 하는데 퍼즐 일부분을 빼고 완성하도록 한다.
선택의 기회 제공	비슷한 물건을 제시하여 선택할 수 있는 기회를 제공한다.	염색활동을 하는데, 어떤 색으로 하고 싶은지 선택하도록 한다.
예상치 못한 상황	아동의 기대에 맞지 않는 비상식적이나 우스꽝스러운 요소를 만들어 준다.	인형 옷을 입히면서, 양말을 머리에 씌우거나, 풀 대신 지우개를 준다.

을 설정하는 것이 중요하다.

이와 같은 환경조절 전략은 다양한 방법으로 시도할 수 있으며, 이를 통해 아동의 의사소통기능이 향상되거나 산출이 이루어지면 중재를 완료할 수 있다.

② 반응적 상호작용 전략

반응적 상호작용 전략은 아동의 행동에 성인 대상자가 어떻게 반응해야 하는지에 대한 것으로서, 아동의 언어적 또는 비언어적 행동에 반응하는 방법이다. 아동의 눈높이에서 공동 관심(joint attention), 공동 활동(joint engagement) 그리고 주고받기(turn-taking) 등을 통해 아동이 더 많은 의사소통 기회를 가질 수 있도록 하는 데에 주목적이 있다. 이때에는 지시나 질문은 가급적 피하고 성인이 아동의 행동을 모방하거나 상호작용을 하여 반응을 기다려 주는 것이 중요하다.

〈표 12-4〉 반응적 상호작용 전략

전략	방법	예시
아동 주도 따르기	아동의 말이나 행동과 유사한 언어적·비언어적 행동을 하며 아동 주도에 따른다. 아동이 말하도록 기다려 주고, 아동이 하는 말이나 행동을 모방한다. 아동의 관심에 기초하여 활동을 시작하고 다른 활동으로 전이할 때에도 아동의 흥미를 관찰한다.	구어를 산출하지 못하는 지수는 지도를 좋아해서 교실에 들어오면 지도에 늘 관심을 보인다. "선생님이랑 지도 볼까? 경상도는 어디 있을까?" 하며 지명 이름 찾기 놀이를 한다.
공동 관심 형성하기	아동이 하는 활동에 교사가 관심을 보이며 참여한다. 아동이 활동을 바꾸면 성인도 아동이 선택한 활동으로 바꾼다.	아이가 혼자 그림을 그리고 있으면, "우리 깐보, 무슨 그림 그린거야? 어, 깐보가 좋아하는 둘리를 그렸네." 하면서 대화를 이끌어 간다.
정서 일치시키기	아동의 정서에 맞추어 반응한다. 그러나 아동의 정서가 부적절하면 맞추지 않는다.	아동이 즐겁게 이야기하면 함께 즐거움을 표현하고, 흥분되어 말하면 흥분됨을, 아동이 얼굴을 찡그리면 함께 속상한 표정을 짓고 이야기한다.
상호적 주고받기	상호작용을 할 때에는 아동과 성인이 교대로 대화나 사물을 주고받는다.	퍼즐을 하나씩 번갈아 가며 맞추거나, 대화를 교대로 주고받는다.
시범 보이기	먼저 모델링이 되어 준다. 혼잣말기법이나 평행적 발화기법을 사용한다.	"밥 먹으러 가야지."라고 말하거나 과제를 하다가 어렵다고 발을 동동거리는 아동을 향해 "선생님, 도와주세요."라고 말한다.

확장하기	아동의 발화에 적절한 정보를 추가하여 보다 완성된 형태로 다시 들려준다.	아동이 길가의 차를 보고 "차 가"라고 말하면 "차가 가네."라고 말한다.
아동을 모방하기	아동의 행동 또는 말을 모방하여 아동과 공동 관심을 형성하거나 아동에게 자신의 말이 전달되었음을 알려 준다.	아동이 손가락을 만지며 아프다는 표현을 하면, 교사도 손가락을 만지면서 "아파?"라고 말해 준다.
아동 발화에 반응하기	아동이 한 말에 대해 고개를 끄덕이거나 '응' '옳지' '그래' 등과 같은 말을 해 주면서 아동의 말을 이해했다는 것을 알려 주고 인정해 준다.	아동이 "이거 (먹어)."라고 말하면, 고개를 끄덕이면서 "그래, 우리 이거 먹자."라고 말해 준다.
아동 반응 기다리기	아동이 언어적 자극에 반응할 수 있도록 적어도 5초 정도의 반응시간을 기다려 준다.	"물감 줄까?"라고 묻고 반응하지 않더라도 5초 정도 기다렸다가 다시 질문한다.

(3) 교사의 발화전략[4]

언어적인 문제를 가지고 있는 아동들은 대부분 자발적으로 의사소통에 참여하지 않는다. 이 경우 어떤 방법으로 아동의 언어를 자극하고 유도할 것인가 하는 문제는 매우 중요하다. 〈표 12-5〉는 아동의 발화를 이끌어 내는 유도전략의 예다. 장애아동은 일

〈표 12-5〉 발화유도 전략

기법	기능	예시
혼잣말기법	아동에게 요구하지 않으면서 교사가 자기 행위에 대해 혼자 대화를 하듯이 말을 한다.	밥을 다 먹었으니 이제 식판을 치워야겠다. (…) 밥을 다 먹었으니 이제 칫솔에 치약을 짜고, 오른쪽, 왼쪽 쓱싹 쓱싹 해야지.
평행적 발화기법	아동의 행위에 대해 아동의 입장에서 말한다.	(과자를 물끄러미 바라본다.) 교사: 선생님, 지수 과자 주세요. (말없이 과자를 받자) 교사: 선생님, 감사합니다.
FA(forced alternative) 질문법	아동에게 대답할 수 있는 2개의 모델을 제시한다.	어떤 색깔로 꾸며 보고 싶어요? 빨간색, 아니면 파란색?
대치 요청기법	목표언어가 나올 때까지 아동의 말을 고쳐 나가도록 유도한다.	아동: 이거. 교사: 이거, 뭐?

4　여기서 전략들은 교사의 발화전략으로 제한하기보다는 대화를 하는 부모와 주변 성인에게 모두 해당함.

반아동과 달리 자연적인 언어학습의 기회가 적으므로 언어발달에 도움이 되는 전략을 구체적으로 구성하여 교수하여야 한다.

일반적으로 혼잣말이란 자기 자신을 향하여 하는 말로서, 유아들이 작업을 하거나 놀이를 하는 동안 혼자서 중얼거리는 식의 언어유형을 말한다. 앞서 제4장에서 언급한 바와 같이, 혼잣말에 대한 해석에 있어 피아제와 비고츠키는 상호 대립적 견해를 보인다. 여기서 혼잣말기법이란 아동의 근접발달영역 내의 수준을 참고하여 교사가 스스로 혼잣말을 함으로써 발화를 유도하는 교수전략이다. 스스로 묻고 답하는 과제전략적인 혼잣말을 교사가 자신의 입장에서 스스로 모델링해 주는 것은 아동에게 직접적인 지시를 하지 않고도 언어적 대화의 상호작용을 유도하는 효과를 기대할 수 있다. 반면에 평행적 발화기법은 아동 입장에서 아동의 행동을 언어로 표현해 주는 방법이다. FA 질문법은 폐쇄형 질문법[5]의 하나로서 반드시 문법적으로 완전할 필요가 없다. 예를 들면, "오렌지 아니면 포도?"라는 질문도 가능하며, "하고 싶어, 안 하고 싶어?"라는 질문에 대해서는 문장형태의 답을 유도할 수도 있다. 아동이 적절한 응답을 하지 못할 경우에는 이렇게 교사의 발문 방법을 바꾸어 보는 것도 하나의 전략이 될 수 있다. 대치 요청은 명료화 요구의 한 전략으로서 발화 자체를 불완전하게 할 경우 수정하여 발화하도록 돕는 전략이다.

반면에 〈표 12-6〉은 아동의 발화 후 교사가 적용할 수 있는 언어자극 전략이다. 교사의 피드백은 아동의 언어능력을 증진시키는 데에 매우 중요하다. 아동의 오류에 대한 교사의 발화 모두를 피드백이라 할 수 있다. 교정적 피드백(corrective feedback)은 피드백이 보다 확대된 것으로서, "맞았어." 혹은 "틀렸어."에 그치지 않고 무엇이 틀렸는지에 대한 피드백이 함께 이루어진다(백장현 외, 2002).

---

5 구어에서 폐쇄형 질문(close-ended question)은 "예" 또는 "아니요" 등의 긍정과 부정의 대답을 요구하거나 선택적 답지 가운데 하나의 응답을 요구하는 질문 형태를 말한다. 반면에 개방형 질문(open-ended question)은 다양한 대답이 나올 수 있는 대답으로서 학생의 참여와 동기가 높아지는 장점이 있다(2006). 그러나 읽기 질문의 형태에서는 질문의 답을 제재 문면에서 바로 찾을 수 있는 경우(무엇, 어디, 언제, 누구 등의 의문사 사용)를 폐쇄형 질문이라 하고, 개방형은 대개 '어떻게' '왜' 등의 의문사를 사용하여 학습자의 추론을 요구하는 경우를 말한다(Blosser, 1973, 박수자, 2014에서 재인용).

〈표 12-6〉 **교정적 피드백 유형**

유형	예시
명시적 오류수정	발화에 오류가 있음을 명확하게 알려 주고 올바른 발화를 직접 제시해 주는 형태다. 고양이를 보고 "저기 멍멍이!"라고 말하면, "멍멍이가 아니라 고양이야."라고 정확한 표현을 제시해 준다.
상위언어적 교정	오류에 대해 명확하게 수정하는 대신에 오류에 대한 힌트를 주거나 정확한 형태에 대한 코멘트, 정보나 질문을 제공하는 형태다. "나 줘."라고 말하면, "어른들한테 말할 때는 어떻게 하라고 했지?"라고 하면서 존댓말을 유도한다.
고쳐 말하기	오류가 있는 말의 일부나 전부를 수정해 주는 형태로서, 오류를 명시적으로 지적하지 않고, 교정한 상태로 말해 준다. 아동: 띤발(발음오류) 있어. 교사: 아~ 여기 신발이 있구나?
명료화 요구	교사가 아동의 말을 잘 이해하지 못했거나 잘못된 발화를 하였을 때, 발화를 다시 한번 반복하거나 수정할 것을 요구한다. 중립적인 언어를 사용할 수도 있고, '무엇을 주라고' 등의 특정적인 어휘를 요구할 수도 있다. 아동: 선생님, &8^% 있어요. 교사: 미안해, 뭐라고? (또는) 저기 뭐가 있다고?
이끌어 내기(유도)	학생 스스로가 정확한 형태를 발화하도록 유도하여 제공하는 피드백이다. 언급한 것을 완성하게 하거나 올바른 언어형태를 이끌어 내기 위해 질문을 할 수 있다. 교사: (그림책을 보면서) 여기 큰 호랑이가 있네. 호랑이가 뭐 하고 있어? 아동: 아~ 벌려(어휘오류). 교사: 입을 크게 벌리고 뭐 하고 있지? 아동: 하품
반복하기	잘못된 발화 부분을 반복하여 말해 준다. 이때는 억양을 다르게 해 주는 것이 좋다. 교사: 내 엄마의 엄마는 뭐라고 부르지? 아동: 엄마엄마(어휘오류) 교사: 엄마엄마?↗

그 밖에도 언어자극 방법으로 확장(expansion), 확대(extension) 그리고 문장의 재구성(recast sentences) 등의 전략이 사용될 수 있다. 확장은 아동의 발화를 문법적으로 완전한 문장으로 바꾸어 말해 주는 것이다. 특히 조사나 어미 사용이 잘못되거나 생략된 경우에 많이 사용된다. 반면에 확대는 아동의 발화에서 단어의 의미를 보완해 주는 데에 초점을 맞춘다. 아동이 어휘를 습득하는 과정에서 성인들은 코멘트의 형식으로 자주 확

〈표 12-7〉 **언어자극 전략**

유형	예시
확장	(그림카드를 보며) 아동: 아가 밥 먹어. 교사: 아가가 밥을 먹네.
확대	아동: 자동차! 교사: 빨간 자동차네!
문장의 재구성	아동: 날라가 뱅기 저기. 교사: 저기 비행기가 날아가요?

대전략을 사용한다. 문장의 재구성은 문장 자체를 바꾸어서 교정해 주는 형태다.

이처럼 아동의 발화에 대해 교사가 어떻게 피드백을 줄 것인가는 매우 중요하다. 경우에 따라서는 직접적 피드백을 할 수도 있고, 간접적 방법을 사용할 수도 있다. 혹은 옳은 발화에 대해서는 긍정이나 칭찬 등의 말을 제공하는 긍정적(positive) 피드백을 줄 수도, 부정적(negative) 피드백을 줄 수도 있다. 이때 부정적 피드백이란 오류나 부정확한 발화에 대한 반응으로서 '틀렸어.' 혹은 '정확하지 않아.' 등과 같은 표현을 말한다. 비난하기, 무시하기, 비꼬기, 꾸중하기 등이 여기에 포함된다(이창덕, 2008). 교정적 피드백은 앞서 살펴본 바와 같이 명시적 수정 피드백과 같이 오류가 있음을 직접적으로 알려 줄 수도 있고, 고쳐 말하기 등과 같이 암시적인 방법을 사용할 수도 있다.

- 긍정적 피드백은 칭찬과 격려 등의 언어적 정보를 의미한다. '그렇지.' '맞아.' '잘했어.'와 같은 평가
  의 말을 사용하여 학습의욕을 강화시킨다.
  교사: 여름에는 어떤 벌레가 많아요? 민채가 말해 볼까?
  민채: 모기 많아.
  교사: 우리 민채, 참 잘했어요.

- 부정적 피드백은 수행이나 행동이 부적절하거나 부정확한 경우 그것을 알려 주기 위해 사용된다.
  교사: 여름에는 어떤 벌레가 많아요? 주혜가 말해 볼까?
  주혜: 수박이요.
  교사: 주혜는 수박이 벌레구나? 얘들아, 수박이 벌레일까?

학생들: (웃으면서) 아니요.

- 교정적 피드백은 특정한 문제를 고쳐 줄 의도로 사용되는 피드백과 보충 설명 그리고 시범들을 포함하는 개념이다. 즉 정답과 오답에 대한 정보뿐만 아니라 오답을 수정하기 위해 보충적인 교수를 제공한다(이창덕, 2008).

교사: 이건 무슨 그림일까? 민채가 말해 볼까?

민채: 새가 밥 먹어.

교사: 새가 밥 먹는 것 같아요? 다시 한번 잘 보도록 하자.

민채: 닭이야.

교사: 맞아요. 닭이 모이를 먹고 있는 모습이지요.

(4) 문자언어 지도방법

문자언어지도를 함에 있어서 한글 특성을 이해하는 것은 중요하다. 첫째, 한글은 음소문자다. 음소문자란 글자의 가장 기본단위가 음소로 이루어져 있는 문자로서 이것은 영어도 마찬가지다. 그러나 영어의 경우 A와 S는 모양만으로 자음과 모음을 구별할 수 없다. 그러나 한글은 시각적으로 쉽게 자음과 모음을 구별할 수 있다. 그래서 자음+모음의 구조만 인식하게 되면 읽기가 매우 수월하다. "ㅅ(시옷)하고 ㅜ(우)가 만나면 '수'"와 같은 방식의 지도가 많이 이루어지는 이유는 기본적인 음운법칙을 습득하고 나면 영어처럼 단어의 철자를 외우지 않고도 단어를 읽고 쓰는 법을 터득할 수 있기 때문이다. 그런 부분에서는 초기 문자해독에 해당하는 읽기학습의 경우 상향식 모델이 적합하다고 할 수 있다.

- 상향식 모델: 가장 작은 단위부터 올라가는 방식으로서 처음에 단어를 보고 문단을 보고 전체 줄거리를 파악한다. 문자해독이 기초이며 음소와 같은 작은 요소에서 시작해서 단어, 구, 절, 문장과 같은 큰 단위로 학습한다.
- 하향식 모델: 글 자체의 언어적 요소보다는 글이 포함하고 있는 맥락에 의존한다. 독자의 경험으로부터의 배경지식이 글 이해에 주도적으로 작용하는 방식이다.

둘째, 한글은 음절단위로 모아쓰기를 한다. 영어 'stu-den-t'를 읽기 위해서는 음소를 인지하고 음절을 인지한 다음에 단어로 인지하지만, 한글 '학생'은 음운분석 없이 바로 '학+생'으로 쉽게 읽을 수 있기 때문에 영어에 비해 기본원리를 쉽게 배울 수 있다. 따라서 한글은 영어와 비교하여 음절이 말을 하거나 쓸 때 매우 중요한 단위로 기능한다.

셋째, 한글은 자음과 모음을 소리 나는 대로 표현하는 표음문자다. 모음 /ㅏ/는 항상 음가 [a]를 갖는다. 반대로 영어는 어떤 자음과 결합하느냐에 따라 달라지기 때문에 음운원리를 터득하기 어렵다. 한글은 소리와 글자 대응규칙이 분명하다는 장점을 가지고 있으며, 따라서 발음 중심 언어교육이 효과적으로 적용될 수 있다

넷째, 한글은 표기상 표의주의다. 표의주의란 소리 나는 대로 표기하지 않고 기본형태의 원형을 둔 채 분절하여 표기하는 것을 말한다. 예를 들면, '같이'는 '가치'라고 소리 나는 대로 쓰지 않고 '같'과 '이'를 분절하여 표기를 한다. 그래서 쓰기지도에서는 의미중심의 하향식 언어교육이 효과적으로 적용될 수 있다.

언어교육 프로그램을 구성하는 대표적인 이론적 관점에는 발음 중심 접근법, 총체적 언어접근법, 문학적 접근법, 언어경험적 접근법, 균형적 접근법 등이 있다. 이 가운데 총체적 언어접근법, 문학적 접근법, 언어경험적 접근법은 모두 유아 생활 주변의 문해자료나 문학작품, 유아에게 경험 등을 제공하여 유아 스스로 자신의 경험과 의미를 구성할 수 있도록 한다, 이처럼 의미를 중요하게 다루기 때문에 이들을 '의미중심 접근법'이라고 통칭하기도 한다(현정희, 이정희, 2014).

① 발음 중심 접근법

"/ㄱ/에 /ㅏ/를 더하면 '가', /ㅑ/를 더하면 '갸', 거기에 /ㄹ/이 붙으면 '걀'이 된다."는 식의 지도방법이다. 이는 자모식이며, 음절식 지도는 가, 나, 다… 식의 지도법이다. 기본 음절표를 활용하여 한글의 구조를 체계적이고 논리적으로 지도할 수 있다는 장점이 있다. 자모체계를 배우고 대응관계에 대한 원리를 가르치면서 문자해독을 지도하고, 이때 단어, 문장 그리고 이야기 순으로 지도를 하기 때문에 전형적인 상향식 접근방법에 해당한다. 행동주의 심리학의 영향을 받은 구조주의 언어학자들이 고안한 발음 중심법은 언어의 하위기능부터 위계적인 학습계획하에 이루어지며, 읽기 초보 단계에서 문자해독 기술을 습득하는 데는 효과적인 방법이다. 특히 문자언어는 음성언어와 달리 자연스러운 방법으로 습득되지 않으므로 이러한 직접적인 지도가 필요하다고 주장한다(Chall, 1983). 글자를 읽을 수 있으면 단어를 읽고 그다음에는 자연스럽게 글의 의미

까지 이해할 수 있다고 본다(Celce-Murcia, 1991).

② 총체적 언어접근법

총체적 언어접근법은 주로 언어의 4기능의 통합을 말한다. 즉, 듣기, 말하기, 읽기, 쓰기를 개별로 가르치기보다는 통합해서 가르치는 접근법이다. 또한 총체적 언어접근법은 발음 중심 접근법과 상반된 접근법으로 언어의 구성요소들을 음소나 자모체계로 분리하지 않고 하나의 전체로 가르치는 언어교육법이다. 언어를 부분으로 나누어 습득을 하게 되면 전체적인 맥락을 이해하지 못하고, 글을 읽을 때에도 이러한 부분적인 요소에 집중하여 전체적인 의미를 파악하는 데 방해가 된다고 본다(이화자, 1990). 따라서 총체적 언어접근법에서는 의미 이해에 중점을 두고 실제 생활에 활용되는 문자언어 자료를 활용하고 학습자 중심 과정으로 지도한다. 말하기, 듣기, 읽기, 쓰기는 순서에 따라 제시하지 않고 통합적으로 지도하며, 전체 이야기에서 문장과 단어 순으로 지도하는 하향식 접근방법을 사용한다. 자발성과 능동적인 언어경험 그리고 아동의 흥미를 강조한다.

〈표 12-8〉 발음 중심 접근법과 총체적 언어접근법

발음 중심 접근법	총체적 언어접근법
단어 중심으로 지도한다.	문장 중심으로 지도한다.
발음과 음가를 중시한다.	의미 파악을 중시한다.
인위적인 방법으로 지도한다.	자연주의적 원칙을 따른다.
단어카드, 철자카드를 사용한다.	그림 이야기책을 사용한다.
그림, 삽화는 발음지도에 장애가 된다.	의미 파악을 위해 그림과 삽화 활용을 적극 권장한다.
내용 파악을 위한 질문은 가능한 한 하지 않는다.	내용 파악을 위한 예측을 적극 권장한다.

출처: 한유미 외(2010).

③ 균형적 접근법

균형적 접근법은 발음 중심 접근법과 총체적 언어접근법의 적절한 균형을 강조한다. 때로는 글자의 기본원리를 쉽게 배울 수 있는 한글의 장점을 살려서 자모체계의 이해와 자소와 음소의 대응관계 등에 초점을 맞춘 발음 중심 지도를 하고, 때로는 아동의 경험과 흥미를 고려한 익숙한 단어들을 중심으로 의미 이해에 관한 지도에 초점을 맞춘 의미중심 전략을 사용하는 지도방법이다. 균형적 접근법은 소리를 해독하는 기술과 글의 의미를 파악하고 이해하는 능력을 모두 강조함으로써, 언어발달에 긍정적인 교수법으로 강조되고 있다. 예를 들면 교사와 함께 그림책을 읽으면서 자신의 이름 속에 포함된 음절을 찾는다거나, 자신의 이름 속 음절을 활용하여 새로운 단어 말하기 등으로 구성될 수 있다(김유화, 곽영숙, 2016).

④ 언어경험적 접근법

언어경험적 접근법은 큰 틀에서는 위에서 언급한 총체적 언어접근법에 포함된다고 볼 수 있다. 문자의 해독보다는 자연스러운 환경에서 풍부한 생활경험과 학생들의 사고 그리고 상호작용을 중시한다는 점에서는 그러하다(강영은, 2006). 그러나 언어경험적 접근법은 아동의 경험과 관심을 중심으로 언어활동이 이루어진다. 아동이 직접 경험한 것을 말과 글로 표현해 가면서 언어능력을 향상시켜 나가기 때문에 다양한 연령과 아동 자신의 발달단계에 맞는 활동을 할 수 있다는 장점을 가지고 있다. 아동이 자신의 경험이나 생각을 말로 표현하면 교사는 그것을 글로 옮겨 적어서 아동에게 읽기 자료로 활용하는 교수법이다(Smith & Johnson, 1980). 언어경험적 접근법에서는 아동의 창의성이 강조된다. 학습자는 글의 내용을 더 쉽게 예측할 수 있기 때문에 이해하기 쉽다는 장점을 가지고 있다.

(5) 읽기지도

읽기지도에서는 어떠한 방법이 효과적인가? 앞서 언급한 바와 같이, 한글은 음소문자이면서 표음문자라는 점에서 발음 중심의 상향식 언어교육이 적합하다. 그러나 활용적 측면에서 보았을 때는 음절언어와 표의주의를 채택하고 있으므로 전체적인 하향식 언어교육이 적합하다고 보기도 한다(최미숙 외, 2008). 독해 이전 단계인 초기 읽기 과정에서는 정음법(phonics)이 사용되지만, 독해 단계에 들어가게 되면 하향식 언어교육에서 강조하고 있는 '스키마'의 활용이 주를 이룬다고 볼 수 있다. 읽기에서 스키마를 활용한다는 것은 배경지식을 활성화하는 것으로서 독자의 능동적인 인지능력이 필요하다. 예를 들어, 제목을 보고 내용을 예측해 본다거나 의미 지도 그리기 등의 다양한 방법을 사용할 수 있다(김형철, 이상구, 2010).

(6) 비계설정을 통한 언어지도

근접발달영역(Zone of Proximal Development: ZPD)은 비고츠키의 개념 중 가장 대표적인 것으로서 "혼자서 문제를 해결할 수 있는 실제 발달수준과 성인이나 능력 있는 또래의 도움을 받아 문제를 해결할 수 있는 잠재적 수준 사이의 거리"를 말한다(Vygotsky, 1977). 즉, 아동이 혼자서는 할 수 없지만 자신보다 유능한 타인의 도움을 받으면 할 수 있는 과제의 범위이다(신종호 외, 2006). 독립적으로 수행할 수 있는 수준과 최대한 도움을 받아 수행할 수 있는 수준이 ZPD라고 할 때 처음에는 a~b 지역에 있었다면, 점차 b~c로 c~d로 아동의 성취수준에 따라 ZPD는 계속해서 변해 갈 것이다. 그러나 이러한 역동적인 변화는 저절로 획득되는 것이 아니라 부모나 교사가 이 지역의 범위 안에서 도움을 제공해 주어야 한다. 평균대를 걷지 못하는 아동에게 교사가 손을 잡아 주는 행위가 만약 아동의 기능을 향상시켰다면, 교사는 아동이 도움을 받아 수행할 수 있는 수준인 ZPD에서 도움을 제공했다는 것이다. 아동이 ZPD에서 다음 단계로 도약을 할 수 있도록 하는 행위가 바로 비계설정(scaffolding)이다. 비계란 건축물을 지을 때 사용되는 보조물인데, 여기에서는 아동이 처음 과제를 수행할 때 쉽게 도달할 수 있도록 제공되는 보조요소를 말한다. 즉, 혼자서는 완수할 수 없는 과제를 완수할 수 있도록 학생에게 주는 도움이다(신종호 외, 2006). 건축물이 다 지어지면 비계가 철거되는 것처럼, 아동의 과제수행 정도에 따라 비계설정도 달라진다. 예를 들어, 자발적으로 신체를 가리키는 동작이 되지 않는 아동에게 "코 어디 있어요?" "눈 어디 있어요?"라고 묻고 기다리는 것이 아니라, 아동의 손을 잡고 또는 아동이 모방할 수 있도록 동작을 보여 주는 행위를 하다가, 아동이 어느 정도 학습을 하게 되면 점차 도움의 수준을 줄여 가고 나중에는 제거하는 것과 같다. 브루너(Bruner)는 유아와 대화하는 성인의 말투에서 나타나는 비계설정을 다음과 같이 설명하고 있다.

부모는 모든 문장을 유아어로 바꾸어서 말하지 않고 문맥에 따라 도움의 양을 조절한다. 즉, 부모는 중요한 낱말을 되풀이해 말하고, 몸동작을 사용하고, 문법적 형태보다 의미에 초점을 두어 유아의 말에 반응한다. 부모는 마치 유아가 모든 것을 다 이해하는 성인인 것처럼 그들과 대화한다. 부모는 자녀가 대화의 내용을 다 이해하는 것처럼 행동하며 유아의 실제 언어수준이 아닌 근접발달영역 내의 수준에 반응한다(박은혜, 신은수 역, 2010).

성인은 엄마말투를 사용하여 아동이 받아들이기 쉽게 언어자극을 주지만, 실제로 그들이 사용하는 언어는 현재 아동이 수행하는 수준이 아니라 ZPD 내의 상한수준에 놓여 있다는 것이다. 비계설정을 통한 언어지도의 예는 다음과 같다.

- 민채는 초등학교 3학년임에도 불구하고 읽기에서 늘 철자를 생략하여 읽는다. 이때 교사가 손가락으로 짚으면서 읽도록 지도한 결과, 점차 아동은 혼자서도 생략오류 없이 읽기에 성공하였다.
- 주혜는 구조적인 이상이 없음에도 불구하고 /ㅅ/ 음을 늘 생략하고 말한다. 교사가 /ㅅ/ 음소가 들어가는 단어 앞에서 손으로 '스마일' 표시를 해 주자, 아동은 다시 /ㅅ/ 음을 바르게 산출하고 점차 교사의 도움 없이도 /ㅅ/ 음이 들어 있는 단어에 오류를 보이지 않게 되었다.

그 밖에도 교사가 교실에서 유아의 언어발달을 지원할 수 있는 방법은 다음과 같다. 첫째, 혼잣말을 통한 지원이다. 피아제가 혼잣말을 자기중심적인 미성숙된 언어로 본 반면에, 비고츠키는 행동을 신중하게 하는 자기조절과 정보적 요소를 가지고 있다고 보았다. 따라서 문제를 풀면서 교사가 스스로 혼잣말하는 것을 시범 보인다거나, 아동이 어떤 과제를 할 때 자신의 생각을 계속해서 말로 이야기하는 것을 촉진해 주는 것은 매우 효과적인 방법이 될 수 있다. "나는 잘할 수 있어."라고 스스로 격려하는 말을 중얼거리는 것이 강화의 효과를 갖는 것처럼, 혼잣말은 머릿속에 있는 정보를 처리할 때 사고를 돕기 때문이다. 둘째, 의미발달 지원이다. 교사는 모든 사물과 행동에 대해 이름을 붙여서 말해 준다. 사물은 보다 구체적으로 표현해 주고, 모든 행위에도 구체적인 의미를 설명해 준다. 새로운 개념이 나왔을 때는 항상 행동과 함께 상황을 만들어 설명해 주는 것이 필요하다(박은혜, 신은수 역, 2010).

3. 언어치료적 수업

'언어치료적 수업' 하면 제일 먼저 떠오르는 것은 교육에 치료적 요소를 가미한다는 주관적 느낌, 그리고 교사와 언어치료사 간의 연대적 수업이다. 그러나 그것은 마치 두 가지를 혼합해 놓은 것처럼 명확하지 않을 뿐만 아니라, 여전히 정체성을 찾기는 어렵다. 언어치료적 수업은 다음과 같이 정의될 수 있다.

> 언어치료적 수업이란 일반적으로 아동의 언어에 중점을 두고 개별치료를 보완하기 위해 학교기관에서 이루어지는 치료와 지원을 위한 상위개념을 말한다(Grohnfeld & Schönauer-Schneider, 2007).

언어치료적 수업은 치료뿐만 아니라 언어지원의 성격을 포괄적으로 가지고 있는 점을 시사해 주고 있다. 여기서 지원적 행동이란 특별 프로그램이 아닌 모든 아동에게 해당하는 발달지원을 말하며, 일차적으로는 예방적 성격을 띤다. 언어지원에 초점이 맞추어진 수업은 연수 형태의 교육을 받은 모든 교사가 행할 수 있으며, 그 대상은 언어영역에서 발달 위험요인을 가지고 있는 모든 아동이다. 그러나 만약 아동이 이미 언어발달장애 또는 언어발달지체 진단을 받은 경우에는 특별한 중재처치, 즉 언어치료를 내포한다. 즉, 언어치료적 수업이라고 할 때는 일반적으로 행해지는 언어지원을 촉진하는 방법들과 언어치료 성격을 갖는 수업 영역 모두를 포함한다(Reber & Schönauer-Schneider, 2009).

필자는 독일의 언어장애 특수학교에서 언어치료적 수업 모델을 찾아보고자 한다. 독일은 다른 유럽 국가들과 비교하여 특수학교가 매우 세분화되어 있고, 무엇보다도 분리교육이 뿌리 깊은 국가라 할 수 있다. 좀 더 깊숙이 살펴보면, 독일은 4년제 초등과정이 끝나면 인문계 학교, 실업학교, 직업학교, 종합학교 가운데 선택 진학을 하게 된다. 이러한 분리 시스템은 특수교육에서도 그대로 나타난다. 많게는 10개의 장애유형에 따른 특수학교가 설립되어 있다. 최근에는 난청/농, 약시/맹학교가 통합되는 추세라는 점을 감안하더라도, 독일의 특수학교는 국내와 비교하였을 때 매우 세분화되어 있다는 것을 알 수 있다. 이러한 철저한 분리교육 시스템이 오히려 통합교육을 지연시키고 있다는 비판도 있지만, 어쨌든 여기에서는 '분리'와 '통합'에 대한 논쟁을 하고자 하는 것은 아니다. 우리의 주요 관심은 언어장애 특수학교는 어떠한 시스템 속에서 그리고 어떠한 교육철학을 가지고 운영되고 있는지를 알아보는 데에 있다. 왜냐하면 그 안에 '언어치료적 수업'이 적용되고 있기 때문이다.

1) 언어장애 특수학교의 일반적인 상황[6]

　　언어장애 특수학교는 언어-의사소통 영역에서 특별한 교육지원이 필요한 학생을 위한 특수학교의 한 유형으로, 예전에는 '언어치료학교'로 불리기도 하였다. 언어장애 특수학교에 진학한 학생들은 일반학교 학생에 비하여 전반적으로 발달이 약간 지체되는 경향을 보이기 때문에 교육과정 운영에 융통성을 두고 있다. 일반적으로 초등학교는 1학년부터 4학년까지로 구성되어 있지만, 언어장애 특수학교는 취학반(Eingangsklasse)을 별도로 두고 있다. 취학반은 본격적인 학교수업을 준비하는 단계로서, 학생의 전반적인 발달영역과 언어영역을 보다 세부적으로 나누어 그에 맞게 적절히 지도한다. 특히 문자언어 습득을 위한 기초적인 청지각 훈련을 실시하며, 학생들은 기초학업 수행기술을 개별적인 능력에 맞추어 익혀 나가기 시작한다.

　　언어장애 특수학교는 하나의 연결(통로)학교의 역할을 한다. 이곳에서의 초등과정이 끝나면 대부분 일반 중등학교로 진학하거나 혹은 다른 특수학교로 진학하기 때문이다. 취학연령이 되었을 때 학교에 입학하는 경우가 대부분이지만, 일부 아동은 일반학교에서 중도에 입학하는 경우도 있다. 그러나 일반적으로는 피라미드 형태를 보이는데, 그 이유는 3학년과 4학년이 되면 일반학교로 진학하는 학생 수가 증가하기 때문이다. 언어장애학교의 장점으로는 전체 학생 수가 60~70명이므로 교직원과 학생들 모두 가족 같은 분위기 속에서 좀 더 개별적인 지도가 가능하며, 무엇보다도 학생의 특별한 교육적 요구를 성실하게 지원할 수 있다는 점을 들 수 있다. 단점은 모든 특수학교가 그렇듯이 주거지에서 상대적으로 먼 거리에 있다는 점과 학교 친구들이 동네 친구들과 연계되지 않는다는 점이다. 이는 곧 사회적 통합을 어렵게 하는 요인으로 작용할 수 있다. 언어장애 특수학교는 다음과 같은 영역에서 문제를 가지고 있는 아동을 대상으로 한다.

- 조음
- 개념 형성, 어휘, 의미파악
- 단어와 문장 형성
- 언어 사용과 의사소통

- 문자언어
- 언어이해력
- 음성

6　이 절의 내용은 독일 본(Bonn)에 위치하고 있는 'Schule an der Wicke' 특수학교를 모델로 함.

2) 언어장애 특수학교 입학절차

유아교육기관이나 병원 또는 치료사로부터 일반학교보다 특수학교 입학이 더 적절하다는 권유를 받은 부모는 자녀를 특수교육대상자로 선정하는 절차를 밟아야 한다. 우선 주거지에서 가장 가까운 일반 초등학교에 가서 특수학교 입학신청을 해야 한다. 이때 언어치료나 작업치료사 또는 심리학자의 소견서를 함께 가져가는 것이 좋다. 신청서를 접수한 초등학교는 교육청에 보고를 하고, 교육청은 특수교사와 일반교사 그리고 부모의 의견을 모두 종합적으로 참고하여 진학 학교를 결정한다. 언어장애 특수학교로 진학 결정이 내려지면, 교육청은 해당 학교에 심사를 의뢰한다. 일반교사와 부모 그리고 아동이 함께 배석한 자리에서 심사가 이루어지는데, 이때 아동의 언어발달검사는 동화극 형식으로 이루어진다. 아동은 검사자와 함께 손가락 인형을 가지고 다양한 상황극을 만들어 낸다. 예를 들면, 아동은 무서운 용의 동굴로부터 동물들을 구하는 공주를 도와주는 역할을 할 수도 있다. 이러한 동화극은 아동이 말하는 것에 대한 공포나 두려움 없이 자연스럽게 이루어질 수 있으며, 무엇보다도 검사를 받는다는 느낌을 경감시킬 수 있는 장점이 있다. 동화극을 통해 관찰되는 아동의 발달영역은 다음과 같다.

- 지각능력
- 자발적인 언어능력
- 운동과 협응능력
- 주의력과 집중력
- 관찰력
- 기타 관련 능력
- 인지발달

아동의 현재 언어발달 단계는 동화극에서 나타난 어휘력, 조음 그리고 문법 영역을 통해 진단된다. 부모 면담을 통한 아동의 병력, 아동이 다니는 유아교육기관을 방문하여 직접 아동을 관찰하여 얻은 평가서, 언어치료사를 비롯한 전문가들이 제출한 소견서를 모두 종합하여 해당 학교는 최종적으로 결정을 내린 후 교육청에 보고서를 제출한다. 교육청에서 최종적으로 입학학교를 결정하게 되면 언어장애 특수학교 입학이 허가된다.

3) 언어치료적 수업

언어치료적 수업은 학생의 개별적인 교육요구와 수업시간에 이루어지는 언어지원을 우선시한다. 서로가 신뢰할 수 있는 의사소통의 분위기를 조성하는 것이 기본이 되며, 그 안에서 학생들은 심리적 압박감을 느끼지 않고 자신의 언어수준에 따른 표현을 할 수 있다. 자기 능력에 맞추어진 언어표현을 하는 것이 바로 의사소통의 기본이자 발달의 시작점이기 때문이다. 수업집단은 소규모로 구성되어야 한다. 의사소통에 소극적인 아동들이 자신감을 가지고 표현할 수 있도록 하기 위해서는 적은 수의 아동들로 구성되는 것 또한 중요하다.

(1) 교사에게 요구되는 조건

언어장애를 가지고 있는 아동들은 주변에서 사용되는 언어의 규칙을 인식하고 적용하는 데 문제를 갖는다. 따라서 교사의 언어는 하나의 이정표로서 정확해야만 한다.

- 분명한 발음
- 적절한 말의 속도
- 학생의 이해 정도에 맞는 적절한 말의 형식
- 가능한 한 표준어 사용
- 건강한 음성
- 언어자극기술

그 밖에도 교사는 아동의 언어발달을 과정 중심적으로 진단하는 능력을 가지고 있어야 한다. 여기서 과정 중심적이란 일회성의 사전−사후검사의 형태가 아닌 수업과정을 지속적으로 관찰하여 이루어진, 포괄적이고 개별적인 진단을 말한다. 과정 중심적 진단은 다음과 같은 정보들을 통해 이루어진다.

- 특수교육대상자 선정 소견서
- 부모와의 면담
- 수업과 치료시간 관찰
- 외부 치료사에게서 얻은 정보

여기에서 얻어지는 진단결과를 바탕으로 교사는 다음 수업내용과 방법들을 계획한다. 1년에 2회씩 총괄적인 진단평가를 하고, 1년에 4회씩 개별화교육계획안을 작성하게 된다. 이를 통해 교사는 필요한 영역에서 충분히 지도를 하였는지, 아동에게 적절한 방법이 사용되었는지, 앞으로 어떠한 교수적 변화를 줄 것인지 등에 대한 검토를 하게 된다.

(2) 학생과 수업

아동의 언어발달수준이 어느 지점에 있는지 그리고 적극적으로 지원되어야 할 언어영역이 구체적으로 무엇인지를 알았다면, 다음에는 지도계획이 마련되어야 한다. 여기에서는 학교수업에서 이루어지는 언어중재의 예시들을 간략하게 보여 주고자 한다.

① 조음 · 음운 영역

발음에 문제를 가지고 있는 아동은 음소-음절-단어를 형성하는 원칙을 지각하는 데 어려움을 갖는다. 따라서 특정한 음소에서 문제를 보이는 경우에는 치료사의 도움을 받고, 수업에서는 듣기 훈련, 율동과 노래 등을 통해 조음능력을 향상시켜 주어야 한다.

〈표 12-9〉 조음 · 음운 영역에서의 훈련(예시)

〈목표〉 새로운 음소를 자발화에서 사용하는 법을 배워야 한다.
〈방법 1〉 아동은 목표음소가 들어 있는 그림카드나 단어카드를 하나 고른다. '고양이' 그림을 골랐다면, 아동은 전체 단어를 말하지 않고 단어의 첫음절과 끝음절만 분명하게 말할 수 있다. 만약 /ス/음이 목표음소라면, '자○차' '주○위' '정○○위' 등으로 말하되, 음절과 음절 사이에는 신호를 주어 몇 음절인지 상대방 아동에게 알게 해 준다. 상대방 아동은 불완전한 단어를 듣고 목표단어를 알아맞춘다.
〈방법 2〉 교사가 들려준 짧은 이야기를 듣고, 아동은 다시 그 이야기를 교사에게 들려준다. 아동은 이야기 속에 나오는 새로운 음소들에 주의를 기울여 말하며, 만약 아동이 잘못된 발음을 할 경우에는 교사가 이야기를 멈추도록 한다. 단어를 정확히 발음할 때까지 반복한다. 아동이 이야기 속에서 새로운 음소를 완전히 습득하게 되면, 다른 이야기로 넘어간다.
"토끼와 거북이가 달리기를 했어요. 거북이는 너무 걸음이 느렸어요. 그렇지만 거북이는 토끼에게 지고 싶지 않았어요. 거북이가 천천히 쉬지 않고 달리는 동안에 토끼는 그만 잠이 들었어요. … 거북이는 달리기 시합에서 이겼어요."
〈주의사항〉 목표음소가 아닌 다른 음의 오류에 대해서는 지적하지 않는다. 그렇지 않으면 아동이 흥미를 잃어버리고 의기소침해지거나 더 이상 이야기를 하려고 하지 않을 수 있기 때문이다. 동일한 이야기를 반복해서 말하지 않도록 한다. 이야기를 하는 과정에서 발생하는 오조음에 대해서는 반드시 정확히 반복학습을 시키되, 이야기 전체를 반복해서 다시 말해 보도록 하는 것은 피해야 한다.

② 어휘–의미론적 영역

어휘–의미론적 영역에서 제한을 보이는 학생에게는 사물에 대한 새로운 단어를 익

〈표 12–10〉 어휘–의미론적 영역 훈련(예시 A)

〈목표〉 새로운 단어를 자발화에서 사용하는 법을 배워야 한다.

〈방법〉

• 말하지 않고 입모양을 흉내 내거나, 허공에 손으로 단어를 그리거나 또는 몸짓으로 단어를 모방해서 알아맞히도록 한다.
• 만약 아동들이 단어를 알아맞히면 그림카드나 단어카드를 칠판에 붙인다.
• 해당 단어의 의미를 명확하게 알고 생활 속에서 사용하도록 다양한 문맥에서의 예시를 충분히 들어 준다.

〈주의사항〉 대부분의 새로운 단어는 아동이 처음 읽는 단어일 확률이 높다. 문자와 개념을 함께 연결시켜 주기 위해서는 음운적 지식과 항상 연결시켜 주어야 한다.

〈표 12–11〉 어휘–의미론적 영역 훈련(예시 B)

이 그림과 관계없는 단어는 무엇일까요?			
	꽃	밥	화분
	겨울	포도	과일
	바다	공부	오징어
	식당	요리사	과수원

힐 수 있도록 몸짓과 함께 분명하게 설명해 주는 것이 필요하다. 또한 새로운 단어는 반복적으로 듣고 직접 표현하는 기회를 주어야 한다. 특히 교사는 새로운 단어를 중재할 때에는 천천히(달팽이가 굴러가듯이) 들려주어야 한다.

우리나라 초등 국어과에서는 어휘지도방법으로 크게 도구적 관점에서의 어휘지도와 인지적 관점에서의 어휘지도로 구분한다. 도구적 관점에서의 어휘지도 방법에는 '사전적 뜻 익히기'(비슷한 말, 반대말 암기, 어려운 낱말 뜻 풀이) 지도와 문장(글) 속에서 낱말의 의미를 추론하는 '문맥에서 뜻 익히기' 지도가 있다. 인지적 관점에서의 어휘지도 방법으로는 크게 의미자질 분석, 의미지도 그리기 그리고 의미구조도 그리기가 있다(신헌재 외, 2010). 의미자질 분석하기는 다음과 같다.

〈표 12-12〉 **의미자질 분석**

	사랑	남성	여성	혼인
총각	+	+	−	−
처녀	+	−	+	−

의미지도 그리기(semantic mapping)가 한 어휘를 중심으로 관련된 어휘나 사실을 열거하는 방법을 통해 새로운 개념을 획득하는 데에 비해, 의미구조도 그리기(semantic structural mapping)는 낱말을 동일·위계·순차 구조 등의 의미망으로 도식화하는 방법이다. 따라서 의미지도 그리기는 학습자의 경험을 최대한 활용하여 어휘 간의 관련성을 파악하는 데에 효과적이며, 의미구조도 그리기는 낱말의 의미를 보다 심도 있고 정확하게 파악하고 낱말 간의 차이를 이해하는 데에 효과적으로 적용될 수 있다.

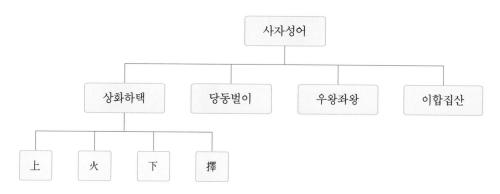

[그림 12-1] **의미구조도 그리기**

③ 구문론적 영역

문장을 비문법적으로 사용하는 학생은 수업시간에 학습한 문장구조를 반복적으로 사용할 수 있도록 하여야 하며, 수업뿐만 아니라 학교생활 가운데 비문법적인 문장으로 말을 하는 경우에는 반드시 교사가 정확한 문장으로 바꾸어 말해 주어야 한다.

〈표 12–13〉 구문론적 영역 훈련(예시)

〈목표〉 '누가'와 '무엇을'을 사용하여 문장을 구성한다.
〈방법〉 오늘은 '이사 가는 날'이라는 상황극을 만든다. 왜 이사를 가야 하는지, 이사의 장점과 단점이 무엇인지도 이야기해 준다. 대부분의 아이는 이사 가는 것을 별로 좋아하지 않기 때문에 더 큰 방을 갖게 된다는 등의 이야기로 즐거운 기분을 만들어 주는 것이 필요하다.

교사: 누가 이사를 합니까?
아동: 엄마와 아빠와 내가 이사를 합니다.
교사: 다른 가족은 없습니까?
아동: 할머니, 할아버지, 고모, 영달이도 이사를 합니다.
교사: 영달이는 누구입니까?
　　　　…(중략)…
교사: 무엇을 가지고 가야 합니까?
아동: 소파를 가지고 갑니다. 또 침대를 가지고 갑니다. … 책상도 가지고 갑니다.

〈주의사항〉 질문을 할 때에는 아동이 표현한 문장과 목표로 하는 문법 영역에서만 한다.

④ 언어이해력 영역

언어이해력에 문제를 가지고 있는 아동들은 상대방의 말을 이해하는 데 어려움을 보인다. 예를 들면, "너 저번 수련회에 가서 산 선물, 그거 얼마 줬어?"라는 질문을 '너 저번에 생일날 산 선물'이라고 이해하곤 한다. '뒷걸음치다'나 '검푸른' 등의 단어를 이해하는 데 어려움을 보이기도 하고, 전반적인 학습 속도가 느리다. 교사는 수업시간에 학생이 잘 이해하고 있는지를 끊임없이 확인하여야 한다. 무엇보다도 학생의 수준에 맞는 언어를 사용하고 있는지를 스스로 점검하는 것이 필요하다. 시각적인 행위를 함께 보여 줌으로써 이해력을 높이거나, 집중할 수 있는 시간에 맞추어진 학습량, 난이도의 조절 등이 특별히 고려되어 수업을 설계하여야 한다. 수업에서 사용되는 단어는 항상 의미부터 설명해 주고 시작하여야 하며, 교사가 사용하는 문장은 짧고 단순하게 제시되어야 한다.

〈표 12-14〉 언어이해력 영역 훈련(예시)

예시
• "선생님은 봉투 하나당 65원짜리 우표가 필요하다." 이 문장을 아동이 이해하지 못하는 이유는 '봉투' '당' '짜리'의 단어의 의미를 이해하지 못하기 때문이다. 각각의 단어를 설명해 준다. 　교사: 이 내용을 다르게 표현해 보세요. 더 단순하게 표현해도 되지만 의미는 같아야 해요. 　아동: 선생님은 우표가 필요합니다. 우표는 65원입니다.
• 무엇을 공부할 것인지에 대해 구조적이고 체계적인 설명을 해 준다. 　a) 호랑이가 토끼를 잡는다. 　b) 토끼가 호랑이에게 잡혔다. 　"a)와 b)는 똑같은 내용이지만, 전혀 다르게 들리죠? 오늘 우리가 배울 새로운 문장입니다."
• 상관관계와 단어의 의미들은 계속적으로 확인하여야 한다. 　-"소풍이 뭐죠?" 　-"소풍을 갈 때는 무엇을 가지고 가야 하죠?" 　-"왜 소풍을 갈 때는 피아노를 가지고 가지 않죠?" 　-"다음에는 어디로 소풍을 가고 싶어요?"

⑤ 화용론적 영역

화용론적 영역에서 문제를 가지고 있는 아동들은 상대방의 말을 주의 깊게 듣지 않은 것처럼 보인다. 왜냐하면 말하는 사람의 의도를 제대로 파악하지 못한 것처럼 보이기 때문이다. 잘 듣지 못하고, 잘 말하지 못하고, 상대방의 마음을 잘 읽지 못하는, 결국 대화

〈표 12-15〉 화용론적 영역 훈련(예시)

〈목표〉 몸짓과 구어를 적절하게 사용하는 법을 배운다
〈방법〉 '낯선 섬'이라는 상황극을 만든다. 어느 날 낯선 섬에 표류되었는데, 그곳 사람들은 다른 언어를 사용하기 때문에 말이 전혀 통하지 않는다. 그런 상황에서 아동은 다른 아동들에게 몇 가지 정보를 얻어야 한다. 물론 활동에 참여한 모든 아동은 몸짓으로 의사소통하여야 한다. • "배가 고파요. 어디서 밥을 먹을 수 있죠?" • "도대체 여기가 어디죠?" • "내 친구들은 어디로 간 거죠?" 　　　…(중략)… • "어디 다친 곳은 없나요?"
〈주의사항〉 사전에 각자 전달해야 할 지문을 받을 수도 있고, 즉흥적으로 할 수도 있다. 아동당 단어를 말할 수 있는 기회를 한 번씩 가질 수 있다.

가 정해진 궤도 밖으로 이탈되는 느낌을 대화상대자에게 주게 된다. 결국 화용론적 문제는 잘 듣고 잘 말하는 것이 과제인 셈이다. 교사는 아동으로 하여금 수업시간에 두려움 없이 말할 수 있는 능력을 키워 주어야 한다. 자신이 수행한 과제를 구두로 발표하는 기회와 개별 과제보다는 집단 과제를 하면서 아동들끼리 의사소통하는 기회를 만들어 주는 것이 필요하다. 특히 수업시간에 교사에게 질문하는 것은 고도의 자신감을 요구하는 것이다. 교사는 아동이 최대한 편안하게 질문할 수 있도록 수업을 설계하여야 한다.

비언어적 표현은 의사소통에 있어서 중요한 수단이다. 실제로 말을 하는 데에 있어 몸짓이나 얼굴 표정 그리고 목소리 등은 '초메시지'의 기능을 한다. 다음은 비언어적 표현을 지도하는 방법이다.

─비언어적 표현지도방법─

- 몸짓을 통해 신체 부분들을 가리키고 확인하기
- 언어적 단서에 대해서 몸짓으로 반응하기
- 교사가 사용한 감정표현 단어를 듣고 표정으로 반응하기
- 동물을 관찰하고 몸짓과 소리 흉내 내기
- 주변 환경 속에서 움직이는 사물 흉내 내기
- 주변 사람들이 사용한 비언어적 메시지를 흉내 내고 알아맞히기
- 자신이 읽은 책의 동물이나 사람이 되어 비언어적 표현을 사용하여 연기하기
- TV 드라마, 영화 등의 소리를 끄고 비언어적 의사소통만 보고 상황 이해하기
- 자신의 일상적인 행동을 무언극으로 재현하고 알아맞히기

출처: 신헌재 외(2010).

그 밖에도 언어치료적 수업은 다음과 같은 원칙이 필요하다.

- **반복의 원칙**: 아동들은 주제에 몰입하고 실태를 이해하고 저장하는 데까지 많은 시간이 필요하다. 따라서 주제를 빨리 바꾸게 되면 혼란스러워하기 때문에 늘 반복하는 것이 필요하다.
- **세분화의 원칙**: 주제들은 작은 단위로 구성되어야 한다. 그래야만 아동들이 주제를 쉽게 추론할 수 있으며 복잡한 과제를 손쉽게 수행할 수 있다. 과제가 잘게 나뉘어

제시될 때 아동은 보다 높은 집중력을 보이며, 빨리 성취감을 맛볼 수 있다.

- 차별화와 개별화의 원칙: 수업은 원칙적으로 아동이 가지고 있는 개별적인 학습능력에 맞추어져야 하며, 개개인의 전체적인 발달수준이 고려되어야 한다. 과제의 형태, 범위, 난이도, 과제유형, 수업매체 등도 아동에 따라 차별적으로 제공되어야 한다.
- 동적 수업의 원칙: 수업내용을 좀 더 쉽게 이해하기 위해서 다양한 감각을 직접 활용하여야 한다. 단순히 듣고 읽고 쓰는 수업보다는, 찰흙으로 철자를 직접 만들어 본다거나 노래로 표현하는 등의 동적 수업이 이루어져야 한다.
- 구체화의 원칙: 구체적으로 보여 주고 구체적인 예시를 들어 설명해 주어야 한다. 가급적이면 구체적인 사물이나 현실적인 그림들을 사용한다. 교사가 직접 제작한 교구들은 가장 명확하고 효과적이다.
- 단순화/경감성의 원칙: 수업내용은 아동이 이해할 수 있고 따라할 수 있는 수준에 맞추어져야 한다. 만약 수업내용이나 교사의 말이 너무 복잡하다면, 그것은 아동에게는 "그만 차에서 내리시오!"라는 의미와도 같다. 만약 아동이 어려움을 보일 경우에는 수업자료를 바꾸어 보거나, 다음 단계로 가기 전에 중간 수준의 과제를 제시해 주는 것도 좋은 방법이다. 내용을 좀 더 넓게 확장 또는 축소시키는 방법, 시각적 자료를 보완하여 제시하는 방법 등 다양한 수단을 이용하여, 아동이 보다 쉽게 수업에 참여하도록 하여야 한다. 이것은 마치 얇은 연필로 잘 쓰지 못하는 아동에게 두꺼운 연필을 쥐여 주는 것과도 같다. 특별히 움직임의 욕구가 큰 아동들은 그 특성을 인정해 주는 것도 필요하다.

−교실 중심 언어중재−

교실 중심 언어중재는 지금까지 활용되어 온 언어치료 서비스 체제인 'pull-out' 시스템과 다르게, 교실에서 언어치료를 제공하는 형태다. 풀 아웃 시스템은 언어치료를 필요로 하는 아동이 일정 시간 동안 치료실로 가서 분리된 서비스를 받는 경우를 말한다. 이러한 방법은 언어치료와 교육활동의 연계가 어렵고 실제 의사소통상황에서의 일반화가 잘 이루어지지 않는다는 문제점을 갖는다. 교실 중심 언어중재는 'pull-in' 시스템으로서 일차적으로 언어치료 서비스가 특별교실이 아닌 일반교실에서 이루어지며, 또한 언어치료가 교육과정의 맥락 속에서 이루어진다는 차이를 갖는다. 이때 교사는 현재 이루어지는 교육과정에 대한 정보를 언어치료사에게 주고, 학생의 개별화교육계획(IEP)과 연계되어 이루어질 수 있도록 지원을 계획하고 실행하여야 한다. 언어치료사는 협력교사로서 교수수정에 대한 자문과 치료기술과 전략들이 교실상황에서 일반화될 수 있도록 지원을 해 주는 역할을 한다. 여기서 무엇보다도 중요한 것은 전문가들 간의 협력, 즉 교사와 언어치료사의 공동의 목표달성을 위한 협력적 역할 수행이다(박승희, 장혜성, 2003). 각각의 치료 서비스가 교육과 유리되어 별도의 치료목표를 가지고 제공되는 것보다 교육 프로그램과 연계하여 제공되는 것이 더욱 효과적이라고 보는 것이다(김주혜, 박은혜, 2005).

이러한 방법은 통합된 치료교육 서비스로서 초학문적 팀 접근법이라고도 한다. 이 접근법은 다양한 영역의 전문가 간의 협력을 기초로 하여 서로의 역할을 공유하고 자신의 전문영역의 교수기술을 가르쳐 줌으로써 각자의 전문성을 끌어내고 통합하여 좀 더 효율적이고 종합적인 형태의 진단과 중재를 제공하는 것을 목적으로 한다(강혜경, 박은혜, 2005).

4. 통합학급에서의 언어지원

언어는 수업에서 매우 중요한 매개체다. 언어발달지체나 언어발달 결함을 가지고 있는 학생들은 통합수업에서 어려움을 갖게 되는데, 이때 특수교육적 지원은 매우 중요하다. 앞에서 언급한 바와 같이, 분리교육이 뿌리 깊은 독일의 경우에는 언어장애 특수학교가 존재하고 있기는 하나 일반학교로의 재입학을 목적으로 하며, 초등과정에서만 운영되고 있다. 언어장애 특수학교는 독일 내에서도 점차적으로 사라지고 있는 추세다(Mussmann, 2012). 이는 완전통합교육이라고 하는 새로운 교육체제가 보편적으로 도입되고 있음을 보여 준다. 그러나 장애를 가지고 있는 학생들이 대부분 일반학교에서 통합교육을 받는다고 해서 그들의 교육권이 보장된 것은 아니다. 언어습득이 되지 않아 모국어를 정상적으로 사용할 수 없거나 발음이 불분명하여 자신의 의사를 정확하게 전달하지 못하거나, 말더듬 등의 말·언어장애를 가지고 있는 학생들은 통합수업에서 많은 장벽을 경험하게 된다. 따라서 그러한 학생들을 위한 특별한 교육지원이 필요하다는 것은 자명한 일이다.

완전통합교육이란 다수가 소수를 통합하는 것이 아니라, 프렝겔(Prengel, 1994)의 주장처럼, '차이에 대한 동등한 권리'를 의미한다. '장애'와 '비장애'가 아니라 모든 사람의 '차이'와 '개별성'에 대한 문제로 바라보는 시각이 요구되는 이 시점에서 의사소통장애 학생이 포함된 통합학급에서의 개별적 언어지원은 마땅히 이루어져야 한다. 언어지원이라 함은 기본적으로 학생의 의사소통에 대한 흥미를 북돋아 주고 언어 행위능력을 최대화할 수 있는 수업상황과 학생 모두가 참여하는 교육환경을 만들어 주는 것을 전제로 한다. 실제적으로 그러한 언어지원은 학교유형 또는 학습장소와 무관하게 모든 교육기관에서 실천되어야 할 부분이다.

1) 언어지원에 따른 수업형태

(1) 분리

분리(isolation)된 언어치료는 마치 의학 약제 공급과도 유사한 형태로 이루어지며, 수업과는 별도의 방법과 목표를 가지고 있다. 학생은 학교 밖의 분리된 공간으로 이동하여 언어치료사로부터 언어치료를 받게 되는데, 이때 치료사는 학생에게 자신이 설정한 치료목표에 따라 훈련을 시킨다. 이 경우 치료실에서 습득한 내용은 일반화되기 어렵다.

(2) 부가

부가(addition)적인 언어치료는 학교 내에서 언어치료가 이루어지나, 교사와 언어치료사 간의 직접적인 협력은 이루어지지 않는다. 또한 언어치료를 받는 시간에는 정규수업으로부터 분리되는 이른바 '풀 아웃' 시스템을 따른다(Braun, 1980). 마찬가지로 일반화의 어려움이 있다.

(3) 통합

통합(integration)적인 언어치료는 교육과정과 언어치료가 방법론적으로 연계된 형태다. 언어치료에서 사용되는 치료방법들을 수업에서 어떻게 적용할 것인가를 교사와 언어치료사가 함께 계획한다. 그리고 계획된 치료방법은 수업상황이나 학생의 요구 정도에 따라 개별적으로 투입된다. 그러나 수업을 진행하는 교사와 언어치료사가 동일한 목표를 가지고 있다고 보기는 어렵다(Reber & Schonauer-Schneider, 2011). 물론 교실 내에서 교사가 언어치료실에서 학습한 내용을 적절하게 지도할 수 있다는 장점을 가지고 있으나, 이는 협력적 차원에서의 '간접지원'에 해당한다.

(4) 내재

내재(immanence)화된 언어치료란 언어치료의 효과가 수업 자체에서 나타나는 것을 말한다. 언어치료를 필요로 하는 일부 학생들에게는 중재된 전략이 치료적 관련성을 가지고 있으나, 동시에 실제 교육과정에서는 그것이 수업목표를 달성하는 직접적인 토대가 된다. 따라서 내재화된 언어치료의 핵심은 수업내용을 어떻게 치료적으로 접근하여 학습자의 개인차를 고려한 학습의 효율성을 높이는가에 있다(Bahr, 2007).

2) 일반교사와 특수교사 간의 협동관계

일반교사와 특수교사 간의 협동관계는 그 정도와 형태에 따라 다음 네 가지로 구분된다(Marvin, 1990: Lütje-Klose & Willenbring, 1999에서 재인용). 여기서의 협동관계에는 학교 밖 언어치료사도 포함될 수 있다. cooperation, coordination 그리고 collaboration은 모두 '협동'이라는 개념을 갖고 있다. 이들은 서구에서도 서로 혼용되어 사용될 뿐만 아니라 개념들 간의 차이가 완벽하게 정의되고 있지 않다(김대권, 2013; 김현섭, 2013).[7]

- 공동활동 (co-activity): 비슷한 영역의 업무를 수행하지만 서로 직접적인 교류는 이루어지지 않는다. 이는 특수교사와 학교 밖 언어치료사와의 관계와 비슷하다고 보면 된다.
- 협력(cooperation): 개별화 계획 수립 팀(team)의 형식하에서 이루어진다. 수업에서 배운 내용을 교실 밖 언어치료실이나 학교 밖 언어치료실, 또는 언어치료사로부터 배운 것을 수업교과에 접목할 수 있도록 하는 데에 중점을 둔 관계다. 즉, cooperation은 일정한 사안에 대해서만 부분적으로 협조하고 소통할 뿐 서로 자율성을 갖는다. 'we'보다는 'I'에 가깝다. 각자에게 주어진 과제를 개인적으로 완수하고, 최종 결과는 이들 개인적 산출(output)을 합하는 개념이다(송재준, 김문중, 2012).
- 조정(coordination): 일반교사와 특수교사가 통합수업의 목표와 수업구성에 대해 직접적으로 이야기하고 지원방법에 대해 역할을 분담하는 등의 적극적인 논의가 함

---

7 여기서 사용되는 용어는 번역자에 따라 다를 수 있음을 밝히는 바임.

[그림 12-2] **일반교사와 특수교사 간의 협동관계**

출처: Mussmann (2012).

께 이루어지는 것을 의미한다. cooperation보다는 서로 공유하는 부분이 많지만, 상호 독립적 조직임과 동시에 각자의 이익을 위해 함께 협동하는 개념이다.

• 협업(collaboration): 특수교사가 학급 내에서 한 집단을 맡고 있는 팀의 한 구성원이 되는 것으로서, 상호의존도가 가장 높으며 수업목표뿐만 아니라 내용 그리고 교수방법 등을 논의한다. 함께 수업을 계획하고 다양한 언어지원 전략과 그에 대한 평가까지도 가능하다. 구성원 모두가 팀으로서 일을 하는 경우로서 공동의 목적을 위해서 자원을 공유하고 책임도 같이 진다. cooperation이 각 구성원에게 할당된 고유한 역할을 각자가 완성함으로써 이루어지는 반면에, collaboration은 문제를 해결하기 위해 조정된 노력을 함께 한다(송재준, 김문중, 2012).

3) 언어교육지원

언어교육지원은 크게 세 가지 측면으로 나눌 수 있다. 첫째, 학생들이 스스로 하고 싶은 동기가 유발될 수 있도록 지원한다. 둘째, 상담을 통해 학생 주변을 구성하고 있는 (인적 · 물적) 환경을 적절하게 만든다. 상담대상자에는 부모와 일반교사, 학교관계자 등을 모두 포함한다. 셋째, 필요한 (직접적) 언어치료 중재를 해 준다.

(1) 학생에 대한 개별적 이해

일반적으로 교사는 장애를 가지고 있는 학생을 위한 프로그램을 계획하기 이전에 특성을 구체화하기 위한 검사와 측정을 하며 거기에 대한 평가와 사정을 한다. 물론 이러한 과정은 체계적이며 교수방법을 적용하고 개발하는 데에 많은 활용 가치를 가지지만, 그에 앞서 의사소통장애 학생의 동기를 유발하고 지원하기 위해서는 기본적으로 학생에 대한 개별적 이해가 전제되어야 한다.

- 학생의 언어−인지적 수준은 어떠한가? 아동은 단어와 기호들의 개념을 어느 정도 알고 있는가?
- 학생은 무엇을 좋아하고 누구를 좋아하는가?
- 학생은 누구와 이야기를 하고, 어느 상황에서 말을 하는가?
- 학생이 살고 있는 환경은 어떠한가?

이 네 가지 외에도 제4장에서 언급한 언어습득과 언어발달과정을 촉진할 수 있는 전제조건들을 함께 고려해야 하는 것은 당연하다. 우선 교사는 학생이 가지고 있는 언어적 결함이 어디에서 나타나는지를 확인해야 하는데, 다음과 같은 다섯 가지 영역으로 구분할 수 있다.

- 조음·음운 영역: 상대방이 하는 말소리(예: 선생님/떤생님, 교수님/고수님, 조개/초개)가 서로 다르다는 것을 알고 있는가? 정확한 발음을 사용하여 말하고 있는가?
- 어휘−의미론적 영역: 상대방이 말하는 단어의 의미를 제대로 이해하고 있는가? 적절한 단어를 사용하여 말할 수 있는가?
- 형태−구문론적 영역: 문장의 문법을 이해할 수 있는가? 문법적으로 맞는 문장을 사용하는가?
- 화용론적 영역: 상대방의 대화주제를 알아차리고 말의 요지를 이해하는가? 자신의 의도에 맞게 대화를 이끌어 가는가?
- 운율적 영역: 말의 고저나 악센트 등에 따른 차이를 이해할 수 있는가? 적절하게 쉼을 유지하고 적절한 악센트 등을 주어 말을 할 줄 아는가?

그러나 똑같이 발음이 불분명하여 의사소통에 많은 문제를 보이는 학생들일지라도, [s]나 [k] 발음에 오류를 보이는 학생과 [m] 또는 [p]에 오류를 보이는 학생에 대해서는 각각 다르게 접근해야 한다. 음소발달에는 보편성이 있는데, 양순음은 다른 음소보다 가장 먼저 습득된다. 대부분 후자의 경우에는 매우 낮은 어휘력을 가지고 있는 경우가 많다는 점에서 발음상의 문제를 가지고 있다고 하여 모두 하나의 조음·음운장애로 한

정짓는 것은 위험하다. 낮은 어휘력에 문제를 보이는 아동의 경우에는 인지발달과 환경요인을 함께 보아야 한다. 어휘발달에서 의미를 파악하는 데에 특별히 문제를 보이는 경우는 단순히 언어발달상의 문제가 아니라 인지적 능력에 결함을 보이는 경우가 더 많기 때문이다(Kany & Schöler, 2010). 또한 단어의 의미습득은 다양한 사회문화적 요인들과도 밀접한 관계가 있기 때문에, 주변 환경의 자극이 비정상적으로 결핍되어 있는지도 함께 보아야 한다.

(2) 상담을 통한 주변 환경 개선

언어적인 문제는 학교현장에서 하찮은 문제로 취급되는 경우가 많다. 언어적인 문제가 아주 뚜렷하게 나타나지 않는 경우에는 전문가의 지원 대상으로 간주되기보다는 놀림이나 거부당하는 대상이 되기도 한다(Huber, 2009). 일반학교에 재학 중인 말더듬 학생들을 대상으로 한 조사에 따르면, 급우들로부터 따돌림을 당하거나 괴롭힘을 당한 수가 75%에 달하였으며, 11~13세에 가장 심각한 것으로 나타났다. 이때 응답자의 10% 이상은 초등학교 저학년부터 경험한 것으로 나타났다(Benecken & Spindler, 2004). 이는 일반학교에서 의사소통장애를 가지고 있는 학생들을 위한 지원이 얼마나 시급한 것인가를 보여 주는 것이라 할 수 있다. 그러나 단순히 수용적인 학급 분위기는 의사소통장애를 가지고 있는 학생들의 심리적 압박을 경감시킬 수는 있지만, 언어능력의 근본적이고 구체적인 제한점을 극복하기는 어렵다. 따라서 장애학생에 대한 인식변화뿐만 아니라 보다 개별적이고 계획적이며 수업과 연계된 언어 중재전략이 무엇보다도 중요하다.

수업환경에는 원칙적으로 다음과 같은 요인들이 고려되어야 한다. 첫째, 주변 소음과 소리의 반사 정도가 크지 않아야 한다. 둘째, 주변 학생들의 소리가 학생이 원하는 청각적 정보를 수용하는 데에 배경소음이 되어서는 안 된다. 셋째, 교사의 말 속도와 길이 그리고 사용하는 언어 형태가 적절해야 한다. 넷째, 학생의 언어수준에 대한 교사와 또래 급우들의 기대가 지나치게 높지 않아야 한다. 의사소통장애로 인한 장벽을 제거하기 위해 특수교사는 우선적으로 〈표 12-16〉에 제시된 것과 같은 사항에 대한 정보를 수집해야 한다(Mussmann, 2012).

의사소통장애는 나타나는 유형과 정도가 다양하다. 결함이 항상 동일한 정도로 나타날 수도 있고 잠깐씩 상황에 따라 간헐적으로, 예를 들면 말더듬의 경우에는 심리적인 상태와 청자의 반응에 따라 차이가 크게 나타날 수 있다. 따라서 화자뿐만 아니라 청자

〈표 12-16〉 **특수교사가 수집해야 할 정보**

수집방법	내용
수업관찰	• 의사소통장애를 가지고 있는 학생은 다양한 수업상황과 의사소통 파트너에 따라 어떻게 행동하는가? • 학생은 극복전략이나 회피전략 등을 사용하는가? • 학급의 분위기와 또래와의 사회적 통합의 정도는 어떠한가? • 언어결함이나 의사소통에 문제를 보였을 때 동료 학생들은 어떻게 반응하는가? • 수업을 할 때 교사가 사용하는 의사소통태도는 어떠한가? (구어적·비구어적 요소) • 언어치료 중재가 수입에서 어떻게 이루어지고 있는가? • 학급에서 수업을 하는 교사는 어떤 도움을 필요로 하는가? • 수업상황에서 나타난 의사소통 장벽은 무엇인가?
부모상담	• 부모들은 자녀의 언어적 능력을 어떻게 받아들이고 있는가? • 자녀의 학업성취 정도를 어떻게 받아들이고 있는가? • 일반교사와 특수교사 그리고 그 밖의 교육전문가들 간의 협력관계를 어떻게 느끼고 있는가? • 부모가 느끼는 자녀의 학교생활에 대한 만족도는 어떠한가? • 부모가 느끼는 학교 행정 및 지원에 대한 만족도는 어떠한가?
학생면담	• 본인이 느끼는 학교생활은 어떠한가? • 자신의 부족한 언어가 장애처럼 느껴지는가? • 특별히 의사소통장애로 경험한 적이 있는가? • 본인 스스로 학업성적을 어느 정도로 평가하는가?

출처: Mussmann (2012).

의 의사소통태도에 대한 지도가 함께 이루어져야 할 필요가 있다. 장애 정도에 따라서는 수업에 주도적 참여가 어느 정도 가능할 수도 있고, 거의 모든 상황에서 함묵증에 가깝게 의사소통이 어려운 경우도 있다. 음성언어 사용이 거의 불가능한 경우에는 통합수업보다는 분리된 개별적 지원이 더 효과적일 수 있다. 장애유형에 따라 상대방으로부터 거부나 동정 또는 불만 등의 다양한 심리를 유발할 수 있는데, 가장 중요한 것은 상담을 통한 주변 환경의 개선이다. 이때 상담자는 특수교사가 된다.

① 부모

부모를 대상으로 한 상담에서는 아동이 가지고 있는 의사소통장애의 원인으로 추정되는 요인들과 예견할 수 있는 진행과정 그리고 제한된 의사소통능력으로 인해 발생할 수 있는 다양한 교과수업 상황들에 대해 정보를 주어야 한다. 이러한 정보를 통해 부모는 협력자의 역할을 할 수 있는데, 이때 무엇보다도 중요한 것은 부모의 심리적 부담을 가중시켜서는 안 된다는 것이다. 다른 장애도 마찬가지지만 의사소통장애를 가지고 있는 자녀의 부모는 사회적 중압감을 많이 갖게 된다. 자녀의 언어발달은 부모변인과도 무관하지 않다는 점에서 부모는 죄책감과 책임감을 갖게 되는데, 상담은 "당신은 책임이 없습니다. 그러나 자녀를 도울 수는 있습니다."라는 것에서부터 출발해야 한다 (Ritterfeld, 2001). 부모교육과 관련된 내용들은 앞에서 살펴보았으므로 여기에서는 통합수업이 가능한 정도의 자녀를 위한 추가적인 지원 몇 가지만을 언급하고자 한다.

- 자녀와 대화를 나눌 때는 TV나 라디오 등의 소음을 제거한다.
- 자녀와 어떤 일을 함께 할 때에는 항상 말을 하면서 한다. 예를 들면, 밥상을 차릴 때에도 "엄마가 오늘 고등어를 맛있게 했네. 우리 하진이가 고등어를 참 좋아하지?"라는 식으로 늘 말하기를 시도한다.
- 공동으로 주의집중을 할 수 있는 기회를 많이 갖는다. 예를 들면, 시장에 가는 길에 "엄마는 목욕탕이 보이는데, 하진이는 뭐가 보여?"라고 어휘산출을 촉진할 수 있다.
- 함께 장을 보러 가는 등의 시간은 어휘와 문장규칙을 자연스럽게 배울 수 있는 좋은 기회가 될 수 있다. 길거리의 표지판(예: 목욕탕, 노래방 등)을 보고 알아맞히기를 하거나, "저기에 들어가면 무엇을 살 수 있을까?" 등의 대화가 효과적이다. 장을 보러 가기 전에는 자녀와 오늘 무엇을 살 것인지 함께 이야기하며 써 보는 것도 좋다(이때 자녀의 맞춤법 오류에 민감하게 반응하지 않아야 한다).
- 부모는 자녀가 표출하는 감정을 말로 풀어 주는 것이 좋다.

상담자는 상대방의 입장에서 이해하고자 하는 적극적인 청자로서의 태도를 보여야 한다. 예를 들면 부모의 진술을 재진술(paraphrase)해 주거나, 부모의 감정을 명료하게 말로 표현 또는 몸짓이나 눈맞춤으로 상대방의 마음을 이해하고 있다는 것을 신호해 주는 것이다.

- "그러니까 어머니 말씀은 ~거라는 거죠?"
- "저는 ~했다는 말로 이해했는데, 제가 맞게 이해한 건가요?"
- "아이가 입을 꼭 다물고 말을 하지 않으면 답답하시지요?"

② 교사

통합수업을 하는 교사를 대상으로 한 상담에서는 크게 두 가지의 목표를 갖는다. 첫째, 학교 시스템에 적합한 지원, 예를 들면 한시적인 개별수업이나 통합수업 구성 등을 통한 협력관계 유지다. 경우에 따라서는 특수교사와 일반교사가 협력교수를 할 수도 있으며, 단기간 동안 특수교사가 개별교수를 계획하고 진행할 수도 있다. 독일의 니더작센(Niedersachsen)주에서 실시한 설문조사 결과(Lütje-Klose, 2008)에 따르면, 설문에 참여한 특수교사의 72%가 특정 교과목의 경우 통합교실 밖에서 실시한 개별교수 또는 소집단 교수가 가장 적합하였으며, 52%는 일반교사와의 협력수업이 모든 교과에서 항상 허용된 것은 아니었다고 보고하였다. 그러나 이것이 통합수업에 있어서 특수교사의 역할이 미비한 것으로 해석되어서는 안 된다. 쿨과 그의 동료들(Kuhl et al., 2012)의 다른 조사결과에 따르면, 일반교사의 97%가 특수교사의 상담이 필요하다는 것을 경험하였으며, 83%는 매우 체계적인 교수법이었다고 평가하였다.

통합수업에서 이루어지는 특수교사와 일반교사와의 상담은 계획적이고 전문적이며 방법적으로도 내실 있는 특수교사의 능력과 양측의 신뢰, 책임감 그리고 연대의식을 전제로 하는, 원칙적으로 매우 특별한 두 사람 간의 상호작용 형태다.

출처: Mutzeck (2003).

둘째, 교육과정 수정과 이질 집단으로 형성된 수업 등에 대한 상담을 통한 통합수업의 질을 보장하는 것이다. 특수교사는 의사소통을 촉진할 수 있는 행동과 이를 지원해 줄 수 있는 구체적인 전략에 대해 일반교사에게 정보를 제공해 주어야 한다. 일반교사는 수업을 하는 데에 있어서 개개의 학생들에게 어떠한 교구나 교수법이 가장 적합한지에 대한 조언을 구할 수 있어야 한다. 통합학급 수업에서 언어에 문제를 가지고 있는 학생들은 대표적으로 다음과 같은 어려움을 경험하게 된다.

조음·음운 영역 측면에서 볼 때 교재 속 단어나 전문용어들은 발음하기 어려운 경우가 많다. 그럴 경우에 일반학생들에게는 그림이나 글자를 보여 주며 직접 발음해 보도록 하고, 이때 발음에 문제를 가지고 있는 학생에게는 교사가 직접 발음을 해 주고 따라해 보도록 할 수 있다. 이런 특별한 지원은 일반학생과 장애학생 모두 부담되지 않는 선에서 매우 유용하게 부드러운 학급 분위기를 조성할 수 있다. 만약 사회과 수업인 '직업의 세계' 단원에서 목공소를 견학한 후 그곳에서 보고 느낀 것을 발표한다고 가정해 보자. 발음에 어려움을 겪는 학생에게 똑같은 질문, 예를 들면 "목공소에서 무엇을 보았어요?"라는 질문을 한다면 아마 우물거리다가 대답을 포기할 가능성이 높다. 그렇다고 다른 학생들이 지켜보는 가운데에서 그 학생에게만 개별지도를 하는 것은 학생으로 하여금 종종 불편한 분위기를 만들 수 있으므로 특별히 주의해야 한다. 이런 경우 앞의 경우처럼 교사의 모델링이 도움이 된다면 그 방법을 사용하는 것도 좋다. 그러나 만약 언어치료적인 중재가 필요하다면 다음과 같은 방식으로 접근할 수 있다.

> 승현이는 /k/ 음을 여전히 /t/ 음으로 대치하는 오류를 많이 보이는 아동이다. 팀 프로젝트에서 파트너 역할을 하는 도원이와 항식이는 승현이가 /k/ 음 등이 들어간 단어를 발음할 때마다 웃음을 참지 못하거나 항식이는 짜증을 내기도 했다. 이때 특수교사는 /k/ 음이 들어간 단어에서는 혀끝을 손가락으로 살짝 누르는 놀이를 제안했고, 도원이와 항식이는 혀의 위치에 따라 소리가 다르게 나오는 것을 신기해하며 다른 집단 학생들이 배우지 못한 것을 알았다는 것에 즐거워했다. 무엇보다도 승현이는 방금 배운 기법을 통해 자신의 문제를 경감시키는 가능성을 볼 수 있었다.

어휘-의미론적 영역 측면에서는 중요한 단어나 전문용어 그리고 외국어 단어들은 종종 추상적이어서 이해하기 어려운 경우들이 많다. 게다가 교사는 학생들이 이미 알고 있다는 것을 전제로 하고 논리적으로 그 내용들을 참고하라는 표현들을 많이 사용한다. 특히 과학 영역에서 사용되는 용어들은 일상생활에서 사용되는 단어와 중복되면서도 그 의미가 다르며, 한 용어에 많은 내용이 압축되어 있다. 이렇듯 명확하게 설명되기 어려운 용어들이 많기 때문에 특수교사의 특별한 지원이 필요하다.

'동력' 또는 '열량' 등과 같은 과학에서 사용되는 용어들은 상위수업 도입부에서 충분히 정의하고 넘어가야 한다. 특수교사는 알기 쉽게 그림으로 설명하거나 일상생활에서 응용되고 있는 예를 통해 학생이 개념을 충분히 확립하고 수업을 들을 수 있도록 해야 한다.

문자언어 학습에 어려움을 갖는 학생을 위해서는 다음과 같은 점을 고려해야 한다.

- 어려운 단어의 경우에는 삽화와 같은 그림으로 대체하거나 보완해 줄 수 있다.
- 음절 또는 단어를 다른 색으로 표시해서 시각적으로 집중할 수 있도록 한다. 예를 들면, "저녁상을 물리고 마당에 펴 놓은 평상에 누우면 하늘에는 별이 총총하였다."라는 문장의 경우 '저녁상' 또는 '마당' '평상' '하늘' '별' 등을 회색이나 다른 색으로 제시해 준다.
- 글자 크기가 적절해야 한다.
- 줄 바꿈은 의미 내용을 파악하는 데에 도움이 될 수 있도록 해야 한다.
- 줄 번호 매김과 음절 분리(예: 인사발령-인/사/발/령)는 우선적으로 하지 않는 것이 좋다.
- 전체 텍스트의 길이는 아동의 수준에 적절해야 한다.

수업관찰에서는 교사의 언어지원이 어떻게 이루어지고 있는가에 중점을 두고 다음과 같은 점에 주의를 기울여 살펴야 한다.

- 수업에서 교사의 발화와 학생들의 발화는 양적으로 적절한 교대가 이루어지고 있는가?
- 수업에서 이루어지는 의사소통은 강박적이지 않고 자연스러운 소통적 맥락에서 구성되어 있는가?
- 학생들은 개별적인 지원을 받고 있는가?
  - 적절한 칭찬[8]이 이루어지고 있는가?
  - 초인지 언어전략이 충분히 제공되고 있는가?
  - 교사의 말은 악센트와 쉼 그리고 리듬 등이 잘 지켜지고 있는가?

-모델링과 교정적 피드백 혹은 확장 등의 전략이 사용되고 있는가?
-다른 일상생활에서의 실례를 들어 설명하거나 학생에게 수업목표에 도달할 수
있는 기회를 충분히 주고 있는가?

통합학급 교사가 사용할 수 있는 언어적 전략 가운데 하나는 '소리 내어 생각하기'를 들 수 있다. '소리 내어 생각하기(Think Aloud: TA)'는 메타인지 전략의 하나로서, 1981년 캠프(Camp)와 배시(Bash)에 의해 처음 고안된 사고력 증진 학습전략이다. 사고하는 과정에서 일어나는 모든 계획과 행동을 소리 내어 말할 경우 다양한 긍정적 효과가 있는 것으로 보고되고 있는데, 예를 들면 읽기능력, 자기조절 및 문제해결능력, 기억력뿐만 아니라 ADHD 아동의 문제행동 감소에도 영향을 미치는 것으로 알려져 있다(소은희, 1997; 김말남, 1999). TA가 인지행동치료 기법으로 적용될 경우에는 그들에게 다르게 생각하는 법을 가르침으로써 행동의 변화를 가져올 수 있다는, 즉 생각 변화가 행동수정을 가져온다는 것을 기본 전제로 두고 있다(소은희, 1997). 의사소통지원 전략으로서의 TA는 교사 혹은 치료사에 의해 아동에게 인지적 모델링이 제공되는데, 이를 통해 아동은 단어들과 문법을 갖춘 표현을 준비할 수 있고, 대화상대자는 아동의 의도를 좀 더 쉽게 이해할 수 있다.

마지막으로 통합수업을 하는 데에 있어서 열린 수업 방식이 매우 효과적일 수 있다. 이에 대한 원리는 고대 그리스 철학자들에 의해 이미 언급되었다고 하나, 열린 교육에 대한 이론적·방법론적 기초는 프뢰벨, 몬테소리, 듀이, 아이자크, 피아제 등의 교육이론에 근간을 두고 있다(박성익, 1995). 열린 교육에서의 수업전개 원리는 다음과 같다. 첫째, 학습목표나 학습활동은 가급적 학생들의 요구와 흥미를 존중한다는 데에 있다. 둘째, 학습과정의 구성은 통합교육과정을 적용함으로써 일련의 고정된 교과학습 내용이 아닌 학교 밖의 다양한 경험을 활용하는 데에 중점을 둔다. 셋째, 교사는 학생들의 개인차를 인정하고 통제보다는 조력자의 역할을 한다.

열린 수업을 위해서는 물리적 환경 구성에 있어서 학습 내용과 종류에 따라 공간 배치가 자유로워야 한다. 대집단 수업, 소집단 수업 그리고 개별 활동이 모두 가능할 수

---

8 직접적이고 구체적으로 어떤 부분에서 잘했는지를 칭찬해 주어야 한다. 예를 들면, 단순히 "잘했어." "좋아."보다는 "방금 /selection/ 할 때 [s] 발음 생각하고 말한 거 참 잘했어." 또는 "말을 천천히 하니까 훨씬 듣기가 좋네. 참 잘했어." 등으로 학생 언어행위를 피드백할 수 있도록 한다.

있도록 수시 재배치를 허용해야 한다. 하루 일과 운영은 교과와 활동유형에 따라 유동성 있게 조절되는 것이 좋다. 집단으로 나누어 수업을 할 수도 있고 통합적으로 운영할 수도 있다. 무엇보다도 일률적으로 학습 진도에 맞추기보다는 각자의 수준에 따라 심화·보충 단계에 참여할 수 있도록 한다. 특수교사와 개별 활동을 하는 동안 다른 학생들이 기다리거나 시간을 낭비하는 시간을 줄일 수 있어서 산만해질 수 있는 학급 분위기를 피할 수 있다. 그 밖에도 열린 수업 방식은 심리적 압박을 감소시키며, 다양한 수업상황을 통해 의사소통 기회를 더 많이 가질 수 있다는 장점을 갖는다.

―Language Route―

'Language Route'는 네덜란드 교육부의 위탁으로 님베겐(Nimwegen) 대학교에서 개발하고 2007년 독일어로 소개된 유아교육기관에서 이루어지는 언어지원 프로그램이다. 'Language Route'는 다른 과거의 프로그램과 크게 다음 세 가지 점에서 차이를 갖는다.

- 언어지원이 필요한 아동들은 (언어치료를 위해) 집단에서 빠져나가거나 분리되지 않는다. 그 대신 필요한 모든 언어지원은 유치원 일과 속에 포함되어, 모든 아동이 거기에 참여한다.
- 유치원 교사가 언어지원자의 역할을 수행하기 위해 전문가의 협조를 받는다. 그들은 언어치료 또는 관련 전문가로부터 정기적인 보수교육을 받아야 한다. 교사와 아동 그리고 아동들끼리의 상호작용을 최대화할 수 있는 언어지원방법과 언어촉진 전략은 언어치료사로부터 수시로 지원을 받는다.
- 실생활 중심 어휘학습을 강조한다. 중심 주제가 결정되면 모든 활동(공작, 노래, 놀이, 견학 등)의 초점을 그곳에 맞춘다. 아동들은 장기간 동안 한 영역에 몰두하게 되면서 해당 어휘들에 익숙해지고 의미망(semantic web)을 형성하는 것이 용이해진다.

'Language Route'의 실질적인 목표는, 첫째, 교사의 의사소통태도 변화다. 교사는 전문가로부터 받은 보수교육을 통해 아동과 상호작용하는 법을 배우게 된다. 교사의 언어적 자극은 아동으로 하여금 더 많은 언어 산출을 하게끔 유도하며, 적절한 피드백은 아동의 발화에 영향을 미친다는 점에서 교사의 의사소통태도는 매우 중요하다. 둘째, 아동의 언어적 자신감을 향상시키는 것이다. 아동은 시간이 지날수록 점점 더 적극적인 발화자(speaker)가 되어야 한다.

이 프로그램에서 그림책 선정은 매우 중요한 의미를 갖는다. 예를 들면, 중심 주제를 '우체국'으로 선정했다면, 교사는 그와 관련된 그림책을 고른 후 거기에 나오는 15~20개의 어휘들을 발췌하고, 그 어휘를 중심으로 한 체계적인 실생활 중심의 언어지원을 해야 한다.

출처: Schütz (2013).

다문화가정 아동의 언어지도

최근 국제결혼가정과 이주민가정의 급속한 양적 증가에 따라 다문화가정 아동이 새로운 교육소외계층으로 대두하고 있다. 다문화가정 아동이 가지고 있는 언어문제는 환경요인으로 인한 결과이며, 기초학습능력 부진이나 학교생활 부적응과 같은 2차적인 문제들을 유발할 수 있다. 특히 빠른 속도로 다문화·다인종 사회로 변화되고 있는 시점에서 다문화가정 아동은 매우 가치 있는 사회적 자원이라 할 수 있으므로 그들에 대한 언어교육의 방향은 매우 중요한 문제다. 이 장에서는 다문화가정의 개념과 다문화가정 아동의 언어적 특성 그리고 바람직한 언어지도 방향에 대해 알아보고자 한다.

1. 다문화가정

1) 다문화가정의 정의 및 실태

다문화가정은 통상적으로 결혼이민자가족 또는 외국인근로자가족을 통칭한다. 그러나 그 용어가 이상적이라고 볼 수는 없다. 예를 들면, 서로 국적이 다른 남자와 여자가 혼인을 하였다면 그것은 다문화가정이지만, 국적이 같은 부부가 외국으로 이민을 온 경우는 가족 내부 구성으로만 보면 다문화가정이라고 할 수 없기 때문이다(조혜영, 2007). 외국인으로 추정되는 피부색이 다른 아이에게 우리는 이렇게 묻곤 한다. "너는 어느 나라에서 왔니?" 아이는 당황하는 모습으로 답한다. "저는 한국 사람인데요." 다문화화되어 가는 사회에서 우리는 아직도 단일민족의 신화 속에서 살고 있는 것은 아닌가를 생각하게 되는 부분이다.

「다문화가족지원법」[개정 2011.4.4., 2015.12.1.] [시행일 2016.6.2.] 제2조의1에서 사용하는 다문화가족이란 다음 각 목의 어느 하나에 해당하는 가족을 말한다.

가. 「재한외국인 처우 기본법」 제2조제3호의 결혼이민자와 「국적법」 제2조부터 제4조까지의 규정에
　　따라 대한민국 국적을 취득한 자로 이루어진 가족
나. 「국적법」 제3조 및 제4조에 따라 대한민국 국적을 취득한 자와 같은 법 제2조부터 제4조까지의
　　규정에 따라 대한민국 국적을 취득한 자로 이루어진 가족

여기서 재한외국인이란 대한민국의 국적을 가지지 아니한 자로서 대한민국에 거주할 목적을 가지고 합법적으로 체류하고 있는 자를 의미하며, 결혼이민자란 대한민국 국민과 혼인한 적이 있거나 혼인관계에 있는 재한외국인을 말한다. 국적을 취득한 자 안에는 출생에 의한 국적 취득과 외국인이었으나 법무부장관의 귀화허가를 받아 대한민국 국적을 취득한 경우를 포함한다.

그러나 사회통념적 정의에 따르면, 다문화가정은 우리와 다른 민족적·문화적 배경을 가진 사람들로 구성된 가정을 말하며, 이때 국적 취득과는 무관하다. 따라서 다문화가정 아동이란 다른 문화적 배경을 가지고 있는 외국인 부모를 가진 아동을 말한다. 다

〈표 13-1〉 다문화가정 학생의 분류

형태		분류기준
국제결혼 가정 자녀	국내 출생 자녀	한국인과 결혼한 외국인 배우자 사이에서 출생한 자녀
	중도입국자녀	결혼 이민자가 한국인과 재혼한 후 본국에서 데려온 자녀
외국인 가정 자녀	외국인 근로자가 외국인 사이에서 결혼하여 한국에서 출생한 자녀	
	본국에서 결혼하여 형성된 가족으로 한국으로 이주한 가정의 자녀	
새터민[1] 가정 자녀	탈북가정에서 태어난 자녀	

출처: 김영하(2010); 경상남도 교육청(www.gne.go.kr)에서 발췌함.

문화가정은 그 형태에 따라 서로 다른 특성을 갖기 때문에 심도 있는 논의를 위해서는 어떤 형태의 다문화가정 배경을 가지고 있는가를 살펴볼 필요가 있다.

다문화·다인종 현상은 비단 우리나라에서만 나타나는 현상이 아니라 21세기에 나타나는 전 세계적 변화 중 하나다. 출산감소로 인구가 계속 줄고 있는 가운데 국내 다문화가족의 수는 계속 증가하고 있다. 여성가족부(2018)에 따르면, 2017년을 기준으로 전체 2,017만 가정 중 다문화가정은 32만 가정이며 이는 전체 가정의 1.6%를 차지한

〈표 13-2〉 다문화 학생 현황　(단위: 명)

학교급별 연도	초등학교	중학교	고등학교	각종 학교	소계
2018년	93,027	18,068	10,688	429	122,212
2017년	82,733	15,945	10,334	375	109,387
2016년	73,972	15,080	9,816	318	99,186
2015년	60,162	13,827	8,146	401	82,536
2014년	48,225	12,506	6,734	341	67,806
2013년	39,360	11,280	4,858	282	55,780
2012년	33,740	9,627	3,409	178	46,954

주: 다문화 학생 수 = 국제결혼 가정 자녀(국내출생+중도입국) + 외국인 가정 자녀
출처: 통계청(2018). http://kostat.go.kr

1　법률적 용어는 '북한이탈주민'이나, 통일부에서는 2005년부터 '새로운 터전에서 희망을 갖고 사는 사람'이라는 의미의 '새터민' 용어를 선정하였다(김영하, 2010).

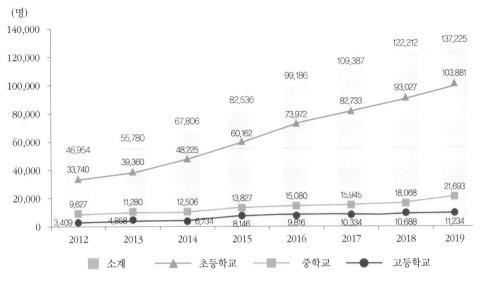

[그림 13-1] **다문화 학생 증가**

출처: 교육부(2019).

다. 그리고 전체 학생 646만 8천 명 중 다문화가정 자녀가 차지하는 비율은 약 1.9%로
보고되고 있다. 다문화 학생 현황은 [그림 13-1], 〈표 13-2〉와 같다.

　[그림 13-1]에서 나타난 바와 같이, 다문화가정 학생의 숫자는 전체적으로 꾸준히
증가하는 추세다. 교육부(2019)는 이러한 수치는 불과 10년 사이에 9배 가까이 증가한
것으로서 안정적인 다문화교육 정책이 시급하다고 보고 있다. 이를 학교급별로 구분해
보면, 중학교와 고등학교는 아직 뚜렷한 증가현상이 나타나지 않는 반면에 초등학교의

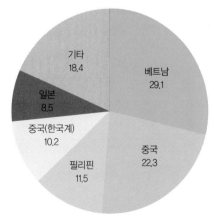

국가	다문화 학생 수(명)	비율(%)
계	122,212	100.0
베트남	35,568	29.1
중국(한국계 제외)	27,200	22.3
필리핀	14,093	11.5
중국(한국계)	12,522	10.2
일본	10,363	8.5
기타	22,466	18.4

[그림 13-2] **국적별 다문화가정 학생 비율**

출처: 통계청(2019).

비중이 여전히 매우 높다는 것을 알 수 있다. 이는 향후 몇 년 이내에는 중·고등학교에서의 다문화가정 학생의 차지하는 비율이 증가할 것이며, 그에 따른 지원 대책이 시급하다는 것을 시사해 주고 있다. 국적별 다문화가정 학생의 분포는 [그림 13-2]와 같다.

2) 다문화정책 유형

다문화가정이 증가하면서 이들에 대한 관심이 증가하고 다문화가정 아동의 교육문제 또한 사회적 과제로 인식되고 있다. 우리 사회의 다문화화에 따른 문제점이 무엇이며 어떻게 지원할 것인가에 대한 논의가 활발히 이루어지고 있는데, 거기에는 '사회통합'이라는 이슈가 중심이 되어 있다. 교육인적자원부가 이미 2006년 4월에 다문화가정 자녀 교육지원계획을 발표한 것도 이러한 시대적 요구를 반영한 것이다. 보건복지부를 중심으로 여러 기관은 다문화가정을 위한 정책대안들을 제시하고 있지만, 그 가운데 많은 부분은 한국문화에 통합시키기 위한 일방적인 교육이라는 지적을 피할 수 없다. 다문화정책 유형은 〈표 13-3〉과 같이 대표적으로 세 가지로 나누어 살펴볼 수 있다(설동훈 외, 2006).

〈표 13-3〉 **다문화정책 유형**

정책 유형	성격
차별적 배제 모델	이민자나 그 자녀들을 국가 구성원으로 수용하기보다는 여러 영역에서 배제하는 모델이다. 노동시장에서는 수용하지만, 복지나 시민권 또는 정치참여와 같은 영역에서는 배척하는 형태다.
동화 모델	일방적인 적응과정을 통해 이주민을 사회에 통합시키는 모델로서, 이민자로 하여금 주류집단과 구분되는 그들의 언어, 문화, 사회적 특성을 포기하도록 한다.
상호문화 교육 모델	이민자들의 다양성을 포기하지 않고 사회의 모든 영역에서 동등한 권리를 가져야 한다는 것을 표방한다.

미국의 경우, 1820~1970년대에 미국에 유입된 이주민들은 자신이 속해 있는 민족집단의 고유한 문화적 태도를 포기하고 앵글로계 미국인의 삶의 방식을 받아들였으며, 학교는 학생들을 '미국 방식'으로 교육하려는 시도를 하였다(김옥순 역, 2009). 소수 이민자들에게 표준영어라는 단일언어를 가르쳐서 언어의 통일을 가져오고 사회에서 필요로 하는 인재로 양성하고자 하는 교육적 배려였으나, 그 결과 소수민족 학생의 상당

수가 중퇴를 하고 사회 부적응 현상을 보였다. 당시 연구자들은 자기 부모로부터 배운 모어가 학교생활의 출발에서부터 거부당하고 자기도 모르는 사이에 학교생활에서 위축되고 의욕을 잃게 됨으로써 그러한 결과를 가져온 것으로 분석하였다(박영순, 2007). 이러한 동화정책에 입각한 단일언어 교육과정에서 많은 교사는 학생들의 개인적·문화적 장점을 보지 못하고 문화적 차이를 '결핍'이나 '불리한 조건'으로 보았다. 예를 들면, 영어 대신 스페인어를 사용하는 학생들이 영어로 쓰인 IQ 검사 후 열등반으로 배정되었다. 이른바 용광로정책(melting pot policy)이다. 다양한 인종과 민족을 용광로에 녹여 하나의 새로운 동질문화를 형성하는 정책인 것이다. 1970~1980년대에 와서는 보존적 이중언어교육, 즉 제1언어를 보존하면서 제2언어인 표준영어도 모국어처럼 통달할 수 있도록 하자는 주장이 대두되었다(박영순, 2007).

미국의 다문화정책을 언급하는 이유는 다문화가정을 바라보는 시각은 인간의 다양성을 이해하는 것과 같다는 것을 말하고자 하는 것이다. 주류집단의 눈으로(본인이 주류집단에 속해 있다고 가정하고) 어느 한 집단을 소수집단으로 구분하고 소수집단을 열등한 것으로 바라보는 시각은 매우 위험하다. 백인영어는 우월하고 흑인영어는 결함 있는 언어가 아니듯이, 어떤 언어가 더 우월하다고 볼 수는 없다. 특히 지금과 같은 다문화 사회에서는 현지언어 외의 다른 언어를 사용하는 사람들의 언어를 인정하고 자원으로 받아들이는 것이 필요하다. 모든 언어는 사용자의 인권에 해당하기 때문이다(Baker, 1996). 교사는 아동이 가지고 있는 문화적·외형적 차이를 긍정적으로 바라볼 수 있는 눈을 가져야 한다. 그들이 당장 언어발달이 늦고 학습속도가 늦더라도 장애와는 구별되어야 하며, 두 개의 언어에 노출되어 있는 이중언어환경은 그 자체만으로 '불리한 조건'이 결코 아니라는 것을 전제로 두어야 한다. 다문화가정 아동들이 보이는 문제점을 섣불리 '다문화가정 환경' 또는 '어머니의 불충분한 한국어능력' 탓으로 돌리는 것은 바람직하지 않다. 그러한 시각으로 본다면 미국 이민(또는 국제결혼)가정의 경우 자녀 문제의 원인은 모두 어머니가 영어를 잘하지 못한 데에 있다. 그리고 그러한 문제를 해결하기 위해서는 하루빨리 어머니가 미국에 동화되고, 어머니는 영어를 적극적으로 배워야 하며, 자녀와는 한국어가 아닌 영어를 사용함으로써 자녀의 언어발달을 촉진해야 한다. 그것이 과연 정답이라고 말할 수 있는가?

3) 상호문화교육

상호문화교육은 다문화가정 학부모나 자녀들이 한국에 잘 적응하기 위해서 한국어 교육만을 강조하는 일방적인 교육의 문제점을 지적하고 있다. 기존의 다문화정책 또는 교육이 소수집단을 주류집단으로 흡수하는 '동화 모델'에 치중되어 있다는 것이다. 한 국어교육은 사회적응을 위해 필수불가결한 교육이기는 하지만, 주류문화의 아동들과 비교하는 과정에서 자신이 속한 문화집단을 부정하거나 멸시하는 등 의도하지 않은 열 등감이 발생하여 사회적 소외감을 경험할 수 있다(정영근, 2009a). 배타적인 동화교육 차원이 아니라 '상호 이해'의 관점에서 그들의 문화적 정체성을 유지하고 보존하도록 하여야 한다는 상호문화교육은, 앞으로 다문화가정 아동의 언어지원 프로그램을 구성 하는 데 있어서도 중요한 철학적 배경이 되어야 할 것이다.

학교에서의 상호문화교육은 서로 다른 문화적 배경을 지닌 학생들이 각자 자신이 속 한 문화적 사회화 및 삶의 연관성을 분명히 하면서도 다른 문화에 대한 지식을 습득하 고 이해하도록 이끌어야 한다(정영근, 2009b). 또한 상호문화교육에서는 다문화가정 아 동의 2개 국어 구사능력을 실질적으로 지원한다. 이것은 단순히 다문화가정 아동으로 하여금 현지문화와 현지언어를 배우도록 하여 적극적으로 통합시키고자 하는 기존 교 육방법과는 다르다. 여기서 2개 국어 구사능력이란 모국어 이외의 새로운 두 번째 언 어습득을 말하며, 부모의 언어와 현지언어를 동시에 배우도록 하는 것이다.

모국어에 대한 사전적 정의는 "자기 나라의 말, 모어(母語), 본국어"다. 그러나 본래 의 그 의미는 현대사회에 와서 매우 애매해질 수밖에 없다. 모국어는 아이가 태어나면 서부터 듣기 시작하고 배우는 언어로서, 주 양육자인 부모와 형제들을 통해서 소통되 는 언어가 바로 모국어다. 반면에 제2언어[2]는 모국어가 어느 정도 습득된 후 가정이 아 닌 또래집단이나 학교에서 새롭게 학습되는 언어다. 즉, 제2언어는 자신의 모국어가 공용어가 되지 못하는 환경에서 생활하기 위하여 사용하게 되는 언어인 것이다. 그러 나 이렇게 명확하게 분류할 수 있는 경우는 동일 국적을 가진 이주노동자 가족에만 해 당한다. 국제결혼가정으로 이루어진 다문화가정 아동의 경우에는 현지어가 모국어로

---

2 '외국어'와 '제2언어'의 가장 큰 차이점은, 모어가 아닌 다른 언어를 '생활언어'로 보느냐, 아니면 '국제적 교 류와 대화에 필요한 것'으로 보느냐에 따른다(박영순, 2007).

받아들여지는 경우가 대부분이며, 그들에게 모국어란 살면서 주로 사용해야 하는 소통 언어다(고은, 2006). 어머니가 구사하는 언어는 어떠한 위치를 가지고 있는가? 우리나라의 경우 대부분 외국인 어머니의 모국어는 사어(死語)가 되어 가고 있다. 다음은 국내에 거주하고 있는 필리핀 여성들과의 인터뷰 내용이다(고은, 2006).

> "필리핀어 가르치고 싶은 생각은 없고, 영어만 했으면 좋겠어요. 그래서 (아이하고) 한국말 조금 하고 영어로 조금 해요. 영어가 훨씬 중요하지 않나요?"

> "우리 남편 생각에는 영어가 중요해요. 그래서 집에 있을 때는 영어만 하고 밖에서는 한국말 하라고 해요. … 처음에 아기가 베이비일 때는 나 혼자 있을 때는 필리핀 말로 이야기했어요. 아기도 웃고 나도 웃고. 하지만 아이가 크니까 필리핀 말 할 수가 없어요. 왜 할 수가 없었냐면, 아이는 한국말 배워야 하고 내가 필리핀 말 계속하면 아이가 더 어려워하니까요."

> "아이가 한국말 다음으로 영어를 잘했으면 좋겠어요. 나도 우리 아이 아빠도 모두 그렇게 생각해요. 필리핀 말보다 더 중요해요. 학교에서도 중요하고 앞으로 더 많이 영어 배워야 해요."

이와 같은 사례에서 볼 수 있듯이, 국제결혼으로 이루어진 대부분의 가정에서는 어머니의 언어는 가치를 인정받지 못하고 있다. 여기서 대부분이라고 하는 이유는 어머니의 국적이 미국이나 독일, 프랑스 또는 일본인 경우에는 다른 상황이 펼쳐지기 때문이다. 결국 우리는 언어를 통해 맺어지는 부모와 자녀의 상호작용과 정서적 효과와는 별도로 소고기 등급을 매기듯 언어에도 등급을 매기고 있는 것이다.

4) 다문화 학생의 교육지원 정책

최근 우리나라는 국내에 거주하는 외국인의 비율이 5%가 넘었으며, 일부 농어촌 초등학교의 경우에는 신입생의 상당수가 다문화가정의 자녀일 만큼 다인종·다문화 사회가 되었다. 단일민족에 대한 자부심은 다문화 사회에 더 이상 적합하지 않으며, 그러한 맥락에서 유엔 인종차별철폐위원회(CERD)는 우리나라에 대해 단일민족 국가 이미지 극복에 대한 권고 보고서를 발표하였다.

앞서 언급한 바와 같이, 주류문화가 소수의 문화를 일방적으로 동화하는 동화적 교육정책은 바람직하지 않다. 일방적인 동화 모델은 아동과 (성인) 가족 사이에 분열의 가치관을 주입함으로써 정상적인 사회화를 방해할 수 있다. 특히 가정에서 모국어를 사용하지 말도록 유도할 경우에는 더욱 악화될 수 있으며, 아동의 의사소통 발달을 저해하고 모국에 대한 긍정적인 가치를 형성하는 데에도 부정적인 영향을 미친다(김태환, 2016). 이러한 관점은 학교교육에서도 적용이 된다. 다문화가정의 학생들에 대한 교육권은「다문화가족지원법」제10조에 다음과 같이 명시되어 있다.

─제10조(아동 · 청소년 보육 · 교육)─

① 국가와 지방자치단체는 아동 · 청소년 보육 · 교육을 실시함에 있어서 다문화가족 구성원인 아동 · 청소년을 차별하여서는 아니 된다. [개정 2015. 12. 1.] [시행일 2016. 6. 2.]

② 국가와 지방자치단체는 다문화가족 구성원인 아동 · 청소년이 학교생활에 신속히 적응할 수 있도록 교육지원대책을 마련하여야 하고, 특별시 · 광역시 · 특별자치시 · 도 · 특별자치도의 교육감은 다문화가족 구성원인 아동 · 청소년에 대하여 학과 외 또는 방과 후 교육 프로그램 등을 지원할 수 있다. [개정 2015. 12. 1.] [시행일 2016. 6. 2.]

③ 국가와 지방자치단체는 다문화가족 구성원인 18세 미만인 사람의 초등학교 취학 전 보육 및 교육 지원을 위하여 노력하고, 그 구성원의 언어발달을 위하여 한국어 및 결혼이민자등인 부 또는 모의 모국어 교육을 위한 교재지원 및 학습지원 등 언어능력 제고를 위하여 필요한 지원을 할 수 있다. [개정 2013. 3. 22., 2015. 12. 1.] [시행일 2016. 6. 2.]

④ 「영유아보육법」제10조에 따른 어린이집의 원장, 「유아교육법」제7조에 따른 유치원의 장, 「초 · 중등교육법」제2조에 따른 각급 학교의 장, 그 밖에 대통령령으로 정하는 기관의 장은 아동 · 청소년 보육 · 교육을 실시함에 있어 다문화가족 구성원인 아동 · 청소년이 차별을 받지 아니하도록 필요한 조치를 하여야 한다. [신설 2015. 12. 1.] [시행일 2016. 6. 2.]

[본조제목개정 2015. 12. 1.] [시행일 2016. 6. 2.]

다원주의 사회에서 우리 사회는 다양성을 인정하고 그들에게 적합한 맞춤형 교육지원을 제공하여야 한다. 다문화가정 학생은 국제결혼과 외국인 근로자 가정을 배경으로 하는 경우 외에 중도입국 청소년에 해당하는 경우도 최근 증가하고 있다. 중도입국은 한국에서 태어나서 국적을 취득하는 다문화가정의 자녀와 달리 부모를 따라 학령기에 입국한 청소년을 말한다(좌동훈, 2012). 중도입국 학생들은 재혼가정이거나 혹은 후기 청소년기에 속하는 경우가 많아서 일반적인 다문화가정 학생들과는 또 다른 어려움을 갖게 된다는 점에서 특별한 지원이 요구된다. 다음은 다문화가정 학생들을 위한 학교 차원에서의 제도적 차원의 예시이다.

(1) 다문화 예비학교(한국어 학급)[3]

다문화 예비학교를 운영하는 주된 이유는 중도입국 자녀들이 한국 사회에 안정적으로 정착하는 일을 돕는 데에 있다. 다문화가정 자녀 중 국내 출생의 경우에는 대부분 정규 학교에 배정되나, 중도입국 자녀의 경우에는 미취학율이 25% 내외에 이른다는 현실도 중요한 배경으로 작용한다(구영산, 2015). 다문화 예비학교는 다문화가정 학생들에게 공교육 진입 이전에 한국어와 한국문화를 집중 교육하는 초기 적응교육 프로그램이다. 즉, 디딤돌 형태의 교육 프로그램이다(박종필, 2016). 2018년 기준으로 하였을 때 전국에는 총 195개 학교에서 한국어 학급을 운영하고 있으며, 경기도의 경우 2019년 기준 총 52개교 57학급의 예비학교(한국어 학급)가 지정 운영되고 있다(조인제, 2019). 만약 학교에 한국어 학급이 운영되지 않는 경우에는 '찾아가는 한국어교육'을 통해 한국어교육 지원을 받을 수 있다(www.liveinkorea.kr). 일반적인 운영체제는 학생의 학적은 원적학급으로 불리는 일반학급에서 받고, 특정 교과에 대해서는 특별학급이나 한국어 또는 한국문화 등의 교육과정으로 대체 운영되는 방식이다. 특별한 경우를 제외하고는 일반적으로 다문화 예비학교는 1년 동안 수학하고 일반학급으로 돌아가는 것을 원칙으로 한다.

(2) 경기도 J 초등학교의 다문화 특별학급 운영 사례(언어 적응 프로그램)[4]

다문화 예비학교와 유사한 성격으로 다문화가정 자녀가 집중적으로 거주하는 지역의 학교에 그들만을 위한 별도의 다문화 특별학급이 설치 운영될 수 있다. 다문화 특별학급은 학교의 여건에 따라 프로그램을 고안하고 적용할 수 있다. 예를 들면, 2016년

3　2019년부터 교육부는 '한국어 학급'으로 명칭을 변경하였으나, 예비학교의 목표, 교육과정, 운영방식 등은 기존 내용을 그대로 유지하고 있다(조인제, 2019).
4　홍서경(2017)에서 발췌함.

기준으로 하였을 때 다문화가정 학생이 36명에 달하는 경기도 J 초등학교의 경우에는 특별학급을 운영하고 있다. 특별학급은 무학년 복식학급 형태로 운영되어 개별화 교육과정에 따라 지도하고 있다. 다문화 특별학급에서는 주당 10시간 내외의 한국어교육(KSL) 과정이 운영되며, 학생의 한국어 수준을 고려하여 수업 시수를 결정한다. 한국어 능력수준을 평가한 후 초급(1·2), 중급(1·2) 과정으로 나누어 맞춤형 교육을 실시한다. 한국어 교원 자격증을 가진 한국어 강사 1명과 다문화언어 강사를 활용하여 학생들의 듣기·말하기 시간을 늘리고 학생 수준에 맞춘 개별지도를 가능하게 하며, 방학 동안에는 방학 한국어 교실을 운영하여 한국어를 잊지 않도록 한다.

(3) 다문화교육 지원계획[5]

2020년 기준으로 하였을 때 다문화 학생은 경기도와 서울시에 가장 많이 재학하고 있으며, 전체 학생 대비로 볼 때는 전라남도와 충청남도가 가장 높다. 특히 중도입국 학생의 증가세가 전국적으로 뚜렷하며, 중·고등학교로 올라갈수록 학업 중단율이 높아지는 것도 하나의 특징이라 할 수 있다. 중도입국 학생의 경우 입국 초기 적응교육 강화가 절실하며, 입국 초기에 한국어 등의 맞춤형 지원 강화가 요구된다는 점이 강조되고 있다.

유치원 단계부터 시작되는 지원체계를 마련하기 위해 교육부는 누리과정과 초등학교 한국어교육(KSL) 과정을 연계한 진단도구의 개발과 보급에 주력하고 있으며, 대학생 멘토링 제도를 추진하고 있다. 징검다리과정의 확대로 초등학교 입학 시나 중학교 입학 시 학교생활 조기적응을 지원하고 있다.

특별학급 형태의 한국어 학급을 확대하고, 한국어 학급이 운영되지 않는 학교에는 한국어교육 지원을 별로 운영하도록 한다.[6] 2019년부터는 개정된 한국어 교육과정이 학교현장에 적용되었으며 다문화를 배경으로 하는 학생들이 어려워하는 교과의 주요 개념 및 어휘를 알기 쉽게 설명한 보조교재 등의 개발 보급에 주력하는 등 다문화 학생의 교육지원을 확장하고 있다.

---

5 교육부(2020) 「다문화교육 지원계획」에서 발췌함.
6 개별화된 이중언어 지도 프로그램을 통해 이중언어 교사가 일대일 개별지도를 해 줌으로써 교과내용을 이해할 수 있도록 도와주고, 한국어 능력을 신장시키고 수업결손을 막을 수 있다(원진숙, 2009).

(4) 다문화교육에 있어서의 통합교육과 분리교육

다문화교육 운영과 관련하여 '통합'과 '분리'의 장단점은 분명히 존재한다. 특수교육계에서 오랫동안 논쟁해 왔던 주제이기도 하다. 다문화가정 학생들에게 동등한 교육기회를 보장해 주기 위한 방안으로 추진되고 있는 다문화 예비학교, 다문화 특별학급 그리고 다문화 대안학교들은 진정한 다문화교육을 이루기 위한 구조적 개혁 혹은 대안으로 충분한가에 대한 질문이 될 수도 있다. 그와 관련하여 상반된 두 집단의 관점은 〈표 13-4〉와 같다.

무엇이 다 좋고 다 나쁘다는 이분법적 접근은 옳지 않다는 것을 전제하에, 다문화가정 학생들이 증가함에 따라 학교의 재구조화는 마땅한 수순이 될 수 있다. 그러나 그것이 자칫 분리의 가능성을 열어 주는 수단이 되어서는 안 된다. 필자의 경험에 따르면, 다문화가정 학생들은 자신을 '다문화가정 학생'으로 불리는 것을 좋아하지 않는다. 사실 그 자체를 거부하는 학생들도 있다는 것을 감안한다면, 다문화 특별학급 또는 다문화 대안학교는 자칫 한국인으로서의 진입 장벽을 더욱 높일 수 있으며 영원히 한국인이 아닌 다문화인으로 남게 할 수 있다는 점에서 충분한 고심이 따라야 할 것이다. 용광로정책이 아닌 상호문화교육의 취지를 되새겨 볼 필요가 있다.

〈표 13-4〉 **다문화 학생의 통합교육과 분리교육 장·단점**

	통합교육	분리교육
장점	• 다문화교육의 목표인 사회통합을 위한 궁극적 방향 • 다문화가정 학생들이 주류인 일반학생들과 소통교류의 기회 제공 • 다문화가정 학생과 일반학생 간의 상호 접촉을 통한 다문화 감수성 향상	• 말이 통하지 않고 문화적 이질감을 느끼는 다문화가정 학생들에게 보호 장치가 되고 문화충격을 완화시키는 중간 역할 • 다문화가정 학생의 자존감 향상 • 사회에 적응하는 능력 향상
단점	• 일방적인 동화주의 교육으로 흐를 우려가 있음. • 준비가 되지 않은 초기 중도입국 또는 외국인 학생들의 적응을 더욱 어렵게 할 수 있음.	• 서로를 고립시키는 결과를 초래할 수 있다는 우려가 있음. • 분리교육으로 인한 낙인효과 발생 • 상호 간의 교류의 기회를 제한하여 사회통합을 저해할 수 있음.

출처: 조인제(2019).

2. 다문화가정 아동의 특성

　다문화가정 아동의 교육과 관련된 연구결과들을 간추려 보면 다음과 같다. 조영달 (2006)은 전문직 종사자 등 고소득층에 속하면서 도시지역에 사는 소수 가정의 경우를 제외한 대부분의 국제결혼 가정에서는 자녀교육에 어려움을 갖는 것으로 보고하고 있다. 특히 다문화가정 아동은 언어능력의 부족으로 인하여 학습부진의 정도가 심각하게 나타나거나 정체성 혼란을 경험하는 등 정서적 문제를 동반할 수 있다. 오성배(2005)는 다문화가정 가운데 한국-아시아계 아동을 연구한 결과, 다른 과목에 비하여 국어 과목에서 가장 취약하고 아동들은 언어적인 문제와 정체성 혼란의 문제를 경험한다고 보고하였다. 그 밖의 많은 연구자도 다문화가정 아동의 경우 기초학습능력 부진과 대인관계의 어려움, 사회성 발달의 지체, 학교생활 부적응 그리고 정체성 위기와 같은 문제들이 나타날 수 있다고 하였다. 실제로 OECD 국가를 대상으로 학업성취도를 비교한 국제학업성취도평가(PISA) 연구에서도 외국의 경우 다문화가정과 같은 사회문화적 출생변인은 학업성취에 중요한 배경요인이 된다는 것이 증명되었다. 다문화가정 아동에게서 나타나는 대표적인 특징들은 다음과 같다.

- 언어발달의 지체: 언어발달은 다문화가정 아동을 이야기할 때 가장 많이 언급되는 부분이다. 다문화가정 아동들은 단일언어를 사용하는 아동에 비하여 언어발달이 지체되거나 지체될 가능성이 높다고 보고되고 있다. 아동의 언어발달은 부모의 사회경제적 배경과 그 밖의 환경요인과도 밀접한 관계를 가지고 있으며, 특히 연령이 어릴수록 수용언어와 표현언어에서 지체를 보이는 경우가 많다. 그러나 다문화가정 아동의 경우 일반적으로 연령이 증가할수록 집단 간의 차이가 낮아진다.
- 학교생활 부적응: 외모의 차이로 인해서 또래집단으로부터 집단 따돌림을 받을 수 있는 가능성이 높다. 일반아동의 경우 성격이나 행동이 따돌림의 원인이 되는 반면에, 다문화가정 아동은 부모가 외국인이라는 이유로 따돌림을 당하게 된다. 자신이 극복할 수 없는 이유로 부당한 편견과 차별을 경험한 아동들은 학교생활 적응에 위기를 갖게 될 수 있다.
- 정체성의 혼란: 심리사회적 발달단계 이론을 주장한 에릭슨(E. Erikson)은 유대인 어머니와 덴마크 출신의 아버지 사이에서 태어났다. 그는 학교에서는 유대인이라고

비난받고, 유대교 예배당에서는 금발과 파란 눈 때문에 이교도라고 놀림을 당하였다고 한다(신현정, 김비아 역, 2008). 이러한 다문화가정 아동의 '이중으로 이방인'의 상황은 청소년기에 접어들면서 '나는 누구인가?'에 대한 정체감 형성에 어려움을 갖게 된다.

- 낮은 학업성취도: 다문화가정 아동들은 학업성취도가 떨어지는 경향이 많다. 원인으로는 낮은 언어수행능력을 들 수 있으며, 특히 국어와 사회 과목에서 어려움을 갖는다. 문제는 단지 특정 교과에서 그치는 것이 아니라 과제능력, 이해력, 발표력 그리고 수업태도에까지 영향을 미치기 때문에 전체적인 학업능력이 떨어지게 된다. 그러나 한국에서 생활한 지 오래된 청소년의 경우에는 한국어 구사능력에 전혀 문제가 없고 학업성취에도 전혀 문제가 없다는 한국청소년정책연구원(2009)의 보고를 볼 때, 모든 다문화가정 자녀가 학업수준이 떨어지는 것은 아니다.

다문화가정 아동의 특성이라고 할 때 일반적으로 긍정적인 특수성보다는 부정적 측면을 강조하는 경향이 있다. 다문화가정 아동을 단일언어를 사용하는 아동들과 통계적으로 비교하였을 때 일정 부분 낮은 수준을 보이고 문제요인이 될 수 있다는 점에 대해서는 인정하지만, '한국어를 사용하지 않는 부모가 있는 가정'이라는 요인이 현재 나타나는 문제의 원인으로 귀결되는 것은 매우 위험하다. 다문화가정이 가지고 있는 불리한 요인들은 무엇인가?

첫째, 외국 여성들은 한국 교육체제에 적응하여 자녀를 키워 내는 데 어려움에 직면할 가능성이 많다. 특히 교사와 상담하거나 학부모회의에 참석하는 것이 어렵다. 어떤 교육적인 문제에 봉착하였을 때 적극적으로 문제를 해결할 수 있다는 자신감 그리고 부모로서의 양육효능감이 떨어지게 되는 것이다.

둘째, 대부분의 다문화가정의 경우 평균소득 이하의 수준에 머무는 경우가 많아서 자녀교육에 집중할 수 있는 시간적·경제적 여유가 부족하다. 황범주(2008)의 연구에 따르면, 다문화가정의 52.9%가 최저생계비 이하에 속한다. 낮은 소득수준은 자녀의 교육비 지출에도 영향을 미치며, 고학년의 자녀를 둔 경우에는 사교육비의 부담도 클 수밖에 없다.

셋째, 자녀와의 의사소통의 어려움이다. 이 문제는 자녀가 성장할수록 커지는데, 소수언어 구사자인 부모가 그 사회의 주 언어를 적절하지 않은 외국 억양으로 말했을 때 십대인 자녀는 당황스러움을 느낀다. 차라리 부모가 그들의 모국어로 이야기할 때 그 자녀로부터 훨씬 큰 권위와 존경을 얻을 수 있다(정부연 역, 2006). 부모와 자녀와의 의사소통 단절은 아동이 건강하게 자라는 토양분을 잃어버리는 것과도 같다.

다문화가정 아동의 특성은 다문화가정이라는 공통분자를 가지고 있음에도 불구하고 부모의 출신국가, 교육수준, 사회경제적 지위, 가족 분위기 등에 따라 차이가 있다.

3. 다문화가정 아동의 언어적 특성

1) 이중언어환경

이중언어(bilingualism)에 대한 정의는 학자들마다 다르다. 두 언어를 원어민 수준으로 사용하는 것으로 보기도 하며, 최소한의 수준으로라도 두 언어를 쓰고 이해하거나 읽을 수 있는 사람으로 정의하기도 한다. 가장 일반적인 정의에 따르면, 이중언어 사용이란 두 가지 이상의 언어를 균형 있게 이해하고 사용하는 것을 말한다(장한업, 2005).

"자녀를 이중언어 구사자로 양육하고 싶습니까?"라는 질문에 아마도 대부분의 사람은 '가능하다면 당연히'라고 답할 것이다. 두 개의 언어를 유창하게 구사하도록 하기 위해서 일부 부모들은 아이가 한국어를 습득하기도 전에 영어 비디오를 틀어 놓고 영어 노래를 들려주고 영어 단어를 가르친다. 일부 부모들은 시간의 효율성이나 정확한 발음 측면에서 볼 때 조기에 습득하는 것이 좋으며 뇌의 발달에도 금상첨화라는 확신까지도 가지고 있다. 이중언어 사용이 두뇌기능에 미치는 영향에 관련된 연구들은 부모들로 하여금 첨가적(enrichment) 이중언어 교육[7]의 필요성을 절감하게 할 뿐만 아니라, 이중언어 사용이 개인적인 이득에 그치지 않고 사회적·국가적 이익을 가져온다는 점에서 국가 차원에서 장려하는 추세다(고은, 2010; Baker, 1995; Skutnabb-Kangas, 1995). 그러나 다문화가정은 예외다. 소수민족 출신 저개발국가 다문화가정의 자녀들은 이중언어환경으로 인해 언어습득이 늦고 혼란을 겪으며 여러 가지 문제점을 갖는다고 말한다. 이점은 없고 단점만 있다. 그러나 영어권이나 다른 강대국의 언어를 사용하는 가정의 경우에는 단점은 없고 이점만 있다. 이 얼마나 이율배반적이고 비상식적인 태도인

---

7 모국어 외의 또 하나의 언어를 모어처럼 잘할 수 있도록 교육하는 것을 말한다.

가? 그런 의미에서 다문화가정 아동의 언어적 특성은 다른 각도에서 살펴볼 필요가 있다. 태어날 때부터 부모 중 한 사람이 다른 언어를 사용함으로써 이중언어환경에 노출되는 다문화가정 아동들이 갖는 장점을 요약하면 다음과 같다(정부연 역, 2006).

- 보다 광범위한 의사소통이 가능하다.
- 두 언어로 읽고 쓰기(literacy)가 가능하다.
- 보다 폭넓은 문화적응과 보다 깊은 다문화주의, 두 가지 언어세계를 경험할 수 있다.
- 보다 넓은 포용력을 가질 수 있으며 인종차별주의에 대한 사고를 갖지 않는다.
- 사고력(창의성, 의사소통의 민감성)이 증진된다.
- 2개 언어를 구사하는 것에 대한 자부심이 고양된다.
- 자신이 속한 세계와 문화를 편안하게 수용함으로써 안정된 정체성을 갖게 된다.
- 다양한 문화집단과 관련된 지식과 경험들로 교과의 성취도를 높일 수 있다.
- 제3언어를 학습하는 데 용이하다.
- 2개 언어를 구사함으로써 얻는 경제적 장점과 취업의 장점이 있다.

다문화가정 아동들은 이중언어 구사자가 됨으로써 미래에 보다 광범위한 직업선택의 기회가 주어지며 전문가로서 사회에 기여할 수 있다. 자신이 두 개의 언어를 사용할 수 있는 기회를 가지고 있다는 것이 얼마나 가치 있는 일인가를 알게 하는 것은 긍정적인 자아개념과 자신감을 갖는 데에 도움을 준다. 그런데도 불구하고 우리는 이렇게 많은 다문화가정 아동을 반푼언어자(semilingualism)로 만들어 버리고 있다.

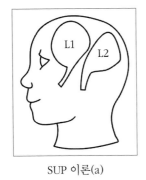
SUP 이론(a)

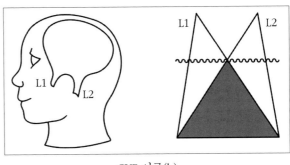
CUP 이론(b)

[그림 13-3] **SUP 이론(a)과 CUP 이론(b)**

출처: 김창호(2002).

이중언어습득과 관련하여 상반된 이론으로서, 기저분리능력(Separate Underlying Proficiency: SUP)과 기저공통능력(Common Underlying Proficiency: CUP)을 들 수 있다. SUP는 제1언어(L1)와 제2언어(L2) 구사능력이 두뇌에서 분리되고 각각 독립적으로 개발되어, L1은 L2와 실질적으로 무관하다고 보고 있다. 나아가 L1을 나타내는 풍선이 팽창하면 L2를 나타내는 풍선이 작아지고, 또 그 반대 현상이 나타나게 되므로 결과적으로 L1과 L2는 동시에 최대한으로 개발되기 어렵다는 것을 의미하고 있다. 즉, SUP 모델은 이중언어교육에 대해서 부정적인 입장을 취한다.

반면에 CUP는 두 개 이상의 언어는 동시에 개발되는, 즉 하나의 습득된 언어로 인한 두뇌의 기능이 다른 언어를 습득하는 데 도움이 된다고 보고 있다. CUP 모델에서는 두 개의 풍선이 합쳐져 하나를 이루고 있다. 즉, 분리되지 않은 하나의 두뇌에서 여러 개의 언어가 동시에 개발될 수 있다는 것을 의미한다. [그림 13-3]에서는 이 관계를 바다의 빙산에 비유하고 있는데, L1과 L2의 수면 위에 노출된 부분만 보면 SUP 이론 같지만, 실제로 눈에 보이지 않는 수면 밑에는 이중언어습득을 위한 공간이 되는 커다란 얼음이 존재하고 있다는 것을 말해 주고 있다. 이는 한 언어를 습득하는 과정을 통하여 개발된 두뇌의 기능이 다른 언어를 습득하는 데 도움이 될 수 있다는 사실을 의미한다(김창호, 2002). 즉, 언어 간의 긍정적 상호작용이 이루어지고 있는 것이다. 최근에는 SUP 이론보다는 CUP 이론이 훨씬 더 지지받고 있다.

2) 이중언어 아동의 언어적 특성

대부분의 국내 연구는 다문화가정 자녀의 언어발달은 대부분 지체되어 있거나 최소한 지체 가능성이 높다고 보고하고 있다. 그리고 결과에 대한 해석은 매우 원론적이다. 그에 대해 김희용(2009)은 다음과 같이 말한다.

다문화가정 자녀들의 언어발달지체 연구자들은 '어머니의 한국어능력 및 한국문화에 대한 이해 부족으로 결정적 시기에 원활한 언어자극이 결핍되어 자녀의 언어발달이 늦어지고 의사소통의 제한'이 발생한다고 설명하였다. 이러한 분석은 아동의 언어발달지체를 한국어가 서툰 어머니에게서 찾고 있다. 가정의 경제적 문제, 고부간의 문제, 부부간의 문제 등 다양한 관점에서 이러한 문제에 접근할 필요도 있다고 본다.

앞서 언급한 바와 같이, 다문화가정 아동들의 언어발달은 일반아동과 비교하여 지체 경향을 보인다(정은희, 2004; 류현주 외, 2008; 이수정 외, 2008; 김화수 외, 2009). 그러나 다문화가정 아동의 언어발달지체나 언어결함은 일반가정 아동과 마찬가지로 저해요인이 있을 때 더욱 뚜렷이 나타난다. 대표적인 요인은 다음과 같다.

- 아동의 전반적 발달지체: 운동·감각·인지·정서 발달 영역에서 문제를 가진 경우
- 아동의 음운인식능력의 결함: 청각기관은 이상이 없으나 청각적으로 변별능력이 떨어지는 경우
- 아동의 구강근육을 비롯한 감각기능 저하: 혀와 입술 등과 같은 조음기관의 이상이나 조절능력의 기능 이상
- 주변의 언어적 자극 결핍: 언어적 자극이 충분히 주어지지 않거나 바람직하지 않은 형태로 언어자극이 주어지는 경우
- 부모와의 상호작용 결핍: 부모가 시간적 여유가 없거나 관심이 없어서 함께 놀아 준다거나 책을 읽어 주는 등의 상호작용이 이루어지지 않는 경우
- 주변 사람들의 잘못된 이중언어 사용: 특정한 언어 사용이 억제되거나, 두 개의 언어가 무분별하게 혼합되어 사용되는 경우[8]

이중언어를 사용하는 아동에게서 나타나는 일반적인 특성 가운데 대표적인 것은 언어 간 간섭 현상과 언어혼합 또는 언어교체다. 언어 간 간섭(interlingual interference)은 습득된 모국어가 외국어의 사용에 영향을 미치는 현상으로서, 한 언어체계의 구조가 다른 언어체계를 간섭하는 것이다. 언어마다 규칙을 형성하고 있기 때문에 외국어 학습에서 간섭현상은 필연적이라 할 수 있다. 언어 간 간섭은 음운론적·의미론적·통사론적 측면 등 언어의 모든 측면에 걸쳐서 일어난다(이한규, 2002). 이러한 언어 간 간섭 현상은 의사소통 자체를 방해하지는 않는다. 그리고 일반적으로 아동의 경우 언어수준이 향상될수록 점차 사라지게 된다.

언어혼합(언어혼성, codemixing)은 담화에서 특정 언어가 기본 언어로 유지된 채 다른 언어의 낱말이나 구 등이 삽입되는 경우를 말하며, 언어교체(codeswitching)는 말 그

---

8 특정인이 두 개 이상의 언어를 바꿔 가며 사용하는 경우를 말한다.

〈표 13-5〉 언어 간 간섭

영역	
음운론적 간섭	그리스어-독일어를 사용하는 아동이 독일어 /sch/와 그리스어 /s/의 차이를 구별하지 못하여 'Tasche(타쉐: 주머니)'라는 단어를 'Tasse(타세: 찻잔)'로 발음한다.
의미론적 간섭	영어-독일어를 사용하는 5세 아동의 경우 "Winter is around the corner." 대신 "Winter is bevor the door."라고 말한다.
구문론적 간섭	영어-독일어를 사용하는 경우 "Where did you see him?"이라는 질문에 "On T.V." 대신 "In TV"라고 답한다. 왜냐하면 독일어에서는 "im Fernsehen"이라 써 왔기 때문이다

출처: Triarchi-Herrmann (2006).

대로 소통의 기본 언어를 완전히 교체하여 사용하는 것을 말한다(손희연, 서세정, 2008). 이중언어를 사용하는 사람의 경우 언어혼합과 언어교체는 무의식적으로 나타난다. 일부는 완전하지 못한 언어능력으로 보기도 하지만, 반대로 많은 전문가는 높은 의사소통능력으로 평가하기도 한다. 예를 들어 보자.

 a) "Hausaufgabe는 정말로 싫어. 하지만 fleissig하게 하긴 해야지."
 b) "Mum, I bet you're finished, und, Bert, wenn Du ferig bist, and when you're finisched, Frankie, then I'll still have some juice left."

8세까지의 어린 아동의 경우에는 a)에서처럼 명사나 형용사 혹은 동사들이 한 문장에서 혼합되어 나타나지만, 연령이 높아질수록 b)의 경우처럼 대화의 기본 언어가 바뀌는 양상을 보이기도 한다. 이것은 두 개 또는 더 많은 언어를 의사소통 상황에 따라 적절하게 구사할 수 있는 능력으로 만들어진다(Grosjean, 1982).

4. 다문화가정 아동의 언어지도

다문화가정 아동의 언어지도는 어떻게 하여야 하는가? 앞서 언급한 바와 같이, 다문화가정의 경우 많은 아동이 취학 전에 언어발달지체 현상을 보인다. 그러나 고학년에 접어들면서 그 차이는 점점 감소하는 대신, 전반적인 학업성취능력이 상대적으로 부진한 현상을 빚기도 한다. 결국 언어는 교과학습 활동 전반에 영향을 준다는 점에서 적극적인 지도가 이루어져야 한다. 무엇보다도 아동의 언어문제가 단순히 양적·질적인 한국어와의 접촉 부족에서 기인한 것인지, 아니면 언어습득 자체에 대한 개인적인 결함인지에 대해 생각하여야 한다. 만약 전자라면 사회적 상호작용의 기회를 증가시키고 적극적인 언어중재를 하여야 하며, 후자에 해당한다면 전문적인 언어치료 서비스를 받도록 하는 것이 좋다(Suchodoletz, 2007b).

다문화 아동의 언어발달을 평가하는 데에 있어서는 표준화검사 결과만으로는 문제를 정확히 파악할 수 없으므로 자발화 평가 및 역동적 평가 등을 통한 비공식적 평가를 함께 실시하여야 한다. 부모의 한국어 능력과 가정에서의 언어자극 방법 등을 파악하고 중재 시에도 가족을 포함시키는 것이 좋다.

1) 조음오류

다문화가정 아동들은 조음오류를 많이 보인다. 흔히 보이는 발음상의 오류는 읽기와 쓰기에까지 고착화될 수 있으므로 저학년 단계에서부터 확실하게 바로잡아 주어야 한다. 일반적으로 평음과 격음 또는 경음 등의 사용에 혼란을 보인다. 예를 들면, 평음을 격음이나 경음으로 혹은 그 반대가 되거나, [pabo]를 [papo]로 발음하는 등의 유성음-무성음의 혼돈을 보이는 경우가 많다. 모음 오류로서 [ʌnni]를 [onni]로, /ㅡ/ /ㅓ/로 발음하거나 [kiɾe]를 [kuɾe]로 발음하기도 한다. 일본어권의 경우에는 특히 받침 발음에 어려움을 보이며, 중국어권의 경우에는 억양상의 오류를 많이 보인다(최미숙 외, 2008; 김화수, 2012). 따라서 말하기 지도를 할 때 발음의 정확성에 주안점을 두어야 한다. 원인이 '언어 간 간섭' 등으로 인한 음운상의 문제일지라도 증상이 6세까지 자연스럽게 소멸되지 않을 경우에는 특별한 언어지도를 받도록 하여야 한다. 발음이 부정확한 외국인 어머니의 영향으로 상대적으로 발음이 좋지 않은 아동에 대해서는 발음지도를 강화하여야 하는데, (조음기관의 결함이 아니라는 전제하에) 수업시간에 집중해서 반복해서 훈련시키는 것보다는 반응적 상호작용을 통해서 지도하는 것이 좋다. 이때 일종의 심리적인 위축을 느끼지 않도록 주의하여야 한다. 특히 잘못된 발음은 들을 때도 잘못 들는 경우가 많으므로 발음을 정확하게 듣고 있는지를 확인하는 것이 중요하다.

많은 경우에는 잘못된 발음을 지적하고 교사의 모델링만으로는 아동의 발음 오류를 교정하기 어렵다. 그럴 경우에는 어떤 조건에서 자음과 모음이 산출되는지를 알려 줄 필요가 있는데, 예를 들면 /아/를 발음해야 할 때 입을 크게 벌리지 않으면 /어/에 가까운 소리가 날 수 있으며, /어/를 발음해야 할 때 입술을 평평하게 하지 않고 동그랗게 오므리면 /오/에 가깝게 잘못 발음하게 된다. 입술의 모양을 정확하게 하지 않으면 '거울[고을]' '그림[구림]' 등으로, 혀의 높낮이를 정확하게 지키지 않으면 '더럽다[드럽다]' 등으로 발음이 된다. 자음의 경우에도 '시다'를 [지다]에 가깝게 발음하는 것은 혓바닥과 입천장 사이를 좁혀서 마찰하여 발음해야 하는데, 혓바닥을 입천장에 붙였다가 떼면서 발음하기 때문이다(전나영. 2015). 한국어를 정확하게 발음하지 못하면 읽기뿐만 아니라 쓰기에서도 비슷한 오류를 범할 수 있으므로 발음지도는 매우 중요하다.

2) 유창성

유창성이란 자연스러운 억양과 속도로 대화해 나가는 능력을 말한다. 아동이 두려움 없이 적극적으로 말하기 활동에 참여할 수 있도록 동기부여를 해 주어야 한다. 경우에 따라서는 의사소통 상황이 매우 제한적일 수 있으므로 다양한 사람과 다양한 환경에서 말하는 상황을 만들어 주는 것이 필요하다. 큰 소리로 텍스트를 읽히거나 자신이 만든 짧은 글을 소리 내어 읽게 하여 부자연스러운 억양을 교정할 수 있다. 특히 외국인이나 다문화가정 아동은 운율(prosody)의 문제를 많이 보인다. 운율이란 강세, 리듬, 음장 그리고 억양을 의미하며, 대부분 외국어를 말할 때는 모국어의 운율을 사용하는 경향이 있다. 다문화가정 아동은 어머니의 영향을 받아 부자연스러운 운율을 보이기 때문에 낭독연습을 통해 말마디를 정확하게 끊어 읽거나, 단어의 첫음절에 강세를 두는 등의 지도가 필요하다. 한국어에도 강세가 있다. 2음절어의 경우에는 첫음절에 강세가 놓인다. 예를 들면, '학교' '사람' '사랑'이 이에 해당한다. 다음절의 경우에는, 예를 들면 '눈사람' '잘못하다'와 같이 첫음절이 받침으로 끝나면 첫음절에 강세가 놓인다. 반면에 첫음절에 받침이 없는 경우에는 둘째 음절에 강세가 온다(이호영, 2012). 예를 들면, 다음과 같다.

연분홍/ 치마가/ 봄바람에/ 휘날리더라/

오늘도/ 옷고름/ 입에/ 물고/

억양은 말에 얹히는 높낮이 곡선으로서 한국어 2음절어의 경우에는 첫음절을 좀 더 높은 음도로 발음한다. 사람↘, 큰일↘, 꽃밭↘ 등으로 억양을 준다. '눈사람' 또는 '봄바람'과 같은 3음절에서는 일반적으로 2음절에 억양을 좀 더 주는 경향이 있으며, 4음절 이상의 경우에서는 1음절과 2음절에서 억양이 모두 가능하다. 그러나 3음절과 4음절에 억양이 들어가는 예는 한국어에 거의 없다고 볼 수 있다(이호영, 2012).

3) 비문법성

다문화가정 아동의 언어지도는 말을 소통하는 데 목적이 있는 것이 아니라 '정확한 언어구사'를 목적으로 한다. 어머니가 사용하는 비문법적인 문장들이 그대로 사용되는 경향이 있으므로 정확한 어법에 맞게 문장을 구사하도록 지도하여야 한다. 예를 들면, "홍숙이가 넘어가요."라고 말한다면, "홍숙이가 넘어졌어요."라고 교정하여 말하도록 해야 한다. 말하는 도중에 교사가 문법 오류를 수정하는 것이 바람직한지 아니면 말을 모두 다 마친 후 교정해 주는 것이 바람직한지에 대해서는 이견이 있다. 말하는 도중에 끊임없이 오류를 수정할 경우 오히려 의사소통의 흐름을 방해할 수 있다는 주장이 있을 수 있으나 만약 총체적 오류의 경우에는 메시지가 왜곡될 수 있으므로 최대한 의사소통이 방해받지 않는 범위 내에서 오류 교정이 이루어지는 것이 바람직하다(권순희, 2006).

다문화가정 아동은 조사와 시제 사용 그리고 의문사와 연결어미 사용 등을 특히 어려워한다. 조사에서 '에'는 동작이 이루어지는 방향의 목적지이며, '에서'는 동작이 이루어지는 방향의 출발점이다. '에'는 상태가 유지되는 장소이고 '에서'는 동작과 행위가 이루어지는 장소라는 등으로 설명할 수 있으나, 가장 중요한 것은 그림카드나 책 등을 이용하여 흥미를 자극시켜 주고, 일상생활에서의 예시로 구성되어야 한다. 다음은 3~5세 다문화가정의 자녀 문법교육을 위한 수업지도안이다.

〈표 13-6〉 **연결어미 표현 교육을 위한 수업지도안**

활동명	안전하게 놀아요		대상	3수준
활동목표	• 친구와 놀이할 때 지켜야 할 약속에 대해 말할 수 있다. • 연결어미 '–면'을 이용하여 안전한 상황과 안전하지 않은 상황을 표현할 수 있다.			
준비물	위험한 상황 그림카드, 안전한 상황 그림카드, 게임판, 주사위, 스티커, 게임말			
언어영역	어휘	개념	구문구조	대화, 이야기

	활동내용	참고
도입	1. 놀이할 때 다쳤거나 위험했던 경험을 말해 본다. 2. 상황 그림을 보고 어떤 상황인지 이야기한다. • 교실이나 계단에서 뛰어다니면 어떻게 될까요? • 친구를 놀리거나 때리면 어떻게 될까요? • 책상이나 의자 위에서 놀면 어떻게 될까요?	그림으로 상황 제시
제시 · 연습	3. 친구들과 안전하게 놀 수 있는 방법에 대해 말해 본다. 예: 친구를 때리거나 괴롭히지 않는다. / 양보한다. 교실에서 뛰어다니지 않는다. / 친구를 도와준다. 의자, 책상 위에 올라가지 않는다. / 떠들지 않도록 한다. 계단에서 뛰어다니지 않는다. / 줄을 서서 차례를 지킨다. 4. 다양한 상황의 그림카드를 보고 안전한 상황과 안전하지 않는 상황에 대해 이야기한다. • 카드의 상황을 언어로 표현해 보게 한다. –'계단을 천천히 올라가요.' '친구가 창틀에 올라가요.' 등 • 카드 중에서 안전한 것을 골라 보고 다음과 같이 표현해 보게 한다. – _____면 안전해요. • 카드 중에서 위험한 것을 골라 보고 다음과 같이 표현해 보게 한다. – _____면 안전하지 않아요. • 그리고 어떻게 하면 안전하게 놀 수 있는지 말해 본다.	그림카드 제시
또래 상호 작용활동	5. 게임 기본판과 그림카드를 준비한다. • 게임 기본판에 그림카드(안전한 상황과 안전하지 않은 상황)를 붙여 서 게임판을 만든다. • 완성된 게임판을 이용하여 주사위 게임을 한다. ① 두 팀으로 나누어 순서를 정한다. ② 주사위를 던져 나온 수만큼 칸을 이동한다. ③ 이동한 칸에서 가장 가까운 그림카드를 보고 그 상황이 안전한지 안전하지 않은지 '–면 안전해요' '–면 안전하지 않아요' 문형을 이 용하여 표현한다. ④ 말이 꼭대기 창문에 먼저 도착하는 팀이 게임에서 이긴다.	
마무리	6. 게임을 정리한다(마친 후 이긴 팀에게 스티커를 준다). 7. 교재로 교실 규칙을 만들면서 정리한다.	–

출처: 오경숙, 정영미(2010).

〈표 13-7〉 **의문사 표현 교육을 위한 수업지도안**

활동명	고마우신 분들		대상	2수준
활동목표	• 여러 직업 및 각 직업의 동작을 표현할 수 있다. • 의문사 '뭐(무엇, 무슨, 어디, 언제 등)'를 사용하여 질문할 수 있다.			
준비물	여러 가지 직업과 도구 그림자료, 배달물건 그림 또는 실물, 전화기			
언어영역	어휘	개념	구문구조	대화, 이야기
활동내용				참고
도입	1. 그림자료를 이용하여 여러 가지 직업을 가진 어른들의 모습을 보여 주고 무슨 일을 하는지 알아볼 것임을 알린다.			직업 그림자료
제시· 연습	2. 이런 일을 하는 어른을 본 적이 있는지 묻고 관련 경험을 이야기한다. 　－'누구예요?' '무슨 일을 해요?' '어디에서 봤어요?' '언제 봤어요?' 등의 　　질문을 통해 의문사 의문문을 이해할 수 있도록 돕는다. 3. 각 직업과 관련된 물건 그림을 보여 주고, 직업 그림과 일대일 대응으로 붙여 제시한다. 　－'뭐예요?' '누가 쓰는 물건이에요?' 등			직업도구 그림자료
또래 상호 작용활동	4. 음식 주문－배달 놀이를 해 본다. 　• 배달과 관련된 직업을 소개하고 주문해 본 경험을 이야기하게 한다. 　• 아동들이 좋아하는 배달음식(자장면 등)을 하나 골라 주문, 배달하 　　는 연습을 시범 보인다. 　(전화주문 받는 시늉을 하면서) 　교사: 따르릉 따르릉~ 여보세요. 맛있다 중국집입니다. 무엇을 주문 　하시겠습니까? 　아동: 자장면이요. 　교사: 자장면이요? 어디로 배달해 드릴까요? 　아동: (자기 주소 간단히) 　교사: 네, 알겠습니다. 　(배달하는 시늉을 하면서) 　교사: 딩동딩동~ 자장면 왔습니다. 　아동: 감사합니다. 　－다른 아동과도 연습해 보고 역할을 바꾸어서 연습해 본다. 아이들 　　이 잘할 경우, 주문 물건을 바꾸고 '언제 받고 싶으세요?' '몇 개 배 　　달해 드릴까요?' 등의 추가 질문을 소개한다. 　－피자 상자, 책, 과일 상자, 장난감 등 배달 실물자료를 준비하여 아 　　동들끼리 주문-배달 놀이를 해 보게 한다. 역할을 번갈아 할 수 있 　　도록 한다.			배달과 관련된 직업 그림, 배달물건 그림 또는 실물, 전화기
마무리	5. 오늘 배운 어휘와 의문문들을 점검하고 활동을 마무리한다.			

출처: 오경숙, 정영미(2010).

4) 낮은 어휘력

다문화가정 아동은 저학년의 경우 수용언어와 표현언어 모두에서 지체를 보이는 경향이 있다. 경험과 배경지식의 부족으로 인한 낮은 어휘력은 교과내용을 이해하는 데에도 부정적인 영향을 미친다. 따라서 교사는 단원에 새로운 어휘가 나왔을 때 아동이 알고 있는지를 확인하고, 시청각 자료들을 통해 충분히 전달해 주도록 노력해야 한다. 겉으로는 장난치듯이 말을 잘하기 때문에 의식하지 못하는 경우가 많다. 그러나 실제로는 언어발달지체 가능성이 높다는 점을 염두에 두고, 필요에 따라서는 정확한 검사를 통해 아동의 언어발달수준을 파악하여야 한다. 단일언어 아동들은 일반적으로 별도로 어휘학습을 시키지 않아도 일상생활 속에서 대부분 어휘를 습득한다. 그러나 다문화가정 아동들은 유아교유기관이나 학교에 입학하기 전까지 부모로부터 혹은 국제결혼을 한 한쪽 부모로부터 충분한 어휘적 자극을 받지 못하는 경향이 있으므로 어휘 중심의 지도가 별도로 필요하다. 문장에 단어를 채워 나가는 과제〈표 13-8〉이나 [그림 13-4]와 같이 놀이 식으로 지도할 수 있다.

〈표 13-8〉 문장 단어 채우기 과제(예시)

문장	답
의사선생님은 ( )로 진찰을 하신다.	청진기
옷을 꿰매기 위해서는 ( )과 ( )이 필요하다.	실, 바늘
삼일절, 제헌절, 광복절 등은 우리나라 ( )이다.	국경일
사계절에는 봄, ( ), 가을, 겨울이 있다.	여름

아동들은 돌아가면서 칠판에 하나의 그림카드를 붙이고, 한 명씩 나가서 연관되는 단어들을 덧붙여 나가면서, 예를 들면 "사과는 과일입니다." "백설공주가 사과를 먹었습니다." 등 자유자재로 문장을 만들어 가는 놀이를 할 수도 있다([그림 13-4] 참조). 이는 의미지도 그리기(semantic mapping) 방법의 하나로 하나의 주제어를 중심으로 관련된 어휘나 사실들을 자유롭게 기술해 나가는 방법이다.

언어발달상의 문제를 보이는 다문화가정 아동을 만나게 된 교사는 우선은 다문화에 대해 구체적으로 알지 못하고 경험하지 못한 것에 대한 어색함과 두려움을 느낄 수 있으며, 다문화가정 아동의 언어발달상의 문제를 '장애'로 보아야 하는지 아니면 '정상적

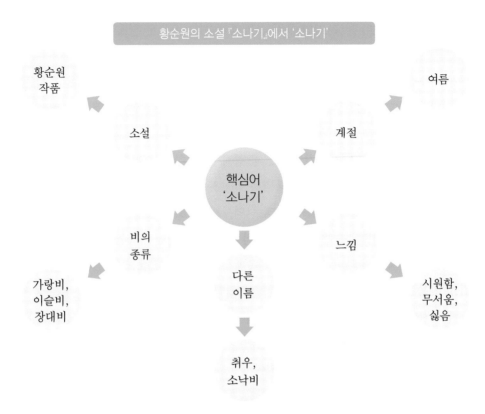

[그림 13-4] 의미지도 그리기(예시)

출처: 김형철, 이상구(2010).

발달범주'로 보아야 하는지에 대한 혼란스러움을 느낄 수 있다. 여기서 가장 중요한 것은 문화적 요인으로 인한 언어결함은 일차적으로 의사소통장애에 해당하지 않는다는 것이다. 그러나 실제로 단순언어장애 아동의 20~25%가 다문화가정 배경을 가지고 있다는 점에 주목할 필요가 있다. 물론 진단과정에서 아동이 두 개 언어 모두에서 언어습득 결함을 보이느냐 하는 것은 중요한 진단준거가 된다(Rothweiler et al., 2007).

앞서 언급한 바와 같이, 다문화가정 아동은 일차적으로 언어발달이 지체되고 언어적 결함을 보이는 비율이 상대적으로 높다. 그러나 섣불리 언어장애로 분류하여 낙인을 찍는 일은 피해야 할 것이다. 그러나 다른 측면에서는 학령기에 접어들면서 정상적인 언어발달을 하는 것처럼 보이지만, 고학년에 올라갈수록 특정 과목 혹은 전반적인 학업부진을 보일 수 있다는 점에서 다문화가정 아동의 언어교육 지원은 단순히 '언어'에 한정되는 것이 아니라 '학습지원' 성격으로 확장되어야 한다.

5) 부모교육

다문화가정의 증가로 인하여 학교와 유아교육기관은 이제 다양한 언어와 문화가 만나는 장소이다. 그리고 교사는 언어와 문화가 다른 이질적인 부모들로 구성된 집단과 하나의 협력관계를 만들어 나가야 한다. 부모는 자녀교육에 있어서 교사의 가장 중요한 협력자다. 다문화가정도 예외는 아니다. 부모의 교육수준과도 무관하며, 부모의 사회경제적 위치와도 무관하다. 모든 부모는 자녀의 학교교육에 적극적으로 참여하여야 한다. 자녀교육에 대한 요구와 참여에서 배제되지 않도록 교사는 다문화가정 부모를 대상으로 부모교육을 하여야 하며, 이때 다음과 같은 점에 초점을 두어야 한다.

첫째, 한국 교육 시스템에 대한 충분한 정보제공이다. 둘째, 교사-부모의 지속적인 면담을 통해 이해의 폭을 넓힌다. 셋째, 자녀교육에 적극적으로 개입할 수 있는 방법들을 제공하고, 그 역할에 대해 자긍심을 갖도록 한다. 넷째, 언어교육에 대한 지침을 제공한다.

언어교육에 대한 지침을 제공하는 데 있어서 중요한 것은 무엇보다도 교사가 언어발달에 대한 기본적인 지식 및 다문화가정에 대한 긍정적인 인식과 개방된 사고를 가지고 있어야 한다는 것이다. 교사의 지지는 아동의 학교적응과 정체성 형성에 절대적인 영향을 미치기 때문이다. 부모교육에서 무엇보다도 중요한 것은 부모가 어떻게 아동과 의사소통을 하는가다. 이에 대해 트리아치-헤르만(Triarchi-Herrmann, 2006)은 한 언어 대 한 부모(one language-one parent), 즉 자신의 모국어를 사용하여 아이와 대화하는 것이 중요하다고 보았고, 필자 또한 이에 적극 동의한다. 어머니가 자신의 모국어로 자녀와 대화를 하는 것은 가장 기본적인 권리이며, 자녀와의 상호작용을 가능하게 하는 기초수단이다. 이것은 어머니 언어에 대한 정체성을 가져야 한다는 이상적인 면을 주장하는 것도 아니고, 나아가 국가경쟁력 강화를 위해 이중언어 구사자로 만들자는 경제적인 면을 말하는 것도 아니다. 이것은 마땅히 누려야 할 소수언어자의 권리다. 부모들의 언어선택은 종종 여러 가지 이유로 잘못될 때가 있다. 자녀가 우수한 학생으로 성장하기 위해서는 우선 현지언어에 능통해야 한다는 생각이 있을 수 있는데, 특히 부모의 언어가 국제적인 선호도가 낮을 경우에는 거부현상이 뚜렷하게 나타난다. 두 개의 언어로 양육할 경우 아동의 언어발달에 부정적인 영향을 가져올 수 있다는 것도 흔한 이유 중 하나다. 여기서 가장 중요한 것은 부모-아동 간의 관계다. 부모와 거리감 없는 대화가 이루어지는 것은 아동의 정서발달에 매우 중요하며, 특히 다문화와 같은 소외감, 불안 그리고 부적응과 같은 심리적 갈등상황에 노출되기 쉬운 경우에는 부모와의 관계가 더욱 중요하다. 특정 언어에 대한 부모의 태도, 예를 들면 소수언어 구사자인 부모가 자신의 언어를 사용하지 않고 적절하지 않은 외국 억양으로 말했을 때, 십대 자녀는 당황감을 느끼며 혼란스러움을 경험하게 된다(정부연 역, 2006)는 것은 사실 앞서 언급한 바다.

다문화가정 아동이 가지고 있는 언어적 문제를 해결하는 것은 용광로정책에 기초한 무작정의 한국어교육이 아니라, 다수집단의 언어와 소수집단의 언어가 함께 고유성을 존중받으면서 '이중언어 사용'을 올바른 시각으로 바라보는 것을 전제로 한다. 두 가지 언어를 습득함으로써 얻어지는 언어발달과 사고력 배양 그리고 학업성취의 극대화와 같은 긍정적 측면이 강조되어야 할 시점이다.

1. 가능한 한 자녀와 많은 이야기를 한다. 언어적 자극은 환경요인 중에서 가장 중요하다. 따라서 자녀가 즐겁게 말할 수 있는 환경을 만들어 주어야 한다. 특정 언어를 사용하지 못하도록 하는 분위기는 피해야 한다. 그리고 자녀에게 말을 할 때에는 천천히 분명한 발음으로 말한다. 아기말을 사용하지 말고 완전한 문장으로 올바르게 말한다. 부모는 자녀의 언어 모델이 된다는 점에서 더욱 중요하다.

2. 부모는 항상 자신의 모국어로 일관성 있게 말한다(단, 현지어가 능숙하지 않다는 전제하에). 예를 들면, 베트남어가 모국어인 어머니는 베트남어로, 중국어가 모국어인 어머니는 중국어로 말한다. 불충분한 현지어로 말한다거나 일관성 없이 때로는 현지어, 때로는 모국어로 섞어 말하는 것은 좋지 않다.

3. 가급적 두 개의 언어자극이 비슷한 비중으로 주어지는 것이 바람직하다. 그러나 대부분 가족 내에서 사용하는 언어와 주변에서 사용되는 언어 사이에는 주어지는 자극의 양이 다를 수밖에 없다. 그럴 경우 많이 사용하는 언어는 빨리 큰 문제 없이 습득하지만, 그렇지 않은 언어는 천천히 습득하거나 잊혀져 버리기도 한다. 제2언어는 동화책이나 노래 등을 통해서 꾸준히 접할 수 있도록 해 주는 것이 좋다.

4. 자녀가 이중언어환경을 긍정적으로 받아들일 수 있도록 해 주어야 한다. 두 가지의 언어를 접하고 말할 수 있다는 것을 자랑스럽게 느낄 수 있는 상황을 만들어 주고 격려해 주어야 한다.

출처: Triarchi-Herrmann (2006).

참고문헌

강경숙, 최세민, 박숙현(2010). 지역사회환경 관련 스크립트를 이용한 사회극 놀이프로그램 적용. 놀이치료연구, 14, 89-104.

강문희, 김매희, 유정은(2007). 아동발달론. 경기: 공동체.

강성화, 김경회(2001). 유아언어교육. 서울: 동문사.

강수균, 권도하, 김동연, 김종현, 박래준, 석동일, 전헌선, 정옥란, 정재권, 조인수, 오세철(1996). 뇌성마비 언어치료. 대구: 한국언어치료학회.

강수균, 이재욱, 이효신, 전헌선(1999). 자폐아 언어치료. 경북: 대구대학교 출판부.

강영은(2006). 재량활동 학습을 위한 총체적 경험적 영어 프로그램의 실제. 열린교육연구, 14(1), 1-23.

강옥경, 김명순 역(2005). 영아 언어의 이해. 서울: 학지사.

강옥미(2006). 언어여행. 서울: 태학사.

강은희, 정옥란(1998). 짝자극 훈련 기법이 조음장애 아동의 경구개음의 전설음화 개선에 미치는 효과. 언어치료연구, 7(1), 149-158.

강혜경, 박은혜(2005). 교사와 언어치료사간 협력적 자문모델을 이용한 교실중심언어중재가 다운증후군 아동의 의사소통에 미치는 영향. 특수교육연구, 12(2), 309-329.

경기도교육청(2019). 다문화교육 사업교 현황.

고도흥(2004). 언어기관의 해부와 생리. 서울: 소화.

고려대학교 교육문제연구소 편(2007). 알기 쉬운 교육학 용어사전. 서울: 원미사.

고영규 역(2009). 생리학. 서울: 라이프사이언스.

고은(2002a). 유인원의 언어습득가능성에 대한 연구결과에 기초한 인간 뇌의 언어 기능적 고찰. 특수교육저널, 3(4), 1-25.

고은(2002b). 휴지와 분절화기법을 통한 청소년 말더듬의 집중언어치료. 한국언어청각임상학회, 7(1), 256-269.

고은(2004). 사물-색상 짝짓기 과제수행에서 나타난 실어증 환자의 시각적 의미기억. 언어치료연구, 12(3), 1-14.

고은(2006). 이중언어 사용 아동의 부모들이 갖는 모국어에 대한 가치기준과 경험적 의미. 언어치료연구, 15(3), 143-162.

고은(2010). 다문화가정 아동의 언어교육지원 체계 구축을 위한 모형제안. 교육의 이론과 실천, 15(2), 1-24.

고은, 권주석, 김경숙, 이태수, 조홍중, 최혜승(2009). 예비교사를 위한 특수아동의 이해. 광주: 전남대학교 출판부.

고은, 오숙현(2006). 어머니와의 상호작용 유무에 따른 영아기 언어발달 비교 분석. 특수아동교육연구, 8(1), 187-205.

고은, 채기화 역(2007). 청각장애와 언어장애아동을 위한 이완놀이. 서울: 시그마프레스.

교육부(2018). 2018 다문화교육 지원계획.

교육부(2019). 2019년 교육기본통계 결과 발표.

곽노의, 김경철, 김유미, 박대근(2007). 영유아발달. 경기: 양서원.

곽승철, 김하경, 노선옥, 박석돈, 박재국, 박화문, 안병즙, 오세철, 전헌선, 정재권, 정진자, 조홍중, 한경임(2008). 중복·지체부자유아 교육. 경산: 대구대학교 출판부.

구영산(2015). 다문화 예비학교의 대상자 선정에 대한 연구. 한국교육개발원, 42(3), 35-69.

구희산, 고도흥, 양병곤, 김기호, 안상철 역(1998). 음성학과 음운론. 서울: 한신문화사.

국립특수교육원(1998). 뇌성마비아 놀이지도의 이론과 실제. 경기: 국립특수교육원.

국립특수교육원(2009). 특수교육학용어사전. 서울: 하우.

국립특수교육원(2013). 중도·중복장애 학생 교수·학습자료 개발 기초 연구.

국립특수교육원(2017). 중도·중복장애학생 의사소통 몸짓언어 개발 기초자료집.

권도하(2011). 언어치료학사전. 경산: 물과 길.

권도하 역(2001). 언어치료학 개론. 대구: 한국언어치료학회.

권동현(1997). 변형생성문법에 대하여. 한일문제연구소, 5, 223-232.

권미선, 김향희, 최상숙, 나덕렬, 이광호(1998). 한국 성인의 자발화 분석에 관한 연구: CIU 분석법을 중심으로. 언어청각장애연구, 3, 35-49.

권석만(2003). 현대이상심리학. 서울: 학지사.

권순희(2006). 한국어 문법 교육 방법과 수업 활동 유형. 한국초등국어교육, 31, 5-40.

권요한, 김수진, 김요섭, 박중휘, 이상훈, 이순복, 정은희, 정진자, 정희섭(2010). 특수교육학개론. 서울: 학지사.

권혁철, 김연실 역(1997). 운동발달 촉진을 위한 놀이자세 지도. 서울: 도서출판 정담.

김경양(2016). Eye tracking 기법을 적용한 AAC 중재가 지체중복 장애학생에게 미치는 효과. 지체·중복·건강장애연구, 59(4), 181-211.

김광해, 권재일, 임지룡, 김무림, 임칠성(2009). 국어지식탐구. 서울: 박이정.

김광해 외(1999). 국어지식탐구. 서울: 박이정.

김나애, 임경원(2017). 강화된 환경중심 언어중재가 지적장애유아의 자발적 요구하기에 미치는 영향. 특수교육논집, 22(1), 1-21.

김남순(2005). 정신지체아동 교육의 이론과 실제. 경기: 교육과학사.

김다정(2019). 한국어 교실 발화에서 나타나는 교사와 학습자의 직시 표현 사용양상. 한국어문화교육학회, 12, 29-32.

김대권(2013). 바로 지금 협동학습: J316의 법칙. 즐거운 학교.

김동국(2010). Baby Talk가 언어능력(FL)의 성장에 미치는 영향에 관한 소고. 언어과학, 17(1), 45-60.

김동일, 손승현, 전병운, 한경근(2010). 특수교육학개론. 서울: 학지사.

김말남(1999). 소리내어 생각하기 활동이 유아의 기억에 미치는 영향. 아동교육, 8(1), 49-60.

김명광(2011). 노암 촘스키의 언어와 정치. 대구대학교 인문과학연구소, 19-40.

김명선, 강은주, 강연욱, 김현택 역(2010). 인지 신경과학과 신경심리학. 서울: 시그마프레스.

김미숙, 김용학, 박길성, 송호근, 신광영, 유홍준, 정성호 역(1989). 사회학. 서울: 을유문화사.

김병하(2009). 한국 특수교육의 학사적 일 연구: 초기(1960~70년대) 연구 활동 중심으로. 특수교육학연구, 43(4), 1-22.

김봉석, 박지웅, 황준원, 유희정, 곽영숙, 반건호(2013). 피아제의 인지발달학적 측면에서 영화가 아동 배우에게 어떠한 영향을 미치는가?. 소아·청소년정신의학, 24, 65-70.

김석엽(1987). 인체의 생리. 서울: 생명의 이치.

김석주(2015). 지적장애아동의 표현언어 증진을 위한 음악활동 프로그램 개발. 부산교육대학원 석사학위 청구논문.

김선희(2020). 경직형 뇌성마비 아동의 조음능력 관련 변인. 재활치료과학, 9(10), 79-90.

김수진, 최승숙, 김정연(2006). 특수학급 교사들의 학교언어치료 서비스 모형에 관한 인식조사. 언어청각장애연구, 11(1), 121-139.

김숙희, 김현기(2008). 경직형 마비말장애의 음성언어의학적 특성. 음성과학, 15(4), 159-170.

김양호, 김윤환, 김철승, 문하영, 민병운, 박종항, 손배민, 이용탁, 최은영, 최완수, 홍성일(2009). 인체생리학. 서울: 현문사.

김연진, 이상희(2007). 부모교육. 서울: 태영출판사.

김영태(1996). 그림자음검사를 통한 2~6세 아동의 자음정확도 연구. 말·언어장애연구, 1, 7-33.

김영태(1998). 한국 2~3세 아동 문장의 의무론적 분석: 의미단위수, 의미유형, 의미관계를 중심으로. 언어청각장애연구, 3, 20-34.

김영태(2002). 아동언어장애의 진단 및 치료. 서울: 학지사.

김영태, 박은혜, 한선경(2016). 한국 보완대체의사소통 평가 및 중재프로그램. 서울: 학지사.

김영태, 송승하, 김정아, 김효창(2018). 한국아동 메타-화용언어검사(KOPLAC)의 개발: 타당도와 신뢰도 분석. Communication Sciences and Disorders, 23(1), 94-108.

김영하(2010). 다문화사회와 새터민 청소년의 교육문제. 윤리교육연구, 21, 223-248.

김옥순, 김진호, 신인순, 안선영, 이경화, 이채식, 전성민, 조아미, 최상호, 최순종 역(2009). 다문화교육: 이론과 실제. 서울: 학지사.

김유화, 곽영숙(2016). 균형적 언어교육 프로그램 모형 개발─드림스타트 저소득 가정 유아를 대상으로─. 한국콘텐츠학회 논문지, 16(12), 600-621.

김윤신(2016). 국어 문법 교육 내용으로서의 '언어의 본질과 기능'에 대한 연구. 언어학, 74, 25-50.

김은화, 이승희(2007). 특수학교정신지체학생의 정서·행동문제특성과 관련변인. 특수교육학연구, 42(3), 187-217.

김의향(2006). 7∼24개월 영아의 의사소통적 몸짓과 어휘 습득간의 관계. 연세대학교 대학원 박사학위청구논문.

김재옥(2010). 한국정상성인의 모음과 문단산출 시 전기성문파형 측정. 말소리와 음성과학. 2(4), 223-228.

김재옥, 최홍식(2009). 평가자의 청지각적 음성평가와 대상자의 주관적 음성평가 비교. 언어청각장애연구, 14, 223-235.

김정권 역(1993). 정신지체아교육의 원리와 실제. 서울: 교육과학사.

김정민 역(2006). 피아제의 인지발달이론. 서울: 학지사.

김정연, 윤형준(2015). 통합교육환경에서 AAC 중재가 자폐성장애 학생의 의사소통행동과 문장표현에 미치는 영향. 특수아동교육연구, 17(1), 293-315.

김정효(2012). 지식기반사회에서 융합교육을 위한 간학문적 통합교육의 가능성 탐색. 문화예술교육연구, 7(1), 175-200.

김종현(2001). 변별자질을 이용한 조음장애 치료방법에 대한 고찰. 아동연구, 10, 48-65.

김종현(2002). 음운발달에 대한 고찰. 아동연구, 11, 69-86.

김주영(2001). 우리말 마찰음 /ㅅ/의 조음형성지도 방법. 특수교육 교육과정 연구, 2, 287-305.

김주혜, 박은혜(2005). 보완대체의사소통 중재에서의 관련자간 협력에 관한 연구 문헌 분석. 언어청각장애연구, 10(2), 128-140.

김창호(2002). 귀국 학생을 위한 이중언어교육의 필요성. 이중언어학, 21, 122-140.

김창호, 박성우(2005). 초등부 5학년 경도정신지체학생과 또래 비장애학생의 전신운동기능 발달비교 분석 연구. 특수교육연구, 12(2), 221-242.

김창호, 최미점(2018). 개별차원의 긍정적 행동지원(PBS)이 지적장애 아동의 문제행동에 미치는 영향. 행동분석·지원연구, 5(2), 21-43.

김춘경(1998). 학습부진아의 심리 역동성에 관한 연구: Adler의 개인심리학을 중심으로. 발달장애학회지, 2(2), 1-14.

김태경, 이필영, 장경희(2006). 연령 및 성별 변인과 MLU의 상관관계연구. 국제어문. 38, 107-124.

김태환(2016). 한국 이민정책의 배제·동화프레임: 이주노동자와 여성결혼이민자정책을 중심으로. 한국이민정책학회, 1, 117-150.

김하은(2019). 기능중심의 종합적 중재가 자폐성장애 유아의 즉각반향어 및 적절한 의사소통 반응에 미치는 효과. 유아특수교육연구, 19(2), 101-126.

김한수(2014). 기능성 음성장애 치료의 고려사항. 대한후두음성의학회지, 25(2), 86-89.

김현섭(2013). 수업을 바꾸다: 고민하다. 디자인하다. 함께 나누다. 한국협동학습센터.

김형복(2004). 한국어 음운 변동 규칙의 교수-학습 순서 연구. 한국어교육, 15(3), 23-41.

김형철, 이상구(2010). 읽기 전략 교수·학습의 이론과 실제. 서울: (주)교학사.

김혜리(1998). 마음이론과 자폐증. 심리학의 연구문제. 5, 71-97.

김화수(2012). 다문화 가정 아동의 발음 유형 및 특색. 다문화 가정 구성원을 위한 한국어발음 연수. 한국음성학회.

김화수, 김지채, 권수진(2009). 학년에 따른 다문화가정 아동과 일반가정 아동의 생성이름대기 특성 비교. 특수교육: 이론과 실천, 10(4), 331-360.

김희수(2003). 신교육심리학. 서울: 한올출판사.

김희용(2009). '유아 다문화 교육의 현황 및 교육적 지향점'에 대한 토론자료. 2009년도 한독교육학회 춘계학술대회 발표자료집, 55-59.

남기심, 고영근(2009). 표준국어문법론. 서울: 탑출판사.

남현욱, 권도하(2005). 경직형 및 불수의 운동형 뇌성마비인의 운율 특성. 언어치료학회, 14(2), 111-127.

남현욱, 권도하(2009). 뇌성마비 유형별 구어산출 하위체계 특성비교. 언어치료연구, 18(2), 17-50.

대한청각학회 편(2008). 청각검사지침. 서울: 학지사.

류현주, 김향희, 김화수, 신지철(2008). 다문화가정 아동의 조음능력 및 음운변동특성. 음성과학, 15(3), 133-144.

마송희(2006). 문학을 활용한 음운인식프로그램 개발연구. 육아지원연구, 1(2), 91-110.

문영일(1982). 알기 쉬운 음성학-아름다운 목소리. 서울: 청우.

문영일(1987). 기초 음성학과 발성기법. 서울: 청우.

민경환, 김명선, 김영진, 남기덕, 박창호, 이옥경, 이주일, 이창환, 정경미 역(2011). 심리학개론. 서울: 시그마프레스.

박경자, 이재근 역(1996). 심리언어학 입문. 서울: 한신문화사.

박덕유(2012). 학교문법론의 이해. 서울: 역락.

박민, 이승복, 김혜리, 윤효운(2007). 마음이론의 신경기초. 한국심리학회지. 26(2), 39-62.

박성익(1995). 열린 교실에서의 수업원리 탐색. 전국열린교실연구응용학회지, 3(1), 89-94.

박소현(2007). 장애유아 통합교사를 위한 언어치료 지원요구 분석 및 교사지원교육 효과 연구. 이화여자대학교 대학원 박사학위청구논문.

박수자(2014). 초등 읽기 단원 체제와 질문 분포 양상의 관계. 한국초등국어교육학회, 54, 159-185.

박수철, 유수아 역(2011). 언어의 역사. 경기: 21세기북스.

박순길(2005). 뇌성마비아 인지적 능력과 언어학습 기능의 관계분석. 대구대학교 대학원 박사학위청구논문.

박순희(2005). 시각장애아동의 이해와 교육. 서울: 학지사.

박승희, 장혜성(2003). 교실중심 언어중재를 위한 교사와 언어치료사의 협력적 역할 수행. 언어청각장애연구, 8(1), 117-143.

박시균(2012). 한국어 발음 개요. 다문화가정 구성원을 위한 한국어 발음연수. 한국음성학회.

박영순(2007). 다문화사회의 언어문화 교육론. 서울: 한국문화사.

박영순(2007). 한국어 화용론. 서울: 박이정.

박은수, 이윤경(2007). 초등 저학년 단순언어장애아동의 복문산출. 언어치료연구, 16(4), 45-59.

박은혜(2003). 지체 및 중도장애학생들을 위한 보완·대체의사소통 활용. 국제세미나 자료집, 10, 195-225.

박은혜(2017). 중도중복장애학생의 의사소통 몸짓언어 개발 기초 연구. 경기: 국립특수교육원.

박은혜, 김정연(2010). 지체장애학생교육. 서울: 학지사.

박은혜, 신은수 역(2010). 정신의 도구. 서울: 이화여자대학교 출판부.

박재승(2010). 의사소통 교육의 현황과 과제. 새국어교육, 85, 119-140.

박종필(2016). 다문화 예비학교 운영 개선 방안 탐색. 초등교육연구, 27(2), 289-305.

박지윤, 석동일(2007). 이중언어환경 아동의 언어연령과 평균형태소 길이의 특성. 특수교육저널: 이론과 실천, 8(3), 445-463.

박지은, 김정민, 노진아(2014). 강화된 환경중심 언어중재가 언어발달지체 유아의 자발화에 미치는 영향. 특수아동교육연구, 16(3), 165-192.

박찬희, 제덕희, 박병도(2017). 시각언어중재가 지적장애아동의 단어재인에 미치는 효과. 한국청각언어장애교육연구, 8(1), 121-135.

박해빈, 신태섭(2016). 저소득층 청소년의 인지 및 메타인지 전략이 학업 성취에 미치는 영향: 비저소득층 청소년과의 비교를 중심으로. 열린교육연구, 24(2), 307-332.

박현주 역(2008). 보완대체의사소통. 서울: 학지사.

박형민(2012). 다문화 예비학교 운영 방안 연구. 중앙다문화교육센터.

박혜경, 김영실, 김진영, 김소양(2003). 유아언어교육: 이론과 실제. 서울: 양서원.

박혜숙, 나은우 역(1990). 뇌성마비의 언어치료: Bobath 치료법의 개요. 서울: 연세대학교 출판부.

박혜숙, 최진혁, 김정일 역(2011). 언어행동분석. 서울: 시그마프레스.

박화문(2001). 지체부자유아 심리. 경북: 대구대학교 출판부.

배인호, 박희준, 김근효, 권순복(2014). 증강현실기반 언어치료 프로그램의 교육적 적용. 언어치료연구, 23(2), 139-152.

배재연(2010). 1~18개월 영유아의 음성발달연구. 한림대학교 대학원 박사학위청구논문.

배재연, 고도흥(2010). 음성발달 모델에 따른 1~18개월 영유아의 음성특징. 말소리와 음성과학, 2(2), 27-36.

백장현, 장세희, 김영식(2002). 웹 기반 교정적 피드백 유형이 학업성취도에 미치는 영향. 컴퓨터교육학회 논문지, 5(3), 59-67.

서선진, 안재정, 이금자 역(2010). 특수교육 교수방법. 서울: 학지사.

서울대학교 교육연구소 편(2006). 교육학 용어사전. 서울: 하우동설.

서울장애인종합복지관(1992). 언어이해·인지력검사.

서울장애인종합복지관(1995). 그림어휘력검사.

석동일(1999). 조음 및 음운장애 치료. 경북: 대구대학교 출판부.

석동일(2008). 조음음운장애 치료를 위한 하이브리드 접근법 개발의 기초연구. 언어치료연구, 17(2), 89-104.

석동일, 박상희, 신혜정, 박희정(2008). 한국어 표준 그림조음음운검사(KS-PAPT). 서울: 학지사.

석동일, 이상희, 박상희, 김문정, 이강현, 조성미(2002). 조음조절 프로그램. 부산: 한국언어치료학회.

석동일, 이상희, 이무경, 유재연, 박상희, 최영화(2000). 음운장애치료. 경북: 대구대학교 출판부.

설동훈, 이혜경, 조성남(2006). 결혼이민자 가족실태조사 및 중장기 지원정책방안 연구. 서울: 여성
　　가족부.

성현란, 배기조(2004). 영아의 대상영속성의 발달적 변화와 이의 탐색행동 및 인지능력과의 관계에
　　대한 종단적 연구. 한국심리학회지: 발달, 17(4), 21-36.

성현란, 이현진, 김혜리, 박영신, 박선미, 유연옥, 손영숙(2001). 인지발달. 서울: 학지사.

소은희(1997). 주의력결핍 과잉운동장애의 심리적 치료. 소아 · 정신의학회 하계학술대회 자료집, 104-
　　114.

손진호(2008). GRBAS 음성평가와 음성장애지수. 대한음성언어의학회, 19(2), 89-96.

손희연, 서세정(2008). 한국 화교 화자들의 이중언어 사용 연구. 사회언어학, 16(1), 185-211.

송경숙(2003). 담화 화용론. 서울: 한국문화사.

송경화, 김재욱(2016). 아동의 음성문제와 음성 관련 행동특성에 대한 부모 및 담임교사의 인식. 말
　　소리와 음성과학, 82(2), 49-56.

송주병(2010). 성대구조의 이해 및 발성시 차지하는 호흡과 공명의 중요성에 관한 연구. 한국음악학
　　회논문집 음악연구, 45, 131-151.

신명선, 권도하, 손성일(2007). 발화과업에 따른 신경성 말더듬과 발달성 말더듬의 비유창성 특성
　　비교. 언어치료연구, 16(2), 59-76.

신문자, 김영태(2002). 우리말 조음 · 음운평가. 서울: 학지사.

신문자, 이성은(2002). 한국 유창성 장애의 유전적 요인에 관한 연구. 언어청각장애연구, 7(1), 155-
　　165.

신석호(2014). '자폐스펙트럼장애' 용어의 사용. 소아청소년정신의학. 25(2), 95-96.

신애선(2015). 10~24개월 영아의 의사소통적 몸짓과 기질 및 어휘력 간의 관계. 원광대학교 대학원
　　박사학위청구논문.

신종호, 김동민, 김정섭, 김종백, 도승이, 김지현, 서명석 역(2006). 교육심리학. 서울: 학지사.

신지영(2014). 한국어의 말소리. 서울: 박이정.

신헌재, 권혁준, 김선배, 류성기, 박태호, 염창권, 이경화, 이재승, 이주섭, 천경록, 최경희(2010). 초
　　등 국어과 교수 · 학습 방법. 서울: 박이정.

신현기, 이성봉, 이병혁, 이경면, 김은경 역(2010). 자폐 범주성 장애아동 교육의 실제. 서울: 시그마프
　　레스.

신현정, 김비아 역(2008). 마이어스의 심리학. 서울: 시그마프레스.

심성경(2010). 아동발달. 서울: 학지사.

심성경, 김경의, 이효숙, 변길희, 박유미, 박주희(2010). 아동발달. 서울: 학지사.

심현섭, 김영태, 김진숙, 김향희, 배소영, 신문자, 이승환, 이정학, 한재순(2005). 의사소통장애의 이해.
　　서울: 학지사.

심현섭, 신문자, 이은주(2004). 파라다이스-유창성 검사. 서울: Paradise.

안정현, 신지철, 김향회, 심현섭(2009). 조음속도와 반응간격 조절에 따른 말더듬 발생비율의 변화. 언어치료연구, 18(4), 123-138.

양문봉(2000a). 자폐 스펙트럼 장애. 서울: 도서출판 자폐연구.

양문봉(2000b). 자폐성 장애아동의 의사소통 특성과 지도방법: PECS(그림교환 의사소통체계). 자폐성장애연구, 1(1), 27-44.

양윤수(2003). 음향학적 변수에 기초한 음성장애 중등도 지표. 전북대학교 대학원 박사학위청구논문.

여광응(2003). 특수아동의 심리학적 이해. 서울: 학지사.

오경숙, 정영미(2010). 다문화 가족 자녀의 문법 능력 발달 교육 방안. 국제한국어교육학회 국제학술발표논문집, 266-275.

오명진, 임수정, 엄태훈 외(2012). 발달성 말더듬 환아의 임상양상에 대한 고찰. 대한소아신경학회지, 20(2), 49-56.

오성배(2005). 코시아아동의 성장과 환경에 관한 사례연구. 한국교육, 32(3), 61-83.

오세진(1999). 인간행동과 심리학. 서울: 학지사.

오세진, 김형일, 임영식, 현명호, 김병선, 김정인, 김한준, 양병화, 이재일, 양돈규, 최창호, 이장한(1999). 인간행동과 심리학. 서울: 학지사.

오은영, 김영훈, 이현승, 이인구, 이준성, 장은실(2008). 기능성 조음장애아의 임상적 고찰. 대한소아신경학회지, 16(2), 189-197.

오주영, 박종갑(1995). 언어학개론. 부산: 경성대학교 출판부.

왕수건(2013). 성대진동검사. 대한후두음성언어의학회지, 24(1), 1-5.

원진숙(2009). 초등학교 다문화 가정 학생을 위한 언어교육 프로그램. 한국초등국어교육, 40, 157-188.

유경, 정은희, 허명진 역(2010). 의사소통장애의 이해. 서울: 박학사.

유수옥(1988). 언어장애를 가진 학습장애아의 청지각훈련을 위한 교수전략. 특수아동임상연구, 1, 57-73.

유재연, 권도하(1998). 자세조정을 통한 뇌성마비아의 조음개선효과. 언어치료연구, 7(2), 99-115.

유재연, 정옥란(2002). 음성치료의 액센트 기법. 대구: 한국언어치료학회.

윤혜련, 김영태(2004). 성별에 따른 영유아 언어발달의 특성 연구. 언어청각장애연구, 9(1), 30-43.

이규식, 석동일(1996). 청각학. 경북: 대구대학교 출판부.

이규식, 석동일, 권도하, 정옥란, 강수균, 김시영, 신명선, 이상희, 황보명, 이옥분(2004). 의사소통장애 치료교육. 서울: 학지사.

이금진 역(1995). 자폐아와 발달 장애아동의 자발적 의사소통지도. 서울: 이화여자대학교 출판부.

이도영(2002). 음성언어교육과 문화창조. 한국초등국어교육, 20, 25-45.

이명경, 김아름(2011). 아동·청소년 대상 주의 집중 능력 검사 개발 및 타당화. 상담학연구, 12(4), 1391-1411.

이명희, 김기화, 황진민, 이재창, 허은지(2017). 다문화예비학교의 역할과 개선과제. 교육문화연구, 23(4), 409-432.

이미숙, 김수련 역(2020). 인지-의사소통장애: 정보 처리 접근. 서울: 학지사.

이봉원(2015). (언어치료사를 위한)한국어 문법. 서울: 학지사.

이상림(2019). 성대 진동 원리에 따른 자음과 모음의 발성 비교 연구. 경희대학교 대학원 석사학위 청구논문.

이상아, 최진혁(2018). 강화된 환경중심 언어중재가 자폐스펙트럼장애 아동의 자발화와 기능적 의사소통에 미치는 효과. 특수아동교육연구, 20(3), 131-157.

이서희, 신혜정(2016). 구어속도조절이 조음음운장애아동의 조음음운능력에 미치는 영향. 언어치료연구, 25(3), 125-134.

이성한(1995). 언어지도 기법의 적용과 아동의 언어행동 개선에 관한 연구. 아동연구, 4, 57-77.

이소영, 김영태(2001). 성대이완 조음치료가 구개파열 아동의 조음정확도 향상과 보상조음 감소에 미치는 효과. 음성과학, 8(3), 185-200.

이소현, 박은혜(2011). 특수아동교육. 서울: 학지사.

이수정, 신지철, 김향희, 김화수(2008). 다문화가정 아동의 표현어휘능력 연구. 언어치료연구, 17(3), 95-115.

이숙, 우희정, 최진아, 이춘아(2009). 훈련중심 부모교육(2판). 서울: 학지사.

이숙정(2011). 인간학적 사유를 여는 중도 · 중복장애 교육학. 경기: 집문당.

이숙향(2010). 정신지체학생을 위한 교수-학습 방법. 특수학교(초등) 1급 정교사 자격연수.

이순형(2000). 한국아동이 초기에 획득한 문법적 형태소의 종류 및 획득시기. 아동학회지, 21(4), 51-68.

이승복(1997). 언어습득의 책략과 발달과정. 새국어생활, 7(1), 53-79.

이승복, 이희란 역(2005). 언어발달. 서울: 시그마프레스.

이승복, 한기선, 이희란 역(2011). 의사소통과학과 장애. 서울: 시그마프레스.

이승환(2005). 유창성장애. 서울: 시그마프레스.

이승희(2006). 특수교육평가. 서울: 학지사.

이승희(2009). 자폐스펙트럼장애의 이해. 서울: 학지사.

이승희(2014). DSM-5의 자폐스펙트럼장애에 관한 10문 10답. 정서 · 행동장애연구, 30(3), 1-33.

이영, 이정희, 김온기, 이미란, 조성연, 이정림, 유영미, 이재선, 신혜원, 나종혜, 김수연, 정지나(2009). 영유아발달. 서울: 학지사.

이영, 조연순(1991). 아동의 세계. 서울: 양서원.

이영자(2002). 유아언어교육. 서울: 양서원.

이영호(2001). 장애아동 부모 어떻게 도울 것인가. 서울: 학문사.

이옥분, 박상희, 손은남(2011). 20대와 70대 성인화자의 자발화 정보전달력에 관한 연구. 한국언어치료학회, 20(4), 111-123.

이원섭, 이승훈, 최영근, 정하영 외(2015). 조음 및 유창성 장애 재활치료를 위한 기능성 게임 개발. 한국컴퓨터게임학회논문지, 28(2), 1-9.

이윤경(2003). 단순언어장애 아동의 낱말찾기 특성: 어휘산출과정을 중심으로. 이화여자대학교 대학원 박사학위청구논문.

이윤경, 이효주(2016). 12~30개월 영유아의 의도적 의사소통 행동 발달. Communication Sciences and Disorders, 21(4), 553-566.

이은경(2008). 부모를 이용한 가정 언어중재가 인공와우이식 아동과 부모의 언어적상호작용에 미치는 효과. 언어치료연구, 17(2), 155-169.

이은주(2010). 화용언어 평가에 대한 연구동향. 특수교육 저널: 이론과 실천, 11(4), 93-117.

이재호, 김소영 역(2007). 언어와 사고. 서울: 학지사.

이종호, 고은(2020). 특수학교로의 전학 경험에 대한 현상학적 연구. 한국청각 · 언어장애교육연구, 11(1), 83-108.

이주영, 이병인, 조현근(2015). 강화된 환경중심 언어중재가 발달지체 유아의 기능적 의사소통 행동에 미치는 효과. 특수아동교육연구, 17(4), 237-272.

이지연(2018). 특수학교 상황에서 학령기 장애아동을 위한 특수교사와 언어재활사의 팀 협력 강화 방안. 강남대학교 교육대학원 석사학위 청구논문.

이지은, 강영심(2010). 짝자극 기법을 통한 정신지체아동의 조음 정확도 개선과 오류 유형의 변화. 지적장애연구, 13(1), 29-51.

이차숙(2004). 유아언어교육의 이론적 탐구. 서울: 학지사.

이창덕(1994). 화용론과 국어교육. 한국초등국어교육, 10, 167-197.

이창덕(1998). 국어교육과 대화분석. 한국초등국어교육, 14, 39-64.

이창덕(2008). 교사 질문발화와 학생 반응에 대한 교사 피드백 발화. 국어교과교육연구, 15, 177-216.

이창덕, 임칠성, 심영택, 원진숙(2011). 삶과 화법. 서울: 박이정.

이창덕, 임칠성, 심영택, 원진숙, 박재현(2010). 화법교육론. 서울: 역락.

이창윤, 박희준(2019). 증강현실을 이용한 조음음운장애 아동의 조음정확도 개선에 미치는 효과. 특수교육재활과학연구소, 58(1), 171-185.

이창현(2011). 간학문적 초등 영재교육 프로그램 모형 구안 및 개발 과정의 현상 분석. 한국교원대학교 대학원 박사학위청구논문.

이철수, 문무영, 박덕유(2004). 언어와 언어학. 서울: 역락.

이필상(2004). 보청기와 인공와우에 의한 청각적 피드백이 청각장애 아동 발성 · 발화의 음향학적 특성 변화에 미치는 영향. 대구대학교 대학원 박사학위청구논문.

이한규(2002). 언어발달과 언어처리. 서울: 원미사.

이현림, 김영숙(2006). 인간발달과 교육. 경기: 교육과학사.

이호영(2012). 한국어의 개요: 운율. 다문화 가정 구성원을 위한 한국어발음 연수. 한국음성학회.

이화자(1990). 조기 영어 학습자를 위한 Whole Langue Approach의 효과에 관한연구. 영어교육, 40(2), 57-87.

이희란, 심현섭(2004). 말실행증의 변별진단에 관한 문헌고찰. 특수교육, 3(1), 147-165.

이희란, 장유경, 최유리, 이승복(2009). 한국 아동의 어휘 습득. 언어치료연구, 18(3), 65-80.

이희정, 김영태(1999). 자발화 표본 분석의 정량화를 통한 언어발달지체의 판별연구: 발화길이를 중심으로. Communication Sciences and Disorders, 4, 1-14.

임애리, 김향희, 김수련, 유현지(2013). 문헌분석을 통한 노화에 따른 음성의 특징과 삶의 질 변화. 재활복지, 17(1), 259-276.

임재창, 임용자(1994). 사춘기 청소년의 신체 이미지 연구의 생물사회적 접근 모형. 서울: 홍익대학교 인문과학연구소.

장경희, 전은진(2008). 중·고등학생의 어휘다양도연구. 한국어 의미학, 27, 225-242.

장미순, 김은경(2008). 자기관리를 통한 중심축반응훈련이 자폐아동의 사회적 행동 개선과 반응 일반화에 미치는 효과. 정서행동장애연구, 24(2), 105-134.

장유경(2004). 한국 영아의 초기 어휘발달: 18~36개월. 한국심리학회: 발달, 17(4), 91-105.

장한업(2005). 뉴질랜드 한국 교민의 자녀 이중언어교육에 대한 인식 연구. 어학연구, 41(3), 693-709.

장혜성(2001). PECS를 이용한 어린이집 환경 중심의 의사소통 중재가 무발화 자폐아동의 욕구의사 표현에 미치는 효과. 한국언어청각학회, 6(2), 505-516.

장혜성, 박승희(2002). PECS를 통한 자폐아동의 시각적 의사소통능력에 관한 고찰. 특수교육, 1(1), 29-46.

전나영(2015). 한국어 학습자를 위한 발음 교육 방안. 국립국어원. 새국어생활, 25(1), 29-44

전라북도교육청(2017). 특수교육대상학생 진단·평가 업무 길라잡이.

전영미, 김화수(2015). 정보전달능력을 중심으로 한 20대부터 50대까지의 연령대별 담화특성. 재활복지, 19(1), 297-320.

전헌선(1993). 뇌성마비아 언어치료를 위한 호흡훈련 프로그램. 난청과 언어장애연구, 16(2), 71-78.

전헌선, 한경임, 노선옥(2004). 뇌성마비아 언어치료교육. 경북: 대구대학교 출판부.

전혜인(2007). 문제행동을 지닌 자폐성장애 아동을 위한 가정에서의 보완대체의사소통 중재 사례연구. 자폐성장애연구, 7(1), 63-78.

전희정(2014). 파라다이스-유창성검사(P-FA-II)와 말더듬 중증도 검사(SSI-4)를 사용한 말더듬인의 말더듬 중증도 비교 및 검사 요인들 간 상관 분석. 언어치료연구, 23(2), 109-122.

정갑순(1996). 부모교육론. 서울: 창지사.

정경희(2012). 발음분석 및 실제사례. 다문화 가정 구성원을 위한 한국어발음 연수. 한국음성학회.

정동빈(1990). 언어습득론. 서울: 한신문화사.

정부연 역(2006). 내 아이를 위한 이중언어 교육 길라잡이. 서울: 넥서스.

정성민, 조윤희, 홍순관 외(2002). 기능적 음성장애 환자에서의 음성치료의 효과. 대한음성언어의학회지, 13(2), 145-150.

정영근(2009a). 한국교육에서의 상호문화교육 프로그램 개발과 적용. 2009년도 한독교육학회 춘계학술대회 발표자료집, 1-20.

정영근(2009b). 학교의 이중 언어수업과 상호문화교육. 교육의 이론과 실천, 14(1), 167-186.

정영숙, 김영희, 박범혁(2001). 아동발달과 부모교육. 서울: 시그마프레스.

정옥란(2003). 언어병리해부학. 대구: 한국언어치료학회.

정옥분(2002). 아동발달. 서울: 학지사.

정옥분, 정순화(2007). 부모교육. 서울: 학지사.

정은희(2004). 농촌지역 국제결혼가정 아동의 언어발달과 언어환경. 언어치료연구, 13(3), 33-52.

정인숙, 김계옥, 박경숙, 강영택, 정동영(2005). KISE-SAB의 신뢰도와 타당도에 관한 연구. 특수교육학연구, 39(4), 217-236.

정재권(1991). 뇌성마비아의 문자와 배경색상 역전에 따른 단어학습과 파지. 대구대학교 대학원 박사학위청구논문.

정재권, 안병즙(2001). 지체부자유아 심리이해. 서울: 학지사.

정재권, 정진자, 정해동(1996). 뇌성마비아 놀이지도의 이론과 실제. 경기: 국립특수교육원.

정종수(2020). 한국어 의미 · 화용론에서 본 전제연구. 인문학연구, 33, 283-314.

정주원, 이영자(2009). 그림책을 활용한 상위언어인식 활동이 유아의 상위언어 인식과 마음이론 발달에 미치는 영향. 유아교육연구, 29, 117-137.

정혜경(2018). 사회적 의사소통장애 성향 아동을 위한 인지행동치료 기반 프로그램 개발 및 효과: 사회인지, 실행기능 및 의사소통기술을 중심으로. 명지대학교 대학원 박사학위청구논문.

정희영(2008). 피아제와 교육. 경기: 교육과학사.

조경숙(2000). 설소대 단축증 아동들의 자음발달 특징. 언어청각장애연구, 5(2), 1-11.

조명한(1982). 한국아동의 언어획득연구. 서울: 서울대학교 출판부.

조명한, 이승복(1981). 어린이 말에서 문법적 형태소의 발달. 행동과학연구, 6(1), 39-53.

조신웅 역(2001). 신비한 인간 뇌 해부도 입문. 서울: 학지사.

조영달(2006). 다문화가정의 자녀교육 실태조사. 서울: 교육인적자원부.

조인제(2019). 우리나라 다문화학교에 대한 제도적 분석. 교육문화연구, 25(4), 771-792.

조혜영(2007). 다문화가족 자녀의 학교생활실태와 교사 · 학생의 수용성 연구. 서울: 한국여성정책연구원 · 한국청소년정책연구원.

좌동훈(2012). 중도입국청소년의 사회문화 적응에 영향을 미치는 요인에 관한 연구. 숭실대학교 대학원 박사학위청구논문.

지덕옥, 이화숙(1975). 모국어 습득과 변형문법이론. 이화여자대학교 외국어교육과, 8, 7-11.

진연선, 배소영(2008). 발화수집유형과 학년을 고려한 초등학생의 문법능력. 언어치료연구, 17(2), 1-16.

최국남, 박순이(2001). 교사를 위한 유아언어교육. 서울: 양서원.

최미숙, 원진숙, 정혜승, 김봉순, 이경화, 전은주, 정현선, 주세형(2008). 국어교육의 이해. 서울: 사회평론.

최성규(1999). B. F. Skinner의 언어발달 이론에 기초한 장애유아의 언어발달 사정 개관. 정서 · 학습장애연구, 15(2), 29-49.

최양구 외(2003). 언어치료입문. 대구: 한국언어치료학회.

최윤미(2015). 로커스 방정식으로 본 아동의 동시조음 특성: 파열음과 파찰음을 중심으로. 전북대학교 대학원 박사학위청구논문.

최윤희(2006). 러시아 몸짓 언어 연구. 한국노어노문학회 정기논문발표회자료집, 29-47.

최진혁, 박혜숙(2014). 당당엄마 특수교육(4판). 서울: 시그마프레스.

최차숙, 최예린(2009). 경도 정신지체 아동의 상위언어능력. 한국언어청각임상학회, 14, 147-159.

통계청(2018). 2018년 교육기본통계 결과 발표 보도자료.

하길종(2001). 언어습득과 발달. 서울: 국학자료원.

한경근(2006). 중도·중복장애학생을 위한 특수교사의 건강관리 서비스 실태조사. 특수교육연구, 13(1), 201-221.

한경근(2010). 중도·중복장애학생을 위한 보완·대체의사소통(AAC) 체계 중재 원리의 실제적 적용 방안 탐색. 특수아동교육연구, 12(4), 75-98.

한경근, 박찬우(2016). 의사소통장애 아동을 위한 AAC 중재에 시각장면 디스플레이(Visual Scene Display) 적용을 위한 탐색. 지체·중복·건강장애연구, 59(4). 213-234.

한경임, 김지향(2008). 뇌성마비 아동을 위한 운율자질 개선 훈련 프로그램의 효과. 언어치료연구, 17(2), 51-74.

한국언어병리학회(1994). 언어장애의 이해와 치료: 말더듬치료. 서울: 군자출판사.

한국청소년정책연구원(2009). 미래한국사회 다문화역량강화를 위한 아동·청소년 중장기 정책방안 연구.

한순미(1999). 비고츠키와 교육. 서울: 교육과학사.

한유미, 김혜선, 권희경, 양연숙(2010). 영유아 언어교육의 이해. 서울: 학지사.

한주랑, 김장묵(2017). 보건의료분야 대학생들의 메타인지와 학습몰입 간의 관계에서 자기효능감의 매개효과. 디지털융복합연구, 15(6), 273-282.

허승덕, 유영상(2004). 청각학. 부산: 동아대학교 출판부.

현정희, 이지현(2014). 기획주제 학술세미나 1: 기획주제 5-언어문학교육: 의미중심 접근법과 균형적 언어접근법을 토대로 구성된 언어교육 프로그램이 유아의 읽기능력에 미치는 효과. 한국유아교육학회, 정기학술대회 발표집, 232-247.

홍경훈, 김영태(2005). 종단연구를 통한 '말늦은아동(late-talker)'의 표현어휘발달 예측요인 분석. Communication Sciences and Disorders, 10(1), 1-24.

홍대식 역(1988). 심리학. 서울: 박영사.

홍서경(2017). 다문화가정 학생의 학교 적응에 있어서 다문화특별학급의 효과성 연구. 경기대학교 교육대학원 석사학위청구논문.

홍요섭(2013). 음악의 구성요소로서 음색의 중요도에 대한 변천과정. 음악교육공학, 17, 37-62.

홍지희, 오혜정(2008). 학교일과 스크립트를 이용한 강화된 환경중심 언어중재가 자폐아동의 의사소통 기능에 미치는 효과. 정서행동장애연구, 24(2), 231-254.

황범주(2008). 다문화가정 자녀들의 교육정책분석. 안양대학교 대학원 박사학위청구논문.

황보명, 김경신(2010). 지적장애아동 언어치료. 서울: 학지사.

황영진, 유재연, 정옥란 역(2007). 음성과 음성치료. 서울: 시그마프레스.

교육과학기술부 홈페이지 www.mest.go.kr

법률신문 홈페이지(2010. 11. 23.) www.lawtimes.co.kr

행정안전부 홈페이지 www.mopas.go.kr

통계청 홈페이지 www.kostat.go.kr

www.uni-protokoll.de

Adler, A. (1973). *Der Sinn des Lebens*. Frankfurt/M.

Albert, S. (2005). Einsatz eines visuellen Artikulationsmodells in der Artikulationstherapie bei Kindern. Diplomarbeit. Medizinische Fakultät der Rheinisch-Westfälischen Technischen Hochschule Aachen.

Allen, D., & Rapin, I. (1980). Language disorders in preschool chilren: Predictors of outcome-a priliminary report. *Brain Development, 2*, 73-80.

Amorosa, H., & Noterdaeme, M. (2003). *Rezeptive Sprachstörungen*. Hogrefe.

Andrews, G., & Ingham, R. J. (1972). An approach to the evaluation of stuttering therapy. *J. Speech Hear. Res., 15*, 296-302.

Antor, G., & Bleidick, U. (2006). *Handlexikon der Behindertenpadagogik*. Kohlhammer.

Bahr, R. (2007). Untrricht und Therapie. In: Grohnfeldt, M. (Hrsg.): *Lexikon der Sprachtherapie*. Kohlhammer.

Baker, C. (1995). *A Parents' and Teachers' Guide to Bilingualism*. Clevedon, UK: Multilingual Matters.

Baker, C. (1996). *Foundations of Bilingual Education*. Clevedon, UK: Multilingual Matters.

Baron-Cohen, S., Cox, A., Baird, G., Swettenham, J., & Nightingale, N. (1996). Psychological markers of autism at 18 months of age in a large population. *Britisch Journal of Psychiatry, 168*, 158-163.

Baumgartner, S. (2008). *Kindersprachtherapie*. Reinhardt.

Baxendale, A., & Hesketh, A. (2003). Comparison of the effectiveness of the Hanen Parent Program and traditional clinic therapy. *Int J Lang Disord., 38*, 397-415.

Bayrisches Staatsministerium für Unterricht und Kultur (Hrsg.). (2003). *Lehrplan für den F derschwerpunkt geistige Entwicklung*. München.

Becker, K.-P., & Braun, O. (2000). *Geschichte der Sprachheinpädagogik in Deutschland 1945~2000*. edition von freisleben.

Benda, C. E. (1949). *Mongolism and Cretinism*. New-York: Grune and Stratton.

Benecken, J., & Spindler, D. (2004). Zur psychosozialen Situation sotternder Schulkinder in Allgemeinschulen. *Die Sprachheilarbeit, 49*(2), 61-70.

Berard, G. (1993). *Hearing equals behavior*. CT: Keats.

Bernard-Opitz, V. (2007). *Kinder mit Autismus-Spektrum-störungen* (ASS). Kohlhammer.

Bernard-Opitz, V. (2008). *Applied Behavior Analysis* (ABA). Autismusspezifische

Verhaltenstherapie, 242–259.

Bernstein, B. B. (1971). *Class, Codes and Control: Theoretical Studies towards a Sociology of Language*. Routledge & Kegan Paul.

Beushausen, U. (2001). *Kindliche Störungen-Ein Ratgeber für Eltern und pädagogische Berufe*. Schulz-Kirchner Verlag.

Beyer, J., & Gammeltoft, L. (2002). *Autismus und Spielen*. Beltz.

Bilda, K. (2001). *Verbale und visuelle Konzepsstörungen bei Aphasie*. Schulzkirchner Verlag.

Bindel, W. R. (1987). *Stottern als dialogische fehlentwicklung*. Verlag für Psychologie.

Bindel, W. R. (1997). *Stottern beim vorschulkind: Funktionale theorie und therapie des stotterns*. *Sprache. Stimme. Gehör, 1*, 32–42.

Bindel, W. R. (1998). Das Konstrukt Aphase: Von der klassischen Lokalisationslehre über dielinguistik zur kognitiven Neuropsychologie. *Sprache-Stimme-Gehör, 22*, 69–75.

Bindel, W. R. (2001). *Stottern beim schulkind und danach: Eine funktionale theorie und therapie des stotterns*. Unveröffentlichtes Manuskript.

Blance, S. (1985). A distinctive feature approach to articulation therapy. In P. Newman, N. Creaghead & W. Secord (Eds.), *Assessment and Remediation of articulatory and phonological disorders*. OH: Charles E. Merrill.

Bleidick, U., & Ellger-Rüttgardt, B. L. (2008). *Behindertenpädagogik–eine Bilanz*. Kohlhammer.

Bloodstein, O. (1970). Stuttering and normal disfluency–A continuity hypothesis. *British Journal of Disorders of Communication, 5*, 30–39.

Bloodstein, O. (1993). *Stutterung*. The search for a cause and cure. Boston: Allyn and Bacon.

Bloodstein, O. (1995). *A Handbook on Stuttering*. National Easter Seal Society.

Boenisch, J. (2004). Erstellung und Aufbau von Kommunikationstafeln in Frühförderung, Schule, Werkstatt und Familie. *Unterstätzte Kommnikation, 2*, 5–11.

Böhme, G. (1974). *Stimm-, Sprech-und Sprachstörungen: Ätiologie-Diagnostik-Therapie*. Elsevier.

Böhme, G. (2003). *Sprach-, Sprech-, Stimm-und Schlucksstörungen*. Band 1: Klinik, 4. Aufl. Urban & Fischer.

Bölte, S. (Hrst.). (2009). *Autismus, Sprektrum, Ursachen, Diagnostik, Intervention, Perspektiven*. Huber.

Bondy, A. S., & Frost, L. A. (1994). *The Picture Exchange Communication System Training Manual*. Pyramid Educational Consultants.

Bowe, F. (2000). *Physical, sensory, and health disabilities*: An introduction. OH: Merrill.

Braun, O. (1980). Grundlagen pädagogischen Handelns bei Sprachbehinderten. *Die Sprachheilarbet, 25*, 1–17.

Brealy, J., & Beverly, D. (2009). *So helfen Sie ihrem autistischen Kind*. Verlag Hans Huber.

Brendel, B., & Ziegler, W. (2006). *Sprechapraxie*. In: Sprache · Sprechen · Stimme · Schlucken. Urban & Fischer.

Brookshire, R. (1983). *Introduction to neurogenic Communication Dosorders*. Mo: Mosby.

Brown, S. F. (1945). The loci fo stutterings in the speech sequence. *J Speech Dis.*, *10*, 181-192.

Brunner, R., & Nöldecke, I. (2001). *Das Ohr*. Thieme.

Bruns, A. (2002). *Buntschatten ud Fledermause*. Hoffmann und Campe.

Buckley, S. (1993). *The Development of Language and Reading Skills in Children with Down's Syndrome*. Univerity of Portsmouth.

Bundschu, K. (1995). *Heilpädagogische Psychologie*. Ernst Reinhardt Verlag.

Buschmann, A. (2009). *Heidelberger Elterntraining zur frühen Sprachförderung*. Urben & Fischer.

Buschmann, A., Joos, B., & Rupp, A. (2008). Children with developmental language delay(late talkers) at 24 months od age: Results of a diagnostic work-up. *Dev Med Child Neurol, 50*, 223-229.

Butzkamm, W., & Butzmann, J. (2004). *Wie Kinder sprechen lernen*. Francke verlag.

Carr, J. (1978). *Young Children with Down's-Syndrom*. London: Butterworths.

Celce-Murcia, M. (1991). *Teaching Englisch as a second or foreignlanguage*. MA: Heinle & Heinle.

Centini, U. (2004). Elterntraining-eine Möglichkeit der frühen Intervention?. *Forum Logopädie, 5*, 18-23.

Chall, J. (1983). *Learning to read: The great debate*. New York: McGraw-Hill.

Chock, P. N., & Glahn, T. J. (1983). Learning and self-stimulation in mute and echolalic autistic children. *Journal of Autism and Developmental Disabilities, 13*, 365-381.

Cohen, R. K., & Woll, G. (1979). Cognitive Impairments of aphasic in a color-to-picture matsching tast. *Cortex, 15*, 235-245.

Dannenbauer, F. M. (1993). *Wie spezifisch sind spezifische Sprachentwicklungsstörungen*. In: Deutsche Gesellschaft für Sprachheilpädagogik, Landesverband Bazern (Hrsg.) Sprache-Verhalten-Lernen. Deition Freisleben.

Dannenbauer, F. M. (2001). *Sprachtherapie als Prävention bei spezifischer Sprachentwicklungsstörung*. edition von freisleben.

Darwin, C. R. (1872). *The expression of the emotions in man and animals*. Appletion.

Deiglmayr, U., & Rott, K. (2003). *Manchmal stotter ich eben-Therapie des Stotterns im Vorschulalter*. Edition von freisleben.

Deutsches Taubblindenwerk (2005). *Schulprogramm des Bildungszentrums für Taubblinde*. (www.taubblindenwerk.de)

Dodd, S. (2007). *Autismus. Was Betreuer und Eltern wissen müssen*. Spektrum Akademischer Verlag.

Dogoe, M. S. (2008). Examining the effects of the picture exchange communication on requesting skills of children with autism. Unpublished doctoral dissertation. Texas Tech University.

Dusolt, H. (2008). *Elternarbeit. EinLeitfaden für den Vor-und Grundschulbereich.* Beltz, Weinheim.

Feldkamp, N. (1996). *Krankengymnasik.* In: Die infantilen Zerebralparesen. Thieme.

Fornefeld, B. (2002). *Einführung in die Geistigbehindertenpädagogik.* Reinhardt.

Fox, A. V. (2003). *Kindliche Aussprachestörungen-Phonologischer Erwerb, Differenzialdiagnostik,* Therapie. Schulz-Kirchner.

Frith, U. (1992). *Autismus-Ein kognitionspsychologisches Puzzle.* Spektrum.

Frith, U., Baron-Choen, S., & Leslie, A. M. (1985). Does the Autistic Child Have a "Theory of Mind"?. *Cognition, 21,* 37-46.

Fröhlich, A. (1995). *Sprachstörungen und Geistbehinderung.* In: Grohnfeldt M (Hrsg.): Srachst ungen im sonderpädagogischen Bezugssystem. Marhold.

Fromm, W., Schöler, H., & Scherer, M. C. (1998). *Jedes vierte Kind sprachgestört? Definition, Verbreitung, Erscheinungsbild, Entwicklungsbedingungen und-voraussetzungen der Spezifischen Sprachentwicklungsstörung.* In: Spezifische Sprachentwicklungsstörung und Sprachlernen, Winter.

Frost, L., & Bondy, A. (2006). A common language, Using B. F. Skinner's Verbal Behavior for assessment and treatment of communication disabilities in SLP-ABA. In: Journal of Speech and Language Pathology-Applied Bezzhavior Analysis. S. 103-110.

Gardner, R. A., & Gardner, B. T. (1969). Teaching Sign language to a chimpanzee. *Science, 165,* 664-672.

Gauer, L. M., Lombardiono, L. F., & Leonard, C. M. (1997). Brain morphology in children with specific language impairment. *J Speech Lang Hear Res, 40,* 1272-1284.

Geipel, A., & Hindemith, D. (1995). *Diagnostik und Therapie bei kindlicher Stimmstörung.* Examensarbeit Universität Mainz.

Gibbard, D. (1994). Parental-based intervention with pre-school language delayedchildren. *European Journal of Communication Disoders, 2,* 131-150.

Gillberg, C. (1990). Autism and pervasive developmental disorders. *Journal of Child Psychology and Psychiatry, 31*(1), 99-119.

Goldbart, J. (1990). *Preintentional Communication: Opening the communication to students with profound and multiple learning difficulties.* Kongress-Skript. Cardiff.

Green, G. (1989). Psycho-behavioral characteristics of children with vocal nodules: WPBIC ratings. *J. Speech Hear. Dis, 54,* 306-312.

Grimm, H. (1999). *Störungen der Sprachentwicklung.* Hogrefe.

Grimm, H. (2002). *Replik auf die Testbesprechung von Ulrike Willinger.* Hogrefe.

Grimm, H. (2003). *Störungen der Sprachentwicklung*. 2. Aufl. Hogrefe.

Grohnfeldt, M. (1980). Erhebungen zum altersspezifischen lautbestand bei drei-bis sechsj rigen Kindern. *Die Sprachheilarbeit, 25*, 169-177.

Grohnfeldt, M. (2001). *Lehrbuch der Sprachheilpädagogik und Logopädie*. Kohlhammer.

Grohnfeldt, M. (2003). *Dr. Friedrich Michael Dannenbauer-20 Jahre Forschung zu spezifischen Sprachentwicklungsstörungen*. In: Spefisiche Sprach-entwicklungsstörungen. Deition von freisleben.

Grohnfeldt, M. (Hrsg.) (2001). *Lehrbuch der Sprachheilpädagogik und Logopädie*. Kohlhammer.

Grohnfeld, M., & Schönauer-Schneider, W. (2007). Merkmale sprachheilpädagogischen Unterrichts im Förderschwerpunkt Spache. in U. Heimlich & F. Wember (Hrsg.): *Didaktik des Unterrichts im Förderschwerpunkt "Lernen"*. Stuttgart, Verlag W. Kohlhammer.

Grosjean, F. (1982). *Life with Two Languages*. Cambridge, MA: Harvard University Press.

Guitar, B. (1998). *Stuttering: An Integrated Approach to its Nature and Treatment*. Wiliams & Wilkins.

Hachul, C. (2013). Frühe Intervention bei Sprachentwicklungsstörungen. *Sprachförderung und Sprachtherapie, 2*, 74-79.

Häcker, H. (1998). *Dorsch Psychologischen Wörterbuch*. Hans Huber.

Hallidays, M. A. K. (1973). *Explorations in the functions of lanuage*. Edward Arnold.

Hammer, S. (2004). *Stimmtherapie mit Erwachsenen*. Heidelberg, Springer.

Hardmeier-Hauser, S. (1997). Spracherwerb als gemeinsames Abenteuer. Elternund Logop en begleiten das Kind. *Logos Interdisziplinär, 2*, 84-94.

Hasselmann, M. (1999). Logopädsche Therapie bei Entwicklungsdyslexie mit Hilfe des PCs. *Forum Logopädie, 2*, 22-24.

Hauenstein, W. (1982). *Die Zukunkft des jugendlichen und erwachsenen Autisten in einer Anstalt*. In: Tagungsbericht 5 Bundestagung "Hilfe für das autistische Kind". Baunatal.

Häussler, A. (2005). Der TEACCH-Ansatz zur Förderung von Menschen mit Autismus: Einführung in Theorie und Praxis. Borgmann.

Hecking, M., & Hachul, C. (2013). Das Late-Talker-Therapiekonzept. *Sprachförderung und Sprachtherapie, 2*, 80-87.

Hedderich, I. (1999). *Einführung in die Körperbehindertenpädagogik*. Reinhardt.

Hedderich, I., & Dehlinger, E. (1988). *Bewegung und Lagerung im Unterrichtmit schwerstbehinderten Kindern*. München.

Heinemann, M., & Höpfner, C. (1992). *Screening-Verfahren zur Erfassung von Sprachentwicklun gsverzögerungen*. Beltz.

Hensle, U., & Vernooij, M. A. (2000). *Einführung in die Arbeit mit behinderten Menschen I*. Quelle & Meyer.

Herder, J. G. (1772). *Abhandlung über den Ursprung der Sprache*. Voss.

Hermann-Röttgen, M. (1997). *Organische und funktionelle Zusammenhänge bei kindlichen Stimmbandknötchen und ihre Behandlungsmöglichkeit*. In: Die Sprechstimme. Gustav Fischer.

Hersan, R., & Behlau, M. (2000). Behavioral management of pediatric dysphonia. Otolaryngol. *Cli. North Am, 33*, 1097-1109.

Hoff-Ginsberg, E. (1991). Mother-child conversation in different social classes and communicative settings. *Child Dev., 62*, 782-796.

Hogenboom, M. (2003). *Menschen mit geisitger Bhinderung besser verstehen*. 4. Aufl. Reinhardtverlag.

Hsu, J. (2008). Wie ein offenes Buch. *Gehirn & Geist, 12*, 22-27.

Huber, Ch. (2009). Gemeinsam einsam? Empirische Befunde und praxisrelevante Ableitungen zur sozialen Integration mit Sonderpädagogikschem Förderbedarf im Gemeinsamen Unterricht. *Zeitschrift für Heilpädagogik, 7*, 242-248.

Huber, W., Poeck, K., & Weniger, D. (1989). Aphasie. In: Klinische Neuropsychologie. Thieme.

Huber, W., Poeck, K., Weniger, D., & Wilmes, K. (1983). *Der Aachener Aphasie Test(AAT)*. Handanweisung. Hogrefe.

Irwin, J. R., Carter, A. S., & Briggs-Gowan, M. J. (2002). The social-emotional development of "late-talking" toddlers. *J Am Acad Child Adolesc Psychiatry, 41*, 1324-1332.

Isaac (Hrsg.) (2005). *Handbuch der Unterstützten Kommunikation*. Loeper Verlag.

Jaecks, P., & Hielscher-Fastabend, M. (2010). Pragmatik und Aphasie. *Sprache-Stimme-Gehör, 34*, 58-62.

Jahn, T. (2007). *Phonologische Störungen bei Kindern*. Thieme.

Janzen, J. (1996). *Unterstnd the natur of autism: A practical guide*. Texas: Therapy Skill Builders.

Johansson, I. (1996). *Artificial palate Plates in oral Motor and Sensory Stimulation in Children with Down's Syndrom*. Pater. 10th World Congress Int. Ass.f.the Study of I.D.

Johnson, W. (1959). *The onset of stuttering*. Minneapolis: University of Minneapolis Press.

Kannengieser, S. (2012). *Sprachentwicklungstorungen*. 2. Aufl. Urban & Fischer.

Kanner, L. (1943). Autistic disturbances of affecive contact. *Nervous Child, 2*, 217-250.

Kany, W., & Schöler, H. (2007). *Fokus: Sprachdiagnostik*. Cornelsen.

Kany, W., & Schöler, H. (2010). *Fokus Sprachdiagnosik. Leitfaden zur Sprachstandbestimmung imn Kindergarten*. Cornelsen Scriptor.

Katja, L. (2002). Korrekturhandlungen im Fremdsprachenunterricht. Brussel, Vrije Univ., Dissertation.

Kauschke, C. (2003). *Sprachtherapie bei Kindern zwischen 2 und 4 Jahren-ein Überblick über Ansätze und Methoden*. In de Langen-Müller U. Uven C. Maihack V. (Hrsg.). Prolog.

Kauschke, C., & Siegmüller, J. (2002). *Patholinguistische Diagnostik bei Sprachentwicklungsstörungen*. Urban & Fischer.

Kavale, K. A., & Forness, S. R. (1999). Effectiveness of special education. In C. R. Reynolds & T. B. Gutkin (Eds.), *The handbook of school psychology* (3rd ed., pp. 984-1024). New York: John Wiley & Sons.

Keilmann, A. (1998). *So lernt mein Kind sprechen*. MIDENA.

Keilmann, A. (2000). *Kann mein Kind richtig hören?*. Revensburger.

Kellogg, W., & Kellogg, L. (1933). *The Ape and the Child*. McGraw-Hill.

Kiese-Himmel, C. (1999). Ein Jahrhundert Forschung zur gestörten Sprachentwicklung. Sprache. Stimme. *Gehör, 23*(3), 128-137.

Kiessling, J., Kollmeier, B., & Diller, G. (1997). *Versorgung und Rehabilitation mit Högerät en*. Georg Thieme Verlag.

Klicpera, C., & Bormann-Kschkel, C., & Gsteiger-Klicpera, B. (2001). *Autismus. In: entwicklungsstörungen im Kindes-und Jugendalter*. Kohlhammer.

Knura, G., & Neumann, B. (1982). *Pädagogik der Sprachbehinderten*. 2.auflage. Carl Marhold Verlagsbuchhandlung.

Ko, E. (2003). Kognitive Neuropsychologie. L.O.G.O.S. Interdisziplinär, 4, 254-262.

Koegel, R. L., & Covert, A. (1972). The relationship of self-stimulation to learning in autistic children. *Journal of Applied Behavior Analysis, 5*, 381-387.

Kolb, B., & Whisaw, I. Q. (1993). *Neuropsychologie*. Spektrum.

Kompis, M. (2009). *Audiologie*. Huber.

Kratzer, P., & Schöler, H. (1992). Nachsprechleistungen sprachauffälliger und sprachunauffliger Kinder im Schulalter (arbeitsberichte aus dem Forschungsprojekt Dysgrammatismus Nr. 19).

Kuckenburg, M. (1996). *... sprachen das erste Wort*. Düseldort.

Kuhl, J., Steiner, K., & Probst, H. (2012). Die Arbeit Sonderpädagogischer Förderzentren aus Sicht der Grundschule. *Zeitschrift für Heilpädagogik, 3*, 120-128.

Kühn, G., & Schneider, J. (2019). *Zwei Wege zur Kommunikation*. von Loeper Fachbuach.

Lefevre, F. (1997). *Schwarze Wolke Niemandsland*. Qualdriga.

Lempp, R. (1978). *Frühkindliche Hirnschädigung und Neurose*. Bern.

Lenneberg, E. (1967). *Biological foundations of language*. New York: Wiley.

Leonard, L. (1998). *Children with specific language impairment*. The MIT Press.

Leonhardt, A. (1999). *Einführung in die Hörgeschädigtenpädagogik*. Reinhardt.

Leslie, A. A., & Frith, U. (1988). Autistic childrens's understanding of seeing, knowing and believing. *British Journal of Developmental Psychology, 6*, 315-324.

Liddle, I. (2001). Implementing the picture exchange communication system. *International Journal of Language & Communication Disorders, 36*, 391-395.

Lotzmann, G. (1997). *Die Sprechstimme*. Gustav Fischer.

Luhmann, N. (1988). *Ökologische Kommunikation*. Opladen.

Lütje-Klose, B. (2008). Mobile sonderpädagogische Dienste im Förderschwerpunkt Sprache. *Zeitschaft für Heilpädagogik, 8*, 282-292.

Lütje-Klose, B., & Willenbring, M. (1999). Kooperation von Regelschulehrerin und Sprachbehindertenpädagogin. *Die Sprachheilarbeit, 44*(2), 63-76.

Lütjens, A-K. (2010). *Verbesserung der Lebensqualität und Selbstständigkeit Kindern mit Autismus im schulischen Zuwammenhang*. Ludwigburg Universität.

Mall, W. (1982). *Personen mit autistischem Verhalten im Heim für geistig Behinderte*. In: Tagungsbericht 5 Bundestagung "Hilfe für das autistische Kind". Baunatal.

Mall, W. (1984). Basale Kommunikation-ein Weg zum anderen Zugang findenzu schwer geitig behinderten Menschen. *Geistige Behinderung, 23*(1), 1-16.

Mathelitsch, L., & Friedrich, G. (1995). *Die Stimme*. Springer Verlag.

McArthur, G. M., Hogben, J. H., Edwards, V. T., Heath, S. M., & Mengler, E. D. (2000). On the specifics of specific reading disability and specific language impairment. *Journal of Child Psychology and Psychiatry, 41*, 869-874.

Mechsner, F. (1998). *Wer sprach das erste Worte*. Geo Wissen.

Metten, C. (2005). *Evaluation einer Stotterintensivtherapie. Unveröffentlichte Diplomarbeit im Studiengang Lehr-und Forschungslogopädid*. Rheinisch Westfälisch Technische Hochschule.

Metten, C., Züchner, H., & Rosenberger, S. (2007). Evaluation einer Stotterintensivtherapie mit Kindern und Jugendlichen. Sprache. *Stimme. Gehör, 31*, 72-78.

Mills, C. (1990). Syntax and the evaluation of collegt writing: A Ablind Alley. In L. Arena (Ed.). *Language Proficiency: Defining, Teaching and Testing*. New York: Plenum Press.

Moore, Ch. (2004). *Sam, George und ein ganz gewohnlicher Montag. Mein Leben mit zwei autistischen Kindern*. Goldmann.

Mussmann, J. (2012). *Inklusive Sprachförderung in der Grundschule*. Reinhardt.

Mutzeck, W. (2005). *Kooperative Beratung*. Beltz.

Myschker, N. (2005). *Verhaltensstörungen bei Kindern und Jugendlichen. Erscheinungsformen-Ursachen-hilfreiche Massnahmen*. Stuttgart.

Natke, U. (2000). *Stottern: Erkenntnisse, Theorien, Behandlungsmethode*. Huber.

Niehoff, D. (2007). *Basale Stimmulation und Kommunikation*. BildungsverlagEINS.

Novak, A. (1972). The Voice of Children with Down's Syndrom. *Folia Phoniat, 24*, 182-194.

Otto, K., & Wimmer, B. (2010). *Unterstützte Kommunikation*. Schulzkirchner Verlag.

Owens, R. E. (1991). *Language disorders: A functional approach to assessment and treatment*. Macmillan.

Paul, R. (1991). Profiles of toddlers with slow expressive language development. *Topics Lang*

Dis, 11, 1-13.

Paul, R., Murray, C., & Andrews. D. (1997). Reading and metaphonological outcomes in late talkers. *J Speech Lang Hear Res., 40*, 1037-1047.

Penner, Z., Krügel, C., & Nonn, K. (2005). Aufholen oder Zurückbleiben: Neue Perspektiven bei der Frühintervention von Spracherwerbsttörungen. *Forum Logopädie, 6*, 6-15.

Pixa-Kettner, U. (2001). Elternarbeit, Elternberatung, Elternbildung. *DieSprachheilarbeit, 3*, 125-132.

Pomnitz, P. (2013). Der Aufbau des Verlexikons bei inem Kind mit Late Talker-Profil: Ein Qnsendungsbeispiel. *Sprachförderung und Sprachtherapie, 2*, 119-126.

Porsch, B. (2006). Ina spricht nicht, aber erzählt viel!. *Leben mit Down-Syndrom, 52*, 44-45.

Premack, D. (1976). *Intelligence in ape and man*. Wiley.

Prengel, A. (1994). *Zur Dialektik von Gleichheit und Differenz in der Pädagogik*. In: Eber, 93-98.

Prins, D. (1991). *Theories of stuttering as event and disorder: implications for speech production processes*. In: Spreech Motor Control and Stutterung. Amsterdam.

Prizant, B. M., & Duchan, J. F. (1981). The functions of immediate echolalia in autistic children. *Journal of Speech and Hearing Disorders, 46*, 241-249.

Prizant, B. M., & Rydell, P. J. (1984). An analysis of the functions of delayedecholalia in autistic children. *Journal of Speech and Hearing Research, 27*, 183-192.

Putnam, H. (1967). The 'Innateness Hypothesis' and explanatory models in linguistics. *Synthese, 17*, 12-22.

Rauh, H. (1992). Entwicklungsverläufe bei Kleinkindern mit Down-Syndrom. *Geistige Behinderung, 3*, 206-218.

Reber, K., & Schönauer-Schneider, W. (2009). *Bausteine sprachheilpädagogischen Unterrichts*. Reihnhardt.

Reber, K., & Schönauer-Schneider, W. (2011). *Bausteine sprachheilpädagogischen Unterrichts*. 2. Aufl. Reinhardt.

Remschmidt, H. (2000). *Autismus*. C. H. Beck Wissen.

Rescorla, L. (1989). The language development survey: A. screening tool for delayed language in toddlers. *I Speech Hear Dis, 54*, 587-599.

Rescorla, L. (2002). Language and reading outcomes to age 9 in latetalking toddlers. *J Speech Lang Hear Res, 45*, 360-371.

Rescorla, L., & Schwartz, E. (1990). Outcome of toddlers with expressive language delay(DELD). *Appl Psycholinguistics, 11*, 393-408.

Riely, G. (1972). *Stuttering severity instrument*. Austin, TX: Pro-ed.

Ritterfeld, U. (2001). Wider den Ideologien. Ein Kommentar zu dem Beitrag von Ursaula Pixa-Kettner. *Die Sprachheilarbeit, 3*, 132-134.

Robertson, S. B., & Weismer, E. (1999). Effects of treatment on linguistic and social skills in toddlers with delayed language development. *Journal of Speech, Language and Hearing Research, 42*, 1234-1248.

Rodrian, B. (2009). *Elterntraining Sprachförderung*. Reinhardt.

Rondal, J. A. (1996). *Sprachentwicklung und Sprachgebrauch bei Menschen mit Down-Syndrom*. Leben mit Down-Syndrom.

Rondal, J. A. (1999). *Language in Down-Syndrom: current perspective*. In: A Review of Current Knowledge.

Rothweiler, M., Babur, E., & Kroffke, S. (2007). Spezifische Sprachentwicklungsstörung im Kontext kindlicher Mehrsprachigkeit-Ergebnisse zur kasusmorphologie in der Erstsprache Türkisch. *Sprache. Stimme. Gehör, 31*, 144-150.

Rott, K., & Deiglamyr, U. (2003). *Manchmal stotter ich eben*. edition von freisleben.

Rumbaugh, D., & Gill, T. V. (1977). *Lanas acquisitio of language skills*. In: Lanuage Learing by a Chimpanee. Academic press.

Rusam, K. (2008). Redeflussstörung bei jungen Erwachsenen mit Down-Syndrom. *Leben mit Down-Syndrom, 57*.

Russ, M. (2001). *Mundmotorik bei der Lautbildung*. Ernst Reinhardt Verlag.

Rustin, L. (1995). Parental Involvement in the Treatment of Stuttering. *Language, Speech, and Hearing Servies in Schools, 26*, 127-137.

Sachs, J., Bard, B., & Johnson, M. (1981). Language learing with restricted input: Case studies of two hearing children of deaf parents. *Applied psycholinguistics, 2*, 33-54.

Sachse, S. (2007). *Neuropsychologische und neurophzsiologische Untersuchungen bi late Talkers im Quer-und Längsschnitt*. Verlag Dr. Hut.

Sandrieser, P., & Schneider, P. (2001). *Stottern im Kindesalter*. Thieme.

Sandrieser, P., & Schneider, P. (2015). Stottern im Kindesalter. 4., überarbeitete Auflage. Thieme.

Sarimski, K. (1997). *Entwicklungspsychologie genetischer Syndrome*. Hogrefe.

Sarimski, K. (2009). *Fröhförderung behinderter Kleinkinder*. Hogrefe.

Schirmer, B. (2011). *Schulratgeber Autismus-Spekturm-Storungen*. Reinhardt.

Schlanger, B. B., & Gottsleben, R. H. (1957). Analysis of speech defects among the institutionalized mentally retarded. *Journal of Speech and Hearing Disorders, 22*, 98-103.

Schmidt, G. (1976). *Kinder mit zerebralen Bewegungsstörungen in ihrem intelligenten Verhalten*. Berlin.

Schmidt, R. F. (1993). *Neuro-und Sinnesphysiologie*. Springer-Lehrbuch.

Schnaus, C. (1995). Leistungsfähigkeit von Handalphabeten als kommunikative Systeme für taubblinde Menschen. Hausarbeit zur ersten Staatsprüfung für das Lehramt an Sonderschulen. Hamburg.

Schöler, M., & Grötzbach, H. (2002). *Aphasie*. Springer.

Schönpflug, W., & Schönpflug, U. (1989). *Psychologie*. Psychologie Verlags Union.

Schopler, E., Lansing, M., & Waters, L. (1987). *Übungsanleitungen zur Förderungautistischer und entwicklungsbehinderter Kinder*. Verlag Modernes Lernen.

Schulte, K. (2007). AKES: Fragebogen zur psycholsozialen Belastung bei stotternden Kindern und Jugendlichen. *Interdisziplinär, 15*(1), 26-31.

Schulze, H., & Johannsen, H. S. (1986). *Stottern bei Kindern im Vorschulalter. Theorie, Diagnostik, Therapie*. Phoniatirsche Ambluanz der Universität Ulm.

Schütz, D. S. (2013). Die "Language Route"-Sprachtherapeutinnen schulen Erziherinnen für die Sprachförderung. *Sprachförderung und Sprachtherapie, 2*, 88-91.

Schwartz, I. S. (1998). The picture exchange communication system: communicative outcome for children with autism. *Topics in Early Childhood Special Deucation, 18*, 144-159.

Seifert, E., Kollbrunner, J., Zimmermann, A., & Wüthrich, M. H. (2003). Emotionale Ursachen von Kommunikationsstörungen bei Kindern. Sprache. *Stimme. Gehör, 27*, 82-87.

Siegmüller, J. (2013). Verbesserung des Sprachmodells von Erzieherinnern als Methode zur natueralistischen, alltagsintegrierten Sprachförderung in Kitas PräSES. *Sprachförderung und Sprachtherapie, 2*, 127-139.

Siegmüller, J., & Bartels, H. (2006). *Leitfaden Sprache · Sprechen · Stimme · Schlucken*. Urban & Fischer.

Siegmüller, J., & Fröhling, A. (2008). Zur Verbesserung des Sprachmodells von Erzieherinnen als Methode zur allgeminen integrativen Sprachförderung in Kitas-Inputspezifizierung im Kindergarten. *Frühförderung interdisziplinär, 1*, 24-32.

Siegmüller, J., & Fröhling, A. (2010). *Das PräSES-Konzept-Potential deralltagsintegrierten Sprachförderung in der Kita*. Urban & Fischer.

Skinner, B. F. (1957). *Verbal behavior*. New York: Appleton-century-crofts.

Skutnabb-Kangas, T. (1995). *Multilingualism for All*. Swetts & Zeitlinger.

Smith, R. J., & Johnson, D. D. (1980). *Teaching children to read*. Reading, MA: Addison-Wesley.

Speck, O. (1990). *Menschen mit geister Behinderung und ihre Erziehung*. Reihardt.

Spital, H. (2004). *Stimmstörungen im Kindesalter*. Thieme.

Springer, S. P., & Deutsch, G. (1998). *Linkes Rechtes Gehirn*. Spektrum.

Stark, R., & Tallal, P. (1981). Selection of children with specific language deficits. *Journal of Speech and Hearing Disorders, 46*, 114-122.

Starkweather, E. W. (1987). *Fluency and stuttering*. Englewood Cliffs: Prentice-Hall.

Starkweather, E. W. (1993). Issues in the efficacy of treatment for fluency disorders. *J. Fluency Dis., 18*, 151-168.

Suchodoletz, W. v. (2007). Störungen der Laut-und Schriftsprache im Kontext von

Mehrsprachigkeit. *Sprache. Stimme. Gehör, 31*, 136-137.

Szagun, G. (1986). *Sprachentwicklung beim Kind.* Urban & Schwarzenberg.

Taylor, S. (1964). *Listening: What Research Says to the Teacher.* National Education Association.

Terrace, H. (1979). *Nim: A chimpanzee who learned sign language.* Knopf.

Terrace, H. S., Petitto, L. A., Sanders, J. J., & Beyer, T. G. (1979). Can an ape create a sentence?. *Science, 206*, 891-902.

Tesak, J. (2005). *Einführung in die Aphasiologie.* Georg Thieme Verlag.

Teutsch, A., & Fox, A. V. (2004). Vergleich der Effektivität von artikulatorischer vs. phonologischer Therapie in der Behandlung kindlicher phonologischer störungen: eine Pilotstudie. Sprache. Stimme. *Gehör, 28*(4), 178-185.

Tomblin, J. B. et al. (1997). Prevalence of specific lanuage impairment in kindergarden children. *Joural of Speech, Language, and Hearing Research, 40*, 1245-1260.

Tönnis, W., & Krenkel, W. (1963). *Neurologie und Neurochirurgie.* In: Die infantilen Zerebralparesen. Stuttgart.

Triarchi-Herrmann, V. (2006). *Mehrsprachige Erziehung.* Reinhardt.

Van Riper, C. (1973). Die Behandlung des Stotterns. Demosthenes-Verlag der Bundesvereinigung Stotterer-Selbsthilfe e.V.

Van Riper, C. (1992). *Stuttering? J. FLuency Disord., 17*, 81-84.

Van Riper, C., & Irwin, J. V. (1989). *Artikulationsstörungen.* Marhold Verlag.

Vernooij, A. (2007). *Einführung in die Heil-und Sonderpädagogik.* Quelle & Meyer.

Von Suchodoletz, W. (2004). *Zur Prognose von kindern mit umschriebenen Sprachentwicklungsstörungen.* Hogrefe.

Von Suchodoletz, W. (2007a). *Prävention von Sprachstörungen.* In: Prävention von entwicklungsstörungen. Hogrefe.

Von Suchodoletz, W. (2007b). *Prävention von umschriebenen Sprachentwicklungsstörungen. Pädiat. prax., 70*, 17-24.

Vygotsky, L. S. (1964). *Denken und Sprechen.* S. Fischer.

Ward, S. (1999). An investigation into the effectiveness of an early interventionmethod for delayed language development in children. *International Journal of Language and Communication Disorders, 3*, 243-264.

Watson, J. B. (1930). *Behaviorism.* New York: W.W. Norton.

Watzlawick, P. (1974). *Menschliche Kommunikation-Formen, Störungen*, Paradoxien. Bern/ Stuttgart/Wien.

Weber, C. (2002). *Poltern-eine vergessene Sprachbehindertung.* Eition Marhold.

Weinert, S. (2003). *Entwicklungsproximale Sprachförung aus entwicklungspsychologischer Sicht.* In: Spezifische Sprachentwicklungs-störungen. edition von freisleben.

Weinrich, M., & Zehner, H. (2003). *Phonetische und phonologische Störungen bei Kinder*. Springen.

Weisser, J. (2017). Konfliktfelder schulischer Inklusion und Exklussion im 20. Jahrhundert, Eine Diskursgeschichte. Weinheim.

Welzel, C., Röpke, E., Hanson, S., Berghaus, A., & Meumann, K. (2002). Einfluss der Cricothyroidopexie auf geschlechtsspezifische Stimmqualitäten bei Transsexualismus. Sprache. *Stimme. Gehör, 26*, 125-133.

Wendlandt, W. (2000). *Sprachstörungen im Kindesalter. Materialien zu früherkennung und Bereatung*. Stuttgart.

Whitehurst, G. J., & Fischel, J. E. (1994). Early development language dalay: What, if anything, should the clinican do about it? *J Child Psycho Psychiatry, 35*, 613-648.

Wilken, E. (1996). Förderung der Kommunikationsfähigkeit bei nich oder noch nicht sprechenden Kindern und Jugendlichen mit geistiger Behinderung. *Geistige Behinderung, 2*.

Wilken, E. (2008). *Sprachförderung bei Kindern mit Down-Syndrom*. Kohlhammer.

Wilson, D. K. (1987). *Vioce Problems of Children*. Baltimore.

Wingate, M. E. (1964). A Standard definition fo stuttering. *J. Speech Hearing disord., 29*, 484-489.

Wirth, G. (1991). *Stimmstsörungen*. Deutscher Ärzte-Verlag.

Wirth, G. (2000). *Sprachstörungen, Sprechstörungen, kindliche Hörstörungen*. Deutscher Ärzte-Verlag.

Yairi, E., & Ambrose, N. G. (1999). Early childhood stuttering I: Persistency and recovery rates. *Journal of Speech and Hearing Research, 42*, 1097-1112.

Ziegler, W. (2006). Dysarthrie. In: Sprache · Sprechen · Stimme · Schlucken. Urban & Fischer.

Zimmermann, D. E. (1988). *So kommt der Mensch zur Spache*. Hoffmans Verlag.

Zoll, B. (1999). Zur Genetik der Sprachentwicklungstörung. *Sprache. Stimme. Gehör, 23*(3), 138-142.

찾아보기

인명

내용

저자 소개

고은(Ko Eun)
독일 Hannover 대학교 특수교육과 학사
독일 Hannover 대학교 특수교육과 석사
독일 Hannover 대학교 특수교육과 박사
현 전남대학교 사범대학 특수교육학부 교수

의사소통장애아 교육(3판)

Education for Children with Communication Disorders (3rd ed.)

2012년 8월 30일 1판 1쇄 발행
2013년 8월 30일 1판 2쇄 발행
2014년 8월 19일 2판 1쇄 발행
2020년 9월 25일 2판 9쇄 발행
2021년 3월 20일 3판 1쇄 발행
2024년 1월 25일 3판 5쇄 발행

지은이 • 고 은
펴낸이 • 김 진 환
펴낸곳 • (주) **학지사**
　　　　04031 서울특별시 마포구 양화로 15길 20 마인드월드빌딩 5층
대표전화 • 02) 330-5114　　　팩스 • 02) 324-2345
등록번호 • 제313-2006-000265호

홈페이지 • http://www.hakjisa.co.kr
인스타그램 • https://www.instagram.com/hakjisabook

ISBN 978-89-997-2347-6 93370

정가 25,000원

저자와의 협약으로 인지는 생략합니다.
파본은 구입처에서 교환하여 드립니다.

이 책을 무단으로 전재하거나 복제할 경우 저작권법에 따라 처벌을 받게 됩니다.

┃ 출판미디어기업 **학지사**

간호보건의학출판 **학지사메디컬** www.hakjisamd.co.kr
심리검사연구소 **인싸이트** www.inpsyt.co.kr
학술논문서비스 **뉴논문** www.newnonmun.com
원격교육연수원 **카운피아** www.counpia.com